AISCHYLOS
TRAGÖDIEN

Übersetzt von Oskar Werner

Herausgegeben von Bernhard Zimmermann

ARTEMIS & WINKLER

Auf dem Titel: zwei Adler mit Beute. Dekadrachme von Akragas in Sizilien
um 415 v. Chr. Aufnahme von Graf Lanckoronski

EDUARD SPRANGER

in Verehrung und Dankbarkeit

zugeeignet

Bibliographische Information der Deutschen Bibliothek

Die Deutsche Bibliothek verzeichnet diese Publikation in der
Deutschen Nationalbibliographie; detaillierte bibliographische Daten
sind im Internet über http://dnb.d-nb.de abrufbar.

7., überarbeitete Auflage 2011
© Bibliographisches Institut GmbH,
Dudenstraße 6, 68167 Mannheim, 2011
Artemis & Winkler Verlag, Mannheim
Alle Rechte vorbehalten.
Druck und Verarbeitung: Friedrich Pustet KG,
Gutenbergstraße 8, 93051 Regensburg
ISBN 978-3-7608-1501-5
www.artemisundwinkler.de

INHALT

PERSER

Τὰ τοῦ δράματος πρόσωπα

χορὸς γερόντων   Χο
Ἄτοσσα   Ἄτ
ἄγγελος   Ἄγ
εἴδωλον Δαρείου   Δα
Ξέρξης   Ξέ

Die Personen des Dramas

Chor der Greise	Ch · Chf
Atossa	At
Bote	Bo
Geist des Dareios	Da
Xerxes	Xe

Χορός

Τάδε μὲν Περσῶν τῶν οἰχομένων   an
'Ελλάδ' ἐς αἶαν πιστὰ καλεῖται
καὶ τῶν ἀφνεῶν καὶ πολυχρύσων
ἑδράνων φύλακες, κατὰ πρεσβείαν
5   οὓς αὐτὸς ἄναξ Ξέρξης βασιλεὺς
Δαρειογενὴς
εἵλετο χώρας ἐφορεύειν.

ἀμφὶ δὲ νόστῳ τῷ βασιλείῳ
καὶ πολυχρύσου στρατιᾶς ἤδη
10   κακόμαντις ἄγαν ὀρσολοπεῖται
θυμὸς ἔσωθεν·
πᾶσα γὰρ ἰσχὺς 'Ασιατογενὴς
οἴχωκε, νέον δ' ἄνδρα βαΰζει,
κοὔτε τις ἄγγελος οὔτε τις ἱππεὺς
15   ἄστυ τὸ Περσῶν ἀφικνεῖται·

οἵ τε τὸ Σούσων ἠδ' 'Αγβατάνων
καὶ τὸ παλαιὸν Κίσσιον ἕρκος
προλιπόντες ἔβαν, οἱ μὲν ἐφ' ἵππων,
οἱ δ' ἐπὶ ναῶν, πεζοί τε βάδην
20   πολέμου στῖφος παρέχοντες·

οἷος 'Αμίστρης ἠδ' 'Αρταφρένης
καὶ Μεγαβάτης ἠδ' 'Αστάσπης,
ταγοὶ Περσῶν,
βασιλῆς βασιλέως ὕποχοι μεγάλου,
25   σοῦνται στρατιᾶς πολλῆς ἔφοροι,
τοξοδάμαντές τ' ἠδ' ἱπποβάται,
φοβεροὶ μὲν ἰδεῖν, δεινοὶ δὲ μάχην
ψυχῆς εὐτλήμονι δόξῃ·

'Αρτεμβάρης θ' ἱππιοχάρμης
30   καὶ Μασίστρης ὅ τε τοξοδάμας

Vor dem Königspalast in Susa, am Grabmal des Dareios
480 v. Chr. G. Der Chor der Greise zieht ein

Chor

Die des Perservolks, das auf Heerfahrt zog
Nach Hellas' Gaun, Getreue man heißt:
Wir sind's, reichen Horts, goldbergender Burg,
Des Thronsitzes Hüter, nach Alter und Rang
Vom Gebieter selbst, König Xerxes, dem Herrn,
Des Dareios Sohn,
    Erwählt, des Reiches zu walten.

Um die Wiederkunft unseres Königs und Herrn
Und des Heerbanns im Glanz der güldenen Wehr
Schwillt – ein Unglücksprophet – allzusehr wie ein Fels
Uns das Herz in der Brust.
Die ganze Kraft, die Asien gebar,
Zog fort und umbellt ihren jungen Herrn.
Und kein Bote erscheint, kein Reisiger kommt
    Zur Stadt der Perser gezogen.

Nicht Susas nur und Ekbatanas Flur,
Auch den uralten Ring von Kissias Burg
Verlassend, zog – die einen zu Roß,
Die andern zu Schiff, jene schrittweis zu Fuß –
    Ein Kriegsheer in Haufen von dannen.

So Amistres wie Artaphrenes
Und Megabates wie Astaspes,
Des Perservolks Herrn,
Die Kön'ge, dem Großkönig untertan:
Die eilen, ordnend das große Heer,
Die Bogengewaltgen, auf reisigem Roß,
Entsetzlich zu schaun, furchtbar in der Schlacht
    Durch der Seele ausharrenden Glauben;

Artembares auch, voll Kampflust zu Pferd,
Wie Masistres und – bogenbewehrt –

ἐσθλὸς Ἰμαῖος Φαρανδάκης θ'
    ἵππων τ' ἐλατὴρ Σοσθάνης.

ἄλλους δ' ὁ μέγας καὶ πολυθρέμμων
Νεῖλος ἔπεμψεν· Σουσισκάνης,
35   Πηγαστάγων Αἰγυπτογενής,
ὅ τε τῆς ἱερᾶς Μέμφιδος ἄρχων
μέγας Ἀρσάμης, τάς τ' ὠγυγίους
Θήβας ἐφέπων Ἀριόμαρδος,
καὶ ἑλειοβάται ναῶν ἐρέται
40   δεινοὶ πλῆθός τ' ἀνάριθμοι.

ἁβροδιαίτων δ' ἕπεται Λυδῶν
ὄχλος οἵ τ' ἐπίπαν ἠπειρογενὲς
κατέχουσιν ἔθνος, τοὺς Μητρογαθὴς
45   Ἀρκτεύς τ' ἀγαθός, βασιλῆς δίοποι,
χαὶ πολύχρυσοι Σάρδεις ἐπόχους
πολλοῖς ἅρμασιν ἐξορμῶσιν,
δίρρυμά τε καὶ τρίρρυμα τέλη,
    φοβερὰν ὄψιν προσιδέσθαι.

στεῦται δ' ἱεροῦ Τμώλου πελάτης
50   ζυγὸν ἀμφιβαλεῖν δούλιον Ἑλλάδι,
Μάρδων, Θάρυβις, λόγχης ἄκμονες,
καὶ ἀκοντισταὶ Μυσοί· Βαβυλὼν δ'
ἡ πολύχρυσος πάμμεικτον ὄχλον
πέμπει σύρδην, ναῶν τ' ἐπόχους
55   καὶ τοξουλκῷ λήματι πιστούς·
τὸ μαχαιροφόρον τ' ἔθνος ἐκ πάσης
Ἀσίας ἕπεται
    δειναῖς βασιλέως ὑπὸ πομπαῖς.

τοιόνδ' ἄνθος Περσίδος αἴας
60   οἴχεται ἀνδρῶν,
οὓς πέρι πᾶσα χθὼν Ἀσιῆτις
θρέψασα πόθῳ στένεται μαλερῷ
τοκῆς τ' ἄλοχοί θ' ἡμερολεγδὸν
    τείνοντα χρόνον τρομέονται.

Der edle Imaios, Pharandakes
   Wie der Rosse Lenker Sosthanes.

Und andere schickt, der viel Wesen erzeugt,
Der gewaltige Nil: Susiskanes kommt,
Pegastagon, Ägyptens Sproß,
Dazu der heiligen Memphis Herr,
Held Arsames, Ariomardos auch,
Der Theben gebeut, der uralten Stadt,
Und der Siedler im Sumpf schiffrudernde Schar,
   Ungeheuer an Masse, unzählbar.

Verweichlichtes Volk der Lyder folgt
In Haufen und die dem Festland all
Entsprossen im Stamm, die Metrogathes
Und Arkteus, der Held, die gebietenden Herrn,
Und das goldreiche Sardeis stürmender Fahrt
Auf der Wagen viel herauswogen läßt
Mit Doppelgespann und mit Dreigespann,
   Furchtbar den Augen zu schauen.

Auch des heiligen Tmolos Nachbarn drohn
Mit dem Sklavenjoch dem hellenischen Land:
Mardon, Tharybis, Ambosse dem Speer,
Und die Wurfschützen Mysiens. Doch Babylon,
Die goldreiche Stadt, stößt buntes Gemisch
Zugweise hervor: seefahrendes Volk
Und Männer, vertraund auf des Bogens Kraft.
Was ein Schwert nur trägt in dem ganzen Gebiet
Von Asien, folgt
   Nach des Königs gestrengem Gebote.

Solch herrliche Blüte von Männern zog fort
Aus dem persischen Land.
Nach ihnen stöhnt ganz Asien auf,
Die Muttererde, in sehnender Not;
Und Eltern und Fraun – Tag zählend um Tag
Der sich dehnenden Zeit – zittern angstvoll.

		Parodos	Str. 1
65	πεπέρακεν μὲν ὁ περσέπτολις ἤδη		3 io
	βασίλειος στρατὸς εἰς ἀν-		2 io
	τίπορον γείτονα χώραν,		2 io
	λινοδέσμῳ σχεδίᾳ πορθμὸν ἀμείψας		3 io
70	᾿Αθαμαντίδος ῞Ελλας,		2 io
	πολύγομφον ὅδισμα		2 io
	ζυγὸν ἀμφιβαλὼν αὐχένι πόντου. –		io trim

Ant. 1

πολυάνδρου δ᾽ ᾿Ασίας θούριος ἄρχων
ἐπὶ πᾶσαν χθόνα ποιμα-
75 νόριον θεῖον ἐλαύνει,
διχόθεν πεζονόμοις ἔκ τε θαλάσσας
ἐχυροῖσι πεποιθὼς
στυφελοῖς ἐφέταις, χρυ-
80 σογόνου γενεᾶς ἰσόθεος φώς. =

Str. 2

	κυάνεον δ᾽ ὄμμασι λεύσσων		2 io
	φονίου δέργμα δράκοντος		2 io
	πολύχειρ καὶ πολυναύτης,		2 io
	Σύριόν θ᾽ ἅρμα διώκων		2 io
85	ἐπάγει δουρικλύτοις ἀν-		2 io
	δράσι τοξόδαμνον ῎Αρη. –		io dim

Ant. 2

δόκιμος δ᾽ οὔτις ὑποστὰς
μεγάλῳ ῥεύματι φωτῶν
ἐχυροῖς ἕρκεσιν εἴργειν
90 ἄμαχον κῦμα θαλάσσας·
ἀπρόσοιστος γὰρ ὁ Περσῶν
92 στρατὸς ἀλκίφρων τε λαός. =

Str. 3

101	θεόθεν γὰρ κατὰ Μοῖρ᾽ ἐκράτησεν		3 io
	τὸ παλαιόν, ἐπέσκηψε δὲ Πέρσαις		3 io
	πολέμους πυργοδαΐκτους		2 io
105	διέπειν ἱππιοχάρμας		2 io
	τε κλόνους πόλεων τ᾽ ἀναστάσεις.		io trim

Ant. 3

ἔμαθον δ᾽ εὐρυπόροιο θαλάσσας
110 πολιαινομένας πνεύματι λάβρῳ

Schon hindurchdrang ja des Kronherrn jeder Stadt sturm-
drohndes Kriegsheer zu dem Nachbarn
Gegenüber, zu dem Festland;
Das der Strick knüpft, mit dem Floß kreuzt' es den Sund
les, der Athamastochter,   [Hel-
Und den Steg nagelnietfest
Als ein Joch ums Genick warf es dem Meergott.

Und Groß-Asiens, das von Volk strotzt, stürmscher
Über Land hin treibt er allwärts   [Kriegsherr,
Seines Mannvolks mächtge Herde
Da- und dorther, hier das Landvolk, dort das Seevolk
Der Gewalt rauher Zwingherrn
Fest vertraund; er, der Mann, der
Aus des Zeus hehrer Goldsaat wie ein Gott wuchs.

Dunklen Wutblick eines Lindwurms
Voller Blutgier in den Augen,
Tausendarmig, tausendschiffig,
Jagt er vorwärts Syriens Wagen,
Wider Speerkämpfer voll Ruhm führt
Er den bogenstarken Kriegsgott.

Es kann niemand – noch so wehrhaft –
Widerstehn solch einem Heerstrom
Noch den Staudamm hemmend aufbaun,
Wenn die Meerflut sich heranwälzt.
Denn unnahbar ist das Kriegsheer,
Festen Muts das Volk der Perser.

Ja, die Gottheit lieh dem Schicksal von Urzeit
Alle Macht; so verhängte es den Persern,
Nur dem Landkrieg, der die Burg stürmt,
Der zu Roß tobt in die Feldschlacht,
Sich zu weihn und der Städte Niederwurf.

Doch sie lernten: auf das Meer, auf das breitstra-
ßige, schaun, wie es aufbraust, wenn der Sturm wühlt

ἐσορᾶν πόντιον ἄλσος,
πίσυνοι λεπτοδόμοις πεί-
113 σμασι λαοπόροις τε μηχαναῖς. =

		Str. 4
93	δολόμητιν δ' ἀπάταν θεοῦ	2 io
	τίς ἀνὴρ θνατὸς ἀλύξει;	2 io
95	τίς ὁ κραιπνῷ ποδὶ πηδή-	2 io
	ματος εὐπετέος ἀνάσσων; –	io dim

φιλόφρων γὰρ παρασαίνει   Ant. 4
βροτὸν εἰς ἄρκυας ᾿Άτα,
τόθεν οὐκ ἔστιν ὑπὲκ θνα-
100 τὸν ἄνατον ἐξαλύξαι. =

		Str. 5
115	ταῦτά μοι μελαγχίτων	2 tr
	φρὴν ἀμύσσεται φόβῳ,	2 tr
	ὀᾶ, Περσικοῦ στρατεύματος	A 2 tr
	τοῦδε μὴ πόλις πύθη-	2 tr
	ται, κένανδρον μέγ' ἄστυ Σουσίδος, –	3 tr

		Ant. 5
120	καὶ τὸ Κισσίων πόλισμ'	
	ἀντίδουπον ᾄσεται	
	ὀᾶ, τοῦτ' ἔπος, γυναικοπλη-	
	θὴς ὅμιλος ἀπύων,	
125	βυσσίνοις δ' ἐν πέπλοις πέσῃ λακίς. =	

Str. 6

πᾶς γὰρ ἱππηλάτας καὶ πεδοστιβὴς λεώς 2 cr ia
σμῆνος ὡς ἐκλέλοιπεν μελισσᾶν σὺν ὀρ-
[χάμῳ στρατοῦ, 4 cr ia
130 τὸν ἀμφίζευκτον ἐξαμείψας ἀμφοτέρας ba cr ba hem
πρῶνα κοινὸν αἴας. –   [ἄλιον cr ba

λέκτρα δ' ἀνδρῶν πόθῳ πίμπλαται δα- Ant. 6
[κρύμασιν.
135 Περσίδες δ' ἁβροπενθεῖς ἑκάστα πόθῳ
[φιλάνορι

In den Schaumwipfeln des Seehains,
Lernten Zutraun zu dem Stricktau,
Zu dem Werk leichten Baus, das Völker trägt.

Doch dem Trugwerk, das ein Gott spinnt,
Wer, der Mensch ist, wer entschlüpft ihm?
Wer getraut wohl hurtgen Fußes
Sich des sichren Sprungs zur Rettung?

Denn gar liebreich zu sich her lockt
Dich Verblendung in ihr Fangnetz,
Dessen Strickwerk zu entschlüpfen
Keinem Sterblichen vergönnt ist.

Drum – in düstres Schwarz gehüllt –
Wird mein Herz zerfleischt von Furcht –
Oah – daß von unserm Perserheer
Solche Kunde kommt der Stadt,
Männerleer, wie das große Susa ist;

Dann wird auch der Kissier Burg
Widertönen solchen Sang:
Oah – wenn den Ruf des Weibsvolks wim-
melnder Haufe klagend schreit,
Byssoskleid dann auf Kleid zu Fetzen reißt.

Alles Volk, hoch zu Pferd, und was stampfend zieht zu Fuß,
Schwärmte aus, fort vom Stock, Bienen gleich, deren Schwarm
[dem Weisel folgt,
Und schritt von Fels zu Felsen überm Meer auf dem Joch, das
Beider Erden Steilwand. [nun eint

Manches Bett macht der Wunsch nach dem Gatten tränen-
[feucht.
Perserfraun tragen Leid; sehnsuchtsvoll jede nach dem liebsten
[Mann,

τὸν αἰχμήεντα θοῦρον εὐνατῆρα προπεμψαμένα
λείπεται μονόζυξ. =

Χορός

140   ἀλλ' ἄγε, Πέρσαι, τόδ' ἐνεζόμενοι   an
στέγος ἀρχαῖον
φροντίδα κεδνὴν καὶ βαθύβουλον
     θώμεθα, χρεία δὲ προσήκει,

πῶς ἄρα πράσσει Ξέρξης βασιλεὺς
145   Δαρειογενής,
147   πότερον τόξου ῥῦμα τὸ νικῶν,
ἢ δορικράνου
     λόγχης ἰσχὺς κεκράτηκεν.

150   ἀλλ' ἥδε θεῶν ἶσον ὀφθαλμοῖς
φάος ὁρμᾶται μήτηρ βασιλέως,
     βασίλεια δ' ἐμή· προσπίτνω·
καὶ προσφθόγγοις δὲ χρεὼν αὐτὴν
     πάντας μύθοισι προσαυδᾶν.

Χορός

155   ὦ βαθυζώνων ἄνασσα Περσίδων ὑπερτάτη,   4 tr
μῆτερ ἡ Ξέρξου γεραιά, χαῖρε, Δαρείου γύναι·
θεοῦ μὲν εὐνάτειρα Περσῶν, θεοῦ δὲ καὶ μήτηρ ἔφυς,
εἴ τι μὴ δαίμων παλαιὸς νῦν μεθέστηκε στρατῷ.

Ἄτοσσα

ταῦτα δὴ λιποῦσ' ἱκάνω χρυσεοστόλμους δόμους
160   καὶ τὸ Δαρείου τε κἀμὸν κοινὸν εὐνατήριον.
καί με καρδίαν ἀμύσσει φροντίς· ἐς δ' ὑμᾶς ἐρῶ

Ließ fort zum Krieg, zum wilden Speerkampf fort den Genossen
Bleibt zurück nun einsam.   [des Betts,

Chorführer

Ihr Perser, wohlan, dort setzen wir uns
An dem uralten Bau
Und wollen genau und mit tiefem Bedacht
    Erwägen – die Not ja gebeut es –

Wie's wohl ergeht König Xerxes, dem Herrn,
Des Dareios Sohn,
Ob des Bogens Strang den Sieg sich holt
Oder ehernen Haupts
    Der Lanze Wucht im Kampf herrscht.

Atossa kommt auf königlichem Wagen mit Gefolge

Aber dort – wie aus Götteraugen ein Licht –
Erscheint vor uns die Mutter des Herrn,
    Meine Herrin; ihr fall ich zu Füßen;
Und ehrfurchtsvoll, wie's der Brauch gebeut,
    Laßt uns alle mit Worten sie grüßen!

Chor
hat sich niedergeworfen

Gurtgeschmückter Perserfrauen allerhöchste Herrscherin,
Greise Mutter du des Xerxes, sei gegrüßt, Dareios' Weib!
Persergottes Ehgenossin, wardst du Mutter eines Gotts,
Wenn sich nicht der alte Schutzgeist nunmehr abgewandt vom
                                                    [Heer.

Atossa
ist vom Wagen gestiegen

Drum verließ ich herzukommen unser goldgeschmücktes Haus
Und, das mit Dareios einstmals ich geteilt, mein Ehgemach.
Denn auch mich, mein Herz zerfleischen Sorgen; euch will ich
                                                    [den Grund

μῦθον, οὐδαμῶς ἐμαυτῆς οὖσ' ἀδείμαντος, φίλοι,

μὴ μέγας πλοῦτος κονίσας οὖδας ἀντρέψῃ ποδὶ

ὄλβον, ὃν Δαρεῖος ἦρεν οὐκ ἄνευ θεῶν τινος.
165   ταῦτά μοι μέριμν' ἄφραστός ἐστιν ἐν φρεσὶν διπλῆ,

μήτε χρημάτων ἀνάνδρων πλῆθος ἐν τιμῇ σέβειν,

μήτ' ἀχρημάτοισι λάμπειν φῶς, ὅσον σθένος πάρα.

ἔστι γὰρ πλοῦτός γ' ἀμεμφής, ἀμφὶ δ' ὀφθαλμῷ
                                        [φόβος·
ὄμμα γὰρ δόμων νομίζω δεσπότου παρουσίαν.
170   πρὸς τάδ' ὡς οὕτως ἐχόντων τῶνδε σύμβουλοι
                                        [λόγου
τοῦδέ μοι γένεσθε, Πέρσαι, γηραλέα πιστώματα·
πάντα γὰρ τὰ κέδν' ἐν ὑμῖν ἐστί μοι βουλεύματα.
       Χο εὖ τόδ' ἴσθι, γῆς ἄνασσα τῆσδε, μή σε δὶς φράσειν
μήτ' ἔπος μήτ' ἔργον ὧν ἂν δύναμις ἡγεῖσθαι θέλῃ·
175   εὐμενεῖς γὰρ ὄντας ἡμᾶς τῶνδε συμβούλους καλεῖς.
       Ἀτ πολλοῖς μὲν αἰεὶ νυκτέροις ὀνείρασι
ξύνειμ', ἀφ' οὗπερ παῖς ἐμὸς στείλας στρατὸν
Ἰαόνων γῆν οἴχεται πέρσαι θέλων·
ἀλλ' οὔτι πω τοιόνδ' ἐναργὲς εἰδόμην
180   ὡς τῆς πάροιθεν εὐφρόνης, λέξω δέ σοι.
ἐδοξάτην μοι δύο γυναῖκ' εὐείμονε,
ἡ μὲν πέπλοισι Περσικοῖς ἠσκημένη,
ἡ δ' αὖτε Δωρικοῖσιν, εἰς ὄψιν μολεῖν,
μεγέθει τε τῶν νῦν ἐκπρεπεστάτα πολὺ
185   κάλλει τ' ἀμώμω καὶ κασιγνήτα γένους
ταὐτοῦ· πάτραν δ' ἔναιον ἡ μὲν Ἑλλάδα
κλήρῳ λαχοῦσα γαῖαν, ἡ δὲ βάρβαρον.
τούτω στάσιν τιν', ὡς ἐγὼ 'δόκουν ὁρᾶν,
τεύχειν ἐν ἀλλήλῃσι· παῖς δ' ἐμὸς μαθὼν
190   κατεῖχε κἀπράυνεν, ἅρμασιν δ' ὕπο

Kundtun, bin ich keineswegs doch für mich, Freunde, ohne
[Furcht,
Daß Unmaß des Reichtums stürze in den Staub wuchtigen
[Tritts,
Was an Glück Dareios schuf, nicht ohne eines Gottes Rat.
Darum wohnt mir Sorge, zwiefach, unaussprechlich, im
[Gemüt:
Nicht kommt Reichtums, dem der Mann fehlt, Menge je
[zu Ehr und Wert,
Noch strahlt, denen Reichtum mangelt, Ruhm, wie's ihrer
[Kraft gebührt.
Haben Reichtum wir in Fülle, trag ich doch ums Auge
[Furcht;
Mit des Hauses Auge mein ich seines Herren Gegenwart.
Hierzu, da sich's so mir darstellt, werdet mir Berater nun

Dessen, was ich kundtu, Perser, alte treue Seelen ihr;
Alle sorgliche Erwägung liegt bei euch; drum ratet mir!

Chf Sei versichert, Landesherrin, zweimal brauchst du darzutun
Weder Wort noch Werk, wo Führer dir zu sein uns möglich
Treubereite rufst in uns du hierfür als Berater auf.   [ist.

At Mit immer neuen nachtgebornen Träumen geh
Ich um, seitdem mein Sohn mit Heerbanns Aufgebot
Zum Ionerlande zog, Zerstörung ihm zu drohn.
Doch nie noch bot solch leibhaft Traumbild sich dem Blick
Wie in der jüngst verfloßnen Nacht; ich künd es euch.
Es deuchte mir, der Frauen zwei in schönem Kleid –
Die eine in der Perser Peplos eingehüllt,
Im Dorerkleid die andre – träten vor mein Aug,
An Wuchs bei weitem herrlicher als sonst die Fraun,
An Schönheit sonder Makel, Schwestern gleichen Stamms
Und Bluts. Als Heimat hatten sie – die Griechenland
Durchs Los erlangt, und jene wohnt' in Asiens Reich.
Die beiden fingen an – so deucht' es mir im Traum –
Zu streiten miteinander. Wie's mein Sohn erfuhr,
Hielt fest, beruhigt' er sie, und vor den Wagen dann

ζεύγνυσιν αὐτὼ καὶ λέπαδν' ἐπ' αὐχένων
τίθησι. χἠ μὲν τῇδ' ἐπυργοῦτο στολῇ
ἐν ἡνίαισί τ' εἶχεν εὔαρκτον στόμα,
ἡ δ' ἐσφάδαζε, καὶ χεροῖν ἔντη δίφρου

195   διασπαράσσει καὶ ξυναρπάζει βίᾳ
ἄνευ χαλινῶν καὶ ζυγὸν θραύει μέσον.
πίπτει δ' ἐμὸς παῖς, καὶ πατὴρ παρίσταται
Δαρεῖος οἰκτίρων σφε· τὸν δ' ὅπως ὁρᾷ
Ξέρξης, πέπλους ῥήγνυσιν ἀμφὶ σώματι.

200   καὶ ταῦτα μὲν δὴ νυκτὸς εἰσιδεῖν λέγω·
ἐπεὶ δ' ἀνέστην καὶ χεροῖν καλλιρρόου
ἔψαυσα πηγῆς, σὺν θυηπόλῳ χερὶ
βωμὸν προσέστην ἀποτρόποισι δαίμοσιν
θέλουσα θῦσαι πέλανον, ὧν τέλη τάδε.

205   ὁρῶ δὲ φεύγοντ' αἰετὸν πρὸς ἐσχάραν
Φοίβου· φόβῳ δ' ἄφθογγος ἐστάθην, φίλοι·
μεθύστερον δὲ κίρκον εἰσορῶ δρόμῳ
πτεροῖς ἐφορμαίνοντα καὶ χηλαῖς κάρα
τίλλονθ'· ὁ δ' οὐδὲν ἄλλο γ' ἢ πτήξας δέμας

210   παρεῖχε. ταῦτ' ἔμοιγε δείματ' ἔστ' ἰδεῖν,
ὑμῖν δ' ἀκούειν. εὖ γὰρ ἴστε, παῖς ἐμὸς
πράξας μὲν εὖ θαυμαστὸς ἂν γένοιτ' ἀνήρ,
κακῶς δὲ πράξας – οὐχ ὑπεύθυνος πόλει,

    σωθεὶς δ' ὁμοίως τῆσδε κοιρανεῖ χθονός.

215 Χο   οὔ σε βουλόμεσθα, μῆτερ, οὔτ' ἄγαν φοβεῖν 4 tr
                                  [λόγοις
οὔτε θαρσύνειν. θεοὺς δὲ προστροπαῖς ἱκνουμένη,
εἴ τι φλαῦρον εἶδες, αἰτοῦ τῶνδ' ἀποτροπὴν τελεῖν,
τὰ δ' ἀγάθ' ἐκτελῆ γενέσθαι σοί τε καὶ τέκνοις σέθεν
καὶ πόλει φίλοις τε πᾶσι. δεύτερον δὲ χρὴ χοὰς

220   Γῇ τε καὶ φθιτοῖς χέασθαι· πρευμενῶς δ' αἰτοῦ τάδε,
σὸν πόσιν Δαρεῖον, ὅνπερ φὴς ἰδεῖν κατ' εὐφρόνην,

Spannt er sie beide; und ein Joch den Nacken legt
Er auf. Die ein' in solchem Schmuck hob sich voll Stolz,
Und in den Zügeln hielt leicht lenkbar sie den Mund.
Doch die – bäumt, stampft, und Hand um Hand des Wagens
                                                    [Zeug
Packt sie und reißt's und schleift's gewaltsam mit sich fort,
Ledig der Zügel, bricht das Jochholz mitten durch.
Hinstürzt mein Sohn; sein Vater, weh, tritt neben ihn,
Dareios, Jammers voll; doch kaum, daß ihn gewahrt
Xerxes, reißt er die Kleider rings am Leib entzwei.
Soviel von dem, was ich zur Nachtzeit vor mir sah.
Doch als ich aufstand und die Händ' in klare Flut
Der Quelle tauchte und mit opferfreudger Hand
Hin zum Altare trat, den unheilwehrenden
Dämonen Opfer darzubringen, wie sich's ziemt:
Da seh ich flüchten einen Aar zum Opferstein
Des Phoibos, – stumm vor Furcht, ihr Freunde, stand ich da–
Und hinterdrein ein Falke, seh ich, stürzt im Stoß
Sich schwingend auf ihn, mit den Fängen ihm das Haupt
Zerfleischend. Der – tut nichts; er duckt sich nur und gibt
Sich preis! Dies war mir so entsetzlich anzusehn
Wie euch zu hören. – Wisset wohl: schlägt's meinem Sohn
Zum Guten aus, bewundernswert wär er als Held;
Schlägt's schlimm aus – schuldet er nicht Rechenschaft der
                                                    [Stadt
Und bleibt – gerettet – gleichwohl dieses Landes Herr.
Chf Nicht soll – wünschen wir – dich, Mutter, zu sehr schrecken
                                                    [unser Wort
Noch ermutigen. Die Götter geh um Schutz an im Gebet;
Wenn du Böses sahst, so flehe, daß sie uns davon befrein;
Gutes, daß es sich erfülle, dir und deinen Kindern und
Unsrer Stadt samt allen Freunden. Drauf sollst Opfertrank
                                                    [du der
Erde und den Toten spenden. Gnädge Hilf erflehe dir
Vom Gemahl Dareios, den du, wie du sagst, gesehn zur
                                                    [Nacht:

ἐσθλά σοι πέμπειν τέκνῳ τε γῆς ἔνερθεν ἐς φάος,
τἄμπαλιν δὲ τῶνδε γαίᾳ κάτοχα μαυροῦσθαι σκότῳ.
ταῦτα θυμόμαντις ὢν σοι πρευμενῶς παρήνεσα·

225   εὖ δὲ πανταχῇ τελεῖν σοι τῶνδε κρίνομεν πέρι.
Ἄτ   ἀλλὰ μὴν εὔνους γ' ὁ πρῶτος τῶνδ' ἐνυπνίων κριτὴς

παιδὶ καὶ δόμοις ἐμοῖσι τήνδ' ἐκύρωσας φάτιν.

ἐκτελοῖτο δὴ τὰ χρηστά· ταῦτα δ', ὡς ἐφίεσαι,
πάντα θήσομεν θεοῖσι τοῖς τ' ἔνερθε γῆς φίλοις,
230   εὖτ' ἂν εἰς οἴκους μόλωμεν. κεῖνα δ' ἐκμαθεῖν θέλω,

ὦ φίλοι· ποῦ τὰς Ἀθήνας φασὶν ἱδρῦσθαι χθονός;
Χο   τῆλε πρὸς δυσμὰς ἄνακτος Ἡλίου φθινασμάτων.

Ἄτ   ἀλλὰ μὴν ἵμειρ' ἐμὸς παῖς τήνδε θηρᾶσαι πόλιν;

Χο   πᾶσα γὰρ γένοιτ' ἂν Ἑλλὰς βασιλέως ὑπήκοος.
235 Ἄτ   ὧδέ τις πάρεστιν αὐτοῖς ἀνδροπλήθεια στρατοῦ;
236 Χο   καὶ στρατὸς τοιοῦτος, ἔρξας πολλὰ δὴ Μήδους κακά.

239 Ἄτ   πότερα γὰρ τοξουλκὸς αἰχμὴ διὰ χεροῖν αὐτοῖς πρέ-
                                                   [πει;
240 Χο   οὐδαμῶς· ἔγχη σταδαῖα καὶ φεράσπιδες σαγαί.

237 Ἄτ   καὶ τί πρὸς τούτοισιν ἄλλο; πλοῦτος ἐξαρκὴς δόμοις;
238 Χο   ἀργύρου πηγή τις αὐτοῖς ἐστι, θησαυρὸς χθονός.
241 Ἄτ   τίς δὲ ποιμάνωρ ἔπεστι κἀπιδεσπόζει στρατῷ;

Χο   οὔτινος δοῦλοι κέκληνται φωτὸς οὐδ' ὑπήκοοι.
Ἄτ   πῶς ἂν οὖν μένοιεν ἄνδρας πολεμίους ἐπήλυδας;

Χο   ὥστε Δαρείου πολύν τε καὶ καλὸν φθεῖραι στρατόν.
245 Ἄτ   δεινά τοι λέγεις κιόντων τοῖς τεκοῦσι φροντίσαι.

Edles dir, dem Sohn zu senden aus der Erd empor ans Licht
Und das – Gegenteil zu bergen in der Erde dunklem Schoß.
Solchen Rat – mein Herz als Seher gab ihn dir getreuen
[Sinns;
Daß zum Guten alles führe, also deuten wir dein Wort.

At   Wahrlich, wohlgesinnt, als erster Deuter unsres Traum-
[gesichts,
Hast dem Sohn du, meinem Hause deinen Wahrspruch
[kundgetan.
Mög erfüllen sich das Gute! Doch wir tun, wie du begehrst,
Alles für die Götter, für die Freunde in der Erde Schoß,
Wann wir in das Haus gekommen. Eins zu wissen wünscht'
[ich noch:
Freunde, wo ist dies Athen wohl auferbaut auf unsrer Welt?

Chf Fern im Westen, wo der Herrscher Helios schwindend
[untergeht.

At   Gleichwohl trug mein Sohn Verlangen, zu erbeuten diese
[Stadt?

Chf Würde doch das ganze Hellas so dem König untertan.

At   So steht ihnen zu Gebote Volk in Masse für ein Heer?

Chf Und was für ein Heer ist's! Bracht' es doch die Meder oft
[in Not!

At   Ist gespannten Bogens Pfeilschuß ihrer Mannen Hand ver-
[traut?

Chf Nein, durchaus nicht. Nahkampfspeere, Rüstung führen
[sie und Schild.

At   Was ist ihnen sonst zu eigen? Reichtum, der die Häuser füllt?

Chf Silbers eine Quelle hegen sie, des Bodens größter Schatz.

At   Und wer führt, dem Volk ein Hirte, und gebeut, Zwingherr
[dem Heer?

Chf Keines Menschen Sklaven sind sie, keinem Manne untertan.

At   Wie dann können sie sich halten, wenn sich Männer feind-
[lich nahn?

Chf So, daß ihnen des Dareios großes, schönes Heer erlag!

At   Schlimmes sagst du da, was ferner Söhne Eltern Sorge
[macht!

Χο ἀλλ' ἐμοὶ δοκεῖν τάχ' εἴση πάντα νημερτῆ λόγον.

τοῦδε γὰρ δράμημα φωτὸς Περσικὸν πρέπει μαθεῖν,
καὶ φέρει σαφές τι πρᾶγος ἐσθλὸν ἢ κακὸν κλύειν.

Ἄγγελος

ὦ γῆς ἁπάσης 'Ασιάδος πολίσματα,
250 ὦ Περσὶς αἶα καὶ πολὺς πλούτου λιμήν,
ὡς ἐν μιᾷ πληγῆ κατέφθαρται πολὺς
ὄλβος, τὸ Περσῶν δ' ἄνθος οἴχεται πεσόν.
ὤμοι, κακὸν μὲν πρῶτον ἀγγέλλειν κακά·
ὅμως δ' ἀνάγκη πᾶν ἀναπτύξαι πάθος.
255 Πέρσαι· στρατὸς γὰρ πᾶς ὄλωλε βαρβάρων.

	Χορός	Kommos
		Str. 1
	ἄνι' ἄνια κακά, νεόκοτα	2 ia
	καὶ δάι'· αἰαῖ, διαίνεσθε, Πέρ-	ia 2 ⸋⸋
	σαι, τόδ' ἄχος κλύοντες,	ch ba
260 Ἄγ	ὡς πάντα γ' ἔστ' ἐκεῖνα διαπεπραγμένα,	
	καὐτὸς δ' ἀέλπτως νόστιμον βλέπω φάος. –	
Χο	ἦ μακροβίοτος ὅδε γέ τις	Ant. 1
	αἰὼν ἐφάνθη γεραιοῖς, ἀκού-	
265	ειν τόδε πῆμ' ἄελπτον.	
Ἄγ	καὶ μὴν παρών γε κοὐ λόγους ἄλλων κλύων,	
	Πέρσαι, φράσαιμ' ἂν οἷ' ἐπορσύνθη κακά. =	
		Str. 2
Χο	ὀτοτοτοῖ, μάταν	δ
	τὰ πολλὰ βέλεα παμμιγῆ	2 ia
270	γᾶς ἀπ' 'Ασίδος ἦλθετ'- αἰαῖ –	hipp
	δᾴαν 'Ελλάδα χώραν.	pher
Ἄγ	πλήθουσι νεκρῶν δυσπότμως ἐφθαρμένων	
	Σαλαμῖνος ἀκταὶ πᾶς τε πρόσχωρος τόπος. –	
Χο	ὀτοτοτοῖ, φίλων	Ant. 2
275	πολύδονα σώμαθ' ἁλιβαφῆ	
	κατθανόντα λέγεις φέρεσθαι	

Chf Aber sieh! Mir scheint, bald weißt du alles wahr und ohne
                                                          [Trug.
    Dort des Mannes Laufen tut ja deutlich Perserart uns kund;
    Und es bringt gewisse Botschaft, günstig oder schlimm,
                                                        [sein Mund.

Bote

O aller Erde Asias Stadtgemeinden ihr!
O persisch Land, der Pracht, des Reichtums stolzer Port!
Wie ward mit einem Schlag zugrund gerichtet all
Dein Glück, der Männer Blüte fallend fortgerafft!
Weh mir, wie leidvoll, erster Bote sein des Leids!
Gleichwohl tut's not, ganz zu enthüllen, was uns traf;
Ihr Perser: ganz zugrundging der Barbaren Heer!

Chor

Du lastend, lastendes Leid, immer neu
Und qualvoll: weh, weh, beweinet, ihr Perser, solchen Kummers Kunde!

Bo Ja, alles ist dort draußen völlig abgetan,
    Ich selbst schau unverhofft der Heimkunft strahlend Licht.

Ch Ach, lang war das Leben, so lang seine Zeit
    Vergönnt hier uns Greisen, daß wir noch solch
    Leid hören, hoffnungsloses!

Bo Und ich war dort, nicht hört' ich bloß der andern Wort.
    Drum, Perser, sag ich's euch, welch Unheil dort geschah.

Ch O o o weh, umsonst,
    Unzählge Geschosse, buntgemischt,
    Flogt von Asiens Erde ihr – weh! –
    Wider Hellas, das Feindland!

Bo Voll sind von Leichen schlimmen Tods Gestorbener
    Wie Salamis' Strand so dort herum der ganze Ort.

Ch O o o weh, der Freund'
    Umirrende Leiber, salzgetränkt,
    Todgewürgt, sagst du, treiben einher

πλαγκτοῖς ἐν διπλάκεσσιν.
Ἀγ οὐδὲν γὰρ ἥρκει τόξα, πᾶς δ' ἀπώλλυτο
στρατὸς δαμασθεὶς ναΐοισιν ἐμβολαῖς. =

		Str. 3
280 Χο	ἴυζ' ἄποτμον δαΐοις	2 ia
	δυσαιανῆ βοάν.	ba cr
	ὡς πάντα παγκάκως	mol cr
	πᾶν θέσαν, αἰαῖ, στρατοῦ φθαρέντος. —	ch cr ba

Ἀγ ὦ πλεῖστον ἔχθος ὄνομα Σαλαμῖνος κλύειν·
285 φεῦ, τῶν Ἀθηνῶν ὡς στένω μεμνημένος.

Χο	στυγναί γ' Ἀθᾶναι δαΐοις.	Ant. 3

μεμνῆσθαί τοι πάρα,
ὡς πολλὰς Περσίδων
ἔκτισαν εὔνιδας ἠδ' ἀνάνδρους. =

290 Ἀτ σιγῶ πάλαι δύστηνος ἐκπεπληγμένη
κακοῖς· ὑπερβάλλει γὰρ ἥδε συμφορά,
τὸ μήτε λέξαι μήτ' ἐρωτῆσαι πάθη.
ὅμως δ' ἀνάγκη πημονὰς βροτοῖς φέρειν
θεῶν διδόντων· πᾶν δ' ἀναπτύξας πάθος
295 λέξον καταστάς, κεἰ στένεις κακοῖς ὅμως.
τίς οὐ τέθνηκε, τίνα δὲ καὶ πενθήσομεν
τῶν ἀρχελείων, ὅστ' ἐπὶ σκηπτουχίᾳ
ταχθεὶς ἄνανδρον τάξιν ἠρήμου θανών;
Ἀγ Ξέρξης μὲν αὐτὸς ζῆ τε καὶ βλέπει φάος.
300 Ἀτ ἐμοῖς μὲν εἶπας δώμασιν φάος μέγα
καὶ λευκὸν ἦμαρ νυκτὸς ἐκ μελαγχίμου.
Ἀγ Ἀρτεμβάρης δέ, μυρίας ἵππου βραβεύς,
στυφλοὺς παρ' ἀκτὰς θείνεται Σιληνιῶν.
χὠ χιλίαρχος Δαδάκης πληγῇ δορὸς
305 πήδημα κοῦφον ἐκ νεὼς ἀφήλατο·
Τέναγων τ', ἄριστος Βακτρίων ἰθαιγενής,
θαλασσόπληκτον νῆσον Αἴαντος πολεῖ.
Λίλαιος, Ἀρσάμης τε κἀργήστης τρίτος,
οἵδ' ἀμφὶ νῆσον τὴν πελειοθρέμμονα
310 νικώμενοι κύρισσον ἰσχυρὰν χθόνα·
πηγαῖς τε Νείλου γειτονῶν Αἰγυπτίου

Dort in Doppelgewändern?

Bo Nichts, gar nichts half der Bogen; ganz ja ging zugrund
Das Heer, bewältigt von der rammenden Schiffe Stoß.

Ch Schrei Wehruf zu den Feinden all,
Wildjammerndes Geklag,
Die Unheils Fülle voll-
endeten, weh, weh: des Heers Vernichtung!

Bo O größter Abscheu – Name Salamis – meinem Ohr!
Ha, und Athen, wie stöhn ich auf, gedenk ich dein!

Ch Verflucht, Athen, den Feinden all!
Gedenken muß ich dran,
Wie es viel Perserfraun
Raubte den Mann wie den künftgen Gatten!

At Lang schweig ich schon, unselig, bis ins Herz erschreckt
Vom Unheil; übers Maß ja steigt des Unglücks Not,
Daß man nicht sagen noch erfragen kann das Leid.
Gleichwohl tut's not, daß Leid und Weh der Mensch erträgt,
Das Götter sandten. Ganz enthülle nun die Not,
Und voller Fassung, stöhnst du übers Unheil gleich,
Sprich: *Wer* ist *nicht* tot? Und um wen tut Traur uns not
Der Völkerfürsten, weil, mit Szepters Macht betraut,
Er führerlos die Schar ließ und verwaist im Tod?

Bo Xerxes vor allem lebt und schaut das Licht des Tags.

At Oh, meinem Haus weckt, was du sagst, ein Licht voll Glanz
Und weißen Tag aus Nacht, von düstrem Schwarz umhüllt!

Bo Artembares jedoch, zahlloser Reiter Herr:
Am schroffen Fels zerschmettert' er Sileniais.
Der Tausendführer Dadakes – durch Stoß des Speers –
Sprang leichten Sprung von seinem Schiff herab ins Meer,
Indessen Tenagon, der Baktrier Stammesfürst,
Das meergepeitschte Aiaseiland tot umkreist.
Lilaios, Arsames, Argestes auch zu dritt,
Die an des Eilands, an des taubenreichen, Rand
Erlagen, stoßen hart ihr Haupt an starren Strand.
Und die dem Nilquell nah gewohnt, Ägyptens Fluß,

Ἀρκτεύς, Ἀδεύης καὶ φερεσσακὴς τρίτος
Φαρνοῦχος, οἵδε ναὸς ἐκ μιᾶς πέσον.
Χρυσεὺς Μάταλλος μυριόνταρχος θανών,
315   ἵππου μελαίνης ἡγεμὼν τρισμυρίας
πυρσὴν ζαπληθῆ δάσκιον γενειάδα
ἔτεγγ', ἀμείβων χρῶτα πορφυρέᾳ βαφῇ.
καὶ Μᾶγος Ἄραβος, Ἀρτάμης τε Βάκτριος
σκληρᾶς μέτοικος γῆς ἐκεῖ κατέφθιτο.
320   Ἄμιστρις Ἀμφιστρεύς τε πολύπονον δόρυ
νωμῶν, ὅ τ' ἐσθλὸς Ἀριόμαρδος Σάρδεσιν
πένθος παρασχών, Σεισάμης θ' ὁ Μύσιος
Θάρυβίς τε πεντήκοντα πεντάκις νεῶν
ταγός, γένος Λυρναῖος, εὐειδὴς ἀνήρ,
325   κεῖται θανὼν δείλαιος οὐ μάλ' εὐτυχῶς·
Συέννεσίς τε πρῶτος εἰς εὐψυχίαν,
Κιλίκων ἄπαρχος, εἷς ἀνὴρ πλεῖστον πόνον
ἐχθροῖς παρασχὼν εὐκλεῶς ἀπώλετο.
τοιόνδε γ' ἀρχόντων ὑπεμνήσθην πέρι·
330   πολλῶν παρόντων ὀλίγ' ἀπαγγέλλω κακά.
Ἄτ   αἰαῖ, κακῶν ὕψιστα δὴ κλύω τάδε,
αἴσχη τε Πέρσαις καὶ λιγέα κωκύματα.
ἀτὰρ φράσον μοι τοῦτ' ἀναστρέψας πάλιν,
πόσον δὲ πλῆθος ἦν νεῶν Ἑλληνίδων,
335   ὥστ' ἀξιῶσαι Περσικῷ στρατεύματι
μάχην συνάψαι ναΐοισιν ἐμβολαῖς;
Ἄγ   πλήθους μὲν ἂν σάφ' ἴσθ' ἕκατι βάρβαρον
ναυσὶν κρατῆσαι. καὶ γὰρ Ἕλλησιν μὲν ἦν
ὁ πᾶς ἀριθμὸς ἐς τριακάδας δέκα
340   ναῶν, δεκὰς δ' ἦν τῶνδε χωρὶς ἔκκριτος·
Ξέρξῃ δέ, καὶ γὰρ οἶδα, χιλιὰς μὲν ἦν
ὧν ἦγε πλῆθος, αἱ δ' ὑπέρκοποι τάχει
ἑκατὸν δὶς ἦσαν ἑπτά θ'· ὧδ' ἔχει λόγος.
μή σοι δοκοῦμεν τῇδε λειφθῆναι μάχῃ;
345   ἀλλ' ὧδε δαίμων τις κατέφθειρε στρατόν,
τάλαντα βρίσας οὐκ ἰσορρόπῳ τύχῃ.
θεοὶ πόλιν σῴζουσι Παλλάδος θεᾶς.

Arkteus, Adeues und als dritter schildbewehrt
Pharnuchos tun vom Schiff, von *einem* Schiff den Sturz.
Aus Chrysa fiel Matallos, Herr zahllosen Heers –
An Rappenreitern führt' er dreißigtausend Mann –
Und seines blonden, vollen, schattigen Bartes Vließ
Netzt' er und färbte rot die Haut im Purpurbad.
Dem Mager Arabos ward, dem Baktrer Artames
Das rauhe Land dort Heimat, wo der Tod sie traf.
Amistris und Amphistreus, der todbringenden Speer
Hoch schwang, der edle Ariomardos – Sardeis' Stadt
Trägt um ihn Trauer – und der Myser Seisames,
Auch Tharybis, über fünf mal fünfzig Schiffe Herr,
Lyrnaier von Geburt, ein wohlgestalter Mann,
Liegen im Tode elend, ganz unselig dort.
Syennesis, an kühnem Mut der erste Mann,
Der Kiliker Führer, der – ein einzger – schärfste Not
Den Feinden schuf, fand ehrenvollen Untergang.
Solch edler Führer Los blieb im Gedächtnis mir.
Gar vieles traf uns, wenig tat ich kund an Leid.

At   Weh, weh, der Leiden höchste hör ich hiermit schon,
Schmach für die Perser, Grund zu schriller Klagen Laut!
Gleichwohl zeig an mir dies – dein Wort nimm wieder auf!–
Wie groß die Menge war hellenischer Schiffe dort,
Daß sie es wagten, mit der Perser Heeresmacht
In Kampf zu treten durch der Schiffe Schnabelstoß?!

Bo   Der Menge nach – das wisse wohl! – hätt' unsres Heers
Geschwader wohl gesiegt; denn den Hellenen war
Nur insgesamt an zehnmal dreißig Schiffen stark
Die Flotte; zehn dazu noch von erlesner Art.
Doch Xerxes, denn das weiß ich: tausend hatte er
An Zahl zu führen; und an trefflich schnellen noch
Zweihundertsieben weitere; dies Verhältnis war's.
Meinst du, daß wir so schwächer gingen in den Kampf?
Nein, nur ein Dämon war's, der uns das Heer zerschlug,
Der Wage Schalen lud mit nicht gleichschwerem Los.
Der Götter Schutz genießt der Göttin Pallas Stadt.

Ἀτ ἔτ' ἆρ' Ἀθηνῶν ἔστ' ἀπόρθητος πόλις;
Ἀγ ἀνδρῶν γὰρ ὄντων ἕρκος ἐστὶν ἀσφαλές.
350 Ἀτ ἀρχὴ δὲ ναυσὶ συμβολῆς τίς ἦν; φράσον.
       τίνες κατῆρξαν, πότερον Ἕλληνες μάχης
       ἢ παῖς ἐμός, πλήθει καταυχήσας νεῶν;
Ἀγ ἦρξεν μέν, ὦ δέσποινα, τοῦ παντὸς κακοῦ
       φανεὶς ἀλάστωρ ἢ κακὸς δαίμων ποθέν.
355   ἀνὴρ γὰρ Ἕλλην ἐξ Ἀθηναίων στρατοῦ
       ἐλθὼν ἔλεξε παιδὶ σῷ Ξέρξῃ τάδε,
       ὡς εἰ μελαίνης νυκτὸς ἵξεται κνέφας,
       Ἕλληνες οὐ μενοῖεν, ἀλλὰ σέλμασιν
       ναῶν ἐπανθορόντες ἄλλος ἄλλοσε
360   δρασμῷ κρυφαίῳ βίοτον ἐκσωσοίατο.
       ὁ δ' εὐθὺς ὡς ἤκουσεν, οὐ ξυνεὶς δόλον
       Ἕλληνος ἀνδρὸς οὐδὲ τὸν θεῶν φθόνον,
       πᾶσιν προφωνεῖ τόνδε ναυάρχοις λόγον,
       εὖτ' ἂν φλέγων ἀκτῖσιν ἥλιος χθόνα
365   λήξῃ, κνέφας δὲ τέμενος αἰθέρος λάβῃ,
       τάξαι νεῶν στῖφος μὲν ἐν στοίχοις τρισὶν
       ἔκπλους φυλάσσειν καὶ πόρους ἁλιρρόθους,
       ἄλλας δὲ κύκλῳ νῆσον Αἴαντος πέριξ·
       ὡς εἰ μόρον φευξοίαθ' Ἕλληνες κακόν,
370   ναυσὶν κρυφαίως δρασμὸν εὑρόντες τινά,
       πᾶσι στέρεσθαι κρατὸς ἦν προκείμενον.
       τοσαῦτ' ἔλεξε κάρθ' ὑπ' εὐθύμου φρενός·
       οὐ γὰρ τὸ μέλλον ἐκ θεῶν ἠπίστατο.
       οἱ δ' οὐκ ἀκόσμως, ἀλλὰ πειθάρχῳ φρενὶ
375   δεῖπνόν τ' ἐπορσύνοντο, ναυβάτης τ' ἀνὴρ
       τροποῦτο κώπην σκαλμὸν ἀμφ' εὐήρετμον.
       ἐπεὶ δὲ φέγγος ἡλίου κατέφθιτο
       καὶ νὺξ ἐπῄει, πᾶς ἀνὴρ κώπης ἄναξ
       ἐς ναῦν ἐχώρει πᾶς θ' ὅπλων ἐπιστάτης.
380   τάξις δὲ τάξιν παρεκάλει νεὼς μακρᾶς·
       πλέουσι δ' ὡς ἕκαστος ἦν τεταγμένος·
       καὶ πάννυχοι δὴ διάπλοον καθίστασαν
       ναῶν ἄνακτες πάντα ναυτικὸν λεών.

At So steht noch den Athenern unzerstört die Stadt?

Bo Wo Männer sind, schirmt eines Walles sichre Wehr.

At Der Anfang zum Zusammenstoß, wie war er? Sag!
    Und wer begann die Schlacht? War's der Hellenen Heer,
    War es mein Sohn, zu sehr vertraund der Schiffe Zahl?

Bo Anfing, o Herrin, all dies Leid – wer weiß, woher
    Er kam – ein leidger Dämon oder Rachegeist.
    Ein Mann aus Hellas nämlich vom Athenerheer,
    Der herkam, sagte deinem Sohne Xerxes dies:
    Daß, wenn das Dunkel erst der Nacht gekommen sei,
    Die Griechen nicht mehr bleiben, sondern aufs Verdeck
    Der Schiffe springend, einer dorthin, einer hier,
    Ihr Leben retten würden auf verborgner Fahrt.
    Und er, kaum daß er's hört – nichts ahnend von der List
    Des Manns aus Hellas noch auch von der Götter Neid –
    Tat all den Flottenführern kund dies sein Gebot:
    Sobald sein flammend Licht der Sonnengott der Erd'
    Entzogen, Dunkel heiligen Äthers Raum erfaßt:
    Sollt' ordnen sich der Schiffe Schar dreifach in Reihn
    Zur Hut der Aus- und Durchfahrt über salzge Flut
    Und andre dicht umstellen Aias' Insel rings.
    Denn wenn dem Todeslos entschlüpfe Hellas' Volk,
    Zu Schiff verborgen finde einen Pfad zur Flucht:
    Daß alle zahlten mit dem Kopf, war sein Gebot.
    So starke Worte sprach er, hochgemuten Sinns;
    War doch, was drohte von den Göttern, ihm nicht kund.
    Und die – nicht ohne Zucht, nein, folgsam ihrem Herrn –
    Machten das Mahl zurecht; die Mannschaft jeden Schiffs
    Schlang fest das Ruder um den Pflock, der wohl ihm dient.
    Doch als der Glanz des Sonnengotts hinunterschwand
    Und Nacht heraufkam: jeder, der das Ruder führt,
    Zog da aufs Schiff wie der, dem Waffen anvertraut;
    Reih rief der Reih anfeuernd zu an Schlachtschiffs Bord;
    Sie fahren jeder so, wie er sich eingereiht.
    Die ganze Nacht nun stellten zu der Durchfahrt auf
    Der Schiffe Führer das gesamte Flottenvolk.

και νύξ εχώρει, κού μάλ' Ελλήνων στρατός
385 κρυφαῖον έκπλουν ούδαμῇ καθίστατο·
επεί γε μέντοι λευκόπωλος ημέρα
πᾶσαν κατέσχε γαῖαν εύφεγγὴς ιδεῖν,
πρῶτον μὲν ἤχει κέλαδος Ελλήνων πάρα·
μολπηδὸν εύφήμησαν, ὄρθιον δ' ἅμα
390 ἀντηλάλαξε νησιώτιδος πέτρας
ἠχώ· φόβος δὲ πᾶσι βαρβάροις παρῆν
γνώμης ἀποσφαλεῖσιν· ού γὰρ ὡς φυγῇ
παιᾶν' εφύμνουν σεμνὸν Έλληνες τότε,
άλλ' ες μάχην ορμῶντες εὐψύχῳ θράσει·
395 σάλπιγξ δ' αὐτῇ πάντ' εκεῖν' επέφλεγεν.
εύθὺς δὲ κώπης ροθιάδος ξυνεμβολῇ
έπαισαν άλμην βρύχιον εκ κελεύματος,
θοῶς δὲ πάντες ἦσαν εκφανεῖς ιδεῖν.
τὸ δεξιὸν μὲν πρῶτον εὐτάκτως κέρας
400 ηγεῖτο κόσμῳ, δεύτερον δ' ό πᾶς στόλος
επεξεχώρει, καὶ παρῆν ομοῦ κλύειν
πολλὴν βοὴν »ὦ παῖδες Ελλήνων, ίτε
ελευθεροῦτε πατρίδ', ελευθεροῦτε δὲ
παῖδας, γυναῖκας θεῶν τε πατρῴων έδη
405 θήκας τε προγόνων· νῦν υπὲρ πάντων αγών.«
καὶ μὴν παρ' ημῶν Περσίδος γλώσσης ρόθος
υπηντίαζε, κούκέτ' ἦν μέλλειν ακμή.
εύθὺς δὲ ναῦς εν νηὶ χαλκήρη στόλον
έπαισεν· ἦρξε δ' εμβολῆς Ελληνικὴ
410 ναῦς κάποθραύει πάντα Φοινίσσης νεὼς
κόρυμβ', επ' άλλην δ' άλλος ηύθυνεν δόρυ.
τὰ πρῶτα μέν νυν ρεῦμα Περσικοῦ στρατοῦ
αντεῖχεν· ὡς δὲ πλῆθος εν στενῷ νεῶν
ήθροιστ', αρωγὴ δ' ούτις αλλήλοις παρῆν,
415 αυτοὶ δ' υπ' αυτῶν εμβόλοις χαλκοστόμοις
παίοντ', έθραυον πάντα κωπήρη στόλον.
Ελληνικαί τε νῆες ούκ αφρασμόνως
κύκλῳ πέριξ έθεινον, υπτιοῦτο δὲ
σκάφη νεῶν, θάλασσα δ' ούκέτ' ἦν ιδεῖν,

Die Nacht verzog sich, ohne daß der Griechen Heer
Verborgne Ausfahrt irgendwo ins Werk gesetzt.
Sobald jedoch auf weißer Rosse Gespann der Tag
Die ganze Erd umfing mit leuchtend hellem Schein:
Da scholl zuerst Gebraus von den Hellenen her:
Sie huben frommen Sang an, und hellauf zugleich
Hallt' all den Schall zurück von Eilands Felsgestein
Das Echo; Furcht erfaßt' all die Barbaren da,
In schwer getäuschter Hoffnung; nicht ja wie zur Flucht
Stimmt' an den Glückruf da, den heiligen, Hellas' Heer,
Vielmehr: zur Schlacht entschlossen, kühnbeherzten Muts.
Trompetenruf entflammt' all jenes brennend hell.
Sogleich ward Ruder um Ruder rauschend eingetaucht,
Sie schlugen der Salzflut Tiefe nach des Rufes Takt.
Und plötzlich waren alle hell und klar zu sehn.
Der rechte Flügel, schön geordnet, nahm zuerst
Der Auffahrt Führung, danach folgt der ganze Zug
Nach links ihm nach, und hören konnte man zugleich
Den lauten Ruf: „Ihr Söhne der Hellenen, auf!
Befreiet unser Vaterland! Auf, auf, befreit
Die Kinder, Weiber, unsrer Stammesgötter Sitz,
Der Vorfahrn Gräber; nun für alles gilt der Kampf!"
Und jetzt gellt auch von uns der Perserzunge Laut
Entgegnend Antwort; und mit Zaudern war's vorbei:
Flugs stieß da Schiff in Schiff den Schnabel, erzbewehrt,
Hinein. Anfing mit Rammen auf hellenischer Seit'
Ein Schiff, brach ganz herab eines Phöniziers Bug
Die Krönung; Kiel wider Kiel nahm gradwegs jetzt den
Zu Anfang zwar hielt nun der Strom des Perserheers   [Kurs.
Noch stand; doch als der Schiffe Meng' in engem Meer
Sich staute: beistehn eins dem andern gab's da nicht.
Von ihrer eignen Schiffe ehrnem Schnabelstoß
Durchbohrt, zerschlugen sie das ganze Ruderzeug.
Der Griechen Schiff' indes, mit nicht unklugem Plan,
Umringten, trafen sie; hintüber ward gekehrt
Der Schiffe Bauch; das Meer war nirgends mehr zu sehn,

420   ναυαγίων πλήθουσα καὶ φόνου βροτῶν.
        ἀκταὶ δὲ νεκρῶν χοιράδες τ' ἐπλήθυον·
        φυγῇ δ' ἀκόσμως πᾶσα ναῦς ἠρέσσετο,
        ὅσαιπερ ἦσαν βαρβάρου στρατεύματος.
        τοὶ δ' ὥστε θύννους ἤ τιν' ἰχθύων βόλον
425   ἀγαῖσι κωπῶν θραύμασίν τ' ἐρειπίων
        ἔπαιον ἐρράχιζον, οἰμωγὴ δ' ὁμοῦ
        κωκύμασιν κατεῖχε πελαγίαν ἅλα,
        ἕως κελαινῆς νυκτὸς ὄμμ' ἀφείλετο.
        κακῶν δὲ πλῆθος, οὐδ' ἂν εἰ δέκ' ἤματα
430   στοιχηγοροίην, οὐκ ἂν ἐκπλήσαιμί σοι.
        εὖ γὰρ τόδ' ἴσθι, μηδάμ' ἡμέρᾳ μιᾷ
        πλῆθος τοσουτάριθμον ἀνθρώπων θανεῖν.
Ἄτ   αἰαῖ, κακῶν δὴ πέλαγος ἔρρωγεν μέγα
        Πέρσαις τε καὶ πρόπαντι βαρβάρων γένει.
435 Ἀγ εὖ νῦν τόδ' ἴσθι, μηδέπω μεσοῦν κακόν·
        τοιάδ' ἐπ' αὐτοῖς ἦλθε συμφορὰ πάθους,
        ὡς τοῖσδε καὶ δὶς ἀντισηκῶσαι ῥοπῇ.
Ἄτ   καὶ τίς γένοιτ' ἂν τῆσδ' ἔτ' ἐχθίων τύχη;
        λέξον τίν' αὖ φῇς τήνδε συμφορὰν στρατῷ
440   ἐλθεῖν κακῶν ῥέπουσαν ἐς τὰ μάσσονα.
Ἀγ.   Περσῶν ὅσοιπερ ἦσαν ἀκμαῖοι φύσιν
        ψυχήν τ' ἄριστοι κεὐγένειαν ἐκπρεπεῖς
        αὐτῷ τ' ἄνακτι πίστιν ἐν πρώτοις ἀεί,
        τεθνᾶσιν αἰσχρῶς δυσκλεεστάτῳ μόρῳ.
445 Ἄτ οἲ ἐγὼ τάλαινα συμφορᾶς κακῆς, φίλοι.
        ποίῳ μόρῳ δὲ τούσδε φῂς ὀλωλέναι;
Ἀγ   νῆσός τις ἔστι πρόσθε Σαλαμῖνος τόπων
        βαιά, δύσορμος ναυσίν, ἣν ὁ φιλόχορος
        Πὰν ἐμβατεύει ποντίας ἀκτῆς ἔπι.
450   ἐνταῦθα πέμπει τούσδ', ὅπως ὅτ' ἐκ νεῶν
        φθαρέντες ἐχθροὶ νῆσον ἐκσῳζοίατο,
        κτείνοιεν εὐχείρωτον Ἑλλήνων στρατόν,
        φίλους δ' ὑπεκσῴζοιεν ἐναλίων πόρων·
        κακῶς τὸ μέλλον ἱστορῶν. ὡς γὰρ θεὸς
455   ναῶν ἔδωκε κῦδος Ἕλλησιν μάχης,

War von Schiffstrümmern voll und von der Männer Mord.
Mit Toten füllten Küsten, Klippen füllten sich.
Wild flieht, wie's kommt, ein jedes Schiff und rudert los,
Soviel noch übrig war von unsrer Heeresmacht.
Die – wie beim Thunfisch- oder andrer Fische Fang –
Mit Ruderstücken, Splittern von der Schiffe Wrack
Schlugen und spießten sie, und Weheruf zugleich
Und Jammerschrei umfing die salzge Meeresflut,
Bis dann der Nacht, der dunklen, Aug ein Ende schuf.
Der Leiden Fülle – auch nicht, wenn der Tage zehn
In einer Reih ich spräch' – erzählt' ich völlig dir.
Denn wisse wohl, daß niemals noch an *einem* Tag
Solch eine zahllos große Menge Menschen starb.

At Weh, weh, des Unheils Sturmflut brach herein mit Macht
Auf Perser und auf der Barbaren ganzen Stamm!

Bo Damit du's weißt: noch nicht die Hälfte ist's der Not.
So hart kam über sie des Leidens Wehgeschick,
Daß es das vorher zwiefach lastend überwog.

At Und welch Verhängnis wär noch grausiger als dies?
Sag an, welch Wehgeschick du meinst, das unser Heer
Ankam, an Unheil lastender und schwerer noch?

Bo Die von den Persern in der Vollkraft ihres Leibs,
An Geist die Besten waren, adligsten Geblüts,
Dem Großherrn selbst in Treu als erste stets erprobt:
Die starben schmachvoll einen höchst ruhmlosen Tod.

At O weh mir Armen! Freunde, solchen Unheils Not!
Was für ein Tod hat jene – sag mir's! – fortgerafft?

Bo Ein Eiland liegt dort nah vor Salamis' Strandgebiet,
Klein, schlecht zum Landen, wo der reigenfrohe Fuß
Des Pan einhertritt auf umwogter Küste Land.
Dorthin entsandt' er sie, daß, wenn durchs Perserheer
Geschlagne Feinde sich zur Insel retteten,
Sie leichten Kampfes töten der Hellenen Schar,
Doch Freunde retten könnten aus der Salzflut Strom.
Schlecht sah er, was nun kam, voraus. Denn als ein Gott
Im Flottenkampf Ruhm den Hellenen gab und Sieg:

αὐθημερὸν φράξαντες εὐχάλκοις δέμας
ὅπλοισι ναῶν ἐξέθρωσκον· ἀμφὶ δὲ
κυκλοῦντο πᾶσαν νῆσον, ὥστ' ἀμηχανεῖν
ὅποι τράποιντο. πολλὰ μὲν γὰρ ἐκ χερῶν
460   πέτροισιν ἡράσσοντο, τοξικῆς τ' ἄπο
θώμιγγος ἰοὶ προσπίτνοντες ὤλλυσαν,
τέλος δ' ἐφορμηθέντες ἐξ ἑνὸς ῥόθου
παίουσι κρεοκοποῦσι δυστήνων μέλη,
ἕως ἁπάντων ἐξαπέφθειραν βίον.
465   Ξέρξης δ' ἀνώμωξεν κακῶν ὁρῶν βάθος·
ἕδραν γὰρ εἶχε παντὸς εὐαγῆ στρατοῦ,
ὑψηλὸν ὄχθον ἄγχι πελαγίας ἁλός·
ῥήξας δὲ πέπλους κἀνακωκύσας λιγύ,
πεζῷ παραγγείλας ἄφαρ στρατεύματι,
470   ἵησ' ἀκόσμῳ ξὺν φυγῇ. τοιάνδε σοι
πρὸς τῇ πάροιθε συμφορὰν πάρα στένειν.

"Ατ   ὦ στυγνὲ δαῖμον, ὡς ἄρ' ἔψευσας φρενῶν
Πέρσας· πικρὰν δὲ παῖς ἐμὸς τιμωρίαν
κλεινῶν Ἀθηνῶν ηὗρε, κοὐκ ἀπήρκεσαν
475   οὓς πρόσθε Μαραθὼν βαρβάρων ἀπώλεσεν·
ὧν ἀντίποινα παῖς ἐμὸς πράξειν δοκῶν
τοσόνδε πλῆθος πημάτων ἐπέσπασεν.
σὺ δ' εἰπὲ ναῶν αἳ πεφεύγασιν μόρον,
ποῦ τάσδ' ἔλειπες· οἶσθα σημῆναι τορῶς;
480 "Αγ   ναῶν δὲ ταγοὶ τῶν λελειμμένων σύδην
κατ' οὖρον οὐκ εὔκοσμον αἴρονται φυγήν.
στρατὸς δ' ὁ λοιπὸς ἔν τε Βοιωτῶν χθονὶ
διώλλυθ', οἱ μὲν ἀμφὶ κρηναῖον γάνος
δίψῃ πονοῦντες, οἱ δ' ὑπ' ἄσθματος κενοὶ
485   διεκπερῶμεν ἔς τε Φωκέων χθόνα
καὶ Δωρίδ' αἶαν Μηλιᾶ τε κόλπον, οὗ
Σπερχειὸς ἄρδει πεδίον εὐμενεῖ ποτῷ·
κἀντεῦθεν ἡμᾶς γῆς Ἀχαιίδος πέδον
καὶ Θεσσαλῶν πόλεις ὑπεσπανισμένους
490   βορᾶς ἐδέξαντ'· ἔνθα δὴ πλεῖστοι θάνον
δίψει τε λιμῷ τ'· ἀμφότερα γὰρ ἦν τάδε.

Am selben Tage noch, gehüllt in Erz den Leib
Und Waffen, sprangen sie vom Schiff, umschlossen drauf
Im Kreis die ganze Insel, daß kein Ausweg war,
Wohin entfliehn. Nun wurden jene massenhaft
Mit Steinen überschüttet, von des Bogens Strang
Geschnellte Pfeile brachten schwirrend ihnen Tod.
Zum Schluß losbrechend dann in *einem* Angriffssturm,
Zerhaun sie, metzeln die Unselgen Glied um Glied,
Bis aller Leben sie von Grund aus ausgetilgt.
Xerxes stöhnt' auf, als er den Abgrund sah des Leids;
Hatt' er den Thron doch mit dem Blick aufs ganze Heer
Auf hohem Hügel nah der salzgen Flut des Meers.
Er reißt sein Kleid durch, jammert laut mit schrillem Schrei,
Und als des Fußvolks Heer er Weisung rasch getan,
Stürzt er auf planlos wilde Flucht. So war's, was du
Zu früherm noch als Wehgeschick beseufzen magst.

At   O finstrer Dämon, wie doch täuschtest du den Sinn
Der Perser! Bitter war die Rache, die mein Sohn
Fand bei Athen, der stolzen Stadt. War's nicht genug,
Was vormals Marathon an Barbaren niederschlug?
Hierfür Tribut zu fordern, hatte vor mein Sohn,
Und solche Last von Leid und Not lud er uns auf!
Doch sag: die Schiffe, die dem Untergang entflohn,
Wo ließest du sie? Weißt du klar es darzutun?

Bo   Der Schiffe Führer, der verschonten, ungestüm,
Wie Wind weht, regellos ergreifen sie die Flucht.
Was blieb vom Heer, verfiel in der Boioter Land
Dem Untergang. Ein Teil – an einer Quelle Glanz
Verschmachtet durstend; wir – von Atemnot erschöpft –
Wir schleppten uns hindurch bis ins Phokaierland,
Bis Doris weiter, dann zur Malierbucht, wo der
Spercheios tränkt die Ebne mit wohltätger Flut.
Von dort nahm uns des Lands Achaia ebne Flur
Und der Thessalier Städte nahmen uns, entblößt
Von Nahrung, auf. So starben viele, viele dort
Vor Durst und Hunger; beides gab es da vereint.

Μαγνητικὴν δὲ γαῖαν ἔς τε Μακεδόνων
χώραν ἀφικόμεσθ', ἐπ' Ἀξιοῦ πόρον
Βόλβης θ' ἕλειον δόνακα Πάγγαιόν τ' ὄρος,
495 Ἠδωνίδ' αἶαν· νυκτὶ δ' ἐν ταύτῃ θεὸς
χειμῶν' ἄωρον ὦρσε, πήγνυσιν δὲ πᾶν
ῥέεθρον ἁγνοῦ Στρυμόνος. θεοὺς δέ τις
τὸ πρὶν νομίζων οὐδαμοῦ τότ' ηὔχετο
λιταῖσι, γαῖαν οὐρανόν τε προσκυνῶν.
500 ἐπεὶ δὲ πολλὰ θεοκλυτῶν ἐπαύσατο
στρατός, περᾷ κρυσταλλοπῆγα διὰ πόρον.
χὤστις μὲν ἡμῶν πρὶν σκεδασθῆναι θεοῦ
ἀκτῖνας ὡρμήθη, σεσωμένος κυρεῖ.
φλέγων γὰρ αὐγαῖς λαμπρὸς ἡλίου κύκλος
505 μέσον πόρον διῆκε θερμαίνων φλογί·
πῖπτον δ' ἐπ' ἀλλήλοισιν· εὐτυχὴς δέ τοι
ὅστις τάχιστα πνεῦμ' ἀπέρρηξεν βίου.
ὅσοι δὲ λοιποὶ κἄτυχον σωτηρίας,
Θρήκην περάσαντες μόγις πολλῷ πόνῳ
510 ἥκουσιν ἐκφυγόντες, οὐ πολλοί τινες,
ἐφ' ἑστιοῦχον γαῖαν· ὡς στένειν πόλιν
Περσῶν, ποθοῦσαν φιλτάτην ἥβην χθονός.
ταῦτ' ἔστ' ἀληθῆ· πολλὰ δ' ἐκλείπω λέγων
κακῶν ἃ Πέρσας ἐγκατέσκηψεν θεός.

515 Χο ὦ δυσπόνητε δαῖμον, ὡς ἄγαν βαρὺς
ποδοῖν ἐνήλου παντὶ Περσικῷ γένει.
  Ἀτ οἲ 'γὼ τάλαινα διαπεπραγμένου στρατοῦ·
ὦ νυκτὸς ὄψις ἐμφανὴς ἐνυπνίων,
ὡς κάρτα μοι σαφῶς ἐδήλωσας κακά.
520 ὑμεῖς δὲ φαύλως αὔτ' ἄγαν ἐκρίνατε.
ὅμως δ', ἐπειδὴ τῇδ' ἐκύρωσεν φάτις
ὑμῶν, θεοῖς μὲν πρῶτον εὔξασθαι θέλω·
ἔπειτα Γῇ τε καὶ φθιτοῖς δωρήματα
ἥξω λαβοῦσα πέλανον ἐξ οἴκων ἐμῶν·
525 ἐπίσταμαι μὲν ὡς ἐπ' ἐξειργασμένοις,
ἀλλ' ἐς τὸ λοιπὸν εἴ τι δὴ λῷον πέλοι.

Ins Land Magnesia und in Makedoniens
Gebiet gelangten wir zur Furt des Axios,
Zu Bolbes sumpfigem Röhricht, zum Pangaiosberg,
Edonischem Gebiet. Die Nacht war's, als ein Gott
Vorzeitigen Winter sandt' und ganz erstarren ließ
Die Flut des heiligen Strymon. Wer an Götter da
Zuvor niemals geglaubt, nun fleht' er im Gebet
Voll Inbrunst, lag vor Erd und Himmel auf den Knien.
Doch als die Götter laut zu rufen aufgehört
Das Heer, da schreitet's über eiserstarrte Bahn.
Und wer von uns, eh rings entbrennen ließ der Gott
Die Strahlen, aufgebrochen, fand gerettet sich.
Sengenden Strahls ja schmolz der Sonne Feuerkreis
Mitten die Bahn dann durch, sie hitzend mit der Glut.
Da stürzten alle aufeinander; glücklich war,
Wer möglichst schnell des Lebens Atem ausgehaucht.
Die übrig noch und glücklich Rettung dort erlangt,
Durchquerten Thrakien unter Müh und großer Not.
Und kommen, jetzt entflohen – einige wenge sind's –
Zum Herd des Heimatlands. Nun stöhnt die Perserstadt
In Trauer um die teure Jugend ihres Lands. –
Dies ist die Wahrheit; viel ließ ich erzählend aus
Vom Leid, das auf die Perser schmetternd warf ein Gott.
                                  Bote ab
Chf O qualenreicher Dämon, wie du allzuhart
     Mit beiden Pranken ansprangst Persiens ganzes Volk!
At   O weh mir Armen! Ganz dahingewürgt das Heer!
     O Nachtgesicht, so leibhaft mir in Schlafes Traum,
     Wie furchtbar klar hast du das Unheil offenbart!
     Doch ihr gabt schlecht mir Deutung, ach, nur allzu schlecht!
     Gleichwohl, dieweil ja darin rechte Weisung kam
     Von euch: will ich den Göttern erst mich betend nahn,
     Danach der Erd' und den Gestorbnen als Geschenk
     Trag ich rückkehrend Opferkuchen aus dem Haus.
     Ich weiß: es ist ein Opfer nach geschehner Tat;
     Doch bring ich's, daß das Künftge sich zum Bessern fügt.

ὑμᾶς δὲ χρὴ 'πὶ τοῖσδε τοῖς πεπραγμένοις
πιστοῖσι πιστὰ ξυμφέρειν βουλεύματα·
καὶ παῖδ', ἐάν περ δεῦρ' ἐμοῦ πρόσθεν μόλῃ,
530   παρηγορεῖτε καὶ προπέμπετ' ἐς δόμους,
μὴ καί τι πρὸς κακοῖσι προσθῆται κακόν.

Χο ὦ Ζεῦ βασιλεῦ, νῦν γὰρ Περσῶν   an
τῶν μεγαλαύχων καὶ πολυάνδρων
στρατιὰν ὀλέσας
535   ἄστυ τὸ Σούσων ἠδ' Ἀγβατάνων
πένθει δνοφερῷ κατέκρυψας·

πολλαὶ δ' ἁπαλαῖς χερσὶ καλύπτρας
κατερεικόμεναι
διαμυδαλέους δάκρυσιν κόλπους
540   τέγγουσ', ἄλγους μετέχουσαι.

αἱ δ' ἁβρόγοοι Περσίδες ἀνδρῶν
ποθέουσαι ἰδεῖν ἀρτιζυγίαν,
λέκτρων τ' εὐνὰς ἁβροχίτωνας,
χλιδανῆς ἥβης τέρψιν, ἀφεῖσαι,
545   πενθοῦσι γόοις ἀκορεστοτάτοις..
κἀγὼ δὲ μόρον τῶν οἰχομένων
αἴρω δοκίμως πολυπενθῆ.   Stasimon I

                                    Str. 1

νῦν γὰρ πρόπασα μὲν στένει   2 ia
γαῖ' Ἀσὶς ἐκκενουμένα·   2 ia
550   Ξέρξης μὲν ἄγαγεν, ποποῖ,   2 ia
Ξέρξης δ' ἀπώλεσεν, τοτοῖ,   2 ia
Ξέρξης δὲ πάντ' ἐπέσπε δυσφρόνως   sp 2 ia
βαρίδεσσι ποντίαις.   cr ia
τίπτε Δαρεῖος μὲν οὔ-   cr ia
555   τω τότ' ἀβλαβὴς ἐπῆν   cr ia
τόξαρχος πολιήταις,   pher
Σουσίδος φίλος ἄκτωρ; –   pher

Ihr aber müßt bei solchem allen, was geschehn,
Getreuen treu zur Seite stehn mit eurem Rat.
Und meinem Sohn, sofern er hier vor mir erscheint,
Sprecht gütig zu und gebt ihm das Geleit ins Haus,
Daß er nicht etwa zu dem Leid noch füg ein Leid!

Atossa ab

Ch O Zeus, höchster Herr, nun warfst du der Per-
ser Prunk und Pracht, ihrer Mannschaft Macht,
Unser Heer in den Staub,
Senktest Susa, die Stadt, und Agbatanas Burg
   In den Abgrund dunkler Betrübnis!

Viel Frauen zerreißen mit zarter Hand
Das Schleiergewand,
Unterdes heiß tropfende Tränen die Brust
   Betaun in schmerzlicher Trauer.

Zärtlich klagende Perserinnen, den Mann
Sich sehnend zu sehn, junger Ehe Gespons,
Lassen Lager und Bett, von Decken weich,
Junger Wonne Bereich und Lust, beiseit,
Jammern lautauf in Leid, unersättlichstem Leid.
Auch ich hebe an, um der Toten Los
   Nach Gebühr voll Trauer zu klagen.

Nun stöhnt ganz Asias Erde auf,
Die Erd, all ihrer Männer bar.
Xerxes, der führte sie – o – oi!
Xerxes zum Tode sie – o – oi!
Xerxes vertraute alles unbedacht
Meerfahrzeugen an im Krieg.
Warum hat Dareios so
Unantastbar einst beherrscht
Bogenstark seine Bürger,
Susas Freund und Betreuer?

πεζούς τε καὶ θαλασσίους   Ant. 1
λινόπτεροι κυανώπιδες
560 νᾶες μὲν ἄγαγον, ποποῖ,
νᾶες δ' ἀπώλεσαν, τοτοῖ,
νᾶες πανωλέθροισιν ἐμβολαῖς.
διὰ δ' Ἰαόνων χέρας.
τυτθὰ δ' ἐκφυγεῖν ἄνακτ'
565 αὐτὸν ὡς ἀκούομεν
Θρήκης ἄμ πεδιήρεις
δυσχίμους τε κελεύθους. =

                                Str. 2
τοὶ δ' ἄρα πρωτομόροιο, φεῦ,   3 da A
ληφθέντες πρὸς ἀνάγκας, ἠέ,   3 da A
570 ἀκτὰς ἀμφὶ Κυχρείας, ὀᾶ,   3 da A
στέμβονται· στένε καὶ δακνά-   gl
ζου, βαρὺ δ' ἀμβόασον   ch ba
οὐράνι' ἄχη, ὀᾶ,   ia A
τεῖνε δὲ δυσβάυκτον   ch ba
575 βοᾶτιν τάλαιναν αὐδάν. –   δ ba

γναπτόμενοι δ' ἁλὶ δεινᾷ, φεῦ,   Ant. 2
σκύλλονται πρὸς ἀναύδων, ἠέ,
παίδων τᾶς ἀμιάντου, ὀᾶ.
πενθεῖ δ' ἄνδρα δόμος στερη-
580 θείς, τοκέης δ' ἄπαιδες
δαιμόνι' ἄχη, ὀᾶ,
δυρόμενοι γέροντες
τὸ πᾶν δὴ κλύουσιν ἄλγος. =

                                Str. 3
τοὶ δ' ἀνὰ γᾶν Ἀσίαν δὴν   3 da
585 οὐκέτι περσονομοῦνται,   3 da
οὐδ' ἔτι δασμοφοροῦσιν   3 da
δεσποσύνοισιν ἀνάγκαις,   3 da
οὐδ' ἐς γᾶν προπίτνοντες   3 da
ἄζονται· βασιλεία   3 da
590 γὰρ διόλωλεν ἰσχύς. –   ch ba

Das Fußvolk und das Seemannsvolk:
Linnenbeflügelt, mit dunklem Bord:
Langschiffe führten es – o – oi!
Langschiffe todwärts es – o – oi!
Langschiffe, todgeweiht durch Schnabelstoß,
Durch der Ionier starken Arm.
Nur mit Müh entrann der Herr
Selber – wie wir's just gehört –
Drang durch Thrakiens flaches,
Sturmdurchtobtes Gefild vor.

Die aber, früheste Opfer – hu!
Die das Schicksal erfaßte: – wehweh!
Ums Gestade Kychreias – o ah!
Treiben sie! Darum seufz' und ver-
zehr dich, laut laß erschallen
Zum Himmel den Schrei: – o ah!
Raum gib dem jammerreichen,
Wehklagenden Ton des Unheils!

Gräßlich zerwalkt von dem Wasser – hu!
Wurden Fraß sie der stummen – wehweh!
Brut der heiligen Meerflut! – o ah!
Traur hegt, missend den Herren, das
Haus; und die Eltern, sohnlos,
Gram, grausiges Weh – o ah!
Klagend im Greisenalter,
Erfahren nun ganz das Herzleid.

Asiens Völker – wie Brauch war –
Folgen nicht Persergesetz mehr,
Zahlen nicht Zinsen noch Zoll mehr
Auf der Herrscher Gebot hin,
Werfen sich nicht auf das Erdreich
Demutsvoll, da dem Großherrn
Ganz die Gewalt dahinsank.

οὐδ' ἔτι γλῶσσα βροτοῖσιν   Ant. 3
ἐν φυλακαῖς· λέλυται γὰρ
λαὸς ἐλεύθερα βάζειν,
ὡς ἐλύθη ζυγὸν ἀλκᾶς.
595   αἱμαχθεῖσα δ' ἄρουραν
Αἴαντος περικλύστα
νᾶσος ἔχει τὰ Περσῶν. =

Ἄτοσσα

φίλοι, κακῶν μὲν ὅστις ἔμπειρος κυρεῖ,
ἐπίσταται, βροτοῖσιν ὡς, ὅταν κλύδων
600   κακῶν ἐπέλθῃ, πάντα δειμαίνειν φιλεῖ·
ὅταν δ' ὁ δαίμων εὐροῇ, πεποιθέναι
τὸν αὐτὸν αἰὲν ἄνεμον οὐριεῖν τύχης.
ἐμοὶ γὰρ ἤδη πάντα μὲν φόβου πλέα
ἐν ὄμμασιν τἀνταῖα φαίνεται θεῶν,
605   βοᾷ δ' ἐν ὠσὶ κέλαδος οὐ παιώνιος.
τοία κακῶν ἔκπληξις ἐκφοβεῖ φρένας.
τοιγὰρ κέλευθον τήνδ' ἄνευ τ' ὀχημάτων
χλιδῆς τε τῆς πάροιθεν ἐκ δόμων πάλιν
ἔστειλα, παιδὸς πατρὶ πρευμενεῖς χοὰς
610   φέρουσ', ἅπερ νεκροῖσι μειλικτήρια,
βοός τ' ἀφ' ἁγνῆς λευκὸν εὔποτον γάλα,
τῆς τ' ἀνθεμουργοῦ στάγμα, παμφαὲς μέλι,
λιβάσιν ὑδρηλαῖς παρθένου πηγῆς μέτα,
ἀκήρατόν τε μητρὸς ἀγρίας ἄπο
615   ποτόν, παλαιᾶς ἀμπέλου γάνος τόδε·
τῆς τ' αἰὲν ἐν φύλλοισι θαλλούσης βίον
ξανθῆς ἐλαίας καρπὸς εὐώδης πάρα,
ἄνθη τε πλεκτά, παμφόρου γαίας τέκνα.
ἀλλ', ὦ φίλοι, χοαῖσι ταῖσδε νερτέρων
620   ὕμνους ἐπευφημεῖτε, τόν τε δαίμονα
Δαρεῖον ἀνακαλεῖσθε, γαπότους δ' ἐγὼ
τιμὰς προπέμψω τάσδε νερτέροις θεοῖς.

Nicht ist die Zunge der Menschheit
Fürder bewacht; denn gelöst ist,
Freihin zu schwatzen, des Volks Mund,
Da ja gelöst ward der Macht Joch!
Blutgetränkten Gefilds birgt
Aias' wogenumtostes
Eiland das Heil der Perser.

Atossa
zu Fuß aus dem Palast, ohne Schmuck
Dienerinnen mit Opferspenden

Ihr Freunde, wer im Unheil wohl erfahren ist,
Der weiß, daß, wenn den Sterblichen die Flut
Des Unheils trifft, vor *allem* er zu bangen pflegt;
Und wenn ein Schicksal gut abläuft, daß er vertraut,
Derselbe günstge Schicksalswind werd *immer* wehn.
So schwebt auch mir nun alles schon als schreckensvoll
Vor Augen, was von Göttern mir entgegenkommt,
Und hallt im Ohr als Lärmgetös – nicht Heilsgesang.
Derart macht Unheils Schrecken angstvoll mein Gemüt.
Drum kam ich meinen Weg nicht auf des Wagens Thron,
Nicht in dem Prunk von vorhin aus dem Haus hierher
Zurück, dem Vater meines Sohns der Spende Gruß
Zu bringen, wie sie Toten als Sühnopfer dient:
Von heiliger Kuh die weiße, labendsüße Milch,
Der Blütensaugerin Seim, glänzenden Honigs Gold,
Des klaren Wassers Naß aus jungfräulichem Quell
Und ungemischt, wie ihn die wilde Mutter bringt,
Uralten, edlen Weinstocks köstliches Gewächs;
Der in des Laubes immergrünem Leben blüht,
Des Ölbaums gelbe Frucht, die duftende, ist hier;
Blumen im Kranz auch, der Allmutter Erd entblüht.
Drum, Freunde, stimmt zur Spende für die Toten hier
Nun fromme Lieder an und ruft die Gottheit des
Dareios uns herauf; der Erd indes zum Trank
Bring ich den Guß den unterirdschen Göttern dar.

Χο βασίλεια γύναι, πρέσβος Πέρσαις,   an
   σύ τε πέμπε χοὰς θαλάμους ὑπὸ γῆς,
625 ἡμεῖς θ' ὕμνοις αἰτησόμεθα
   φθιμένων πομποὺς
     εὔφρονας εἶναι κατὰ γαίας.
   ἀλλά, χθόνιοι δαίμονες ἁγνοί,
   Γῆ τε καὶ Ἑρμῆ βασιλεῦ τ' ἐνέρων,
630 πέμψατ' ἔνερθεν ψυχὴν ἐς φῶς·
   εἰ γάρ τι κακῶν ἄκος οἶδε πλέον,
     μόνος ἂν θρήνων πέρας εἴποι.   Stasimon II
                                             Str. 1

   ἦ ῥ' ἀίει μου μακαρί-   2 ch
   τας ἰσοδαίμων βασιλεὺς   2 ch
   βάρβαρα σαφηνῆ   reiz
635 ἱέντος τὰ παναίολ' αἰ-   gl
   ανῆ δύσθροα βάγματα;   gl
   παντάλαν' ἄχη   tr
   διαβοάσω.   tr
   νέρθεν ἄρα κλύει μου; –   pher

   ἀλλὰ σύ μοι, Γᾶ τε καὶ ἄλ-   Ant. 1
640 λοι χθονίων ἀγεμόνες,
   δαίμονα μεγαυχῆ
   ἰόντ' αἰνέσατ' ἐκ δόμων,
   Περσᾶν Σουσιγενῆ θεόν·
   πέμπετε δ' ἄνω
645 οἷον οὔπω
   Περσὶς αἶ' ἐκάλυψεν. =
                                             Str. 2
   ἦ φίλος ἀνήρ, φίλος ὄ-   2 ch
   χθος· φίλα γὰρ κέκευθεν ἤθη.   hipp
   Ἀιδωνεὺς δ' ἀναπομ-   2 io
650 πὸς ἀνίει Ἀιδωνεὺς   2 io
   οἷον ἀνάκτορα Δαριᾶνα. ἠέ. –   Alc 10 A

   οὐδὲ γὰρ ἄνδρας ποτ' ἀπώλ-   Ant. 2
   λυ πολεμοφθόροισιν ἄταις,

Ch Frau Königin, Hoheit des Perserlands,
   Sende du nun den Guß in der Erde Gemach,
   Indes *wir* in frommen Gesängen erflehn
   Ein gnädig Geleit
       Von den Führern der Toten im Hades!
   Der Unterwelt Götter, ihr heiligen, hört:
   Du, Erde, du, Hermes, du, Totenfürst,
   O sendet von drunten die Seele zum Licht!
   Wenn fürs Unheil er noch Heilung weiß,
       Tut er nur das Ende des Leids kund!

   Ob er uns hört, er, unser hoch-
   seliger, Gott ähnlicher Herr,
   Wie heimischen Laut wir
   Ihm zusenden in mannigfach
   Schmerzvoll klagender Sprache Klang?
   All des Jammers Leid
   Will ich hinabschrein:
   Ob er unten mein Schrein hört?

   Heiße du mir, Erd und die sonst
   Führer der Lichtlosen ihr seid,
   Den ruhmvollen Schutzgeist
   Heraufkommen aus Grabes Haus,
   Persiens susaentstammten Gott!
   Schickt den Mann empor,
   Wie noch keinen
   Persiens Erde geborgen!

   Lieb ist der Mann, teuer sein Grab,
   Weil ja in ihm ein teures Herz ruht.
   Herr des Hades, gib Geleit;
   Send herauf ihn, Herr des Hades,
   Ihn, der allein drunten Herr: Dareios! – Eh-e!

   Niemals sein Volk trieb er in Tod,
   Mordenden Kriegs Betörung folgend.

Θεομήστωρ δ' ἐκικλή-
655 σκετο Πέρσαις, Θεομήστωρ δ'
ἔσκεν, ἐπεὶ στρατὸν εὖ ποδούχει. ἠέ. =

                                           Str. 3

βαλὴν ἀρχαῖος βαλήν, ἴϑ' ἴϑ' ἱκοῦ,   2 δ
ἔλϑ' ἐπ' ἄκρον κόρυμβον ὄχθου, κροκοβα- ch ia ch
660 πτον ποδὸς εὔμαριν ἀείρων, βασιλεί-   3 ch
ου τιήρας φάλαρον πιφαύσκων.   cr ch ba
βάσκε πάτερ ἄκακε Δαριάν, οἴ. –   2 ia A

665 ὅπως καινά τε κλύῃς νέα τ' ἄχη,   Ant. 3
δέσποτα δεσποτᾶν φάνηϑι. Στυγία
γάρ τις ἐπ' ἀχλὺς πεπόταται· νεολαί-
670 α γὰρ ἤδη κατὰ πᾶσ' ὄλωλεν.
βάσκε πάτερ ἄκακε Δαριάν, οἴ. =

                                           Epod.

αἰαῖ αἰαῖ·   ia (A)
ὢ πολύκλαυτε φίλοισι θανών,   4 da
675 τί τάδε δυνάστα δυνάστα   ia io
περισσὰ δίδυμα δὶς γόεδν' ἁμάρτια 3 ia
πάσᾳ γᾷ τᾷδ';   2 da (sp)
ἐξέφϑινται τρίσκαλμοι   4 da (sp)
680 νᾶες ἄναες ἄναες.   3 da

Εἴδωλον Δαρείου

ὢ πιστὰ πιστῶν ἥλικές θ' ἥβης ἐμῆς
Πέρσαι γεραιοί, τίνα πόλις πονεῖ πόνον;
στένει, κέκοπται, καὶ χαράσσεται πέδον.

λεύσσων δ' ἄκοιτιν τὴν ἐμὴν τάφου πέλας
685 ταρβῶ, χοὰς δὲ πρευμενὴς ἐδεξάμην.
ὑμεῖς δὲ θρηνεῖτ' ἐγγὺς ἑστῶντες τάφου
καὶ ψυχαγωγοῖς ὀρθιάζοντες γόοις
οἰκτρῶς καλεῖσθέ μ'· ἐστὶ δ' οὐκ εὐέξοδον
ἄλλως τε πάντως, χοἱ κατὰ χϑονὸς θεοὶ

Freund der Gottheit hieß das Volk
Ihn der Perser; Freund der Gottheit
War er, der trefflich geführt die Streitmacht. – Eh-e!

Mein Fürst, altehrwürdger Fürst, komm, komm herauf!
Steig zu der Krönung auf des Grabmals, heb im Saf-
ran deines Buntschuhs nun den Fuß, laß deiner Kö-
nigstiara güldnen Knauf uns auflohn!
Nah, Vater, dich, gütiger, Darian! – oi!

Auf daß jüngstes du nun hörst, neuestes Leid.
Herrscher der Herrschenden, erscheine! Denn des Styx
Düsteres Nachtgraun überkam uns: unsre Jung-
mannschaft sank all in des Todes Abgrund.
Nah, Vater, dich, gütiger, Darian! – oi!

Achach, achach;
Oh, vielbeweint von den Freunden im Tod,
Warum, o mein Fürst, mein Gebieter,
Traf maßlos solcher Verlust, solch Leid, gehäuft auf Leid,
All dein Land hier?
Ganz sind hin die Dreirudrer-
schiffe: sind kein Schiff, ein – Nichts nun!

Geist des Dareios
steigt auf

Der Treuen Treuste, Freunde meiner Jugendzeit,
Ihr Persergreise, was bedrängt die Stadt für Not?
Von Schrei und Schlag und Stampfen stöhnt des Erdreichs
                                                    [Grund.
Und schau ich, die mir Gattin war, dem Grabmal nah,
So schaudr' ich, nahm den Weihguß gleich ich gnädig an.
Und ihr, ihr wehklagt, nahe aufgestellt der Gruft,
Und zur Beschwörung hebend euren Klageton,
Ruft ihr mich jammernd. Doch nicht leicht geht man her-
Zumal da in der Unterwelt die Götter ja   [auf,

690   λαβεῖν ἀμείνους εἰσὶν ἢ μεθιέναι.
       ὅμως δ' ἐκείνοις ἐκδυναστεύσας ἐγὼ
       ἥκω. τάχυνε δ', ὡς ἄμεμπτος ὦ χρόνου·
       τί ἐστι Πέρσαις νεοχμὸν ἐμβριθὲς κακόν;

                          Χορός
                                              Str.
       σέβομαι μὲν προσιδέσθαι,   2 io
695   σέβομαι δ' ἀντία λέξαι   2 io
       σέθεν ἀρχαίῳ περὶ τάρβει. –   par
Δα   ἀλλ' ἐπεὶ κάτωθεν ἦλθον σοῖς γόοις   4 tr
                          [πεπεισμένος,
       μή τι μακιστῆρα μῦθον, ἀλλὰ σύντομον λέγων

       εἰπὲ καὶ πέραινε πάντα, τὴν ἐμὴν αἰδῶ μεθείς.
700 Χο δίομαι μὲν χαρίσασθαι,   Ant.
       δίομαι δ' ἀντία φάσθαι,
       λέξας δύσλεκτα φίλοισιν. =
Δα   ἀλλ' ἐπεὶ δέος παλαιὸν σοὶ φρενῶν ἀνθίσταται,

       τῶν ἐμῶν λέκτρων γεραιὰ ξύννομ', εὐγενὲς γύναι,
705   κλαυμάτων λήξασα τῶνδε καὶ γόων σαφές τί μοι
       λέξον. ἀνθρώπεια δ' ἄν τοι πήματ' ἂν τύχοι βροτοῖς.

       πολλὰ μὲν γὰρ ἐκ θαλάσσης, πολλὰ δ' ἐκ χέρσου κακὰ

       γίγνεται θνητοῖς, ὁ μάσσων βίοτος ἢν ταθῇ πρόσω.

Ατ   ὦ βροτῶν πάντων ὑπερσχὼν ὄλβον εὐτυχεῖ πότμῳ,

710   ὡς, ἕως τ' ἔλευσσες αὐγὰς ἡλίου, ζηλωτὸς ὢν
       βίοτον εὐαίωνα Πέρσαις ὡς θεὸς διήγαγες,

       νῦν τέ σε ζηλῶ θανόντα, πρὶν κακῶν ἰδεῖν βάθος·

       πάντα γάρ, Δαρεῖ', ἀκούσῃ μῦθον ἐν βραχεῖ χρόνῳ·

Zu fassen mehr geneigt als loszulassen sind.
Gleichwohl, da ich bei jenen Herrscher ward, kam ich
Herauf. Sag schnell, daß Säumen mir nicht Tadel bringt:
Was drückt die Perser für ein jüngst entstandnes Leid?

Chor
auf den Knien

Kann vor Scheu nicht zu dir aufsehn
Noch zur Antwort vor dir aufstehn,
Denn von früher bannt mich die Ehrfurcht.

Da   Nun, da ich von unten herkam, deinem Schrei getreu und
                                                [Ruf,
     Nicht mit langgedehnter Rede, sondern kurzgeschnittnen
                                             [Worts
     Sprich und führ zu Ende alles, und die Scheu vor mir gib

Ch   Kann vor Furcht nicht dir willfahren   [preis!
     Noch vor Furcht dir offenbaren,
     Was zu sagen schwer ist vor Freunden.

Da   Da denn Furcht, alteingewurzelt, deinen Sinn umklammert
wendet sich zu Atossa   [hält:
     Die mein Lager teilt' und Leben, greise, hochgeborne Frau,
     Mach dem Klagen du ein Ende und Gestöhn, und sage mir
     Klar Bescheid! Als Mensch zu leiden, ist einmal der Men-
                                           [schen Los.
     Vielfach ja kommt aus dem Meere, vielfach aus der Erde
                                             [Leid
     Auf die Todgeweihten, dehnt ihr Lebenslauf zu lang sich
                                           [aus.

At   Der du aus dem Menschenvolke hobst zu höchstem Glück
                                       [dein Los
     Und, solang der Sonne Strahlen du geschaut, beneidenswert
     Selgen Daseins Leben führtest, wie ein Gott den Persern
                                       schienst:
     Nun nenn Glück ich, daß du starbest, eh des Leids Abgrund
                                         [du sahst.
     Denn daß alles du, Dareios, hörst in eines Atems Zug:

        διαπεπόρθηται τὰ Περσῶν πράγμαϑ', ὡς εἰπεῖν
                                    [ἔπος.
715 Δα τίνι τρόπῳ; λοιμοῦ τις ἦλϑε σκηπτὸς ἢ στάσις πόλει;

    Ἀτ οὐδαμῶς, ἀλλ' ἀμφ' Ἀθήνας πᾶς κατέφθαρται στρα-
                                   [τός.
    Δα τίς δ' ἐμῶν ἐκεῖσε παίδων ἐστρατηλάτει; φράσον.

    Ἀτ ϑούριος Ξέρξης, κενώσας πᾶσαν ἠπείρου πλάκα.

    Δα πεζὸς ἢ ναύτης δὲ πεῖραν τήνδ' ἐμώρανεν τάλας;
720 Ἀτ ἀμφότερα· διπλοῦν μέτωπον ἦν δυοῖν στρατευ-
                                    [μάτοιν.
    Δα πῶς δὲ καὶ στρατὸς τοσόσδε πεζὸς ἤνυσεν περᾶν;

    Ἀτ μηχαναῖς ἔζευξεν Ἕλλης πορθμόν, ὥστ' ἔχειν πόρον.

    Δα καὶ τόδ' ἐξέπραξεν, ὥστε Βόσπορον κλῆσαι μέγαν;

    Ἀτ ὧδ' ἔχει· γνώμης δέ πού τις δαιμόνων ξυνήψατο.

725 Δα φεῦ, μέγας τις ἦλϑε δαίμων, ὥστε μὴ φρονεῖν καλῶς.

    Ἀτ ὡς ἰδεῖν τέλος πάρεστιν οἷον ἤνυσεν κακόν.
    Δα καὶ τί δὴ πράξασιν αὐτοῖς ὧδ' ἐπιστενάζετε;

    Ἀτ ναυτικὸς στρατὸς κακωθεὶς πεζὸν ὤλεσε στρατόν.
    Δα ὧδε παμπήδην δὲ λαὸς πᾶς κατέφθαρται δορί;

730 Ἀτ πρὸς τάδ' ὡς Σούσων μὲν ἄστυ πᾶν κενανδρίαν στέ-
                                    [νει.
    Δα ὦ πόποι κεδνῆς ἀρωγῆς κἀπικουρίας στρατοῦ.

    Ἀτ Βακτρίων δ' ἔρρει πανώλης δῆμος ἠδ' Αἰγυπτίων.

    Δα ὦ μέλεος, οἵαν ἄρ' ἥβην ξυμμάχων ἀπώλεσεν.

Völlig zugrundeging der Perser Großmacht! Damit – ist's
[gesagt.

Da   Wie geschah das? Kam der Pest Sturm oder Aufruhr in die
[Stadt?

At   Keineswegs. Nein, bei Athen liegt, ganz zu Tod gebracht,
[das Heer.

Da   Wer von meinen Söhnen führte dort den Heerzug hin?
[Sag an!

At   Unser stürmscher Xerxes; volksleer macht' er ganz des
[Festlands Flur.

Da   Hat mit Fußvolk oder Flotte solche Tat der Tor gewagt?

At   Beides; zwiefach bot die Stirne ein gedoppelt Heer dem
[Feind.

Da   Wie vollbracht' ein so gewaltges Heer zu Fuß den Über-
[gang?

At   Kunstvoll überbrückt' er Helles Meersund, daß ein Weg
[ihm ward.

Da   So bracht er's zustand, daß er den Bosporos, den großen,
[schloß?

At   Ja, er tat's. Beim Plan war wohl ein böser Dämon mit im
[Spiel.

Da   Ach, es war ein grausger Dämon, der ihm die Vernunft
[benahm!

At   Wohl läßt klar das Ende sehen, was für Unheil er vollbracht.

Da   Und was stieß denn *zu* den Kämpfern, daß ihr also um sie
[stöhnt?

At   Unsrer Flotte Unheil brachte auch dem Fußheer Untergang.

Da   So ward ganz und gar die Mannschaft durch den Speer zu
[Tod gebracht?

At   Daß nun Susas ganzes Stadtvolk um der Männer Fehlen
[weint.

Da   Weh, o weh des starken Schutzes, sichren Schirmes unsres
[Heers!

At   Baktriens Volk verlor die ganze Heermacht wie Ägyptens
[Volk.

Da   Oh, der Tor, welch eine Blüte von Mitkämpfern rafft' er hin!

Ἀτ μονάδα δὲ Ξέρξην ἔρημόν φασιν οὐ πολλῶν μέτα –

735 Δα πῶς τε δὴ καὶ ποῖ τελευτᾶν; ἔστι τις σωτηρία;

Ἀτ ἄσμενον μολεῖν γέφυραν γαῖν δυοῖν ζευκτηρίαν.
Δα καὶ πρὸς ἤπειρον σεσῶσθαι τήνδε, τοῦτ' ἐτήτυμον;
Ἀτ ναί· λόγος κρατεῖ σαφηνὴς τοῦτό γ', οὐδ' ἔνι στάσις.
Δα φεῦ, ταχεῖά γ' ἦλθε χρησμῶν πρᾶξις, ἐς δὲ παῖδ' ἐμὸν

740 Ζεὺς ἀπέσκηψεν τελευτὴν θεσφάτων· ἐγὼ δέ που

διὰ μακροῦ χρόνου τάδ' ηὔχουν ἐκτελευτήσειν θεούς·

ἀλλ' ὅταν σπεύδῃ τις αὐτός, χὠ θεὸς συνάπτεται.

νῦν κακῶν ἔοικε πηγὴ πᾶσιν ηὑρῆσθαι φίλοις,
παῖς δ' ἐμὸς τάδ' οὐ κατειδὼς ἤνυσεν νέῳ θράσει·

745 ὅστις Ἑλλήσποντον ἱρὸν δοῦλον ὣς δεσμώμασιν

ἤλπισε σχήσειν ῥέοντα, Βόσπορον ῥόον θεοῦ·

καὶ πόρον μετερρύθμιζε καὶ πέδαις σφυρηλάτοις

περιβαλὼν πολλὴν κέλευθον ἤνυσεν πολλῷ στρατῷ,

θνητὸς ὢν θεῶν τε πάντων ᾤετ' οὐκ εὐβουλίᾳ

750 καὶ Ποσειδῶνος κρατήσειν. πῶς τάδ' οὐ νόσος φρε-
[νῶν
εἶχε παῖδ' ἐμόν; δέδοικα μὴ πολὺς πλούτου πόνος

οὑμὸς ἀνθρώποις γένηται τοῦ φθάσαντος ἁρπαγή.

Ἀτ ταῦτα τοῖς κακοῖς ὁμιλῶν ἀνδράσιν διδάσκεται

At   Ganz allein hat Xerxes, einsam, sagt man, wenige nur mit
                                              [ihm –

Da   Wie und wo den Tod gefunden? – Ist noch Rettung da für
                                              [ihn?

At   Hocherfreut kam er zur Brücke, die zwei Erden überspannt.

Da   Und daß er auf unsern Boden sich gerettet, ist das wahr?

At   Ja. Dafür bürgt sichre Kunde, und es ist kein Zweifel dran.

Da   Weh, schnell ward Weissagung Wahrheit, und es warf auf
                                         [meinen Sohn
     Schmetternd Zeus des Götterspruchs Erfüllung; und ich
                                         [hoffte doch,
     Daß nach langer Zeit die Götter dies erst brächten an sein
                                         [Ziel.
     Doch ist einer selbst zu eifrig, trägt ein Gott zum Fall noch
                                         [bei.
     Nun liegt klar des Unheils Quelle allen Freunden aufgedeckt:
     Hat mein Sohn doch unbesonnen dies vollbracht in Jugend-
                                         [trotz,
     Daß den Hellespont, den heilgen, knechtgleich er durch
                                         [Ketten zu
     Bändgen hofft' im Strömen, ihn, den Bosporos, des Gottes
                                         [Strom;
     Daß des Meersunds Lauf er störte und, mit Fesseln erz-
                                         [geschweißt
     Ihn umwindend, die gewaltge Straße schuf gewaltgem
                                         [Heer!
     Er – ein Mensch – die Götter alle glaubt' er voller Un-
                                         [verstand,
     Selbst Poseidon zu beherrschen. Hielt nicht Krankheit die
                                       [Vernunft
     Meines Sohns umstrickt? Ich fürchte, all mein Reichtum,
                                     [Frucht und Lohn
     Meiner Mühe, andern wird er, wer zuerst ihn greift, zum
                                       [Raub.

At   Solchen Geist nahm, schlechter Männer Umgang suchend,
                                     [in sich auf

θούριος Ξέρξης· λέγουσι δ' ὡς σὺ μὲν μέγαν τέκνοις
755   πλοῦτον ἐκτήσω σὺν αἰχμῇ, τὸν δ' ἀνανδρίας ὕπο

ἔνδον αἰχμάζειν, πατρῷον δ' ὄλβον οὐδὲν αὐξάνειν.

τοιάδ' ἐξ ἀνδρῶν ὀνείδη πολλάκις κλύων κακῶν

τήνδ' ἐβούλευσεν κέλευθον καὶ στράτευμ' ἐφ' Ἑλ-
[λάδα.
      Δα τοιγάρ σφιν ἔργον ἐστὶν ἐξειργασμένον
760   μέγιστον αἰείμνηστον, οἷον οὐδέπω
τόδ' ἄστυ Σούσων ἐξεκείνωσ' ἐμπεσόν,
ἐξ οὗτε τιμὴν Ζεὺς ἄναξ τήνδ' ὤπασεν,
ἕν' ἄνδρα πάσης 'Ασίδος μηλοτρόφου
ταγεῖν, ἔχοντα σκῆπτρον εὐθυντήριον.
765   Μῆδος γὰρ ἦν ὁ πρῶτος ἡγεμὼν στρατοῦ·
ἄλλος δ' ἐκείνου παῖς τόδ' ἔργον ἤνυσεν·
φρένες γὰρ αὐτοῦ θυμὸν ᾠακοστρόφουν.
τρίτος δ' ἀπ' αὐτοῦ Κῦρος, εὐδαίμων ἀνήρ,
ἄρξας ἔθηκε πᾶσιν εἰρήνην φίλοις·
770   Λυδῶν δὲ λαὸν καὶ Φρυγῶν ἐκτήσατο,
'Ιωνίαν τε πᾶσαν ἤλασεν βίᾳ·
θεὸς γὰρ οὐκ ἤχθηρεν, ὡς εὔφρων ἔφυ.
Κύρου δὲ παῖς τέταρτος ηὔθυνε στρατόν.
πέμπτος δὲ Μάρδος ἦρξεν, αἰσχύνη πάτρᾳ
775   θρόνοισί τ' ἀρχαίοισι· τὸν δὲ σὺν δόλῳ
'Αρταφρένης ἔκτεινεν ἐσθλὸς ἐν δόμοις,
777   ξὺν ἀνδράσιν φίλοισιν, οἷς τόδ' ἦν χρέος.
779   κἀγὼ πάλου τ' ἔκυρσα τοὔπερ ἤθελον,
780   κἀπεστράτευσα πολλὰ σὺν πολλῷ στρατῷ·
ἀλλ' οὐ κακὸν τοσόνδε προσέβαλον πόλει.
Ξέρξης δ' ἐμὸς παῖς νέος ἐὼν νέα φρονεῖ
κοὔ μνημονεύει τὰς ἐμὰς ἐπιστολάς·
εὖ γὰρ σαφῶς τόδ' ἴστ', ἐμοὶ ξυνήλικες,
785   ἅπαντες ἡμεῖς, οἳ κράτη τάδ' ἔσχομεν,
οὐκ ἂν φανεῖμεν πήματ' ἔρξαντες τόσα.

Unser stürmscher Xerxes; sagten sie doch, daß den Kindern du
Reichtums Füll erwarbst im Speerkampf, er jedoch – aus
[feigem Sinn –
Führ' im *Haus* den Speer, der Väter Erbgut lass' er un-
[gemehrt.
Solchen Vorwurfs Schmähung hört' er oft aus böser Männer
[Mund;
Drum beschloß er diese Kriegsfahrt mit dem Heer nach
[Hellas' Gaun.

Da   So ward von jenen ja ein Werk zustandgebracht,
Gewaltig, höchst denkwürdig, das in Schicksals Lauf
Susa, die Stadt, entvölkerte, wie's nie geschah,
Seitdem uns Zeus der Herrscher solche Ehre gab,
Daß *ein* Mann nur ganz Asiens herdenreiche Flur
Regier' in seines Szepters herrschender Gewalt.
Medos war so der erste Führer unsres Heers,
Als zweiter schuf sein Sohn dann dieses Reiches Werk.
Denn hoher Geist war seiner Kühnheit Steuermann.
Der dritte nach ihm, Kyros, ein glückseler Mann,
Bescherte waltend allen Freunden Friedenszeit.
Der Lyder wie der Phryger Volk gewann er zu,
Und Ionien auch, das ganze, beugt' er seiner Macht.
Die Gottheit haßt' ihn nicht, da gütigen Sinns er war.
Des Kyros Sohn als vierter führte dann das Heer.
Der fünfte, Mardos, herrschte, eine Schmach dem Land
Und Thron, dem altehrwürdgen; den nun traf voll List
Artaphrenes zu Tod, der edle, im Palast
Mit Hilfe treuer Männer, nach der Pflicht Gebot.
Und ich darauf erlangt' ein Los nach meinem Wunsch:
Auf Fahrten führt' ich groß an Zahl mein großes Heer.
Doch nie in Unheil solcher Art stürzt' ich die Stadt.
Xerxes, mein Sohn, ist jung, und jung ist, was er sinnt;
Und nicht mehr trägt er meine Mahnung im Gemüt.
Genau ja wißt ihr, Freunde meiner Jugendzeit:
Wir samt und sonders, die das Szepter hier geführt,
Nie hätten Leiden wir aufs Volk – so viel! – gebracht.

Χορός

τί οὖν, ἄναξ Δαρεῖε, ποῖ καταστρέφεις
λόγων τελευτήν; πῶς ἂν ἐκ τούτων ἔτι
πράσσοιμεν ὡς ἄριστα Περσικὸς λεώς;
790 Δα εἰ μὴ στρατεύοισθ' ἐς τὸν Ἑλλήνων τόπον,
μηδ' εἰ στράτευμα πλεῖον ᾖ τὸ Μηδικόν.
αὐτὴ γὰρ ἡ γῆ ξύμμαχος κείνοις πέλει.
Χο πῶς τοῦτ' ἔλεξας, τίνι τρόπῳ δὲ συμμαχεῖ;
Δα κτείνουσα λιμῷ τοὺς ὑπερπόλλους ἄγαν.
795 Χο ἀλλ' εὐσταλῆ τοι λεκτὸν ἀροῦμεν στόλον.
Δα ἀλλ' οὐδ' ὁ μείνας νῦν ἐν Ἑλλάδος τόποις
στρατὸς κυρήσει νοστίμου σωτηρίας.
Χο πῶς εἶπας; οὐ γὰρ πᾶν στράτευμα βαρβάρων
περᾷ τὸν Ἕλλης πορθμὸν Εὐρώπης ἄπο;
800 Δα παῦροί γε πολλῶν, εἴ τι πιστεῦσαι θεῶν
χρὴ θεσφάτοισιν, ἐς τὰ νῦν πεπραγμένα
βλέψαντα· συμβαίνει γὰρ οὐ τὰ μέν, τὰ δ' οὔ.
κεῖπερ τάδ' ἐστί, πλῆθος ἔκκριτον στρατοῦ
λείπει κεναῖσιν ἐλπίσιν πεπεισμένος.
805 μίμνουσι δ' ἔνθα πεδίον Ἀσωπὸς ῥοαῖς
ἄρδει, φίλον πίασμα Βοιωτῶν χθονί·
οὗ σφιν κακῶν ὕψιστ' ἐπαμμένει παθεῖν,
ὕβρεως ἄποινα κἀθέων φρονημάτων·
οἳ γῆν μολόντες Ἑλλάδ' οὐ θεῶν βρέτη
810 ᾐδοῦντο συλᾶν οὐδὲ πιμπράναι νεώς·
βωμοὶ δ' ἄιστοι, δαιμόνων θ' ἱδρύματα
πρόρριζα φύρδην ἐξανέστραπται βάθρων.
τοιγὰρ κακῶς, δράσαντες, οὐκ ἐλάσσονα
πάσχουσι, τὰ δὲ μέλλουσι, κοὐδέπω κακῶν
815 κρηπὶς ὕπεστιν, ἀλλ' ἔτ' ἐκπιδύεται.
τόσος γὰρ ἔσται πέλανος αἱματοσφαγὴς
πρὸς γῇ Πλαταιῶν Δωρίδος λόγχης ὕπο·
θῖνες νεκρῶν δὲ καὶ τριτοσπόρῳ γονῇ
ἄφωνα σημανοῦσιν ὄμμασιν βροτῶν,
820 ὡς οὐχ ὑπέρφευ θνητὸν ὄντα χρὴ φρονεῖν.
ὕβρις γὰρ ἐξανθοῦσ' ἐκάρπωσε στάχυν

Chorführer

Was meinst du, Herr Dareios? Wohin wendest du
Der Worte Endziel? Wie könnt' es nach alldem noch
Gut werden, möglichst gut mit uns, dem Perservolk?

Da   Wenn nie zu Feld ihr zieht nach der Hellenen Gau,
     Und wär' an Masse mächtiger auch das Mederheer;
     Ihr eignes Land ja steht mitkämpfend jenen bei.

Chf Wie meinst du das? In welcher Weise kämpft es mit?

Da   Durch Hunger würgt's, die allzugroß, maßlos an Zahl.

Chf So rüsten wir mit gut erlesner Schar den Zug.

Da   Umsonst; nie wird auch, das jetzt blieb in Hellas' Gaun,
     Das Heer erreichen Heimkehr bringender Rettung Ziel.

Chf Was sagst du? Zieht denn nicht der Unsern ganzes Heer
     Über der Helle Meersund aus Europa fort?

Da   Wen'ge von vielen, wenn man irgend trauen soll
     Den Göttersprüchen, das nunmehr Erfüllte schon
     Vor Augen; trifft doch nie nur dies ein, jenes nicht.
     Und da's so ist, heißt, wenn erwählte Schar des Heers
     Er dort läßt, nur, daß eitler Hoffnung er vertraut.
     Sie bleiben, wo die Ebne des Asopos Flut
     Benetzt, fruchtbarer Segen fürs böotische Land.
     Dort harrt auf sie der Leiden höchstes, das sie trifft
     Als Hochmuts Buße, gottverruchten Sinnes Lohn,
     Die sich auf Hellas' Boden Götterbilder nicht
     Gescheut zu rauben noch Brand zu legen an ihr Haus:
     Altäre – spurlos fort, der Gottheit Bilder – ganz
     Entwurzelt, um und um gestürzt aus Sockels Grund!
     So bös nun ihre Taten, kleiner nicht ist, was
     Sie dulden und was – droht; ist doch vom Bösen noch
     Kein Grund zu sehn, nein, immer neu quillt es hervor:
     So groß wird sein der Opferkuchen, blutgetränkt,
     Den auf Plataiererde dorische Lanze wirkt.
     Und Haufen Leichen werden noch im dritten Glied
     Lautlos kundtun den Augen aller Sterblichen,
     Daß übers Maß ein Mensch nicht heben soll den Sinn.
     Denn Hochmut, aufgeblüht, bringt Frucht im Ährenkorn

ἄτης, ὅθεν πάγκλαυτον ἐξαμᾷ θέρος.
τοιαῦθ᾽ ὁρῶντες τῶνδε τἀπιτίμια
μέμνησθ᾽ Ἀθηνῶν Ἑλλάδος τε, μηδέ τις
825   ὑπερφρονήσας τὸν παρόντα δαίμονα
ἄλλων ἐρασθεὶς ὄλβον ἐκχέῃ μέγαν.
Ζεύς τοι κολαστὴς τῶν ὑπερκόμπων ἄγαν
φρονημάτων ἔπεστιν, εὔθυνος βαρύς.
πρὸς ταῦτ᾽ ἐκεῖνον, σωφρονεῖν κεχρημένοι,
830   πινύσκετ᾽ εὐλόγοισι νουθετήμασιν,
λῆξαι θεοβλαβοῦνθ᾽ ὑπερκόμπῳ θράσει.
σὺ δ᾽, ὦ γεραιὰ μῆτερ ἡ Ξέρξου φίλη,
ἐλθοῦσ᾽ ἐς οἴκους κόσμον ὅστις εὐπρεπὴς
λαβοῦσ᾽ ὑπαντίαζε παιδί. πάντα γὰρ
835   κακῶν ὑπ᾽ ἄλγους λακίδες ἀμφὶ σώματι
στημορραγοῦσι ποικίλων ἐσθημάτων.
ἀλλ᾽ αὐτὸν εὐφρόνως σὺ πράυνον λόγοις·
μόνης γάρ, οἶδα, σοῦ κλύων ἀνέξεται.
ἐγὼ δ᾽ ἄπειμι γῆς ὑπὸ ζόφον κάτω.
840   ὑμεῖς δέ, πρέσβεις χαίρετ᾽, ἐν κακοῖς ὅμως
ψυχῇ διδόντες ἡδονὴν καθ᾽ ἡμέραν,
ὡς τοῖς θανοῦσι πλοῦτος οὐδὲν ὠφελεῖ.

Χο   ἦ πολλὰ καὶ παρόντα καὶ μέλλοντ᾽ ἔτι
ἤλγησ᾽ ἀκούσας βαρβάροισι πήματα.
845 Ἀτ ὦ δαῖμον, ὥς με πόλλ᾽ ἐσέρχεται κακῶν
ἄλγη, μάλιστα δ᾽ ἥδε συμφορὰ δάκνει,

ἀτιμίαν γε παιδὸς ἀμφὶ σώματι
ἐσθημάτων κλύουσαν, ἥ νιν ἀμπέχει.
ἀλλ᾽ εἶμι καὶ λαβοῦσα κόσμον ἐκ δόμων
850   ὑπαντιάζειν παιδί μου πειράσομαι.
οὐ γὰρ τὰ φίλτατ᾽ ἐν κακοῖς προδώσομεν.   Stasimon III
                                                         Str. 1
Χο   Ὢ πόποι, ἦ μεγάλας ἀγαθᾶς τε πο-   4 da
λισσονόμου βιοτᾶς ἐπεκύρσαμεν,   4 da
εὖθ᾽ ὁ γηραιὸς   ith

Der Schuld, draus tränenreiche Ernte mäht der Herbst.
Wenn solche Schuld ihr schaut und Strafe solcher Schuld,
Gedenkt Athens und Griechenlands, daß keiner je,
Mißachtend seines Daseins gottgesandtes Los,
Fremdes begehrend, fortgießt eignes großes Glück!
Denn Zeus, Zuchtmeister über allzu unbezähmt
Hochmütigen Sinn, waltet des Rechts, ein strenger Wart.
Darum setzt jenem, weisen Sinnes, wie ihr seid,
Mit kluger, wohlgegründeter Ermahnung zu,
Zu lassen von der Gotteslästrung frevlem Trotz.
Und du, des Xerxes liebe greise Mutter du,
Geh zum Palast, bring Schmuck mit, wie er ihm gebührt,
Und eil entgegen deinem Sohn! Denn überall,
Von seiner Qualen Schmerz zerfetzt, hängt ihm am Leib,
Zu Fäden aufgelöst, buntfarbiger Kleider Pracht.
Doch du besänftge liebreich ihn mit deinem Wort;
Allein ja, weiß ich, dich zu hören hält er aus.
Ich aber steig in unterirdschen Dunkels Schoß.
Ihr, liebe Greise, lebt denn wohl; und auch im Leid
Gebt eurer Seele Freude, wie der Tag sie bringt,
Dieweil den Toten Reichtum nicht mehr frommen kann.

Geist des Dareios versinkt

Chf Daß soviel gegenwärtiges und zukünftges Leid
    Droht uns Barbaren, das zu hören, war mir Qual.
At O Gottheit, was dringt alles auf mich ein an Leid
    Und Schmerz! Am meisten doch trifft dieses Unheils
                           [Biß:
    Die Schmach zu hören meines Sohns, die ihm den Leib
    Mit seiner Kleidung Aufzug jammervoll umfängt.
    So eil ich, und wenn Schmuck ich aus dem Haus geholt,
    Entgegen meinem Sohn zu gehn, ist dann mein Plan.
    Nicht geben ja das Liebste wir im Unheil preis.

Sie geht in den Palast

Ch Oh, welch ein machtvolles, kraftvoll vom Staate ge-
    ordnetes Leben uns vordem beschieden war,
    Als der ehrwürdge,

855 πανταρκὴς ἀκάκας ἄμαχος βασιλεὺς   5 da
    ἰσόθεος Δαρεῖος ἄρχε χώρας. –   2 da ith

    πρῶτα μὲν εὐδοκίμους στρατιὰς ἀπε-   Ant. 1
    φαινόμεϑ', ἠδὲ νομίσματα πύργινα
860 πάντ' ἐπηύϑυνεν.
    νόστοι δ' ἐκ πολέμων ἀπόνους ἀπαθεῖς
    ἔμπαλιν εὖ πράσσοντας ἆγον οἴκους. =

                                 Str. 2
865 ὅσσας δ' εἷλε πόλεις πόρον οὐ δια-   4 da
    βὰς Ἅλυος ποταμοῖο,   3 da
    οὐδ' ἀφ' ἑστίας συθείς·   2 tr
    οἷαι Στρυμονίου πελάγους ἀχε-   4 da
    λωίδες εἰσὶ πάροικοι   3 da
870 Θρηίκων ἐπαύλεις, –   ith

    λίμνας τ' ἔκτοθεν αἱ κατὰ χέρσον ἐ-   Ant. 2
    ληλαμέναι περὶ πύργον
    τοῦδ' ἄνακτος ἄιον,
875 Ἕλλας τ' ἀμφὶ πόρον πλατὺν εὐχόμε-
    ναι, μυχία τε Προποντίς,
    καὶ στόμωμα Πόντου· =

                                   Str. 3
880 νᾶσοί ϑ' αἳ κατὰ πρῶν' ἅλιον περί-   5 da
    τᾷδε γᾷ προσήμεναι,   [κλυστοι   2 tr
    οἷα Λέσβος ἐλαιόφυτός τε Σά-   4 da
885 μος, Χίος ἠδὲ Πάρος, Νάξος, Μύκο-   4 da
    νος, Τήνῳ τε συνάπτουσ'   3 da
    Ἄνδρος ἀγχιγείτων. –   ith

    καὶ τὰς ἀγχιάλους ἐκράτυνε μεσάκτους,   Ant. 3
890 Λῆμνον Ἰκάρου ϑ' ἕδος,
    καὶ Ῥόδον ἠδὲ Κνίδον Κυπρίας τε πό-
    λεις, Πάφον ἠδὲ Σόλους Σαλαμῖνά τε,
895 τᾶς νῦν πατρόπολις τῶνδ'
    αἰτία στεναγμῶν. =

Hilfreich gütige, kampfstarke König und Fürst
Göttlichen Sinnes herrscht' im Land: Dareios!

Dazumal ließen den Ruhm wir erglänzen der
Heere, es gaben der Bürgerschaft Satzungen
Halt und Heil allen.
Heimkehr führt' aus dem Krieg ohne Müh, ohne Leid
Unsere Mannschaft wohl zurück zum Hausherd.

Wieviel Städte erobert' er, ohne die
Furt zu durchschreiten des Halys,
Ohne fort vom Herd zu gehn!
Alle auf dem strymonischen Meere ge-
legenen Wassergehöfte,
Nah dem Thrakervolke,

Und die abseits des Sees auf dem Festland sich
Ringsum mit Mauern umzogen,
Hörten auf des Großherrn Wort;
Und die Helles sich breitende Durchfahrt um-
kränzen, das buchtreiche Vormeer
Und des Pontos Mündung;

Inseln auch, längs der Küste von Salzflut umbrandet,
Unsrer Erde nahgerückt:
Lesbos, Samos, das ölbaumernährende,
Chios auch, weiter dann Paros und Naxos und
Mykonos; und mit Tenos
Andros eng benachbart;

All die Inseln beherrscht' er zwischen den Küsten:
Lemnos, Sitz des Ikaros,
Rhodos samt Knidos und weiter die Städte dann
Kypriens: Paphos und Soloi und Salamis,
Dessen Mutterstadt nunmehr
Grund ward solchen Stöhnens.

		Epod.
	καὶ τὰς εὐκτεάνους κατὰ κλῆρον ᾿Ι-	4 da
	αόνιον πολυάνδρους	3 da
900	῾Ελλάνων ἐκράτει σφετέραις φρεσίν·	4 da
	ἀκάματον δὲ παρῆν σθένος ἀνδρῶν	6 da
	παμμείκτων τ᾿ ἐπικούρων. [τευχηστήρων	3 da
	νῦν δ᾿ οὐκ ἀμφιλόγως θεότρεπτα τάδ᾿	4 da
905	αὖ φέρομεν πολέμοισι	3 da
	δμαθέντες μεγάλως πλαγαῖσι ποντίαισιν.	3 da ith

Ξέρξης

Ἰώ.

	δύστηνος ἐγὼ στυγερᾶς μοίρας	an
910	τῆσδε κυρήσας ἀτεκμαρτοτάτης,	
	ὡς ὠμοφρόνως δαίμων ἐνέβη	
	Περσῶν γενεᾷ· τί πάθω τλήμων;	
	λέλυται γὰρ ἐμῶν γυίων ῥώμη	
	τήνδ᾿ ἡλικίαν ἐσιδόντ᾿ ἀστῶν.	
915	εἴθ᾿ ὄφελεν, Ζεῦ, κἀμὲ μετ᾿ ἀνδρῶν	
	τῶν οἰχομένων	
	θανάτου κατὰ μοῖρα καλύψαι.	

Χορός

	ὀτοτοῖ, βασιλεῦ, στρατιᾶς ἀγαθῆς	
	καὶ Περσονόμου τιμῆς μεγάλης	
920	κόσμου τ᾿ ἀνδρῶν,	
	οὓς νῦν δαίμων ἐπέκειρεν.	

Χορός

	γᾶ δ᾿ αἰάζει τὰν ἐγγαίαν	
	ἥβαν Ξέρξᾳ κταμέναν Ἅιδου	
	σάκτορι Περσᾶν· ἀδοβάται γὰρ	
925	πολλοὶ φῶτες, χώρας ἄνθος,	
	τοξοδάμαντες, πάνυ ταρφύς τις	
	μυριὰς ἀνδρῶν, ἐξέφθινται·	

Selbst die reichtumgesegneten, volksstarken
Städte ionischen Landes,
Griechenstädte, beherrschte sein Geist; und ihm
Half ohn' Ermatten die Kraft seiner Mannschaft, waffen-
Vieler Völker Gefolgschaft.   [stark, und
Nun jedoch – ohne Zweifel als gottgesandt –
Ernten solch Leid aus dem Kampf wir,
Überwältigt von Unheilsschlägen auf den Wogen.

Xerxes

tritt auf in zerfetztem Gewand, mit leerem Köcher, von
geringem Gefolge begleitet

O oh!
Ich Unselger, oh, welch düsteres Los
Ward mir zuteil, unausdenkbarstes Los,
Daß grausamen Muts ein Dämon zertrat
Des Perservolks Stamm! Wie trag ich die Qual!?
Erschlafft mir doch der Gelenke Kraft,
Seh die Alten ich an aus der Städter Volk.
O Zeus, hätte doch, auch mich mit der Schar
Der Gefallenen dort
    Des Todes Verhängnis umnachtet!

Chorführer

Oh, mein König, weh um das kraftvolle Heer
Und des persischen Staats gewaltige Ehr
Und der Männer Ruhm,
    Die ein Dämon nun hinmähte!

Chor

Das Land wehklagt um des Landes Kraft,
Die Xerxes sich nahm, den Hades stop-
fend mit Persiens Stamm. Hadeswärts ja den Gang,
Held folgend auf Held, fiel die Blüte des Lands,
Im Bogenkampf stark, so drangvoll dicht,
Eine Unzahl Mann, der Vernichtung anheim.

αἰαῖ αἰαῖ κεδνᾶς ἀλκᾶς·
Ἀσία δὲ χθὼν βασιλεῦ γαίας,
930 αἰνῶς αἰνῶς ἐπὶ γόνυ κέκλιται.   Amoibaion

Str. 1

Ξέ ὅδ' ἐγών, οἰοῖ, αἰακτός.   4 an
μέλεος γέννᾳ γᾷ τε πατρῴᾳ   4 an
κακὸν ἄρ' ἐγενόμαν.   δ

935 Χο νόστου σοι τὰν πρόσφθογγον   4 an
κακοφάτιδα βοάν, κακομέλετον ἰὰν   4 an
Μαριανδυνοῦ θρηνητῆρος   4 an
940 πέμψω, πέμψω πολύδακρυν ἰαχάν. –   5 an

Ξέ ἵετ' αἰανῆ πάνδυρτον   Ant. 1
δύσθροον αὐδάν. δαίμων γὰρ ὅδ' αὖ
μετάτροπος ἐπ' ἐμοί.

Χο ἥσω τοί τὰν πάνδυρτον,
945 σὰ πάθεά τε σέβων ἀλίτυπά τε βάρη
πόλεως γέννας, πενθητῆρος
κλάγξω, κλάγξω δὲ γόον ἀρίδακρυν. =

Str. 2

950 Ξέ Ἰάων γὰρ ἀπηύρα,   reiz
Ἰάων ναύφαρκτος   reiz
Ἄρης ἑτεραλκής,   reiz
νυχίαν πλάκα κερσάμενος   3 an
δυσδαίμονά τ' ἀκτάν.   reiz

955 Χο οἰοιοῖ. βόα καὶ πάντ' ἐκπεύθου.   5 an (sp)
ποῦ δὲ φίλων ἄλλος ὄχλος;   2 ch
ποῦ δέ σοι παραστάται,   2 tr
οἷος ἦν Φαρανδάκης   2 tr
Σούσας, Πελάγων, Δοτάμας, Ψάμμις,   4 an
960 Σουσισκάνης τ', ἠδ' Ἀγαβάτας   4 an
Ἀγαβάτανα λιπών; –   2 an

Ξέ ὀλοοὺς ἀπέλειπον   Ant. 2
Τυρίας ἐκ ναὸς
ἔρροντας ἐπ' ἀκταῖς

Weh, weh, weh, weh, der wackeren Kraft!
Ganz Asiens Erd, o König des Lands,
Ist qualvoll, qualvoll aufs Knie hin gebeugt.

Xe Ja, ich bin's, oh oh, voll Jammers,
Voller Not! Dem Stamm ward, dem Vaterland
Zum Fluch ich ja nur erzeugt!
Ch Der Heimkehr zum Willkommgruß
Arges Unheil ich dir sag, ärgstes Elend ich dir klag;
In des Mariandyners Trauerton
Tu tränen-, tränenerfüllt ich den Aufschrei!

Xe Stimmet jammernd an des Wehrufs,
Düstrer Trauer Sang; denn der Dämon hat
Sich gewandt im Sprung nach mir!
Ch So stimm ich an den Wehruf;
Durch dein Leiden tief gebeugt, durch des Meeres harten
Wider Stadt und Stamm, stoß Klageton,   [Schlag
Stoß Stöhnen, Stöhnen ich aus, reich an Tränen.

Xe Der Ionier ward Herr dort,
Der Ionier Schiffshort
Ihr schützender Kriegsgott,
Als er höllische Fluren gemäht
Und Unheilsgestade.
Ch Oi oi oi! ruft nun! forscht nach allem!
Wo ist die Schar deiner Getreun?
Wo sind deine Helfer hin?
Helfer wie Pharandakes,
Susas, Pelagon, Dotamas, Psammis,
Susiskanes, und Agabatas,
Der Agbatana verließ?

Xe Ich ließ tot sie dort liegen,
Die, von tyrischem Langschiff
Gestürzt an den Küsten

Σαλαμινιάσι, στυφελοῦ
965   θείνοντας ἐπ' ἀκτᾶς.
Χο οἰοιοῖ, ποῦ δή σοι Φαρνοῦχος
κἀριόμαρδός τ' ἀγαθός;
ποῦ δὲ Σευάλκης ἄναξ,
970   ἢ Λίλαιος εὐπάτωρ,
Μέμφις, Θάρυβις καὶ Μασίστρας,
'Αρτεμβάρης τ' ἠδ' 'Υσταίχμας;
τάδε σ' ἐπανέρομαι. =

Ξέ ἰὼ ἰώ μοι,   reiz
975   τὰς ὠγυγίους κατιδόντες   4 an
στυγνὰς 'Αθάνας πάντες ἐνὶ πιτύλῳ,   reiz δ
ἐὴ ἐή, τλάμονες ἀσπαίρουσι χέρσῳ.   ia hipp
Χο ἦ καὶ τὸν Πέρσαν αὐτοῦ   4 an
980   τὸν σὸν πιστὸν πάντ' ὀφθαλμὸν   4 an
μυρία μυρία πεμπαστὰν   4 an
Βατανώχου παῖδ' Ἄλπιστον   4 an
‒ ‒ ‒ ‒ ‒ ‒ ‒ ‒ ‒ ‒ ‒ ‒ ‒ ‒   (adon)
τοῦ Σησάμα τοῦ Μεγαβάτα,   4 an
Πάρθον τε μέγαν τ' Οἰβάρην   4 an
985   ἔλιπες ἔλιπες, ὦ ὦ ὦ δάων,   4 an
Πέρσαις ἀγαυοῖς κακὰ πρόκακα λέγεις; ‒   reiz δ

Ξέ ἴυγγά μοι δῆτ'   Ant. 3
ἀγαθῶν ἑτάρων ὑπορίνεις
990   ἄλαστ' ἄλαστα στυγνὰ πρόκακα λέγων.
βοᾷ βοᾷ μοι μελέων ἔντοσθεν ἦτορ.
Χο καὶ μὴν ἄλλους γε ποθοῦμεν,
Μάρδων ἀνδρῶν μυριοταγὸν
Ξάνθην, 'Αρίων τ' 'Αγχάρην,
995   Δίαιξίν τ' ἠδ' 'Αρσάμην
ἱππιάνακτας,
καὶ Δαδάκαν καὶ Λυθίμναν
Τόλμον τ' αἰχμᾶς ἀκόρεστον.
1000   ἔταφον ἔταφον, οὐκ ἀμφὶ σκηναῖς
τροχηλάτοισιν ὄπιθεν ἑπομένους. =

Str. 3

Salaminischen Lands, an dem Fels
Zerschellten der Küste.

Ch Oi oi oi! Wo blieb dir Pharnuchos,
Ariomardos' tapfre Kraft,
Wo Seualkes dir, der Fürst,
Und Lilaios' edles Blut,
Memphis, Tharybis und Masistras,
Artembares und Hystaichmas?
Das frag ich dich aufs neu!

Xe O oh, o weh mir!
Die hin auf das alte Athen, das
Verhaßte, sahn, alle läßt e i n Ruderschlag –
Wehweh, wehweh – elend dort zappeln auf dem Festland!

Ch Hast du denn auch den Perser,
Den treusten, der dein Auge hieß,
Der zehnmal Zehntausende zählte,
Batanochos' Sohn Alpistos,
(Ferner die Söhne)
Des Sesamas und Megabatas,
Den Parthos, den starken Oibares:
Dort gelassen, gelassen – oh, im Tod,
Kündest den edelsten Persern Leid über Leid?

Xe Der Sehnsucht Lockruf
Nach den guten Gefährten erweckst du,
Bringst heillos, heillos höllische Leiden mir vor.
So schreit, so schreit ob ihrer Not in der Brust das Herz mir!

Ch Auch noch nach andern verlangt uns:
Der Marder, viele Tausend, geführt:
Nach Xanthis, und Arier: Anchares;
Diaixis und Arsames,
Führern der Reiter,
Nach Dadakas und Lythimnas,
Tolmos, der Speerkampf nie satt ward.
Mir wird angst, mir wird angst: nicht dem Königszelt,
Dem radgezogenen, geben sie folgend Geleit.

			Str. 4
	Ξέ	βεβᾶσι γὰρ τοίπερ ἀγρέται στρατοῦ.	ia cr ia
	Χο	βεβᾶσιν, οἵ, νώνυμοι.	ia cr
	Ξέ	ἰὴ ἰή, ἰὼ ἰώ.	2 ia
1005	Χο	ἰὼ ἰώ, δαίμονες,	ia cr
		ἔθεσθ' ἄελπτον κακὸν	ia cr
		διαπρέπον, οἷον δέδορκεν Ἄτα. –	ch cr ba

			Ant. 4
	Ξέ	πεπλήγμεθ', οἷα δι' αἰῶνος τύχᾳ,	
	Χο	πεπλήγμεθ', εὔδηλα γάρ·	
1010	Ξέ	νέαι νέαι δύαι δύαι.	
	Χο	Ἰάνων ναυβατᾶν	
		κύρσαντες οὐκ εὐτυχῶς.	
		δυσπόλεμον δὴ γένος τὸ Περσᾶν. =	

			Str. 5
	Ξέ	πῶς δ' οὔ; στρατὸν μὲν τοσοῦτον τάλας	ia 2 cr ba
1015		πέπληγμαι.	
	Χο	τί δ' οὐκ ὄλωλεν; μεγάλατε Περσᾶν;	ia ch ba
	Ξέ	ὁρᾷς τὸ λοιπὸν τόδε τᾶς ἐμᾶς στολᾶς –	ia ch ia
	Χο	ὁρῶ ὁρῶ.	ia
1020	Ξέ	τόνδε τ' ὀιστοδέγμονα –	ch ia
	Χο	τί τόδε λέγεις σεσωμένον;	2 ia

Ξέρξης

	Θησαυρὸν βελέεσσιν;	pher
Χο	βαιά γ' ὡς ἀπὸ πολλῶν.	pher

Ξέρξης

	ἐσπανίσμεθ' ἀρωγῶν.	pher
1025	Χο	Ἰάνων λαὸς οὐ φυγαίχμας. –	ba cr ba

			Ant. 5
	Ξέ	ἄγαν ἄρειος· κατεῖδον δὲ πῆμ' ἄελπτον.	
	Χο	τραπέντα ναύφρακτον ἐρεῖς ὅμιλον;	
1030	Ξέ	πέπλον δ' ἐπέρρηξ' ἐπὶ συμφορᾷ κακοῦ.	
	Χο	παπαῖ παπαῖ.	

Xe   Gegangen sind, die gesammelt mir das Heer –
Ch   Gegangen – oh – Ruhmes bar!
Xe   Weh weh, weh weh, o oh, o oh!
Ch   O oh, o oh! Götter, ihr
     Schuft Unerhörtes an Leid,
     Schlimm ohne Maß, starren Augs wie Ate!

Xe   Geschlagen – wir! So – für ewig – unser Los!
Ch   Geschlagen – wir! Deutlich ward's!
Xe   Und neu – und neu – die Not – die Not!
Ch   Ioniens Seemannsvolk –
     Wir trafen's nicht uns zum Heil:
     Opfer des Kriegs ward das Volk der Perser!

Xe   Wohl, wohl. Mit solch großem Heer ward mein Los: Ge-
                                              [schlagen!
Ch   Und was schwand *nicht* hin, aller Perser ärmster?
Xe   Siehst du den Rest – das hier – von meinem Kriegsgerät –
Ch   Ich seh, ich seh!
Xe   Das da – das pfeilebergende –
Ch   Was, sagst du da, blieb gerettet dir?

Xerxes
deutet auf den Köcher

     Schatzhaus für die Geschosse?
Ch   Wenig bloß von dem Vielen!

Xerxes
auf die fehlenden Pfeile hinweisend

     Wir verloren – die Helfer!
Ch   Ioniens Volk – nicht feig im Kampf war's.

Xe   Nur allzu streitbar; ich sah Nöte – nie geahnte!
Ch   Daß schiffumschirmt flohen die Scharen, meinst du?
Xe   Mein Kleid zerriß ich – bei dem Schicksal, das uns schlug!
Ch   Ach ach, ach ach!

```
      Ξέ  καὶ πλέον ἢ παπαῖ μὲν οὖν.
      Χο  δίδυμα γάρ ἐστι καὶ τριπλᾶ.
      Ξέ  λυπρά, χάρματα δ' ἐχθροῖς.
1035  Χο  καὶ σθένος γ' ἐκολούθη –
      Ξέ  γυμνός εἰμι προπομπῶν –
      Χο  φίλων ἄταισι ποντίαισιν.  =
```
                                                    Str. 6
```
      Ξέ  δίαινε δίαινε πῆμα· πρὸς δόμους δ' ἴθι.      3 ia
1047  Χο  διαίνομαι γοεδνὸς ὤν.                        2 ia
1040  Ξέ  βόα νυν ἀντίδουπά μοι.                       2 ia
      Χο  δόσιν κακὰν κακῶν κακοῖς.                    2 ia
      Ξέ  ἵυζε μέλος ὁμοῦ τιθείς.                      2 ia
      Ξέ  Χο ὀτοτοτοτοῖ.                               ia
      Χο  βαρεῖά γ' ἅδε συμφορά.                       2 ia
1045  οἴ, μάλα καὶ τόδ' ἀλγῶ. –                        ch ba
```

```
      Ξέ  ἔρεσσ' ἔρεσσε καὶ στέναζ' ἐμὴν χάριν.       Ant. 6
1039  Χο  αἰαῖ αἰαῖ, δύα δύα.
      Ξέ  βόα νυν ἀντίδουπά μοι.
      Χο  μέλειν πάρεστι, δέσποτα.
1050  Ξέ  ἐπορθίαζέ νυν γόοις.
      Ξέ  Χο ὀτοτοτοτοῖ.
      Χο  μέλαινα δ' ἀμμεμείξεται,
          οἴ, στονόεσσα πλαγά.  =
```
                                                    Str. 7
```
      Ξέ  καὶ στέρν' ἄρασσε κἀπιβόα τὸ Μύσιον.        3 ia
1055  Χο  ἄνι' ἄνια.                                   ia
      Ξέ  καί μοι γενείου πέρθε λευκήρη τρίχα.        3 ia
      Χο  ἄπριγδ' ἄπριγδα μάλα γοεδνά.                2 ia
      Ξέ  αὔτει δ' ὀξύ.                          ⎫
      Χο  καὶ τάδ' ἔρξω. –                       ⎬  ba cr ba
                                                ⎭
```

```
1060  Ξέ  πέπλον δ' ἔρεικε κολπίαν ἀκμῇ χερῶν.        Ant. 7
      Χο  ἄνι' ἄνια.
      Ξέ  καὶ ψάλλ' ἔθειραν καὶ κατοίκτισαι στρατόν.
      Χο  ἄπριγδ' ἄπριγδα μάλα γοεδνά.
```

Xe Ärger noch ist's als ach und ach!
Ch Wohl zweimal so arg und dreimal noch!
Xe Leid uns, Freude den Feinden!
Ch Unsre Kraft ward verstümmelt –
Xe Bin entblößt von Gefolgschaft –
Ch Durchs Los der – Freunde auf den Fluten!

Xe Bewein, bewein die Qual, zum Königshaus schreit hin!
Ch Ich weine auf in Jammers Not!
Xe Ruf laut nun Antwort meinem Schrei!
Ch Nimm hin der Qualen Qual zur Qual!
Xe Schrei auf·im Sang mit mir zugleich!
Ch Xe Otototototoi!
Ch Hart beugt mich argen Unheils Last:
    Oh! auch der Schrei ist qualvoll!

Xe Zerschlag, zerschlag dich, seufz' und stöhne mir zulieb!
Ch Ai ai, ai ai! – o Qual, o Qual!
Xe Ruf laut nun Antwort meinem Schrei!
Ch Zur Klag ist Anlaß, Herr und Fürst!
Xe Empor nun hebt des Jammers Ton!
Ch Xe Otototototoi!
Ch Nachtdüster mag sich mischen drein –
    Stöhnend – o – Schlag auf Schlag dann!

Xe Die Brust zerschlage, schreie auf im Mysierton!
Ch Qual über Qual!
Xe Verwüste mir zulieb des Barts weißsträhnig Haar!
Ch Ach, Strähn um Strähne, was ist's doch qualvoll!
Xe Schreit ärger auf nun!
Ch Gleich geschieht's so!

Xe Den Rock zerreiß, den bauschgen, mit der Nägel Wucht!
Ch Qual über Qual!
Xe Zerrauf dein Haupthaar und ruf laut dein Leid ums Heer!
Ch Ach, Strähn um Strähne, was ist's doch qualvoll!

1065 Ξέ διαίνου δ' ὄσσε.
　　 Χο τέγγομαί τοι. =

Ξέρξης

		Epod.
	βόα νυν ἀντίδουπά μοι.	2 ia
Χο	οἰοῖ οἰοῖ.	ia
Ξέ	αἰακτὸς ἐς δόμους κίε.	2 ia
1070 Χο	ἰὼ ἰώ.	ia
Ξέ	ἰωὰ δὴ κατ' ἄστυ.	ia ba
Χο	ἰωὰ δῆτα, ναὶ ναί.	ia ba
Ξέ	γοᾶσϑ' ἁβροβάται.	δ

Χορός

	ἰὼ ἰώ, Περσὶς αἶα δύσβατος.	ia cr ia
1075 Ξέ	ἠὴ ἠή, τρισκάλμοισιν,	2 δ
	ἠὴ ἠή, βάρισιν ὀλόμενοι.	2 δ
Χο	πέμψω τοί σε δυσϑρόοις γόοις.	δ ia

Xe   Ergieß dein Auge!
Ch   Feucht schon taut's mir!

Xerxes
geht voran

Ruf laut nun Antwort meinem Schrei!
Ch   Oi oi, oi oi!
Xe   Wehklagend geh zum Haus hinein!
Ch   Oh ach, oh ach!
Xe   Mit Oh und Ach die Stadt durch!
Ch   Mit Oh und Ach, fürwahr! Ja!
Xe   Nun klagt, weich setzt den Fuß!

Chor
im Tanzschritt

O ach, o ach! Persiens Land – ich tret's in Not!
Xe   Weh weh, weh weh – durch Dreirudrer-
      Weh weh, weh weh – kriegsschiffe – all' in den Tod!
         Xerxes ab in den Palast
Ch   Ich folg nach mit düstrer Trauer Ton.

Chor folgt dem König

SIEBEN GEGEN THEBEN

Τὰ τοῦ δράματος πρόσωπα

Ἐτεοκλῆς	Ἐτ
ἄγγελος κατάσκοπος	Ἄγ
χορὸς παρθένων	Χο
Ἰσμήνη	Ἰσ
Ἀντιγόνη	Ἀν
κῆρυξ	Κῆ

Die Personen des Dramas

Eteokles	Et
Ein Späher als Bote	Bo
Chor der Jungfrauen	Ch · Chf
Ismene	Is
Antigone	An
Ein Herold	He

Ἐτεοκλῆς

Κάδμου πολῖται, χρὴ λέγειν τὰ καίρια
ὅστις φυλάσσει πρᾶγος ἐν πρύμνῃ πόλεως
οἴακα νωμῶν, βλέφαρα μὴ κοιμῶν ὕπνῳ.
εἰ μὲν γὰρ εὖ πράξαιμεν, αἰτία θεοῦ·
5 εἰ δ' αὖθ', ὃ μὴ γένοιτο, συμφορὰ τύχοι,
Ἐτεοκλέης ἂν εἷς πολὺς κατὰ πτόλιν
ὑμνοῖθ' ὑπ' ἀστῶν φροιμίοις πολυρρόθοις
οἰμώγμασίν θ', ὧν Ζεὺς ἀλεξητήριος
ἐπώνυμος γένοιτο Καδμείων πόλει.
10 ὑμᾶς δὲ χρὴ νῦν, καὶ τὸν ἐλλείποντ' ἔτι
ἥβης ἀκμαίας καὶ τὸν ἔξηβον χρόνῳ,
βλαστημὸν ἀλδαίνοντα σώματος πολύν,
ὥραν τ' ἔχονθ' ἕκαστον ὥς τε συμπρεπές,
πόλει τ' ἀρήγειν καὶ θεῶν ἐγχωρίων
15 βωμοῖσι, τιμὰς μὴ 'ξαλειφθῆναί ποτε,
τέκνοις τε, Γῇ τε μητρί, φιλτάτῃ τροφῷ·
ἡ γὰρ νέους ἕρποντας εὐμενεῖ πέδῳ,
ἅπαντα πανδοκοῦσα παιδείας ὄτλον,
ἐθρέψατ' οἰκητῆρας ἀσπιδηφόρους
20 πιστοὺς ὅπως γένοισθε πρὸς χρέος τόδε.
καὶ νῦν μὲν ἐς τόδ' ἦμαρ εὖ ῥέπει θεός·
χρόνον γὰρ ἤδη τόνδε πυργηρουμένοις
καλῶς τὰ πλείω πόλεμος ἐκ θεῶν κυρεῖ.
νῦν δ' ὡς ὁ μάντις φησίν, οἰωνῶν βοτήρ,
25 ἐν ὠσὶ νωμῶν καὶ φρεσίν, πυρὸς δίχα,
χρηστηρίους ὄρνιθας ἀψευδεῖ τέχνῃ·
οὗτος τοιῶνδε δεσπότης μαντευμάτων
λέγει μεγίστην προσβολὴν Ἀχαιίδα
νυκτηγορεῖσθαι κἀπιβούλευσιν πόλει.
30 ἀλλ' ἔς τ' ἐπάλξεις καὶ πύλας πυργωμάτων
ὁρμᾶσθε πάντες, σοῦσθε σὺν παντευχίᾳ,
πληροῦτε θωρακεῖα, κἀπὶ σέλμασιν

Der Marktplatz von Theben. Im Hintergrund der Orchestra Götter-
bilder und Altäre. Volk, besonders Greise und Knaben, ist versammelt

Eteokles

Ihr Kadmosbürger, sagen muß, was heischt die Zeit,
Wer, Wächter ob dem Wohl, am Steuersitz der Stadt
Das Ruder führt, die Lider nie berührt von Schlaf.
Wenn's nämlich gut uns ginge, Werk wär's eines Gotts;
Doch wenn, was nie geschehn mög, Unheils Schlag uns träf:
Eteokles einzig dann würd allwärts in der Stadt
Verflucht vom Volk in Chören rauschenden Gemurrs
Und Wehgeheuls, wovor Zeus der Beschützer, wie's
Sein Name heischt, beschützen möge Kadmos' Stadt!
Ihr aber müßt nun, auch wer noch nicht voll erreicht
Der Jugend Reife und wer drüberhin bereits,
Indem er stärkt und wachsen läßt des Körpers Kraft,
Wie wer in Kraft blüht: jeder muß, wie sich's geziemt,
Die Stadt nun schirmen und der Götter unsres Lands
Altäre, daß die Ehre ihnen nie verlischt,
Kinder und Muttererd auch, liebste Nährerin;
Die zog – klein noch, krocht ihr auf ihrem trauten Grund –
Indem mit aller Müh sie euch gehegt, gepflegt,
Euch für sich auf zu Stadtbewohnern, schildbewehrt
Und treu, damit ihr fähig wärt zu diesem Dienst.
Und jetzt, bis heute war uns wohl geneigt ein Gott;
Denn all die Zeit schon läßt für die Belagerten
Glücklich zumeist der Krieg durch Göttergunst sich an.
Jetzt aber, wie der Seher sagt, der Vögel Wart,
Mit Ohr und Geist abwägend ohne Opferschau
Prophetischer Vögel Flug mit untrüglicher Kunst –
Er also, Meister in all solcher Weissagung,
Tut kund, ein mächtger Vormarsch des Achaierheers
Sei nachts beschlossen und ein Ansturm auf die Stadt.
Drum auf die Brüstung, zu der Türme Toren hin
Macht alle eilgen Laufs euch auf in voller Wehr;
Füllet die Brustwehr, auf den Zinnen stellet euch

πύργων στάθητε, καὶ πυλῶν ἐπ' ἐξόδοις
μίμνοντες εὖ θαρσεῖτε, μηδ' ἐπηλύδων
35 ταρβεῖτ' ἄγαν ὅμιλον· εὖ τελεῖ θεός.
σκοποὺς δὲ κἀγὼ καὶ κατοπτῆρας στρατοῦ
ἔπεμψα, τοὺς πέποιθα μὴ ματᾶν ὁδῷ·
καὶ τῶνδ' ἀκούσας οὔ τι μὴ ληφθῶ δόλῳ.

Ἄγγελος κατάσκοπος

Ἐτεόκλεες, φέριστε Καδμείων ἄναξ,
40 ἥκω σαφῆ τἀκεῖθεν ἐκ στρατοῦ φέρων,
αὐτὸς κατόπτης δ' εἴμ' ἐγὼ τῶν πραγμάτων·
ἄνδρες γὰρ ἑπτά, θούριοι λοχαγέται,
ταυροσφαγοῦντες ἐς μελάνδετον σάκος
καὶ θιγγάνοντες χερσὶ ταυρείου φόνου,
45 Ἄρη τ', Ἐνυώ, καὶ φιλαίματον Φόβον
ὡρκωμότησαν ἢ πόλει κατασκαφὰς
θέντες λαπάξειν ἄστυ Καδμείων βίᾳ,
ἢ γῆν θανόντες τήνδε φυράσειν φόνῳ·
μνημεῖά θ' αὑτῶν τοῖς τεκοῦσιν ἐς δόμους
50 πρὸς ἅρμ' Ἀδράστου χερσὶν ἔστεφον, δάκρυ
λείβοντες· οἶκτος δ' οὔτις ἦν διὰ στόμα.
σιδηρόφρων γὰρ θυμὸς ἀνδρείᾳ φλέγων
ἔπνει, λεόντων ὣς Ἄρη δεδορκότων.
καὶ τῶνδε πύστις οὐκ ὄκνῳ χρονίζεται.
55 κληρουμένους δ' ἔλειπον, ὡς πάλῳ λαχὼν
ἕκαστος αὐτῶν πρὸς πύλας ἄγοι λόχον.
πρὸς ταῦτ' ἀρίστους ἄνδρας ἐκκρίτους πόλεως
πυλῶν ἐπ' ἐξόδοισι τάγευσαι τάχος·
ἐγγὺς γὰρ ἤδη πάνοπλος Ἀργείων στρατὸς
60 χωρεῖ, κονίει, πεδία δ' ἀργηστὴς ἀφρὸς
χραίνει σταλαγμοῖς ἱππικῶν ἐκ πλευμόνων.
σὺ δ' ὥστε ναὸς κεδνὸς οἰακοστρόφος
φράξαι πόλισμα, πρὶν καταιγίσαι πνοὰς
Ἄρεως· βοᾷ γὰρ κῦμα χερσαῖον στρατοῦ·

Der Türme auf, und an den Torausgängen bleibt
Ausharrend festen Mutes; vor der Fremdlingsssschar
Erschreckt nicht *zu* sehr; gutes Ende gibt ein Gott.
Kundschafter hab ich, Späher unsres Heers hinaus-
gesandt; die, hoff ich, machen nicht umsonst den Weg.
Und hört' ich sie, gibt's keine List, die mich noch täuscht.

Die Bürger gehen auseinander, ein Späher kommt

Späher als Bote

Eteokles, o edelster Kadmeierfürst,
Ich komm mit sichrer Kunde drüben von dem Heer,
Bin selber Augenzeuge der Vorgänge dort,
Wie sieben Helden, mutge Führer ihrer Schar,
Stieropfer schlachtend auf den schwarzgebundnen Schild
Und tauchend dann die Hände in des Stieres Blut,
Bei Ares, bei Enyo, beim blutgiergen Gott
Der Furcht die Stadt zu schleifen schworen, Kadmos' Burg
Ganz auszuplündern mit Gewalt; sonst wollten sie
Die Erde fallend tränken hier mit ihrem Blut.
Andenken an sie selbst fürs Elternhaus daheim
Adrastos' Wagen hängten eigner Hand sie an
Mit Tränen; Klage aber kam aus keinem Mund.
Denn eisenherzig schnaubt' ihr Mut, in Mannheit lohnd,
Wie der von Löwen, deren Auge Mordgier sprüht.
Bestätgung dessen zögert sich nicht lang hinaus.
Beim Losen ließ ich sie, wie, durch das Los bestimmt,
Sollt jeder zu den Toren führen seine Schar.
Drum stell der Stadt erwählte beste Kämpfer an
Den Torausgängen als Anführer eiligst auf!
Denn nah schon, starkbewehrt, rückt der Argeier Heer
Heran, wirft Staub auf, und die Flur netzt weißer Schaum,
In Flocken tropfend aus der Rosse Atemhauch.
Doch du, gleichwie des Schiffs sorgsamer Steuermann,
Mach fest die Stadt, bevor sich auf sie stürzt der Sturm
Der Schlacht; brüllt doch durchs Land der Wogenbraus des
[Heers.

65   καὶ τῶνδε καιρὸν ὅστις ὥκιστος λαβέ·
        κἀγὼ τὰ λοιπὰ πιστὸν ἡμεροσκόπον
        ὀφθαλμὸν ἕξω, καὶ σαφηνείᾳ λόγου
        εἰδὼς τὰ τῶν θύραθεν ἀβλαβὴς ἔσῃ.

'Ετ ὦ Ζεῦ τε καὶ Γῆ καὶ πολισσοῦχοι θεοί,
70   'Αρά τ' 'Ερινὺς πατρὸς ἡ μεγασθενής,
        μή μοι πόλιν γε πρυμνόθεν πανώλεθρον
        ἐκθαμνίσητε δηάλωτον, Ἑλλάδος
        φθόγγον χέουσαν, καὶ δόμους ἐφεστίους·
        ἐλευθέραν δὲ γῆν τε καὶ Κάδμου πόλιν
75   ζεύγλῃσι δουλίῃσι μήποτε σχεθεῖν·
        γένεσθε δ' ἀλκή· ξυνὰ δ' ἐλπίζω λέγειν·
        πόλις γὰρ εὖ πράσσουσα δαίμονας τίει.

                            Χορός

        θρεῦμαι φοβερὰ μεγάλ' ἄχη·   sp δ
        μεθεῖται στρατός· στρατόπεδον λιπὼν   2 δ
80   ῥεῖ πολὺς ὅδε λεὼς πρόδρομος ἱππότας·   2 δ
        αἰθερία κόνις με πείθει φανεῖσ',   2 δ
        ἄναυδος σαφὴς ἔτυμος ἄγγελος.   2 δ
        ἕλε δὲ γᾶς ἐμᾶς πεδί' ὁπλῶν κτύπος   2 δ
        ποτιχρίμπτεται· (βοά) ποτᾶται, βρέμει δ' 2 δ
85   ἀμαχέτου δίκαν ὕδατος ὀροτύπου. (βοά)   2 δ
        ἰὼ ἰὼ θεοὶ θεαί τ' ὀρόμενον   2 δ
        κακὸν ἀλεύσατε. (βοά)   δ
        ὑπὲρ τειχέων   δ
        ὁ λεύκασπις ὄρνυται λαὸς εὐ-   2 δ
90   τρεπὴς ἐπὶ πόλιν διώκων πόδα.   2 δ
        τίς ἄρα ῥύσεται, τίς ἄρ' ἐπαρκέσει   2 δ
        θεῶν ἢ θεᾶν·   δ
        πότερα δῆτ' ἐγὼ πάτρια προσπέσω   2 δ
95   βρέτη δαιμόνων·   δ

Und hierfür nimm den rechten Zeitpunkt schnellstens wahr!
Und ich laß weiter treulich in des Tages Licht
Mein Auge spähn; durch sichre Botschaft weißt du dann,
Was vor dem Tor geschieht, und bleibst von Schaden frei.

Der Späher geht ab

Et O Zeus, o Erde, Götter, Schutzherrn unsrer Stadt,
O Fluch, des Vaters Rachegeist, gewaltiger!
Nicht reißt die Stadt mir samt den Wurzeln und dem Stamm,
Sie tilgend, feindbewältigt, aus, die Hellas' Laut
Ertönen läßt, noch ihrer Häuser heimschen Herd!
Dies freie Land, es soll gleichwie des Kadmos Stadt
Dem Joch der Knechtschaft niemals unterworfen sein!
Werdet uns Retter! Beiden, hoff ich, frommt mein Wort,
Weil eine Stadt, der's gut geht, auch die Götter ehrt.

Eteokles geht ab

Chor

eilt herbei

Ich klag furchtbare, schreckliche Not!
Im Aufbruch ist das Heer, verließ sein Lager schon,
Strömt dort – ein massenhaft Volk – als Vortrupp hoch zu
Zum Himmel wirbelnder Staub bezeugt mir es klar, [Roß!
Ein lautloser, leibhaft-sichrer Bote mir.
Hart greift in unsres Lands Gefild der Hufe Gestampf.
Herandrängt's mit Macht (Schrei), stürmt vorwärts, es braust
Gleich unzwingbaren Bergstroms felsenpeitschender Flut!
O oh! O oh, ihr Götter, o ihr Göttinnen, wehrt   [(Schrei)
Das drohnde Unheil ab! (Schrei)
Über der Mauern Kranz
Hebt weißbeschildet sich das Heervolk, rückt wohl-
geordnet wider die Stadt mit eilfertigem Fuß.
Wer leiht uns seinen Schutz, wer beut den Feinden Trutz
Der Gottheiten all?
Vor welchen soll ich jetzt, vor welchen Bildern knien
Der heimschen Götter hier?

		ἰώ, μάκαρες εὔεδροι, ἀκμάζει βρετέων	A 2 δ
		ἔχεσθαι· τί μέλλομεν ἀγάστονοι;	2 δ
100	Χο	ἀκούετ' ἢ οὐκ ἀκούετ' ἀσπίδων κτύπον;	3 ia
	Χο	πέπλων καὶ στεφέων εἰ μὴ νῦν, πότ' ἀμ-	2 δ
		φὶ λιτάν' ἕξομεν;	δ
	Χο	κτύπον δέδορκα· πάταγος οὐχ ἑνὸς δορός.	3 ia
105	Χο	τί ῥέξεις; προδώσεις, παλαίχθων Ἄρης,	5 ba
		[τὰν τεάν;	
		ὦ χρυσοπήληξ δαῖμον, ἔπιδ' ἔπιδε πόλιν	3 ia
		ἃν ποτ' εὐφιλήταν ἔθου.	cr δ
			Parodos
			Str. 1
		θεοὶ πολιάοχοι πάντες ἴτε χθονός.	2 δ
110		ἴδετε παρθένων	δ
		ἱκέσιον λόχον δουλοσύνας ὕπερ.	2 δ
		κῦμα περὶ πτόλιν δοχμολόφον ἀνδρῶν	2 δ
115		καχλάζει πνοαῖς Ἄρεος ὀρόμενον.	2 δ
		ἀλλ', ὦ Ζεῦ, φεῦ φεῦ, πάτερ παντελές,	2 δ
		πάντως ἄρηξον δαΐων ἅλωσιν.	spba crba
120		Ἀργέιοι γὰρ πόλισμα Κάδμου	ch cr ba
		κυκλοῦνται· φόβος δ' ἀρείων ὅπλων.	2 δ
		διὰ δέ τοι γενύων ἱππίων	δ cr
		κινύρονται φόνον χαλινοί.	ba cr ba
		ἑπτὰ δ' ἀγάνορες πρέποντες στρατοῦ	2 δ
125		δορυσσοῖς σαγαῖς πύλαις ἑβδόμαις	2 δ
		προσίστανται πάλῳ λαχόντες. –	ba cr ba
		σύ τ', ὦ Διογενὲς φιλόμαχον κράτος,	Ant. 1
		ῥυσίπολις γενοῦ,	
130		Παλλάς, ὅ θ' ἵππιος ποντομέδων ἄναξ	
		ἰχθυβόλῳ Ποσειδάων μαχανᾷ,	
		ἐπίλυσιν πόνων, ἐπίλυσιν δίδου.	
135		σύ τ', Ἄρης, φεῦ φεῦ, πόλιν ἐπώνυμον	
		Κάδμου φύλαξον κήδεσαί τ' ἐναργῶς.	
140		καὶ Κύπρις, ἅτ' εἶ γένους προμάτωρ,	
		ἄλευσον· σέθεν γὰρ ἐξ αἵματος	
		γεγόναμεν· λιταῖς θεοκλύτοις	

O oh, ihr Selgen hohen Throns, Zeit ist's, die Bilder zu
Umklammern; was noch zögern wir voll Gestöhns?

Chf Hört oder hört ihr's nicht? Von Schilden das Gedröhn?

Ch Mit Kleidern, Kränzen wann, wenn jetzt nicht, bringen wir
Sonst unsre Bitten vor?

Chf Den Lärm gewahr ich, Krachen mehr als *eines* Speers!

Ch Was tust du? Gibst preis du, o Ares, altheimscher, dein Land?

O goldbehelmter Gott, blick her, blick her auf die Stadt,
Die du einst voll Huld dir erkorst!

Der Burg Hüter, kommt, ihr Götter alle des Lands!
Seht an der Jungfraun Schar,
Die euch anfleht um Schutz vorm Joch der Sklaverei!
Es wogt um die Stadt von Männern, helmbuschgeschmückt,
Ein Meer, durch des Kriegsgotts Atem aufgewühlt!
O Zeus, Vater, oh, Allvollender, hilf,
Allwärts verwehr feindlichem Volk Erobrung!
Schließt doch schon ein Argos' Heer die Hochburg
Des Kadmos. Und Furcht vor Mordwaffen droht.
In manchem Roßgebiß mit Geknirsch
Tut Reiters Tod der Kettenzaum kund.
Und sieben Kämpfer voll Trotz, die stärksten aus dem Heer
In speerschwingender Wehr – vor sieben Toren beziehn
Den Kampfplatz sie, wo sie's erlosten.

O du, zeusentstammte, kampffrohe Macht,
Sei hilfreich, Pallas, der Stadt;
Und du, reisger Gott, des Meers mächtger Herr,
Poseidon, der du führst zum Fischfang den Speer,
Erlösung aus der Not, Erlösung schenke uns!
Du, Ares, oh, die Stadt, die Kadmos' Namen trägt,
Nimm sie in Obhut, zeig dich als ihr Schutzherr!
Kypris auch, Ahnmutter du des Stammes,
Beschütz uns; von dir ja stammen, deinem Blut
Wir; im Gebet, erflehnd göttlich Gehör,

αὐτοῦσαι πελαζόμεσθα.

145 καὶ σύ, Λύκει᾽ ἄναξ, Λύκειος γενοῦ
     στρατῷ δαΐῳ· σὺ δ᾽ ὦ Λατογένει-
148 α κούρα, τόξον εὐτυκάζου. =

                                                      Str. 2

150 ἒ ἔ, ἒ ἔ,   ia
     ὄτοβον ἁρμάτων ἀμφὶ πόλιν κλύω·   2 δ
     ὦ πότνι᾽ Ἥρα.   adon
     ἔλακον ἀξόνων βριθομένων χνόαι.   2 δ
     Ἄρτεμι φίλα,   ia
155 δοριτίνακτος αἰθὴρ ἐπιμαίνεται.   2 δ
     τί πόλις ἄμμι πάσχει, τί γενήσεται;   2 δ
     ποῖ δ᾽ ἔτι τέλος ἐπάγει θεός; –   2 ia

     ἒ ἔ, ἒ ἔ,   Ant. 2
     ἀκροβόλων ἐπάλξεις λιθὰς ἔρχεται·
     ὦ φίλ᾽ Ἄπολλον·
160 κόναβος ἐν πύλαις χαλκοδέτων σακέων,
     παῖ Διός, ὅθεν
     πολεμόκραντον ἁγνὸν τέλος ἐν μάχα.
     σύ τε, μάκαιρ᾽ ἄνασσ᾽ Ὄγκα, πρὸ πόλεως
165 ἑπτάπυλον ἕδος ἐπιρρύου. =

                                                      Str. 3

     ἰὼ παναρκεῖς θεοί,   ia cr
     ἰὼ τέλειοι τέλειαί τε γᾶς   ia 2 cr
     τᾶσδε πυργοφύλακες,   2 cr
     πόλιν δορίπονον μὴ προδῶθ᾽   δ cr
170 ἑτεροφώνῳ στρατῷ.   2 cr
     κλύετε παρθένων κλύετε πανδίκως   2 δ
     χειροτόνους λιτάς. –   δ

     ἰὼ φίλοι δαίμονες,   Ant. 3
175 λυτήριοί τ᾽ ἀμφιβάντες πόλιν,
     δείξαθ᾽ ὡς φιλοπόλεις,
     μέλεσθε θ᾽ ἱερῶν δημίων,
     μελόμενοι δ᾽ ἄλξατε.

Zu dir aufschreiend, nahn wir uns dir.
Auch du, der Herden Herr, Wolftöter werde du
Dem feindlichen Heer! Und du, o Letos Kind,
Halt, Jungfrau, schußbereit den Bogen!

Weh, weh; weh, weh!
Der Streitwagen Lärm hör um die Stadt ich rings.
O Herrin Hera!
Die Naben ächzen ob lastender Achsen Wucht.
Artemis, Holde!
Lanzengeschüttelt tobt die Luft wild dazu.
Was wird aus unsrer Stadt? Was wird mit uns geschehn?
Wohin, an welch Ende führt's der Gott?

Weh, weh; weh, weh!
Von fern die Zinnen trifft des Steinhagels Wucht.
Holder Apollon!
Getös an jedem Tor von Schilden, erzbandschwer.
Zeus' Tochter, von der
Entscheidung, hehres Ziel des Kriegs kommt in der Schlacht!
Und du, o selge Herrin Onka, schütz die Stadt,
Dein siebentoriges Heiligtum!

Ihr Götter, Göttinnen, all
Gewaltge ihr, die ihr lenkt unser Los,
Dieses Lands Burg bewacht:
Gebt nicht preis die Stadt, speerbedroht,
Einem fremdsprachgen Heer!
Höret der Jungfrauschar, hört, Allgerechte, ihr
Händeerhebend Flehn!

Huldvolle Gottheiten ihr,
Als Schutzherrn ringsum umschreitend die Stadt,
Zeigt der Stadt freundlich euch;
Gedenkt an das, was das Volk euch geweiht;
Denkend daran, steht ihm bei!

φιλοθύτων δέ τοι πόλεος ὀργίων
180   μνήστορες ἐστέ μοι. =

'Ετεοκλῆς

ὑμᾶς ἐρωτῶ, θρέμματ' οὐκ ἀνασχετά,
ἦ ταῦτ' ἀρωγὰ καὶ πόλει σωτήρια,
στρατῷ τε θάρσος τῷδε πυργηρουμένῳ,
185   βρέτη πεσούσας πρὸς πολισσούχων θεῶν
αὔειν, λακάζειν, σωφρόνων μισήματα;
μήτ' ἐν κακοῖσι μήτ' ἐν εὐεστοῖ φίλη
ξύνοικος εἴην τῷ γυναικείῳ γένει.
κρατοῦσα μὲν γὰρ οὐχ ὁμιλητὸν θράσος,
190   δείσασα δ' οἴκῳ καὶ πόλει πλέον κακόν.
καὶ νῦν πολίταις τάσδε διαδρόμους φυγὰς
θεῖσαι διερροθήσατ' ἄψυχον κάκην·
τὰ τῶν θύραθεν δ' ὡς ἄριστ' ὀφέλλετε,
αὐτοὶ δ' ὑφ' αὑτῶν ἔνδοθεν πορθούμεθα.
195   τοιαῦτά τἂν γυναιξὶ συνναίων ἔχοις.
κεἰ μή τις ἀρχῆς τῆς ἐμῆς ἀκούσεται,
ἀνὴρ γυνή τε χὼ τι τῶν μεταίχμιον,
ψῆφος κατ' αὐτῶν ὀλεθρία βουλεύσεται,
λευστῆρα δήμου δ' οὔ τι μὴ φύγῃ μόρον.
200   μέλει γὰρ ἀνδρί, μὴ γυνὴ βουλευέτω,
τἄξωθεν· ἔνδον δ' οὖσα μὴ βλάβην τίθει.
ἤκουσας ἢ οὐκ ἤκουσας, ἢ κωφῇ λέγω;   Amoibaion
                                                        Str. 1
Χο   ὦ φίλον Οἰδίπου τέκος, ἔδεισ' ἀκού-   2 δ
        σασα τὸν ἁρματόκτυπον ὄτοβον ὄτοβον,   2 δ
205   ὅτε τε σύριγγες ἔκλαγξαν ἑλίτροχοι,   2 δ
        ἱππικῶν τ' ἄπυον πηδαλίων διὰ στόμα   2 cr ch ia
        πυριγενετᾶν χαλινῶν.   ia ba
'Ετ   τί οὖν; ὁ ναύτης ἄρα μὴ 'ς πρῷραν φυγὼν
        πρύμνηθεν ηὖρε μηχανὴν σωτηρίας,
210   νεὼς καμούσης ποντίῳ πρὸς κύματι; ==

Haltet die opferreichen heilgen Feste der Stadt
Wohl in Erinnrung euch!

Eteokles

**bewaffnet bis auf Schild und Beinschienen, die ein Waffenträger
bringt, tritt auf, mit dem roten Feldherrnmantel bekleidet**

Euch frage ich, Geschöpfe widerwärtger Art,
Ist's so von Vorteil, bringt es Rettung so der Stadt,
Dem Heer Ermutgung, das hier eingeschlossen ist,
Wenn, vor der Stadtgottheiten Bilder hingestürzt,
Ihr heult und lärmt, vernünftgem Mann ein wahrer Greul?!
Nicht möcht im Unheil ich noch bestem Wohlergehn
Zusammenhausen mit dem weiblichen Geschlecht;
Herrscht es, so kommt man nicht mit seiner Frechheit aus;
Hat's Furcht, so wird es Haus und Stadt noch mehr zur Last.
Auch jetzt mit eurem Hin und Her und Flüchten jagt
Ihr unsern Bürgern nur mutlose Feigheit ein.
Die Lage derer draußen stärkt aufs beste ihr,
Wir selbst jedoch hier drin vernichten selber uns.
So geht's dir, wenn mit Weibern du zusammenwohnst.
Wenn jemand meiner Weisung nicht gehorsam ist,
Ob's Mann sei, Frau sei oder irgend jemand sonst:
Das Urteil wird, das Todesurteil ihm gefällt;
Dem Steingungstod durchs Stadtvolk wird er nicht entgehn.
Dem Mann obliegt, wobei die Frau nicht mitbeschließt,
Was draußen vorgeht. *Drin* sollst du nicht Schaden tun!
Hörtst oder hörtst du nicht? Sprech ich zu taubem Ohr?

Ch O lieber Sohn des Oidipus, Furcht hatt ich, hört
Ich wagenrasselnd rings Gedröhn doch auf Gedröhn,
Als Radnaben knarrten, sich in Krümmungen drehnd.
Manch Gebiß knirschte, manch Trensengebiß im Pferdemaul
Mit feuergestähltem Mundstück.
Et Wie? Findet denn der Seemann, wenn aufs Vorderdeck
Vom Steuer fort er flüchtet, noch der Rettung Weg,
Indes sein Schiff sich abmüht mit der Wogen Schwall?

Χο ἀλλ' ἐπὶ δαιμόνων πρόδρομος ἦλθον ἀρ-   Ant. 1
χαῖα βρέτη, θεοῖς πίσυνος, ὅτ' ὀλοᾶς
νειφομένας βρόμος λιθάδος ἐν πύλαις·
δὴ τότ' ἤρθην φόβῳ πρὸς μακάρων λιτάς,
215   ἵν' ὑπερέχοιεν ἀλκάν.   [πόλεος

'Ετ πύργον στέγειν εὔχεσθε πολέμιον δόρυ.
οὔκουν τάδ' ἔσται πρὸς θεῶν; ἀλλ' οὖν θεοὺς
τοὺς τῆς ἁλούσης πόλεος ἐκλείπειν λόγος. =

Str. 2

Χο μήποτ' ἐμὸν κατ' αἰῶνα λίποι θεῶν   2 δ
220   ἅδε πανάγυρις, μηδ' ἐπίδοιμι τάνδ'   2 δ
ἀστυδρομουμέναν πόλιν καὶ στράτευμ'   2 δ
ἀπτόμενον πυρὶ δαΐῳ.   2 da cr

'Ετ μή μοι θεοὺς καλοῦσα βουλεύου κακῶς·
πειθαρχία γάρ ἐστι τῆς εὐπραξίας
225   μήτηρ γυνὴ Σωτῆρος· ὧδ' ἔχει λόγος. –

Χο ἔστι· θεοῦ δ' ἔτ' ἰσχὺς καθυπερτέρα·   Ant. 2
πολλάκι δ' ἐν κακοῖσι τὸν ἀμήχανον
κἀκ χαλεπᾶς δύας ὕπερθ' ὀμμάτων
κριμαμενᾶν νεφελᾶν ὀρθοῖ.
230 'Ετ ἀνδρῶν τάδ' ἐστί, σφάγια καὶ χρηστήρια
θεοῖσιν ἔρδειν, πολεμίων πειρωμένων·
σὸν δ' αὖ τὸ σιγᾶν καὶ μένειν εἴσω δόμων. =

Str. 3

Χο διὰ θεῶν πόλιν νεόμεθ' ἀδάματον,   2 δ
δυσμενέων δ' ὄχλον πύργος ἀποστέγει.   2 δ
235   τίς τάδε νέμεσις στυγεῖ;   ch cr

'Ετ οὔτοι φθονῶ σοι δαιμόνων τιμᾶν γένος·
ἀλλ' ὡς πολίτας μὴ κακοσπλάγχνους τιθῆς,
εὔκηλος ἴσθι μηδ' ἄγαν ὑπερφοβοῦ. –

Χο ἅμα ποταίνιον κλύουσα πάταγον   Ant. 3
240   ταρβοσύνῳ φόβῳ τάνδ' ἐς ἀκρόπολιν,
τίμιον ἕδος, ἱκόμαν.

'Ετ μή νυν, ἐὰν θνῄσκοντας ἢ τετρωμένους

Ch Hin zu der Götter altehrwürdgen Bildern ging
    Ich schnell, voll Gottvertrauns, als des verderblichen
    Steinhagels Sturmgeprassel an den Toren scholl.
    Da nun hob furchterfüllt auf zu den Selgen ich mein Flehn,
    Sie möchten mit Macht uns Schutz leihn.
Et Die Burg – so betet! – wehre ab der Feinde Speer!
    Ist das der Götter Sache nicht? Es heißt ja doch,
    Die Götter gingen nach dem Fall der Stadt davon.

Ch Mög nie zu meiner Lebenszeit fortziehn die Schar
    Der Götter alle hier, und möcht ich nimmermehr
    Die Stadt feinderstürmt und unser Heer vom Brand
    Feindlichen Feuers vernichtet schaun!
Et Rufst du die Götter, tu es nicht zum Unheil uns!
    Ist Folgsamkeit doch guten Handelns Mutter und
    Des Rettergotts Gemahlin, wie ein Sprichwort sagt.

Ch So ist's; jedoch der Gottheit Macht steht höher noch:
    So oft im Unheil einer keinen Rat mehr weiß
    Aus schlimmer Not, wenn über seinen Augen hängt
    Düstres Gewölk: richtet *sie* ihn auf.
Et Den Männern ziemt's, so manches Tier für Brand und Schau
    Göttern zu opfern, wenn sich Feinde drohend nahn;
    Doch dir, zu schweigen, still zu harren drin im Haus.

Ch Durch Göttergunst nur bleibt die Stadt uns unbesiegt,
    Gibt gegen Feindesschar die Mauer Schutz und Schirm
    Was also tadelst du mein Flehn?
Et Verargt nicht sei dir's, daß der Götter Stamm du ehrst;
    Doch daß du mir die Bürger nicht feigherzig machst,
    Bleib ruhig und fürchte dich im voraus nicht zu sehr!

Ch Da ich so ungewohnt Getös und Krachen gehört,
    Bin zagend ich, voll Furcht hier auf der hohen Burg
    Heiligen Göttersitz geeilt.
Et Daß ihr, hört von Gefallnen ihr, Verwundeten,

πύθησθε, κωκυτοῖσιν ἁρπαλίζετε.
τούτῳ γὰρ Ἄρης βόσκεται, φόνῳ βροτῶν.

Χορός

245		καὶ μὴν ἀκούω γ' ἱππικῶν φρυαγμάτων.
	Ἐτ	μή νυν ἀκούουσ' ἐμφανῶς ἄκου' ἄγαν.
	Χο	στένει πόλισμα γῆθεν, ὡς κυκλουμένων.
	Ἐτ	οὐκοῦν ἔμ' ἀρκεῖ τῶνδε βουλεύειν πέρι;
	Χο	δέδοικ', ἀραγμὸς δ' ἐν πύλαις ὀφέλλεται.
250	Ἐτ	οὐ σῖγα μηδὲν τῶνδ' ἐρεῖς κατὰ πτόλιν;
	Χο	ὦ ξυντέλεια, μὴ προδῷς πυργώματα.
	Ἐτ	οὐκ ἐς φθόρον σιγῶσ' ἀνασχήσει τάδε;
	Χο	θεοὶ πολῖται, μή με δουλείας τυχεῖν.
	Ἐτ	αὐτὴ σὺ δουλοῖς κἀμὲ καὶ πᾶσαν πόλιν.
255	Χο	ὦ παγκρατὲς Ζεῦ, τρέψον εἰς ἐχθροὺς βέλος.
	Ἐτ	ὦ Ζεῦ, γυναικῶν οἷον ὤπασας γένος.
	Χο	μοχθηρόν, ὥσπερ ἄνδρας ὧν ἁλῷ πόλις.
	Ἐτ	παλινστομεῖς αὖ θιγγάνουσ' ἀγαλμάτων;
	Χο	ἀψυχίᾳ γὰρ γλῶσσαν ἁρπάζει φόβος.
260	Ἐτ	αἰτουμένῳ μοι κοῦφον εἰ δοίης τέλος.
	Χο	λέγοις ἂν ὡς τάχιστα, καὶ τάχ' εἴσομαι.
	Ἐτ	σίγησον, ὦ τάλαινα, μὴ φίλους φόβει.
	Χο	σιγῶ· σὺν ἄλλοις πείσομαι τὸ μόρσιμον.
	Ἐτ	τοῦτ' ἀντ' ἐκείνων τοὔπος αἱροῦμαι σέθεν.
265		καὶ πρός γε τούτοις, ἐκτὸς οὖσ' ἀγαλμάτων,
		εὔχου τὰ κρείσσω, ξυμμάχους εἶναι θεούς·
		κἀμῶν ἀκούσασ' εὐγμάτων, ἔπειτα σὺ
		ὀλολυγμὸν ἱερὸν εὐμενῆ παιώνισον,
		Ἑλληνικὸν νόμισμα θυστάδος βοῆς,
270		θάρσος φίλοις, λύουσα πολέμιον φόβον.
		ἐγὼ δὲ χώρας τοῖς πολισσούχοις θεοῖς,
		πεδιονόμοις τε κἀγορᾶς ἐπισκόποις,
		Δίρκης τε πηγαῖς, ὕδατί τ' Ἰσμηνοῦ λέγω,
		εὖ ξυντυχόντων καὶ πόλεως σεσωμένης,
275		μήλοισιν αἱμάσσοντας ἑστίας θεῶν,
		ταυροκτονοῦντάς θ' οἷσιν ὧδ' ἐπεύχομαι,

Dies nicht mit Klagen, Jammerschrein entgegennehmt!
Das ist nun einmal Ares' Weide: Männermord!

Chorführerin

Fürwahr, ich hör von Rossen Wiehern und Geschnaub.
Et Zeig nun nicht, wenn du hörst, zu deutlich, daß du hörst!
Chf Es stöhnt die Stadt, ihr Grund stöhnt von Bestürmung rings!
Et Wenn *ich* hierum besorgt bin, ist das nicht genug?
Chf Furcht faßt mich: Rasseln an den Toren mehrt sich, wächst!
Et Daß du mir schweigst, nichts davon redest in der Stadt!
Chf Ihr Götter alle, gebt nicht unsre Veste preis!
Et Zum Henker, halt den Mund nun und bezähme dich!
Chf Götter der Stadtburg, gebt mich nicht in Sklaverei!
Et Du selbst machst mich zum Sklaven und die ganze Stadt!
Chf Allmächtger Zeus, wend auf die Feinde dein Geschoß!
Et O Zeus, was schufst du mit den Weibern für ein Volk!
Chf So elend wie die Männer, deren Stadt erliegt!
Et Schlimm redst du, rührst dabei der Götter Bilder an?!
Chf Mir fehlt der Mut, drum reißt die Zunge hin die Furcht.
Et Gäbst meiner Bitte du, der kleinen, doch Gewähr!
Chf Sag's möglichst schnell mir, und schnell weiß ich, ob es geht.
Et So schweig, Unselge; jag die Unsern nicht in Furcht!
Chf Ich schweige, mit den andern duld ich unser Los.
Et Dies Wort – statt jener – nehme gern ich an von dir.
    Noch eins: verlaß die Götterbilder hier und fleh
    Ums Höchste: daß im Bund mit uns die Götter sind!
    Und wenn du mein Gebet gehört, dann fange du
    Den Festgesang, den heilgen, götterholden, an,
    Den Ruf, der nach hellenischem Brauch zum Opfer tönt,
    Mut leihnd den Unsern und befreind von Feindesfurcht!
    Doch ich – des Landes Göttern, Schirmern unsrer Stadt,
    Unsrer Gefilde Waltern, Schutzherrn unsres Markts,
    Der Dirke Quellen tu, Ismenos' Flut ich kund:
    Wenn gut sich's fügt und wenn die Stadt gerettet ist,
    Lammblut soll färben dann den Göttern den Altar,
    Stieropfer denen fallen, denen ich's gelobt;

Θήσειν τροπαῖα, καὶ λάφυρα δαΐων
στέψω πρὸ ναῶν δουρίπληχθ' ἁγνοῖς δόμοις.
τοιαῦτ' ἐπεύχου μὴ φιλοστόνως θεοῖς,
280 μηδ' ἐν ματαίοις κἀγρίοις ποιφύγμασιν·
οὐ γάρ τι μᾶλλον μὴ φύγῃς τὸ μόρσιμον.
ἐγὼ δέ γ' ἄνδρας ἓξ ἐμοὶ σὺν ἑβδόμῳ
ἀντηρέτας ἐχθροῖσι τὸν μέγαν τρόπον
εἰς ἑπτατειχεῖς ἐξόδους τάξω μολών,
285 πρὶν ἀγγέλους σπερχνούς τε καὶ ταχυρρόθους
λόγους ἱκέσθαι καὶ φλέγειν χρείας ὕπο.

Χορός

Stasimon I
Str. 1

μέλει, φόβῳ δ' οὐχ ὑπνώσσει κέαρ·   ia 2 cr
γείτονες δὲ καρδίας   cr ba
μέριμναι ζωπυροῦσι τάρβος.   ba cr ba
290 τὸν ἀμφιτειχῆ λεών,   ia cr
δράκοντας ὥς τις τέκνων   ia cr
ὑπερδέδοικεν λεχαίων δυσευνήτορας   ia 3 cr
πάντρομος πελειάς.   cr ba
295 τοὶ μὲν γὰρ ποτὶ πύργους   pher
πανδημεὶ πανομιλεὶ   pher
στείχουσιν. τί γένωμαι;   pher
τοὶ δ' ἐπ' ἀμφιβόλοισιν   pher
ἰάπτουσι πολῖται   pher
300 χερμάδ' ὀκριόεσσαν.   pher
παντὶ τρόπῳ, Διογενεῖς   2 ch
θεοί, πόλιν καὶ στρατὸν   ia cr
Καδμογενῆ ῥύεσθε. —   ch ba

ποῖον ἀμείψεσθε γαίας πέδον   Ant. 1
305 τᾶσδ' ἄρειον, ἐχθροῖς
ἀφέντες τὰν βαθύχθον' αἶαν,
ὕδωρ τε Διρκαῖον, εὐ-

Des Sieges Zeichen setz ich, kränze mit des Feinds
Rüstzeug, dem speerzerfetzten, heilger Tempel Bau.
So ruf auch du die Götter nicht mit Stöhnen an
Und nicht mit nutzlos ungestümem Schreckenslaut;
Nicht wirst du so ja eher deinem Los entfliehn.
Ich will nun gehn; sechs Kämpfer, mich als siebenten,
Dem Feind als Widersacher von machtvoller Art
Stell ich an unsrer Festung sieben Toren auf,
Eh übereilte Botschaft, raschhinbrausendes
Gerücht uns kommt und zündet unterm Druck der Not.

Er geht ab

Chor

begibt sich in die Orchestra, singt das Chorlied mit tänzerischer
Bewegung

Ich will's; doch Furcht läßt nicht ruhn mein Gemüt.
Nachbarin des Herzens,
Schürt Sorge mir des Schreckens Flammen:
Rings um den Burgwall das Heer!
Vor Schlangen entsetzt sich so,
Um ihre Nestbrut besorgt, vor der Nesträuber Nahn
Zitternd bang, die Taube.
Die dort – gegen den Burgwall,
Truppweis, scharweis, in Massen –
Ziehn heran; was soll werden?
Die hier – wider den Sturm rings –
Unsre Bürger, sie schleudern
Scharf gekanteten Feldstein.
Wie ihr nur könnt, Götter aus Zeus'
Geschlecht, bringt Kadmos' Geschlecht,
Bürgern wie Heer, Errettung!

In welch ein Land könnt ihr ziehn, besser als
Dieses hier, gebt preis ihr
Dem Feind tiefgründger Scholle Boden
Und Dirkes Quell, labend süß

τραφέστατον πωμάτων
310 ὅσων ἵησιν Ποσειδᾶν ὁ γαιάοχος
Τηθύος τε παῖδες;
πρὸς τάδ', ὦ πολιοῦχοι
θεοί, τοῖσι μὲν ἔξω
πύργων ἀνδρολέτειραν
315 κάκαν, ῥίψοπλον ἄταν,
ἐμβαλόντες ἄροισθε
κῦδος τοῖσδε πολίταις.
καὶ πόλεως ῥύτορες ἔστ'
εὔεδροί τε στάθητ'
320 ὀξυγόοις λιταῖσιν. =

	Str. 2
οἰκτρὸν γὰρ πόλιν ὧδ' ὠγυγίαν	mol 2 io
Ἀίδᾳ προϊάψαι, δορὸς ἄγραν,	3 io
δουλίαν ψαφαρᾷ σποδῷ	gl
ὑπ' ἀνδρὸς Ἀχαιοῦ θεόθεν	ch dim
325 περθομέναν ἀτίμως,	ch ba
τὰς δὲ κεχειρωμένας ἄγεσθαι,	ch cr ba
ἒ ἔ, νέας τε καὶ παλαιὰς	A cr ba
ἱππηδὸν πλοκάμων, περιρ-	gl
ρηγνυμένων φαρέων. βοᾷ δ'	ch ia
330 ἐκκενουμένα πόλις,	cr ia
λαΐδος ὀλλυμένας μειξοθρόου·	ch 2 io
βαρείας τοι τύχας προταρβῶ. –	ba cr ba

	Ant. 2
κλαυτὸν δ' ἀρτιτρόφοις ὠμοδρόποις	
νομίμων προπάροιθεν διαμεῖψαι	
335 δωμάτων στυγερὰν ὁδόν·	
τί; τὸν φθίμενον γὰρ προλέγω	
βέλτερα τῶνδε πράσσειν·	
πολλὰ γάρ, εὖτε πτόλις δαμασθῇ,	
ἒ ἔ, δυστυχῆ τε πράσσει.	
340 ἄλλος δ' ἄλλον ἄγει, φονεύ-	
ει, τὰ δὲ πυρφορεῖ· καπνῷ	
χραίνεται πόλισμ' ἅπαν·	

Vor allem, was an Getränk
Ans Licht emporschickt Poseidon, des Erdgrundes Herr,
Und der Tethys Kinder?
Drum, ihr Götter der Stadtburg,
Auf den Feind vor den Toren
Männermordendes Unheil,
Wehrfortwerfende Schrecknis
Kraftvoll schleudernd, verleihet
Ruhm den Bürgern der Stadt hier!
Werdet der Stadt Retter und wahrt
Den schönen Sitz! Hört ihn, hört
Unsrer Gebete Notschrei!

O Not, wenn die so ehrwürdige Stadt
In den Hades hinab stürzte, des Speers Raub,
Vom achäischen Heer versklavt,
Zu Asche und Staub, will es der Gott:
Ruhmlos zerstört, von Grund auf;
Wenn hier die Fraun fort man führte zwangsweis,
Weh, weh, junge so wie alte,
Rossen gleich an dem Haar gepackt,
Völlig zerfetzten Kleids! Es stöhnt
Volkentleert die Stadt, wird die
Beute ins Unheil geschleppt, wirren Geschreis.
Vor schwerstem Los erbeb ich jetzt schon!

Qual, Sittsamen ein Greul, unreif gepflückt,
Eh der Brauch es erlaubt, fortziehn zu müssen,
Fort von Hause verhaßten Pfad!
Wer starb noch zuvor, dem ward zuteil
Besseres Los als diesen.
Vieles ja muß, wird die Stadt bezwungen,
Weh, weh, sie an Unheil dulden.
Den führt fort man, schlägt jenen tot,
Schleudert den Feuerbrand; der Rauch
Deckt und schwärzt die ganze Stadt.

μαινόμενος δ' ἐπιπνεῖ λαοδάμας
μιαίνων εὐσέβειαν Ἄρης. =

                                     Str. 3

345   κορκορυγαὶ δ' ἀν' ἄστυ, ποτὶ δ' ὀρκάνα   2 δ
          πυργῶτις.   mol
          πρὸς ἀνδρὸς δ' ἀνὴρ δόρει καίνεται· 2 δ
          βλαχαὶ δ' αἱματόεσσαι   pher
          τῶν ἐπιμαστιδίων   hem
350   ἀρτιτρεφεῖς βρέμονται.   ch ba
          ἁρπαγαὶ δὲ διαδρομᾶν ὁμαίμονες·   cr 2 ia
          ξυμβολεῖ φέρων φέροντι,
          καὶ κενὸς κενὸν καλεῖ,   } cr 3 ia
          ξύννομον θέλων ἔχειν,   cr ia
355   οὔτε μεῖον οὔτ' ἴσον λελιμμένοι.   cr 2 ia
          τί ἐκ τῶνδ' εἰκάσαι λόγος πάρα; –   ba cr ia

          παντοδαπὸς δὲ καρπὸς χαμάδις πεσὼν Ant. 3
          ἀλγύνει
          κυρήσας πικρὸν δ' ὄμμα θαλαμοπόλων·
360   πολλὰ δ' ἀκριτόφυρτος
          γᾶς δόσις οὐτιδανοῖς
          ἐν ῥοθίοις φορεῖται.
          δμωΐδες δὲ καινοπήμονες νέαι·
          τλήμον' αἶσαν αἰχμάλωτον
365   ἀνδρὸς εὐτυχοῦντος ὡς
          δυσμενοῦς ὑπερτέρου
          ἐλπίς ἐστι νύκτερον τέλος μολεῖν,
          παγκλαύτων ἀλγέων ἐπίρροθον. =

Χο ὅ τοι κατόπτης, ὡς ἐμοὶ δοκεῖ, στρατοῦ
370   πευθώ τιν' ἡμῖν, ὦ φίλαι, νέαν φέρει,
          σπουδῇ διώκων πομπίμους χνόας ποδῶν.
          καὶ μὴν ἄναξ ὅδ' αὐτὸς Οἰδίπου τόκος
          εἰσ' ἀρτίκολλον ἀγγέλου λόγον μαθεῖν·
          σπουδῇ δὲ καὶ τοῦδ' οὐκ ἀπαρτίζει πόδα.

Rasend hinein bläst der Völker Verderb,
Des Fromm-Ehrwürdgen Schänder: Ares!

Getöse, dumpf, durch die Stadt – dazu getürmten Walls
Gefängnis!
Den Mann trifft des Mannes Speerstoß zu Tod.
Gegrein blutig geschlagner
Säuglinge, noch an der Brust
Eben genährt, tönt wimmernd.
Räuberei und wilde Verfolgung paaren sich.
Findet Plündrer sich zu Plündrer,
Ruft, wer ohne Beute noch,
Wen er zum Genossen will:
Weniger dann genügt nicht, gleich viel nicht der Gier.
Was *folgt* draus, sagt Vernunft sich selber leicht.

Jedwede Art von Frucht, die man zur Erde warf,
Bringt Ärger,
Bringt Leid – wird bittrer Schmerz dem Aug der Schaffnerin.
Manch willkürlich gemengte
Gabe der Erde wird nichts-
würdiger Wogen Beute.
Für der Mägde, unerprobt im Leid, noch jung,
Arges Los, Gefangne eines
Manns, vom Glück gekrönt, zugleich
Feinds voll Übermacht zu sein,
Bleibt die Hoffnung auf ein düstres Ende nur
Als jammerreicher Nöte letzter Trost.

Chf Dort kommt der Späher, wie mir scheint, vom Heer und
Bericht uns, liebe Schwestern, neue Kunde her, [bringt
In Eile seiner Füße Naben vorwärtsdrehnd.
Auch kommt der Herr ja selber, Sohn des Oidipus,
Zu hören – trefflich fügt sich's so – des Boten Wort.
Die Eile läßt auch seinen Fuß nicht maßvoll gehn.

Der Späher als Bote und Eteokles in Waffen treten auf

375 ″Αγ λέγοιμ’ ἂν εἰδὼς εὖ τὰ τῶν ἐναντίων,
        ὥς τ’ ἐν πύλαις ἕκαστος εἴληχεν πάλον.
        Τυδεὺς μὲν ἤδη πρὸς πύλαισι Προιτίσιν
        βρέμει, πόρον δ’ Ἰσμηνὸν οὐκ ἐᾷ περᾶν
        ὁ μάντις· οὐ γὰρ σφάγια γίγνεται καλά.
380   Τυδεὺς δὲ μαργῶν καὶ μάχης λελιμμένος
        μεσημβριναῖς κλαγγαῖσιν ὡς δράκων βοᾷ·
        θείνει δ’ ὀνείδει μάντιν Οἰκλείδην σοφόν,
        σαίνειν μόρον τε καὶ μάχην ἀψυχίᾳ.
        τοιαῦτ’ ἀυτῶν τρεῖς κατασκίους λόφους
385   σείει, κράνους χαίτωμ’, ὑπ’ ἀσπίδος δὲ τῷ
        χαλκήλατοι κλάζουσι κώδωνες φόβον·
        ἔχει δ’ ὑπέρφρον σῆμ’ ἐπ’ ἀσπίδος τόδε,
        φλέγονθ’ ὑπ’ ἄστροις οὐρανὸν τετυγμένον·
        λαμπρὰ δὲ πανσέληνος ἐν μέσῳ σάκει,
390   πρέσβιστον ἄστρων, νυκτὸς ὀφθαλμός, πρέπει.
        τοιαῦτ’ ἀλύων ταῖς ὑπερκόμποις σαγαῖς
        βοᾷ παρ’ ὄχθαις ποταμίαις, μάχης ἐρῶν,
        ἵππος χαλινῶν ὡς κατασθμαίνων μένει,

        ὅστις βοὴν σάλπιγγος ὁρμαίνει κλύων.
395   τίν’ ἀντιτάξεις τῷδε; τίς Προίτου πυλῶν
        κλήθρων λυθέντων προστατεῖν φερέγγυος;
     ᾿Ετ κόσμον μὲν ἀνδρὸς οὔτιν’ ἂν τρέσαιμ’ ἐγώ,

        οὐδ’ ἑλκοποιὰ γίγνεται τὰ σήματα·
        λόφοι δὲ κώδων τ’ οὐ δάκνουσ’ ἄνευ δορός.
400   καὶ νύκτα ταύτην ἣν λέγεις ἐπ’ ἀσπίδος
        ἄστροισι μαρμαίρουσαν οὐρανοῦ κυρεῖν,
        τάχ’ ἂν γένοιτο μάντις ἡ ἀνοία τινί.
        εἰ γὰρ θανόντι νὺξ ἐπ’ ὀφθαλμοῖς πέσοι,
        τῷ τοι φέροντι σῆμ’ ὑπέρκομπον τόδε
405   γένοιτ’ ἂν ὀρθῶς ἐνδίκως τ’ ἐπώνυμον,
        καὐτὸς καθ’ αὑτοῦ τήνδ’ ὕβριν μαντεύσεται.
        ἐγὼ δὲ Τυδεῖ κεδνὸν Ἀστακοῦ τόκον
        τῶνδ’ ἀντιτάξω προστάτην πυλωμάτων,

Bo Ich künde – weiß ich's wohl doch – was beim Feind geschah,
    Wie an den Toren jeder seinen Platz erlost.
    So tobt bereits nun Tydeus an des Proitos Tor
    Voll Trotz; doch läßt ihn durch Ismenos' Furt nicht gehn
    Der Seher; denn nicht günstig fiel das Opfer aus.
    Doch Tydeus, rasend, toll vor heißer Kampfbegier,
    Schreit wild, wie in der Mittagsglut die Schlange zischt,
    Beißt schmähnd den Seher, des Oïkles weisen Sohn:
    Schweifwedelnd weich er Tod und Schlacht aus Feigheit aus.
    So, laut aufschreiend, schüttelt er – ihr Schatten tanzt –
    Roßschweife drei, des Helmes Mähne; an dem Schild
    Die erzgetriebnen Schellen rasseln Schreck und Furcht.
    Er trägt als stolzes Zeichen auf dem Schilde dies:
    Flammend von Sternen ist der Himmel dargestellt;
    Im Glanz erstrahlt der Vollmond mitten auf dem Schild,
    Der Sterne schönster, der das Auge ist der Nacht.
    So außer sich, in überstolzer Waffen Schmuck,
    Schreit laut er an dem Flußgestad und giert nach Kampf,
    Dem Roß gleich, das, im Zaumzeug schnaubend, warten
                                                    [muß
    Und – hört es der Trompete Ruf – fortsprengen will.
    Wen stellst du ihm entgegen? Wer an Proitos' Tor
    Beut nach der Riegel Öffnung zuverlässgen Schutz?
Et Am Schmuck des Manns nichts gibt es, was mich zittern
                                                    [macht;
    Und Wunden schlagen können solche Bilder nicht.
    Helmbusch und Schelle beißen auch nicht ohne Speer.
    Und was die Nacht angeht, die, sagst du, auf dem Schild
    Von den Gestirnen funkelnd sich des Himmels zeigt:
    Leicht kann Wahrsager einem sein sein Unverstand.
    Denn wenn im Tod ihm Nacht sich auf die Augen senkt,
    Würd ihm, dem Träger, dieses überstolze Bild
    Im Ernst, mit Recht zu dem, was es bedeuten soll,
    Und selbst sich selbst weissagt er seines Hochmuts Ziel.
    Ich aber will dem Tydeus Astakos' wackern Sohn
    Entgegenstellen als den Hüter dieses Tors,

μάλ' εὐγενῆ τε καὶ τὸν Αἰσχύνης θρόνον
410　τιμῶντα καὶ στυγοῦνθ' ὑπέρφρονας λόγους.
αἰσχρῶν γὰρ ἀργός, μὴ κακὸς δ' εἶναι φιλεῖ.
σπαρτῶν δ' ἀπ' ἀνδρῶν, ὧν "Αρης ἐφείσατο,
ῥίζωμ' ἀνεῖται, κάρτα δ' ἔστ' ἐγχώριος,
Μελάνιππος· ἔργον δ' ἐν κύβοις "Αρης κρινεῖ·
415　Δίκη δ' ὁμαίμων κάρτα νιν προστέλλεται
εἴργειν τεκούσῃ μητρὶ πολέμιον δόρυ.

		Str. 1
Χο	τὸν ἁμόν νυν ἀντίπαλον εὐτυχεῖν	2 δ
	θεοὶ δοῖεν, ὡς δικαίως πόλεως	2 δ
	πρόμαχος ὄρνυται· τρέμω δ' αἱματη-	2 δ
420	φόρους μόρους ὑπὲρ φίλων	2 ia
	ὀλομένων ἰδέσθαι. —	cr ba

"Αγ　τούτῳ μὲν οὕτως εὐτυχεῖν δοῖεν θεοί·
Καπανεὺς δ' ἐπ' Ἠλέκτραισιν εἴληχεν πύλαις,
γίγας ὅδ' ἄλλος τοῦ πάρος λελεγμένου
425　μείζων, ὁ κόμπος δ' οὐ κατ' ἄνθρωπον φρονεῖ,
πύργοις δ' ἀπειλεῖ δείν', ἃ μὴ κραίνοι τύχη·
θεοῦ τε γὰρ θέλοντος ἐκπέρσειν πόλιν
καὶ μὴ θέλοντός φησιν, οὐδὲ τὴν Διὸς
ἔριν πέδοι σκήψασαν ἐμποδὼν σχεθεῖν.
430　τὰς δ' ἀστραπάς τε καὶ κεραυνίους βολὰς
μεσημβρινοῖσι θάλπεσιν προσήκασεν·
ἔχει δὲ σῆμα γυμνὸν ἄνδρα πυρφόρον,
φλέγει δὲ λαμπὰς διὰ χερῶν ὡπλισμένη·
χρυσοῖς δὲ φωνεῖ γράμμασιν » Πρήσω πόλιν«.
435　τοιῷδε φωτὶ πέμπε — τίς ξυστήσεται,
τίς ἄνδρα κομπάζοντα μὴ τρέσας μενεῖ;
'Ετ　καὶ τῷδε κέρδει κέρδος ἄλλο τίκτεται.
τῶν τοι ματαίων ἀνδράσιν φρονημάτων
ἡ γλῶσσ' ἀληθὴς γίγνεται κατήγορος.
440　Καπανεὺς δ' ἀπειλεῖ δρᾶν παρεσκευασμένος,
θεοὺς ἀτίζων, κἀπογυμνάζων στόμα
χαρᾷ ματαίᾳ θνητὸς ὢν εἰς οὐρανὸν
πέμπει γεγωνὰ Ζηνὶ κυμαίνοντ' ἔπη·

Den edelgebornen, der den Thron der Göttin Scham
In Ehren hält und übermütge Reden haßt;
Unedlem abhold, liebt er nicht, feige zu sein.
Von erdgesäten Männern, die Ares verschont,
Stammt er als Sprößling, ist in Wahrheit „Landeskind":
Melanippos. Den Erfolg bestimmt Ares im Spiel.
Doch Blutes Recht und Pflicht fürwahr entsenden ihn,
Zu schützen seine Mutter wider Feindesspeer.

Ch Daß unser Kämpfer nun von Glück begünstigt sei,
Geben's die Götter, da mit Recht er als der Stadt
Vorkämpfer sich erhebt! Ich zittre, denk ich mir,
Daß blutgen Tods die Unsern ich
Fallend im Kampf soll schauen.
Bo Sei diesem so das Glück – geben's die Götter! – hold!
Doch Kapaneus nun loste sich Elektras Tor,
Auch er ein Riese, im Vergleich zu jenem noch
Mächtger; sein trotzger Stolz geht über Menschenmaß.
Den Mauern dräut er wild – nie werde wahr sein Dräun! –
Denn ob's die Gottheit wolle oder nicht, die Stadt
Zerstöre er; selbst nicht, sagt er, der Zorn des Zeus,
Wenn er zur Erde wette, werd ihm Hindrung sein.
Des Blitzes Strahlen und des Donners grell Geschoß –
Nicht mehr als mittägliche Wärme sei's für ihn.
Sein Schild zeigt eines nackten Feuerträgers Bild.
Es flammt die Fackel, die er in den Händen schwingt;
Und goldne Lettern künden: „Ich zünd an die Stadt!"
Solch einem Kämpfer sende – doch wer stellt sich ihm?
Wer hält dem Mann, dem trotzgen, ohne Zittern stand?
Et Auch hier gilt, daß *ein* Vorteil einen andern zeugt.
Tritt gegen Männer ja von prahlend-eitlem Sinn
Die eigne Zunge als wahrhafter Kläger auf.
So Kapaneus: er prahlt, droht, tat- und kampfbereit;
Ein Gottverächter, übt gehörig er den Mund
In eitler Lust; ein Sterblicher, schickt himmelwärts
Er gegen Zeus tönender Worte wild Gewog.

πέποιθα δ' αὐτῷ ξὺν δίκῃ τὸν πυρφόρον
445   ἥξειν κεραυνόν, οὐδὲν ἐξῃκασμένον
μεσημβρινοῖσι θάλπεσίν τοῖς ἡλίου.
ἀνὴρ δ' ἐπ' αὐτῷ, κεἰ στόμ' ἀργός ἐστ'· ἄγαν,
αἴθων τέτακται λῆμα, Πολυφόντου βία,
φερέγγυον φρούρημα, προστατηρίας
450   Ἀρτέμιδος εὐνοίαισι σύν τ' ἄλλοις θεοῖς.
λέγ' ἄλλον ἄλλαις ἐν πύλαις εἰληχότα.

Χο   ὄλοιθ' ὃς πόλει μεγάλ' ἐπεύχεται,   Ant. 1
κεραυνοῦ δέ νιν βέλος ἐπισχέθοι,
πρὶν ἐμὸν ἐσθορεῖν δόμον, πωλικῶν θ'
455   ἑδωλίων μ' ὑπερκόπῳ
δορί ποτ' ἐκλαπάξαι. =
Ἀγ   καὶ μὴν τὸν ἐντεῦθεν λαχόντα πρὸς πύλαις
λέξω· τρίτῳ γὰρ Ἐτεόκλῳ τρίτος πάλος
ἐξ ὑπτίου 'πήδησεν εὐχάλκου κράνους,
460   πύλαισι Νηίστῃσι προσβαλεῖν λόχον.
ἵππους δ' ἐν ἀμπυκτῆρσιν ἐμβριμωμένας
δινεῖ, θελούσας πρὸς πύλαις πεπτωκέναι.
φιμοὶ δὲ συρίζουσι βάρβαρον βρόμον,
μυκτηροκόμποις πνεύμασιν πληρούμενοι.
465   ἐσχημάτισται δ' ἀσπὶς οὐ σμικρὸν τρόπον·
ἀνὴρ ὁπλίτης κλίμακος προσαμβάσεις
στείχει πρὸς ἐχθρῶν πύργον, ἐκπέρσαι θέλων.
βοᾷ δὲ χοῦτος γραμμάτων ἐν ξυλλαβαῖς,
ὡς οὐδ' ἂν Ἄρης σφ' ἐκβάλοι πυργωμάτων.
470   καὶ τῷδε φωτὶ πέμπε τὸν φερέγγυον
πόλεως ἀπείργειν τῆσδε δούλιον ζυγόν.
Ἐτ   πέμποιμ' ἂν ἤδη τόνδε, σὺν τύχῃ δέ τῳ
καὶ δὴ πέπεμπται κόμπον ἐν χεροῖν ἔχων,
Μεγαρεύς, Κρέοντος σπέρμα τοῦ σπαρτῶν γένους,
475   ὃς οὔτι μάργων ἱππικῶν φρυαγμάτων
βρόμον φοβηθεὶς ἐκ πυλῶν χωρήσεται,
ἀλλ' ἢ θανὼν τροφεῖα πληρώσει χθονί,
ἢ καὶ δύ' ἄνδρε καὶ πόλισμ' ἐπ' ἀσπίδος

Ich weiß, ihn wird – mit Recht! – der feuertragende,
Der Blitzstrahl treffen, keineswegs vergleichbar ihm
Mit mittäglicher Wärme, die die Sonne leiht.
Ein Mann ist ihm, wenn auch recht träge mit dem Mund,
Feurig an Mut doch, schon bestellt: Polyphontes' Kraft,
Ein zuverlässig Bollwerk, von der Huld betreut
Der Hüterin Artemis und andrer Götter Gunst.
Nenn einen andern, der ein ander Tor erlost!

Ch Tod ihm, der unsrer Stadt dräuend solch Unheil wünscht!
Des Blitzstrahls Geschoß heft ihn am Boden fest,
Eh in mein Haus er springt, aus jungfräulichem
Gemache mich mit trotzig drein-
fahrendem Speer heraustreibt!

Bo So nenn ich denn den nächsten, der ein Tor erlost:
Als drittem sprang Eteoklos das dritte Los
Aus umgestürztem erzgeformtem Helm heraus,
Daß aufs Neïstsche Tor er werfe seine Schar.
Die Stuten, in den Zäumen knirschend mit Geschnauf,
Dreht er, als sie losstürmen wollen auf das Tor.
Und die Gebisse zischen wie Barbarenlauts
Geräusch, von nüsternstolzen Schnaubens Hauch erfüllt.
Gestaltet ist sein Schild auf nicht gemeine Art:
Ein Mann in Waffen, einer Leiter Stufen steigt
Er hoch zum Turm der Feinde, will zerstören ihn;
Es ruft auch er – der Inschrift Zeichen künden es:
Nicht Ares selber stürze ihn herab vom Turm!
Auch diesem schicke einen zuverlässigen Mann,
Der unsrer Stadt der Knechtschaft Joch abwehren kann!

Et Ihm send ich nun – gut trifft sich's, daß in *dem* zugleich
Gesandt ist, der sein Prahlen in den Fäusten trägt –
Den Megareus, Kreons Sprößling, erdgesäten Stamms,
Der nie, vor noch so wilden Rossewieherns Laut
In Furcht geratend, aus dem Tore weichen wird,
Nein, fallend lohnt, daß es ihn aufzog, seinem Land
Oder – zwei Kämpfer samt dem Turme auf dem Schild

ἑλὼν λαφύροις δῶμα κοσμήσει πατρός.
480 κόμπαζ' ἐπ' ἄλλῳ, μηδέ μοι φϑόνει λόγων.

                                                           Str. 2

Χο ἐπεύχομαι δή σε μὲν εὐτυχεῖν, ἰὼ   ia ch ia
     πρόμαχ' ἐμῶν δόμων, τοῖσι δὲ δυστυχεῖν.   2 δ
     ὡς δ' ὑπέραυχα βάζουσιν ἐπὶ πτόλει   2 δ
     μαινομένᾳ φρενί, τώς νιν   hem
485 Ζεὺς νεμέτωρ ἐπίδοι κοταίνων. –   Alc 10
   Ἀγ τέταρτος ἄλλος, γείτονας πύλας ἔχων
     Ὄγκας Ἀϑάνας, ξὺν βοῇ παρίσταται,
     Ἱππομέδοντος σχῆμα καὶ μέγας τύπος·
     ἅλω δὲ πολλήν, ἀσπίδος κύκλον λέγω,
490 ἔφριξα δινήσαντος· οὐκ ἄλλως ἐρῶ.
     ὁ σηματουργὸς δ' οὔ τις εὐτελὴς ἄρ' ἦν
     ὅστις τόδ' ἔργον ὤπασεν πρὸς ἀσπίδι,
     Τυφῶν' ἱέντα πύρπνοον διὰ στόμα
     λιγνὺν μέλαιναν, αἰόλην πυρὸς κάσιν·
495 ὄφεων δὲ πλεκτάναισι περίδρομον κύτος
     προσηδάφισται κοιλογάστορος κύκλου.
     αὐτὸς δ' ἐπηλάλαξεν, ἔνθεος δ' Ἄρει
     βακχᾷ πρὸς ἀλκὴν ϑυιὰς ὡς φόνον βλέπων.
     τοιοῦδε φωτὸς πεῖραν εὖ φυλακτέον·
500 Φόβος γὰρ ἤδη πρὸς πύλαις κομπάζεται.
   Ἐτ πρῶτον μὲν Ὄγκα Παλλάς, ἥτ' ἀγχίπτολις,
     πύλαισι γείτων, ἀνδρὸς ἐχϑαίρουσ' ὕβριν,
     εἴρξει νεοσσῶν ὡς δράκοντα δύσχιμον·
     Ὑπέρβιος δέ, κεδνὸς Οἴνοπος τόκος,
505 ἀνὴρ κατ' ἄνδρα τοῦτον ᾑρέϑη, ϑέλων
     ἐξιστορῆσαι μοῖραν ἐν χρείᾳ τύχης,
     οὔτ' εἶδος οὔτε ϑυμὸν οὐδ' ὅπλων σχέσιν
     μωμητός, Ἑρμῆς δ' εὐλόγως ξυνήγαγεν.
     ἐχϑρὸς γὰρ ἀνὴρ ἀνδρὶ τῷ ξυστήσεται,
510 ξυνοίσετον δὲ πολεμίους ἐπ' ἀσπίδων
     ϑεούς· ὁ μὲν γὰρ πύρπνοον Τυφῶν' ἔχει,
     Ὑπερβίῳ δὲ Ζεὺς πατὴρ ἐπ' ἀσπίδος
     σταδαῖος ἧσται, διὰ χερὸς βέλος φλέγων·

Fällend, mit Siegesbeute schmückt sein Vaterhaus.
Laß einen andern prahlen, spar mit Worten nicht!

Ch Mein Flehen ruft weiter nun Glück herbei dir, o
Vorkämpfer heimischen Herds, doch jenen Unglück nur;
Wie voller Hochmut sie gedroht unsrer Stadt
Rasenden Sinns, soll auf sie nun
Zeus jetzt der Rächer mit zorngem Blick schaun!

Bo Als weitrer, vierter vor dem nachbarlichen Tor
Der Onka Pallas mit Geschrei stellt auf sich nun
Hippomedon, der Recke, riesig an Gestalt.
Vorm breiten Mondhof, seinen Schildkreis meine ich,
Entsetzt ich mich, als er ihn schwang – ich geb es zu.
Der Wappenbildner nahm's nicht leicht mit seiner Kunst,
Der dieses Bildwerk formend schuf auf seinem Schild:
Den Typhon, wie er durch sein feuerschnaubend Maul
Schwärzlichen Rauch, des Feuers flüchtgen Bruder, bläst.
Schlangen, im Kreis sich windend, festigen den Grund
Des Schildrands, der das hohlbauchige Rund umschließt.
Er selbst erhebt den Schlachtruf und, aresberauscht,
Stürmt er zum Kampf, gleich der Mänade, Mord im Blick.
Zu solchen Manns Erprobung sei man auf der Hut;
Ist's doch der Schrecken selber, der am Tore prahlt!

Et Zuerst wird Onka Pallas, wohnend nah der Stadt,
Dem Tor benachbart, die des Mannes Hochmut haßt,
Uns schützen gleich Nestjungen vor dem Schlangengraus.
Hyperbios aber, Oinops' wackrer Sprößling, ward
Als Kämpfer, dieses Kämpfers wert, erwählt; er will
Sein Los erproben durch die Tat in Schicksals Not,
Im Aussehn wie im Mut wie in der Waffen Schmuck
Untadlig; Hermes paarte sie mit gutem Sinn:
Feind ist der Mann dem Manne ja, auf den er trifft;
Und beide führen Götter, feind einander, auf
Dem Schild: Wenn der den feuerschnaubenden Typhon trägt,
Sitzt dem Hyperbios Vater Zeus auf seinem Schild,
Der Gott der Feldschlacht, in der Hand den Flammenblitz.

    κοὔπω τις εἶδε Ζῆνά που νικώμενον.
515   τοιάδε μέντοι προσφίλεια δαιμόνων·
    πρὸς τῶν κρατούντων ἐσμέν, οἱ δ' ἡσσωμένων.
    εἰ Ζεύς γε Τυφῶ καρτερώτερος μάχῃ,
519   εἰκὸς δὲ πράξειν ἄνδρας ὧδ' ἀντιστάτας·
518   Ὑπερβίῳ τε πρὸς λόγον τοῦ σήματος
520   σωτὴρ γένοιτ' ἂν Ζεὺς ἐπ' ἀσπίδος τυχών.

  Χο πέποιθα δὴ τὸν Διὸς ἀντίτυπον ἔχοντ' Ant. 2
    ἄφιλον ἐν σάκει τοῦ χθονίου δέμας
    δαίμονος, ἐχθρὸν εἴκασμα βροτοῖς τε καὶ
    δαροβίοισι θεοῖσιν,
525   πρόσθε πυλᾶν κεφαλὰν ἰάψειν. =
  Ἀγ οὕτως γένοιτο. τὸν δὲ πέμπτον αὖ λέγω,
    πέμπταισι προσταχθέντα Βορραίαις πύλαις,
    τύμβον κατ' αὐτὸν Διογενοῦς Ἀμφίονος·
    ὄμνυσι δ' αἰχμὴν ἣν ἔχει μᾶλλον θεοῦ
530   σέβειν πεποιθὼς ὀμμάτων θ' ὑπέρτερον,
    ἦ μὴν λαπάξειν ἄστυ Καδμείων βίᾳ
    Διός· τόδ' αὐδᾷ μητρὸς ἐξ ὀρεσκόου
    βλάστημα καλλίπρωρον, ἀνδρόπαις ἀνήρ.
    στείχει δ' ἴουλος ἄρτι διὰ παρηίδων,
535   ὥρας φυούσης, ταρφὺς ἀντέλλουσα θρίξ.
    ὁ δ' ὠμόν, οὔτι παρθένων ἐπώνυμον,
    φρόνημα, γοργὸν δ' ὄμμ' ἔχων, προσίσταται
547   Παρθενοπαῖος Ἀρκάς· ὁ δὲ τοιόσδ' ἀνὴρ
548   μέτοικος, Ἄργει δ' ἐκτίνων καλὰς τροφάς,
538   οὐ μὴν ἀκόμπαστός γ' ἐφίσταται πύλαις·
    τὸ γὰρ πόλεως ὄνειδος ἐν χαλκηλάτῳ
540   σάκει, κυκλωτῷ σώματος προβλήματι,
    Σφίγγ' ὠμόσιτον προσμεμηχανημένην
    γόμφοισι νωμᾷ, λαμπρὸν ἔκκρουστον δέμας,
    φέρει δ' ὑφ' αὑτῇ φῶτα Καδμείων ἕνα,
    ὡς πλεῖστ' ἐπ' ἀνδρὶ τῷδ' ἰάπτεσθαι βέλη.
545   ἐλθὼν δ' ἔοικεν οὐ καπηλεύσειν μάχην,
546   μακρᾶς κελεύθου δ' οὐ καταισχυνεῖν πόρον.

Und niemand noch sah jemals Zeus im Kampf besiegt.
Derart ist nun der Götter Freundschaft zugeteilt:
Beim Sieger stehen wir, bei dem Besiegten sie.
Wenn Zeus je Typhon überlegen war im Kampf,
Geht sicher so es auch den Männern in der Schlacht;
Und den Hyperbios gemäß dem Wappenbild
Wird Retter werden Zeus, deß Bild den Schild ihm ziert.

Ch Ich trau darauf: *er*, der den Feind des Zeus, den wi-
derwärtgen, auf dem Schild, den erdentstiegnen Dämon trägt, ein Bild, verhaßt sterblichen Menschen wie
Immerfortlebenden Göttern:
Rennt an dem Tor sich das Haupt im Sturz ein!

Bo So mög es kommen! Doch den fünften nenn ich nun,
Am fünften, dem Borrhäischen Tore aufgestellt,
Dicht an dem Grab Amphions aus des Zeus Geschlecht.
Er schwört bei seinem Speere – mehr als einen Gott
Ehrt er vertrauend ihn und höher als sein Aug –:
Zerstören werd er der Kadmeier Stadt, selbst Zeus
Zum Trotz! So ruft der Mutter, die im Bergwald haust,
Schönwangiger Sprößling, Jüngling eher noch als Mann.
Es bricht der Flaum ihm eben erst durch Wang und Kinn,
Des Jünglingalters dichtes, zart aufkeimend Haar.
Doch der – rohen, nicht jungfräulichen Sinns, wie's heischt
Sein Name, – stellt sich grimmgen Augs an seinen Platz:
Parthenopaios der Arkadier. Der zahlt als
Umsiedler Argos guter Pflege Schuld zurück
Und tritt nicht ohne wild Geprahle vor das Tor.
Denn unsrer Stadt zur Schmach auf erzgeschmiedetem
Kampfschild, kreisförmgem Schutz und Schirm für seinen
Schwingt er die Sphinx, die blutigrohe, festgemacht   [Leib,
Mit Nägeln, ein prunkvoll in Erz getrieben Bild.
Und die trägt vor sich her einen kadmeiischen Mann,
Daß ihn die Mehrzahl der Geschosse treffen soll.
Er kommt und will, so scheint es, feilschen nicht um Kampf
Und seines weiten Weges Fahrt nicht Schmach antun.

550 'Ετ εἰ γὰρ τύχοιεν ὧν φρονοῦσι πρὸς θεῶν,
αὐτοῖς ἐκείνοις ἀνοσίοις κομπάσμασιν·
ἦ τὰν πανώλεις παγκάκως τ' ὀλοίατο.
ἔστιν δὲ καὶ τῷδ', ὃν λέγεις τὸν 'Αρκάδα,
ἀνὴρ ἄκομπος, χεὶρ δ' ὁρᾷ τὸ δράσιμον,
555 "Ακτωρ ἀδελφὸς τοῦ πάρος λελεγμένου·
ὃς οὐκ ἐάσει γλῶσσαν ἐργμάτων ἄτερ
εἴσω πυλῶν ῥέουσαν ἀλδαίνειν κακά,
οὐδ' εἰσαμεῖψαι τεῖχος ἐχθίστου δάκους
εἰκὼ φέροντα πολεμίας ἐπ' ἀσπίδος·
560 ἔξωθεν εἴσω· τῷ φέροντι μέμψεται,
πυκνοῦ κροτησμοῦ τυγχάνουσ' ὑπὸ πτόλιν.
θεῶν θελόντων κἂν ἀληθεύσαιμ' ἐγώ.

                                                    Str. 3
Χο ἱκνεῖται λόγος διὰ στηθέων,   2 δ
τριχὸς δ' ὀρθίας πλόκαμος ἵσταται,   2 δ
565 μεγάλα μεγαληγόρων κλύοντες   2 cr ba
ἀνοσίων ἀνδρῶν, εἰ θεοὶ θεοί,   cr mol ia
τοῦσδ' ὀλέσειαν ἐν γᾷ. –   ch ba

"Αγ ἕκτον λέγοιμ' ἂν ἄνδρα σωφρονέστατον,
ἀλκήν τ' ἄριστον μάντιν, 'Αμφιάρεω βίαν·
570 'Ομολωΐσιν δὲ πρὸς πύλαις τεταγμένος
κακοῖσι βάζει πολλὰ Τυδέως βίαν·
τὸν ἀνδροφόντην, τὸν πόλεως ταράκτορα,
μέγιστον "Αργει τῶν κακῶν διδάσκαλον,
'Ερινύος κλητῆρα, πρόσπολον φόνου,
575 κακῶν τ' 'Αδράστῳ τῶνδε βουλευτήριον.
καὶ τὸν σὸν αὖθις προσθροῶν ὁμόσπορον
ἐξυπτιάζων ὄνομα, Πολυνείκους βίαν,
δίς τ' ἐν τελευτῇ τοὔνομ' ἐνδατούμενος,
καλεῖ. λέγει δὲ τοῦτ' ἔπος διὰ στόμα·
580 »ἦ τοῖον ἔργον καὶ θεοῖσι προσφιλές,
καλόν τ' ἀκοῦσαι καὶ λέγειν μεθυστέροις,
πόλιν πατρῷαν καὶ θεοὺς τοὺς ἐγγενεῖς
πορθεῖν, στράτευμ' ἐπακτὸν ἐμβεβληκότα;
μητρός τε πηγὴν τίς κατασβέσει δίκη;

Et Straften mit dem, was jene drohn, die Götter doch
    Sie selbst für ihre ruchlos wüste Prahlerei!
    Fürwahr, ganz dann und schändlich gingen sie zugrund!
    Bestimmt ist auch für den, den du Arkadier nennst,
    Ein Mann; der prahlt nicht, seine Faust wartet der Tat:
    Aktor, der Bruder dessen, der vorher genannt.
    Der läßt der Zunge Schrein nicht tatlos strömen in
    Das Tor, das Unheil mehrend, noch auch dringen durch
    Die Mauer den, der des verhaßten Tieres Bild
    Auf dem feindselgen Schilde trägt, von draußen hier
    Herein. Hin auf den Träger richtet sich sein Groll,
    Wenn häufiger Stoß es trifft und Anprall vor der Stadt.
    Wenn es die Götter wollen, wird wohl wahr mein Wort.

Ch Es dringt tief dies Wort ins Herz mir hinein;
    Des Haars Locke steigt und sträubt sich empor;
    Daß sie doch, großmäuliger Männer gottlos
    Schreien hörend, wenn Götter Götter sind,
    Tilgten den Feind im Land hier!
Bo Als sechsten Mann nun nenn ich den besonnensten,
    An Stärke besten, Seher, Amphiaraos' Kraft.
    Am Homoloischen Tore aufgestellt, verfolgt
    Mit schlimmem Scheltwort oftmals er des Tydeus Kraft,
    Heißt Menschenmörder, seiner Stadt Verwirrer ihn,
    Den größten Lehrer allen Leids für Argos' Volk,
    Der Erinys Schergen, Helfershelfer blutgen Mords,
    Der, dem Adrastos ratend, all dies Unheil schuf.
    Und deinem Bruder Polyneikes zugewandt –
    „Streitsüchtger" heißt sein Name – teilt er zwiefach den,
    Ruft[, wiederholend] ihn[: „Streitsüchtger, Streit suchst du!"
    Ihm zu] und läßt *die* Worte gehn aus seinem Mund:
    „Fürwahr, solch Tun – den Göttern wohlgefällig ist's
    Und schön und gut für unsrer Nachwelt Ohr und Mund:
    Die Vaterstadt, die Götter seines Lands zugrund
    Zu richten durch ein Heer, das man zum Angriff führt!
    Die Mutter, Quelle des Seins, was löschte sie für Recht?

585   πατρίς τε γαῖα σῆς ὑπὸ σπουδῆς δορὶ
          ἁλοῦσα πῶς σοι ξύμμαχος γενήσεται;
          ἔγωγε μὲν δὴ τήνδε πιανῶ χθόνα,
          μάντις κεκευθὼς πολεμίας ὑπὸ χθονός.
          μαχώμεθ', οὐκ ἄτιμον ἐλπίζω μόρον.«

590   τοιαῦθ' ὁ μάντις ἀσπίδ' εὐκήλως ἔχων
          πάγχαλκον ηὔδα· σῆμα δ' οὐκ ἐπῆν κύκλῳ.
          οὐ γὰρ δοκεῖν ἄριστος, ἀλλ' εἶναι θέλει,
          βαθεῖαν ἄλοκα διὰ φρενὸς καρπούμενος,
          ἐξ ἧς τὰ κεδνὰ βλαστάνει βουλεύματα.

595   τούτῳ σοφούς τε κἀγαθοὺς ἀντηρέτας
          πέμπειν ἐπαινῶ. δεινὸς ὃς θεοὺς σέβει.

Ἐτ   φεῦ τοῦ ξυναλλάσσοντος ὄρνιθος βροτοῖς
          δίκαιον ἄνδρα τοῖσι δυσσεβεστάτοις.
          ἐν παντὶ πράγει δ' ἔσθ' ὁμιλίας κακῆς

600   κάκιον οὐδέν, καρπὸς οὐ κομιστέος·

602   ἢ γὰρ ξυνεισβὰς πλοῖον εὐσεβὴς ἀνὴρ
          ναύτῃσι θερμοῖς καὶ πανουργίᾳ τινὶ
          ὄλωλεν ἀνδρῶν σὺν θεοπτύστῳ γένει,

605   ἢ ξὺν πολίταις ἀνδράσιν δίκαιος ὢν
          ἐχθροξένοις τε καὶ θεῶν ἀμνήμοσιν,
          ταὐτοῦ κυρήσας ἐκδίκως ἀγρεύματος,
          πληγεὶς θεοῦ μάστιγι παγκοίνῳ 'δάμη.
          οὕτως δ' ὁ μάντις, υἱὸν Οἰκλέους λέγω,

610   σώφρων δίκαιος ἀγαθὸς εὐσεβὴς ἀνήρ,
          μέγας προφήτης, ἀνοσίοισι συμμιγεὶς
          θρασυστόμοισιν ἀνδράσιν βίᾳ φρενῶν,
          τείνουσι πομπὴν τὴν μακρὰν πάλιν μολεῖν,
          Διὸς θέλοντος ξυγκαθελκυσθήσεται.

615   δοκῶ μὲν οὖν σφε μηδὲ προσβαλεῖν πύλαις,
          οὐχ ὡς ἄθυμον οὐδὲ λήματος κάκῃ,
          ἀλλ' οἶδεν ὥς σφε χρὴ τελευτῆσαι μάχῃ,
          εἰ καρπὸς ἔσται θεσφάτοισι Λοξίου·
          φιλεῖ δὲ σιγᾶν ἢ λέγειν τὰ καίρια·

620   ὅμως δ' ἐπ' αὐτῷ φῶτα, Λασθένους βίαν,
          ἐχθρόξενον πυλωρὸν ἀντιτάξομεν,

Das Vaterland, von deiner Kampfgier mit dem Speer
Bezwungen, wie soll's je dir Kampfgenosse sein?
Ich nun will mehren dieser Erde Fruchtbarkeit,
Ruh ich als Seher in der Feindeserde Schoß.
Zum Kampfe! Nicht erhoff ich ruhmlos mir den Tod."
So sprach der Seher, hielt gelassen seinen Schild
Gediegnen Erzes; ohne Bildwerk war sein Rund.
Nicht scheinen will er ja der Beste, sondern sein,
Aus tiefer Furche erntend mit des Geistes Kraft,
Daraus hervor ihm sprießen edler Plan und Rat.
Dem einen klugen, tüchtgen Gegner für den Kampf
Zu senden, rat ich; stark ist, wer die Götter ehrt.

Et Weh solchen Unsterns, der zusammenbrachte den
Gerechten Mann mit Menschen ganz gottloser Art!
Bei allem Tun ja findet sich nichts Schlechtres als
Schlechte Gesellschaft; gute Ernte gibt's da nicht.
Steigt in ein Fahrzeug ein ein gottesfürchtger Mann
Mit Seemannsvolk, das auf verworfnen Frevel brennt,
Kommt um er samt der andern gottverhaßter Schar.
Und wer mit Landsgenossen als gerechter Mann,
Die Gastrechtsschänder sind, mit gottlos schlimmem Volk
Im selben Fangnetz – unrecht scheint's! – gefangen wird,
Den trifft des Gotts alltreffende Geißel mit zu Tod.
So wird denn auch der Seher – Oikles' Sohn mein ich –
Besonnen, rechtlich, gut, ein gottesfürchtger Mann,
Groß als Wahrsager, der gottlosen Männern sich,
Frechprahlenden, gesellt, der eignen Art zum Trotz,
Zu eines Zuges Fahrt, zu weit zur Wiederkehr,
Wenn Zeus es will, mit in den Untergang verstrickt.
Ich glaube nun, daß er nicht jenes Tor erstürmt,
Nicht weil er mutlos wäre, noch gar feigen Sinns;
Doch weiß er, finden muß den Tod er in der Schlacht,
Wenn Sicherheit in Phoibos' Sprüchen walten soll.
Der pflegt zu schweigen oder kundzutun, was reif.
Doch will ich jenem einen Gegner, Lasthenes' Kraft,
Als ungastlichen Torwart stellen an das Tor.

γέροντα τὸν νοῦν, σάρκα δ' ἡβῶσαν φύει,
ποδώκες ὄμμα, χεῖρα δ' οὐ βραδύνεται
παρ' ἀσπίδος γυμνωθὲν ἁρπάσαι δόρυ.
625   θεοῦ δὲ δῶρόν ἐστιν εὐτυχεῖν βροτούς.

Χο κλύοντες θεοὶ δικαίας λιτὰς   Ant. 3
ἡμετέρας τελεῖθ', ὡς πόλις εὐτυχῇ,
δορίπονα κάκ' ἐκτρέποντες ἐς γᾶς
ἐπιμόλους· πύργων δ' ἔκτοθεν βαλὼν
630   Ζεύς σφε κάνοι κεραυνῷ. =
Ἀγ τὸν ἕβδομον δὴ τόν τ' ἐφ' ἑβδόμαις πύλαις
λέξω, τὸν αὐτοῦ σοῦ κασίγνητον, πόλει
οἵας ἀρᾶται καὶ κατεύχεται τύχας·
πύργοις ἐπεμβὰς κἀπικηρυχθεὶς χθονί,
635   ἁλώσιμον παιῶν' ἐπεξιακχάσας,
σοὶ ξυμφέρεσθαι καὶ κτανὼν θανεῖν πέλας,
ἢ ζῶντ' ἀτιμαστῆρα τὼς ἀνδρηλάτην
φυγῇ τὸν αὐτὸν τόνδε τείσασθαι τρόπον.
τοιαῦτ' αὐτεῖ καὶ θεοὺς γενεθλίους
640   καλεῖ πατρῴας γῆς ἐποπτῆρας λιτῶν
τῶν ὧν γενέσθαι πάγχυ Πολυνείκους βία.
ἔχει δὲ καινοπηγὲς εὔκυκλον σάκος
διπλοῦν τε σῆμα προσμεμηχανημένον.
χρυσήλατον γὰρ ἄνδρα τευχηστὴν ἰδεῖν
645   ἄγει γυνή τις σωφρόνως ἡγουμένη.
Δίκη δ' ἄρ' εἶναί φησιν, ὡς τὰ γράμματα
λέγει »κατάξω δ' ἄνδρα τόνδε καὶ πόλιν
ἕξει πατρῴαν δωμάτων τ' ἐπιστροφάς.«
649   τοιαῦτ' ἐκείνων ἐστὶ τἀξευρήματα.
651   ὡς οὔποτ' ἀνδρὶ τῷδε κηρυκευμάτων
μέμψῃ, σὺ δ' αὐτὸς γνῶθι ναυκληρεῖν πόλιν.

Ἐτ ὦ θεομανές τε καὶ θεῶν μέγα στύγος,
ὦ πανδάκρυτον ἁμὸν Οἰδίπου γένος·
655   ὤμοι, πατρὸς δὴ νῦν ἀραὶ τελεσφόροι.

Sein Geist zeigt Greisenklugheit, Jünglingskraft sein Leib.
Eilfertgen Auges, zögert er nicht, mit der Faust
Am Schild vorbei zu stoßen rasch den bloßen Speer.
Doch schenkt ein Gott nur Glück und Sieg den Sterblichen.

Ch O hört, Götter, und erfüllt – ist's doch gerecht! –
Was wir von euch erflehn: Der Stadt Glück und Heil!
Wendet die Speeresnot uns ab auf sie, die
Drangen ins Land! Und Zeus schleudre vor dem Wall
Schmetternd auf sie den Blitzstrahl!

Bo Vom siebten nunmehr, jenem an dem siebten Tor,
Sprech ich, von deinem eignen Bruder, welch ein Los
Er auf die Stadt herabwünscht unter wildem Fluch:
Den Wall ersteigend, sich dem Land kundtund als Herrn,
Im Siegeskampfgesang aufjauchzend, will er sich
Dir stellen, dich erschlagend, fallen neben dir,
Doch lebst du, dich, der durch Verbannung ihn entehrt,
Auf gleiche Art entgelten lassen diese Schmach.
So schreit nun laut und ruft die Götter seines Stamms
Und Vaterlands, zu wachen drüber, daß sein Flehn
Sich ganz erfülle, er, des Polyneikes Kraft.
Er trägt, neu erst geschmiedet, kreisrund, einen Schild
Und drauf ein doppelt Wappen, kunstvoll festgemacht.
Es ist ein goldgetriebner Mann in Waffenschmuck;
Den führt ein Weib, die leitet höchst besonnen ihn.
Gerechtigkeit nennt sie sich, wie die Inschrift sagt:
„Heimführen werd ich diesen Mann, die Vaterstadt
Wird ihm zuteil und Rückkehr in sein Vaterhaus." –
So ist's, was jene sich erfunden und erdacht;
Drum darfst du mir nie zürnen – Bote war ich nur.
Sieh du nun selbst, wie du das Staatsschiff richtig lenkst!

Späher ab

Et O gottverblendet, von Götterhaß schwer heimgesucht,
O allbeweintes, mein – des Oidipus – Geschlecht!
Weh mir, des Vaters Flüche werden nun erfüllt!

ἀλλ' οὔτε κλαίειν οὔτ' ὀδύρεσθαι πρέπει,
μὴ καὶ τεκνωθῇ δυσφορώτερος γόος.
ἐπωνύμῳ δὲ κάρτα, Πολυνείκει λέγω,
τάχ' εἰσόμεσθα τοὐπίσημ' ὅποι τελεῖ,
660   εἴ νιν κατάξει χρυσότευκτα γράμματα
ἐπ' ἀσπίδος φλύοντα σὺν φοίτῳ φρενῶν.
εἰ δ' ἡ Διὸς παῖς παρθένος Δίκη παρῆν
ἔργοις ἐκείνου καὶ φρεσίν, τάχ' ἂν τόδ' ἦν·
ἀλλ' οὔτε νιν φυγόντα μητρόθεν σκότον,
665   οὔτ' ἐν τροφαῖσιν, οὔτ' ἐφηβήσαντά πω,
οὔτ' ἐν γενείου ξυλλογῇ τριχώματος,
Δίκη προσεῖδε καὶ κατηξιώσατο·
οὐδ' ἐν πατρῴας μὴν χθονὸς κακουχίᾳ
οἶμαί νιν αὐτῷ νῦν παραστατεῖν πέλας·
670   ἦ δῆτ' ἂν εἴη πανδίκως ψευδώνυμος
Δίκη, ξυνοῦσα φωτὶ παντόλμῳ φρένας.
τούτοις πεποιθὼς εἶμι καὶ ξυστήσομαι
αὐτός· τίς ἄλλος μᾶλλον ἐνδικώτερος;
ἄρχοντί τ' ἄρχων καὶ κασιγνήτῳ κάσις,
675   ἐχθρὸς σὺν ἐχθρῷ στήσομαι. φέρ' ὡς τάχος
κνημῖδας, αἰχμῆς καὶ πέτρων προβλήματα.

Χο μή, φίλτατ' ἀνδρῶν, Οἰδίπου τέκος, γένῃ
ὀργὴν ὁμοῖος τῷ κάκιστ' αὐδωμένῳ·
ἀλλ' ἄνδρας Ἀργείοισι Καδμείους ἅλις
680   ἐς χεῖρας ἐλθεῖν· αἷμα γὰρ καθάρσιον.
ἀνδροῖν δ' ὁμαίμοιν θάνατος ὧδ' αὐτοκτόνος,
οὐκ ἔστι γῆρας τοῦδε τοῦ μιάσματος.

Ἐτ εἴπερ κακὸν φέροι τις αἰσχύνης ἄτερ,
ἔστω· μόνον γὰρ κέρδος ἐν τεθνηκόσι·
685   κακῶν δὲ κἀσχρῶν οὔτιν' εὐκλείαν ἐρεῖς. Amoibaion
                                                  Str. 1

Χο τί μέμονας, τέκνον; μή τί σε θυμοπλη-   2 δ
θὴς δορίμαργος ἄτα φερέτω· κακοῦ δ'   2 δ
ἔκβαλ' ἔρωτος ἀρχάν.   ch ba

Doch Weinen nicht noch Jammern ziemt sich jetzt, daß nicht
Erzeugt uns werde lästigerer Klagen Not.
Bei ihm, Polyneikes – „Streitlust" steckt im Namen ihm –
Wird bald man wissen, wo sein Wappen hin ihn bringt,
Ob heim ihn führt der goldgeformten Inschrift Wort,
Das auf dem Schild prahlt, Zeichen seines irren Geists.
Wenn wirklich Zeus' jungfräulich Kind, Gerechtigkeit,
In Tun und Denken ihn geleitet, könnt's geschehn.
Doch weder als er Mutterschoßes Nacht entfloh,
Noch in der Kindheit Wachstum, noch zur Jünglingszeit
Noch als dicht aufging ihm des Backenbartes Haar,
Hielt ihn Gerechtigkeit nur eines Blickes wert.
Auch nicht, da er dem Vaterlande Unheil bringt,
Wird sie, ich glaub es, helfend jetzt ihm nahestehn.
Fürwahr, sie wäre falschbenannt, gesellte sich
Gerechtigkeit dem frechstgesinnten Frevler zu.
Hierauf vertrauend, geh ich, stell entgegen ihm
Mich selbst; wer sonst könnt' es mit größrem Rechte tun?
Herrscher dem Herrscher, Bruder meinem Bruder, Feind
Dem Feinde, stell ich mich zum Kampf. Reich rasch das Paar
Beinschienen mir, vor Speer und Steinwurf Schutz und
                                                  [Wehr!
Der Waffenträger reicht ihm Beinschienen und Schild

Chf Nicht, teuerster der Männer, Sohn des Oidipus,
     Werde an Zorn dem gleich, der ärgste Sprache führt!
     Genug, wenn mit Argeiern der Kadmeier Schar
     In Kampf kommt; Blut ist sühnbar, das man da vergießt.
     Doch zweier blutsverwandter Männer Wechselmord –
     Kein Altern gibt's, kein Ende solcher Blutschuld je.
Et   Wenn einer Unheil – *ohne* Schande – dulden muß,
     Mag's sein; dies einzig bleibt Gewinn im Tode noch.
     Doch Unheil, dem sich Schmach gesellt, bleibt ohne Ruhm.

Ch   Wonach begehrst du, Kind? Daß dich nur, Zornes voll,
     Speertoll, Verblendung ja nicht fortreißt! Treib fort
     Bösen Begehrens Ursprung!

'Ετ   ἐπεὶ τὸ πρᾶγμα κάρτ' ἐπισπέρχει θεός,
690   ἴτω κατ' οὖρον κῦμα Κωκυτοῦ λαχὸν
       Φοίβῳ στυγηθὲν πᾶν τὸ Λαΐου γένος. –

Χο   ὠμοδακής σ' ἄγαν ἵμερος ἐξοτρύ-   Ant. 1
       νει πικρόκαρπον ἀνδροκτασίαν τελεῖν
       αἵματος οὐ θεμιστοῦ.
695 'Ετ   φίλου γὰρ ἐχθρά μοι πατρὸς μέλαιν' ἀρὰ
       ξηροῖς ἀκλαύτοις ὄμμασιν προσιζάνει,
       λέγουσα κέρδος πρότερον ὑστέρου μόρου. =

                                             Str. 2

Χο   ἀλλὰ σὺ μὴ 'ποτρύνου· κακὸς οὐ κεκλή-   2 δ
       σῃ βίον εὖ κυρήσας· μελάναιγις οὐκ   2 δ
700   εἶσι δόμων Ἐρινύς, ὅταν ἐκ χερῶν   2 δ
       θεοὶ θυσίαν δέχωνται;   ch ba
'Ετ   θεοῖς μὲν ἤδη πως παρημελήμεθα,
       χάρις δ' ἀφ' ἡμῶν ὀλομένων θαυμάζεται·
       τί οὖν ἔτ' ἂν σαίνοιμεν ὀλέθριον μόρον; –

705 Χο   νῦν ὅτε σοι παρέστακεν· ἐπεὶ δαίμων   Ant. 2
       λήματος ἂν τροπαίᾳ χρονίᾳ μεταλ-
       λακτὸς ἴσως ἂν ἔλθοι θελεμωτέρῳ
       πνεύματι· νῦν δ' ἔτι ζεῖ.
'Ετ   ἐξέζεσεν γὰρ Οἰδίπου κατεύγματα·
710   ἄγαν δ' ἀληθεῖς ἐνυπνίων φαντασμάτων
       ὄψεις, πατρῴων χρημάτων δατήριοι. =
Χο   πιθοῦ γυναιξί, καίπερ οὐ στέργων ὅμως.
'Ετ   λέγοιτ' ἂν ὧν ἄνη τις· οὐδὲ χρὴ μακράν.
Χο   μὴ 'λθῃς ὁδοὺς σὺ τάσδ' ἐφ' ἑβδόμαις πύλαις.
715 'Ετ   τεθηγμένον τοί μ' οὐκ ἀπαμβλυνεῖς λόγῳ.
Χο   νίκην γε μέντοι καὶ κακὴν τιμᾷ θεός.
'Ετ   οὐκ ἄνδρ' ὁπλίτην τοῦτο χρὴ στέργειν ἔπος.
Χο   ἀλλ' αὐτάδελφον αἷμα δρέψασθαι θέλεις;
'Ετ   θεῶν διδόντων οὐκ ἂν ἐκφύγοις κακά.   Stasimon II
                                             Str. 1
720 Χο   πέφρικα τὰν ὠλεσίοι-   ia ch

Et Da das Geschehn zum Ende vorwärtstreibt der Gott,
    Fahr, sturmgejagt, zu seinem Ziel: Kokytos' Strom,
    Von Phoibos' Haß verfolgt, des Laïos ganz Geschlecht!

Ch Mit allzu wildem Biß treibt dich Begierde an,
    Zur Tötung des Manns, der Tat mit bittrer Frucht:
    Blutschuld, gesetz- und rechtlos.
Et Es setzt des lieben Vaters feindlich düstrer Fluch
    Ja trocknen, tränenleeren Augs sich hin zu mir
    Und sagt, Gewinn sei früher Tod statt späterm Tod.

Ch Sporn du dich selbst nicht an! Als Feigling giltst du nicht,
    Wenn du dein Leben wahrst. Geht nicht, gewitterschwarz,
    Der Fluchgeist fort vom Haus, wenn Opfer deiner Hand
    Gnädig empfängt die Gottheit?
Et Die Götter! Denen bin ich längst gleichgültig schon.
    Das Opfer meines Todes nur hat Wert für sie.
    Was sollt ich schmeicheln dem Vernichter noch, dem Tod?

Ch Jetzt steht er noch vor dir; des Dämons stürmischer Mut
    Kann umschlagen ja in günstger Stunde und
    Im Wechsel kommen dann mit sanfterem Hauch,
    Während er jetzt in Wut schnaubt.
Et In Wut ja schnaubend wirkt von Oidipus der Fluch.
    Und allzu wahr wird, was in Traumgebilden ich
    Gesehn: das väterliche Reich geteilt, zerstückt!
Chf Hör auf uns Frauen, wenn du es auch ungern tust!
Et So sagt es, meint ihr Mögliches; doch kurzen Worts!
Chf Geh nicht den Weg, Herr, diesen Weg zum siebten Tor!
Et Den Sinn, geschärft zur Tat, stumpft mir dein Wort nicht ab.
Chf Doch einen Sieg – auch ohne Kampfruhm – ehrt der Gott.
Et Kein Mann in Waffen darf zustimmen diesem Wort.
Chf An eignen Bruders Blut vergreifen willst du dich?
Et Ist's gottgewollt, kannst du dem Unheil nicht entfliehn.
       Eteokles geht mit dem Waffenträger ab
Ch Mir graust: es naht – Tilgrin des Stamms,

κον θεόν, οὐ θεοῖς ὁμοίαν,   hipp
παναλαθῆ, κακόμαντιν   2 io
πατρὸς εὐκταίαν ᾿Ερινὺν   2 io
τελέσαι τὰς περιθύμους   2 io
725   κατάρας Οἰδιπόδα βλαψίφρονος·   3 io
παιδολέτωρ δ᾿ ἔρις ἅδ᾿ ὀτρύνει. –   Alc 10

ξένος δὲ κλήρους ἐπινω-   Ant. 1
μᾷ Χάλυβος Σκυθῶν ἄποικος,
κτεάνων χρηματοδαίτας
730   πικρός, ὠμόφρων σίδαρος,
χθόνα ναίειν διαπήλας,
ὁπόσαν καὶ φθιμένοισιν κατέχειν,
τῶν μεγάλων πεδίων ἀμοίρους.

    Str. 2
ἐπεὶ δ᾿ ἂν αὐτοκτόνως   ia cr
735   αὐτοδάικτοι θάνω-   ch cr
σι, καὶ γαῖα κόνις   ba ia
πίῃ μελαμπαγὲς αἷμα φοίνιον,   ia cr ia
τίς ἂν καθαρμοὺς πόροι,   ia cr
τίς ἂν σφε λούσειεν; ὦ   ia cr
740   πόνοι δόμων νέοι παλαι-   2 ia
οῖσι συμμιγεῖς κακοῖς. –   cr ia

παλαιγενῆ γὰρ λέγω   Ant. 2
παρβασίαν ὠκύποι-
νον· αἰῶνα δ᾿ ἐς τρίτον
745   μένειν, ᾿Απόλλωνος εὖτε Λάιος
βίᾳ, τρὶς εἰπόντος ἐν
μεσομφάλοις Πυθικοῖς
χρηστηρίοις θνῄσκοντα γέννας ἄτερ σῴζειν πόλιν, =

    Str. 3
750   κρατηθεὶς δ᾿ ἐκ φιλᾶν ἀβουλιᾶν   ba cr ia
ἐγείνατο μὲν μόρον αὑτῷ,   par
πατροκτόνον Οἰδιπόδαν,   pros

Göttin, nicht Göttern gleichend, wahrhaft
Allen Leids Unheilsprophetin –
Die Erinys ihres Vaters,
Zu vollziehn zornigen Fluch, den
Einst voll Grimm Oidipus sprach, sinnesgestört.
Söhnevertilgender Zwist treibt her sie.

Ein Fremder teilt ihnen das Los
Zu nun, ein Chalyber, fern aus Skythien,
Ihres Erbguts bittrer Teiler,
Er, der grausam blutge *Stahl*, der
Nur an Erdreich zum Bewohnen
Soviel zuweist, daß, wer tot ist, in ihm Raum hat,
Keiner mehr weiter Gebiete Herr ist.

Und wenn sie, selbstmörderisch,
Selbst sich zu Tod treffend, fal-
len, und wenn der Erde Staub
Aufschlürft ihr Mordblut, das schwarzgeronnene:
Wer ist's, der dann Sühnung wirkt,
Wer ist, der es abwäscht? – Oh,
Des Hauses Not, so neu, doch ur-
altem Unheil beigemischt!

Uralte Schuld tu ich kund,
Sündige Tat, schnellgestraft,
Doch nachwirkend bis ins drit-
te Glied, als einst Laïos, Loxias zum Trotz,
Der dreimal kundtat an Py-
thos' heilger Erdmitte durch
Den Wahrspruch: wenn er kinderlos
Sterbe, rette er die Stadt –

Doch zwang ihn Lust zu unberatnem Tun:
So zeugte den Tod er sich selbst: Oidipus, der den Vater erschlug,

	ὅστε ματρὸς ἀγνὰν	cr ba
	σπείρας ἄρουραν, ἵν' ἐτράφη,	2 ia
755	ῥίζαν αἱματόεσσαν,	pher
	ἔτλα· παράνοια συνᾶγε	par
	νυμφίους φρενώλης. —	cr ba

	κακῶν δ' ὥσπερ θάλασσα κῦμ' ἄγει·	Ant. 3
	τὸ μὲν πίτνον, ἄλλο δ' ἀείρει	
760	τρίχαλον, ὃ καὶ περὶ πρύμ-	
	ναν πόλεως καχλάζει.	
	μεταξὺ δ' ἀλκὰ δι' ὀλίγου	
	τείνει πύργος ἐν εὕρει.	
	δέδοικα δὲ σὺν βασιλεῦσι	
765	μὴ πόλις δαμασθῇ. =	

		Str. 4
	τέλειαι γὰρ παλαιφάτων ἀρᾶν	ba cr ia
	βαρεῖαι καταλλαγαί·	ba ia
	τὰ δ' ὀλοὰ πενομένους οὐκ ἔρχεται.	ia ba cr
	πρόπρυμνα δ' ἐκβολὰν φέρει	2 ia
770	ἀνδρῶν ἀλφηστᾶν	δ
	ὄλβος ἄγαν παχυνθείς. —	ch ba

	τίν' ἀνδρῶν γὰρ τοσόνδ' ἐθαύμασαν	Ant. 4
	θεοὶ καὶ ξυνέστιοι	
	πόλεος ὁ πολύβοτός τ' αἰὼν βροτῶν,	
775	ὅσον τότ' Οἰδίπουν τίον,	
	τὰν ἁρπαξάνδραν	
	κῆρ' ἀφελόντα χώρας; =	

		Str. 5
	ἐπεὶ δ' ἀρτίφρων ἐγένε-	ba ia
	το μέλεος ἀθλίων γάμων,	2 ia
780	ἐπ' ἄλγει δυσφορῶν	ba cr
	μαινομένα καρδίᾳ	hem
	δίδυμα κάκ' ἐτέλεσεν·	δ
	πατροφόνῳ χερὶ τῶν	hem
	κρεισσοτέκνων ὀμμάτων ἐπλάγχθη· —	ch cr ba

Der der Mutter heilig
Saatfeld, den Schoß, der einst ihn trug, –
Ursprung blutgen Schicksals! –
Besät. – Es vereinte des Taumels
Unvernunft die Gatten.

Des Unheils wildes Meer wirft Wogen auf.
Senkt *eine* sich, hebt sich die andre,
Daß dreifachen Schwalls an der Stadt
Steuerbord sie aufrauscht.
Zum Schutz für uns erhebt sich als Wehr
Mäßig breit nur die Mauer.
Ich fürchte, zusamt ihren Fürsten
Geht die Stadt zugrunde.

Den Ausgleich führt uralter Flüche schwe-
re Schuldforderung zum Ziel.
Nicht kommt das Verderben zu armen Leuten hin.
Doch über Bord die Ladung wirft
Vornehmen Herrn der
Reichtum, der allzu fett ward.

Denn *wen* wohl, wen der Männer schätzten so
Je Götter und Stadtvolk und
Die Sterblichen all, die des Lebens Weide nährt,
Wie einst sie Oidipus geehrt,
Der vom mordwütgen
Scheusal das Land befreite?

Doch als – inne ward der Arme
Des grausgen Ehbunds, schuf, von Schmerz
Besiegt, rasenden Geists,
Er zwiefach Unheil: Die Hand
War es, die Vatermordshand,
Die ihm, was teurer ihm
War als die Söhne: – die Augen ausgrub.

785   τέκνοις δ' ἀρχαίας ἐφῆ-   Ant. 5
       κεν ἐπίκοτος τροφᾶς, αἰαῖ,
       πικρογλώσσους ἀράς,
       καί σφε σιδαρονόμῳ
       διὰ χερί ποτε λαχεῖν
790   κτήματα· νῦν δὲ τρέω
       μὴ τελέσῃ καμψίπους Ἐρινύς. =

    Ἄγ θαρσεῖτε, παῖδες μητέρων τεθραμμέναι.
       πόλις πέφευγεν ἥδε δούλιον ζυγόν·
       πέπτωκεν ἀνδρῶν ὀβρίμων κομπάσματα·
795   πόλις δ' ἐν εὐδίᾳ τε καὶ κλυδωνίου
       πολλαῖσι πληγαῖς ἄντλον οὐκ ἐδέξατο.
       στέγει δὲ πύργος, καὶ πύλας φερεγγύοις
       ἐφραξάμεσθα μονομάχοισι προστάταις·
       καλῶς ἔχει τὰ πλεῖστ' ἐν ἓξ πυλώμασι·
800   τὰς δ' ἑβδόμας ὁ σεμνὸς ἑβδομαγέτας
       ἄναξ Ἀπόλλων εἵλετ', Οἰδίπου γένει
       κραίνων παλαιὰς Λαΐου δυσβουλίας.
    Χο τί δ' ἔστι πρᾶγος νεόκοτον πόλει πλέον;
804 Ἄγ πόλις σέσωσται· βασιλέοιν δ' ὁμοσπόροιν –
806 Χο τίνες; τί δ' εἶπας; παραφρονῶ φόβῳ λόγου.

    Ἄγ φρονοῦσα νῦν ἄκουσον· Οἰδίπου τόκω –
    Χο οἲ 'γὼ τάλαινα, μάντις εἰμὶ τῶν κακῶν.
    Ἄγ οὐδ' ἀμφιλέκτως μὴν κατεσποδημένω –
810 Χο ἐκεῖθι κεῖσθον; βαρέα δ' οὖν ὅμως φράσον.
805 Ἄγ ἄνδρες τεθνᾶσιν ἐκ χερῶν αὐτοκτόνων.
811 Χο οὕτως ἀδελφαῖς χερσὶν ἡναίρονθ' ἅμα;
821 Ἄγ πέπωκεν αἷμα γαῖ' ὑπ' ἀλλήλων φόνῳ.
812 Χο οὕτως ὁ δαίμων κοινὸς ἦν ἀμφοῖν ἄγαν.
       αὐτὸς δ' ἀναλοῖ δῆτα δύσποτμον γένος.
    Ἄγ τοιαῦτα χαίρειν καὶ δακρύεσθαι πάρα·
815   πόλιν μὲν εὖ πράσσουσαν, οἱ δ' ἐπιστάται,
       δισσὼ στρατηγώ, διέλαχον σφυρηλάτῳ
       Σκύθῃ σιδήρῳ κτημάτων παμπησίαν.

Aufs Paar warf der Söhn', im Groll
Ob ehrwürdgen Prunks beim Mahl, weh, weh,
Er bitterzüng'gen Fluch:
Daß sie, den Stahl in der Faust,
Einstmals sich teilten durchs Los
Erbgut und Reich. – Ich hab Furcht,
Daß ihn vollstreckt raschen Schritts Erinys.

Der Späher kommt als Bote

Bo Faßt Mut, ihr Mädchen, von den Müttern zart umhegt!
Die Stadt ist, unsre Stadt, entflohn der Knechtschaft Joch.
Gestürzt liegt ungestümer Männer Prahlerei.
Die Stadt hat heitre See nun, durch des Wogenschwalls
Zahlreiche Schläge kam sie ohne Leck hindurch.
Schutz gibt die Mauer, und die Tore hatten wir
Durch zuverlässge Einzelkämpfer wohl geschützt.
Gut steht es allenthalben an der Tore sechs;
Das siebte wählte sich der sieben hehrer Gott,
Der Fürst Apollon, um an Oidipus' Geschlecht
Zu enden, was einst Laïos' Unverstand begann.
Chf Was ist sonst noch – an Weiterem – geschehn der Stadt?
Bo Die Stadt ist gerettet; doch der Könige Brüderpaar –
Chf Wen meinst, was sagst du? Mich verwirrt Angst vor dem
[Wort.
Bo Komm zur Besinnung, hör nun: Oidipus' Söhne beid –
Chf Oh, ich Unselge! Ahnt' ich doch das Unheil schon.
Bo 's gibt keinen Zweifel – beide, in den Staub gestreckt –
Chf Liegen sie dort? Ist's schwer auch; gleichwohl sprich es aus!
Bo Die zwei sind tot, mit eignen Händen umgebracht.
Chf So schlugen sie mit Bruderhand sich tot zugleich?
Bo Es trank ihr Blut die Erde bei dem Wechselmord.
Chf So schuf *ein* Dämon beiden allzu gleiches Los;
Er macht' ein Ende nunmehr dem unselgen Stamm.
Bo Bei alldem ist zur Freude und zum Weinen Grund:
Mit unsrer Stadt steht's gut zwar; aber ihre Herrn,
Die beiden Feldherrn, teilten mit des Hammers Werk,
Dem Skythenstahl, sich ihres Reichs Gesamtbesitz.

ἕξουσι δ' ἣν λάβωσιν ἐν ταφῇ χθονός,
819 πατρὸς κατ' εὐχὰς δυσπότμως φορούμενοι.

Χο ὦ μεγάλε Ζεῦ καὶ πολιοῦχοι   an
δαίμονες, οἳ δὴ Κάδμου πύργους
ἐθελήσατε τούσδε ῥύεσθαι,
825 πότερον χαίρω κἀπολολύξω
πόλεως ἀσινεῖ σωτῆρι;
ἢ τοὺς μογεροὺς καὶ δυσδαίμονας
ἀτέκνους κλαύσω πολεμάρχους;
οἳ δῆτ' ὀρθῶς κατ' ἐπωνυμίαν
830 κλεινοί τ' ἐτεὸν καὶ πολυνεικεῖς
ὤλοντ' ἀσεβεῖ διανοίᾳ.   Stasimon III
Str. 1

Χο ὦ μέλαινα καὶ τελεία   2 tr
γένεος Οἰδίπου τ' ἀρά,   cr ia
κακόν με καρδίαν τι περιπίτνει κρύος.   3 ia
835 ἔτευξα τύμβῳ μέλος   ia cr
θυιάς, αἱματοσταγεῖς   cr ia
νεκροὺς κλύουσα δυσμόρως θανόντας· ἦ   3 ia
δύσορνις ἅδε ξυναυλία δορός. –   ia cr ia

840 ἐξέπραξεν οὐδ' ἀπεῖπεν   Ant. 1
πατρόθεν εὐκταία φάτις·
βουλαὶ δ' ἄπιστοι Λαΐου διήρκεσαν.
μέριμνα δ' ἀμφὶ πτόλιν·
θέσφατ' οὐκ ἀμβλύνεται.
845 ἰὼ πολύστονοι, τόδ' εἰργάσασθ' ἄπι-
στον· ἦλθε δ' αἰακτὰ πήματ' οὐ λόγῳ. =
Str. 2
τάδ' αὐτόδηλα, προῦπτος ἀγγέλου λόγος· 3 ia
διπλαῖ μέριμναι, διδύμᾳ δ' ἀνορέα κακά· 3 ia
850 αὐτοφόνα δίμορα τέλεα τάδε πάθη. τί φῶ; 3 ia

τί δ' ἄλλο γ' ἢ πόνοι δόμων ἐφέστιοι; 3 ia
ἀλλὰ γόων, ὦ φίλαι, κατ' οὖρον –   ch cr ba

Sie erhalten, was sie brauchen für ihr Grab, an Land,
Von ihres Vaters Flüchen grausam fortgerafft.

Der Bote geht ab

Chf O gewaltiger Zeus, o unserer Stadt
    Gottheiten, die ihr des Kadmos Burg
    Allhier zu beschützen geneigt wart,
    Soll ich nun mich freun, Dank jauchzend weihn
        Dem die Stadt erhaltenden Retter?
    Soll ich sie, die in Not und kinderlos,
        Die unselgen Kriegsherrn beweinen,
    Die, wie es mit Recht ihr Name besagt:
    Als „Wahrhaftberühmt" und „Streitlusterfüllt"
        Umkamen in frevler Gesinnung?

Ch O wie düster nun erfüllt dem
    Oidipusstamme sich der Fluch!
    Ein Schauder faßt mein Herz und schüttelt es grauenvoll:
    Ich schuf dem Grab Chorgesang,
    Leidberauscht, als ich gehört,
    Wie, blutbetrieft, unselgen Tod sie starben. Wie
    Ward unheilvoll – dieser Speerzusammenklang!

    Wirksam ward, nicht hat versagt des
    Vaters Verfluchung, Wort um Wort;
    Und Laïos' unfolgsam Begehren wirkte nach.
    Ich bin in Angst um die Stadt;
    Götterspruch wird ja nicht stumpf.
    Ihr vielbestöhnten, oh, ihr tatet, was kaum faß-
    bar; so kam Leid – Es zu klagen, reicht kein Wort.

    Von selber klar wird's, Augenschein des Boten Wort.
    Zwei*fach* die Ängste! Zweimal durch mannhafte Tatkraft Un-
    heil: Brudermord! Zweifaches Todeslos: Gipfel des Leids!
                                            [Wie deut
    Ich's nur? – Daß Qual und Not an Hauses Herd längst saß.
    Auf, mit der Klagrufe Fahrwind, Teure,

855 ἐρέσσετ' ἀμφὶ κρατὶ πόμπιμον χεροῖν   Ant. 2
     πίτυλον, ὃς αἰὲν δι' 'Αχέροντ' ἀμείβεται
     τὰν ναύστολον μελάκροκον θεωρίδα,
     τὰν ἀστιβῆ 'πόλλωνι, τὰν ἀνάλιον
860   εἰς ἀφανῆ πάνδοκόν τε χέρσον. =

Χο   ἀλλὰ γὰρ ἤκουσ' αἴδ' ἐπὶ πρᾶγος   an
     πικρὸν 'Αντιγόνη τ' ἡδ' 'Ισμήνη,
     θρῆνον ἀδελφοῖν· οὐκ ἀμφιβόλως
     οἶμαί σφ' ἐρατῶν ἐκ βαθυκόλπων
865   στηθέων ἥσειν ἄλγος ἐπάξιον.
     ἡμᾶς δὲ δίκη πρότερον φήμης
     τὸν δυσκέλαδόν θ' ὕμνον 'Ερινύος
870   ἀχεῖν 'Αίδα τ'
     ἐχθρὸν παιᾶν' ἐπιμέλπειν.
     ἰώ. δυσαδελφόταται πασῶν ὁπόσαι
     στρόφον ἐσθῆσιν περιβάλλονται,
     κλαίω, στένομαι, καὶ δόλος οὐδεὶς
     μὴ 'κ φρενὸς ὀρθῶς με λιγαίνειν.

                                 Threnos I
             'Ημιχόρια   Str. 1
875 ·Α   ἰὼ ἰὼ δύσφρονες,   ia cr
     φίλων ἄπιστοι καὶ κακῶν ἀτρύμονες,   3 ia
     δόμους ἑλόντες πατρῴους μέλεοι σὺν   ia cr ch ba
   Β   μέλεοι δῇθ' οἳ μελέους θανάτους   [ἀλκᾷ.   4 an
880   ηὗροντο δόμων ἐπὶ λύμῃ. –   par

   Α   ἰὼ ἰὼ δωμάτων   Ant. 1
     ἐρειψίτοιχοι καὶ πικρᾶς μοναρχίας
885   ἰδόντες, ἤδη διήλλαχθε σὺν σιδάρῳ.
   Β   κάρτα δ' ἀληθῆ πατρὸς Οἰδιπόδα
     πότνι' 'Ερινὺς ἐπέκρανεν. =

                                   Str. 2
   Α   δι' εὐωνύμων τετυμμένοι,   δ ia
890   τετυμμένοι δῇθ', ὁμοσπλάγχνων τε   ia cr ia cr
     φίλας τε κραδίας   [πλευρωμάτων   δ

Geleitet, um das Haupt mit Händen schlagend nun
Den Rudertakt, das stets des Ächzens Strom durchquert:
Das zu der Trauerfeier schwarzbeflaggte Boot
Zu dem Lichtgott-gemiednen, sonnenlosen, dem
Düsteren Festland, das alle aufnimmt!

Chf Dort kommen ja, seht, zu trauriger Pflicht
 Antigone und Ismene daher,
 Zum Klagegesang für die Brüder. Gewiß:
 Aus zarter, tief gegürteter Brust
 Tönt, glaub ich, ein Lied, wie's dem Leide gebührt.
 Für uns will's der Brauch, daß vor anderem Laut
 Wir den düsteren Sang der Erinys erst
 Anstimmen, drauf Ha-
  des die finstere Hymne noch weihen.
 O oh, An Leid um die Brüder unseligste ihr
 Von allen das Kleid sich gürtenden Fraun,
 Ich weine, ich stöhn, und sonder Arg
  Aus dem Herzen kommt echt mir die Klage.

 Die Leichen der Brüder Eteokles und Polyneikes sind herein-
       gebracht worden

Halbchöre

A O oh, o ihr, blinden Geists,
 Taub treuen Worten, böser Taten niemals satt,
 Lagt ihr, ums Haus, Vaterhaus, streitend, im Kampf, Unselge!
B Unselige wohl, da unselgen Tod
 Sie fanden zur Schmach ihres Hauses!

A O oh, o ihr, eignem Haus
 Die Mauern stürztet ihr, habt bittres Königtum
 Erlebt und euch erst versöhnt nunmehr durch den Blutstahl!
B So zur Wahrheit ließ Vater Oidipus' Fluch
 Ganz werden die hehre Erinys!

A Die linke Seite ihres Leibs durchbohrt,
 Durchbohrt vom Speer beider Blutsverwandten Brust, Stoß
 Ins liebe Herz hinein!   [um Stoß

	αἰαῖ δαιμόνιοι,	δ
	αἰαῖ δ' ἀντιφόνων,	δ
	ἐκ θανάτων ἀραί.	δ
895	B διανταίαν λέγεις δόμοισι καὶ	ba cr ia
	σώμασιν πεπλαγμένους,	cr ia
	ἀναυδάτῳ μένει	ba cr
	ἀραίῳ τ' ἐκ πατρὸς	ba cr
	οὐ διχόφρονι πότμῳ. –	δ
900	A διήκει δὲ καὶ πόλιν στόνος,	Ant. 2
	στένουσι πύργοι, στένει πέδον φίλανδρον·	
	κτέανα δ' ἐπιγόνοις, [μένει	
	δι' ὧν αἰνομόροις,	
905	δι' ὧν νεῖκος ἔβα	
	καὶ θανάτου τέλος.	
	B ἐμοιράσαντο δ' ὀξυκάρδιοι	
	κτήμαθ', ὥστ' ἴσον λαχεῖν.	
	διαλλακτῆρι δ' οὐκ	
	ἀμεμφεία φίλοις,	
910	οὐδ' ἐπίχαρις Ἄρης. =	
		Str. 3
	A σιδηρόπλακτοι μὲν ὧδ' ἔχουσιν	ia cr ba
	σιδηροπλάκτους δὲ τοὺς μένουσι –	ia cr ba
	τάχ' ἄν τις εἴποι, τίνες; –	ia cr
	τάφων πατρῴων λαχαί.	ia cr
915	B δόμων μὲν μάλ' ἀχάεις, τοὺς	δ ba
	προπέμπει δαϊ-	δ
	κτὴρ γόος αὐτόστονος, αὐτοπήμων,	2 ch ba
	δαΐόφρων, οὐ φιλογαθής, ἐτύμως	3 ch
	δακρυχέων δ' ἐκ φρενός, ἃ	2 ch
920	κλαιομένας μου μινύθει	2 ch
	τοῖνδε δυοῖν ἀνάκτοιν. –	ch ba
	A πάρεστι δ' εἰπεῖν ἐπ' ἀθλίοισιν	Ant. 3
	ὡς ἐρξάτην πολλὰ μὲν πολίτας,	
	ξένων τε πάντων στίχας	
925	πολυφθόρους ἐν δαΐ.	

Weh, unseliger Fluch,
Weh, weh, Mord wider Mord
Wirkender Todesfluch!
B Sie trafen durch und durch ihr Haus gleichwie
   Ihren Leib mit ihrem Stoß
   In unsagbarer Wut,
   Zwiespältig-eingen Sinns,
   Wie Vaters Fluch es verhängt.

A Es läuft nun auch durch die Stadt Gestöhn;
   Es stöhnt die Mauer, bestöhnt die Männer ihr Land. Nun
   Der Nachwelt der Besitz,   [bleibt
   Um den – schlimmen Geschicks –
   Um den: Streit ihnen kam
   Und als sein Ende – Tod.
B Sie teilten hitzigen Gemütes ihr
   Gut, daß gleich ward beider Los.
   Des Streits Schiedsrichter ward,
   Den lobt kein Freundesmund,
   Der Huld nicht kennt: Ares!

A Vom Stahl getroffen – so liegen beide;
   Die Stahlgetroffnen erwartet beide –
   Schnell ist gesagt, was sie ruft:
   Im Vatergrab ihre Gruft.
B Des Hauses Trauersang voll Stöhnen,
   Das Herz zerreißend, gibt
   Ihnen Geleit, selbst sich voll Qual beseufzend,
   Elenden Muts, bar jeder Lust; Träne auf Trän
   Lautren Gefühls strömend aus leid-
   vollem Gemüt, das sich verzehrt,
   Wein ich um beide Fürsten.

A Man sagt mit Recht dies von den Unselgen,
   Daß sie Bedrängnis gar viel dem Stadtvolk
   Wie all den Reihn fremden Volks
   Und Tod gebracht blutgen Kampfs. –

B δυσδαίμων σφιν ἁ τεκοῦσα
    πρὸ πασᾶν γυναι-
    κῶν ὁπόσαι τεκνογόνοι κέκληνται.
    παῖδα τὸν αὑτᾶς πόσιν αὑτᾷ θεμένα
930   τούσδ᾽ ἔτεχ᾽, οἱ δ᾽ ὧδ᾽ ἐτελεύ-
    τασαν ὑπ᾽ ἀλλαλοφόνοις
    χερσὶν ὁμοσπόροισιν. =

			Str. 4
A	ὁμόσποροι δῆτα καὶ πανώλεθροι,		ia cr ia
	διατομαῖς οὐ φίλοις,		2 cr
935	ἔριδι μαινομένᾳ,		δ
	νείκεος ἐν τελευτᾷ.		ch ba
B	πέπαυται δ᾽ ἔχθος, ἐν δὲ γαίᾳ		ba cr ba
940	ζόα φονορύτῳ μέμεικται· κάρτα δ᾽ εἴσ᾽		ia cr ch ba
	πικρὸς λυτὴρ νεικέων	[ὅμαιμοι.	ia cr
	ὁ πόντιος ξεῖνος ἐκ πυρὸς συθεὶς		ia cr ia
	θηκτὸς σίδαρος· πικρὸς δὲ χρημάτων		ia cr ia
	ἴσος δατητὰς Ἄρης		ia cr
945	ἀρὰν πατρῴαν τιθεὶς ἀλαθῆ. –		ia cr ba

		Ant. 4
A	ἔχουσι μοῖραν λαχόντες οἱ μέλεοι	Ant. 4
	διοδότων λάξεων·	
	ὑπὸ δὲ σώματι γᾶς	
950	πλοῦτος ἄβυσσος ἔσται.	
B	ἰὼ πολλοῖς ἐπανθίσαντες	
	πόνοισι γενεάν· τελευταῖαι δ᾽ ἐπηλάλαξαν	
	Ἀραὶ τὸν ὀξὺν νόμον,	
955	τετραμμένου παντρόπῳ φυγᾷ γένους.	
	ἕστακε δ᾽ Ἄτας τροπαῖον ἐν πύλαις,	
	ἐν αἷς ἐθείνοντο, καὶ	
960	δυοῖν κρατήσας ἔληξε δαίμων. =	

	Ἀντιγόνη, Ἰσμήνη	Threnos II
Ἀν	παισθεὶς ἔπαισας. Ἰσ σὺ δ᾽ ἔθανες	3 ia
	[κατακτανών.	
Ἀν	δορὶ δ᾽ ἔκανες. Ἰσ δορὶ δ᾽ ἔθανες.	2 ia

B Unselig sie, die sie geboren,
  Vor all jenen, die
  Wir von den Fraun kindergesegnet heißen!
  Eigenen Sohn nahm zum Gemahl selbst sie, gebar
  Diese von ihm, welche nun so
  Starben, sich Tod – Mord wider Mord –
  Wirkend mit Bruderhänden.

A Aus gleichem Schoß, Brüder, gleich im Unglückslos,
  Streich um Streich, nicht liebreich,
  Ließen sie, rasend im Haß,
  Enden im Tod die Zwietracht.
B Vorbei ihr Haß. In blutger Erde
  Ist beider Leben nun gemischt; ganz sind sie eines Blutes.
  Ein bittrer Streitschlichter ward
  Der Gast aus Pontos, des Feuers Glut enteilt:
  Geschliffner *Stahl;* bittrer Erbgutsteiler ward,
  Gleich hart, den zwein: *Ares,* der
  Des Vaters Fluchwort ließ werden Wahrheit!

A Erlangt ihr Los haben die Unselgen, ihr
  Gottheitverliehn Landstück nun:
  Unter den Leibern der Erd-
  tiefe unmeßbar Krongut.
B Oh, die ihr kröntet mit dem Kranze
  Zahlloser Leiden euren Stamm: schließlich schrien auf sieg-
  Die Flüche scharfgellnden Tons,   [jauchzend
  Da sich zur Flucht, wilder Flucht gewandt der Stamm.
  Nun steht das Siegzeichen Ates an dem Tor,
  Wo sie den Kampf kämpften; und
  Der beider Herr ward: es ruht der Dämon.

     Antigone und Ismene (im Wechselgesang)
An Getroffen trafst du.   Is Du wardst erschlagen, da du
                                                    [erschlugst.
An Den Speertod gabst du.   Is Den Speertod fandst du.

	Ἀν μελεόπονος.	Ἰσ μελεοπαθής.	2 ia
	Ἀν ἴτω γόος.	Ἰσ ἴτω δάκρυ.	2 ia
965	Ἀν πρόκεισαι	Ἰσ κατακτάς.	2 ba
			Str. 1
	Ἀν ἠέ.	Ἰσ ἠέ.	ia
	Ἀν μαίνεται γόοισι φρήν.		cr ia
	Ἰσ ἐντὸς δὲ καρδία στένει.		2 ia
	Ἀν ἰωὰ πανδάκρυτε σύ.		2 ia
970	Ἰσ σὺ δ' αὖτε καὶ πανάθλιε.		2 ia
	Ἀν πρὸς φίλου ἔφθισο.		δ
	Ἰσ καὶ φίλον ἔκτανες.		δ
	Ἀν διπλόα λέγειν.		ia
	Ἰσ διπλόα δ' ὁρᾶν.		ia
	Ἀν ἄχθεα τῶνδε τάδ' ἐγγύθεν.		gl
	Ἰσ πέλας δ' ἀδέλφ' ἀδελφεῶν.		2 ia
975	Χο ἰὼ Μοῖρα βαρυδότειρα μογε-		2 ia
	ρὰ πότνιά τ' Οἰδίπου σκιά.		2 ia
	μέλαιν' Ἐρινύς, ἦ μεγασθενής τις εἶ. –		3 ia
	Ἀν ἠέ. Ἰσ ἠέ.		Ant. 1
	Ἀν δυσθέατα πήματα		
	Ἰσ ἐδείξατ' ἐκ φυγᾶς ἐμοί.		
980	Ἀν οὐδ' ἵκεθ' ὡς κατέκτανεν.		
	Ἰσ σωθεὶς δὲ πνεῦμ' ἀπώλεσεν.		
	Ἀν ὤλεσε δῆθ' ὅδε.		
982	Ἰσ καὶ τὸν ἐνόσφισεν.		
993	Ἀν ὀλόα λέγειν.		
	Ἰσ ὀλοὰ δρᾶν.		
984	Ἀν δίστονα κήδε' ὁμώνυμα.		
985	Ἰσ δίυγρα τριπάλτων πημάτων.		
	Χο ἰὼ Μοῖρα βαρυδότειρα μογε-		
	ρὰ πότνιά τ' Οἰδίπου σκιά·		
	μέλαιν' Ἐρινύς, ἦ μεγασθενής τις εἶ. =		
			Epodos
	Ἀν σὺ τοί νιν οἶσθα διαπερῶν,		2 ia
990	Ἰσ σὺ δ' οὐδὲν ὕστερος μαθών,		2 ia
	Ἀν ἐπεὶ κατῆλθες ἐς πόλιν,		2 ia

An Schufst Schmerzen und Qual.   Is Littst Schmerzen und Qual.
An Es ströme die Klage!   Is Es ströme die Träne!
An Liegst tot nun!   Is Schlugst tot ihn!

An Weh, weh!   Is Weh, weh!
An Wild – vor Qualen – schreit mein Herz.
Is Mein Gemüt im Innern stöhnt.
An O weh, ach, allbeweinter du!
Is Du stets aufs neu unseliger!
An Dich schlug dein eigen Blut!
Is Dein eigen Blut schlugst du!
An O zweifältig Wort!
Is O zweifältge Schau!
An An Leiden, die einen den andern nah!
Is Und nah Geschwister Geschwistern hier!
Ch Weh, Moira, lastender Mühsal Gebe-
    rin; Oidipus' hehrer Schatten du;
    Fluchgöttin, düstre, wie gewaltig stark du bist!

An Weh, weh!   Is Weh, weh!
An Schlimm zu schaunder Leiden Not
Is Bezeugte er mir seit der Flucht.
An Kam heim nicht, als den Tod er gab.
Is Gerettet, gab den Geist er auf.
An Umbracht' ihn dieser hier.
Is Und den räumt' er hinweg.
An O grauenvoll Wort!
Is O graunvolle Schau!
An Zweifältig Trauern im gleichen Wort!
Is Zweifältig Weinen um dreifach Leid!
Ch Weh, Moira, lastender Mühsal Gebe-
    rin, Oidipus' hehrer Schatten du;
    Fluchgöttin, düstre, wie gewaltig stark du bist!

An Du weißt von ihr durch deinen Zug,
Is Du – um nichts später kanntest sie,
An Als heimwärts du gekehrt zur Stadt.

992	'Ισ	δορός γε τῷδ' ἀντηρέτας.	2 ia
983	'Αν	τάλαν γένος. 'Ισ τάλανα παθόν.	2 ia
994	'Αν	ἰὼ πόνος, 'Ισ ἰὼ κακά,	ia
995	'Αν	δώμασι 'Ισ καὶ χθονί,	δ
	'Αν	πρὸ πάντων δ' ἐμοί.	δ
	'Ισ	καὶ τὸ πρόσω γ' ἐμοί.	δ
	'Αν	ἰὼ ἰώ, δυστόνων κακῶν ἄναξ.	ia cr ia
	'Ισ	ἰὼ ἰώ, 'Ετεόκλεις ἀρχηγέτα.	ia cr ia
1000	'Αν 'Ισ	ἰὼ πάντων πολυστονώτατοι.	ba cr ia
	'Αν 'Ισ	ἰὼ ἰώ, δαιμονῶντες ἄτᾳ.	ia cr ba
	'Ισ	ἰὼ ἰώ, ποῦ σφε θήσομεν χθονός;	ia cr ia
	'Αν	ἰὼ ἰώ, ὅπου τιμιώτατον.	ia ba ia
	'Αν 'Ισ	ἰὼ ἰώ, πῆμα πατρὶ πάρευνον.	ia pher

[Κῆρυξ

1005 δοκοῦντα καὶ δόξαντ' ἀπαγγέλλειν με χρὴ
δήμου προβούλοις τῆσδε Καδμείας πόλεως·
'Ετεοκλέα μὲν τόνδ' ἐπ' εὐνοίᾳ χθονὸς
θάπτειν ἔδοξε γῆς φίλαις κατασκαφαῖς·
στέγων γὰρ ἐχθροὺς θάνατον εἵλετ' ἐν πόλει,
1010 ἱερῶν πατρῴωνδ' ὅσιος ὢν μομφῆς ἄτερ
τέθνηκεν οὗπερ τοῖς νέοις θνήσκειν καλόν.
οὕτω μὲν ἀμφὶ τοῦδ' ἐπέσταλται λέγειν·
τούτου δ' ἀδελφὸν τόνδε Πολυνείκους νεκρὸν
ἔξω βαλεῖν ἄθαπτον, ἁρπαγὴν κυσίν,
1015 ὡς ὄντ' ἀναστατῆρα Καδμείων χθονός,
εἰ μὴ θεῶν τις ἐμποδὼν ἔστη δορὶ
τῷ τοῦδ'. ἄγος δὲ καὶ θανὼν κεκτήσεται
θεῶν πατρῴων, οὓς ἀτιμάσας ὅδε
στράτευμ' ἐπακτὸν ἐμβαλὼν ᾕρει πόλιν.
1020 οὕτω πετηνῶν τόνδ' ὑπ' οἰωνῶν δοκεῖ
ταφέντ' ἀτίμως τοὐπιτίμιον λαβεῖν,
καὶ μήθ' ὁμαρτεῖν τυμβοχόα χειρώματα
μήτ' ὀξυμόλποις προσσέβειν οἰμώγμασιν,

Is Als seinen Speer du abgewehrt.
An Unselig Geschlecht!   Is Unselig im Leid!
An O was für Pein!   Is O was für Qual!
An Dem Hause!   Is und dem Land!
An   Vor allem aber mir!
Is   Und weit mehr noch mir!
An   O oh, o oh! Jammervollen Leides Fürst!
Is   O oh, o oh! Eteokles, Oberhaupt des Leids!
An Is O oh, o oh! Allerbejammernswerteste!
An Is O von der Macht Ates Gottgeschlagne!
Is   Ach, ach; ach, wo geben wir der Erde sie?
An   Ach, ach; dort, wo es höchst ehrenreich für sie!
An Is Ach, ach; ihr Leid soll dem Vater gesellt sein!

Der Trauerzug verläßt die Orchestra

Späterer Zusatz

Herold

Verordnung und Beschlüsse muß ich kundtun hier,
Die des Kadmeiervolkes höchste Macht gefaßt:
Eteokles, diesen, weil er treu dem Land gesinnt,
Soll man bestatten nach des Landes frommem Brauch.
Den Feinden wehrend, litt den Tod er in der Stadt,
Der Heimatstempel frommer Schutz, untadelhaft,
Fiel er, wo Jünglingen zu fallen schönster Ruhm.
So trug man über diesen mir zu sagen auf.
Doch seinen Bruder, Polyneikes' Leichnam, soll
Hinaus man werfen, ohne Grab, Hunden zum Raub.
Wär er ja doch Verwüster des Kadmeierlands,
Hätt nicht ein Gott gestellt sich gegen seinen Speer.
Der Makel bleibt im Tod ihm noch des Frevels an
Der Väter Göttern; sie mißachtend, wollte er,
Mit fremdem Heer einfallend, nehmen diese Stadt.
So soll, daß ihm beschwingtes Raubgeflügel nun
Ehrloses Grab gibt, seines Frevels Strafe sein.
Es soll den Hügel keine Hand aufwerfen ihm
Noch ihn geleiten grellen Klageliedes Ton

ἄτιμον εἶναι δ᾽ ἐκφορᾶς φίλων ὕπο.

1025   τοιαῦτ᾽ ἔδοξε τῷδε Καδμείων τέλει.

Ἀν ἐγὼ δὲ Καδμείων γε προστάταις λέγω·
ἢν μή τις ἄλλος τόνδε συνθάπτειν θέλῃ,
ἐγὼ σφε θάψω κἀνὰ κίνδυνον βαλῶ
θάψασ᾽ ἀδελφὸν τὸν ἐμόν, οὐδ᾽ αἰσχύνομαι

1030   ἔχουσ᾽ ἄπιστον τήνδ᾽ ἀναρχίαν πόλει.
δεινὸν τὸ κοινὸν σπλάγχνον, οὗ πεφύκαμεν,
μητρὸς ταλαίνης κἀπὸ δυστήνου πατρός.
τοιγὰρ θέλουσ᾽ ἄκοντι κοινώνει κακῶν,
ψυχή, θανόντι ζῶσα συγγόνῳ φρενί.

1035   τούτου δὲ σάρκας οὐδὲ κοιλογάστορες
λύκοι πάσονται· μὴ δοκησάτω τινί.
τάφον γὰρ αὐτὴ καὶ κατασκαφὰς ἐγώ,
γυνή περ οὖσα, τῷδε μηχανήσομαι,
κόλπῳ φέρουσα βυσσίνου πεπλώματος.

1040   καὐτὴ καλύψω, μηδέ τῳ δόξῃ πάλιν·
θάρσει, παρέσται μηχανὴ δραστήριος.

Κῆ αὐδῶ πόλιν σε μὴ βιάζεσθαι τάδε.

Ἀν αὐδῶ σε μὴ περισσὰ κηρύσσειν ἐμοί.

Κῆ τραχύς γε μέντοι δῆμος ἐκφυγὼν κακά.

1045 Ἀν τράχυν᾽· ἄθαπτος δ᾽ οὗτος οὐ γενήσεται.

Κῆ ἀλλ᾽ ὃν πόλις στυγεῖ, σὺ τιμήσεις τάφῳ;

Ἀν ἤδη τὰ τοῦδ᾽ οὐ διατετίμηται θεοῖς;

Κῆ οὔ, πρίν γε χώραν τήνδε κινδύνῳ βαλεῖν.

Ἀν παθὼν κακῶς κακοῖσιν ἀντημείβετο.

1050 Κῆ ἀλλ᾽ εἰς ἅπαντας ἀνθ᾽ ἑνὸς τόδ᾽ ἔργον ἦν.

Ἀν Ἔρις περαίνει μῦθον ὑστάτη θεῶν.
ἐγὼ δὲ θάψω τόνδε· μὴ μακρηγόρει.

Κῆ ἀλλ᾽ αὐτόβουλος ἴσθ᾽, ἀπεννέπω δ᾽ ἐγώ.

Χο φεῦ φεῦ.   an
ὦ μεγάλαυχοι καὶ φθερσιγενεῖς

1055   Κῆρες Ἐρινύες, αἵτ᾽ Οἰδιπόδα
γένος ὠλέσατε πρυμνόθεν οὕτως,
τί πάθω; τί δὲ δρῶ; τί δὲ μήσωμαι;

Noch ehrend ihn Verwandte tragen aus dem Haus.
So also hat beschlossen der Kadmeier Rat.

An Ich aber sage der Kadmeier Führern dies:
Wenn keiner diesen zu bestatten helfen will,
Werd ich es tun und nehme auf mich die Gefahr
Bei der Bestattung meines Bruders, scheue nicht
Den Ungehorsam wider das Gebot der Stadt.
Ein starkes Band ist's, stammt von *einer* Mutter man,
Der armen, *einem* unglückselgen Vater her.
Drum teil mit ihm – du kannst es noch, er nicht – das Leid,
Mein Herz; zeig lebend ihm, der tot, dich blutsverwandt!
Von seinem Fleische werden nicht heißhungrige
Wölfe sich nähren; niemand soll *der* Meinung sein!
Ein Grab ja werde ich, Bestattungserde ihm,
Bin ich ein Weib auch nur, besorgen treuen Sinns,
Schafft' ich im Bausch des Linnenkleids sie gleich herbei.
Ich selbst bedeck ihn; niemand glaube, ich tät's nicht!
Wo's nicht an Mut fehlt, gibt's auch Möglichkeit zur Tat.

He Ich sage: beut der Stadt nicht Trotz auf solche Art!

An Ich sage: tu nicht, was doch nutzlos ist, mir kund!

He Hart, grausam ist das Volk, das erst entging der Not.

An So sei hart! – Unbestattet bleibt hier dieser nicht!

He Ihn, den die Stadt haßt, willst du ehren durch ein Grab?

An Ist ihm erwiesne Ehrung nun nicht Gottesdienst?

He Sie wär's, eh er dies Land hier in Gefahr gestürzt.

An Man tat ihm Böses; an den Bösen rächt' er sich.

He Doch gegen alle statt des einen wandt' er sich.

An Eris als letzte Gottheit hat das letzte Wort.
Doch ich bestatte ihn; spar lange Reden dir!

He So tu's auf eigne Faust; ich untersag es dir.

geht ab

Chf Weh, weh!
Die ihr stolzen Worts die Geschlechter vertilgt,
Ihr Schicksalserinyen, habt Oidipus' Stamm
Nun gerichtet zugrund mit der Wurzel zugleich.
Was wird nun? Was tu ich? Was find ich für Rat?

πῶς τολμήσω μήτε σὲ κλαίειν
μήτε προπέμπειν ἐπὶ τύμβον;
1060   ἀλλὰ φοβοῦμαι κἀποτρέπομαι
δεῖμα πολιτῶν.
σύ γε μὴν πολλῶν πενθητήρων
τεύξῃ· κεῖνος δ' ὁ τάλας ἄγοος
μονόκλαυτον ἔχων θρῆνον ἀδελφῆς
1065   εἶσιν· τίς ἂν οὖν τὰ πίθοιτο;

'Ημ   δράτω τι πόλις καὶ μὴ δράτω
τοὺς κλαίοντας Πολυνείκη.
ἡμεῖς γὰρ ἴμεν καὶ συνθάψομεν
αἵδε προπομποί.
καὶ γὰρ γενεᾷ κοινὸν τόδ' ἄχος,
1070   καὶ πόλις ἄλλως
ἄλλοτ' ἐπαινεῖ τὰ δίκαια.

'Ημ   ἡμεῖς δ' ἅμα τῷδ', ὥσπερ τε πόλις
καὶ τὸ δίκαιον ξυνεπαινεῖ.
μετὰ γὰρ μάκαρας καὶ Διὸς Ἰσχὺν
1075   ὅδε Καδμείων ἤρυξε πόλιν
μὴ 'νατραπῆναι μηδ' ἀλλοδαπῶν
κύματι φωτῶν
κατακλυσθῆναι τὰ μάλιστα.]

Wie ertrag ich's, dich nicht zu beklagen im Lied,
  Dich nicht zu geleiten zum Grabe?
Ach, ich habe Furcht, will dem entgehn,
Was die Bürger mir drohn.
Du wahrlich hast der Trauernden viel,
Doch der Arme hier soll unbeklagt,
Soll, allein beweint von der Schwester Gram,
  Hingehn? Wer kann sich dem fügen?

Erster Halbchor (mit Antigone)

Ob bestraft die Stadt, ob sie nicht bestraft,
  Die da klagen um Polyneikes:
Wir gehen mit ihm und bestatten ihn mit
Als sein Geleit.
Ist doch dem Geschlecht gemeinsam dies Leid;
Die Stadt gebeut
  Bald dies, bald das als das Rechte.

Zweiter Halbchor (mit Ismene)

Und mit diesem gehn wir, so wie ja die Stadt
  Und das Recht zugleich es gebieten.
Denn neben des Zeus und der Himmlischen Macht
Hat dieser die Stadt der Kadmeier zumeist,
Daß sie nicht zerstört noch von fremdem Volk
  Überflutet werde, verteidigt.

Die Halbchöre gehen, jeder mit der Leiche eines Bruders,
              nach zwei Seiten ab

DIE SCHUTZFLEHENDEN

Τὰ τοῦ δράματος πρόσωπα

χορός Δαναΐδων	Χο
Δαναός	Δα
Πελασγός, βασιλεὺς Ἀργείων	Βα
κῆρυξ	Κῆ

Die Personen des Dramas

Chor der Töchter des Danaos	Ch · Chf
Danaos	Da
Pelasgos, König von Argos	Kö
Herold (der Söhne des Aigyptos)	He

Hain zwischen der Stadt Argos und der Küste. Dahinter Hügel mit Altären und Götterbildern.
Chor der Schutzflehenden, fremdartig gekleidet, Bittzweige, mit Wolle umwunden, in den Händen, zieht ein, begleitet von Danaos, der, in Schiffertracht, auf dem Hügel Ausschau hält. Chor der Mägde im Hintergrund.

Χορός

Ζεὺς μὲν ἀφίκτωρ ἐπίδοι προφρόνως   an
στόλον ἡμέτερον νάιον ἀρθέντ'
ἀπὸ προστομίων λεπτοψαμάθων
Νείλου. Δίαν δὲ λιποῦσαι
5   χθόνα σύγχορτον Συρίᾳ φεύγομεν,
οὔτιν' ἐφ' αἵματι δημηλασίαν
ψήφῳ πόλεως γνωσθεῖσαν,
ἀλλ' αὐτογενεῖ φυξανορίᾳ,
γάμον Αἰγύπτου παίδων ἀσεβῆ τ'
10 ὀνοταζόμεναι διάνοιαν.
Δαναὸς δὲ πατὴρ καὶ βούλαρχος
καὶ στασίαρχος τάδε πεσσονομῶν,
κύδιστ' ἀχέων ἐπέκρινεν,
φεύγειν ἀνέδην διὰ κῦμ' ἅλιον,
15 κέλσαι δ' Ἄργους γαῖαν, ὅθεν δὴ
γένος ἡμέτερον τῆς οἰστροδόνου
βοὸς ἐξ ἐπαφῆς κἀξ ἐπιπνοίας
Διὸς εὐχόμενον τετέλεσται.
τίν' ἂν οὖν χώραν εὔφρονα μᾶλλον
20 τῆσδ' ἀφικοίμεθα
σὺν τοῖσδ' ἱκετῶν ἐγχειριδίοις
ἐριοστέπτοισι κλάδοισιν;
ὧν πόλις, ὧν γῆ, καὶ λευκὸν ὕδωρ,
ὕπατοί τε θεοί, καὶ βαρύτιμοι
25 χθόνιοι θήκας κατέχοντες,
καὶ Ζεὺς σωτὴρ τρίτος, οἰκοφύλαξ
ὁσίων ἀνδρῶν, δέξασθ' ἱκέτην
τὸν θηλυγενῆ στόλον αἰδοίῳ
πνεύματι χώρας· ἀρσενοπληθῆ δ'
30 ἑσμὸν ὑβριστὴν Αἰγυπτογενῆ,
πρὶν πόδα χέρσῳ τῇδ' ἐν ἀσώδει
θεῖναι, ξὺν ὄχῳ ταχυήρει
πέμψατε πόντονδ'. ἔνθα δὲ λαίλαπι
χειμωνοτύπῳ, βροντῇ στεροπῇ τ'

Chor

Zeus, Hort auf der Flucht, möge schaun voller Huld
Auf unsere Schar, die zu Schiff aufbrach
Von dem Mündungsgebiet, dem feinsandgen Ried
   Des Nils. Das heilge verlassend,
Nahe Syrien das Land, sind wir nun auf der Flucht,
Nicht weil Blutschuld uns in Verbannung trieb
   Durch des Stadtvolks beschließendes Urteil,
Nein, weil arteignen, mannfeindlichen Sinns
Wir die Eh mit Aigyptos' Söhnen verschmähn
   Und ihr ruchloses Trachten verabscheun.
Vater Danaos war's, Ratgeber sowie
Anstifter des Zwists, der, lenkend das Spiel,
   Rühmlichste der Nöte uns zuwies:
Zu fliehn ungesäumt durch die Woge des Meers,
Zu landen am Strand von Argos, woher
Sich ja unser Geschlecht kann rühmen voll Stolz
Durch des Zeus Anhauch und Berührung der Kuh,
   Der bremsegejagten, zu stammen.
In was für ein Land also könnten wir ziehn,
Wohlgesinnter als dies,
In der Hand, so wie's Schutzflehnden geziemt,
   · Diese wollumwundenen Zweige?
Deren Stadt dies und Land ist und leuchtende Flut:
Gottheiten der Höh und die, scheuverehrt,
   Unterirdisch, in Gräbern ihr hauset,
Retter Zeus zu dritt, der die Häuser schützt
Frommgläubigen Volks: nehmt auf der Fraun
Schutzflehende Schar mit dem heiligen Hauch
Eurer Huld in dem Land: doch den Männerschwarm,
Frechtrotzend und wild, aus Aigyptos' Stamm,
Eh den Fuß auf den Grund, den sandgen, er hier
   Aufsetzt: raschrudernden Fahrzeugs
Schickt weit aufs Meer; dort im Wirbelsturm
Mögen, wetterumtost, im Donner und Blitz

35   ὀμβροφόροισίν τ' ἀνέμοις ἀγρίας
        ἁλὸς ἀντήσαντες ὄλοιντο,
     πρίν ποτε λέκτρων, ὧν Θέμις εἴργει,
     σφετεριξάμενοι πατραδέλφειαν
        τήνδ' ἀεκόντων ἐπιβῆναι.   Parodos
                                     Str. 1

40   νῦν δ' ἐπικεκλομένα   hem
     Δῖον πόρτιν ὑπερ-   hem
     πόντιον τιμάορ' ἰνίν τ'   2 ep
     ἀνθονόμου τᾶς προγόνου βοός, ἐξ ἐπι-   ch 4 da
                           [πνοίας,

45   Ζηνός· ἔφαψιν ἐπωνυμίᾳ δ' ἐπε-   4 da
     ραίνετο μόρσιμος αἰὼν   3 da
     εὐλόγως, Ἔπαφόν τ' ἐγέννασεν· –   gl sp

     ὄντ' ἐπιλεξαμένα,   Ant. 1
50   νῦν ἐν ποιονόμοις
     ματρὸς ἀρχαίας τόποις τῶν
     πρόσθε πόνων μνασαμένα, τά τε νῦν ἐπιδείξω
     πιστὰ τεκμήρια γαιονόμοις, τάδ' ἄ-
55   ελπτά περ ὄντα φανεῖται.
     γνώσεται δὲ λόγους τις ἐν μάκει. =
                                     Str. 2
     εἰ δὲ κυρεῖ τις πέλας οἰωνοπόλων   3 ch
     ἔγγαιος οἶκτον ἀίων,   2 ia
60   δοξάσει τιν' ἀκούειν ὄπα τᾶς Τηρείας   pher ch dim
     Μήτιδος οἰκτρᾶς ἀλόχου,   2 ch
     κιρκηλάτας ἀηδόνος, –   2 ia

     ἅτ' ἀπὸ χώρων ποταμῶν τ' ἐργομένα   Ant. 2
     πενθεῖ μὲν οἶκτον ἠθέων·
65   ξυντίθησι δὲ παιδὸς μόρον, ὡς αὐτοφόνως
     ὤλετο πρὸς χειρὸς ἕθεν
     δυσμάτορος κότου τυχών· =
                                     Str. 3
     τὼς καὶ ἐγὼ φιλόδυρτος Ἰαονίοισι νόμοισι   6 da
70   δάπτω τὰν ἀπαλὰν   hem

Regenschwangren Orkans   sie, der heulenden Wut
  Der Salzflut begegnend, zugrundgehn,
Eh sie jemals das Bett,   das Themis verbeut,
Sich bemächtgend mit Zwang   der Töchter des Ohms,
  Trotz ihrer Weigrung besteigen!

Ch Jetzo nun rufend herbei
    Zeus' Jungstier überm Meer,
  Unsern Hort und Retter, Sprößling
  Der in dem Klee weidenden Ahne, der Kuh, durch den
                                   [Hauch des
  Zeus – die Berührung, die Namen verlieh, fand ihr
  Ziel durch die Zeit: der Berührung
  Sproß, den „Epaphos", brachte zur Welt sie.

  Ihn also nennend im Ruf,
  Will, auf blumigem Grund
  Unsrer Stammesmutter denkend,
  Was sie an Mühsalen einst litt, ich so manches nun kundtun,
  Treulich bezeugt, den Bewohnern des Lands; was noch
  Glaubhaft nicht, später enthüllt sich's:
  Faßlich wird mit der Zeit das Gesagte.

  Weilt in der Näh einer, der auf Vogelschau sich
  Versteht im Land und lauscht dem Ruf,
  Muß er glauben, es tönt Laut ihm ins Ohr, wie ihn voll Qual
  Tereus' Gemahl, Metis, ausstößt,
  Die falkgejagte Nachtigall.

  Von ihres Lands Hainen, des Stroms Ufern verjagt,
  Wehklagt sie, jammernd um ihr Heim,
  Singt dazu ihres Sohns furchtbares Los, wie sie ihn schlug
  Mördrisch mit selbsteigener Hand,
  Unmütterlicher Zorn ihn traf.

  Also auch ich, an dem Jammer ionischer Weisen mich
  Reiß die zarte, vom Nil   [weidend,

Νειλοθερῆ παρειὰν   ch ba
ἀπειρόδακρύν τε καρδίαν.   par
γοεδνὰ δ' ἀνθεμίζομαι   2 ia
δειμαίνουσα φίλους, τᾶσδε φυγᾶς   hem ch
75   Ἀερίας ἀπὸ γᾶς   hem
εἴ τις ἐστὶ κηδεμών. –   cr ia

ἀλλά, θεοὶ γενέται, κλύετ' εὖ τὸ δίκαιον   Ant. 3
ἦ καὶ μὴ τέλεον   [ἰδόντες·
80   δόντες ἔχειν παρ' αἶσαν,
ὕβριν δ' ἐτύμως στυγοῦντες,
πέλοιτ' ἂν ἔνδικοι γάμοις.
ἔστι δὲ κἀκ πολέμου τειρομένοις
βωμὸς ἀρῆς φυγάσιν
85   ῥῦμα, δαιμόνων σέβας. =

                         Str. 4
εἴθ' εἴη Διόθεν παναλη-   4 da
θῶς Διὸς ἵμερος· οὐκ   hem
εὐθήρατος ἐτύχθη. παντᾷ τοι φλεγέθει   2 hem
σκότῳ μελαίνᾳ ξὺν τύχᾳ   [κἀν   2 ia
90   μερόπεσσι λαοῖς. –   reiz

πίπτει δ' ἀσφαλὲς οὐδ' ἐπὶ νώ-   Ant. 4
τῳ κορυφᾷ Διὸς εἰ
κρανθῇ πρᾶγμα τέλειον. δαυλοὶ γὰρ πρα-
σκιοί τε τείνουσιν πόροι   [πίδων δά-
95   κατιδεῖν ἄφραστοι. =

                         Str. 5
ἰάπτει δ' ἐλπίδων   ba cr
ἀφ' ὑψιπύργων πανώλεις βροτούς,   ia 2 cr
βίαν δ' οὔτιν' ἐξοπλίζει,   δ ba
100   πᾶν ἄπονον δαιμόνιον·   2 ch
ἥμενος ὂν φρόνημά πως   ch ia
αὐτόθεν ἐξέπραξεν ἔμ-   ch ia
πας ἑδράνων ἀφ' ἁγνῶν. –   ch ba

Sonnengebräunte Wang' und
Mein tränenunkundig Herz wund.
Des Kummers Blüten pflück ich mir,
Vor Verwandten in Furcht, ob unsrer Flucht
Fort aus ägyptischem Land
Man gedenkend Pläne faßt.

Götter, ihr Ahnherren, hört uns; seht ihr doch gar wohl, wo
Gebt Erfüllung ihr nicht,   [das Recht ist!
Wenn es verbeut das Schicksal:
Schützet, wahrhaft den Frevel hassend,
Ihr doch der Ehe göttlich Recht.
Und es leiht selbst im Krieg Flüchtlingen in
Qualvoller Not der Altar
Schutz, wo Scheu vor Göttern herrscht.

Käm aus Zeus unverhohlen des Zeus
Wunsch doch und Wille! Nicht leicht
Zu erjagen ja ist er. Allwärts lodert er auf, auch
In düstren Schicksals Nacht, dem sterb-
lichen Menschenvolke.

Siegreich bleibt, es stürzt rücklings nicht hin,
Ward in dem Haupte des Zeus
Es reif: Tun, das sein Ziel kennt. Durch das Dickicht, im
Ja ziehn des Geistes Pfade ihm,   [Dunkeln
Keinem Auge faßbar.

Er stürzt von Hoffnungen,
Von hochgetürmten, das Erdvolk in Not;
Gewalt braucht er nicht als Waffe.
Tat ohne Müh – Götterart ist's!
Sitzend sein Planen irgendwie
Führt aus sich selbst er ganz und gar
Durch von erhabnem Thron aus.

	ἰδέσθω δ' εἰς ὕβριν	Ant. 5
105	βρότειον, οἷα νεάζει πυθμὴν	
	δι' ἀμὸν γάμον τεθαλὼς	
	δυσπαραβούλοισι φρεσίν,	
	καὶ διάνοιαν μαινόλιν	
110	κέντρον ἔχων ἄφυκτον, ἄ-	
	τας δ' ἀπάταν μεταγνούς. =	
		Str. 6
	τοιαῦτα πάθεα μέλεα θρεομένα λέγω	3 ia
	λιγέα βαρέα δακρυοπετῆ,	2 ia
	ἰὴ ἰή,	ia
115	ἰηλέμοισιν ἐμπρεπῆ	2 ia
	ζῶσα γόοις με τιμῶ.	ch ba
		Ephymn. 1
	ἱλεῶμαι μὲν Ἀπίαν βοῦνιν,	mol ia sp
	καρβᾶνα δ' αὐδὰν εὖ, γᾶ, κοννεῖς.	sp ba 2 sp
120	πολλάκι δ' ἐμπίτνω λακίδι σὺν	ch 2 ia
	Σιδονίᾳ καλύπτρᾳ. – [λινοσινεῖ	ch ba
	θεοῖς δ' ἐναγέα τέλεα πελομένων καλῶς	Ant. 6
	ἐπίδρομ', ὁπόθι θάνατος ἐπῇ.	
125	ἰὼ ἰώ,	
	ἰὼ δυσάγκριτοι πόνοι.	
	ποῖ τόδε κῦμ' ἀπάξει;	
	ἱλεῶμαι μὲν Ἀπίαν βοῦνιν,	Ephymn. 1
130	καρβᾶνα δ' αὐδὰν εὖ, γᾶ, κοννεῖς.	
	πολλάκι δ' ἐμπίτνω λακίδι σὺν λινοσινεῖ	
	Σιδονίᾳ καλύπτρᾳ. =	
		Str. 7
	πλάτα μὲν οὖν λινορραφής	2 ia
135	τε δόμος ἅλα στέγων δορὸς	2 ia
	ἀχείματόν μ' ἔπεμπε σὺν	2 ia
	πνοαῖς· οὐδὲ μέμφομαι·	ba ia
	τελευτὰς δ' ἐν χρόνῳ	ba cr
	πατὴρ ὁ παντόπτας	ia sp
140	πρευμενεῖς κτίσειεν,	cr ba

Er schau an Menschenhoch-
mut, wie er neu üppgen Sproß treibt, der Stamm
Zur Hochzeit mit uns von Saft strotzt,
Jeglichem Rat taub im Gemüt;
Wie er im Innern toller Gier
Stachel unfliehbar trägt, des Wahns
Trug erst zu spät erkennend.

All solche Leiden in Liedern, wir sagen, wir klagen sie laut,
Hellgellend, dumpftönend, von Tränen betaut.
Ach weh, ach weh!
In Wehlauts Tönen sing ich mir
Lebend zur Ehr ein Grablied!

    Huldvoll sei nun Apias Bühl mir;
    Fremdartgen Sprachlaut kennst, Land, du wohl.
    Immerfort fall ich, fall mit linnenzerfetzender Hand
    In mein sidonisch Hülltuch.

Den Göttern Eide, Gelübde, wenn alles zum Heil ausschlägt,
Sie drängen sich zu, kommt der Tod in die Näh.
O oh, o oh!
O oh, schwer lösbar, qualvoll Los!
Woge, wohin, ach, treibst du?

    Huldvoll sei nun Apias Bühl mir;
    Fremdartgen Sprachlaut kennst, Land, du wohl.
    Immerfort fall ich, fall mit linnenzerfetzender Hand
    In mein sidonisch Hülltuch.

Das Ruder und das, taugeknüpft,
Die Salzfluten wehrt: des Schiffes Haus
Bracht ohne Sturm mich her im Hauch
Des Winds; nimmer klag ich drob.
Den Ausgang aber einst,
Allschauder Vater, mögst
Huldvoll du gestalten:

σπέρμα σεμνᾶς με ματρὸς εὐνᾶς   Ephymn. 2
ἀνδρῶν, ἒ ἔ,   2 cr ba
ἄγαμον ἀδάματον ἐκφυγεῖν. –   ia
   2 ia

θέλουσα δ' αὖ θέλουσαν ἁ-   Ant. 7
145 γνά μ' ἐπιδέτω Διὸς κόρα,
ἔχουσα σέμν' ἐνώπι' ἀ-
σφαλῶς· παντὶ δὲ σθένει
διωγμοῖς ἀσφαλέας
ἀδμῆτας Ἀδμήτα
150 ῥύσιος γενέσθω,

σπέρμα σεμνᾶς με ματρὸς εὐνᾶς   Ephymn. 2
ἀνδρῶν, ἒ ἔ,
ἄγαμον ἀδάματον ἐκφυγεῖν.

   Str. 8
εἰ δὲ μή, μελανθὲς   cr ba
155 ἡλιόκτυπον γένος   cr ia
τὸν γάιον, τὸν πολυξενώτατον   ia cr ia
Ζῆνα τῶν κεκμηκότων   cr ia
ἱξόμεσθα σὺν κλάδοις   cr ia
160 ἀρτάναις θανοῦσαι,   cr ba
μὴ τυχοῦσαι θεῶν Ὀλυμπίων.   2 cr ia

   Ephymn. 3
ἆ Ζήν, Ἰοῦς, ἰώ,   mol cr
μῆνις μάστειρ' ἐκ θεῶν·   mol ia
κοννῶ δ' ἄγαν γαμετᾶς   mol ch
165 οὐρανόνικον. χαλεποῦ   2 ch
γὰρ ἐκ πνεύματος εἶσι χειμών.   hipp

καὶ τότ' οὐ δικαίοις   Ant. 8
Ζεὺς ἐνέξεται ψόγοις,
170 τὸν τᾶς βοὸς παῖδ' ἀτιμάσας, τὸν αὐτὸς ποτ' ἔκτισεν γόνῳ,
νῦν ἔχων παλίντροπον
ὄψιν ἐν λιταῖσιν·
175 ὑψόθεν δ' εὖ κλύοι καλούμενος.

Mich, den Sproß heilger Mutter – dem Bett
Der Männer, weh,
Laß unvermählt, unberührt mich entfliehn!

Voll Huld auf mich, die Huld erhofft,
Schau her, des Zeus jungfräulich Kind,
Die du in heilgem Tempel wohnst,
Gefahrlos; brauch alle Macht,
Gefahr, Verfolgung mir,
Der Jungfrau, Jungfrau du,
Gnädig abzuwehren:

Mich, den Sproß heilger Mutter – dem Bett
Der Männer, weh,
Laß unvermählt, unberührt mich entfliehn!

Wollt ihr nicht, wird unser
Dunkel, sonngebräunt Geschlecht
Zum unterirdschen, zum allergastlichsten
Zeus, der Abgeschiednen Gott,
Flehend kommen mit dem Zweig,
In der Schling' erdrosselt,
Hören uns im Olymp die Götter nicht.

Zeus, wie ward Io, oh,
Heimgesucht durch Göttergroll!
Der Gattin Neid ist, ich weiß:
Himmelbezwingend! Aus des schlim-
men Geists Atem ja kommt der Sturm her!

Dann wird Unrechts Vorwurf
Sich erheben wider Zeus,
Daß er der Kuh Sohn verunehrt, dem er selbst,
Einst ihn zeugend, Leben gab,
Wenn nun abgewandt er sein
Antlitz hält dem Flehen.
In der Höh leih er unserm Ruf sein Ohr:

ἇ Ζήν, Ἰοῦς, ἰώ,   Ephymn. 3
μῆνις μάστειρ' ἐκ θεῶν·
κοννῶ δ' ἄγαν γαμετᾶς
οὐρανόνικον. χαλεποῦ
γὰρ ἐκ πνεύματος εἶσι χειμών. =

Δαναός

176   παῖδες, φρονεῖν χρή· ξὺν φρονοῦντι δ' ἥκετε
        πιστῷ γέροντι τῷδε ναυκλήρῳ πατρί.
        καὶ τἀπὶ χέρσου νῦν προμηθίαν λαβὼν
        αἰνῶ φυλάξαι τἄμ' ἔπη δελτουμένας.
180   ὁρῶ κόνιν, ἄναυδον ἄγγελον στρατοῦ.
        σύριγγες οὐ σιγῶσιν ἀξονήλατοι·
        ὄχλον δ' ὑπασπιστῆρα καὶ δορυσσόον
        λεύσσω, ξὺν ἵπποις καμπύλοις τ' ὀχήμασιν·
        τάχ' ἂν πρὸς ἡμᾶς τῆσδε γῆς ἀρχηγέται
185   ὀπτῆρες εἶεν ἀγγέλων πεπυσμένοι.
        ἀλλ' εἴτ' ἀπήμων εἴτε καὶ τεθηγμένος
        ὠμῇ ξὺν ὀργῇ τῶνδ' ἐπόρνυται στόλος,
        ἄμεινόν ἐστι παντὸς εἴνεκ', ὦ κόραι,
        πάγον προσίζειν τόνδ' ἀγωνίων θεῶν.
190   κρείσσων δὲ πύργου βωμός, ἄρρηκτον σάκος.
        ἀλλ' ὡς τάχιστα βᾶτε, καὶ λευκοστεφεῖς
        ἱκτηρίας, ἀγάλματ' αἰδοίου Διός,
        σεμνῶς ἔχουσαι διὰ χερῶν εὐωνύμων,
        αἰδοῖα καὶ γοεδνὰ καὶ ζαχρεῖ' ἔπη
195   ξένους ἀμείβεσθ', ὡς ἐπήλυδας πρέπει,
        τορῶς λέγουσαι τάσδ' ἀναιμάκτους φυγάς.
        φθογγῇ δ' ἐπέσθω πρῶτα μὲν τὸ μὴ θρασύ,
        τὸ μὴ μάταιον δ' ἐκ σεσωφρονισμένων
        ἴτω προσώπων ὄμματος παρ' ἡσύχου.
200   καὶ μὴ πρόλεσχος μηδ' ἐφολκὸς ἐν λόγῳ
        γένῃ· τὸ τῇδε κάρτ' ἐπίφθονον γένος·
        μέμνησο δ' εἴκειν· χρεῖος εἶ ξένη φυγάς.
        θρασυστομεῖν γὰρ οὐ πρέπει τοὺς ἥσσονας.

Zeus, wie ward Io, oh,
Heimgesucht durch Göttergroll!
Der Gattin Neid ist, ich weiß:
Himmelbezwingend! Aus des schlim-
men Geists Atem ja kommt der Sturm her!

Danaos
steigt von der Anhöhe herab

Kinder, verständig! Mit Verstand ja führte euch
Der treue alte seefahrtkundge Vater her.
Auch auf dem Festland nun mit klugem Vorbedacht
Ermahn ich euch: schreibt meine Worte euch ins Herz!
Staub seh ich, den lautlosen Boten eines Heers;
Und Wagennaben schweigen nicht, achsengedreht.
Ein Haufen, schildgedeckt und speereschüttelnd, naht,
Ich seh's, mit Rossen und geschweiften Wagen nun.
Rasch werden uns hier dieses Landes Fürsten selbst
Prüfend betrachten, durch der Boten Wort belehrt.
Doch ob nun harmlos oder auch gereizten Sinns
In roher Wut sich deren Schar hierher bewegt:
's ist besser, Mädchen, jedenfalls, wir setzen uns,
Am Hügel der vereinten Stadtgottheiten hier;
Mehr schützt als Burg   Altar, ein unbrechbarer Schild.
Auf, geht nun schleunigst, und die weißumwundenen,
Schutzflehnden Zeichen, Weihtum des ehrwürdgen Zeus,
Nehmt frommen Sinns jedwede in die linke Hand!
In züchtger, klagender, dringlicher Rede gebt
Den Fremden Antwort, wie's Schutzflehenden geziemt,
Deutlich darlegend eure blutschuldfreie Flucht.
In eurer Stimme liege nichts von dreistem Ton,
Nichts Eitles zeige sich auf dem mit keuscher Stirn
Geschmückten Antlitz und im Auge voller Ruh!
Werdet nicht vorlaut noch auch zögernd, schleppend im
Gespräch! Weckt solche Art doch Mißgunst nur und Haß.
Lernt euch bescheiden! Arm seid, fremd, landflüchtig ihr;
Ein keckes Mundwerk ziemt sich für die Schwächern nicht.

Χορός

205		πάτερ, φρονούντως πρὸς φρονοῦντας ἐννέπεις.
		φυλάξομαι δὲ τάσδε μεμνῆσθαι σέθεν
		κεδνὰς ἐφετμάς· Ζεὺς δὲ γεννήτωρ ἴδοι.
210	Δα	ἴδοιτο δῆτα πρευμενοῦς ἀπ' ὄμματος.
211	Χο	κείνου θέλοντος εὖ τελευτήσει τάδε.
207	Δα	μὴ νῦν σχόλαζε, μηχανῆς δ' ἔστω κράτος.
208	Χο	θέλοιμ' ἂν ἤδη σοὶ πέλας θρόνους ἔχειν.

209		ὦ Ζεῦ, κόπων οἴκτειρε μἀπολωλότας.
212	Δα	καὶ Ζηνὸς ὄρνιν τόνδε νῦν κικλήσκετε.
	Χο	καλοῦμεν αὐγὰς ἡλίου σωτηρίους, —
	Δα	ἁγνόν τ' Ἀπόλλω, φυγάδ' ἀπ' οὐρανοῦ θεόν.
215	Χο	εἰδὼς ἂν αἶσαν τήνδε συγγνοίη βροτοῖς.
	Δα	συγγνοῖτο δῆτα καὶ παρασταίη πρόφρων.
	Χο	τίν' οὖν κικλήσκω τῶνδε δαιμόνων ἔτι;
	Δα	ὁρῶ τρίαιναν τήνδε, σημεῖον θεοῦ.
	Χο	ἀλλ' εὖ τ' ἔπεμψεν εὖ τε δεξάσθω χθονί.
220	Δα	Ἑρμῆς ὅδ' ἄλλος τοῖσιν Ἑλλήνων νόμοις.
	Χο	ἐλευθέροις νυν ἐσθλὰ κηρυκευέτω.
	Δα	πάντων δ' ἀνάκτων τῶνδε κοινοβωμίαν
		σέβεσθ'. ἐν ἁγνῷ δ' ἑσμὸς ὡς πελειάδων
		ἵζεσθε κίρκων τῶν ὁμοπτέρων φόβῳ,
225		ἐχθρῶν ὁμαίμων καὶ μιαινόντων γένος.
		ὄρνιθος ὄρνις πῶς ἂν ἁγνεύοι φαγών;
		πῶς δ' ἂν γαμῶν ἄκουσαν ἄκοντος πάρα
		ἁγνὸς γένοιτ' ἄν; οὐδὲ μὴ 'ν Ἅιδου θανὼν
		φύγῃ ματαίων αἰτίας, πράξας τάδε.
230		κἀκεῖ δικάζει τἀμπλακήμαθ', ὡς λόγος,
		Ζεὺς ἄλλος ἐν καμοῦσιν ὑστάτας δίκας.
		σκοπεῖτε, κἀμείβεσθε τόνδε τὸν τρόπον,
		ὅπως ἂν ὑμῖν πρᾶγος εὖ νικᾷ τόδε.

Chorführerin

Verständig, Vater, zu Verständgen redest du.
Bewahren will ich im Gedächtnis, was du mir
Sorglich geraten. Zeus, der Ahnherr, seh darein!
Da Ja, seh er gnadenreichen Auges auf uns her!
Chf Wenn er nur will, gut endet dann noch alles dies.
Da So säume nicht mehr; sei dein Tun erfolggekrönt!
Chf Ich wünschte, schon dir nahe hätt' ich meinen Sitz!

Der Chor steigt auf die Anhöhe

O Zeus, der Not erbarm dich, eh zugrund wir gehn!
Da Auch ihn, Zeus' Adler hier, begrüßet nun!
Chf Der Sonne Strahlen, Rettungsstrahlen rufen wir!
Da Den reinen Gott Apoll, Flüchtling vom Himmel, ruft!
Chf Er kennt solch Schicksal, fühlt wohl *mit* der Menschen Los.
Da Mitfühlen mög er und uns beistehn voller Huld!
Chf Wen ruf ich nun in dieser Götter Kreis noch an?
Da Ich seh den Dreizack hier, das Zeichen eines Gotts.
Chf Gut führt' es her uns, gut nehm es uns auf zu Land!
Da Und Hermes hier, fremdartig, nach Hellenenbrauch –
Chf Mög uns, die frei sind, unsres Glückes Herold sein!
Da All dieser Herrschenden Gemeinschaftsaltar grüßt
Voll Scheu; an heilger Statt wie ein Schwarm Tauben laßt
Euch nieder, vor den Falken gleichen Kleids in Furcht,
Feindlichen Blutsverwandten, Schändern ihres Stamms.
Wie blieb' ein Vogel, der vom Vogel fraß, noch rein?
Will Tochter nicht, nicht Vater: wie bleibt wohl, wer freit
Mit Zwang sie, rein? Auch nicht im Hades nach dem Tod
Mied' er ob frevlen Tuns die Klage, tät' er so.
Und dort hält über die Verbrechen, wie es heißt,
Ein andrer Zeus, der Toten Zeus, letztes Gericht. –
Habt acht und gebt die Antwort auf besagte Art,
Auf daß, was ihr jetzt vorhabt, voll zum Siege kommt!

König Pelasgos kommt zu Wagen mit bewaffnetem Gefolge

Βασιλεύς

ποδαπὸν ὅμιλον τόνδ' ἀνελληνόστολον
235   πέπλοισι βαρβάροισι κἀμπυκνώμασι
χλίοντα προσφωνοῦμεν; οὐ γὰρ Ἀργολὶς
ἐσθὴς γυναικῶν οὐδ' ἀφ' Ἑλλάδος τόπων.
ὅπως δὲ χώραν οὔτε κηρύκων ὕπο,
ἀπρόξενοί τε, νόσφιν ἡγητῶν, μολεῖν
240   ἔτλητ' ἀτρέστως, τοῦτο θαυμαστὸν πέλει.
κλάδοι γε μὲν δὴ κατὰ νόμους ἀφικτόρων
κεῖνται παρ' ὑμῖν πρὸς θεοῖς ἀγωνίοις·
μόνον τόδ' Ἑλλὰς χθὼν συνοίσεται στόχῳ.
καὶ τἆλλα πού μ' ἔτ' εἰκάσαι δίκαιον ἦν,
245   εἰ μὴ παρόντι φθόγγος ἦν ὁ σημανῶν.
Χο   εἴρηκας ἀμφὶ κόσμον ἀψευδῆ λόγον.
ἐγὼ δὲ πρός σε πότερον ὡς ἔτην λέγω
ἢ τηρὸν ἱεροῦ ῥάβδον ἢ πόλεως ἀγόν;
Βα   πρὸς ταῦτ' ἀμείβου καὶ λέγ' εὐθαρσὴς ἐμοί.
250   τοῦ γηγενοῦς γάρ εἰμ' ἐγὼ Παλαίχθονος
ἶνις Πελασγός, τῆσδε γῆς ἀρχηγέτης.
ἐμοῦ δ' ἄνακτος εὐλόγως ἐπώνυμον
γένος Πελασγῶν τήνδε καρποῦται χθόνα.
καὶ πᾶσαν αἶαν, ἧς δι' ἁγνὸς ἔρχεται
255   Στρυμών, τὸ πρὸς δύνοντος ἡλίου, κρατῶ.
ὁρίζομαι δὲ τήν τε Περραιβῶν χθόνα,
Πίνδου τε τἀπέκεινα, Παιόνων πέλας,
ὄρη τε Δωδωναῖα· συντέμνει δ' ὅρος
ὑγρᾶς θαλάσσης· τῶνδε τἀπὶ τάδε κρατῶ.
260   αὐτῆς δὲ χώρας Ἀπίας πέδον τόδε
πάλαι κέκληται φωτὸς ἰατροῦ χάριν.
Ἆπις γὰρ ἐλθὼν ἐκ πέρας Ναυπακτίας
ἰατρόμαντις παῖς Ἀπόλλωνος χθόνα
τήνδ' ἐκκαθαίρει κνωδάλων βροτοφθόρων,
265   τὰ δὴ παλαιῶν αἱμάτων μιάσμασι
χρανθεῖσ' ἀνῆκε γαῖα μηνίσασ' ἄχη
δρακονθόμιλον δυσμενῆ ξυνοικίαν.

König

Woher stammt diese Schar in unhellenischer Tracht,
Im Prunk barbarischer Kleider und des Stirnbands Schmuck?
Und wie sprech ich zu ihnen? Nicht argolisch ist
Der Fraun Gewandung noch auch sonst aus Hellas' Gaun.
Wie ihr dem Land hier, nicht vom Herold angezeigt
Und sonder Schutzherrn, ohne Führer euch zu nahn
Furchtlos gewagt habt – das gibt zum Erstaunen Grund.
Zweige ja freilich, wie's der Brauch Schutzflehnder heischt,
Liegen dort bei euch vor den Göttern unsrer Stadt;
Nur darin stimmt Land Hellas mit euch überein.
Sonst könnt ich manches wohl vermuten noch mit Recht –
Doch seid ihr da, habt Stimme, daß ihr Klarheit schafft.

Chf Was du gesagt von meiner Kleidung, stimmt genau.
Doch ich – sprech ich zu dir als einem Bürgersmann,
Stabhüter eines Tempels oder Haupt der Stadt?

Kö Steh du nur Red und Antwort mir getrosten Muts:
Des erdgebornen, des Palaichthon Sohn bin ich,
Pelasgos, dieses Landes fürstlich Oberhaupt.
Nach mir, dem Herrscher, ward mit gutem Grund benannt
Der Volksstamm der Pelasger, der dies Land bebaut.
All das Gebiet, durch das der heilge Strymon nimmt
Den Lauf, nach Sonnenuntergang hin, ist mein Reich.
In meinen Grenzen liegen der Perrhaiber Gaun,
Vom Pindos jenseit das Gebiet, Paionien nah,
Das Bergland von Dodona; dort begrenzt mein Land
Des Meeres Flut. Darüber, so weit bin ich Herr.
Doch dieses apischen Landes Boden hier nennt man
Von alters nach dem Manne, der sein Retter war.
Apis ja, der von jenseits, von Naupaktos, kam,
Ein Arzt und Seher, Sohn Apollons, macht dies Land
Von menschenmordenden Ungeheuern frei, die einst,
Von uralt blutger Taten Scheußlichkeit befleckt,
Ans Licht gebracht die Erde, ob der Greul voll Groll:
Ein drachenwimmelnd, schauderweckend Mordgezücht.

τούτων ἄκη τομαῖα καὶ λυτήρια
πράξας ἀμέμπτως Ἆπις Ἀργείᾳ χθονὶ
270   μνήμην ποτ' ἀντίμισθον ηὗρετ' ἐν λιταῖς.
ἔχουσα δ' ἤδη τἀπ' ἐμοῦ τεκμήρια
γένος τ' ἂν ἐξεύχοιο καὶ λέγοις πρόσω.
μακράν γε μὲν δὴ ῥῆσιν οὐ στέργει πόλις.

Χο   βραχὺς τορός θ' ὁ μῦθος· Ἀργεῖαι γένος
275   ἐξευχόμεσθα, σπέρματ' εὐτέκνου βοός·
καὶ ταῦτ' ἀληθῆ πάντα προσφύσω λόγῳ.

Βα   ἄπιστα μυθεῖσθ', ὦ ξέναι, κλύειν ἐμοί,
ὅπως τόδ' ὑμῖν ἐστιν Ἀργεῖον γένος.
Λιβυστικαῖς γὰρ μᾶλλον ἐμφερέστεραι
280   γυναιξίν ἐστε κοὐδαμῶς ἐγχωρίαις.
καὶ Νεῖλος ἂν θρέψειε τοιοῦτον φυτόν,
Κύπριος χαρακτήρ τ' ἐν γυναικείοις τύποις
εἰκὼς πέπληκται τεκτόνων πρὸς ἀρσένων·
Ἰνδάς τ' ἀκούω νομάδας ἱπποβάμοσιν
285   εἶναι καμήλοις ἀστραβιζούσας, χθόνα
παρ' Αἰθίοψιν ἀστυγειτονουμένας.
καὶ τὰς ἀνάνδρους κρεοβόρους Ἀμαζόνας,
εἰ τοξοτευχεῖς ἦτε, κάρτ' ἂν ᾔκασα
ὑμᾶς. διδαχθεὶς δ' ἂν τόδ' εἰδείην πλέον,
290   ὅπως γένεθλον σπέρμα τ' Ἀργεῖον τὸ σόν.

Χο   κλῃδοῦχον Ἥρας φασὶ δωμάτων ποτὲ
Ἰὼ γενέσθαι τῇδ' ἐν Ἀργείᾳ χθονί.

Βα   ἦν ὡς μάλιστα, καὶ φάτις πολλὴ κρατεῖ.

295   Χο   μὴ καὶ λόγος τις Ζῆνα μειχθῆναι βροτῷ;

Βα   κἄκρυπτά γ' Ἥρας ταῦτα τἀμπαλάγματα.

Χο   πῶς οὖν τελευτᾷ βασιλέοιν νείκη τάδε;

Βα   βοῦν τὴν γυναῖκ' ἔθηκεν Ἀργεία θεός.

300   Χο   οὔκουν πελάζει Ζεὺς ἐπ' εὐκραίρῳ βοΐ;

Βα   φασίν, πρέποντα βουθόρῳ ταύρῳ δέμας.

Χο   τί δῆτα πρὸς ταῦτ' ἄλοχος ἰσχυρὰ Διός;

Βα   τὸν πάνθ' ὁρῶντα φύλακ' ἐπέστησεν βοΐ.

Χο   ποῖον πανόπτην οἰοβουκόλον λέγεις;

305   Βα   Ἄργον, τὸν Ἑρμῆς παῖδα γῆς κατέκτανεν.

Weil gegen sie Heilmittel – schneidend, lösend auch –
Gebraucht untadlig Apis fürs argeische Land,
Gedenkt seitdem als Lohn man seiner im Gebet.
Da du von mir jetzt alles Wichtige gehört,
Nenn dein Geschlecht nun rühmend und sprich weiter dann!
Zu lange Rede freilich liebt man nicht bei uns.

Chf Kurz denn und klar: Aus der Argeier Stamm zu sein
Rühmen wir uns, Nachkommen kindbeglückter Kuh.
Als wahr will all dies ich bekräftgen durch mein Wort.

Kö   Unglaublich klingt mir, was ihr, fremde Frauen, sagt,
Daß unserm, der Argeier Stamm, ihr zugehört.
Libyschen Frauen seid ihr ja bei weitem mehr
Vergleichbar, keineswegs doch solchen unsres Lands.
Der Nil auch mag wohl wachsen lassen solch Geschöpf,
Kyprische Stammart ist – im Aussehn ihrer Fraun
Euch gleichend – so geprägt von zeugender Männer Kraft.
Und Inderinnen, hör ich, ziehen schweifend so
Auf roßgleich trabender Kamele Sätteln hin,
Als Nachbarinnen grenzend ans Aithiopierland.
Mannlose, fleischverzehrnde Amazonen auch,
Trügt Bogen ihr, hätt' ich vermutet wohl in euch.
Doch kannst du mich belehren, werd' ich's ehr verstehn,
Wie dein Geschlecht und Same kann von Argos sein.

Chf Schlüsselverwaltrin sei in Heras Tempel einst
Io geworden, sagt man, hier in Argos' Land.

Kö   Jawohl, so war's. Und man erzählt noch viel davon.

Chf Auch, daß Zeus liebend sich genaht der Sterblichen?

Kö   Und nicht verborgen Hera blieb der Liebesbund.

Chf Welch Ende nahm nun für das Herrscherpaar der Streit?

Kö   Zur Kuh das Weib schuf wandelnd Argos' Göttin um.

Chf Und nahte Zeus sich nicht der schöngehörnten Kuh?

Kö   Man sagt: in eines kuhbespringenden Stiers Gestalt.

Chf Was tat darauf die mächtge Gattin nun des Zeus?

Kö   Den allesschaunden Wächter gab sie bei der Kuh.

Chf Welchen allschaunden Einrindhüter meinst du denn?

Kö   Argos, der Erde Sohn, dem Hermes gab den Tod.

Χο τί οὖν ἔτευξ' ἔτ' ἄλλο δυσπότμῳ βοΐ;
Βα βοηλάτην μύωπα κινητήριον.
Χο οἶστρον καλοῦσιν αὐτὸν οἱ Νείλου πέλας.
Βα τοιγάρ νιν ἐκ γῆς ἤλασεν μακρῷ δρόμῳ.
310 Χο καὶ ταῦτ' ἔλεξας πάντα συγκόλλως ἐμοί.
311 Βα καὶ μὴν Κάνωβον κἀπὶ Μέμφιν ἵκετο.
313 Χο καὶ Ζεύς γ' ἐφάπτωρ χειρὶ φιτύει γόνον.
Βα τίς οὖν ὁ Δῖος πόρτις εὔχεται βοός;
315 Χο Ἔπαφος ἀληθῶς ῥυσίων ἐπώνυμος.
Βα Ἐπάφου δὲ τίς ποτ' ἐξεγεννήθη πατρός;
Χο Λιβύη, μέγιστον γῆς πέδον καρπουμένη.
Βα τίν' οὖν ἔτ' ἄλλον τῆσδε βλαστημὸν λέγεις;
Χο Βῆλον δίπαιδα, πατέρα τοῦδ' ἐμοῦ πατρός.
320 Βα τὸ πάνσοφον νῦν ὄνομα τοῦτό μοι φράσον.
Χο Δαναός, ἀδελφὸς δ' ἐστὶ πεντηκοντάπαις.
Βα καὶ τοῦδ' ἄνοιγε τοὔνομ' ἀφθόνῳ λόγῳ.
Χο Αἴγυπτος. εἰδὼς δ' ἀμὸν ἀρχαῖον γένος
πράσσοις ἄν, ὡς Ἀργεῖον ἀντήσας στόλον.
325 Βα δοκεῖτε δή μοι τῆσδε κοινωνεῖν χθονὸς
τἀρχαῖον. ἀλλὰ πῶς πατρῷα δώματα
λιπεῖν ἔτλητε; τίς κατέσκηψεν τύχη;
Χο ἄναξ Πελασγῶν, αἰόλ' ἀνθρώπων κακά.
πόνου δ' ἴδοις ἂν οὐδαμοῦ ταὐτὸν πτερόν·
330 ἐπεὶ τίς ηὔχει τήνδ' ἀνέλπιστον φυγὴν
κέλσειν ἐς Ἄργος κῆδος ἐγγενὲς τὸ πρίν,
ἔχθει μεταπτοιοῦσαν εὐναίων γάμων;
Βα τί φὴς ἱκνεῖσθαι τῶνδ' ἀγωνίων θεῶν,
λευκοστεφεῖς ἔχουσα νεοδρέπτους κλάδους;
335 Χο ὡς μὴ γένωμαι δμωῒς Αἰγύπτου γένει.
Βα πότερα κατ' ἔχθραν, ἢ τὸ μὴ θέμις λέγεις;
Χο τίς δ' ἂν φίλους ὄνοιτο τοὺς κεκτημένους;
Βα σθένος μὲν οὕτως μεῖζον αὔξεται βροτοῖς.
Χο καὶ δυστυχούντων γ' εὐμαρὴς ἀπαλλαγή.
340 Βα πῶς οὖν πρὸς ὑμᾶς εὐσεβὴς ἐγὼ πέλω;
Χο αἰτοῦσι μὴ 'κδοὺς παισὶν Αἰγύπτου πάλιν.
Βα βαρέα σύ γ' εἶπας, πόλεμον ἄρασθαι νέον.

Chf Was nun ersann sie sonst noch der unselgen Kuh?

Kö Ein rinderplagendes, sie scheuchendes Insekt.

Chf Bremse, so nennen es die Leute nah dem Nil.

Kö Die trieb sie denn nun aus dem Land zu weitem Lauf.

Chf Was du gesagt, ist alles so, wie ich es weiß.

Kö Und so kam nach Kanobos sie und Memphis drauf –

Chf Und Zeus durch Handberührung pflanzt' in ihr den Stamm.

Kö Wer rühmt sich nun, Zeus' Stiersohn von der Kuh zu sein?

Chf Wer? Epaphos, der mit Recht so nach der Heilung hieß.

Kö Und wer ward drauf erzeugt von Epaphos als Kind?

Chf Libye, die der Erde weiteste Flur bebaut.

Kö Wen weiter nun als deren Sprößling nennst du mir?

Chf Belos, deß einer Sohn von zwein mein Vater war.

Kö Sag den allweisen Namen jetzt mir, wie er heißt!

Chf Heißt Danaos, dessen Bruder fünfzig Söhne hat.

Kö Auch dessen Namen – offen sag ihn, rückhaltlos!

Chf Aigyptos. Da du unsres Stamms Ursprung nun weißt,
    Tust du wohl, als träfst du von Argos eine Schar.

Kö Es scheint fürwahr mir, ihr gehört zu diesem Land
    Seit alters. Doch wie wagtet aus dem Vaterhaus
    Ihr fortzugehn? Was traf euch für ein Schicksalsstrahl?

Chf Herr der Pelasger, bunt mischt sich der Menschen Leid;
    Not, siehst du, trägt nicht allwärts gleiches Federkleid.
    Denn wer konnt ahnen, daß die unverhoffte Flucht
    Nach Argos triebe ein ihm lang verwandt Geschlecht,
    Voll Abscheu furchtsam flüchtend vor dem Ehebett?

Kö Weshalb suchst Schutz du bei den Göttern dieser Stadt,
    Bringst weißumwundne, frischgebrochne Zweige mit?

Chf Nicht Hausgesind zu werden dem Aigyptos-Stamm.

Kö Ist Haß die Ursach', oder scheint es Unrecht dir?

Chf Wer würde, sind ihm lieb die Herrn, sie wohl verschmähn?

Kö Der Menschen Macht erhöht sich sehr durch solchen Bund.

Chf Und Unglückselge abzuschütteln, ist nicht schwer.

Kö Wie handle ich an euch denn frommer Pflicht gemäß?

Chf Fordern's Aigyptos' Söhne: liefre uns nicht aus!

Kö Gar Schweres sprachst du, neuen Krieg bedeutet's mir!

Χο ἀλλ’ ἡ δίκη γε ξυμμάχων ὑπερστατεῖ.
Βα εἴπερ γ’ ἀπ’ ἀρχῆς πραγμάτων κοινωνὸς ἦν.
345 Χο αἰδοῦ σὺ πρύμναν πόλεος ὧδ’ ἐστεμμένην.
Βα πέφρικα λεύσσων τάσδ’ ἕδρας κατασκίους.
Χο βαρύς γε μέντοι Ζηνὸς ἱκεσίου κότος.   Amoibaion
                                                   Str. 1
Χο Παλαίχθονος τέκος, κλῦθί μου   ia δ
     πρόφρονι καρδίᾳ, Πελασγῶν ἄναξ.   2 δ
350 ἴδε με τὰν ἱκέτιν φυγάδα περίδρομον,   2 δ
     λυκοδίωκτον ὡς δάμαλιν ἂμ πέτραις   2 δ
     ἠλιβάτοις, ἵν’ ἀλκᾷ πίσυνος μέμυ-   2 δ
     κε φράζουσα βοτῆρι μόχθους. –   hipp

Βα ὁρῶ κλάδοισι νεοδρόποις κατάσκιον
355 νεύονθ’ ὅμιλον τόνδ’ ἀγωνίων θεῶν.
     εἴη δ’ ἄνατον πρᾶγμα τοῦτ’ ἀστοξένων.
     μηδ’ ἐξ ἀέλπτων κἀπρομηθήτων πόλει
     νεῖκος γένηται· τῶν γὰρ οὐ δεῖται πόλις.

Χο ἴδοιτο δῆτ’ ἄνατον φυγὰν   Ant. 1
360 ἱκεσία Θέμις Διὸς κλαρίου.
     σὺ δὲ παρ’ ὀψιγόνου μάθε γεραιόφρων·
     ποτιτρόπαιον αἰδόμενος εὐπορεῖς.
     ἱεροδόκα θεῶν δώματ’ ἀρεστὰ λαμ-
     βάνει λήματ’ ἀπ’ ἀνδρὸς ἁγνοῦ. =

365 Βα οὔτοι κάθησθε δωμάτων ἐφέστιοι
     ἐμῶν. τὸ κοινὸν δ’ εἰ μιαίνεται πόλις,
     ξυνῇ μελέσθω λαὸς ἐκπονεῖν ἄκη.
     ἐγὼ δ’ ἂν οὐ κραίνοιμ’ ὑπόσχεσιν πάρος,
     ἀστοῖς δὲ πᾶσι τῶνδε κοινώσας πέρι.

                                                   Str. 2
370 Χο σύ τοι πόλις, σὺ δὲ τὸ δήμιον.   ia δ
     πρύτανις ἄκριτος ὤν,   δ
     κρατύνεις βωμόν, ἑστίαν χθονός,   ba cr ia
     μονοψήφοισι νεύμασιν σέθεν,   ba cr ia

Chf Das Recht steht dem, der es verteidigt, helfend bei.
Kö Wenn's nur schon anfangs eurem Tun verbündet war!
Chf Scheu du des Stadtschiffs so mit Laub umkränzten Bord!
Kö Ich schaudre, seh die Sitze ich beschattet stehn.
Chf Gefahr bringt wahrlich Zeus', des Flüchtlingsschützers, Zorn.

Ch Palaichthons Sohn, o hör, höre mich
    Huldvollen Sinns, Pelasgervolks Herrscher, an!
    Sieh mich, die Flehende hier, Fliehende weithin gejagt,
    Dem wolfverfolgten Kalb gleich an der Felsen schroff
    Abschüssgem Hang, wo's laut, auf Hilfe hoffend, blökt,
    dem Kuhhirten die Not so kundtund.

Kö Ich seh in frischgebrochner Zweige Schatten hier
    Nicken den Kreis der Kampfgottheiten unsrer Stadt.
    Möchte nicht Schaden uns der Gäste Handel tun,
    Nicht unverhofft, unvorbedacht für unsre Stadt
    Streit draus erwachsen! Dessen hat nicht not die Stadt.

Ch Es schau, daß Schaden nicht bringt die Flucht,
    Schutzherrin Themis, Kind des Allwalters Zeus!
    Lern du von Spätergebornen, altersweiser Mann:
    Scheust du den Schützling, hilfst ihm, wird es gut dir gehn.
    Als Opfer nimmt der Götter Haus nur gnädig in
    Empfang Gaben des reinen Mannes.

Kö Doch sitzt ihr nicht schutzflehend an des Hauses Herd
    Bei mir. Wenn insgemein Befleckung droht der Stadt,
    Gemeinsam sorge dann das Volk für Abwehr auch.
    Ich aber kann euch kein Versprechen geben, eh
    Ich mit den Bürgern allen Rats darüber pflog.

Ch Du bist die Stadt, du bist des Volkes Rat;
    Ein Obmann, unbeschränkt,
    Verwaltst du den Altar, des Landes Herd;
    Allein dein Urteil, deiner Brauen Wink,

μονοσκήπτροισι δ' ἐν θρόνοις χρέος   ba cr ia
375   πᾶν ἐπικραίνεις· ἄγος φυλάσσου. –   ch cr ba

Βα   ἄγος μὲν εἴη τοῖς ἐμοῖς παλιγκότοις,
    ὑμῖν δ' ἀρήγειν οὐκ ἔχω βλάβης ἄτερ.
    οὐδ' αὖ τόδ' εὔφρον, τάσδ' ἀτιμάσαι λιτάς.
    ἀμηχανῶ δὲ καὶ φόβος μ' ἔχει φρένας
380   δρᾶσαί τε μὴ δρᾶσαί τε καὶ τύχην ἑλεῖν.

Χο   τὸν ὑψόθεν σκοπὸν ἐπισκόπει,   Ant. 2
    φύλακα πολυπόνων
    βροτῶν, οἳ τοῖς πέλας προσήμενοι
    δίκας οὐ τυγχάνουσιν ἐννόμου.
385   μένει τοι Ζηνὸς ἱκταίου κότος
    δυσπαραθέλκτους παθόντος οἴκτοις. =

Βα   εἴ τοι κρατοῦσι παῖδες Αἰγύπτου σέθεν
    νόμῳ πόλεως, φάσκοντες ἐγγύτατα γένους
    εἶναι, τίς ἂν τοῖσδ' ἀντιωθῆναι θέλοι;
390   δεῖ τοί σε φεύγειν κατὰ νόμους τοὺς οἴκοθεν,
    ὡς οὐκ ἔχουσι κῦρος οὐδὲν ἀμφὶ σοῦ.

                                     Str. 3
Χο   μή τί ποτ' οὖν γενοίμαν ὑποχείριος   2 δ
    κράτεσιν ἀρσένων. ὕπαστρον δέ τοι   2 δ
    μῆχαρ ὁρίζομαι γάμου δύσφρονος   2 δ
395   φυγᾷ· ξύμμαχον δ' ἑλόμενος δίκαν   2 δ
    κρῖνε σέβας τὸ πρὸς θεῶν. –   ch ba

Βα   οὐκ εὔκριτον τὸ κρῖμα· μή μ' αἱροῦ κριτήν.
    εἶπον δὲ καὶ πρίν, οὐκ ἄνευ δήμου τάδε
    πράξαιμ' ἄν, οὐδέ περ κρατῶν, καὶ μήποτε
400   εἴπῃ λεώς, εἴ πού τι μὴ τοῖον τύχοι,
    »ἐπήλυδας τιμῶν ἀπώλεσας πόλιν.«

Χο   ἀμφοτέροις ὁμαίμων τάδ' ἐπισκοπεῖ   Ant. 3
    Ζεὺς ἑτερορρεπὴς νέμων εἰκότως

Allein dein Stab, dein Thron läßt dich, tut's not,
Alles vollbringen. Sieh dich vor Schuld vor!

Kö Schuld komme über meiner Widersacher Haupt!
Euch aber beistehn kann ich ohne Schaden nicht;
Noch wär's geraten, zu mißachten euer Flehn.
Ratlos bin ich, und Furcht hält mein Gemüt umfaßt:
Tu ich's? Tu ich es nicht? Laß ich dem Zufall Raum?

Ch Auf den, der aus der Höhe schaut, schau hin,
Mühselger Menschen Schutz
Und Hort, die, sitzend an des Nächsten Tür,
Ihr Recht nicht finden, vom Gesetz verbürgt!
Voll Dräun harrt Zeus', des Flüchtlingsschützers, Groll
Deß, der gefühllos für Leidens Klagruf.

Kö Ward Macht verliehn Aigyptos' Söhnen über euch
Nach Staatsgesetz mit der Begründung, daß sie nächst
Verwandt: wer wollte ihnen da wohl widerstehn?
Es muß entsprechen euer Fliehn der Heimat Recht,
Für sie darf Anspruch keiner Art bestehn auf euch.

Ch Möcht ich doch niemals untertan werden der
Gewalt der Männerhand! Weit über Sternenhöh
Such Rettung ich mir vor verhaßtem Ehebund
Durch Flucht. Nun richte recht, zur Mitkämpfrin wähl
Ehrfurcht dir vor der Gottheit!

Kö Welch schweres Urteil! Wähle nicht zum Richter mich!
Sagt' ich's doch vorher: nicht möcht' ohne Volk ich dies
Durchführen, hätt ich gleich die Macht; und niemals soll
Mein Volk mir sagen, fügt sich's irgendwie nicht gut:
„Landfremde ehrtest, eignes Land verheertest du!"

Ch Mit uns beiden gleichen Bluts, lenkt her den Blick
Zeus; wägend das Geschick, weist er, wie sich ziemt,

ἄδικα μὲν κακοῖς, ὅσια δ' ἐννόμοις.
405 τί τῶνδ' ἐξ ἴσου ῥεπομένων μεταλ-
γεῖς τὸ δίκαιον ἔρξας; =

Βα δεῖ τοι βαθείας φροντίδος σωτηρίου,
δίκην κολυμβητῆρος, ἐς βυθὸν μολεῖν
δεδορκὸς ὄμμα, μηδ' ἄγαν ὠνωμένον·
410 ὅπως ἄνατα ταῦτα πρῶτα μὲν πόλει,
αὐτοῖσί θ' ἡμῖν ἐκτελευτήσει καλῶς,
καὶ μήτε δῆρις ῥυσίων ἐφάψεται
μήτ' ἐν θεῶν ἕδραισιν ὧδ' ἱδρυμένας
ἐκδόντες ὑμᾶς τὸν πανώλεθρον θεὸν
415 βαρὺν ξύνοικον θησόμεσθ' ἀλάστορα,
ὃς οὐδ' ἐν Ἅιδου τὸν θανόντ' ἐλευθεροῖ.
μῶν οὐ δοκεῖ δεῖν φροντίδος σωτηρίου;

		Str. 4
Χο	φρόντισον καὶ γενοῦ	2 cr
	πανδίκως εὐσεβὴς πρόξενος·	3 cr
420	τὰν φυγάδα μὴ προδῷς,	2 cr
	τὰν ἕκαθεν ἐκβολαῖς	2 cr
	δυσθέοις ὁρμέναν· –	2 cr

		Ant. 4
	μηδ' ἴδῃς μ' ἐξ ἑδρᾶν	
	πολυθέων ῥυσιασθεῖσαν, ὦ	
425	πᾶν κράτος ἔχων χθονός.	
	γνῶθι δ' ὕβριν ἀνέρων	
	καὶ φύλαξαι κότον. =	

		Str. 5
	μή τι τλῇς τὰν ἱκέτιν εἰσιδεῖν	3 cr
430	ἀπὸ βρετέων βίᾳ δίκας ἀγομέναν	2 δ
	ἱππαδὸν ἀμπύκων,	δ
	πολυμίτων πέπλων τ' ἐπιλαβὰς ἐμῶν. –	2 δ

		Ant. 5
	ἴσθι γάρ· παισὶ τάδε καὶ δόμοις,	
435	ὁπότερ' ἂν κτίσῃς, μένει Ἄρει 'κτίνειν	
	ὁμοίαν θέμιν.	
	τάδε φράσαι δίκαια Διόθεν κράτη. =	

Unrecht zwar Schlimmen zu, doch Frommes Redlichen.
Was reut's dich, da gleich die Wagschalen stehn,
Wenn du das Rechte tatest?

Kö Not tut tiefgründges Denken uns, das Rettung sucht;
In Tauchers Weise muß man in die Tiefe gehn,
Das Auge klaren Blickes, nicht vom Wein getrübt,
Daß ohne Schaden dies zunächst für unsre Stadt
Und für uns selber auch zu gutem Ende kommt,
Daß weder Streiten sich an eure Rettung schließt,
Noch daß wir, euch Schutzflehnde an der Götter Sitz
Preisgebend, uns den Gott, den allvernichtenden,
Zum grimmen Hausfreund nehmen, ihn, den Rachegeist.
Der selbst im Hades niemals frei den Toten gibt.
Scheint da nicht not ein Denken uns, das Rettung sucht?

Ch Denke nach! Werde du
Allgerecht-frommer Gastschützer uns!
Mich, den Flüchtling, gib nicht preis,
Mich, die fernher Schmach und Bann
Ruchlos forttrieb von Haus!

Sieh nicht zu, wie vom Sitz,
Göttersitz, sie mich fortreißen, oh,
Allgewaltger du des Lands!
Sieh der Männer Frevelmut,
Wahr dich vor Göttergroll! –

Sieh nicht mit an, wie dein Schützling von
Dem Götterbild mit Zwang gezerrt wird widers Recht,
Dem Roß gleich an der Stirn
Buntfarbgem Band und meinem Kleid angepackt!

Wisse wohl: deiner Kinder harrt, des Stamms,
Wie du den Grund legst, Buße durch den Gott des Grimms:
Vergeltung, gleich um gleich!
So herrscht – bedenk! – gerecht des Zeus ewge Macht!

Βα καὶ δὴ πέφρασμαι· δεῦρο δ' ἐξοκέλλεται·
ἢ τοῖσιν ἢ τοῖς πόλεμον αἴρεσθαι μέγαν
440 πᾶσ' ἔστ' ἀνάγκη· καὶ γεγόμφωται σκάφος
στρέβλαισι ναυτικαῖσιν ὡς προσηγμένον.
ἄνευ δὲ λύπης οὐδαμοῦ καταστροφή.
καὶ χρημάτων μὲν ἐκ δόμων πορθουμένων,
ἄτης γε μείζω καὶ μετεμπλῆσαι γόμον,
445 γένοιτ' ἂν ἄλλα κτησίου Διὸς χάριν·
καὶ γλῶσσα τοξεύσασα μὴ τὰ καίρια,
448 ἀλγεινὰ θυμοῦ κάρτα κινητήρια,
447 γένοιτο μύθου μῦθος ἂν θελκτήριος·
ὅπως δ' ὅμαιμον αἷμα μὴ γενήσεται,
450 δεῖ κάρτα θύειν καὶ πεσεῖν χρηστήρια
θεοῖσι πολλοῖς πολλά, πημονῆς ἄκη.
ἦ κάρτα νείκους τοῦδ' ἐγὼ παροίχομαι·
θέλω δ' ἄιδρις μᾶλλον ἢ σοφὸς κακῶν
εἶναι· γένοιτο δ' εὖ παρὰ γνώμην ἐμήν.
455 Χο πολλῶν ἄκουσον τέρματ' αἰδοίων λόγων.
Βα ἤκουσα, καὶ λέγοις ἄν· οὔ με φεύξεται.
Χο ἔχω στρόφους ζώνας τε, συλλαβὰς πέπλων.
Βα τάχ' ἂν γυναιξὶ ταῦτα συμπρεπῆ πέλοι.
Χο ἐκ τῶνδε τοίνυν, ἴσθι, μηχανὴ καλή –
460 Βα λέξον τίν' αὐδὴν τήνδε γηρυθεῖσ' ἔσῃ.
Χο εἰ μή τι πιστὸν τῷδ' ὑποστήσεις στόλῳ –
Βα τί σοι περαίνει μηχανὴ συζωμάτων;
Χο νέοις πίναξι βρέτεα κοσμῆσαι τάδε.
Βα αἰνιγματῶδες τοὔπος· ἀλλ' ἁπλῶς φράσον.
465 Χο ἐκ τῶνδ' ὅπως τάχιστ' ἀπάγξασθαι θεῶν.
Βα ἤκουσα μαστικτῆρα καρδίας λόγον.
Χο ξυνῆκας· ὠμμάτωσα γὰρ σαφέστερον.
Βα ἦ πολλαχῇ γε δυσπάλαιστα πράγματα,
κακῶν δὲ πλῆθος ποταμὸς ὡς ἐπέρχεται·
470 ἄτης δ' ἄβυσσον πέλαγος οὐ μάλ' εὔπορον
τόδ' ἐσβέβηκα, κοὐδαμοῦ λιμὴν κακῶν.
εἰ μὲν γὰρ ὑμῖν μὴ τόδ' ἐκπράξω χρέος,
μίασμ' ἔλεξας οὐχ ὑπερτοξεύσιμον·

Kö Ich hab's bedacht nun. Hin zum Stranden treibt es uns:
   So oder so – Krieg auf uns nehmen, schweren Krieg –
   Zwang ist's, notwendig. Und gefugt schon ist das Boot,
   Mit Schiffsbauwinden für die Fahrt bereit gemacht.
   Doch ohne Leiden kehrt es nirgendwo zurück.
   Für Hab und Gut zwar, aus den Häusern fortgeraubt,
   Kann, daß sich *über* den Verlust die Ladung füllt,
   Ersatz wohl kommen durch die Gunst des Spenders Zeus;
   Und schießt die Zunge Pfeile nicht zum rechten Ziel,
   Bringt einem Herzen schmerzlich tiefe Wunden bei,
   Mag sein, daß für ein Wort ein Wort dann Sänftgung bringt.
   Doch daß nicht Blutschuld an verwandtem Blut entsteh,
   Tut's not, eifrig zu opfern, darzubringen viel
   Der Tiere vielen Göttern: Abwehr allen Leids.
   Ich müßte denn bei diesem Zwist ganz irregehn –
   Doch bin unkund des Leids ich lieber als durch Leid
   Gewitzt. Geh's glücklich – wider mein Erwarten – aus!
Chf Von viel sittsamen Worten hör das Ende nun!
Kö Wohl hört ich sie; so sprich nur! Nichts wird mir entgehn.
Chf Ich hab hier Bänder, Gürtel: Halter des Gewands.
Kö Wohl mag's für Frauenkleidung so geziemend sein.
Chf Sie geben, wiss', ein trefflich Mittel an die Hand –
Kö Sag mir, was du mit diesem Wort andeuten willst!
Chf Wenn du kein bündiges Versprechen gibst der Schar –
Kö Was bringt zuweg das Mittel dir der Bänder dann?
Chf Mit neuen Bildern diesen Bildern Schmuck zu leihn.
Kö Sehr rätselhaft – die Worte! Drück es einfach aus!
Chf An diesen Göttern – alsobald – häng ich – mich auf!
Kö Ich hörte – wilde Geißel für mein Herz! – dies Wort.
Chf Verstandst mich. Lehrt ich doch dein Auge schärfer sehn.
Kö Fürwahr, allseits nur schwerzwingbare Widrigkeit!
   Der Nöte Fülle – einem Strom gleich – stürzt herzu.
   In Unheils grundlos-tiefes, schwerfahrbares Meer
   Geriet ich – weit und breit kein Hafen für die Not!
   Denn wenn ich euch nicht das gewähre, was ihr heischt,
   Drohst du Befleckung, die nicht übertreffbar ist;

εἰ δ' αὖθ' ὁμαίμοις παισὶν Αἰγύπτου σέθεν
475   σταθεὶς πρὸ τειχέων διὰ μάχης ἥξω τέλους,
πῶς οὐχὶ τἀνάλωμα γίγνεται πικρόν,
ἄνδρας γυναικῶν οὕνεχ' αἱμάξαι πέδον;
ὅμως δ' ἀνάγκη Ζηνὸς αἰδεῖσθαι κότον

ἱκτῆρος· ὕψιστος γὰρ ἐν βροτοῖς φόβος.
480   σὺ μέν, πάτερ γεραιὲ τῶνδε παρθένων,
κλάδους τε τούτους αἶψ' ἐν ἀγκάλαις λαβὼν
βωμοὺς ἐπ' ἄλλους δαιμόνων ἐγχωρίων
θές, ὡς ἴδωσι τῆσδ' ἀφίξεως τέκμαρ
πάντες πολῖται, μηδ' ἀπορριφθῇ λόγος
485   ἐμοῦ· κατ' ἀρχῆς γὰρ φιλαίτιος λεώς.
καὶ γὰρ τάχ' ἄν τις οἰκτίσας ἰδὼν τάδε
ὕβριν μὲν ἐχθήρειεν ἄρσενος στόλου,
ὑμῖν δ' ἂν εἴη δῆμος εὐμενέστερος·
τοῖς ἥσσοσιν γὰρ πᾶς τις εὐνοίας φέρει.
490 Δα   πολλῶν τάδ' ἡμῖν ἐστιν ἠξιωμένα,
αἰδοῖον εὑρεθέντα πρόξενον λαβεῖν.
ὀπάονας δὲ φράστορας τ' ἐγχωρίων
ξύμπεμψον, ὡς ἂν τῶν πολισσούχων θεῶν
βωμοὺς προνάους καὶ φιλοξένους ἕδρας
495   εὕρωμεν, ἀσφάλεια δ' ᾖ δι' ἄστεως
στείχουσι· μορφῆς δ' οὐχ ὁμόστολος φύσις.
Νεῖλος γὰρ οὐχ ὅμοιον Ἰνάχῳ γένος
τρέφει. φύλαξαι μὴ θράσος τέκῃ φόβον·
καὶ δὴ φίλον τις ἔκταν' ἀγνοίας ὕπο.
500 Βα   στείχοιτ' ἄν, ἄνδρες· εὖ γὰρ ὁ ξένος λέγει.
ἡγεῖσθε βωμοὺς ἀστικούς, θεῶν ἕδρας·
καὶ ξυμβολοῦσιν οὐ πολυστομεῖν χρεὼν
ναύτην ἄγοντας τόνδ' ἐφέστιον θεῶν.

Χο   τούτῳ μὲν εἶπας, καὶ τεταγμένος κίοι·
505   ἐγὼ δὲ πῶς δρῶ; ποῦ θράσος νέμεις ἐμοί;
Βα   κλάδους μὲν αὐτοῦ λεῖπε, σημεῖον πόνου.
Χο   καὶ δή σφε λείπω χειρία λόγοις σέθεν.

Und wenn Aigyptos' Söhnen, blutsverwandt mit dir,
Ich vor den Mauern liefre die Entscheidungsschlacht:
Wie weckten die Verluste da nicht Bitterkeit,
Färbt Männerblut um Weiber willen rot das Feld?!
Gleichwohl tut's not, daß Zeus', des Flüchtlingsschützers,
                                [Groll
Man scheut. Weckt er bei Menschen doch die höchste Furcht.
Du aber, greiser Vater dieser Jungfrauschar,
Nimm jene Zweige gleich auf deinen Arm und leg
Auf andere Altäre heimscher Götter sie
Dann hin, daß schauen eurer Ankunft Zeichen all
Die Bürger, und man nicht verwirft den Vorschlag, den
Ich mache; denn der Herrschaft gibt gern schuld das Volk.
Gewiß wird mancher, sieht er dies, voll Mitgefühl
Den Frevelmut verabscheun jener Männerschar.
Euch aber ist das Volk wohl freundlicher gesinnt,
Weil für die Schwächern jeder gern Wohlwollen zeigt.

Da Von hohem Wert erachten dieses wir für uns:
Wir fanden einen Schützer, der das Gastrecht ehrt.
Geleiter, Führer von den Ortsbewohnern gib
Mir mit, daß wir der Götter, Schützer eurer Stadt,
Tempelaltäre, gastfreundliche Sitze auch
Aufsuchen und mit voller Sicherheit die Stadt
Durchschreiten. Aussehn ist, Gestalt nicht gleich bei mir;
Nil ja und Inachos nähren nicht ein gleich Geschlecht.
Vorsicht tut not, daß Keckheit Schrecken nicht gebiert.
Mancher erschlug den Freund schon, den er nicht erkannt.

Kö So geht denn, Männer! Recht ja hat der fremde Gast.
Führt zu den Stadtaltären, Göttersitzen ihn!
Trefft Leute ihr, nicht viel der Worte braucht es dann:
Den Schiffer führt ihr zum Altar der Gottheit hin.
                Danaos mit Begleitern ab

Chf Ihm gabst du Weisung; so beschieden, mög er gehn!
Doch ich – was tu ich? Wo gibst Sicherheit du mir?
Kö Die Zweige laß hier liegen, Zeugen deiner Not!
Chf Nun gut, ich laß sie, unterwürfig deinem Wort.

Βα λευρὸν κατ' ἄλσος νῦν ἐπιστρέφου τόδε.
Χο καὶ πῶς βέβηλον ἄλσος ἂν ῥύοιτό με;
510 Βα οὔτοι πτερωτῶν ἁρπαγαῖς σ' ἐκδώσομεν.
Χο ἀλλ' εἰ δρακόντων δυσφρόνων ἐχθίοσιν;
Βα εὔφημον εἴη τοὔπος εὐφημουμένῃ.
Χο οὔτοι τι θαῦμα δυσφορεῖν φόβῳ φρενός·
Βα ἀεὶ ἄναρκτόν ἐστι δεῖμ' ἐξαίσιον.
515 Χο σὺ καὶ λέγων εὔφραινε καὶ πράσσων φρένα.
Βα ἀλλ' οὔτι δαρὸν χρόνον ἐρημώσει πατήρ.
     ἐγὼ δὲ λαοὺς συγκαλῶν ἐγχωρίους
     στείχω, τὸ κοινὸν ὡς ἂν εὐμενὲς τιθῶ·
     καὶ σὸν διδάξω πατέρα ποῖα χρὴ λέγειν.
520 πρὸς ταῦτα μίμνε καὶ θεοὺς ἐγχωρίους
     λιταῖς παραιτοῦ τῶν σ' ἔρως ἔχει τυχεῖν.
     ἐγὼ δὲ ταῦτα πορσυνῶν ἐλεύσομαι·
     πειθὼ δ' ἔποιτο καὶ τύχη πρακτήριος.

                                              Stasimon I
                                              Str. 1
Χο ἄναξ ἀνάκτων, μακάρων   ia ch
525 μακάρτατε καὶ τελέων τε-   par
     λειότατον κράτος, ὄλβιε Ζεῦ,   Alc 10
     πιθοῦ τε καὶ γένει σῷ·   ia ba
     ἄλευσον ἀνδρῶν ὕβριν εὖ στυγήσας·   ia ch ba
     λίμνᾳ δ' ἔμβαλε πορφυροειδεῖ   4 da
530 τὰν μελανόζυγ' ἄταν. —   ch ba

     τὸ πρὸς γυναικῶν δ' ἐπιδὼν   Ant. 1
     παλαίφατον ἀμέτερον γέ-
     νος φιλίας προγόνου γυναικὸς
     νέωσον εὔφρον' αἶνον,
535 γενοῦ πολυμνῆστωρ, ἔφαπτορ Ἰοῦς,
     Δίαί τοι γένος εὐχόμεθ' εἶναι
     γᾶς ἀπὸ τᾶσδ' ἔνοικοι. =

                                              Str. 2
     παλαιὸν δ' εἰς ἴχνος μετέσταν   ba cr ba
     ματέρος ἀνθονόμους ἐπωπάς,   Alc 10

Kö Zum ebnen Haine nunmehr wende dich dorthin!
Chf Und wie wohl böt ein ungeweihter Hain mir Schutz?
Kö Nicht Geiern ja zum Raube setzen wir dich aus.
Chf Doch wenn verhaßter sie als tückische Schlangen sind?!
Kö Sprich Segensworte, wie man Segenswort dir bot!
Chf Kein Wunder ist's, wird bitter man aus Herzensangst!
Kö Ist immer unbeherrscht doch Furcht, die maßlos wird!
Chf Beruhige du durch Wort und Tat denn meinen Sinn!
Kö Seht, nicht gar lange läßt der Vater euch allein.
 Und ich, die Männer meines Lands berufend, mach
 Mich auf, daß ich gewinne der Gemeinde Gunst;
 Und deinen Vater lehr ich, was er sagen soll.
 Bis dahin bleibe; von den Göttern unsres Lands
 Erflehe betend, was dein Herz sich sehnlich wünscht!
 Ich aber, all dies durchzuführen, gehe nun;
 Helf Überredung mir und Glück mir zum Erfolg!

Pelasgos ab
Der Chor steigt in die Orchestra hinab und stellt sich zum Lied auf

Ch O Herr der Herrn, Seligster du
 Der Selgen, gewaltiger Mächte
 Allergewaltigste, Glückes Hort, Zeus,
 Erhör uns, deines Stamms Sproß;
 Wehr ab des Mannvolks dir verhaßten Hochmut;
 Stürz ins Meer, in den purpurnen Flutstrom
 Schwarzen Verdecks das Fluchschiff!

 Schaund auf der Fraun, unser Geschlecht,
 Das, uralten Ruhms, von der Frau, der
 Einstmals geliebten, der Ahne, herstammt:
 Erneu dein gütig Wort uns!
 O denk daran, denk der Berührung Ios!
 Zeus entsprossen, berühmen hier dieser
 Erde wir uns als Ursitz.

 Ich trat auf alte Spur dort, wo die
 Mutter auf blumiger Au bewacht ward,

540   λειμῶνα βούχιλον, ἔνθεν 'Ιὼ   ia cr ba
        οἴστρῳ ἐρεσσομένα   hem
        φεύγει ἁμαρτίνοος,   hem
        πολλὰ βροτῶν διαμειβομένα   4 da
        φῦλα, διχῇ δ' ἀντίπορον   2 ch
545   γαῖαν ἐν αἴσᾳ διατέμνοντα πόρον   3 ch
        κυματίαν ὁρίζει· –   ch ba

        ἰάπτει δ' 'Ασίδος δι' αἴας   Ant. 2
        μηλοβότου Φρυγίας διαμπάξ.
        περᾷ δὲ Τεύθραντος ἄστυ Μυσόν,
550   Λύδιά τ' ἂγ γύαλα,
        καὶ δι' ὁρῶν Κιλίκων
        Παμφύλων τε διορνυμένα
        καὶ ποταμοὺς ἀενάους
        καὶ βαθύπλουτον χθόνα καὶ τὰν 'Αφροδί-
555   τας πολύπυρον αἶαν. =

                                              Str. 3
        ἱκνεῖται δ' εἰσικνουμένου βέλει   ba cr ia
        βουκόλου πτερόεντος   pher
        Δῖον πάμβοτον ἄλσος,   pher
        λειμῶνα χιονόβοσκον, ὄντ' ἐπέρχεται   3 ia
560   Τυφῶ μένος,   ia
        ὕδωρ τε Νείλου νόσοις ἄθικτον,   ia cr ba
        μαινομένα πόνοις ἀτίμοις ὀδύναις τε   chia ch ia
        λήτισι θυιὰς "Ηρας. –   [κεντροδα- ch ba

565   βροτοὶ δ', οἳ γᾶς τότ' ἦσαν ἔννομοι,   Ant. 3
        χλωρῷ δείματι θυμὸν
        πάλλοντ' ὄψιν ἀήθη,
        βοτὸν ἐσορῶντες δυσχερὲς μειξόμβροτον,
        τὰν μὲν βοός,
570   τὰν δ' αὖ γυναικός· τέρας δ' ἐθάμβουν.
        καὶ τότε δὴ τίς ἦν ὁ θέλξας πολύπλαγκτον
        οἰστροδόνητον 'Ιώ; =   [ἀθλίαν

Auf Weideviehs Flur, von wo einst Io,
Bremsegehetzt, ihre Flucht
Anhebt in irrendem Wahn,
Vielfach der Sterblichen Stämme durchschweift,
Bis sie den Sund, ihn, der das Land
Hierorts und dort richtig im Maß, wogenumspült,
Schneidet und teilt: durchquert hat.

Sie stürzt durch Asiens Erde, fort durch
Kleinviehernährende phrygsche Flur hin;
Durch Theutras' Stadt eilt im Mysierland sie;
Lydische Täler hindurch,
Über Kilikiens Gebirg
Stürmt sie und über Pamphyliens Höhn;
Flüsse durchquert, strömende, sie,
Erde, mit Reichtümern im Schoß, bis sie gelangt
Zu Aphrodites Kornland.

Und vordringt sie, bedrängt vom Stachelstich
Des geflügelten Treibers,
Zum allnährenden Zeushain,
Den schneegedüngten Auen, über die sich wirft
Des Glutwinds Kraft,
Das Naß des Nilstroms, das seuchenreine;
Sie, die da rast vor Schmerz und Schmach, sehrenden Stachels
Eine Mänade Heras!   [Not und Pein:

Und Menschen, damals wohnhaft in dem Land –
Bleichen Schrecks ward geschüttelt
Ihr Herz, sahn sie – wie seltsam!
Von Weidetier und Mensch: die Miß- und Mischgestalt.
Halb einer Kuh,
Halb einer Frau; staunenswertes Wunder!
Wer nun erlöste damals die weithingeirrte Arme, die
Bremsegejagte Io? –

	Str. 4
δι' αἰῶνος κρέων ἀπαύστου	ba cr ba
575 Ζεὺς κακῶν νιν ἔλυσεν.	pher
βίᾳ δ' ἀπημάντῳ σθένει	2 ia
καὶ θείαις ἐπιπνοίαις	pher
παύεται, δακρύων δ' ἀπο-	glyc
στάζει πένθιμον αἰδῶ.	pher
580 λαβοῦσα δ' ἕρμα Δῖον ἀψευδεῖ λόγῳ	3 ia
γείνατο παῖδ' ἀμεμφῆ, –	ch ba

	Ant. 4
δι' αἰῶνος μακροῦ πάνολβον·	
ἔνθεν πᾶσα βοᾷ χθών,	
»φυσιζόου γένος τόδε	
585 Ζηνός ἐστιν ἀληθῶς·	
τίς γὰρ ἂν κατέπαυσεν Ἥ-	
ρας νόσους ἐπιβούλους;«	
Διὸς τόδ' ἔργον· καὶ τόδ' ἂν γένος λέγων	
ἐξ Ἐπάφου κυρήσαις. =	

	Str. 5
590 τίν' ἂν θεῶν ἐνδικωτέροισιν	ba cr ba
κεκλοίμαν εὐλόγως ἐπ' ἔργοις;	ba cr ba
αὐτὸς ὁ πατὴρ φυτουργὸς αὐτόχειρ ἄναξ	3 ia
γένους παλαιόφρων μέγας	2 ia
τέκτων, τὸ πᾶν μῆχαρ οὔριος Ζεύς. –	ia cr ba

	Ant. 5
595 ὑπ' ἀρχᾶς δ' οὔτινος θοάζων	
τὸ μεῖον κρεῖσσον ὢν κρατύνει,	
οὔτινος ἄνωθεν ἡμένου σέβει κράτος.	
πάρεστι δ' ἔργον ὡς ἔπος	
σπεῦσαί τι τῶν βούλιος φέρει φρήν. =	

Δαναός

600   θαρσεῖτε παῖδες· εὖ τὰ τῶν ἐγχωρίων.
δήμου δέδοκται παντελῆ ψηφίσματα.
Χο   ὦ χαῖρε πρέσβυ, φίλτατ' ἀγγέλλων ἐμοί·
ἔνισπε δ' ἡμῖν ποῖ κεκύρωται τέλος,

Der endlos ewge Zeiten waltet:
Zeus ward Retter vom Unheil.
Was Zwang schuf: leidlos selge Kraft,
Hauch des göttlichen Atems
Löst es auf; und in Tränen strömt
Sie die leidvolle Scham aus.
Von Zeus empfangne Bürde – wahr ist's! – bracht zur Welt
Sie: einen Sohn, untadlig,

Zu endlos ewgem Heil für alle.
Darum jauchzt' all das Land auf:
,,Des Lebensspenders Sprößling ist,
Zeus' Sohn dieser in Wahrheit!"
Wer wohl heilte, was Heras Haß
Wirkte: Wahnsinn und Krankheit?
Nur Zeus vollbracht' es. Leitst du unsern Stamm nun von
Epaphos her, so triffst du's. –

Drum wen ruf, welchen Gott mit mehr Recht
Ich preisend an ob seiner Taten?
Der Vater ist, Pflanzer eigner Hand und Fürst des Stamms,
Ein Meister, uraltweise, groß,
Ein Helfer allwärts zu günstger Fahrt: Zeus!

Der Herrschaft niemands untertänig,
Lenkt Schwächres als die stärkre Macht er;
Niemandes Herrschaft über sich braucht er zu scheun.
Dasteht sein Werk; sein Wort befahl,
Schnell zu vollziehn, was im Sinn sein Geist trägt. –

Danaos
kommt

Getrost, ihr Kinder; gut steht alles in der Stadt.
Des Volks Beschlüsse sind vollwirksam nun gefaßt.
Chf Willkommen, Vater; liebste Botschaft bringst du mir.
Doch sage uns: worin denn gipfelte der Schluß?

δήμου κρατοῦσα χεὶρ ὅπῃ πληθύνεται.

605 Δα ἔδοξεν Ἀργείοισιν οὐ διχορρόπως,
ἀλλ' ὥστ' ἀνηβῆσαί με γηραιᾷ φρενί·
πανδημίᾳ γὰρ χερσὶ δεξιωνύμοις
ἔφριξεν αἰθὴρ τόνδε κραινόντων λόγον·
ἡμᾶς μετοικεῖν τῆσδε γῆς ἐλευθέρους
610 κἀρρυσιάστους ξύν τ' ἀσυλίᾳ βροτῶν·
καὶ μήτ' ἐνοίκων μήτ' ἐπηλύδων τινὰ
ἄγειν· ἐὰν δὲ προστιθῇ τὸ καρτερόν,
τὸν μὴ βοηθήσαντα τῶνδε γαμόρων
ἄτιμον εἶναι ξὺν φυγῇ δημηλάτῳ.
615 τοιάνδ' ἔπειθε ῥῆσιν ἀμφ' ἡμῶν λέγων
ἄναξ Πελασγῶν, Ἱκεσίου Ζηνὸς κότον
μέγαν προφωνῶν μήποτ' εἰσόπιν χρόνου
πόλιν παχῦναι, ξενικὸν ἀστικόν θ' ἅμα
λέγων διπλοῦν μίασμα πρὸς πόλεως φανὲν
620 ἀμήχανον βόσκημα πημονῆς πέλειν.
τοιαῦτ' ἀκούων χερσὶν Ἀργεῖος λεὼς
ἔκραν' ἄνευ κλητῆρος ὡς εἶναι τάδε.
δημηγόρους δ' ἤκουσεν εὐπιθεῖς στροφὰς
δῆμος Πελασγῶν· Ζεὺς δ' ἐπέκρανεν τέλος.

625 Χο ἄγε δή, λέξωμεν ἐπ' Ἀργείοις   an
εὐχὰς ἀγαθάς, ἀγαθῶν ποινάς.
Ζεὺς δ' ἐφορεύοι ξένιος ξενίου
στόματος τιμὰς ἐπ' ἀληθείᾳ,
τέρμον' ἀμέμπτως πρὸς ἅπαντα.   Stasimon II
                                        Str. 1

630 Χο νῦν ὅτε καὶ θεοὶ   δ
Διογενεῖς, κλύοιτ' εὐκταῖα γένει χεούσας· ch ba ch ba

μήποτε πυρίφατον τάνδε Πελασγίαν   2 δ
635 τὸν ἄχορον βοὰν κτίσαι μάχλον Ἄρη,   2 δ
τὸν ἀρότοις θερίζοντα βροτοὺς ἐν ἄλλοις, δ ch ba
οὕνεκ' ᾤκτισαν ἡμᾶς,   pher
640 ψῆφον δ' εὔφρον' ἔθεντο,   pher

      Wofür hob sich der Hände größre Zahl im Volk?

Da Es stimmten die Argeier ohne Schwanken so,
     Daß wieder jung vor Freude ward mein greises Herz.
     Von ganzen Volks gehobnen rechten Händen ja
     Starrte die Luft, dies zu erheben zum Beschluß:
     Mitwohner sollen wir des Lands hier sein und frei,
     Geschützt vor Zugriff, vor dem Raub durch irgendwen;
     Und keiner der Bewohner soll, kein Fremder uns
     Wegführen; sollt es sein, daß man Gewalt gebraucht,
     Soll, wer nicht eilt zu Hilfe von den Bürgern hier,
     Ehrlos sein, Flüchtling, durch des Volks Beschluß verbannt.
     So war das Wort, das, überzeugend, sprach für uns
     Pelasgias Fürst: vor Zeus', des Flüchtlingsschützers, Zorn,
     Dem schweren, warnt' er, den in Zukunft nie die Stadt
     Großmästen dürfe; wider Gast und Landeskind
     Der Doppelgreul, begeh ihn, sagte er, die Stadt,
     Sei nicht zu sättgen in der Gier nach Leid und Not.
     Dies hörte kaum, so hob die Hände Argos' Volk
     Und stimmte – ohne Heroldsruf – für den Beschluß.
     Gehör gab volkgewinnend-klugen Wendungen
     Pelasgias Volk, und Zeus bracht' es zu gutem Schluß.

Chf Auf, bringen wir vor für Argos' Volk
     Unsre Wünsche des Heils, wie es Heil uns bracht!
     Und der Gastschützer Zeus schau auf Ehrung und Wunsch
     Aus gastlichem Mund und mache sie wahr,
       Daß untadlig sich alles vollende!

Ch Nun, Gottheiten, hört,
     Zeuskinder, uns, die Wunsch ausströmen auf Wunsch dem
                       [Stamm hier:
     Nimmer dem Feuer gebe preis Pelasgias Land,
     Der tanzfeindlich brüllt, der gierge Ares, der
     Auf fremden Äckern mäht Menschen als Frucht der Ernte!
       Denn sie erbarmten sich unser,
       Stimmten für uns ja huldvoll,

       αἰδοῦνται δ' ἱκέτας Διός,   glyc
       ποίμναν τάνδ' ἀμέγαρτον· –   pher

       οὐδὲ μετ' ἀρσένων   Ant. 1
645   ψῆφον ἔθεντ' ἀτιμώσαντες ἔριν γυναικῶν,
       Δῖον ἐπιδόμενοι πράκτορ' ἅτε σκοπὸν
       δυσπολέμητον, ὃν τίς ἂν δόμος ἔχοι
650   ἐπ' ὀρόφων μιαίνοντα; βαρὺς δ' ἐφίζει.
         ἅζονται γὰρ ὁμαίμους
         Ζηνὸς ἵκτορας ἁγνοῦ.
         τοιγάρτοι καθαροῖσι βω-
655   μοῖς θεοὺς ἀρέσονται.

                           Str. 2
       τοιγὰρ ὑποσκίων   δ
       ἐκ στομάτων ποτάσθω φιλότιμος εὐχά,   δ ch ba
       μήποτε λοιμὸς ἀνδρῶν   ch ba
660   τάνδε πόλιν κενῶσαι·   ch ba
       μηδ' ἐπιχωρίοις στάσις   ch ia
       πτώμασιν αἱματίσαι πέδον γᾶς.   Alc 10
         ἥβας δ' ἄνθος ἄδρεπτον   pher
         ἔστω, μηδ' Ἀφροδίτας   pher
665   εὐνάτωρ βροτολοιγὸς Ἄ-   glyc
         ρης κέρσειεν ἄωτον.   pher

       καὶ γεραροῖσι πρε-   Ant. 2
       σβυτοδόκοι γέμουσαι θυμέλαι φλεγόντων.
670   τὼς πόλις εὖ νέμοιτο
       Ζῆνα μέγαν σεβόντων,
       τὸν ξένιον δ' ὑπερτάτως,
       ὃς πολιῷ νόμῳ αἶσαν ὀρθοῖ.
         τίκτεσθαι δ' ἐφόρους γᾶς
675   ἄλλους εὐχόμεθ' αἰεί,
         Ἄρτεμιν δ' Ἑκάταν γυναι-
         κῶν λόχους ἐφορεύειν. =

                           Str. 3
       μηδέ τις ἀνδροκμὴς   δ
680   λοιγὸς ἐπελθέτω τάνδε πόλιν δαΐζων,   δ cho ba

Scheun, die Schutz sich erfleht bei Zeus:
Unsre Schar, wert des Mitleids.

Nicht zu der Männer Heil
Stimmten sie, voll Verachtung für die Partei der Frauen,
Blickten vielmehr auf Zeus' rächendes Auge, den
Schwierigsten Gegner; denn welch Haus hätte wohl gern
Den Rächer auf dem Dach? Lastend ja hockt er auf ihm.
    Gleiches Blut in uns scheun sie,
    Zeus, den Hehren, als Schutzherrn.
    Drum bei reinen Altären soll
    Gunst der Götter ihr Lohn sein! –

Drum schwing aus schleierbeschatte-
tem Munde nunmehr wetteifernd sich Wunsch auf Wunsch
Nimmer gescheh's, daß Pest euch   [auf:
Mache die Stadt vom Volk leer;
Nie durch den Fall einheimschen Volks
Färbe die Zwietracht mit Blut das Erdreich!
    Jugendblüte, sie bleibe
    Ungepflückt; Aphrodites
    Völkermordender Bettgenoß
    Mög die Knospen nie abmähn!

Ehrwürdgen Greisen werd
Ehrenempfang an reichglühenden Brandaltären!
Dien es der Stadt zur Wohlfahrt,
Hält sie in höchsten Ehren
Zeus, den gewaltgen Flüchtlingshort,
Der nach ergrautem Gesetz die Welt lenkt!
    Nachwuchs werde erzeugt stets
    Für die Führer des Landes;
    Hort sei Artemis Hekate
    Bei Geburten den Frauen! –

Keinerlei Männernot
Wirkend Verderben komm zu euch, die Stadt zerfleischend,

ἄχορον ἀκίθαριν δακρυογόνον Ἄρη   2 δ
βοάν τ' ἔνδημον ἐξοπλίζων.   ba cr ba
　　νούσων δ' ἑσμὸς ἀπ' ἀστῶν   pher
685　　ἵζοι κρατὸς ἀτερπής·   pher
　　εὐμενὴς δ' ὁ Λύκειος ἔ-   glyc
　　στω πάσᾳ νεολαίᾳ. –   pher

καρποτελῆ δέ τοι   Ant. 3
690 Ζεὺς ἐπικραινέτω φέρματι γᾶν πανώρῳ.
πρόνομα δὲ βότ' ἀγροῖς πολύγονα τελέθοι·
τὸ πᾶν τ' ἐκ δαιμόνων λάχοιεν.
　　εὔφημον δ' ἐπὶ βωμοῖς
695　　μοῦσαν θείατ' ἀοιδοί·
　　ἁγνῶν τ' ἐκ στομάτων φερέ-
　　σθω φήμα φιλοφόρμιγξ. =

　　　　　　　　　　　　　　　　　Str. 4
φυλάσσοι τ' ἀτρεμαῖα τιμὰς   ba cr ba
τὸ δήμιον, τὸ πτόλιν κρατύνει,   ia cr ba
700 προμαθὶς εὐκοινόμητις ἀρχά·   ia cr ba
　　ξένοισί τ' εὐξυμβόλους,   ia cr
　　πρὶν ἐξοπλίζειν Ἄρη,   ia cr
　　δίκας ἄτερ πημάτων διδοῖεν. –   ia cr ba

θεοὺς δ', οἳ γᾶν ἔχουσιν, αἰεὶ   Ant. 4
705 τίοιεν ἐγχωρίους πατρῴαις
δαφνηφόροις βουθύτοισι τιμαῖς.
　　τὸ γὰρ τεκόντων σέβας
　　τρίτον τόδ' ἐν θεσμίοις
　　Δίκας γέγραπται μεγιστοτίμου. =

　　　　　　　Δαναός

710 εὐχὰς μὲν αἰνῶ τάσδε σώφρονας, φίλαι·
ὑμεῖς δὲ μὴ τρέσητ' ἀκούσασαι πατρὸς
ἀπροσδοκήτους τούσδε καὶ νέους λόγους.
ἱκεταδόκου γὰρ τῆσδ' ἀπὸ σκοπῆς ὁρῶ

Den Tanz- und Leierfeind, der, Tränen weckend, ruft
Zum Bürgerkrieg: den Ares waffnend!
Lästger Krankheiten Schwarm bleib
Fern dem Haupte der Bürger;
Wohlgesinnt sei Lykeios stets
All der Jugend des Landes!

Reifende Früchte laß
Zeus jede Jahreszeit tragen vollauf das Erdreich;
Vorm Tore weidend Vieh mehre vielträchtig sich;
In allem leih die Gottheit Wohlfahrt!
Andachtsvoll an Altären
Töne Festchor um Festchor;
Keuschem Munde entströme Sang,
Hold den Klängen der Leier! –

Und furchtlos wahre seine Stellung
Der Bürger Rat, der im Staat die Macht hat
Als klug aufs Volkswohl bedachte Herrschaft!
Den Fremden soll man ihr Recht
Eh man das Schwert Ares reicht,
Vertragsgemäß ohne Kränkung geben!

Des Lands einheimsche Götter soll man
Stets ehren so, wie es Väterbrauch ist,
Lorbeerbekränzt Stieresopfer feiernd.
Vor Eltern ehrfürchtge Scheu
Gebeut zu dritt das Gesetz
Dikes, der ehrwürdig hehrsten Gottheit.

Danaos
auf der Anhöhe

Wünsche, so wohlbedacht, ihr Lieben, lob ich mir.
Und nun sollt ihr nicht zittern, wenn vom Vater ihr
So gänzlich unerwartet neue Kunde hört:
Vom Flüchtlingsschutzort, dieser Warte, seh ich dort

τὸ πλοῖον. εὔσημον γάρ· οὔ με λανθάνει·
715 στολμοί τε λαίφους καὶ παραρρύσεις νεώς,
καὶ πρῷρα πρόσθεν ὄμμασιν βλέπουσ' ὁδόν,
οἴακος εὐθυντῆρος ὑστάτου νεὼς
ἄγαν καλῶς κλύουσα, τὼς ἂν οὐ φίλη.
πρέπουσι δ' ἄνδρες νήιοι μελαγχίμοις

720 γυίοισι λευκῶν ἐκ πεπλωμάτων ἰδεῖν,
καὶ τἄλλα πλοῖα πᾶσά θ' ἡ 'πικουρία
εὔπρεπτος· αὐτὴ δ' ἡγεμὼν ὑπὸ χθόνα
στείλασα λαῖφος παγκρότως ἐρέσσεται.
ἀλλ' ἡσύχως χρὴ καὶ σεσωφρονισμένως
725 πρὸς πρᾶγμ' ὁρώσας τῶνδε μὴ ἀμελεῖν θεῶν.
ἐγὼ δ' ἀρωγοὺς ξυνδίκους θ' ἥξω λαβών.
ἴσως γὰρ ἂν κῆρύξ τις ἢ πρέσβη μόλοι,
ἄγειν θέλοντες ῥυσίων ἐφάπτορες.
ἀλλ' οὐδὲν ἔσται τῶνδε· μὴ τρέσητέ νιν.
730 ὅμως δ' ἄμεινον, εἰ βραδύνοιμεν βοῇ,
ἀλκῆς λαθέσθαι τῆσδε μηδαμῶς ποτε.
θάρσει· χρόνῳ τοι κυρίῳ τ' ἐν ἡμέρᾳ
θεοὺς ἀτίζων τις βροτῶν δώσει δίκην.

Χο πάτερ, φοβοῦμαι, νῆες ὡς ὠκύπτεροι
735 ἥκουσι· μῆκος δ' οὐδὲν ἐν μέσῳ χρόνου.   Amoibaion
                                              Str. 1
Χο περίφοβόν μ' ἔχει τάρβος ἐτητύμως   2 δ
πολυδρόμου φυγᾶς ὄφελος εἴ τί μοι.   2 δ
παροίχομαι, πάτερ, δείματι. –   ia δ

Δα ἐπεὶ τελεία ψῆφος 'Αργείων, τέκνα,
740 θάρσει, μαχοῦνται περὶ σέθεν, σάφ' οἶδ' ἐγώ.
Χο ἐξώλές ἐστι μάργον Αἰγύπτου γένος
μάχης τ' ἄπληστον· καὶ λέγω πρὸς εἰδότα.

Χο δοριπαγεῖς δ' ἔχοντες κυανώπιδας   Ant. 1
νῆας ἔπλευσαν ὧδ' ἐπιτυχεῖ κότῳ
745 πολεῖ μελαγχίμῳ σὺν στρατῷ. ⸗

Das Schiff; leicht kenntlich ist's ja. So entgeht mir nicht
Der Segel Ordnung noch auch der Schlaglaken Schutz
Noch vorn der Bug, mit Augen blickend auf den Weg,
Des Steuerruders Weisung von dem Heck des Schiffs
Nur allzu gut gehorchend, besser, als uns lieb.
Nun zeigt die Schiffsmannschaft, die Glieder, bräunlich
[schwarz,
Abhebend von dem weißen Burnus, sich dem Blick.
Die andern Schiffe auch, und all der Helfer Schar
Wird sichtbar. Dort das Führerschiff refft unter Land
Die Segel grad, taucht vollen Schlags die Ruder ein.
Nun müßt ihr ruhig, mit Besonnenheit auf das,
Was kommt, hinschauend, denken an der Götter Schutz.
Ich komm mit Helfern, mit Fürsprechern bald zurück.
Kann sein, daß sich ein Herold, ein Gesandter naht
Euch wegzuführen, Hand anlegen will an euch.
Doch nichts hiervon geschieht so. Habt nur keine Angst!
Gleichwohl ist's gut, verzögert unsre Hilfe sich,
Nie zu vergessen: Schutz gewährt euch dieser Ort!
Faßt Mut: Zur Zeit, am anberaumten Tag geschieht's,
Daß, wer die Götter frech mißachtet, Buße zahlt!

Chf Furcht hab ich, Vater; sind die Schiffe schnellen Flugs
     Doch nahe. Lang ist nicht die Zeit, die uns noch bleibt.
       Danaos ist von der Anhöhe herabgestiegen

Ch In großer Furcht befällt Zagen in Wahrheit mich,
    Ob die weitläufge Flucht mir irgend nützen kann.
    Ich komme, Vater, ach, um vor Angst!

Da Da gültig, Kinder, der Beschluß von Argos ist,
    Faßt Mut! Sie kämpfen für euch, das weiß ich gewiß.
Chf Verworfen ist, toll vor Begier Aigyptos' Stamm,
     Nie satt des Kampfs. Was ich da sage, weißt du selbst.

Ch Plankengefügt die Schiffe, dunkelfarbgen Bords,
    Segelten so sie her in zielsichrer Wut
    Mit vielen Kämpfern schwarzhäutgen Volks. –

Δα πολλοὺς δέ γ' εὑρήσουσιν ἐν μεσημβρίας
     θάλπει βραχίον' εὖ κατερρινημένους.
Χο μόνην δὲ μὴ πρόλειπε· λίσσομαι, πάτερ.
     γυνὴ μονωθεῖσ' οὐδέν· οὐκ ἔνεστ' Ἄρης.

                                              Str. 2
750 Χο οὐλόφρονες δ' ἐκεῖνοι δολομήτιδες   2 δ
         δυσάγοις φρεσίν κόρακες ὥστε, βω-   2 δ
         μῶν ἀλέγοντες οὐδέν. –   ch ba

Δα καλῶς ἂν ἡμῖν ξυμφέροι ταῦτ', ὦ τέκνα,
     εἰ σοί τε καὶ θεοῖσιν ἐχθαιροίατο.
755 Χο οὐ μὴ τριαίνας τάσδε καὶ θεῶν σέβη
         δείσαντες ἡμῶν χεῖρ' ἀπόσχωνται, πάτερ.

Χο περίφρονες δ' ἄγαν ἀνιέρῳ μένει   Ant. 2
     μεμαργωμένοι κυνοθρασεῖς, θεῶν
     οὐδὲν ἐπαΐοντες. =

760 Δα ἀλλ' ἔστι φήμη κρείσσονας λύκους κυνῶν
         εἶναι· βύβλου δὲ καρπὸς οὐ κρατεῖ στάχυν.
Χο ὡς καὶ ματαίων ἀνοσίων τε κνωδάλων
     ὀργὰς ἐχόντων χρὴ φυλάσσεσθαι κράτος.
Δα οὔτοι ταχεῖα ναυτικοῦ στρατοῦ στολή,
765   οὐδ' ὅρμος, οὗ δεῖ πεισμάτων σωτήρια
         ἐς γῆν ἐνεγκεῖν, οὐδ' ἐν ἀγκυρουχίαις
         θαρσοῦσι ναῶν ποιμένες παραυτίκα,
         ἄλλως τε καὶ μολόντες ἀλίμενον χθόνα
         ἐς νύκτ' ἀποστείχοντος ἡλίου. φιλεῖ
770   ὠδῖνα τίκτειν νὺξ κυβερνήτῃ σοφῷ.
         οὕτω γένοιτ' ἂν οὐδ' ἂν ἔκβασις στρατοῦ
         καλή, πρὶν ὅρμῳ ναῦν θρασυνθῆναι. σὺ δὲ
         φρόνει μὲν ὡς ταρβοῦσα μὴ ἀμελεῖν θεῶν·
         ἐγὼ δὲ θᾶσσον δεῦρ' ὑποστρέψω πόδα,
         πράξας ἀρωγήν· ἄγγελον δ' οὐ μέμψεται
775   πόλις γέρονθ', ἡβῶντα δ' εὐγλώσσῳ φρενί.

Da Und viele finden hier sie, die in Mittagsglut
      Gar wohl sich ihre Arme lederhart gestählt.
Chf Laß uns nur, bitte, Vater, nicht allein! Ein Weib
      Für sich allein ist nichts, von Kampfgeist nichts in ihr.

Ch Verderbensinnend, ganz auf Arglist eingestellt,
      Ruchlosen Geistes, werden jene, Raben gleich,
      Keiner Altäre achten!

Da Nur schön und nützlich wär uns dies, ihr Kinder, ja,
      Machten wie euch sie auch den Göttern sich verhaßt.
Chf Nicht lassen, hier den Dreizack und die Heiligkeit
      Der Götter scheuend, Vater, sie von uns die Hand.

Ch Allzu hochmütgen Sinns, unheilgen Trotzes voll,
      Vor Gier toll und wild, hundsfrech, hegen sie
      Keinerlei Scheu vor Göttern.

Da Doch sagt der Volksmund, Wölfe seien mächtiger
      Als Hunde, Byblos-Frucht sei weniger wert als Korn.
Chf Als hätten ruchlos toller Ungeheuer Wut
      Sie in sich, gilt's zu hüten sich vor ihrer Macht!
Da Nicht geht so schnell des Flottenheers Bereitschaft noch
      Das Ankern, wo die Taue man mit sicherm Halt
      Ans Land kann bringen; nicht vertraun der Festigkeit
      Des Ankerns ja der Schiffe Hirten allsogleich,
      Zumal wenn sie sich nahen hafenlosem Land
      Und in die Nacht die Sonne niedersteigt; denn oft
      Gebiert viel Not die Nacht dem klugen Steuermann.
      So geht die Landung auch des Heers nicht gut und schön,
      Eh sich das Schiff vor Anker sicher fühlt. Doch du
      Denk dran: bist du in Angst, vergiß die Götter nicht!
      Ich aber wende schnell hierher zurück den Fuß,
      Schafft ich euch Hilfe. Tadeln wird den Boten nicht
      Die Stadt, der alt zwar, jung doch ist an Zung und Herz.

                    Danaos geht

Str. 1

Χο ἰὼ γᾶ βοῦνι, πάνδικον σέβας,   ba cr ia
τί πεισόμεσθα; ποῖ φύγωμεν Ἀπίας   3 ia
χθονός, κελαινὸν εἴ τι κεῦθός ἐστί που: 3 ia
μέλας γενοίμαν καπνὸς   ia cr
780 νέφεσσι γειτονῶν Διός.   2 ia
τὸ πᾶν δ' ἄφαντος ἀμπετὴς ἀιδνὸς ὣς   3 ia
κόνις ἄτερθε πτερύγων ὀλοίμαν. –   ia ch ba

ἄφρικτον δ' οὐκέτ' ἂν πέλοι κέαρ·   Ant. 1
785 κελαινόχρως δὲ πάλλεταί μου καρδία.
πατρὸς σκοπαὶ δέ μ' εἷλον· οἴχομαι φόβῳ.
θέλοιμι δ' ἂν μορσίμου
βρόχου τυχεῖν ἐν ἀρτάναις,
790 πρὶν ἄνδρ' ἀπευκτὸν τῷδε χριμφθῆναι χροΐ·
πρόπαρ θανούσας Ἀίδας ἀνάσσοι. =

   Str. 2

πόθεν δέ μοι γένοιτ' ἂν αἰθέρος θρόνος,   3 ia
πρὸς ὃν κύφελλ' ὑδρηλὰ γίγνεται χιών,   3 ia
ἢ λισσὰς αἰγίλιψ ἀπρόσ-   2 ia
795 δεικτος οἰόφρων κρεμὰς   cr ia
γυπιὰς πέτρα, βαθὺ   cr ia
πτῶμα μαρτυροῦσά μοι.   cr ia
πρὶν δαΐκτορος βίᾳ   cr ia
καρδίας γάμου κυρῆσαι; –   ia ba

800 κυσὶν δ' ἔπειθ' ἕλωρα κἀπιχωρίοις   Ant. 2
ὄρνισι δεῖπνον οὐκ ἀναίνομαι πέλειν·
τὸ γὰρ θανεῖν ἐλευθεροῦ-
ται φιλαιάκτων πόνων.
ἐλθέτω μόρος, πρὸ κοί-
805 τας γαμηλίου τυχών.
ἀμφυγᾶς τίν' ἔτι πόρον
τέμνω γάμου λυτῆρα; =

   Str. 3

ἴυζε δ' ὀμφάν, οὐράνια   2 ia
μέλη λιτανὰ θεοῖσι καὶ   2 ia
810 τέλειά πως πελόμενά μοι   2 ia

Ch O Bergland, Erde, heilig mir mit Recht,
     Was wird mein Los sein? Wohin soll in Apias Land
     Ich fliehn, wo bergend Dunkel finden, das mich schützt?
       O würd ich zu schwarzem Rauch,
       Den Wolken nachbarlich des Zeus!
     O daß ich, unbemerkt mich hebend, unsichtbar
     Und flügellos – Staub, der verschwebt – verginge!

     Von Schaudern frei wird nie mehr mein Gemüt,
     Umdüstert ganz, schlägt qualvoll pochend mir mein Herz.
     Der Vater sah's; mich traf es. Umkomm ich vor Angst.
       Ich wollte durch Strickes Schlin-
       ge lieber finden meinen Tod,
     Eh ein verfluchter Mann mir meinen Leib berührt.
     Ehr will ich – tot – Hades als Herrn gehorchen! –

     Wo fände sich für mich in Äthershöh ein Thron,
     An dem des Nebels Naß sich wandelnd wird zu Schnee,
     Oder in jäher Glätte, nicht
     Sichtbar, einsam ragend, ein
     Geierfels, der mir Gewähr
     Tiefen Sturzes gäbe, eh
     Sich durch Raub und Zwang mein Herz
     Verhaßtem Ehbund preisgibt!

     Den Hunden dann zum Raube und den Vögeln hier
     Des Lands zum Fraß zu werden, weigre ich mich nicht.
     Im Sterben ja kommt Freiheit von
     Jammerselger Pein und Not.
     Komme denn der Tod, bevor
     Mir der Hochzeit Lager droht!
     Wo zur Flucht noch find ich den Weg,
     Der uns vom Ehbund freimacht? –

     Hebt schrill im Klang zum Himmel den Sang,
     Bittflehend an die Götter um
     Erfüllung, Führung irgend für mich

λύσιμά τ' ἄχιμά τ'· ἔπιδε, πάτερ,   2 ia
βίαια μὴ φίλοις ὁρῶν   2 ia
ὄμμασιν· ἐνδίκως σεβί-   ch ia
815   ζου δ' ἱκέτας σέθεν, γαι-   ch ba
άοχε παγκρατὲς Ζεῦ. –   ch ba

γένος γὰρ Αἰγύπτειον ὕβριν   Ant. 3
δύσφορον ὂν ἀρσενογενὲς
μετά με δρόμοισι διόμενοι
820   φυγάδα μάταισι πολυθρόοις
βίαια δίζηνται λαβεῖν.
σὸν δ' ἐπίπαν ζυγὸν ταλάν-
του. τί δ' ἄνευ σέθεν θνα-
τοῖσι τέλειόν ἐστιν; =

                                                     Str. 1
825   ὀοό, ἀαά·   A
ὁ μάρπτις ὅδ' ὁ νάιος γάιος.   2 δ
τῶνδε πρό, μάρπτι, κάμνοις·   ia ba

ἰοφ . .
ὀμ . . αὖθι καββὰς νυ . .
δυΐαν βοὰν ἀμφαίνω.
                                                     Str. 2
830   ὁρῶ τὰ φροίμια πράξαντα πόνων   ia ba ch
βιαίων ἐμῶν. ἠὲ ἠέ.   δ A
βαῖνε φυγᾷ πρὸς ἀλκάν·   ch ba

βλοσυρόφρονα χλιδᾷ . .
δύσφορα ναΐ κάν γᾷ. . .   δ
835   γάι' ἄναξ προτάσσου.   ch ba

Κῆρυξ

σοῦσθε σοῦσθ' ἐπὶ βᾶριν ὅπως ποδῶν . . .   pher ia
οὐκοῦν οὐκοῦν τιλμοί τιλμοί καὶ στιγμοί,   4 sp mol
840   πολυαίμων φόνιος ἀποκοπὰ κρατός.   2 io mol
σοῦσθε σοῦσθ' ὀλύμεναι ὀλόμεν' ἐπ' ἀμάδα.   cr 3 an

Zu Freiheit und Frieden! Blick, Vater, hin!
Siehst du Gewalt, nicht holden Augs,
Sondern, wie's recht ist, nimm die dir
Schützlinge sind, in Hut, all-
mächtiger Herr der Welt, Zeus!

Aigyptos' Stamm, ein hochmutgebläht,
Unleidliches Mannsvolk, es folgt
Mir hastig nach in hetzendem Lauf,
Der Flüchtgen, mit eitlem Gebrüll und Geschrei,
Sucht mich zu packen mit Gewalt.
Du bist's, der alles Schicksal wägt;
Was ohne dich ist Menschen
Was für ein Ziel erreichbar?

Der Chor kommt beim Anblick der nahenden Feinde in Bewegung

O oh! ach ach!
Der Räuber dort, vom Bord, vom Strand kommt zum Land!
Fändest zuvor den Tod du!

O oh! ach ach!
Sehn muß ich eignen Augs: Dort steigt's herab. Ich laß
Aufleuchten meinen Notschrei!! –

Ich seh das Vorspiel, das ins Werk setzt die Not:
Gewalttat, die mir droht! Weh, weh; weh, weh!
Eilig flieht hin zum Schutzort!

Wildüppge, lästge Gier – dort drüben erst auf
Dem Schiff, nunmehr auf dem Land! Weh, weh!
Landesherr, wehr die Not ab!

Der Chor ist auf den Hügel zu den Altären geflüchtet

Herold der Aigyptossöhne
kommt mit Schergen

Hurtig, hurtig zum Schiff, wie der Füße Lauf euch trägt!
Sonst ja, sonst ja: Raufen, Zausen, Stich des Dolchs
Und ein blutströmendes, mörderisches Kopfabhaun!
Hurtig, hurtig – mit euch ist es aus sonst! – an Bord!!

		Amoibaion	Str. 1

Χο εἴθ' ἀνὰ πολύρυτον ἁλμιόεντα πόρον   δ hem
845   δεσποσίῳ ξὺν ὕβρει   hem
     γομφοδέτῳ τε δόρει διώλου.   Alc 10

Κῆ αἷμον' ἔσω σ' ἐπ' ἀμάδα·   ch dim (?)
     ἦ σὺ δούπια τάπιτα.   2 cr (?)
     κελεύω βίᾳ μεθέσθαι   δ ba
850   ἵχαρ φρενί τ' ἄταν. ἰὼ ἰώ.   δ ia
     λεῖφ' ἕδρανα, κί' ἐς δόρυ,   cr ia
     ἀτίετον ἄπολιν οὐ σέβω. –   2 ia

855 Χο μήποτε πάλιν ἴδοις ἀλφεσίβοιον ὕδωρ,   Ant. 1
     ἔνθεν ἀεξόμενον
     ζόφυτον αἷμα βροτοῖσι θάλλει.

Κῆ ἄγειος ἐγὼ βαθυχαῖος   par
860   βαθρείας βαθρείας.   2 ba (?)
     σὺ δ' ἐν ναῒ ναῒ βάσῃ   δ ba
     τάχα θέλεος ἀθέλεος,   2 ba (?)
     βίᾳ βίᾳ τε πολλᾷ φροῦδα.   ia δ (?)
     βᾶθι, μὴ πρὸ κακὰ πάθῃς   cr ia
865   ὀλομένα παλάμαις ἐμαῖς. =   ch dim
                      Str. 2

Χο αἰαῖ αἰαῖ.   A
     αἲ γὰρ δυσπαλάμως ὄλοιο   hipp
     δι' ἁλίρρυτον ἄλσος,   2 io
     κατὰ Σαρπηδόνιον χῶ-   2 io
870   μα πολύψαμμον ἀλαθεὶς   2 io
     ἀερίαις ἐν αὔραις.   ch ba

Κῆ ἴυζε καὶ λάκαζε καὶ κάλει θεούς.
     Αἰγυπτίαν γὰρ βᾶριν οὐχ ὑπερθορῇ.
875   χέουσα καὶ πικρότερον οἰζύος νόμον. –

Χο οἰοῖ οἰοῖ,   Ant. 2
     λύμας, ᾇ σὺ πρὸ γᾶς ὑλάσκων
     περίκομπα βρυάζεις·
     ὃς ἐπωπᾷ σ', ὁ μέγας Νεῖ-

Ch Hätte das brandende, salzreich aufrauschende Meer
    Samt deiner Herrn frechem Trotz
    Dich im gezimmerten Schiff verschlungen!

He Blutig dich hin schaff ich zum Schiff,
    Gehst nicht schnell du hier fort!
    Ich rat dir: gib der Gewalt nach,
    Gib Trotz, Verblendung auf! Hallo, hallo!
    Auf vom Sitze und rasch an Bord!
    Wer ehrlos ist, stadtlos, den acht ich nicht!

Ch Sähst du doch nimmer den Strom, rinderernährenden Strom,
    Aus dessen Kraft wächst und blüht
    Lebenerzeugendes Blut den Menschen!

He Von dort bin ich, adligen Stammes,
    Aus uraltem Adel.
    Doch du gehst aufs Schiff, aufs Schiff schnell;
    Ob willig, unwillig, gilt uns gleich.
    Mit Zwang, zwangsweis nun mit dir vorwärts!
    Auf jetzt, daß nicht schlimm dir's ergeht,
    Bringt dir den Tod unsrer Fäuste Schlag!

Ch Weh, weh! Weh, weh!
    Fändst du schlimmeren Schlags den Tod doch
    Durch des Meerhains Gewoge,
    An das Grabmal des Sarpedon
    Bei den Sandhügeln verschlagen
    Mitten im Nebeldickicht!

He Schrei du und wimmre, rufe laut die Götter an!
    Aigyptischer Barke Planken überspringst du nicht,
    Strömst du noch bittrer deines Jammerns Weise aus.

Ch O oh, o oh!
    Wie wüst, hundgleich das Land ankläffend,
    Voller Prahlsucht du auftrumpfst!
    Sieht der Nilgott, wie du frech bist

880 λος, ὑβρίζοντά σ' ἀποτρέ-
ψειεν ἄιστον ὕβριν.

Κῆ βαίνειν κελεύω βᾶριν εἰς ἀμφίστροφον
ὅσον τάχιστα· μηδέ τις σχολαζέτω.
ὁλκῇ γὰρ αὕτη πλόκαμον οὐδάμ' ἄζεται. =

		Str. 3
885	Χο οἰοῖ, πάτερ, βρέτεος ἄρος	2 ia
	ἀτᾷ μ'· ἅλαδ' ἄγει	δ
	ἄραχνος ὣς βάδην.	δ
	ὄναρ ὄναρ μέλαν,	δ
	ὀτοτοτοτοῖ,	ia
890	μᾶ Γᾶ μᾶ Γᾶ, βοὰν	mol cr
	φοβερὸν ἀπότρεπε,	δ
	ὢ πᾶ, Γᾶς παῖ, Ζεῦ.	δ

Κῆ οὗτοι φοβοῦμαι δαίμονας τοὺς ἐνθάδε·
οὐ γάρ μ' ἔθρεψαν, οὐδ' ἐγήρασαν τροφῇ. –

		Ant. 3
895	Χο μαιμᾷ πέλας δίπους ὄφις·	
	ἔχιδνα δ' ὥς με ..	
	τί ποτέ ν ..	
	δάκος ἀχ ...	
	ὀτοτοτοτοῖ,	
900	μᾶ Γᾶ μᾶ Γᾶ βοὰν	
	φοβερὸν ἀπότρεπε,	
	ὢ πᾶ, Γᾶς παῖ, Ζεῦ.	

Κῆ εἰ μή τις ἐς ναῦν εἶσιν αἰνέσας τάδε,
λακὶς χιτῶνος ἔργον οὐ κατοικτιεῖ. =

908	Χο διωλόμεσθ'· ἄεπτ', ἄναξ, πάσχομεν.	2 ia cr
	Κῆ πολλοὺς ἄνακτας παῖδας Αἰγύπτου, τάχα	
	ὄψεσθε· θαρσεῖτ', οὐκ ἐρεῖτ' ἀναρχίαν.	
905	Χο ἰὼ πόλεως ἀγοὶ πρόμοι, δάμναμαι.	2 ia cr
	Κῆ ἕλξειν ἔοιχ' ἡμᾶς ἐπισπάσας κόμης,	
910	ἐπεὶ οὐκ ἀκούετ' ὀξὺ τῶν ἐμῶν λόγων.	

Wehr er ab uns, ihn vernichtend,
All deines Hochmuts Frechheit!

He Geht, ich befehl's, zum Schiff, das schon gewendet hat,
So rasch wie möglich! Keine darf noch zögern jetzt!
Hat unser Zugriff doch vor Locken keine Scheu.

Ch Weh, Vater, weh, des Bildes Schutz
Ist Trug! Es führt mich zum Meer –
Schreitender Spinne gleich –
Ein schwarz, ein schwarz Gespenst!
Otototototoi!
Ga, Mutter, Ga! Geheul,
Furchtbares, wehr mir es ab!
Vater, Gas Sohn, Zeus!!

He Fürwahr, ich fürchte keineswegs die Götter hier;
Nicht wuchs ich auf noch altert' ich in ihrem Schutz.

Ch Wild naht sich die zweifüßge Schlang,
Und droht – Giftnatter – mir!
Was schützt vor ihr, schützt vor
Des Bisses Schreck und Not?!
Otototototoi!
Ga, Mutter, Ga! Geheul,
Furchtbares, wehr mir es ab!
Vater, Gas Sohn, Zeus!! –

He Geht eine nicht zum Schiff freiwillig mit: zerfetzt
Wird ihres Kleids kunstvoll Geweb erbarmungslos!
Ch Mit uns ist's aus! Unsäglich, Herr, dulden wir!
He Gar viel der Herrn: Aigyptos' Söhne seht ihr bald;
Getrost! Dann sprecht ihr nicht von Herrenlosigkeit!
Ch O Häupter, Herrn der Stadt, man tut Zwang uns an!! –
He Ziehn muß ich, scheint's, herbei euch schleppen an dem Haar
Da ihr nicht hört, nicht scharf auf meine Worte hört.

König Pelasgos kommt mit bewaffnetem Gefolge

Βασιλεύς

οὗτος, τί ποιεῖς; ἐκ ποίου φρονήματος
ἀνδρῶν Πελασγῶν τήνδ' ἀτιμάζεις χθόνα;
ἀλλ' ἦ γυναικῶν ἐς πόλιν δοκεῖς μολεῖν;
κάρβανος ὢν δ' Ἕλλησιν ἐγχλίεις ἄγαν·
915   καὶ πόλλ' ἁμαρτὼν οὐδὲν ὤρθωσας φρενί.

Κη   τί δ' ἠμπλάκηται τῶνδ' ἐμοὶ δίκης ἄτερ;
Βα   ξένος μὲν εἶναι πρῶτον οὐκ ἐπίστασαι.
Κη   πῶς δ' οὐχί; τἄμ' ὀλωλόθ' εὑρίσκων ἄγω.
Βα   ποίοισιν εἰπὼν προξένοις ἐγχωρίοις;
920   Κη   Ἑρμῇ μεγίστῳ προξένων μαστηρίῳ.
Βα   θεοῖσιν εἰπὼν τοὺς θεοὺς οὐδὲν σέβῃ.
Κη   τοὺς ἀμφὶ Νεῖλον δαίμονας σεβίζομαι.
Βα   οἱ δ' ἐνθάδ' οὐδέν, ὡς ἐγὼ σέθεν κλύω.
Κη   ἄγοιμ' ἄν, εἴ τις τάσδε μὴ 'ξαιρήσεται.
925   Βα   κλαίοις ἄν, εἰ ψαύσειας, οὐ μάλ' ἐς μακράν.
Κη   ἤκουσα· τοὔπος δ' οὐδαμῶς φιλόξενον.
Βα   οὐ γὰρ ξενοῦμαι τοὺς θεῶν συλήτορας.
Κη   λέγοιμ' ἂν ἐλθὼν παισὶν Αἰγύπτου τάδε.
Βα   ἀβουκόλητον τοῦτ' ἐμῷ φρονήματι.
930   Κη   ἀλλ' ὡς ἂν εἰδὼς ἐννέπω σαφέστερον, –
καὶ γὰρ πρέπει κήρυκ' ἀπαγγέλλειν τορῶς
ἕκαστα, – πῶς φῶ, πρὸς τίνος τ' ἀφαιρεθεὶς
ἥκειν γυναικῶν αὐτανέψιον στόλον;
οὔτοι δικάζει ταῦτα μαρτύρων ὕπο
935   Ἄρης· τὸ νεῖκος δ' οὐκ ἐν ἀργύρου λαβῇ
ἔλυσεν· ἀλλὰ πολλὰ γίγνεται πάρος
πεσήματ' ἀνδρῶν κἀπολακτισμοὶ βίου.

Βα   τί σοι λέγειν χρὴ τοὔνομ'; ἐν χρόνῳ μαθὼν
εἴσῃ σύ τ' αὐτὸς χοἰ ξυνέμποροι σέθεν.
940   ταύτας δ' ἑκούσας μὲν κατ' εὔνοιαν φρενῶν
ἄγοις ἄν, εἴπερ εὐσεβὴς πίθοι λόγος.
τοιάδε δημόπρακτος ἐκ πόλεως μία
ψῆφος κέκρανται, μήποτ' ἐκδοῦναι βίᾳ
στόλον γυναικῶν· τῶνδ' ἐφήλωται τορῶς
945   γόμφος διαμπάξ, ὡς μένειν ἀραρότως.

König

Du da, was machst du? Was treibt dich für frecher Mut,
Pelasgischen Männern zu entehren dies ihr Land?
Glaubst du, du bist in eine Weiberstadt gelangt?!
Du – ein Barbar – bist zu Hellenen allzu dreist;
Und vielfach frevelnd ließt du's fehlen an Verstand.

He Worin hab ich denn widerrechtlich hier gefehlt?

Kö Als Fremdling deine Pflicht vor allem kennst du nicht.

He Wieso? Was ich verlor, find ich und bring es heim.

Kö An was für Schutzherrn wandtst du dich im Lande hier?

He Der Schutzherrn größten, Hermes, der beim Finden hilft!

Kö Wandtst dich an Götter, und ehrst doch die Götter nicht.

He Im Land rings um den Nil die Götter ehre ich.

Kö Doch die hier gar nicht, wie ich von dir selbst gehört.

He Fort führ ich die nun, wenn man sie mir nicht entreißt.

Kö Du heulst, wenn du sie anrührst; gar nicht lange währt's!

He Ich hört ein Wort, ein keineswegs gastfreundlich Wort!

Kö Nicht gilt als Gast mir, wer an Göttern Raub begeht.

He So geh ich, künde des Aigyptos Söhnen dies.

Kö Ganz unbekümmert läßt dies, ohne Sorge mich.

He Doch daß ich, weiß ich's, es genauer sagen kann –
Ist's doch die Pflicht des Herolds, daß er alles klar
Kundtut – wie sag ich, wenn ich wieder dort bin, wer
Mir wegnahm dieser nahverwandten Frauen Schar?
Entscheidet doch *die* Sache nicht durch Zeugenmund
Ares, noch löst er solchen Streit je durch Empfang
Von Geld; nein, häufig kommt es noch zuvor zum Sturz
Von Männern und zu gliederzuckendem Todeskampf.

Kö Wozu brauchst du den Namen? Mit der Zeit erfährst
Du selbst ihn, wissen deine Fahrtgenossen ihn.
Hier diese magst mit ihrem Willen du und Wunsch
Fortführen, falls ein sittsam Wort sie überzeugt.
So lautet, was die Volksgemeinde eingen Sinns
Beschlossen hat: nie auszuliefern der Gewalt
Die Schar der Frauen. Das ist alles festgemacht,
Nagel- und nietfest, und bleibt unverrückbar stehn.

ταῦτ' οὐ πίναξίν ἐστιν ἐγγεγραμμένα
οὐδ' ἐν πτύχαῖς βίβλων κατεσφραγισμένα,
σαφῆ δ' ἀκούεις ἐξ ἐλευθεροστόμου
γλώσσης. κομίζου δ' ὡς τάχιστ' ἐξ ὀμμάτων.

950 Κη ἔοιγμεν ἤδη πόλεμον ἀρεῖσθαι νέον.
εἴη δὲ νίκη καὶ κράτος τοῖς ἄρσεσιν.

Βα ἀλλ' ἀρσενάς τοι τῆσδε γῆς οἰκήτορας
εὑρήσετ' οὐ πίνοντας ἐκ κριθῶν μέθυ.

ὑμεῖς δὲ πᾶσαι ξὺν φίλαις ὁπάοσι
955 θράσος λαβοῦσαι στείχετ' εὐερκῆ πόλιν,
πύργων βαθείᾳ μηχανῇ κεκλημένην.
καὶ δώματ' ἐστὶ πολλὰ μὲν τὰ δήμια,
δεδωμάτωμαι δ' οὐδ' ἐγὼ σμικρᾷ χερί.
ἔνθ' ἔστιν ὑμῖν εὐτύκους ναίειν δόμους
960 πολλῶν μετ' ἄλλων· εἰ δέ τις μείζων χάρις,
πάρεστιν οἰκεῖν καὶ μονορρύθμους δόμους.
τούτων τὰ λῷστα καὶ τὰ θυμηδέστατα
πάρεστι, λωτίσασθε. προστάτης δ' ἐγὼ
ἀστοί τε πάντες, ὧνπερ ἥδε κραίνεται
965 ψῆφος. τί; τῶνδε κυριωτέρους μένεις;

Χο ἀλλ' ἀντ' ἀγαθῶν ἀγαθοῖσι βρύοις,   an
δῖε Πελασγῶν.
πέμψον δὲ πρόφρων δεῦρ' ἡμέτερον
πατέρ' εὐθαρσῆ Δαναόν, πρόνοον
970 καὶ βούλαρχον. τοῦ γὰρ προτέρα
μῆτις, ὅπου χρὴ δώματα ναίειν
καὶ τόπος εὔφρων. πᾶς τις ἐπειπεῖν
ψόγον ἀλλοθρόοις
εὔτυκος· εἴη δὲ τὰ λῷστα.
975 ξύν τ' εὐκλείᾳ καὶ ἀμηνίτῳ
βάξει λαῶν ἐγχώρων.

τάσσεσθε, φίλαι δμωίδες, οὕτως

Nicht zwar, daß es auf Tafeln eingegraben ward
Noch in der Bücher Falten zugesiegelt ward;
Nein: klar hörst du's aus eines freien Mannes Mund.
Nun mach dich fort, geh schleunigst aus den Augen mir!

He Es scheint, daß bald wir neuem Krieg entgegengehn;
So falle Sieg und Übermacht den Männern zu!

Kö Als Männer wahrlich sollt die Bürger dieses Lands
Ihr finden, deren Leibgetränk nicht Gerstensaft!

Herold mit Schergen ab

Ihr aber alle samt der treuen Mägde Schar
Geht frohen Mutes in die wohlumhegte Stadt,
Die ihrer Türme hoher Bau kunstvoll umschließt.
Der Häuser gibt's dort viele in des Volks Besitz;
Gebaut hab ich auch selbst mir mit nicht karger Hand.
Da stehen Räume zum Bewohnen euch bereit
Mit vielen andern; doch wenn es euch lieber ist,
Gibt's auch in Einzelwohnung Unterkunft für euch.
Hiervon das Beste, eurem Sinn Erwünschteste
Ist *da!* – Ihr könnt euch wählen. Schirmherr bin ich selbst
Und alle Bürger, deren Stimme den Beschluß
Gefaßt. Wie? Wartest du auf bessre Bürgen noch?

Chf Wie du Gutes getan, sei dir Gutes beschert,
Pelasgias Fürst!
Send nun voll Huld Vater Danaos her,
Der mutvollen Sinns Fürsorger uns
Und Berater ist. Denn sein ist zunächst
Die Sorge, wo's ziemt zu wohnen für uns,
Welch ein Ort für uns paßt. Ist doch jeder bereit,
Zu tadeln und schmähn,
    Wer ihm fremd ist. Komm alles nach Wunsch nun
Mit Wahrung des Rufs, ohne zürnendes Wort
    Von seiten des Volks in der Stadt hier!

Pelasgos mit Gefolge ab

In Ordnung stellt, liebe Mägde, euch so,

ὡς ἐφ' ἑκάστῃ διεκλήρωσεν
Δαναὸς θεραποντίδα φερνήν.

980   Δα   ὦ παῖδες, Ἀργείοισιν εὔχεσθαι χρεών,
θύειν τε λείβειν θ', ὡς θεοῖς Ὀλυμπίοις,
σπονδάς, ἐπεὶ σωτῆρες οὐ διχορρόπως.
καί μου τὰ μὲν πραχθέντα πρὸς τοὺς ἐγγενεῖς
φίλους πικρῶς ἤκουσαν αὐτανεψίοις·
985   ἐμοὶ δ' ὀπαδοὺς τούσδε καὶ δορυσσόους
ἔταξαν, ὡς ἔχοιμι τίμιον γέρας,
καὶ μὴ 'ξ ἀέλπτων δορικανεῖ μόρῳ θανὼν
λάθοιμι, χώρᾳ δ' ἄχθος ἀείζων πέλοι.
τοιῶνδε τυγχάνοντες ἐκ πρυμνῆς φρενὸς
990   χάριν σέβεσθε τιμιωτέραν ἐμοῦ.
καὶ ταῦτα μὲν γράψασθε πρὸς γεγραμμένοις
πολλοῖσιν ἄλλοις σωφρονίσμασιν πατρός,
ἀγνῶθ' ὅμιλον ἐξελέγχεσθαι χρόνῳ.
πᾶς δ' ἐν μετοίκῳ γλῶσσαν εὔτυκον φέρει
995   κακήν, τό τ' εἰπεῖν εὐπετὲς μύσαγμά πως.
ὑμᾶς δ' ἐπαινῶ μὴ καταισχύνειν ἐμέ,
ὥραν ἐχούσας τήνδ' ἐπίστρεπτον βροτοῖς.
τέρειν' ὀπώρα δ' εὐφύλακτος οὐδαμῶς·
θῆρες δὲ κηραίνουσι καὶ βροτοί, τί μή;
1000   καὶ κνώδαλα πτεροῦντα καὶ πεδοστιβῆ
καρπώματα στάζοντα κηρύσσει Κύπρις
κάλωρα κωλύουσα τὼς μένειν ἔρῳ.
καὶ παρθένων χλιδαῖσιν εὐμόρφοις ἔπι
πᾶς τις παρελθὼν ὄμματος θελκτήριον
1005   τόξευμ' ἔπεμψεν, ἱμέρου νικώμενος.
πρὸς ταῦτα μὴ πάθωμεν ὧν πολὺς πόνος,
πολὺς δὲ πόντος οὕνεκ' ἠρόθη δορί,
μηδ' αἶσχος ἡμῖν, ἡδονὴν δ' ἐχθροῖς ἐμοῖς
πράξωμεν. οἴκησις δὲ καὶ διπλῆ πάρα·
1010   τὴν μὲν Πελασγός, τὴν δὲ καὶ πόλις διδοῖ,
οἰκεῖν λάτρων ἄτερθεν· εὐπετῆ τάδε.
μόνον φύλαξαι τάσδ' ἐπιστολὰς πατρός,

Wie für jede von uns zur Bedienung euch
    Als Mitgift Danaos zuwies!

Die beiden Chöre ordnen sich; Danaos mit Bewaffneten kommt

Da Ihr Kinder, den Argeiern schuldet ihr Gebet,
Opfer und Spenden, den olympischen Göttern gleich;
Denn eure Retter wurden ohne Schwanken sie.
Was euch man, ihren Landsgenossen, angetan,
Euch hold, zürnend den Vettern, hörten sie's von mir.
Zugleich Begleiter, die hier, speerbewehrt, gab man
Mir bei, als würdge Ehrengabe und damit
Nicht unverhofft durch Speerstoß heimlich meinen Tod
Ich fände, ihrem Lande eine ewge Last.
Für all das, was zuteil euch ward: aus Herzensgrund
Ehrt dankbar sie mit höherer Ehre noch als mich!
Und dies nun schreibt ins Herz zu dem, was ihr schon
An vielen andern Lehren, die der Vater gab: [schriebt
Dir unbekanntes Volk durchschaun – dazu braucht's Zeit.
Doch jeder probt die Zung an Zugezognen gern,
Die böse. Leicht zieht Reden andre dann in Schmutz.
Euch nun ermahn ich: Macht ja keine Schande mir
In eurem Alter, das die Augen auf sich lenkt!
Obst, ernteeif, leicht hütet sich das keineswegs.
Tier ja vergreift wie Mensch – 's ist klar! – sich gern daran.
Geflügeltem und erdbewandelndem Getier
Beut schwellend-schöngereifte Früchte Kypris dar,
Weckt, daß sie *so* nicht bleiben, des Verlangens Lust.
Auch auf der Jungfraun wohlgestalte Schönheit pflegt
Jeder vorbeigehnd seines Augs betörendes
Geschoß zu senden, von Verlangens Not besiegt.
Laßt meiden uns das Schicksal, dessenthalb so viel
Der Müh, so viel des Meeres wir durchfurcht zu Schiff,
Und laßt nicht Schmach uns, Freude unsern Feinden nicht
Uns schaffen! – Wohnung steht uns zwiefach zu Gebot:
Pelasgos bietet eine, eine auch die Stadt,
Zu wohnen unentgeltlich. Gut fiel's für uns aus.
Bewahrt nur, was an Mahnungen der Vater gab:

τὸ σωφρονεῖν τιμῶσα τοῦ βίου πλέον.

Χο τἄλλ' εὐτυχοῖμεν πρὸς θεῶν Ὀλυμπίων·

1015 ἐμῆς δ' ὀπώρας οὔνεκ' εὖ θάρσει, πάτερ.
θεοῖς γὰρ εἴ τι μὴ βεβούλευται νέον,
ἴχνος τὸ πρόσθεν οὐ διαστρέψω φρενός.   Exodos
                                         Str. 1

Χο ἴτε μὰν ἀστυάνακτας   2 io
μάκαρας θεοὺς γανάοντες   2 io
1020 πολιούχους τε καὶ οἳ χεῦμ' Ἐρασίνου   3 io
περιναίουσιν παλαιόν.   io dim
ὑποδέξασθε δ' ὀπαδοὶ   2 io
μέλος· αἶνος δὲ πόλιν τάνδε Πελασγῶν   3 io
ἐχέτω, μηδ' ἔτι Νείλου   2 io
1025 προχοὰς σέβωμεν ὕμνοις· –   io dim

ποταμοὺς δ' οἳ διὰ χώρας   Ant. 1
θελεμὸν πῶμα χέουσιν
πολύτεκνοι, λιπαροῖς χεύμασι γαίας
τόδε μειλίσσοντες οὖδας.
1030 ἐπίδοι δ' Ἄρτεμις ἁγνὰ
στόλον οἰκτιζομένα, μηδ' ὑπ' ἀνάγκας
γάμος ἔλθοι Κυθερείας·
στύγιον πέλοι τόδ' ἄθλον. ⚌

                Θεράπαιναι   Str. 2

Κύπριδος δ' οὐκ ἀμελὴς ἑσμὸς ὅδ' εὔφρων.   3 io
1035 δύναται γὰρ Διὸς ἄγχιστα σὺν Ἥρᾳ·   3 io
τίεται δ' αἰολόμητις   2 io
θεὸς ἔργοις ἐπὶ σεμνοῖς.   2 io
μετάκοινοι δὲ φίλᾳ ματρὶ πάρεισιν   3 io
Πόθος ᾇ τ' οὐδὲν ἄπαρνον   2 io
1040 τελέθει θέλκτορι Πειθοῖ.   2 io
δέδοται δ' Ἁρμονίᾳ μοῖρ' Ἀφροδίτας   3 io
ψεδυρᾷ τρίβῳ τ' ἐρώτων. –   io dim

φυγάδεσσιν δ' ἐπιπνοίας κακά τ' ἄλγη   Ant. 2

      Schätzt Sittsamkeit noch höher als das Leben ein!

Chf Wenn sonst nur Glück uns die olympischen Götter leihn,
      Um unsres Gartens Frucht sei, Vater, unbesorgt.
      Denn ist von Göttern Unerhörtes nicht geplant,
      Weich ich von meines Sinnes früherer Spur nicht ab.

Ch Nun so laßt uns dieser Stadt Herrn,
      Selgen Göttern, unser Lied weihn,
      Die den Stadtkreis und die Flut des Erasinos
      Seit der Urzeit rings umwohnen!
      Gebet Antwort, Schar der Mägde,
      Unserm Sang! Lob sei dem Stadtvolk der Pelasger
      Hier gezollt! Nie mehr des Nilstroms
      Weiter Mündung gilt mein Loblied:

      Fluß um Fluß nur, wie, durchs Land gehnd,
      Still ein jeder seinen Trank gießt,
      Reich an Kindern, und mit fruchtbarer Ergießung
      Dieses Erdreichs Boden sättigt.
      Lenk dein Aug', Artemis, keusche,
      Auf den Zug hier und erbarm dich! Nie mit Zwang bring
      Uns ins Ehbett Kythereia!
      Sei der Tod ehr dieses Kampfs Ziel!

Chor der Mägde

Doch an Kypris denkt voll Frohsinn unser Schwarm hier.
Steht mit Hera ja dem Zeus sie in der Macht nah.
Und man ehrt sie, die an List reich
Ist, als Göttin heiliger Werke.
Denn im Bund stehn mit der liebreizenden Mutter
Holde Sehnsucht und der niemand
Etwas abschlägt: Überredung.
Es hilft Eintracht, hilft am Werk mit Aphrodites
Flüsternd Spiel der Liebesgötter.

Für die Flüchtgen Sturm -auf Sturmwind: schlimme
                             [Mühsal

πολέμους θ' αἱματόεντας προφοβοῦμαι.
1045   τί ποτ' εὔπλοιαν ἔπραξαν
ταχυπόμποισι διωγμοῖς;
ὅ τί τοι μόρσιμόν ἐστιν, τὸ γένοιτ' ἄν.
Διὸς οὐ παρβατός ἐστιν
μεγάλα φρὴν ἀπέρατος·
1050   μετὰ πολλῶν δὲ γάμων ἅδε τελευτὰ
προτερᾶν πέλοι γυναικῶν.

                    Χορός   Str. 3
ὁ μέγας Ζεὺς ἀπαλέξαι   2 io
γάμον Αἰγυπτογενῆ μοι.   2 io
        Θε τὸ μὲν ἂν βέλτατον εἴη·   2 io
1055   Χο σὺ δὲ θέλγοις ἂν ἄθελκτον.   2 io
        Θε σὺ δέ γ' οὐκ οἶσθα τὸ μέλλον. –   2 io

        Χο τί δὲ μέλλω φρένα Δίαν   Ant. 3
καθορᾶν, ὄψιν ἄβυσσον;
        Θε μέτριον νῦν ἔπος εὔχου·
1060   Χο τίνα καιρόν με διδάσκεις;
        Θε τὰ θεῶν μηδὲν ἀγάζειν. =

                                                   Str. 4
        Χο Ζεὺς ἄναξ ἀποστεροί-   cr ia
η γάμον δυσάνορα   cr ia
δάιον, ὅσπερ 'Ιὼ   ch ba
1065   πημονᾶς ἐλύσατ' εὖ   cr ia
χειρὶ παιωνίᾳ κατασχεθών,   2 cr ia
εὐμενῆ βίαν κτίσας. –   cr ia

καὶ κράτος νέμοι γυναι-   Ant. 4
ξίν. τὸ βέλτερον κακοῦ
1070   καὶ τὸ δίμοιρον αἰνῶ,
καὶ δίκᾳ δίκας ἕπε-
σθαι, ξὺν εὐχαῖς ἐμαῖς, λυτηρίοις
μαχαναῖς θεοῦ πάρα. =

Und Entfeßlung blutgen Kriegs fürcht ich im voraus.
Ach, warum half günstger Fahrwind
Allzu eilfertger Verfolgung?
Was vom Schicksal so verhängt ist, wird Ereignis.
Und des Zeus Sinn, nicht durchkreuzbar
Ist er, machtvoll, undurchdringlich.
Ach, auch euch wird einst der Ehbund euer Schicksal
Wie schon vordem vielen Frauen.

Chor der Danaïden

Wehre Zeus' Macht mir den Ehbund
Mit dem Stamm ab des Aigyptos!
Mä Und doch wär dies wohl das beste!
Ch Du belehrst, die unbelehrbar.
Mä Und du weißt nicht, was geschehn wird.

Ch Wie auch sollt' ich in des Zeus Sinn.
Diesen Abgrund, je hinabsehn?
Mä Drum bring maßvoll dein Gebet vor!
Ch Welchem Leitsatz soll ich folgen?
Mä Götterrat füg ohne Groll dich!

Ch Herrscher Zeus, nimm von mir der
Unheilvollen Gattenwahl
Feindlich Geschick, der Io
Huldvoll du vom Leid erlöst,
Durch der heilkräftgen Hand Berührung sanft
Wirkend, deine Macht bezeugt!

Sieg verleihe du den Fraun!
Wenn das Unheil nur für uns
Nicht überwiegt – genügt's mir.
Folge Rechtes Spruch dem Recht!
Uns – so fleht mein Gebet: Erlösung mög
Bringen uns der Gottheit Weg!

Feierlicher Auszug der Chöre mit Danaos und seinem Geleit

ORESTIE

AGAMEMNON

Τὰ τοῦ δράματος πρόσωπα

φύλαξ
χορός   Χο
ἄγγελος
Κλυταιμήστρα   Κλ
Ταλθύβιος   Κῆ
Ἀγαμέμνων   Ἀγ
Κασσάνδρα   Κα
Αἴγισθος   Αἴ

προλογίζει δὲ ὁ φύλαξ, θεράπων Ἀγαμέμνονος.

Die Personen des Dramas

Wächter	
Chor	Ch · Chf
Bote	
Klytaimestra	Kl
Herold Talthybios	He
Agamemnon	Ag
Kassandra	Ka
Aigisthos	Ai

Den Anfang spricht der Wächter, ein Diener Agamemnons.

Φύλαξ

Θεοὺς μὲν αἰτῶ τῶνδ' ἀπαλλαγὴν πόνων,
φρουρᾶς ἐτείας μῆκος, ἣν κοιμώμενος
στέγαις Ἀτρειδῶν ἄγκαθεν, κυνὸς δίκην,
ἄστρων κάτοιδα νυκτέρων ὁμήγυριν,
5 καὶ τοὺς φέροντας χεῖμα καὶ θέρος βροτοῖς
6 λαμπροὺς δυνάστας ἐμπρέποντας αἰθέρι.
8 καὶ νῦν φυλάσσω λαμπάδος τὸ σύμβολον,
αὐγὴν πυρὸς φέρουσαν ἐκ Τροίας φάτιν
10 ἁλώσιμόν τε βάξιν· ὧδε γὰρ κρατεῖ
γυναικὸς ἀνδρόβουλον ἐλπίζον κέαρ.
εὖτ' ἂν δὲ νυκτίπλαγκτον ἔνδροσόν τ' ἔχω
εὐνὴν ὀνείροις οὐκ ἐπισκοπουμένην
ἐμήν· φόβος γὰρ ἀνθ' ὕπνου παραστατεῖ,
15 τὸ μὴ βεβαίως βλέφαρα συμβαλεῖν ὕπνῳ·
ὅταν δ' ἀείδειν ἢ μινύρεσθαι δοκῶ,
ὕπνου τόδ' ἀντίμολπον ἐντέμνων ἄκος,
κλαίω τότ' οἴκου τοῦδε συμφορὰν στένων
οὐχ ὡς τὰ πρόσθ' ἄριστα διαπονουμένου.
20 νῦν δ' εὐτυχὴς γένοιτ' ἀπαλλαγὴ πόνων
εὐαγγέλου φανέντος ὀρφναίου πυρός.

ὦ χαῖρε λαμπτήρ, νυκτὸς ἡμερήσιον
φάος πιφαύσκων καὶ χορῶν κατάστασιν
πολλῶν ἐν Ἄργει τῆσδε συμφορᾶς χάριν.
25 ἰοῦ ἰοῦ.

Wächter
auf dem flachen Dach der Königsburg liegend

Die Götter fleh ich an, zu enden meine Not,
Den Wachdienst eines Jahres, dem „obliegend" auf
Dem Dach des Atreus, ellböglings, nach Hundes Art,
Der Stern' ich schau, des nächtigen Chors, Zusammenkunft
Und, die da führen Winter her und Sommer uns:
Des Glanzes Fürsten kenn am Strahl in Äthershöh.
Auch nun späh aus ich nach der Fackel Zeichenpost,
Dem Schein des Feuers, der aus Troia Botschaft bringt
Und von Eroberung Kunde; so zu tun gebeut
Der Herrin manngemutes, hoffnungschwellend Herz.
Und wenn ich nachtdurchschauert, taubeträuft hier hüt
Ein Lager, dem sich Träume nie besuchend nahn,
Mein Lager, – Furcht statt Schlummers ja steht neben mir,
Daß nie ganz fest die Lider zusammengehn zum Schlaf –
Wenn dann ich singen oder mir was pfeifen möcht,
Zu Schlafes Abwehr schneidend solch ein Heilkraut mir:
Klag nur, bestöhn ich dieses Hauses Unglückslos,
Wo nicht wie vordem gute Zucht das Steuer führt.
Käm glückverheißend nun das Ende meiner Not:
In froher Botschaft durch die Nacht des Feuers Glanz!

Das Feuer flammt auf

O Heil dir, Blitz aus Nacht! der Tages, hellen Tags
Lichtstrahl du aufrufst und der Chöre Reigentanz
Allwärts in Argos, diesem Glücksgeschehn zum Dank!
Triumph! Triumph!

'Αγαμέμνονος γυναικὶ σημαίνω τορῶς
εὐνῆς ἐπαντείλασαν ὡς τάχος δόμοις
ὀλολυγμὸν εὐφημοῦντα τῇδε λαμπάδι
ἐπορθιάζειν, εἴπερ 'Ιλίου πόλις
30   ἑάλωκεν, ὡς ὁ φρυκτὸς ἀγγέλλων πρέπει·
αὐτός τ' ἔγωγε φροίμιον χορεύσομαι.
τὰ δεσποτῶν γὰρ εὖ πεσόντα θήσομαι,
τρὶς ἓξ βαλούσης τῆσδέ μοι φρυκτωρίας.
γένοιτο δ' οὖν μολόντος εὐφιλῆ χέρα
35   ἄνακτος οἴκων τῇδε βαστάσαι χερί.
τὰ δ' ἄλλα σιγῶ· βοῦς ἐπὶ γλώσσῃ μέγας
βέβηκεν· οἶκος δ' αὐτός, εἰ φθογγὴν λάβοι,
σαφέστατ' ἂν λέξειεν. ὡς ἑκὼν ἐγὼ
μαθοῦσιν αὐδῶ κοὐ μαθοῦσι λήθομαι.

Χορός

40   δέκατον μὲν ἔτος τόδ', ἐπεὶ Πριάμου   an
μέγας ἀντίδικος,
Μενέλαος ἄναξ ἠδ' 'Αγαμέμνων,
διθρόνου Διόθεν καὶ δισκήπτρου
τιμῆς ὀχυρὸν ζεῦγος 'Ατρειδᾶν,
45   στόλον 'Αργείων χιλιοναύταν
τῆσδ' ἀπὸ χώρας
ἦραν, στρατιῶτιν ἀρωγάν,

μέγαν ἐκ θυμοῦ κλάζοντες "Αρη,
τρόπον αἰγυπιῶν,
50   οἵτ' ἐκπατίοις ἄλγεσι παίδων
ὕπατοι λεχέων στροφοδινοῦνται
πτερύγων ἐρετμοῖσιν ἐρεσσόμενοι,
δεμνιοτήρη
πόνον ὀρταλίχων ὀλέσαντες·
55   ὕπατος δ' ἀίων ἤ τις 'Απόλλων
ἢ Πὰν ἢ Ζεὺς

Er springt auf

Agamemnons Weib, der Herrin, künd ich lauten Rufs:
Vom Lager aufstehn soll sie voller Eil, im Haus
Den Jubelruf, froh grüßend dieser Fackel Licht,
Aufjauchzen lassen; ward doch Ilion, Ilions Burg
Erobert, wie des Brandes Botschaft klar erweist!
Ich selber wahrlich spring den ersten Freudentanz;
Denn fällt der Herrscher Würfel gut, ist's mein Verdienst,
Da dreimal sechs mir warf des Feuerzeichens Licht.
O könnt ich nun des Kehrenden geliebte Hand,
Des Herrn im Hause, fassen hier mit dieser Hand!
Von anderm schweig ich; stopft mir doch den Mund zu fest
Ein Knebel. Doch dies Haus hier, hätt es Sprache nur,
Aufs klarste würd es reden. So mach gern ich selbst
Mich Kundgen deutlich wohl; Unkundgen bleib ich stumm.

ab

Chor
zieht ein

Ein Jahrzehnt wird es nun, seit des Priamos Feind,
Der Fordrer des Rechts:
Menelaos, der Fürst, Agamemnon dazu,
Mit dem Zwillingsthron und dem Zepter von Zeus
Geehrt, der Atreiden gewaltges Gespann,
Den Argeierzug – tausend Schiffe an Zahl –
Allhier aus dem Land
    Wegführten als rächenden Heerbann,

Mit Gewalt aus der Brust Ruf stoßend des Kriegs,
So wie Geier es tun,
Die in einsamer Qual um der Jungvögel Raub
Hoch über dem Horst ihre Kreise ziehn,
Mit der Fittiche Ruder rudernd umher,
Da Hüten des Nests,
    Not und Müh um die Brut all umsonst war.
Doch ein Gott, der es hört, ob Apollon, der Herr,
Ob Pan, ob Zeus,

οἰωνόθροον γόον ὀξυβόαν
τῶνδε μετοίκων ὑστερόποινον
πέμπει παραβᾶσιν Ἐρινύν.

60 οὕτω δ' Ἀτρέως παῖδας ὁ κρείσσων
ἐπ' Ἀλεξάνδρῳ πέμπει ξένιος
Ζεύς, πολυάνορος ἀμφὶ γυναικὸς
πολλὰ παλαίσματα καὶ γυιοβαρῆ
γόνατος κονίαισιν ἐρειδομένου
65 διακναιομένης τ' ἐν προτελείοις
κάμακος θήσων Δαναοῖσιν

Τρωσί θ' ὁμοίως. ἔστι δ' ὅπη νῦν
ἔστι· τελεῖται δ' ἐς τὸ πεπρωμένον·
οὔθ' ὑποκαίων οὔθ' ὑπολείβων
70 οὔτε δακρύων ἀπύρων ἱερῶν
ὀργὰς ἀτενεῖς παραθέλξει.

ἡμεῖς δ' ἀτίται σαρκὶ παλαιᾷ
τῆς τότ' ἀρωγῆς ὑπολειφθέντες
μίμνομεν ἰσχὺν
75 ἰσόπαιδα νέμοντες ἐπὶ σκήπτροις.
ὅ τε γὰρ νεαρὸς μυελὸς στέρνων
ἐντὸς ἀνάσσων
ἰσόπρεσβυς, Ἄρης δ' οὐκ ἔνι χώρᾳ,
τό θ' ὑπέργηρων φυλλάδος ἤδη
80 κατακαρφομένης τρίποδας μὲν ὁδοὺς
στείχει, παιδὸς δ' οὐδὲν ἀρείων
ὄναρ ἡμερόφαντον ἀλαίνει.

σὺ δέ, Τυνδάρεω
θύγατερ, βασίλεια Κλυταιμήστρα,
85 τί χρέος; τί νέον; τί δ' ἐπαισθομένη,
τίνος ἀγγελίας
πειθοῖ περίπεμπτα θυοσκεῖς;
πάντων δὲ θεῶν τῶν ἀστυνόμων,
ὑπάτων, χθονίων,

Des Vogelrufs Jammern, das aufgellt im Schrei:
Seinen Schützlingen helfend, wenn auch spät:
    Schickt den Frevlern die rächende Göttin.

So des Atreus Söhne entsendet mit Macht
Wider Paris der Hüter des Gastrechts: Zeus;
Zeus, der um das männerumbuhlte Weib
Vielringenden, gliederbeschwerenden Kampf –
Wo das Knie gelähmt in den Staub hinsinkt
Und zerkrachend im Vorkampf schon splittert des Speers
    Langer Schaft – zuteilt den Hellenen

Und den Troern zugleich. Mag stehen es nun,
Wie es steh: zu Ende geht's, wie es verhängt.
Ob du zündest die Flamm, ob du träufelst aufs neu,
Ob du weinst – du versöhnst nicht nielöschenden Zorn
    Über Opfer, die du versäumt hast.

Doch wir, ohne Ruhm mit dem alternden Fleisch
Von dem Heerzug vordem zurückgestellt,
Wir blieben daheim,
Kindähnliche Kraft aufstützend dem Stab;
Denn jugendlich Mark, das sich regt in der Brust
Tiefinnen, es ist
Greisähnlich; die Kriegskraft, sie bleibt ihm verwehrt.
Und wer überbejahrt ist, wem Fülle des Laubs
Schon trocknend verwelkt: dreifüßigen Gangs
Schleicht hin er, ein Kind – nichts Bessres – an Kraft,
    Ein am Tage umirrendes Traumbild.

Inzwischen haben Dienerinnen die Opfer vorbereitet;
    Klytaimestra kommt, die Opfer zu beginnen

Doch, Königin, du,
Klytaimestra, des Tyndaros Tochter, sag:
Was denn gibt's? Was geschah? Was hörtest du heut?
Was für Kunde gab Grund,
    Daß rings in der Runde du opferst?
Aller Götter ja sehn wir – der Hüter der Stadt,
In der Höh, in der Erd,

90   τῶν τ' οὐρανίων τῶν τ' ἀγοραίων,
        βωμοὶ δώροισι φλεγονται·
     ἄλλη δ' ἄλλοθεν οὐρανομήκης
     λαμπὰς ἀνίσχει,
     φαρμασσομένη χρίματος ἁγνοῦ
95   μαλακαῖς ἀδόλοισι παρηγορίαις,
        πελάνῳ μυχόθεν βασιλείῳ.
     τούτων λέξασ', ὅ τι καὶ δυνατὸν
     καὶ θέμις, αἴνει
     ποιών τε γενοῦ τῆσδε μερίμνης,
100 ἣ νῦν τοτὲ μὲν κακόφρων τελέθει,
     τοτὲ δ' ἐκ θυσιῶν ἀγανὴ φαίνουσ'
     ἐλπὶς ἀμύνει φροντίδ' ἄπληστον
     καὶ θυμοβόρον φρενὶ λύπην.

		Parodos
		Str. 1
	κύριός εἰμι θροεῖν ὅδιον κράτος αἴσιον ἀν-	6 da
	[δρῶν	
105	ἐντελέων· ἔτι γὰρ θεόθεν καταπνεύει	5 da
	πειθώ, μολπᾶν ἀλκάν, σύμφυτος αἰών·	5 da
	ὅπως Ἀχαιῶν δίθρονον κράτος, Ἑλλάδος	ia 4 da
110	ξύμφρονα ταγάν, [ἥβας	adon
	πέμπει ξὺν δορὶ καὶ χερὶ πράκτορι	4 da
	θούριος ὄρνις Τευκρίδ' ἐπ' αἶαν,	4 da
	οἰωνῶν βασιλεὺς βασιλεῦσι νε-	4 da
115	ῶν, ὁ κελαινός, ὁ τ' ἐξόπιν ἀργᾶς,	4 da
	φανέντες ἴκταρ μελάθρων χερὸς ἐκ δοριπάλ-	ia 4 da
	παμπρέπτοις ἐν ἕδραισιν, [του	3 da
	βοσκόμενοι λαγίναν ἐρικύμονα φέρματα γέν-	6 da
120	βλαβέντα λοισθίων δρόμων. [ναν,	2 ia
	αἴλινον αἴλινον εἰπέ, τὸ δ' εὖ νικάτω. –	5 da
	κεδνὸς δὲ στρατόμαντις ἰδὼν δύο λήμασι δισ-	Ant. 1
	Ἀτρεΐδας μαχίμους ἐδάη λαγοδαίτας [σοὺς	
	πομπᾶς ἀρχούς· οὕτω δ' εἶπε τεράζων·	
125	»χρόνῳ μὲν ἀγρεῖ Πριάμου πόλιν ἅδε κέλευθος,	

Auf des Himmels Thron, wie der Schützer des Markts –
   Altäre von Opfern auflodern.
Und hierher und dort zum Himmel hinauf
Tanzt Flamme empor,
Sich vermengend, sich nährend mit heiligen Öls
Süßschmeichelndem Duft, reinatmender Kraft
   Aus dem Innern des Königspalastes.
Vom Geschehnen sagend, soviel du vermagst
Und vergönnt dir: gib Rat
Und werd heilende Gottheit der ängstlichen Pein,
Die bald uns als düstere Ahnung sich zeigt
Und bald aus den Opfern sanftleuchtenden Strahls
Als Hoffnung abwehrt unersättliche Sorg
   Und herzverzehrenden Jammer!

           Klytaimestra geht während des folgenden
                Chorgesanges in die Königsburg

Fug ist und Recht mir, zu singen glückzeugendes Zeichen beim
                                                    [Auszug
Streitbaren Volks – noch ja – Dank einem Gott! – hauchet
                                              [Macht des
Worts ein, Chorsangs Klangkraft, uns unser Greistum –
Wie Achaias zweithronige Kronmacht, hellenischer Jugend
Einmütge Führung,
Sandten mit Speeresschaft, rächender Hände Kraft
Raubvögel zwei zur teukrischen Erde,
Vogelvolks Kön'ge, den Kön'gen des Flottenheers –
Schwarz dieser, jener im Nacken weiß glänzend –
Erscheinend ganz nah bei der Burg an der Seite des Speerarms
Auf allsichtbarem Hochsitz,
Wie sie verschlangen die Häsin, die trächtge, samt ihres Leibs
Geschlagen noch vorm letzten Sprung.   [Frucht
Wehe, ruf Wehe voll Leid, doch das Gute sei siegreich!
Doch der kundige Seher, anschaund die zwei ungleichgemuten
Streitbarn Atreiden, erkannt in den Hasenzerfleischern
Des Zugs Führer; also gab er die Deutung:
„Dereinst ergreift Priamos' Hochburg als Beute der Heerzug;

πάντα δὲ πύργων
κτήνη πρόσθε τὰ δημιοπληθέα
130 μοῖρα λαπάξει πρὸς τὸ βίαιον·
οἷον μή τις ἄγα θεόθεν κνεφά-
ση προτυπὲν στόμιον μέγα Τροίας
135 στρατωθέν. οἴκτῳ γὰρ ἐπίφθονος Ἄρτεμις ἁγνὰ
πτανοῖσιν κυσὶ πατρὸς
αὐτότοκον πρὸ λόχου μογερὰν πτάκα θυομένοισιν·
στυγεῖ δὲ δεῖπνον αἰετῶν.«
αἴλινον αἴλινον εἰπέ, τὸ δ' εὖ νικάτω. =

		Epodos
140	»τόσονπερ εὔφρων ἁ καλά,	2 ia
	δρόσοις ἀέπτοις μαλερῶν λεόντων	ia cho ba
	πάντων τ' ἀγρονόμων φιλομάστοις	4 da
	θηρῶν ὀβρικάλοισι τερπνά,	hipp
	τούτων αἰτεῖ ξύμβολα κρᾶναι	4 da
145	δεξιὰ μέν, κατάμομφα δὲ φάσματα στρου-	5 da
	ἰήιον δὲ καλέω Παιᾶνα, [θῶν.	ia cr ba
	μή τινας ἀντιπνόους Δαναοῖς χρονί-	4 da
	ας ἐχενῇδας ἀπλοίας	3 da
150	τεύξῃ σπευδομένα θυσίαν ἑτέ-	4 da
	ραν ἄνομόν τιν', ἄδαιτον,	3 da
	νεικέων τέκτονα σύμφυτον οὐ δεισ-	4 da
	ήνορα. μίμνει γὰρ φοβερὰ παλίνορτος,	5 da
155	οἰκονόμος δολία, μνάμων μῆνις τεκνόποινος.«	6 da
	τοιάδε Κάλχας ξὺν μεγάλοις ἀγαθοῖς ἀπέκλαγξεν	6 da
	μόρσιμ' ἀπ' ὀρνίθων ὁδίων οἴκοις βασιλείοις·	6 da
	τοῖς δ' ὁμόφωνον	adon
	αἴλινον αἴλινον εἰπέ, τὸ δ' εὖ νικάτω. –	5 da
		Str. 2
160	Ζεὺς ὅστις ποτ' ἐστίν, εἰ τόδ' αὐ-	3 tr
	τῷ φίλον κεκλημένῳ,	2 tr
	τοῦτό νιν προσεννέπω.	2 tr
	οὐκ ἔχω προσεικάσαι	2 tr
	πάντ' ἐπισταθμώμενος	2 tr
165	πλὴν Διός, εἰ τὸ μάταν ἀπὸ φροντίδος ἄχθος	5 da

Was nur im Schloß an
Schätzen vordem vom Volke gehäuft ward: ihr
Schicksal ist Plünderung, voll von Gewalttat.
Daß nur nicht Haß und Neid eines Gottes werf in
Nacht – riesges Zaumzeug, geformt einst für Troia
Aus Kriegsvolk! Mitfühlend und keusch ja trägt Artemis
Flügelhunden des Vaters,   [Groll den
Weil sie – die trug, vor dem Wurf – die arg klagende Häsin
Ihr graust vorm Mahl des Adlerpaars."   [geopfert;
Wehe! ruf wehe voll Leid! Doch das Gute sei siegreich!

„Ist so voll Huld die Hehre dem
Geheck, dem hilflosen, gewaltger Bergleun,
All des flurenbewohnenden Wilds auch
Brüstesäugenden Jungen liebreich:
Heischt sie, jener Erscheinen zu deuten,
Was es an Glück, was an Leid bringt, das Zeichen der Vögel.
Den Helfer ruf ich herbei, den Heilgott,
Daß nicht den Danaern dauernden Gegenwinds
Hemmungen sie für die Kriegsfahrt
Wirke, rüstend sich Opferung anderer
Art: ein ruchloses Unmahl,
Streits Anstiftrin dem Stamm, ohne Scheu vorm
Ehgemahl; harrt doch, furchtbar, aufs neue sich hebend,
Waltrin im Haus, voller Tücke, stets wach: kindrächende
                                                [Wutgier!"
Also sang Kalchas, zugleich mit glanzvollem Glück weissagend
Unheil aus Adlerflug bei dem Zug dem Hause des Königs.
Solchem gleichtönend:
Wehe, ruf wehe voll Leid! Doch das Gute sei siegreich!

Zeus, wer er auch sein mag, ist ihm dies
Lieb als Nam und steht ihm an,
Ruf ich so ihn betend an.
Nicht beut mir sich sonst Vergleich –
Alles wäg ich prüfend ab –
Außer Zeus selbst, wenn ich Grübelns vergebliche Last soll

χρὴ βαλεῖν ἐτητύμως. –   2 tr

οὐδ' ὅστις πάροιθεν ἦν μέγας,   Ant. 2
παμμάχῳ θράσει βρύων,
170   οὐδὲ λέξεται πρὶν ὤν·
ὃς δ' ἔπειτ' ἔφυ, τρια-
κτῆρος οἴχεται τυχών.
Ζῆνα δέ τις προφρόνως ἐπινίκια κλάζων
175   τεύξεται φρενῶν τὸ πᾶν,   =
                                                         Str. 3
τὸν φρονεῖν βροτοὺς ὁδώ-   2 tr
σαντα, τὸν »πάθει μάθος«   2 tr
θέντα κυρίως ἔχειν.   2 tr
στάζει δ' ἀνθ' ὕπνου πρὸ καρδίας   3 tr
180   μνησιπήμων πόνος· καὶ παρ' ἄ-   3 cr
κοντας ἦλθε σωφρονεῖν.   2 tr
δαιμόνων δέ που χάρις βι-   2 tr
αίως σέλμα σεμνὸν ἡμένων. –   3 tr

καὶ τόθ' ἡγεμὼν ὁ πρέ-   Ant. 3
185   σβυς νεῶν Ἀχαιικῶν,
μάντιν οὔτινα ψέγων,
ἐμπαίοις τύχαισι συμπνέων,
εὖτ' ἀπλοίᾳ κεναγγεῖ βαρύ-
νοντ' Ἀχαιικὸς λεώς,
190   Χαλκίδος πέραν ἔχων πα-
λιρρόχθοις ἐν Αὐλίδος τόποις·   =
                                                         Str. 4
πνοαὶ δ' ἀπὸ Στρυμόνος μολοῦσαι   ia cr ba
κακόσχολοι, νήστιδες, δύσορμοι,   ia cr ba
195   βροτῶν ἄλαι, ναῶν τε καὶ   2 ia
πεισμάτων ἀφειδεῖς,   cr ba
παλιμμήκη χρόνον τιθεῖσαι   ba cr ba
τρίβῳ κατέξαινον ἄν-   ia cr
θος Ἀργείων· ἐπεὶ δὲ καὶ πικροῦ   ba cr ia
χείματος ἄλλο μῆχαρ   ch dim
200   βριθύτερον προμοῖσιν   ch dim
μάντις ἔκλαγξεν, προφέρων   ch dim

Wälzen mir von Seel und Herz.

Auch von dem, der vordem war in Macht,
Allem Kampf trotzt' und Gefahr:
Keiner spricht von dem – Er – war!
Und der drauf erstand, des All-
siegers Faust ward er gewahr.
Zeus aber freudigen Muts im Siegeslied feiernd,
Faßt des Denkens Kern man ganz,

Zeus, der uns der Weisheit Weg
Leitet, der dem Satz: „Durch Leid
Lernen!" vollste Geltung leiht.
Klopft anstatt des Schlummers an das Herz
Reugemut Mühsal an: selbst sich Sträu-
benden kommt Besonnenheit.
Götter geben solche Gunst, Ge-
waltherrn auf des Weltensteuers Thron.

Und der ältre drauf der Feld-
herrn von griechscher Flotten Bund,
Tadelnd keines Sehers Mund,
Schicksals Schlägen fügend sich zur Stund,
Als bei Fahrtnot, die Faß leert' auf Faß,
Schwierig ward Achaias Volk,
Chalkis drüben stets vorm Aug von
Seeumrauschten Aulis' Küsten aus;

Als Stürme, vom Strymon her auffahrend,
Durch böse Rast, Hungers-, Landungsnöte,
Verwirrung schaffend, Schiffe samt
Tauwerk nicht verschonend:
Durch überlanges Harren dürr mach-
ten, dürr und welk blühnde Kraft
Des Argosvolks; und als nun für des Sturms
Bitternis andren Ausweg,
Schwerer den Fürsten noch, der
Seher tat kund, hindeutend auf

    Ἄρτεμιν, ὥστε χθόνα βάκ-   ch dim
    τροις ἐπικρούσαντας Ἀτρεί-   ch dim
    δας δάκρυ μὴ κατασχεῖν· –   ch dim

205   ἄναξ δ' ὁ πρέσβυς τόδ' εἶπε φωνῶν·   Ant. 4
    »βαρεῖα μὲν κὴρ τὸ μὴ πιθέσθαι,
    βαρεῖα δ', εἰ τέκνον δαΐ-
    ξω, δόμων ἄγαλμα,
    μιαίνων παρθενοσφάγοισιν
210   ῥείθροις πατρῴους χέρας
    πέλας βωμοῦ· τί τῶνδ' ἄνευ κακῶν;
    πῶς λιπόναυς γένωμαι
    ξυμμαχίας ἁμαρτών;
    παυσανέμου γὰρ θυσίας
215   παρθενίου θ' αἵματος ὀρ-
    γᾷ περιοργῶς ἐπιθυ-
    μεῖν θέμις. εὖ γὰρ εἴη.« =

                                 Str. 5
    ἐπεὶ δ' ἀνάγκας ἔδυ λέπαδνον   ia cr ba
    φρενὸς πνέων δυσσεβῆ τροπαίαν   ia cr ba
220   ἄναγνον, ἀνίερον, τόθεν   2 ia
    τὸ παντότολμον φρονεῖν μετέγνω.   ia cr ba
    βροτοὺς θρασύνει γὰρ αἰσχρόμητις   ia cr ba
    τάλαινα παρακοπὰ πρωτοπήμων. ἔτλα δ'   ia 3 ba
    θυτὴρ γενέσθαι θυγατρός,   [οὖν   ch dim
225   γυναικοποίνων πολέμων ἀρωγὰν   ch dim ba
    καὶ προτέλεια ναῶν. –   ch ba

    λιτὰς δὲ καὶ κληδόνας πατρῴους   Ant. 5
    παρ' οὐδὲν αἰῶ τε παρθένειον
230   ἔθεντο φιλόμαχοι βραβῆς.
    φράσεν δ' ἀόζοις πατὴρ μετ' εὐχὰν
    δίκαν χιμαίρας ὕπερθε βωμοῦ
    πέπλοισι περιπετῆ παντὶ θυμῷ προνωπῆ
    λαβεῖν ἀέρδην, στόματός
235   τε καλλιπρῴρου φυλακᾷ κατασχεῖν
    φθόγγον ἀραῖον οἴκοις. =

Artemis, daß, fest auf den Erd-
boden den Stab stoßend, die A-
treiden der Träne nicht wehrten:

Da sprach der Heerfürst, der ältre, also:
„Schwer ist mein Los, wenn ich nicht gehorche;
Schwer ist's, wenn ich mein Kind soll schlach-
ten, des Hauses Kleinod,
Besudelnd mir mit Jungfraumordes
Blutströmen die Vaterhand
Dem Altar nah – was ist hier ohne Schuld?
Schiffsflüchtig werden soll ich,
Kampfbundes Eidschwur brechen?
Nein! Wenn nach sturmhemmendem Sühn-
opfer, nach jungfräulichem Blut
Eifer ohn Maß furchtbar mich treibt:
Recht ist es! Sei's zum Heil uns!"

Und als der Not Zwangsjoch er sich beugte,
Im Herzen wehn ließ gottlose Windsbraut,
Unrein-unheilge, da – da wandt
In tollen Wagmut er Seel und Sinn um.
Menschen macht tollkühn ja schandgemute,
Unselge Wirrung des Geists, Unheils Urquell. Er wagt's nun,
Opfrer zu sein eigenen Bluts
Dem Weibesraub sühnenden Krieg zu Nutz und
Weihung der Flottenausfahrt.

Ihr Flehen, Angstruf: O Vater, Vater!
Galt nichts, ihr jungfräulich blühend Leben
Nichts dem kampflüsternen Feldherrnpaar.
Der Vater wies Diener nach Gebet an,
Gleich einer Geiß sie auf den Altarstein,
Umflossen von dem Gewand – festen Muts – die gebeugte
Fassend zu heben; von dem schön-
geschwungnen Mund vorsichtig fernzuhalten
Fluchenden Schrei dem Hause.

Str. 6

βίᾳ χαλινῶν δ' ἀναύδῳ μένει,   ia 2 cr
κρόκου βαφὰς ἐς πέδον χέουσα,   ia cr ba
240   ἔβαλλ' ἕκαστον θυτήρων ἀπ' ὄμ-   ia 2 cr
ματος βέλει φιλοίκτῳ,   ia ba
πρέπουσα τὼς ἐν γραφαῖς, προσεννέπειν   ia cr ia
θέλουσ', ἐπεὶ πολλάκις   ia cr
πατρὸς κατ' ἀνδρῶνας εὐτραπέζους   ia cr ba
ἔμελψεν· ἁγνᾷ δ' ἀταύρωτος αὐδᾷ πατρὸς   ia 3 cr
245   φίλου τριτόσπονδον εὔ-   ia cr
ποτμον παιῶνα φίλως ἐτίμα. –   ba ch diin

τὰ δ' ἔνθεν οὔτ' εἶδον οὔτ' ἐννέπω·   Ant. 6
τέχναι δὲ Κάλχαντος οὐκ ἄκραντοι.
Δίκα δὲ τοῖς μὲν παθοῦσιν μαθεῖν
250   ἐπιρρέπει· τὸ μέλλον
ἐπεὶ γένοιτ' ἂν κλύοις· πρὸ χαιρέτω·
ἴσον δὲ τῷ προστένειν.
τορὸν γὰρ ἥξει σύνορθρον αὐγαῖς.
255   πέλοιτο δ' οὖν τἀπὶ τούτοισιν εὖ πρᾶξις, ὡς
θέλει τόδ' ἄγχιστον Ἀ-
πίας γαίας μονόφρουρον ἕρκος. =

Χορός

ἥκω σεβίζων σόν, Κλυταιμήστρα, κράτος·
δίκη γάρ ἐστι φωτὸς ἀρχηγοῦ τίειν
260   γυναῖκ' ἐρημωθέντος ἄρσενος θρόνου.
σὺ δ' εἴτε κεδνὸν εἴτε μὴ πεπυσμένη
εὐαγγέλοισιν ἐλπίσιν θυηπολεῖς,
κλύοιμ' ἂν εὔφρων· οὐδὲ σιγώσῃ φθόνος.

Κλυταιμήστρα

εὐάγγελος μέν, ὥσπερ ἡ παροιμία,
265   ἕως γένοιτο μητρὸς εὐφρόνης πάρα.
πεύσῃ δὲ χάρμα μεῖζον ἐλπίδος κλύειν·
Πριάμου γὰρ ᾑρήκασιν Ἀργεῖοι πόλιν.
Χο   πῶς φής; πέφευγε τοὔπος ἐξ ἀπιστίας.
Κλ   Τροίαν Ἀχαιῶν οὖσαν· ἦ τορῶς λέγω;

Und trotz des Knebels, ob stumm gleich, doch traf,
Das Safrankleid nieder gleiten lassend,
Sie ihrer Opfrer jedweden mit Au-
ges Pfeil, erbarmungflehend,
Stumm sprechend gleichwie im Bild, zum Wort an sie
Bereit, wie oft sie ja sonst
In Vaters Prunksaal, dem tischgeschmückten,
Gesungen; rein klang der Jungfrau ihr Heilssang, den teu-
ren Vater beim Spendeguß
Als glückhaft Festlied voll Anmut feiernd.

Was nun kam, nicht sah ich's noch sprech ich's aus.
Doch Kalchas' Kunst bleibt nicht ohn Erfüllung.
Gerechtigkeit – dem, der Leid duldet, Ler-
nen wägt sie zu. Das Künftge,
Sobald's geschah, hörst du's wohl. Vorher begrüßt –
Gleichviel ist's: vorher bestöhnt;
Denn Klarheit bringt erst des Morgens Lichtstrahl.
Gedeihe nun all die Zukunft zum Glück, Heil, so wie's
Erhofft zumeist sie, die uns-
rem Heimatland einzig Schutz und Schirm ist!

Klytaimestra tritt auf, von zwei Mägden begleitet

Chorführer

Ich komme, huldigend, Klytaimestra, deiner Macht;
Recht ist es ja, des Herrn zu ehren, des herrschenden,
Gemahlin, wenn beraubt des Mannes steht der Thron.
Ob du nun Günstges oder nicht erfahren hast,
Daß du, auf frohe Botschaft hoffend, Opfer bringst,
Hört gern als Freund ich; schweigst du, bleib ich ohne Groll.

Klytaimestra

Mit Gold im Munde komme, wie's im Sprichwort heißt,
Die Morgenstunde aus dem Schoß der Mutter Nacht!
Erfahren wirst du Freude, über alles Hoffen groß:
Des Priamos Stadt – erobert hat sie Argos' Heer!

Chf Was sagst du? Mir entfloh dein Wort; unglaublich klang's!
Kl   Troia gehört den Griechen! Sprech ich deutlich nun?

270 Χο χαρά μ' ὑφέρπει δάκρυον ἐκκαλουμένη.
    Κλ εὖ γὰρ φρονοῦντος ὄμμα σοῦ κατηγορεῖ.
    Χο τί γὰρ τὸ πιστόν; ἔστι τῶνδέ σοι τέκμαρ;
    Κλ ἔστιν, τί δ' οὐχί; μὴ δολώσαντος θεοῦ.
    Χο πότερα δ' ὀνείρων φάσματ' εὐπιθῆ σέβεις;
275 Κλ οὐ δόξαν ἂν λάβοιμι βριζούσης φρενός.
    Χο ἀλλ' ἦ σ' ἐπίανέν τις ἄπτερος φάτις;
    Κλ παιδὸς νέας ὣς κάρτ' ἐμωμήσω φρένας.
    Χο ποίου χρόνου δὲ καὶ πεπόρθηται πόλις;
    Κλ τῆς νῦν τεκούσης φῶς τόδ' εὐφρόνης λέγω.
280 Χο καὶ τίς τόδ' ἐξίκοιτ' ἂν ἀγγέλων τάχος;
    Κλ Ἥφαιστος, Ἴδης λαμπρὸν ἐκπέμπων σέλας.
        φρυκτὸς δὲ φρυκτὸν δεῦρ' ἀπ' ἀγγάρου πυρὸς
        ἔπεμπεν. Ἴδη μὲν πρὸς Ἑρμαῖον λέπας
        Λήμνου· μέγαν δὲ πανὸν ἐκ νήσου τρίτον
285   Ἀθῷον αἶπος Ζηνὸς ἐξεδέξατο.
        ὑπερτελής τε, πόντον ὥστε νωτίσαι
        ἰσχὺν πορευτοῦ λαμπάδος πρὸς ἡδονήν,
        πεύκη τὸ χρυσοφεγγὲς ὥς τις ἥλιος
        σέλας παραγγείλασα Μακίστου σκοπαῖς.
290   ὃ δ' οὔτι μέλλων οὐδ' ἀφρασμόνως ὕπνῳ
        νικώμενος παρῆκεν ἀγγέλου μέρος·
        ἑκὰς δὲ φρυκτοῦ φῶς ἐπ' Εὐρίπου ῥοὰς
        Μεσσαπίου φύλαξι σημαίνει μολόν.
        οἳ δ' ἀντέλαμψαν καὶ παρήγγειλαν πρόσω,
295   γραίας ἐρείκης θωμὸν ἅψαντες πυρί.
        σθένουσα λαμπὰς δ' οὐδέπω μαυρουμένη,
        ὑπερθοροῦσα πεδίον Ἀσωποῦ, δίκην
        φαιδρᾶς σελήνης, πρὸς Κιθαιρῶνος λέπας
        ἤγειρεν ἄλλην ἐκδοχὴν πομποῦ πυρός.
300   φάος δὲ τηλέπομπον οὐκ ἠναίνετο
        φρουρά, πλέον καίουσα τῶν εἰρημένων·
        λίμνην δ' ὑπὲρ Γοργῶπιν ἔσκηψεν φάος,
        ὄρος τ' ἐπ' Αἰγίπλαγκτον ἐξικνούμενον
        ὤτρυνε θεσμὸν μὴ χρονίζεσθαι πυρός.
305   πέμπουσι δ' ἀνδαίοντες ἀφθόνῳ μένει

Chf Freude durchdringt mich, Tränen ruft sie mir hervor.

Kl Daß gut du's meinst, dein Aug als Zeuge zeigt es an.

Chf Wie soll man's glauben? Hast du für dein Wort Beweis?

Kl Ja, ohne Zweifel! Falls nicht Trug ersann ein Gott.

Chf Ob du wohl Traumgesichten traust in frommer Scheu?

Kl Nie Glauben leihn würd ich schlaftrunkenem Gemüt.

Chf So gibt dir frohen Mut ein unflügges Gerücht?   [mich!

Kl Als trüg ich kindischen Sinn noch, schmähst und höhnst du

Chf Wie lange Zeit ist's her, seit man zerstört die Stadt?

Kl Die heut gebar das Licht, in dieser Nacht geschah's.

Chf Und wer erreicht' als Bote wohl sein Ziel so schnell?

Kl Hephaistos, der vom Ida lohnden Strahl entsandt.
    Lichtbrand hat Lichtbrand her in Feuers Postenlauf
    Gesandt; der Ida nämlich zu des Hermes Fels
    Auf Lemnos; des Eilands mächtgen Strahl als dritter nahm
    Der Athosberg des Zeus in sicheren Empfang.
    Und überstark, daß Meeres Nacken übersprang
    Die Kraft des Wanderfackelstrahls vor lauter Lust,
    Bracht eine Fichte, goldenleuchtend gleich der Sonn,
    Ihr Licht als Botschaft des Makistos hoher Wacht.
    Der – ohne Zaudern, auch nicht unachtsam vom Schlaf
    Bezwungen – sandte seinen Botschaftsanteil fort.
    Fern nimmt der Fackel Flamm an des Euripos Flut,
    Messapios' Wächtern Zeichen bringend, ihren Weg.
    Die strahlten Antwort, schickten Weisung weiter vor,
    Der greisen Heide Haufen fachend an zur Glut.
    Voll Kraft, die Fackel, und noch keineswegs geschwächt,
    Übersprang im Schwung die Ebne des Asopos –, gleich
    Leuchtendem Mondlicht – bis zu des Kithairon Stirn
    Und weckte neuen Wechselgang der Feuerpost.
    Dem Strahl, dem weitgesandten, nicht entzog sich ihm
    Die Wache, ließ ihn mehr auflohn als irgend sonst.
    Über den See Gorgopis zuckte hell der Strahl;
    Zum Berge Aigiplanktos nunmehr angelangt,
    Trieb an er, nicht zu säumen in des Feuers Dienst.
    Wehn lassen zündend sie mit überreicher Kraft

φλογὸς μέγαν πώγωνα, καὶ Σαρωνικοῦ
πορθμοῦ κάτοπτον πρῶν' ὑπερβάλλειν πρόσω
φλέγουσαν· εἶτ' ἔσκηψεν, εἶτ' ἀφίκετο
Ἀραχναῖον αἶπος, ἀστυγείτονας σκοπάς·
310   κᾆπειτ' Ἀτρειδῶν ἐς τόδε σκήπτει στέγος
φάος τόδ' οὐκ ἄπαππον Ἰδαίου πυρός.
τοιοίδε τοί μοι λαμπαδηφόρων νομοί,
ἄλλος παρ' ἄλλου διαδοχαῖς πληρούμενοι·
νικᾷ δ' ὁ πρῶτος καὶ τελευταῖος δραμών.
315   τέκμαρ τοιοῦτον σύμβολόν τέ σοι λέγω
ἀνδρὸς παραγγείλαντος ἐκ Τροίας ἐμοί.

Χο   θεοῖς μὲν αὖθις, ὦ γύναι, προσεύξομαι·
λόγους δ' ἀκοῦσαι τούσδε κἀποθαυμάσαι
διηνεκῶς θέλοιμ' ἄν, οὓς λέγεις, πάλιν.

320   Κλ   Τροίαν Ἀχαιοὶ τῇδ' ἔχουσ' ἐν ἡμέρᾳ.
οἶμαι βοὴν ἄμεικτον ἐν πόλει πρέπειν.
ὄξος τ' ἄλειφά τ' ἐγχέας ταὐτῷ κύτει
διχοστατοῦντ' ἄν, οὐ φίλως, προσεννέποις·
καὶ τῶν ἁλόντων καὶ κρατησάντων δίχα
325   φθογγὰς ἀκούειν ἔστι συμφορᾶς διπλῆς.
οἱ μὲν γὰρ ἀμφὶ σώμασιν πεπτωκότες
ἀνδρῶν κασιγνήτων τε καὶ φυταλμίων
παῖδες γερόντων οὐκέτ' ἐξ ἐλευθέρου
δέρης ἀποιμώζουσι φιλτάτων μόρον,
330   τοὺς δ' αὖτε νυκτίπλαγκτος ἐκ μάχης πόνος
νήστεις πρὸς ἀρίστοισιν ὧν ἔχει πόλις
τάσσει. πρὸς οὐδὲν ἐν μέρει τεκμήριον,
ἀλλ' ὡς ἕκαστος ἔσπασεν τύχης πάλον,
ἐν αἰχμαλώτοις Τρωϊκοῖς οἰκήμασι
335   ναίουσιν ἤδη, τῶν ὑπαιθρίων πάγων
δρόσων τ' ἀπαλλαχθέντες. ὡς δ' εὐδαίμονες
ἀφύλακτον εὑδήσουσι πᾶσαν εὐφρόνην.
εἰ δ' εὐσεβοῦσι τοὺς πολισσούχους θεοὺς
τοὺς τῆς ἁλούσης γῆς θεῶν θ' ἱδρύματα,
340   οὔ τἂν ἑλόντες αὖθις ἀνθαλοῖεν ἄν.
ἔρως δὲ μή τις πρότερον ἐμπίπτῃ στρατῷ

Der Flamme mächtgen Bart, daß des Saronschen sie,
Des Golfs weitsichtbarn Vorsprung übersprang, vorwärts
Stets leuchtend; jetzt blitzt' auf sie, jetzt erreichte sie
Arachnaions Höh, der Stadtburg nachbarliche Wacht.
Und drauf zu der Atreiden, hier blitzt zu dem Dach
Der Strahl, Urenkel echter Art des Idafeurs.
So teilt sich mir der Fackelträger Ordnung ein,
In wechselseitiger Weitergabe durchgeführt;
Und Sieg ist hier des ersten wie des letzten Lauf.
Beweis derart tu, deutlich Zeichen, ich dir kund,
Wie es mein Mann als Botschaft sandt aus Troia mir.

Chf Den Göttern werd ich später, Frau, mich betend nahn.
Doch jene Worte, die du sagtest, hören, drob
Erstaunen, immerwährend wünscht ich mir's aufs neu!

Kl Troia gehört dem Griechenheer am heutgen Tag! –
Ich glaub, Geschrei voll Mißklang hebt sich in der Stadt:
Essig und Öl, gießt du sie beid in ein Gefäß,
Getrennt bestehnd, einander abhold, nennst du sie.
So von Bezwungnen und von Siegern kann getrennt
Laute man hören: Zeichen zwiefachen Geschicks.
Die einen nämlich, über Leichen hingestürzt
Von Männern, Brüdern und von Vätern, altersgreis,
Die Kinder: alle, aus – nun nicht mehr freier – Brust
Und Kehle schreien auf um ihrer Liebsten Los.
Die andern, nachtdurchschauert, führt vom Kampf die Not,
Die hungrigen, zur Mahlzeit, wie die Stadt sie beut,
Herbei. In keiner wohlgereihten Ordnung Plan –
Nein, wie ein jeder grade zog des Zufalls Los,
In speererstürmter troischer Häuser Wohngemach
Hausen sie nun, von freien Himmels Kälteschaur
Und Taugeträuf erlöst. Und wie Glückselige
Ganz ohne Wache schlafen sie die ganze Nacht.
Wenn fromm sie ehren die Schutzgötter jener Stadt
In dem bezwungenen Lande samt der Götter Sitz,
Nicht wird dann wohl, wer siegte, selbst aufs neu besiegt.
Nur Gier nicht mög vorher noch fallen auf das Heer,

πορθεῖν ἃ μὴ χρή, κέρδεσιν νικωμένους·
δεῖ γὰρ πρὸς οἴκους νοστίμου σωτηρίας
κάμψαι διαύλου θάτερον κῶλον πάλιν.

345 θεοῖς δ' ἀναμπλάκητος εἰ μόλοι στρατός,
ἐγρηγορὸς τὸ πῆμα τῶν ὀλωλότων
γένοιτ' ἄν, εἰ πρόσπαιά πη τεύχοι κακά.
τοιαῦτά τοι γυναικὸς ἐξ ἐμοῦ κλύεις·
τὸ δ' εὖ κρατοίη, μὴ διχορρόπως ἰδεῖν.

350 πολλῶν γὰρ ἐσθλῶν τὴν ὄνησιν εἱλόμην.

Χο γύναι, κατ' ἄνδρα σώφρον' εὐφρόνως λέγεις.
ἐγὼ δ' ἀκούσας πιστά σου τεκμήρια
θεοὺς προσειπεῖν αὖ παρασκευάζομαι.
χάρις γὰρ οὐκ ἄτιμος εἴργασται πόνων.

Χορός

355 ὦ Ζεῦ βασιλεῦ καὶ νὺξ φιλία,   an
μεγάλων κόσμων κτεάτειρα,
ἥτ' ἐπὶ Τροίας πύργοις ἔβαλες
στεγανὸν δίκτυον, ὡς μήτε μέγαν
μήτ' οὖν νεαρῶν τιν' ὑπερτελέσαι

360 μέγα δουλείας
γάγγαμον, ἄτης παναλώτου.
Δία τοι ξένιον μέγαν αἰδοῦμαι
τὸν τάδε πράξαντ', ἐπ' Ἀλεξάνδρῳ
τείνοντα πάλαι τόξον, ὅπως ἂν

365 μήτε πρὸ καιροῦ μήθ' ὑπὲρ ἄστρων
βέλος ἡλίθιον σκήψειεν.   Stasimon I
                                                 Str. 1

Διὸς πλαγὰν ἔχουσιν εἰπεῖν,   ba cr ba
πάρεστιν τοῦτό γ' ἐξιχνεῦσαι.   ba cr ba
ἔπραξεν ὡς ἔκρανεν. οὐκ ἔφα τις   2 ia ba

370 θεοὺς βροτῶν ἀξιοῦσθαι μέλειν,   ia 2 cr
ὅσοις ἀθίκτων χάρις   ia cr
πατοῖθ'· ὃ δ' οὐκ εὐσεβής.   ia cr
πέφανται δ' ἐγγονοῦ-   ba cr
σα τόλμη τῶν Ἄρη   ba cr

Zu schänden Heilges, von der Habsucht übermannt!
Muß es nach Haus zur Rettung in die Heimat ja
Durchfahrn der Doppelrennbahn zweiten Schenkel noch!
An Göttern unversündigt, käm so heim das Heer,
Erwachen könnte Leid um Todesopfer dann
Aufs neu, wenn es anschließend wirkte schlimme Tat.
Das ist's, was du von einem Weib, von mir jetzt hörst;
Das Glück sei siegreich, ganz uneingeschränkt sein Sieg!
Bei soviel Gutem wünscht ich mir Fortgang darin.

Chf Frau, wie ein Mann: Besonnenes, wohlgesinnt sprichst du.
Ich mach, hört ich von dir doch glaubhaften Beweis,
Die Götter anzurufen, mich aufs neu bereit.
Huld ward ja uns zuteil, wohl wert der Ehre Zoll.

Klytaimestra ab

Chor

O Zeus, höchster Herr, und du, Nacht voller Huld,
   Hohen Weltall-Schmuckes Gebietrin,
Die weit über Troias Türme du warfst
Dicht deckend dein Netz, daß weder wer groß
Noch wer zu den Jungen gehört, – übersprang
Das gewaltge Knecht-
   schaftsgarn allfangenden Unheils!
Zeus, dem Herrn, Hort des Gasts, geb ich Preis und Ehr,
Der solches vollbracht, auf Alexandros
Gespannt längst hielt seinen Bogen, auf daß
Weder vor der Zeit noch ins Blaue hinaus
   Das Geschoß vergeblich entschwirre!

Wie Zeus traf, können sie nun sagen,
Und leicht ist's, dies noch auszuspüren:
Durchführt' er's, wie beschlossen. Leugnet's einer,
Daß Götter um Menschen sich kümmern, die
Das Heiligste reizverführt
Zertreten: nicht fromm ist der!
Gezeigt hat's altererb-
ter Wagmut derer, die

πνεόντων μεῖζον ἢ δικαίως,   ba cr ba
φλεόντων δωμάτων ὑπέρφευ,   ba cr ba
ὑπὲρ τὸ βέλτιστον. ἔστω δ' ἀπή-   ia 2 cr
μαντον, ὥστ' ἀπαρκεῖν   cr ba
380   εὖ πραπίδων λαχόντι.   ch ba
            οὐ γὰρ ἔστιν ἔπαλξις   pher
            πλούτου πρὸς κόρον ἀνδρὶ   pher
            λακτίσαντι μέγαν Δίκας   gl
            βωμὸν εἰς ἀφάνειαν. –   pher

385   βιᾶται δ' ἁ τάλαινα πειθώ,   Ant. 1
       προβούλου παῖς ἄφερτος ἄτας.
       ἄκος δὲ πᾶν μάταιον. οὐκ ἐκρύφθη,
       πρέπει δέ, φῶς αἰνολαμπές, σίνος·
390   κακοῦ δὲ χαλκοῦ τρόπον
       τρίβῳ τε καὶ προσβολαῖς
       μελαμπαγὴς πέλει
       δικαιωθείς, ἐπεὶ
       διώκει παῖς ποτανὸν ὄρνιν,
395   πόλει πρόστριμμα θεὶς ἄφερτον.
       λιτᾶν δ' ἀκούει μὲν οὔτις θεῶν,
       τῶνδ' ἐπίστροφος δὲ
       φῶτ' ἄδικον καθαιρεῖ.
            οἷος καὶ Πάρις ἐλθὼν
            ἐς δόμον τὸν 'Ατρειδᾶν
400   ᾔσχυνε ξενίαν τράπε-
            ζαν κλοπαῖσι γυναικός. =

                                            Str. 2
       λιποῦσα δ' ἀστοῖσιν ἀσπίστορας   ia 2 cr
405   κλόνους τε καὶ λογχίμους ναυβάτας θ'   ia 2 cr ba
                        [ὁπλισμούς,
       ἄγουσά τ' ἀντίφερνον 'Ιλίῳ φθοράν,   3 ia
       βέβακεν ῥίμφα διὰ πυλᾶν, ἄτλη-   ba cr ia
       τα τλᾶσα· πολλὰ δ' ἔστενον   2 ia
       τόδ' ἐννέποντες δόμων προφῆται·   ia cr ba
410   »ἰὼ ἰώ, δῶμα δῶμα καὶ πρόμοι,   ia cr ia

Vor Kampflust schnauben mehr, als recht ist,
Wenn häuft ihr Haus sich höhern Prunk, als
Des Guten Maß duldet. Nur so viel leid-
los, wie nottut, wünscht, wer
Klugen Verstand erlangt hat.
   Nicht ja beut einen Schutzwall
   Reichtum dem, der, von Glück satt,
   Tretend umstößt des heilgen Rechts
   Altar, vor der Vernichtung.

Mit Macht zwingt unheilvoll Verführung,
Schlimmratender Verblendung Schoßkind.
Heilung ist eitler Wahn nur, unverhohlen
Bricht Bahn – ein Glanz arger Glut – sich die Schuld.
Dem schlechten Erz gleich an Art,
Durch Reiben wird, Schlag und Stoß
Sie schwarz, starr, stumpf, verfällt
Der Prüfung Spruch; zu ha-
schen sucht ein Kind beschwingten Vogel,
Der Stadt Leid lädt es auf, untragbar.
Sein Flehn erhört keiner der Götter ihm;
Einer, wachsam, streckt den
Frevelnden dann zu Boden.
   Wie auch Paris, gelangt kaum
   In das Haus der Atreiden,
   Schande antat des Gastfreunds Tisch
   Durch den Raub seiner Gattin.

Zurück dem Stadtvolk ließ schildtragendes
Getümmel sie, Speergewühl, Flottenvolkes Rüstung;

Mitführend statt der Mitgift Ilions Untergang,
Durchschritt sie raschen Trittes das Tor, Verweg-
nes wagend; auf nun klagten laut,
Dies sagten laut sie, des Hauses Seher:
„O weh, o weh, Haus, du Haus! Ihr, seine Herrn!

ἰὼ λέχος καὶ στίβοι φιλάνορες.«　　　　　ia cr ia
πάρεστι σιγὰς ἀτίμως ἀλοιδόρως ἀπί-　　　ia 2 cr ia
στως ἀφειμένων ἰδεῖν.　　　　　　　　　cr ia
πόθῳ δ' ὑπερποντίας　　　　　　　　　　ia cr
φάσμα δόξει δόμων ἀνάσσειν.　　　　　　2 cr ba

415

 εὐμόρφων δὲ κολοσσῶν　　　　　　pher
 ἔχθεται χάρις ἀνδρί,　　　　　　　pher
 ὀμμάτων δ' ἐν ἀχηνίαις　　　　　　gl
 ἔρρει πᾶσ' Ἀφροδίτα. –　　　　　　pher

420 ὀνειρόφαντοι δὲ πενθήμονες　　　　Ant. 2
πάρεισι δόξαι φέρουσαι χάριν ματαίαν.
μάταν γάρ, εὖτ' ἂν ἐσθλά τις δοκῶν ὁρᾷ,
παραλλάξασα διὰ χερῶν βέβα-
425 κεν ὄψις, οὐ μεθύστερον
πτεροῖς ὀπαδοῦσ' ὕπνου κελεύθοις.
τὰ μὲν κατ' οἴκους ἐφ' ἑστίας ἄχη
τάδ' ἐστὶ καὶ τῶνδ' ὑπερβατώτερα.
τὸ πᾶν δ' ἀφ' Ἕλλανος αἴας συνορμένοισι πέν-
430 θεια τλησικάρδιος
δόμῳ'ν ἑκάστου πρέπει.
πολλὰ γοῦν θιγγάνει πρὸς ἧπαρ·
 οὓς μὲν γάρ τις ἔπεμψεν
 οἶδεν, ἀντὶ δὲ φωτῶν
435 τεύχη καὶ σποδὸς εἰς ἑκάστου δόμους ἀφικνεῖται. =

           Str. 3
ὁ χρυσαμοιβὸς δ' Ἄρης σωμάτων　　　　ia 2 cr
καὶ ταλαντοῦχος ἐν μάχῃ δορὸς　　　　2 cr ia
440 πυρωθὲν ἐξ Ἰλίου　　　　　　　　ia cr
φίλοισι πέμπει βαρὺ　　　　　　　　　　ia cr
ψῆγμα δυσδάκρυτον, ἀντ-　　　　　　　cr ia
ήνορος σποδοῦ γεμί-　　　　　　　　　　cr ia
ζων λέβητας εὐθέτους.　　　　　　　　cr ia
445 στένουσι δ' εὖ λέγοντες ἄνδ-　　2 ia
 δρα τὸν μὲν ὡς μάχης ἴδρις,　　　2 ia

O bräutlich Bett! Spuren, weh! verbuhlter Lieb!"
Ihr könnt ihn sehn: schweigend, nicht Rache, Schmähwort
traun bei dem Verlust im Sinn.   [nicht noch Miß-
Sehnsucht nach ihr überm Meer
Zeigt ihr Bild noch im Haus als Herrin.
  Schöngestaltiger Bildwerk
  Anmut widert den Mann an;
  Wie die Augen ihm darben, flieht
  Alles Glück seiner Liebe.

Und traumerzeugt, aus des Leids Trauer her
Erscheinen Wahnbilder ihm, bringend Lust, die Trug ist.
Trughaft ja, wenn man Schönstes nur im Wahn erschaut,
Entschwindet einem, huscht aus den Händen fort
Das Traumbild, nimmer fürderhin
Auf Flügeln folgend des Schlummers Pfaden.
Was so im Haus dort am Herde hockt an Leid,
Ist dieses und – was noch weit es übersteigt.
Allwärts vom Land Hellas, die mitgezogen sind: Betrüb-
nis, im Herzen Weh nur wohnt
Im Hause jedeines da.
Häufig ja greift's gar herb ans Herz uns:
  Wen von hinnen man sandte,
  Weiß man; doch statt der Männer:
  Urnen, Asche ist's, was jede-
  nem ins Haus wieder heimkehrt.

Goldwechsler Ares, der Leichname tauscht,
Der die Wagschalen hebt im Speergewühl:
Verbrannt, aus Burg Ilion,
Den Freunden schickt er ein Gran
Staubes, tränenschweren, an
Mannes Statt, mit Asche fül-
lend der Urnen schöne Zier.
Aufstöhnen sie, lobpreisend den
Der Männer als im Kampf bewährt,

τὸν δ' ἐν φοναῖς καλῶς πεσόντ'   2 ia
ἀλλοτρίας διαὶ γυναι-   ch dim
κός. τάδε σῖγά τις βαΰ-   ch dim
450   ζει, φθονερὸν δ' ὑπ' ἄλγος ἕρ-   ch dim
πει προδίκοις 'Ατρείδαις.   ch dim
οἱ δ' αὐτοῦ περὶ τεῖχος   pher
θήκας 'Ιλιάδος γᾶς   pher
εὔμορφοι κατέχουσιν· ἐχ-   gl
455   θρὰ δ' ἔχοντας ἔκρυψεν. –   pher

βαρεῖα δ' ἀστῶν φάτις σὺν κότῳ   Ant. 3
δημοκράτου δ' ἀρᾶς τίνει χρέος.
μένει δ' ἀκοῦσαί τί μοι
460   μέριμνα νυκτηρεφές.
τῶν πολυκτόνων γὰρ οὐκ
ἄσκοποι θεοί. κελαι-
ναὶ δ' 'Ερινύες χρόνῳ
τυχηρὸν ὄντ' ἄνευ δίκας
465   παλιντυχεῖ τριβᾷ βίου
τιθεῖσ' ἀμαυρόν, ἐν δ' ἀί-
στοις τελέθοντος οὔτις ἀλ-
κά· τὸ δ' ὑπερκόπως κλύειν
εὖ βαρύ· βάλλεται γὰρ ὄσ-
470   σοις Διόθεν κεραυνός.
κρίνω δ' ἄφθονον ὄλβον.
μήτ' εἴην πτολιπόρθης,
μήτ' οὖν αὐτὸς ἁλοὺς ὑπ' ἄλλων βίον κατίδοιμι. =

    Epodos
475   πυρὸς δ' ὑπ' εὐαγγέλου   ia cr
πόλιν διήκει θοὰ   ia cr
βάξις· εἰ δ' ἐτήτυμος,   cr ia
τίς οἶδεν, ἤ τι θεῖόν ἐστί πῃ ψύθος.   3 ia
τίς ὧδε παιδνὸς ἢ φρενῶν κεκομμένος,   3 ìa
480   φλογὸς παραγγέλμασιν   ia cr
νέοις πυρωθέντα καρδίαν, ἔπειτ'   ia cr ia

Den, daß im Streit er herrlich sank
Um – eines andern Mannes Eh-
weib. Drum, im stillen murrend, knurrt
Man, und ein grollend Grämen schleicht
An der Atreiden Hoheit.
    Aber – dort um die Mauer,
    Gräber ilischer Erde,
    Helden haben sie inne; Feind-
    land deckt seine Erobrer.

Gefahr bringt Stadtvolks Geraun, voll von Groll;
Den das Volk schuf, dem Fluch verfällt die Schuld.
Es harrt auf mich Angst, ich müss'
Es hören, was Nacht umhüllt.
Wer viel Blut vergoß, entgeht
Nicht der Götter Aug. Und düst-
rer Erinyen Schar kehrt dem,
Den Glück begünstigt ohne Recht,
Bald um das Glück in Lebensnot
Und stürzt in Graus ihn: ist er in
Niedrigkeit, bleibt ihm keinerlei
Kraft; doch des überstolzen Ruhms
Glück droht Gefahr: es fährt vom Aug
Zuckend des Zeus der Blitzstrahl!
    Ich zieh neidloses Glück vor,
    Möcht nicht Städtezerstörer
    Noch auch, selber gefangen, als
    Knecht verfallen dem Feind sein.

Von Feuers Glücksbotschaft eilt
Die Stadt hindurch schnellen Gangs
Das Gerücht; ob's wahrheitstreu,
Wer weiß es, oder eines Gottes Täuschung ist?
Wer ist so kindisch, so vernünftgen Sinns beraubt:
Von Feuers Botschaft zuerst,
Der neuen, loht auf im Herzen er, und drauf,

ἀλλαγᾷ λόγου καμεῖν;   cr ia
γυναικὸς αἰχμᾷ πρέπει   ia cr
πρὸ τοῦ φανέντος χάριν ξυναινέσαι.   ia cr ia
485   πιθανὸς ἄγαν ὁ θῆλυς ὅρος ἐπινέμεται   3 ia
ταχύπορος· ἀλλὰ ταχύμορον   2 ia
γυναικογήρυτον ὄλλυται κλέος.   ia cr ia

Χορός

τάχ' εἰσόμεσθα λαμπάδων φαεσφόρων
490   φρυκτωριῶν τε καὶ πυρὸς παραλλαγάς,
εἴτ' οὖν ἀληθεῖς, εἴτ' ὀνειράτων δίκην
τερπνὸν τόδ' ἐλθὸν φῶς ἐφήλωσεν φρένας.
κῆρυκ' ἀπ' ἀκτῆς τόνδ' ὁρῶ κατάσκιον
κλάδοις ἐλαίας· μαρτυρεῖ δέ μοι κάσις
495   πηλοῦ ξύνουρος, διψία κόνις, τάδε,
ὡς οὔτ' ἄναυδος οὗτος, οὐ δαίων φλόγα
ὕλης ὀρείας σημανεῖ καπνῷ πυρός,
ἀλλ' ἢ τὸ χαίρειν μᾶλλον ἐκβάξει λέγων·
τὸν ἀντίον δὲ τοῖσδ' ἀποστέργω λόγον.
500   εὖ γὰρ πρὸς εὖ φανεῖσι προσθήκη πέλοι.
ὅστις τάδ' ἄλλως τῇδ' ἐπεύχεται πόλει,
αὐτὸς φρενῶν καρποῖτο τὴν ἁμαρτίαν.

Κῆρυξ

ἰὼ πατρῷον οὖδας 'Αργείας χθονός,
δεκάτῳ σε φέγγει τῷδ' ἀφικόμην ἔτους,
505   πολλῶν ῥαγεισῶν ἐλπίδων μιᾶς τυχών·
οὐ γάρ ποτ' ηὔχουν τῇδ' ἐν 'Αργείᾳ χθονὶ
θανὼν μεθέξειν φιλτάτου τάφου μέρος.
νῦν χαῖρε μὲν χθών, χαῖρε δ' ἡλίου φάος,
ὕπατός τε χώρας Ζεὺς ὁ Πύθιός τ' ἄναξ,
510   τόξοις ἰάπτων μηκέτ' εἰς ἡμᾶς βέλη·
ἅλις παρὰ Σκάμανδρον ἦσθ' ἀνάρσιος·
νῦν δ' αὖτε σωτὴρ ἴσθι καὶ παιώνιος,
ἄναξ Ἄπολλον. τούς τ' ἀγωνίους θεοὺς
πάντας προσαυδῶ τόν τ' ἐμὸν τιμάορον

Schlug's ins Schlechte, lischt er aus?
Nur Weibes Vorwitz geziemt's,
Daß, eh sie kam, er die Gunst des Glückes preist.
Vertrauend übers Maß, fährt Weibes Wünschen verheerend dahin
In hastigem Braus; doch hastiger aus –
Schuf Weibsgeschwätz ihn – ist aus, vorbei der Ruhm!

Chorführer

Bald wird uns klar sein, ob des Fackelbotenlaufs
Wachtflammenzeichen und des Feuers Wechselpost
Als wahr sich ausweist oder ob nach Traumes Art
Des frohen Lichtes Kunft nur täuschend trog den Sinn.
Den Herold seh vom Strand ich nahn, beschattet von
Des Ölbaums Zweigen. Es bezeugt der Bruder mir
Des Kots, sein Zwillingsbruder: durstger Staub mir dies:
Der wird nicht ohne Laut dir noch in Flammen lohnd
Vom Holz des Bergwalds Meldung tun durch Feuers Rauch;
Nein – Freud entweder größre spricht er redend aus –
Dem Gegenteil hiervon verschließ ich meinen Mund.
Gutes dem Guten, das schon kam, füg sich noch an!
Wer immer anders dies erfleht für unsre Stadt,
Selbst ernt er, den im Sinn er trug: des Frevels Frucht!

Der Herold kommt

Herold

O väterlicher Boden des Argeierlands!
In des zehnten Jahres Lichtglanz kehr ich heim zu dir,
So vieler Hoffnungen beraubt, doch einer froh:
Niemals ja wähnt ich, hier in der Argeier Land
Im Tod zu finden hocherwünschten Grabes Platz.
Nun sei gegrüßt, Land, sei gegrüßt mir, Sonnenlicht!
Schutzgott des Landes, Zeus, und Pythischer Herr, der du
Vom Bogen senden mögst nicht mehr auf uns den Pfeil;
Genug, wie am Skamandros du ungnädig warst;
Doch nun sei wieder Retter uns und Gott des Heils,
Herrscher Apollon! Marktbeschützer, Gott um Gott,
Ruf all ich an, und meinen Schutzgott noch dazu:

515 'Ερμῆν, φίλον κήρυκα, κηρύκων σέβας,
ἥρως τε τοὺς πέμψαντας, εὐμενεῖς πάλιν
στρατὸν δέχεσθαι τὸν λελειμμένον δορός.
ἰὼ μέλαθρα βασιλέων, φίλαι στέγαι,
σεμνοί τε θᾶκοι, δαίμονές τ' ἀντήλιοι,
520 εἴ που πάλαι, φαιδροῖσι τοισίδ' ὄμμασι
δέξασθε κόσμῳ βασιλέα πολλῷ χρόνῳ.
ἥκει γὰρ ὑμῖν φῶς ἐν εὐφρόνῃ φέρων
καὶ τοῖσδ' ἅπασι κοινὸν 'Αγαμέμνων ἄναξ.
ἀλλ' εὖ νιν ἀσπάσασθε, καὶ γὰρ οὖν πρέπει,
525 Τροίαν κατασκάψαντα τοῦ δικηφόρου
Διὸς μακέλλῃ, τῇ κατείργασται πέδον,
καὶ σπέρμα πάσης ἐξαπόλλυται χθονός.
τοιόνδε Τροίᾳ περιβαλὼν ζευκτήριον
ἄναξ 'Ατρείδης πρέσβυς εὐδαίμων ἀνὴρ
530 ἥκει, τίεσθαι δ' ἀξιώτατος βροτῶν
τῶν νῦν· Πάρις γὰρ οὔτε συντελὴς πόλις
ἐξεύχεται τὸ δρᾶμα τοῦ πάθους πλέον.
ὀφλὼν γὰρ ἁρπαγῆς τε καὶ κλοπῆς δίκην
τοῦ ῥυσίου θ' ἥμαρτε καὶ πανώλεθρον
535 αὐτόχθονον πατρῷον ἔθρισεν δόμον.
διπλᾶ δ' ἔτεισαν Πριαμίδαι θἀμάρτια.

Χο κῆρυξ 'Αχαιῶν, χαῖρε, τῶν ἀπὸ στρατοῦ.
Κῆ χαίρω γε· τεθνάναι δ' οὐκέτ' ἀντερῶ θεοῖς.
540 Χο ἔρως πατρῴας τῆσδε γῆς σ' ἐγύμνασεν;
Κῆ ὥστ' ἐνδακρύειν γ' ὄμμασιν χαρᾶς ὕπο.
Χο τερπνῆς ἄρ' ἦστε τῆσδ' ἐπήβολοι νόσου...
Κῆ πῶς δή; διδαχθεὶς τοῦδε δεσπόσω λόγου.
Χο τῶν ἀντερώντων ἱμέρῳ πεπληγμένοι.

545 Κῆ ποθεῖν ποθοῦντα τήνδε γῆν στρατὸν λέγεις;
Χο ὡς πόλλ' ἀμαυρᾶς ἐκ φρενός μ' ἀναστένειν.
Κῆ πόθεν τὸ δύσφρον τοῦτ' ἐπῆν ὑμῖν στύγος;
Χο πάλαι τὸ σιγᾶν φάρμακον βλάβης ἔχω.
Κῆ καὶ πῶς; ἀπόντων κοιράνων ἔτρεις τινάς;
550 Χο ὡς νῦν τὸ σὸν δὴ καὶ θανεῖν πολλὴ χάρις.

Hermes, den lieben Herold, der Herolde Zier;
Hero'n auch, die's geleitet, daß sie gnädig nun
Das Heer aufnehmen, das verschont noch blieb vom Speer!
O stolzer Bau der Königsburg, geliebtes Haus!
Ehrwürdge Throne, Götterbilder, sonnumstrahlt!
Wenn jemals sonst: mit heitrem Leuchten eures Augs
Nehmt würdevoll den König auf nach soviel Zeit!
Kommt er doch, der euch Licht in dunkler Nacht herführt
Und allen hier zugleich: Agamemnon, unser Fürst.
Heißt herzlich ihn willkommen – so ist's nach Gebühr –
Der Troia bracht zu Falle mit des Richters Zeus,
Des Strafgotts, Grabscheit, das rings umgewühlt den Grund,
Den Samen ausgerottet hat des ganzen Lands!
Der Troias Nacken umgeworfen solch ein Joch,
Der ältre Atreussohn, der glückgekrönte Held,
Kehrt heim, der Ehr am meisten wert im Menschenvolk
Von heut! Nicht Paris noch die mitbetroffne Stadt
Kann mehr der Tat sich rühmen, als nun Leid sie traf.
Strafwürdig ob des Raubs und der Entführung Schuld,
Büßt' ein er seine Beute, und in ewigen Tod –
Das Ursitz war der Ahnen! – stürzte er sein Haus.
Ja, doppelt büßten Priamos' Söhne Fehl und Schuld.
Chf Herold von der Achaier Heer: Heil, Freude dir!
He Freude! Zu sterben, nicht weigr ich's den Göttern mehr!
Chf Sehnsucht nach unserer Vatererde quälte dich?
He Daß Tränen in den Augen mir vor Freude stehn!
Chf Von diesem süßen Weh befallen, wisset wohl –
He Nun, was? nur ganz belehrt, werd Herr ich deines Worts.
Chf Schlug euch – nach selbst sich Sehnenden – Sehnsucht in
                                    [Bann!
He Weh nach dem heimwehkranken Heere trug dies Land?
Chf Daß oft aus schauderndem Gemüt ich aufgestöhnt.
He Woher denn kam das düstre, kam euch an dies Graun?
Chf Längst hab ich Schweigen nur als Arzenei der Not.
He Wie das? Als fern die Fürsten, trugst du Furcht vor wem?
Chf Daß nun dein Wunsch zu sterben mir von Herzen kommt.

Κῆ εὖ γὰρ πέπρακται· ταῦτα δ' ἐν πολλῷ χρόνῳ
τὰ μέν τις ἂν λέξειεν εὐπετῶς ἔχειν,
τὰ δ' αὖτε κἀπίμομφα. τίς δὲ πλὴν θεῶν·
ἅπαντ' ἀπήμων τὸν δι' αἰῶνος χρόνον;
555   μόχθους γὰρ εἰ λέγοιμι καὶ δυσαυλίας,
σπαρνὰς παρήξεις καὶ κακοστρώτους, τί δ' οὐ
στένοντες, οὐ λαχόντες ἤματος μέρος;
τὰ δ' αὖτε χέρσῳ καὶ προσῆν πλέον στύγος·
εὐναὶ γὰρ ἦσαν δηΐων πρὸς τείχεσιν·
560   ἐξ οὐρανοῦ δὲ κἀπὸ γῆς λειμώνιαι
δρόσοι κατεψάκαζον ἔμπεδον σίνος
ἐσθημάτων τιθέντες ἔνθηρον τρίχα.
χειμῶνα δ' εἰ λέγοι τις οἰωνοκτόνον,
οἷον παρεῖχ' ἄφερτον Ἰδαία χιών,
565   ἢ θάλπος, εὖτε πόντος ἐν μεσημβριναῖς
κοίταις ἀκύμων νηνέμοις εὕδοι πεσών.
τί ταῦτα πενθεῖν δεῖ; παροίχεται πόνος·
παροίχεται δὲ τοῖσι μὲν τεθνηκόσιν
τὸ μήποτ' αὖθις μηδ' ἀναστῆναι μέλειν.
570   τί τοὺς ἀναλωθέντας ἐν ψήφῳ λέγειν,
τὸν ζῶντα δ' ἀλγεῖν χρὴ τύχης παλιγκότου;
καὶ πολλὰ χαίρειν συμφοραῖς καταξιῶ.
ἡμῖν δὲ τοῖς λοιποῖσιν Ἀργείων στρατοῦ
νικᾷ τὸ κέρδος, πῆμα δ' οὐκ ἀντιρρέπει.
575   ὡς κομπάσαι τῷδ' εἰκὸς ἡλίου φάει
ὑπὲρ θαλάσσης καὶ χθονὸς ποτωμένοις·
»Τροίαν ἑλόντες δή ποτ' Ἀργείων στόλος
θεοῖς λάφυρα ταῦτα τοῖς καθ' Ἑλλάδα
δόμοις ἐπασσάλευσαν ἀρχαῖον γάνος.«
580   τοιαῦτα χρὴ κλύοντας εὐλογεῖν πόλιν
καὶ τοὺς στρατηγούς· καὶ χάρις τιμήσεται
Διὸς τόδ' ἐκπράξασα. πάντ' ἔχεις λόγον.

Χορός

νικώμενος λόγοισιν οὐκ ἀναίνομαι·
ἀεὶ γὰρ ἥβη τοῖς γέρουσιν εὖ μαθεῖν.

He Gut ja vollbracht ist's! Freilich kam's in soviel Zeit,
    Daß manches, kann man sagen, günstigen Ausfall zeigt,
    Manches zur Klage Grund gibt. Wer aber – wenn kein Gott –
    Bleibt ohne Leid all seine Lebenszeit hindurch?
    Wollt ich von Mühsal sprechen, übler Unterkunft,
    Zu engen Bordgangs bösem Nachtquartier, was gäb's
    Zu stöhnen nicht? Und dienstfrei – tags – kein Augenblick!
    Dann auf dem Festland kam noch mehr der Last hinzu:
    Das Lager lag ja vor der Feinde Mauern dort.
    Vom Himmel her und aus der Erde Wiesengrund
    Durchnäßte Regen, Tau uns, ständiger Verderb
    Der Kleidung, deren Stoff voll Ungeziefer saß.
    Hüb man vom Winter gar, dem Vogelmörder, an,
    Wie ihn gebracht, ertragbar kaum, des Ida Schnee;
    Von Hitze, wenn das Meer in mittäglichen Schlaf
    Ganz wellenlos und ohne Wind schlummernd verfiel –
    Was soll das Klagen noch? Vorüber ist die Not;
    Vorüber denen auch, die dort gefallen sind,
    Daß nimmermehr sie wieder aufzustehn verlangt.
    Was hülf's, zählt ich der Abgeschiednen Namen auf,
    Nähme, der lebt, zu Herzen mir ihr traurig Los?
    Von Grund auf sag ich all dem Unheil Lebewohl.
    Für uns, die übrig blieben vom Argeier Heer,
    Überwiegt das Heil, und Leid kommt nicht dagegen auf.
    Darf so sich rühmen doch vor diesem Sonnenlicht,
    Wer über Meer und Land hierher geflogen kommt:
    „Die Troia nahmen, der Argeier Heereszug,
    Den Göttern diese Beute in den Tempeln rings
    Von Hellas hängten auf sie als ehrwürdgen Schmuck."
    Die solches hören, schulden Lob und Preis dem Volk
    Und seinen Feldherrn. Und die Huld wird ehren man
    Des Zeus, die dies vollbracht hat! Alles weißt du nun.

Chorführer

Bezwungen durch dein Wort, geb ich den Zweifel auf;
Stets bleiben jung ja Greise, wenn's zu lernen gibt.

585   δόμοις δὲ ταῦτα καὶ Κλυταιμήστρᾳ μέλειν
        εἰκὸς μάλιστα, σὺν δὲ πλουτίζειν ἐμέ.

                    Κλυταιμήστρα

        ἀνωλόλυξα μὲν πάλαι χαρᾶς ὕπο,
        ὅτ' ἦλθ' ὁ πρῶτος νύχιος ἄγγελος πυρός,
        φράζων ἅλωσιν Ἰλίου τ' ἀνάστασιν.
590   καί τίς μ' ἐνίπτων εἶπε· »φρυκτωρῶν διὰ
        πεισθεῖσα Τροίαν νῦν πεπορθῆσθαι δοκεῖς;
        ἦ κάρτα πρὸς γυναικὸς αἴρεσθαι κέαρ.«
        λόγοις τοιούτοις πλαγκτὸς οὖσ' ἐφαινόμην.
        ὅμως δ' ἔθυον, καὶ γυναικείῳ νόμῳ
595   ὀλολυγμὸν ἄλλος ἄλλοθεν κατὰ πτόλιν
        ἔλασκον εὐφημοῦντες, ἐν θεῶν ἕδραις
        θυηφάγον κοιμῶντες εὐώδη φλόγα.
        καὶ νῦν τὰ μάσσω μὲν τί δεῖ σέ μοι λέγειν;
        ἄνακτος αὐτοῦ πάντα πεύσομαι λόγον.
600   ὅπως δ' ἄριστα τὸν ἐμὸν αἰδοῖον πάσιν
        σπεύσω πάλιν μολόντα δέξασθαι. τί γὰρ
        γυναικὶ τούτου φέγγος ἥδιον δρακεῖν,
        ἀπὸ στρατείας ἄνδρα σώσαντος θεοῦ
        πύλας ἀνοῖξαι; ταῦτ' ἀπάγγειλον πόσει·
605   ἥκειν ὅπως τάχιστ' ἐράσμιον πόλει.
        γυναῖκα πιστὴν δ' ἔνδον εὑρήσει μολών,
        οἵανπερ οὖν ἔλειπε, δωμάτων κύνα
        ἐσθλὴν ἐκείνῳ, πολεμίαν τοῖς δύσφροσιν,
        καὶ τἄλλ' ὁμοίαν πάντα, σημαντήριον
610   οὐδὲν διαφθείρασαν ἐν μήκει χρόνου.
        οὐδ' οἶδα τέρψιν οὐδ' ἐπίψογον φάτιν
        ἄλλου πρὸς ἀνδρὸς μᾶλλον ἢ χαλκοῦ βαφάς.
        τοιόσδ' ὁ κόμπος τῆς ἀληθείας γέμων
        οὐκ αἰσχρὸς ὡς γυναικὶ γενναίᾳ λακεῖν.

                       Χορός

615   αὕτη μὲν οὕτως εἶπε μανθάνοντί σοι
        τοροῖσιν ἑρμηνεῦσιν εὐπρεπῶς λόγον.

Das Haus geht, was geschehn, und Klytaimestra wohl
Am meisten an; zugleich macht's reich an Glück auch mich.

Klytaimestra

Laut aufgejubelt hab ich längst vor Lust und Freud,
Als kam der erste nächtge Bote mir des Feurs,
Kündend Eroberung Ilions und Untergang.
Mancher, mein spottend, sagte: „Solcher Feuerpost
Vertraust du, daß du, Troia sei zerstört nun, wähnst?
Fürwahr echt Weiberart, gleich außer Fassung sein!"
Nach solchen Reden schien ich wirrer Torheit voll.
Ich aber opfert'; und auf mein, der Frau, Gebot
Hob jauchzend an der hier, dort jener in der Stadt,
Zu rufen heilgen Ruf; und in der Götter Sitz
Sänftigten sie durch Weihrauchs Wohlgeruch das Feur.
Und nun – was weiter brauchst du mir noch kundzutun?
Vom Fürsten selbst erfahr ich alles, Wort für Wort.
Aufs allerbeste meinem ehrbaren Gemahl
Rüst eilends ich zur Heimkehr den Empfang. Denn was
Gibt's einem Weibe Süßres, als den Tag zu schaun,
Da sie dem Mann, dem heim vom Feldzug half ein Gott,
Die Türe auftut? Dies verkünde dem Gemahl:
Kommen soll er aufs schnellste, höchst ersehnt der Stadt.
Ein treues Weib im Hause find er, wenn er kommt,
So wie er sie dort ließ: dem Haus als Wachhündin,
Wohlmeinend ihm, feindlich den Bösgesinnten all;
Und sonst – die gleiche in allem, die das Siegel ihm
Auf keine Art versehrt hat in so langer Zeit.
Nicht weiß von Lust ich noch Gered, in das ich kam,
Mit anderm Manne mehr als von des Erzes Bad.
Ein solcher Selbstruhm, wenn ihn Wahrheit ganz erfüllt,
Nicht Schmach ist's, spricht ein Weib von edler Art ihn aus.

ab

Chorführer

Die wahrlich sagte so dir, wenn du's recht verstehst,
Ihr eigner Dolmetsch, wohlgefällig ihren Spruch.

σὺ δ᾽ εἰπέ, κῆρυξ, Μενέλεων δὲ πεύθομαι,
εἰ νόστιμός τε καὶ σεσωσμένος πάλιν
ἥξει σὺν ὑμῖν, τῆσδε γῆς φίλον κράτος.

Κῆρυξ

620   οὐκ ἔσθ᾽ ὅπως λέξαιμι τὰ ψευδῆ καλά,
ἐς τὸν πολὺν φίλοισι καρποῦσθαι χρόνον.

Χο   πῶς δῆτ᾽ ἂν εἰπὼν κεδνὰ τἀληθῆ τύχοις;
σχισθέντα δ᾽ οὐκ εὔκρυπτα γίγνεται τάδε.

Κῆ   ἀνὴρ ἄφαντος ἐξ Ἀχαιικοῦ στρατοῦ,
625   αὐτός τε καὶ τὸ πλοῖον. οὐ ψευδῆ λέγω.

Χο   πότερον ἀναχθεὶς ἐμφανῶς ἐξ Ἰλίου,
ἢ χεῖμα, κοινὸν ἄχθος, ἥρπασε στρατοῦ;

Κῆ   ἔκυρσας ὥστε τοξότης ἄκρος σκοποῦ·
μακρὸν δὲ πῆμα συντόμως ἐφημίσω.

630 Χο   πότερα γὰρ αὐτοῦ ζῶντος ἢ τεθνηκότος
φάτις πρὸς ἄλλων ναυτίλων ἐκλήζετο;

Κῆ   οὐκ οἶδεν οὐδεὶς ὥστ᾽ ἀπαγγεῖλαι τορῶς
πλὴν τοῦ τρέφοντος Ἡλίου χθονὸς φύσιν.

Χο   πῶς γὰρ λέγεις χειμῶνα ναυτικῷ στρατῷ
635   ἐλθεῖν τελευτῆσαί τε δαιμόνων κότῳ;

Κῆ   εὔφημον ἦμαρ οὐ πρέπει κακαγγέλῳ
γλώσσῃ μιαίνειν· χωρὶς ἡ τιμὴ θεῶν·
ὅταν δ᾽ ἀπευκτὰ πήματ᾽ ἄγγελος πόλει
στυγνῷ προσώπῳ πτωσίμου στρατοῦ φέρῃ,
640   πόλει μὲν ἕλκος ἓν τὸ δήμιον τυχεῖν,
πολλοὺς δὲ πολλῶν ἐξαγισθέντας δόμων
ἄνδρας διπλῇ μάστιγι, τὴν Ἄρης φιλεῖ,
δίλογχον ἄτην, φοινίαν ξυνωρίδα.
τοιῶνδε μέντοι πημάτων σεσαγμένον
645   πρέπει λέγειν παιᾶνα τόνδ᾽ Ἐρινύων.
σωτηρίων δὲ πραγμάτων εὐάγγελον
ἥκοντα πρὸς χαίρουσαν εὐεστοῖ πόλιν,
πῶς κεδνὰ τοῖς κακοῖσι συμμείξω, λέγων
χειμῶν᾽ Ἀχαιοῖς οὐκ ἀμήνιτον θεῶν;
650   ξυνώμοσαν γάρ, ὄντες ἔχθιστοι τὸ πρίν,

Du sage, Herold – nach Menelaos frag ich dich –
Ob er, auf Heimfahrt und gerettet, wiederum
Herkommt mit euch, er, unsres Landes teurer Fürst!

Herold

Nicht könnt, erzählt ich – Lüge wär's! – ein gut Geschehn,
Dies für die Dauer Freunden bringen frohe Frucht.

Chf Wie träfst du, sagst du Frohes nur, das Wahre wohl?
Sind sie verschieden, nur zu leicht enthüllt sich's dann.

He Der Held – verschwunden ist er aus Achaias Heer,
Er selbst samt seinem Schiff. Zu wahr nur sprech ich so.

Chf Fuhr er vor euren Augen ab von Ilion,
War's Sturm, der – aller Unheil – fort ihn riß vom Heer?

He Du trafst gleich wie ein wackrer Bogenschütz das Ziel;
Und langes Leid mit kurzen Worten sprachst du aus.

Chf Und ward, daß er noch lebe oder tot schon sei,
Nachricht von fremdem Seemannsvolk euch zugebracht?

He Kein einzger weiß es, daß er's künde klaren Worts,
Als nur, der nährt der Erde Leben: Helios.

Chf Wie, sag uns, brach der Sturm denn übers Flottenvolk
Herein; wie endet' er, den rief der Götter Groll?

He Glückselgen Tag, nicht darf als Unglücksbotin ihn
Die Zung entweihn; Raub an der Ehr der Götter wär's!
Doch wenn fluchwürdges Leid ein Bote seiner Stadt
Mit düstrem Antlitz ob geschlagner Heerschar bringt –
Der Stadt zwar *eine* Wunde nur fürs ganze Volk,
Zugleich doch, da viel aus viel Häusern fortgepeitscht
Der Männer durch die Doppelgeißel, die Ares führt:
*Zwei*schneidges Unheil, blutgen Grams Doppelgespann –
Ist also man mit solcher Leiden Last bepackt,
Ziemt sich's, man stimmt sein Lied an im Erinyenton.
Doch, glückgekrönter Taten Freudenbote, kommt
Man so zur freudvoll ob des Glücks bewegten Stadt:
Wie soll ich Gutes Bösem mischen, kündend, wie
Sturm den Achaiern rief herbei der Götter Zorn?
Verschworen hatten sich, die doch Erzfeinde sonst:

πῦρ καὶ θάλασσα καὶ τὰ πίστ' ἐδειξάτην
φθείροντε τὸν δύστηνον Ἀργείων στρατόν.
ἐν νυκτὶ δυσκύμαντα δ' ὠρώρει κακά·
ναῦς γὰρ πρὸς ἀλλήλῃσι Θρήκιαι πνοαὶ
655 ἤρεικον· αἱ δὲ κεροτυπούμεναι βίᾳ
χειμῶνι τυφῶ ξὺν ζάλῃ τ' ὀμβροκτύπῳ,
ᾤχοντ' ἄφαντοι ποιμένος κακοῦ στρόβῳ.
ἐπεὶ δ' ἀνῆλθε λαμπρὸν ἡλίου φάος,
ὁρῶμεν ἀνθοῦν πέλαγος Αἰγαῖον νεκροῖς
660 ἀνδρῶν Ἀχαιῶν ναυτικοῖς τ' ἐρειπίοις.
ἡμᾶς γε μὲν δὴ ναῦν τ' ἀκήρατον σκάφος
ἤτοι τις ἐξέκλεψεν ἢ 'ξῃτήσατο,
θεός τις, οὐκ ἄνθρωπος, οἴακος θιγών.
τύχη δὲ σωτὴρ ναῦν θέλουσ' ἐφέζετο,
665 ὡς μήτ' ἐν ὅρμῳ κύματος ζάλην ἔχειν
μήτ' ἐξοκεῖλαι πρὸς κραταίλεων χθόνα.
ἔπειτα δ' Ἅιδην πόντιον πεφευγότες,
λευκὸν κατ' ἦμαρ οὐ πεποιθότες τύχῃ
ἐβουκολοῦμεν φροντίσιν νέον πάθος,
670 στρατοῦ καμόντος καὶ κακῶς σποδουμένου.
καὶ νῦν ἐκείνων εἴ τίς ἐστιν ἐμπνέων,
λέγουσιν ἡμᾶς ὡς ὀλωλότας, τί μή;
ἡμεῖς τ' ἐκείνους ταῦτ' ἔχειν δοξάζομεν.
γένοιτο δ' ὡς ἄριστα. Μενέλεων γὰρ οὖν
675 πρῶτόν τε καὶ μάλιστα προσδόκα μολεῖν.
εἰ γοῦν τις ἀκτὶς ἡλίου νιν ἱστορεῖ
χλωρόν τε καὶ βλέποντα, μηχαναῖς Διὸς
οὔπω θέλοντος ἐξαναλῶσαι γένος,
ἐλπίς τις αὐτὸν πρὸς δόμους ἥξειν πάλιν.
680 τοσαῦτ' ἀκούσας ἴσθι τἀληθῆ κλυών.

	Stasimon II
Χορός	Str. 1
τίς ποτ' ὠνόμαζεν ὧδ'	2 tr
ἐς τὸ πᾶν ἐτητύμως —	2 tr
μή τις ὅντιν' οὐχ ὁρῶμεν προνοί-	3 tr

Feuer und Meerflut und bezeugten ihre Treu,
Vereint vernichtend das unselge Griechenheer.
Zur Nacht, wilden Gewoges, hob das Unheil an.
Ein Schiff am andern ja brach thrakischen Sturms Geschnauf
Entzwei; die, mit den Hörnern stoßend sich voll Kraft,
Im Wettersturm, bei Wogenschwalls dumpfem Gedröhn,
Schwanden dem Aug, in des bösen Hirten Wirbelsturm.
Doch als aufging im Strahlenglanz der Sonne Licht,
Sahn blühn wir das Aigaische Meer von Leichen rings
Achaischer Männer und der Flotte Trümmerwerk.
Uns freilich und dem Schiff, noch unversehrt am Rumpf,
Half heimlich einer oder bat's vom Unheil los,
Ein Gott – keiner der Menschen –, der das Steuer nahm.
Tyche, die Retterin, saß dem Schiff voll Gnade auf,
Daß nicht vor Anker es dem Wogensturz verfall
Noch kenternd strande gegen hartes Felsgestein.
Darauf dem Hades auf der Meerflut dort entflohn,
Am heitren Tage selbst nicht trauend userm Glück,
Trieben zur Weide sorgenvoll wir neues Leid
Ums Heer, das, arggequält, elend zerstob im Sturm.
Und nun – lebt noch von jenen einer, atmet noch,
Der sagt, daß wir verloren seien, tot gewiß;
Indes *wir* – jenen geh es so – des Glaubens sind.
Mög's fügen sich aufs beste! Menelaos kommt
Als erster und vor allem – glaub es mir! – zurück.
Wenn irgend nur ein Strahl der Sonne ihn erspäht,
Noch blühnd, das Licht noch schauend nach dem Rat des Zeus,
Der noch will ausgelöscht nicht wissen seinen Stamm,
Ist Hoffnung, daß er in die Heimat wiederkehrt.
Soviel du hörtest, wisse: Wahrheit hörtest du!

ab

Chor

Wer doch nannte einstens so
Überaus bedeutungsvoll –
Einer doch, den wir nicht sehn, der voraus-

	αισι τοῦ πεπρωμένου	2 tr
685	γλῶσσαν ἐν τύχᾳ νέμων –	2 tr
	τὰν δορίγαμβρον ἀμφινει-	gl
	κῆ θ' Ἑλέναν; ἐπεὶ πρεπόντως	hipp
	ἑλέναυς, ἕλανδρος, ἑλέ-	io ch
690	πτολις ἐκ τῶν ἁβροπήνων	2 io
	προκαλυμμάτων ἔπλευσεν	io dim
	ζεφύρου γίγαντος αὔρᾳ,	io dim
	πολύανδροί τε φεράσπιδες κυναγοὶ	io trim
695	κατ' ἴχνος πλατᾶν ἄφαντον	io trim
	κελσάντων Σιμόεντος	pher
	ἀκτὰς ἐπ' ἀεξιφύλλους	par
	δι' ἔριν αἱματόεσσαν. –	pher
	Ἰλίῳ δὲ κῆδος ὀρ-	Ant. 1
700	θώνυμον τελεσσίφρων	
	μῆνις ἤλασεν, τραπέζας ἀτί-	
	μωσιν ὑστέρῳ χρόνῳ	
	καὶ ξυνεστίου Διὸς	
705	πρασσομένα τὸ νυμφότι-	
	μον μέλος ἐκφάτως τίοντας,	
	ὑμέναιον, ὃς τότ' ἐπέρ-	
	ρεπε γαμβροῖσιν ἀείδειν.	
	μεταμανθάνουσα δ' ὕμνον	
710	Πριάμου πόλις γεραιὰ	
	πολύθρηνον μέγα που στένει, κικλήσκου-	
	σα Πάριν τὸν αἰνόλεκτρον	
	παμπορθῆ, πολύθρηνον	
715	αἰῶνα διαὶ πολιτᾶν	
	μέλεον αἷμ' ἀνατλᾶσα. =	
		Str. 2
	ἔθρεψεν δὲ λέοντος ἶ-	gl
	νιν δόμοις ἀγάλακτον οὕ-	gl
	τως ἀνὴρ φιλόμαστον,	pher
720	ἐν βιότου προτελείοις	pher
	ἄμερον, εὐφιλόπαιδα	pher
	καὶ γεραροῖς ἐπίχαρτον·	pher

Schauend auf des Lebens Los
Zung und Wort treffsicher führt! –
Nannte sie – speerumfreit im Streit –
Helena? Da der Hölle nah, höll-
wärts sie Schiff' und Mannvolk, zur Höll
Sie die Stadt bracht, als durch Vorhangs
Zart Geweb sie fliehnd aufs Meer fuhr
In des Wests gigantschem Atem
Und viel Mannvolk, mit dem Speer gewaffnet: Jäger
Auf des Boots Spur, der entschwundnen,
Trieben zu des Simoeis
Gestaden voll grünen Laubwerks,
Suchend nach blutger Entscheidung.

Doch für Ilion mit der Eh
Weh zugleich trieb zielvoll der
Groll hervor, der für des Gasttisches Ent-
ehrung – später dann – und Krän-
kung des Herdbeschirmers Zeus
Strafend belangte, die das braut-
feiernde Lied zu laut vorbrachten,
Da zur Hochzeit – Pflicht ward's für sie –
Sie als Schwäger einst es sangen.
Doch umlernen mußt den Brautsang
Priams Stadt, die altersgraue,
In ein Klaglied; mächtig stöhnt sie, nennend, rufend
Nun den Paris: Unheilsbräutgam!
Allzerstörer!, ein Leben voll
Trauer um ihrer Bürger
Blut, das umsonst floß, erduldend.

Es zog auf eines Löwen Jun-
ges im Haus ohne Muttermilch
So ein Mann, einen Säugling,
In seiner Lebenszeit Frühling
Zahm noch, gut Freund mit den Kindern,
Selbst für die Greise ergötzlich;

πολέα δ' ἔσχ' ἐν ἀγκάλαις   gl
νεοτρόφου τέκνου δίκαν   gl
725   φαιδρωπὸς ποτὶ χεῖρα σαί-   gl
νων τε γαστρὸς ἀνάγκαις. –   pher

χρονισθεὶς δ' ἀπέδειξεν ἦ-   Ant. 2
θος τὸ πρὸς τοκέων· χάριν
γὰρ τροφεῦσιν ἀμείβων
μηλοφόνοισιν ἐν ἄταις
730   δαῖτ' ἀκέλευστος ἔτευξεν·
αἵματι δ' οἶκος ἐφύρθη,
ἄμαχον ἄλγος οἰκέταις,
μέγα σίνος πολυκτόνον·
735   ἐκ θεοῦ δ' ἱερεύς τις ἄ-
τας δόμοις προσεθρέφθη. =

    Str. 3
πάραυτα δ' ἐλθεῖν ἐς 'Ιλίου πόλιν λέ-   ia cr ia ba
740   φρόνημα μὲν νηνέμου γαλάνας,   [γοιμ' ἂν   ia cr ba
ἀκασκαῖόν τ' ἄγαλμα πλούτου,   ba cr ba
μαλθακὸν ὀμμάτων βέλος,   gl
δηξίθυμον ἔρωτος ἄνθος.   hipp
παρακλίνασ' ἐπέκρανεν   2 io
745   δὲ γάμου πικρὰς τελευτάς,   2 io
δύσεδρος καὶ δυσόμιλος   2 io
συμένα Πριαμίδαισιν,   2 io
πομπᾷ Διὸς ξενίου,   ch dim
νυμφόκλαυτος 'Ερινύς. –   pher

750   παλαίφατος δ' ἐν βροτοῖς γέρων λόγος   Ant. 3
μέγαν τελεσθέντα φωτὸς ὄλβον   [τέτυκται
τεκνοῦσθαι μηδ' ἄπαιδα θνήσκειν,
755   ἐκ δ' ἀγαθᾶς τύχας γένει
βλαστάνειν ἀκόρεστον οἰζύν.
δίχα δ' ἄλλων μονόφρων εἰμί. τὸ δυσσεβὲς γὰρ ἔργον
μετὰ μὲν πλείονα τίκτει.

Oftmals ja lag's in ihrem Arm,
Jüngst erst gebornem Knäblein gleich,
Sah helläugig zur Hand hin, we-
delnd, mit knurrendem Bäuchlein.

Doch aufwachsend bezeugt' er die
Art, ererbt von den Eltern; Gunst
Schlimm den Pflegern vergeltend,
Würgt' er die Lämmer voll Wut, sein
Mahl ungeheißen sich rüstend.
Blut floß im Haus, es besudelnd,
Heillose Not dem Hausgesind,
Schreckliche Schandtat: Mord auf Mord!
Ließ ein Gott einen Opfrer der
Höll' im Hause doch aufziehn!

Und so auch kam hin nach Ilions Burg – ich möcht es nennen:
Ein Wesen windlosen Meereslächelns,
In sanftem Glühn des Reichtums Kleinod,
Holdester Augen zart Geschoß,
Herzverwundende Erosblüte;
Doch, sich wandelnd, bracht zum Abschluß
Sie der Hochzeit bittren Ausgang.
Schlimmen Wohnens, schlimmen Wirkens
Eilt herbei den Priamiden
Auf Ruf des Gastschützers Zeus –
Tränenbraut! – die Erinys.

Schon lange kund, ward im Volk ein greises Wort zum Wahr-
Daß, machtvoll aufwachsend, Mannes Wohlstand   [spruch,
Sich Kinder zeug, nicht sohnlos wegsterb,
Und daß aus höchstem Glück dem Stamm
Spross' und wachs unersättlich Wehschrein.
Andrer Art ist meine Meinung:
Denn wie ruchlos schlimmes Tun nur
Immer zahlreichere Brut zeugt,

760   σφετέρα δ' εἰκότα γέννα·
       οἴκων δ' ἀπ' εὐθυδίκων
       καλλίπαις πότμος αἰεί. =

                                               Str. 4

765   φιλεῖ δὲ τίκτειν ὕβρις μὲν παλαιὰ νεά-   ia 3 cr
       ζουσαν ἐν κακοῖς βροτῶν   cr ia
       ὕβριν, τότ' ἢ τόθ', ὅτε τὸ κύριον μόλῃ   3 ia
       φάος, τέκεν νεάρης   ia ba
       δαίμον' ἑτέραν ἄμαχον ἀπόλεμον ἀνίερον,   3 ia
770   θράσος μελαίνας μελάθροισιν "Ατας,   ia ch dim
       εἰδομέναν τοκεῦσιν. –   ch dim

       Δίκα δὲ λάμπει μὲν ἐν δυσκάπνοις δώμασιν   Ant. 4
775   τὸν τ' ἐναίσιμον τίει
       βίον, τὰ χρυσόπαστα δ' ἔδεθλα σὺν πίνῳ
       χερῶν παλιντρόποισιν
       ὄμμασι λιποῦσ' ὅσια προσέβατο, δύναμιν οὐ
780   σέβουσα πλούτου παράσημον αἴνῳ·
       πᾶν δ' ἐπὶ τέρμα νωμᾷ. =

                        Χορός

       ἄγε δή, βασιλεῦ, Τροίας πτολίπορθ',   an
       'Ατρέως γένεθλον,
       πῶς σε προσείπω; πῶς σε σεβίζω
785   μήθ' ὑπεράρας μήθ' ὑποκάμψας
       καιρὸν χάριτος;
       πολλοὶ δὲ βροτῶν τὸ δοκεῖν εἶναι
           προτίουσι δίκην παραβάντες.
790   τῷ δυσπραγοῦντί τ' ἐπιστενάχειν
       πᾶς τις ἕτοιμος· δῆγμα δὲ λύπης
           οὐδὲν ἐφ' ἧπαρ προσικνεῖται·
       καὶ ξυγχαίρουσιν ὁμοιοπρεπεῖς
       ἀγέλαστα πρόσωπα βιαζόμενοι·
795   ὅστις δ' ἀγαθὸς προβατογνώμων,

Freilich Brut nur seinesgleichen,
Gibt Häusern, thront drin das Recht,
Edlen Sproß stets das Schicksal.

Gar oft erzeugt Frevel, uralter, jungen, in
Menschenleid wild wüstenden
Frevel; stets dann nun, wenn der Entscheidung Stunde brach
Ins Licht: erzeugt der junge
Sich anderen Fluchgeist, unüberwindlichen, heilloser Art:
Trotz, der ins Haus schwärzester Untat Schuld trägt,
Ganz den Erzeugern gleichend.

Dike erstrahlt auch in rauchdunklen Lehmhütten, leiht,
Ist es sittsam, Ehre dort
Dem Leben; doch goldprangende Sitze, wenn voll Schmutz
Die Hände, abgewandten
Augs hinter sich läßt sie, kehrt nur zu frommen sich, ohne die
Zu scheun des Reichtums, feilen Lobes Fälschung.   [Macht
Alles zum Endziel führt sie.

Agamemnon kommt auf dem Wagen. Hinter ihm sitzt Kassandra.
Später kommt Klytaimestra, von Mägden begleitet

Chorführer

O mein König, Erstürmer der troischen Burg,
Du des Atreus Sproß,
Wie sagt Gruß dir mein Mund, wie tu Ehr ich dir kund
Nicht über das Maß noch unter dem Maß,
Das der Freude gebührt?
Gibt's doch Sterbliche viel, die Scheinen dem Sein
    Weit vorziehn, das Recht überschreitend.
Mit dem Leidgetroffnen zu stöhnen und schrein,
Ist jeder bereit, nur daß Grames Biß
  ˙ Keineswegs bis zum Herzen hineindringt;
Und mit Fröhlichen gleichgestimmt scheinen sie wohl,
Nur daß Lachen dem Antlitz mit Zwang sie nur leihn;
Doch wer der Herde ein kundiger Hirt,

οὐκ ἔστι λαθεῖν ὄμματα φωτός,
τὰ δοκοῦντ' εὔφρονος ἐκ διανοίας
ὑδαρεῖ σαίνει φιλότητι.
σὺ δέ μοι τότε μὲν στέλλων στρατιὰν
800 Ἑλένης ἕνεκ', οὐ γάρ σ' ἐπικεύσω,
κάρτ' ἀπομούσως ἦσθα γεγραμμένος
οὐδ' εὖ πραπίδων οἴακα νέμων,
θάρσος ἑκούσιον
ἀνδράσι θνήσκουσι κομίζων.
805 νῦν δ' οὐκ ἀπ' ἄκρας φρενὸς οὐδ' ἀφίλως
εὔφρων πόνος εὖ τελέσασιν.
γνώσῃ δὲ χρόνῳ διαπευθόμενος
τόν τε δικαίως καὶ τὸν ἀκαίρως
πόλιν οἰκουροῦντα πολιτῶν.

Ἀγαμέμνων

810 πρῶτον μὲν Ἄργος καὶ θεοὺς ἐγχωρίους
δίκη προσειπεῖν, τοὺς ἐμοὶ μεταιτίους
νόστου δικαίων θ' ὧν ἐπραξάμην πόλιν
Πριάμου· δίκας γὰρ οὐκ ἀπὸ γλώσσης θεοὶ
κλυόντες ἀνδροθνῆτας Ἰλιοφθόρους
815 εἰς αἱματηρὸν τεῦχος οὐ διχορρόπως
ψήφους ἔθεντο· τῷ δ' ἐναντίῳ κύτει
ἐλπὶς προσῄει χειρὸς οὐ πληρουμένῳ.
καπνῷ δ' ἁλοῦσα νῦν ἔτ' εὔσημος πόλις.
ἄτης θύελλαι ζῶσι· συνθνήσκουσα δὲ
820 σποδὸς προπέμπει πίονας πλούτου πνοάς.
τούτων θεοῖσι χρὴ πολύμνηστον χάριν
τίνειν, ἐπείπερ καὶ πάθας ὑπερκότους
ἐπραξάμεσθα, καὶ γυναικὸς οὕνεκα
πόλιν διημάθυνεν Ἀργεῖον δάκος,
825 ἵππου νεοσσός, ἀσπιδηστρόφος λεώς,
πήδημ' ὀρούσας ἀμφὶ Πλειάδων δύσιν·
ὑπερθορὼν δὲ πύργον ὠμηστὴς λέων
ἄδην ἔλειξεν αἵματος τυραννικοῦ.
θεοῖς μὲν ἐξέτεινα φροίμιον τόδε·

Nicht kann sich ihm bergen das Auge des Manns,
Das mit nur geheuchelt wohlwollendem Sinn
   Ihm schmeichelt in wässriger Freundschaft.
Du ließt mir, als damals den Zug du geführt
Wegen Helena – nicht verhehl ich dir's –
Ein gar unerfreuliches Bild von dir;
Hast nicht gut deines Busens Steuer geführt,
Weil, die frech einst gefolgt war,
   Du, Männer hinopfernd, heimholtest.
Doch freundlich sei's, herzlich gesagt: „Es erfreut
   Die Not, hat man gut sie bestanden."
Erkennen wirst bald du mit forschendem Geist,
Wer gerecht und klug und wer nicht nach Fug
   Den Staat dir verwaltet der Bürger.

Agamemnon

Zuerst nun Argos und die Götter unsres Lands
Geziemt's zu grüßen, sie, die mitgeholfen mir
Zur Heimkehr und zur Strafvollstreckung an der Stadt
Des Priamos; Rechtsstreit scheidend nicht durch Zeugenzung,
Gab Gott nach Gott für Männertod und Ilions Sturz
In blutgen Schicksals Urne ohne Zweifels Spur
Stimmsteine ab. Doch zu der Gegner Stimmgefäß
Trat Hoffnung nur, von keiner Hand ward es gefüllt.
An Rauch bloß, nach dem Fall kennt jetzt man noch die Stadt.
Des Unheils Sturmwind lebt noch; mit ihm sterbend stößt
Bald Asche atmend aus des Reichtums schwülen Hauch.
Dafür den Göttern muß erinnerungsvollen Dank
Man zollen, da für Leid wir übers Maß des Grolls
Vergeltung übten und ja einem Weib zulieb
Die Stadt in Staub trat das Argeier-Ungetüm,
Des Rosses Junges, unser schildvorwerfend Volk,
Im Sprung anstürmend um Pleiaden-Untergang.
Es übersprang die Maur, ein beutegierger Leu,
Und leckte satt am Blute sich des Königsstamms.
Den Göttern spann ich weit aus diesen ersten Gruß;

830   τὰ δ' ἐς τὸ σὸν φρόνημα μέμνημαι κλύων
καὶ φημὶ ταὐτὰ καὶ συνήγορόν μ' ἔχεις.
παύροις γὰρ ἀνδρῶν ἐστι συγγενὲς τόδε,
φίλον τὸν εὐτυχοῦντ' ἄνευ φθόνου σέβειν·
δύσφρων γὰρ ἰὸς καρδίαν προσήμενος

835   ἄχθος διπλοίζει τῷ πεπαμένῳ νόσον,
τοῖς τ' αὐτὸς αὐτοῦ πήμασιν βαρύνεται
καὶ τὸν θυραῖον ὄλβον εἰσορῶν στένει.
εἰδὼς λέγοιμ' ἄν – εὖ γὰρ ἐξεπίσταμαι
ὁμιλίας κάτοπτρον – εἴδωλον σκιᾶς

840   δοκοῦντας εἶναι κάρτα πρευμενεῖς ἐμοί.
μόνος δ' Ὀδυσσεύς, ὅσπερ οὐχ ἑκὼν ἔπλει,
ζευχθεὶς ἕτοιμος ἦν ἐμοὶ σειραφόρος,
εἴτ' οὖν θανόντος εἴτε καὶ ζῶντος πέρι
λέγω. τὰ δ' ἄλλα πρὸς πόλιν τε καὶ θεοὺς

845   κοινοὺς ἀγῶνας θέντες ἐν πανηγύρει
βουλευσόμεσθα. καὶ τὸ μὲν καλῶς ἔχον
ὅπως χρονίζον εὖ μενεῖ βουλευτέον·
ὅτῳ δὲ καὶ δεῖ φαρμάκων παιωνίων,
ἤτοι κέαντες ἢ τεμόντες εὐφρόνως

850   πειρασόμεσθα πῆμ' ἀποστρέψαι νόσου.
νῦν δ' ἐς μέλαθρα καὶ δόμους ἐφεστίους
ἐλθὼν θεοῖσι πρῶτα δεξιώσομαι,
οἵπερ πρόσω πέμψαντες ἤγαγον πάλιν.
νίκη δ' ἐπείπερ ἕσπετ', ἐμπέδως μένοι.

        Κλυταιμήστρα

855   ἄνδρες πολῖται, πρέσβος Ἀργείων τόδε,
οὐκ αἰσχυνοῦμαι τοὺς φιλάνορας τρόπους
λέξαι πρὸς ὑμᾶς· ἐν χρόνῳ δ' ἀποφθίνει
τὸ τάρβος ἀνθρώποισιν. οὐκ ἄλλων πάρα
μαθοῦσ', ἐμαυτῆς δύσφορον λέξω βίον

860   τοσόνδ', ὅσονπερ οὗτος ἦν ὑπ' Ἰλίῳ.
τὸ μὲν γυναῖκα πρῶτον ἄρσενος δίχα
ἧσθαι δόμοις ἔρημον ἔκπαγλον κακόν,
πολλὰς κλύουσαν κληδόνας παλιγκότους

Doch deine Meinung hört ich und behielt sie wohl
Und denk dasselbe und zum Fürsprech hast du mich.
Nur wengen Menschen ist dies angeborne Art,
Den Freund, ward Glück ihm hold, neidlos zu ehren noch;
Der Mißgunst Gift ja, das im Herzen fest sich setzt,
Not macht's, zweifache dem, den überkam die Sucht;
Von seinem eignen Leid schon wird er schwer bedrückt,
Und blickt auf fremdes Glück er hin, seufzt er und stöhnt.
Ich weiß und sag es – denn gar wohl versteh ich auf
Des Umgangs Spiegel mich – ein bloßes Schattenbild
Erscheinen Treu und Neigung, die man mir erzeigt.
Einzig Odysseus, der doch wider Willen kam,
Wies – eingespannt – sich mir als treues Handpferd aus.
Ob er schon tot, am Leben noch, von dem ich sprach,
Wer weiß? – Was weiter Stadt und Götter anbelangt,
Gemeinsam wollen in Versammlung allen Volks
Wir's wohl beraten. Und was gut in Ordnung ist,
Daß dauernd gut es bleibe, wird zu sorgen sein.
Wofür jedoch nottut Arznei und Arztes Kunst –
Und sei's auch brennend oder schneidend – guten Sinns
Versuchen abzuwehren wir der Krankheit Not.
Wenn nun ins Haus und zu dem heimatlichen Herd
Ich komm: den Göttern erst heb dankend ich die Hand,
Die weithin mich geleitet, mich geführt zurück;
Der Sieg, der uns gefolgt, bleib ständig uns getreu!

Klytaimestra

Ihr werten Bürger, Älteste des Argosvolks,
Nicht fühl ich Scham mehr, meine Liebe zu dem Mann
Vor euch zu zeigen. Mit der Zeit schwindet dahin
Die Scheu uns Menschen. Nicht was nur von andern ich
Gehört, mein eigen glücklos Leben schildr ich euch,
In all der Zeit, da dieser lag vor Ilion.
Schon daß ein Weib – zuvörderst dies! – vom Mann getrennt
Dasitzt im Hause einsam, ist ein grausam Leid;
Muß sie stets hören doch Gerüchte böser Art,

καὶ τὸν μὲν ἥκειν, τὸν δ' ἐπεισφέρειν κακοῦ
865 κάκιον ἄλλο, πῆμα λάσκοντας δόμοις.
καὶ τραυμάτων μὲν εἰ τόσων ἐτύγχανεν
ἀνὴρ ὅδ', ὡς πρὸς οἶκον ὠχετεύετο
φάτις, τέτρηται δικτύου πλέω λέγειν.
εἰ δ' ἦν τεθνηκώς, ὡς ἐπλήθυον λόγοι,
870 τρισώματός τἂν Γηρυὼν ὁ δεύτερος
872 χθονὸς τρίμοιρον χλαῖναν ἐξηύχει λαβεῖν,
ἅπαξ ἑκάστῳ κατθανὼν μορφώματι.
τοιῶνδ' ἕκατι κληδόνων παλιγκότων
875 πολλὰς ἄνωθεν ἀρτάνας ἐμῆς δέρης
ἔλυσαν ἄλλοι πρὸς βίαν λελημμένης.

ἐκ τῶνδέ τοι παῖς ἐνθάδ' οὐ παραστατεῖ,
ἐμῶν τε καὶ σῶν κύριος πιστωμάτων,
ὡς χρῆν, Ὀρέστης· μηδὲ θαυμάσῃς τόδε.
880 τρέφει γὰρ αὐτὸν εὐμενὴς δορύξενος,
Στρόφιος ὁ Φωκεύς, ἀμφίλεκτα πήματα
ἐμοὶ προφωνῶν, τόν θ' ὑπ' Ἰλίῳ σέθεν
κίνδυνον, εἴ τε δημόθρους ἀναρχία
βουλὴν καταρρίψειεν, ὥς τε σύγγονον
885 βροτοῖσι τὸν πεσόντα λακτίσαι πλέον.
τοιάδε μέντοι σκῆψις οὐ δόλον φέρει.
ἔμοιγε μὲν δὴ κλαυμάτων ἐπίσσυτοι
πηγαὶ κατεσβήκασιν, οὐδ' ἔνι σταγών·
ἐν ὀψικοίτοις δ' ὄμμασιν βλάβας ἔχω
890 τὰς ἀμφί σοι κλαίουσα λαμπτηρουχίας
ἀτημελήτους αἰέν. ἐν δ' ὀνείρασιν
λεπταῖς ὑπαὶ κώνωπος ἐξηγειρόμην
ῥιπαῖσι θωΰσσοντος, ἀμφί σοι πάθη
ὁρῶσα πλείω τοῦ ξυνεύδοντος χρόνου.

895 νῦν ταῦτα πάντα τλᾶσ', ἀπενθήτῳ φρενὶ
λέγοιμ' ἂν ἄνδρα τόνδε τῶν σταθμῶν κύνα,
σωτῆρα ναὸς πρότονον, ὑψηλῆς στέγης
στῦλον ποδήρη, μονογενὲς τέκνον πατρί,

Sodaß, war der kaum da, schon jener bringt des Leids
Größres Geschwister, Weh um Weh ausschreind dem Haus.
Und Wunden wahrlich, hat so viele je erlangt
Der Held hier, wie zum Haus vielröhrig lenkte das
Gerücht: durchlöchert muß mehr als ein Netz er sein.
Wär er gefalln, so häufig davon Kunde kam,
Könnt er sich, ein dreileibger zweiter Geryon,
Aus Erd dreifachen Mantels rühmen, der ihn deckt,
Da er je einmal starb in jeden Leibes Form.
Durch solcherlei Gerüchte kam's von böser Art,
Daß manche hochgeknüpfte Schling von meinem Hals
Lösten die andern, nur gewaltsam mich befreind.

zu Agamemnon

Und darum steht der Sohn hier nicht zur Seite mir,
Meines und deines Treuebundes Unterpfand,
Wie's ziemte: Orestes; sei nur nicht verwundert drum!
Auf zieht ihn ja dein treugesinnter Kampfgenoß,
Der Phoker Strophios, der zwiefache Art von Not
Mir mahnend vorhielt: wie vor Ilion dir droh
Gefahr, und wie das Volk, voll Lärmens, herrenlos,
Den Rat leicht stürzen könne; wie's ja doch die Art
Der Menschen: den, der fällt, tritt mit dem Fuß man noch!
Was hier ich vorbring – glaub's! – trägt keinen Trug in sich.
Mir wahrlich sind der Tränen reich vorströmende
Quellflüsse ganz versiegt, und drin kein Tropfen mehr.
Den übernächtgen Augen füg ich Schaden zu,
Um dich voll Weinens spähend nach der Fackelpost,
Die ewig nicht in Gang kam. In den Träumen ward
Durch leichten Flügelschlag der Mück ich aufgeschreckt,
Die schwirrend mich umsummte, wenn um dich an Not
Ich sah weit mehr, als Raum bot meines Schlafens Zeit.

zum Chor

Nun, da all dies ich trug, möcht grambefreiten Sinns
Ich nennen hier den Mann der Hürden Wächterhund,
Rettendes Ankertau des Schiffs, erhabnen Baus
Grundfesten Pfeiler, Vaters eingebornes Kind,

γαῖαν φανεῖσαν ναυτίλοις παρ' ἐλπίδα,
900   κάλλιστον ἦμαρ εἰσιδεῖν ἐκ χείματος,
ὁδοιπόρῳ διψῶντι πηγαῖον ῥέος·
τερπνὸν δὲ τἀναγκαῖον ἐκφυγεῖν ἅπαν.
τοιοῖσδέ τοί νιν ἀξιῶ προσφθέγμασιν.
φθόνος δ' ἀπέστω· πολλὰ γὰρ τὰ πρὶν κακὰ
905   ἠνειχόμεσθα. νῦν δέ μοι, φίλον κάρα,
ἔκβαιν' ἀπήνης τῆσδε, μὴ χαμαὶ τιθεὶς
τὸν σὸν πόδ', ὦναξ, Ἰλίου πορθήτορα.
δμωαί, τί μέλλεθ', αἷς ἐπέσταλται τέλος
πέδον κελεύθου στορνύναι πετάσμασιν;
910   εὐθὺς γενέσθω πορφυρόστρωτος πόρος,
ἐς δῶμ' ἄελπτον ὡς ἂν ἡγῆται δίκη.
τὰ δ' ἄλλα φροντὶς οὐχ ὕπνῳ νικωμένη
θήσει δικαίως σὺν θεοῖς εἱμαρμένα.

Ἀγαμέμνων

Λήδας γένεθλον, δωμάτων ἐμῶν φύλαξ,
915   ἀπουσίᾳ μὲν εἶπας εἰκότως ἐμῇ·
μακρὰν γὰρ ἐξέτεινας· ἀλλ' ἐναισίμως
αἰνεῖν, παρ' ἄλλων χρὴ τόδ' ἔρχεσθαι γέρας.
καὶ τἄλλα μὴ γυναικὸς ἐν τρόποις ἐμὲ
ἅβρυνε μηδὲ βαρβάρου φωτὸς δίκην
920   χαμαιπετὲς βόαμα προσχάνῃς ἐμοί,
μηδ' εἵμασι στρώσασ' ἐπίφθονον πόρον
τίθει· θεούς τοι τοῖσδε τιμαλφεῖν χρεών,
ἐν ποικίλοις δὲ θνητὸν ὄντα κάλλεσιν
βαίνειν ἐμοὶ μὲν οὐδαμῶς ἄνευ φόβου.
925   λέγω κατ' ἄνδρα, μὴ θεόν, σέβειν ἐμέ.
χωρὶς ποδοψήστρων τε καὶ τῶν ποικίλων
κληδὼν ἀυτεῖ· καὶ τὸ μὴ κακῶς φρονεῖν
θεοῦ μέγιστον δῶρον. ὀλβίσαι δὲ χρὴ
βίον τελευτήσαντ' ἐν εὐεστοῖ φίλῃ.
εἰ πάντα δ' ὡς πράσσοιμ' ἄν, εὐθαρσὴς ἐγώ.

Land, das erscheint dem Schiffsvolk wider Hoffen noch,
Des schönsten Lenztags Anblick nach des Winters Not,
Dürstendem Wandersmann der Quelle strömend Naß.
Wie süß ist's, allem Zwang der Not entflohen sein!
Drum solcher Worte, ihm zum Gruß, acht ich ihn wert.
Mög's uns gegönnt sein! Viele Leiden ja vordem
Hielten wir aus. Nun aber, mein geliebtes Haupt,
Steig mir vom Wagen ab; doch nicht zur Erde setz,
Herr, deinen Fuß, der Ilions Zerstörer war!
Mägde! Was säumt ihr, deren Auftrag ist und Amt,
Des Weges Grund zu decken ihm mit Teppichen?
Sogleich ersteh ein purpurüberdeckter Pfad,
Daß in das Haus führ unverhofft ihn Dikes Macht!
Das Weitre – Sorge wird's, von keinem Schlaf besiegt,
Gerecht ihm richten, wie's der Götter Rat verhängt.

Die Mägde breiten die Teppiche aus

Agamemnon

Leda-Entsprossne, meines Hauses Hüterin,
Der Zeit war, was du sprachst, entsprechend, die ich fern:
Lang ja dehntest du's aus. Jedoch soll echt sein, recht
Ein Lob: von Fremden dann muß kommen solch Geschenk.
Auch sonst sollst nicht, wie einem Weib man tut, du mich
Verzärteln und nicht nach Barbarenfürsten-Art
Zur Erd gebeugt, voll Schreins den Mund auftun vor mir,
Noch mache, Decken breitend, mir neidvolle Bahn
Zurecht! Nur Göttern ja ziemt solcher Ehre Zoll;
Auf buntgewirkter Schönheit, wenn man sterblich ist,
Zu schreiten – mir wär's niemals möglich ohne Furcht.
Man soll als Menschen, nicht als Gott mir Ehr antun.
Auch ohne Fußabtreter und solch bunten Prunk
Tönt Ruhm mir weithin; und von Hoffahrt frei zu sein,
Ist Gottes höchste Gabe. Selig heiße, wer
Sein Leben enden konnt in Glück und Wohlergehn!
Wenn's allwärts so mir ginge, wär ich wohlgemut.

Κλυταιμήστρα

καὶ μὴν τόδ' εἰπὲ μὴ παρὰ γνώμην ἐμοί.

Ἀγ   γνώμην μὲν ἴσθι μὴ διαφθεροῦντ' ἐμέ.

Κλ   ηὔξω θεοῖς δείσας ἂν ὧδ' ἔρδειν τάδε;

Ἀγ   εἴπερ τις, εἰδώς γ' εὖ τόδ' ἐξεῖπον τέλος.

935 Κλ   τί δ' ἂν δοκεῖ σοι Πρίαμος, εἰ τάδ' ἤνυσεν;

Ἀγ   ἐν ποικίλοις ἂν κάρτα μοι βῆναι δοκεῖ.

Κλ   μή νυν τὸν ἀνθρώπειον αἰδεσθῇς ψόγον.

Ἀγ   φήμη γε μέντοι δημόθρους μέγα σθένει.

Κλ   ὁ δ' ἀφθόνητός γ' οὐκ ἐπίζηλος πέλει.

940 Ἀγ   οὔτοι γυναικός ἐστιν ἱμείρειν μάχης.

Κλ   τοῖς δ' ὀλβίοις γε καὶ τὸ νικᾶσθαι πρέπει.

Ἀγ   ἦ καὶ σὺ νίκην τήνδε δήριος τίεις;

Κλ   πιθοῦ· κρατεῖς μέν, τὸ δὲ πάρες γ' ἑκὼν ἐμοί.

Ἀγ   ἀλλ' εἰ δοκεῖ σοι ταῦθ', ὑπαί τις ἀρβύλας

945   λύοι τάχος, πρόδουλον ἔμβασιν ποδός,
           καὶ τοῖσδέ μ' ἐμβαίνονθ' ἁλουργέσιν θεῶν
           μή τις πρόσωθεν ὄμματος βάλοι φθόνος·
           πολλὴ γὰρ αἰδὼς δωματοφθορεῖν, ποσὶν
           φθείροντα πλοῦτον ἀργυρωνήτους θ' ὑφάς.
950   τούτων μὲν οὕτω· τὴν ξένην δὲ πρευμενῶς
           τήνδ' ἐσκόμιζε· τὸν κρατοῦντα μαλθακῶς
           θεὸς πρόσωθεν εὐμενῶς προσδέρκεται.
           ἑκὼν γὰρ οὐδεὶς δουλίῳ χρῆται ζυγῷ.
           αὕτη δὲ πολλῶν χρημάτων ἐξαίρετον
955   ἄνθος, στρατοῦ δώρημ', ἐμοὶ ξυνέσπετο.
           ἐπεὶ δ' ἀκούειν σοῦ κατέστραμμαι τάδε,
           εἶμ' ἐς δόμων μέλαθρα πορφύρας πατῶν.

Κλυταιμήστρα

ἔστιν θάλασσα, τίς δέ νιν κατασβέσει;
τρέφουσα πολλῆς πορφύρας ἰσάργυρον
960   κηκῖδα παγκαίνιστον, εἱμάτων βαφάς.
           οἶκος δ' ὑπάρχει τῶνδε σὺν θεοῖς, ἄναξ,

Klytaimestra

Gleichwohl sag dies nicht wider Sinn und Wünschen mir!

Ag Der Sinn, das wisse, unumstößlich bleibt er mir!

Kl Du schworst den Göttern aus Angst wohl, so zu halten dies?

Ag Wenn einer: klaren Geists sagt ich Ziel und Entschluß.

Kl Was, glaubst du, täte Priamos, hätt er dies vollbracht?

Ag Auf buntem Prunk gewiß, glaub ich, schritt' er dahin.

Kl Nicht hege vor der Menschen Tadel du nun Scheu!

Ag Die Stimme, die das Volk erhebt, hat große Macht!

Kl Wer keinen Neid weckt, der ist nicht Nacheifrung wert.

Ag Nicht will's dem Weibe ziemen, trachtet sie nach Streit.

Kl Doch Glückgekrönten, sich besiegen lassen, wohl!

Ag Schätzest du diesen Sieg im Streit so hoch denn ein?

Kl Gib nach; Herr bleibst du; hier nur folg freiwillig mir!

Ag Gut; ist's einmal dein Wunsch, soll man die Sohlen mir
Losbinden schnell, die, seine Sklaven, tritt mein Fuß,
Daß mich, schreit ich auf meererschaffner Pracht, nicht aus
Der Götter Auge fernher treff ein Strahl des Neids!
Groß ist die Scheu, dem Haus zu schaden, mit dem Fuß
Beschädgend Reichtum silbererkaufter Weberein.
Hiervon so viel. Die Fremde dort, freundlichen Sinns
Führ sie ins Haus! Wer, wo er Herr ist, Milde zeigt,
Den blickt ein Gott von fern mit gnädigem Auge an.
Von selbst ja beugt sich niemand unter Sklavenjoch.
Sie aber, reicher Beuteschätz erwählteste
Blüte, des Heers Geschenk, mir folgte sie hierher.
Da ich, gehorsam dir, mich überwand dazu,
Schreit ich zu Hauses Halle nun den Purpurpfad.

*Er steigt nach Lösung der Sandalen vom Wagen und schreitet
die Stufen zur Königsburg empor*

Klytaimestra

Ist doch das Meer da; wer vermag's und schöpft es aus?
Das nährt von vielem Purpur, silbergleich an Wert,
Den Saft, der, immer neu, der Kleidung Farbe leiht.
Dadrin gibt's hiervon mit der Götter Hilfe. Herr,

ἔχειν· πένεσθαι δ' οὐκ ἐπίσταται δόμος.
πολλῶν πατησμὸν δ' εἱμάτων ἂν ηὐξάμην,
δόμοισι προὐνεχθέντος ἐν χρηστηρίοις
965 ψυχῆς κόμιστρα τῆσδε μηχανωμένῃ.
ῥίζης γὰρ οὔσης φυλλὰς ἵκετ' ἐς δόμους,
σκιὰν ὑπερτείνασα σειρίου κυνός.
καὶ σοῦ μολόντος δωματῖτιν ἑστίαν,
θάλπος μὲν ἐν χειμῶνι σημαίνει μολόν·
970 ὅταν δὲ τεύχῃ Ζεὺς ἀπ' ὄμφακος πικρᾶς
οἶνον, τότ' ἤδη ψῦχος ἐν δόμοις πέλει
ἀνδρὸς τελείου δῶμ' ἐπιστρωφωμένου.
Ζεῦ Ζεῦ τέλειε, τὰς ἐμὰς εὐχὰς τέλει·
μέλοι δέ τοί σοι τῶνπερ ἂν μέλλῃς τελεῖν.

		Stasimon III
	Χορός	Str. 1
975	τίπτε μοι τόδ' ἐμπέδως	2 tr
	δεῖμα προστατήριον	2 tr
	καρδίας τερασκόπου	2 tr
	πωτᾶται,	mol
	μαντιπολεῖ δ' ἀκέλευστος ἄμισθος ἀοιδά,	5 da
980	οὐδ' ἀποπτύσαν δίκαν	2 tr
	δυσκρίτων ὀνειράτων	2 tr
	θάρσος εὐπειθὲς ἵ-	2 tr
	ζει φρενὸς φίλον θρόνον; χρό-	2 tr
985	νος δ', ἐπεὶ πρυμνησίων ξυνεμβολαῖς	3 tr
	ψάμμος ἄμπτα, παρή-	2 tr
	βησεν, εὖθ' ὑπ' Ἴλιον	2 tr
	ὦρτο ναυβάτας στρατός. –	2 tr
	πεύθομαι δ' ἀπ' ὀμμάτων	Ant. 1
	νόστον, αὐτόμαρτυς ὤν·	
990	τὸν δ' ἄνευ λύρας ὅμως	
	ὑμνῳδεῖ	
	θρῆνον Ἐρινύος αὐτοδίδακτος ἔσωθεν	
	θυμός, οὐ τὸ πᾶν ἔχων	

Genug; arm sein, darauf versteht sich nicht dies Haus.
Viel zum Zertreten hätt der Teppich ich gelobt,
Wär's so im Haus verkündet des Orakels mir,
Als ich für deines Lebens Rettung Rat gesucht.
Denn lebt die Wurzel, Laub dann sprießt empor am Haus,
Schatten ihm überbreitend vor der Hundstagsglut.
Kommst du herbei zu heimatlichen Hauses Herd:
Wärme in Wintersnot tut kommend sich mir kund.
Doch kocht zur Süße Zeus in Trauben, unreif, herb,
Den Wein, dann schon stellt Kühlung in dem Haus sich ein,
Kehrt nur der Herr, Vollender seines Werts, zurück. –
Zeus, Zeus Vollender, meiner Wünsche Ziel vollend!
Empfohlen sei dir, was du willst vollendet sehn!

ab in die Königsburg

Chor

Wie denn kommt's, daß immerfort
Solche Angst aufsteigend vor
Meinem schreckenschaunden Geist
Umherschwebt,
Weissagung mir ohn Geheiß, ohne Lohn mein Gesang gibt?
Daß nicht, sie verscheuchend wie
Wirre Bilder eines Traums,
Mut sich setzt voll Vertraun
Auf der Seele lieben Thron? Die
Zeit, als durch der Ankertaue Einholung
Meersand aufflog, sie ward
Alt schon, seit gen Ilion
Zog zu Schiffe fort das Heer.

Wohl gewahr ich eignen Augs
Heimkehr, selber Zeuge mir.
Ihn, der scheut die Lei'r, gleichwohl
Stimmt an, den
Düstren Erinys-Sang, eigenem Innern entströmt, die
Brust mir, ohne eine Spur

ἐλπίδος φίλον θράσος.
σπλάγχνα δ' οὔτοι ματᾳ-
995 ζει, πρὸς ἐνδίκοις φρεσὶν τε-
λεσφόροις δίναις κυκλούμενον κέαρ.
εὔχομαι δ' ἐξ ἐμᾶς
ἐλπίδος ψύθη πεσεῖν
1000 ἐς τὸ μὴ τελεσφόρον. =

Str. 2

μάλα γέ τοι τὸ μεγάλας   2 cr
ὑγιείας ἀκόρεστον τέρ-   gl
μα· νόσος γὰρ ἀεὶ   2 an
γείτων ὁμότοιχος ἐρείδει.   par
1005 καὶ πότμος εὐθυπορῶν   hem
ἀνδρὸς ἐφ' ἡσύχιον   hem
πόντον ἔπαισεν ἄφαντον ἕρμα.   Alc. 10
καὶ τὸ μὲν πρὸ χρημάτων   2 tr
κτησίων ὄκνος βαλὼν   2 tr
1010 σφενδόνας ἀπ' εὐμέτρου,   2 tr
οὐκ ἔδυ πρόπας δόμος   2 tr
πλησμονᾶς γέμων ἄγαν,   2 tr
οὐδ' ἐπόντισε σκάφος.   2 tr
1015 πολλά τοι δόσις ἐκ Διὸς ἀμφιλα-   4 da
φής τε καὶ ἐξ ἀλόκων ἐπετειᾶν   4 da
νῆστιν ὤλεσεν νόσον. –   2 tr

τὸ δ' ἐπὶ γᾶν πεσὸν ἅπαξ   Ant. 2
θανάσιμον προπάροιθ' ἀνδρὸς
1020 μέλαν αἷμα τίς ἂν
πάλιν ἀγκαλέσαιτ' ἐπαείδων;
οὐδὲ τὸν ὀρθοδαῆ
τῶν φθιμένων ἀνάγειν
Ζεὺς ἀπέπαυσεν ἐπ' ἀβλαβείᾳ;
1025 εἰ δὲ μὴ τεταγμένα
μοῖρα μοῖραν ἐκ θεῶν
εἶργε μὴ πλέον φέρειν,
προφθάσασα καρδία
γλῶσσαν ἂν τάδ' ἐξέχει.

Von der Hoffnung freudgem Mut.
Mein Gemüt schwatzt nicht Tor-
heit, mein – bei gerechtem Sinn – von
Der Entscheidung Strudeln umgeschleudert Herz.
Und ich fleh: möge mein
Fürchten tun des Irrtums Wurf,
Daß sich nie erfüllt, was droht!

Eilig fürwahr, kennt sie kein Maß,
Kommt der Gesundheit herbei ihr End-
ziel, weil Krankheit ja stets
Als Nachbar mit ihr Wand an Wand stößt.
Steuert zu grade des Manns
Schicksal auf ruhenden Meers
Fluten, so stößt's an verborgne Klippe.
Einen Teil – erworbnes Gut
Sich zu wahren – warf ihn Furcht
Aus dem Schiff gemess'nen Wurfs:
Nicht versinkt dann ganz der Bau,
Voll von Schätzen übers Maß,
Noch taucht unter See der Rumpf.
Volle Gabe von Zeus jedoch, reichlich um-
fassende und aus den Furchen des Jahrs Frucht
Tilgt des Hungers Seuche aus.

Doch wenn zur Erd einmal geströmt
Bei seinem Tode zuvor des Manns
Dunkles Blut: wer vermag's,
Daß zurück er es ruft durch Beschwörung?
Legte nicht dem, der voll Kunst
Tote dem Hades entführt,
Zeus selbst sein Handwerk zu Unheils Abwehr?
Doch wenn nicht, verhängt mit Fug,
Schicksal – Schicksal, gottbestimmt,
Schränkte ein zu rechtem Maß,
Käm zuvor mein Herz noch der
Zung und strömte all dies aus.

1030 νῦν δ' ὑπὸ σκότῳ βρέμει
Θυμαλγής τε καὶ οὐδὲν ἐπελπομέ-
να ποτὲ καίριον ἐκτολυπεύσειν
ζωπυρουμένας φρενός. =

Κλυταιμήστρα

1035 εἴσω κομίζου καὶ σύ, Κασσάνδραν λέγω,
ἐπεί σ' ἔθηκε Ζεὺς ἀμηνίτως δόμοις
κοινωνὸν εἶναι χερνίβων, πολλῶν μέτα
δούλων σταθεῖσαν κτησίου βωμοῦ πέλας.
ἔκβαιν' ἀπήνης τῆσδε μηδ' ὑπερφρόνει·
1040 καὶ παῖδα γάρ τοί φασιν 'Αλκμήνης ποτὲ
πραθέντα τλῆναι δουλίας μάζης θιγεῖν.
εἰ δ' οὖν ἀνάγκη τῆσδ' ἐπιρρέποι τύχης,
ἀρχαιοπλούτων δεσποτῶν πολλὴ χάρις·
οἳ δ' οὔποτ' ἐλπίσαντες ἤμησαν καλῶς,
1045 ὠμοί τε δούλοις πάντα καὶ παρὰ στάθμην.
ἔχεις παρ' ἡμῶν οἷάπερ νομίζεται.

Χορός

σοί τοι λέγουσα παύεται σαφῆ λόγον.
ἐντὸς δ' ἁλοῦσα μορσίμων ἀγρευμάτων
πείθοι' ἄν, εἰ πείθοι'· ἀπειθοίης δ' ἴσως.
1050 Κλ ἀλλ' εἴπερ ἐστὶ μὴ χελιδόνος δίκην
ἀγνῶτα φωνὴν βάρβαρον κεκτημένη,
ἔσω φρενῶν λέγουσα πείθω νιν λόγῳ.
Χο ἕπου· τὰ λῷστα τῶν παρεστώτων λέγει.
πείθου λιποῦσα τόνδ' ἁμαξήρη θρόνον.
1055 Κλ οὔτοι θυραία τῇδ' ἐμοὶ σχολὴ πάρα
τρίβειν· τὰ μὲν γὰρ ἑστίας μεσομφάλου
ἕστηκεν ἤδη μῆλα πρὸς σφαγὰς πάρος,
ὡς οὔποτ' ἐλπίσασι τήνδ' ἕξειν χάριν.
σὺ δ' εἴ τι δράσεις τῶνδε, μὴ σχολὴν τίθει.
1060 εἰ δ' ἀξυνήμων οὖσα μὴ δέχῃ λόγον,
σὺ δ' ἀντὶ φωνῆς φράζε καρβάνῳ χερί.

Nun es Dunkel hüllt, zuckt's auf,
Qualbeschwert und von keinerlei Hoffnung ge-
tragen, je günstig den Knäul zu entwirren;
Loht doch glühnden Brands die Brust!

Klytaimestra
aus dem Palast, zu Kassandra

Ins Haus verfüg auch du dich! Kassandra ist gemeint!
Ließ dich doch Zeus – er meint es gut! – in einem Haus
Genossin sein des heiligen Wassers, wo mit viel
Sklaven du Platz hast nah des Hauses Schutzaltar.
Entsteig dem Wagen da, sei nicht zu stolzen Sinns!
Mußt auch der Sohn selbst, wie man sagt, Alkmenes einst,
Verkauft, erdulden, daß der Knechtschaft Brot er brach.
Wenn Zwang der Not nun zugewogen solch ein Los:
Sind altbegütert dann die Herrn, ist's großes Glück.
Die, völlig unerwartet, reichen Schnitt getan,
Sind roh zu Sklaven jederzeit und ungerecht.
Du hast's bei uns in allem so, wie sich's gebührt.

Chorführer

Dir galt, was eben sie gesagt: ihr klares Wort.
Zutiefst umstrickt von unheilvollen Netzes Garn,
Hörst du wohl, wenn du hörst; doch ob du freilich hörst?
Kl Wohlan, wenn etwa nicht, zwitschernder Schwalbe gleich,
Sie unverständlichen Barbarenlaut bloß kennt:
Zum Innern sprechend, überzeug ich sie durchs Wort.
Chf Folg ihr! Das Beste rät bei solcher Lage sie.
Gehorch ihr: räume deines Wagensitzes Platz!
Kl Nicht hab am Tor mit der da ich zu müßigem Schwatz
Die Zeit; denn drin vorm Herd, des Hauses Nabelrund,
Stehn längst bereit die Lämmer zum Schlachtopfer schon
Für uns, die nie gehofft auf solche Gunst des Glücks.
Du, willst du hierbei mittun, säume länger nicht!
Doch wenn du, unbegreifend, nicht aufnimmst mein Wort,
Mach statt des Lauts Zeichen mit der Barbarenhand!

Χο έρμηνέως έοικεν ή ξένη τοροῦ
     δεῖσθαι· τρόπος δὲ θηρὸς ὡς νεαιρέτου.
Κλ ἢ μαίνεταί γε καὶ κακῶν κλύει φρενῶν,
1065   ἥτις λιποῦσα μὲν πόλιν νεαίρετον
     ἥκει, χαλινὸν δ' οὐκ ἐπίσταται φέρειν,
     πρὶν αἱματηρὸν ἐξαφρίζεσθαι μένος.
     οὐ μὴν πλέω ῥίψασ' ἀτιμασθήσομαι.

                    Χορός

     ἐγὼ δ', ἐποικτίρω γάρ, οὐ θυμώσομαι.
1070 ἴθ', ὦ τάλαινα, τόνδ' ἐρημώσασ' ὄχον,
     εἴκουσ' ἀνάγκη τῆδε καίνισον ζυγόν.

              Κασσάνδρα   Amoibaion
                                        Str. 1
     ὀτοτοτοτοῖ πόποι δᾶ.   ia ba
     Ἄπολλον, Ἄπολλον.   2 ba
Χο τί ταῦτ' ἀνωτότυξας ἀμφὶ Λοξίου;
1075   οὐ γὰρ τοιοῦτος ὥστε θρηνητοῦ τυχεῖν. –
Κα ὀτοτοτοτοῖ πόποι δᾶ.   Ant. 1
     Ἄπολλον, Ἄπολλον.
Χο ἡ δ' αὖτε δυσφημοῦσα τὸν θεὸν καλεῖ
     οὐδὲν προσῆκοντ' ἐν γόοις παραστατεῖν. =

                  Κασσάνδρα

                                        Str. 2
1080 Ἄπολλον, Ἄπολλον,   2 ba
     ἀγυιᾶτ', ἀπόλλων ἐμός·   3 ba
     ἀπώλεσας γὰρ οὐ μόλις τὸ δεύτερον. 3 ia

                    Χορός

     χρήσειν ἔοικεν ἀμφὶ τῶν αὑτῆς κακῶν.
     μένει τὸ θεῖον δουλία περ ἐν φρενί. –
1085 Κα Ἄπολλον, Ἄπολλον,   Ant. 2

Chf Ein Dolmetsch tut der Fremden, scheint's, ein kluger wohl
     Ihr not; sie ist wie ein Stück Wild, frisch nach dem Fang.
Kl   Nein, rasend ist sie, bloß verbohrt in bösen Trotz,
     Sie, die, kaum fort aus ihrer Stadt, frisch nach dem Fall,
     Herkommt, das Zaumzeug nicht zu tragen lernen will,
     Eh, blutgepeitscht, sich ausgeschäumt hat ihre Wut!
     Kein weiteres Wort vergeud ich – mir zu Schimpf und
                     ab   [Schmach!

Chorführer

Ich aber, voller Mitleid fühle keinen Groll.
So geh, du Arme, gib nun auf den Wagen da,
Weiche dem Zwang der Not und trag dein neues Joch!

Kassandra
erhebt sich

     O oh, o weh, o weh, ach!
     Apollon, Apollon!
Chf Was rufst du so dein Oh und Ach um Loxias?
     Nichts hat ein Gott wie er mit Jammernden zu tun.
Ka   O oh, o weh, o weh, ach!
     Apollon, Apollon!
Chf Von neuem mit entweihndem Laut ruft sie den Gott,
     Dem nicht gebührt, bei Klagerufen nah zu sein.

Kassandra
steigt vom Wagen, mit dem Blick auf die Steinsäule
des Apollon

Apollon, o Heilgott,
Wegführer, Unheilgott für mich:
In Unheil warfst du mich ja ganz zum zweitenmal!

Chorführer

Verkünden will sie, scheint es, ihre eigene Not.
Bleibt doch das Göttliche auch in der Sklaven Brust.
Ka   Apollon, o Heilgott,

ἀγυιᾶτ', ἀπόλλων ἐμός·
ἆ ποῖ ποτ' ἤγαγές με; πρὸς ποίαν στέγην;
Χο πρὸς τὴν 'Ατρειδῶν· εἰ σὺ μὴ τόδ' ἐννοεῖς,
ἐγὼ λέγω σοι· καὶ τάδ' οὐκ ἐρεῖς ψύθη. =
Κα ἆ ἆ   Str. 3
1090   μισόθεον μὲν οὖν, πολλὰ συνίστορα   2 δ
ἀυτοφόνα κακὰ καρατόμα,   ia cr
ἀνδροσφαγεῖον καὶ πεδορραντήριον.   3 ia
Χο ἔοικεν εὔρις ἡ ξένη κυνὸς δίκην
εἶναι, ματεύει δ' ὧν ἀνευρήσει φόνον. –
1095 Κα ματρυρίοισι γὰρ τοῖσδ' ἐπιπείθομαι·   Ant. 3
κλαιόμενα τάδε βρέφη, σφαγὰς
ὀπτάς τε σάρκας πρὸς πατρὸς βεβρωμένας.
Χο ἦ μὴν κλέος σοῦ μαντικὸν πεπυσμένοι
ἦμεν, προφήτας δ' οὔτινας ματεύομεν. =   Str. 4
1100 Κα ἰὼ πόποι, τί ποτε μήδεται;   ia δ
τί τόδε νέον ἄχος; μέγα,   ba ia
μέγ' ἐν δόμοισι τοῖσδε μήδεται κακόν,   3 ia
ἄφερτον φίλοισιν, δυσίατον· ἀλκὰ δ'   4 ba
ἑκὰς ἀποστατεῖ.   δ
1105 Χο τούτων ἄϊδρίς εἰμι τῶν μαντευμάτων.
ἐκεῖνα δ' ἔγνων· πᾶσα γὰρ πόλις βοᾷ. –
Κα ἰὼ τάλαινα, τόδε γὰρ τελεῖς,   Ant. 4
τὸν ὁμοδέμνιον πόσιν
λουτροῖσι φαιδρύνασα· πῶς φράσω τέλος;
1110   τάχος γὰρ τόδ' ἔσται· προτείνει δὲ χεὶρ ἐκ
χερὸς ὀρέγματα.
Χο οὔπω ξυνῆκα· νῦν γὰρ ἐξ αἰνιγμάτων
ἐπαργέμοισι θεσφάτοις ἀμηχανῶ. =   Str. 5
Κα ἒ ἔ, παπαῖ παπαῖ, τί τόδε φαίνεται;   2 δ
1115   ἦ δίκτυόν τί γ' "Αιδου;   ia ba
ἀλλ' ἄρκυς ἡ ξύνευνος, ἡ ξυναιτία   3 ia
φόνου. στάσις δ' ἀκόρετος γένει   ia δ
κατολολυξάτω θύματος λευσίμου.   4 ba
Χο ποίαν 'Ερινὺν τήνδε δώμασιν κέλῃ
1120   ἐπορθιάζειν; οὔ με φαιδρύνει λόγος.

      Wegführer, Unheilgott für mich:
      Ach, wohin führtest du mich; in was für ein Haus?
Chf Das der Atreiden; ward dir das noch nicht bewußt,
      So sage ich dir's; und das ist, glaub mir, kein Trug.
Ka   Ah, ah!
      Götterverhaßt fürwahr, Zeuge von vielerlei
      Mordtat an Verwandten, durchschnittner Kehl:
      Ein Menschenschlachthaus, dem der Boden trieft von Blut!
Chf Scharfwitternd scheint die Fremde, einem Jagdhund gleich
      Zu sein, spürt auf – beim Suchen, wen er traf: den Mord.
Ka   Durch Zeugen – diese dort – wird mir Beweis genug:
      Aufweinend – die Kinder – geschlachtet – und –
      Stück Fleisch – gebratne – von dem Vater – aufgespeist!!
Chf Fürwahr, von deinem Seherruhm hörten gewiß
      Wir längst; doch sind Propheten fehl am Platz bei uns.
Ka   Ihr Götter, oh! auf was nur sinnt sie jetzt?
      Was ist's für ein neues Leid, das groß,
      Groß in dem Haus dort drinnen sie sich aussinnt: bös,
      Untragbar den Freunden, unheilbar? Und Abwehr –
      Steht unerreichbar weit!
Chf Hier weiß ich nicht Bescheid, was *die* Weissagung soll;
      Doch jenes kannt ich; schreit's die ganze Stadt doch aus!
Ka   O du Unselge, so ist das dein Ziel:
      Den Bettgenossen, den Gemahl
      Zum Bade freundlich lockend – wie sprech ich's zu End?
      Gar schnell ja wird's dasein; hervorstreckt sich Hand schon
      Auf Hand im Drang zur Tat!
Chf Noch nicht verstand ich's; jetzt ja bleibt der Rätsel Wort
      Mit sinnesdunklem Seherspruch ganz dunkel mir.
Ka   Ach, ach; o weh, o weh! Was ist, was zeigt sich da?
      Ein Fischernetz des Hades?
      Ein Fanggarn für den Gatten, ein Mithelfer bei
      Dem Mord! Zwietracht, unstillbar dem Geschlecht,
      Begrüß im Jubelruf Mord, den nur Steingung sühnt!
Chf Welch einer Rachegöttin dort im Haus befiehlst
      Du aufzujauchzen? Nicht weckt Freude mir dein Wort.

Χορός

ἐπὶ δὲ καρδίαν ἔδραμε κροκοβαφὴς   2 δ
σταγών, ἅτε καὶ δορὶ πτωσίμοις   2 δ
ξυνανύτει βίου δύντος αὐγαῖς.   3 ba
ταχεῖα δ' ἄτα πέλει. –   ia cr

1125 Κα ἀᾶ, ἰδοὺ ἰδού· ἄπεχε τῆς βοὸς   Ant. 5
τὸν ταῦρον· ἐν πέπλοισιν
μελάγκερῳ λαβοῦσα μηχανήματι
τύπτει· πίτνει δ' ἐν ἐνύδρῳ τεύχει.
δολοφόνου λέβητος τέχναν σοι λέγω.

1130 Χο οὐ κομπάσαιμ' ἂν θεσφάτων γνώμων ἄκρος
εἶναι, κακῷ δέ τῳ προσεικάζω τάδε.

Χορός

ἀπὸ δὲ θεσφάτων τίς ἀγαθὰ φάτις
βροτοῖς τέλλεται; κακῶν γὰρ διαὶ
πολυεπεῖς τέχναι θεσπιῳδοὶ
1135 φόβον φέρουσιν μαθεῖν. =   Str. 6
Κα ἰὼ ἰὼ ταλαίνας κακόποτμοι τύχαι·   δ 2 ba
τὸ γὰρ ἐμὸν θροῶ πάθος ἐπεγχέαι.   2 δ
τί δή με δεῦρο τὴν τάλαιναν ἤγαγες;   3 ia
οὐδέν ποτ' εἰ μὴ ξυνθανουμένην. τί γάρ;   3 ia

Χορός

1140 φρενομανής τις εἶ, θεοφόρητος, ἀμ-   2 δ
φὶ δ' αὑτᾶς θροεῖς   δ
νόμον ἄνομον, οἷά τις ξουθὰ   2 δ
ἀκόρετος βοᾶς, φεῦ, ταλαίναις φρεσὶν   4 ba
Ἴτυν Ἴτυν στένουσ' ἀμφιθαλῆ κακοῖς   2 δ
1145 ἀηδὼν βίον. –   δ
Κα ἰὼ ἰὼ λιγείας μόρον ἀηδόνος·   Ant. 6
περέβαλον γὰρ οἱ πτεροφόρον δέμας
θεοὶ γλυκύν τ' αἰῶνα κλαυμάτων ἄτερ·
ἐμοὶ δὲ μίμνει σχισμὸς ἀμφήκει δορί.

Chor

Zu meinem Herzen stürzt, von Galle gelbgefärbt,
Das Blut, wie es auch vom Speer Gefällten geht,
Wenn letzten Lebens Lichtstrahl hinabtaucht
Und eilends naht Nacht und Tod.

Ka Ah, ah; sieh dort! sieh dort! Fernhalte von der Kuh
Den Stier! Im Netzgewande
Ihn fangend, jäh, mit schwarzen Horns, des Werkzeugs,
Stößt sie; er stürzt in Wasserbeckens Flut.   [Wucht
Des heimtückschen Mordbades Plan sag ich dir.

Chf Nicht rühm ich mich, als Wahrspruchdeuter groß zu sein;
Doch Unheil irgendwie vermut ich stark hierbei.

Chor

Was kam durch Seherspruch für gute Kunde je
Zu uns Menschen wohl? Durch Unglück ja lehrt
Wortreicher Künste weissagend Spruchlied,
Was Furcht uns schuf, erst verstehn.

Ka O weh, o weh der Unselgen düstres Todeslos!
Mein eignes klag ich laut, mein Leid misch ich darein.
Wozu hast du mich hier – die Arme – hergeführt?
Allein doch, daß ich mit hier sterbe; wozu sonst?

Chor

Sinnesgestört bist du, gottheitgetrieben; um
Dich selbst klagst du laut –
Sang, der kein Sang ist! – So wie wenn goldbraun,
Niemals des Rufes satt, weh, nur Leid, Leid im Sinn,
Itys! o Itys! schluchzt klagend die Nachtigall
Ihr Los, leidumblüht.

Ka Oh, über der süßschlagenden Los, der Nachtigall!
Umhüllend schufen ihr geflügelte Gestalt
Die Götter, süßes Dasein auch, von Tränen frei;
Doch meiner harrt der Hieb von doppelschneidger Axt!

Χορός

1150   πόθεν ἐπισσύτους θεοφόρους ἔχεις
        ματαίους δύας,
        τὰ δ' ἐπίφοβα δυσφάτῳ κλαγγᾷ
        μελοτυπεῖς ὁμοῦ τ' ὀρθίοις ἐν νόμοις;
        πόθεν ὅρους ἔχεις θεσπεσίας ὁδοῦ
1155   κακορρήμονας; =

Κα ἰώ,   Str. 7
        γάμοι γάμοι Πάριδος ὀλέθριοι φίλων.   3 ia
        ἰὼ Σκαμάνδρου πάτριον ποτόν.   ia δ
        τότε μὲν ἀμφὶ σὰς ἀϊόνας τάλαιν'   2 δ
        ἠνυτόμαν τροφαῖς·   δ
1160   νῦν δ' ἀμφὶ Κωκυτόν τε κἀχερουσίους   3 ia
        ὄχθους ἔοικα θεσπιῳδήσειν τάχα.   3 ia

Χορός

        τί τόδε τορὸν ἄγαν ἔπος ἐφημίσω;   2 δ
        νεογνὸς ἂν ἀΐων μάθοι.   2 ia
        πέπληγμαι δ' ὑπαὶ δήγματι φοινίῳ,   2 δ
1165   δυσαλγεῖ τύχᾳ μινυρὰ θρεομένας,   2 δ
        θραύματ' ἐμοὶ κλύειν. –   δ

Κα ἰώ,   Ant. 7
        πόνοι πόνοι πόλεος ὀλομένας τὸ πᾶν.
        ἰὼ πρόπυργοι θυσίαι πατρὸς
        πολυκανεῖς βοτῶν ποιονόμων· ἄκος
1170   δ' οὐδὲν ἐπήρκεσεν
        τὸ μὴ πόλιν μὲν ὥσπερ οὖν ἔχει παθεῖν·
        ἐγὼ δὲ θερμόνους τάχ' ἐμ πέδῳ βαλῶ.

Χορός

        ἑπόμενα προτέροισι τάδ' ἐφημίσω.
        καί τίς σε κακοφρονῶν τίθη-
1175   σι δαίμων ὑπερβαρὴς ἐμπίτνων
        μελίζειν πάθη γοερὰ θανατοφόρα;
        τέρμα δ' ἀμηχανῶ. =

Chor

Woher nur strömte zu, gottheitgesandt dir zu
Die Qual eitlen Wahns,
Daß du, was furchtbar düstern Tons Klang hat,
Zum Liede prägst, zugleich voll und schön hell Getön?
Wo kam der Ruf dir her, auf der Weissagung Pfad
Unheil kundzutun?
Ka O oh!
Der Liebesbund des Paris, tödlich den Freunden all!
O des Skamandros heimatliche Flut!
Ehmals an deines Laufs Gestad, ich Unglückskind,
Wuchs, treu gepflegt, ich auf.
Nun am Kokytos, an den Acherontischen
Gestaden, scheint's, sing ich Orakelsprüche bald!

Chor

Was hast du deutlich, zu klar, dein Wort nun vorgebracht!
Ein Kind kann's, wenn es dich hört, verstehn.
Mein Herz traf's, ein Todesbiß voll blutger Wut,
Als dein qualvoll Los wimmernden Rufs du beklagt,
Grausam zu hören mir!
Ka O oh!
Die Not, die Not der Stadt, der so ganz zerstörten Stadt!
O für die Burg Opfer des Vaters all,
Geschlachtet aus der Weidetiere Volk! Doch kein
Heilmittel wehrt' es ab,
Daß unsrer Stadt kam, wie sie's ja nun hat: das Leid.
Ich – lebensheiß noch – schlag zu Boden bald im Sturz.

Chor

Ganz in der früheren Art hast du dies vorgebracht.
Und welcher übelgesinnte zwingt,
Welch Dämon, der voller Wucht sich auf dich stürzt,
Zum Lied dich vom Leid, von kläglich-tödlichem Leid?
Wüßt ich das Ende nur!

Κα καὶ μὴν ὁ χρησμὸς οὐκέτ' ἐκ καλυμμάτων

ἔσται δεδορκὼς νεογάμου νύμφης δίκην,
1180 λαμπρὸς δ' ἔοικεν ἡλίου πρὸς ἀντολὰς
πνέων ἐσᾴξειν, ὥστε κύματος δίκην
κλύζειν πρὸς αὐγὰς τοῦδε πήματος πολὺ
μεῖζον· φρενώσω δ' οὐκέτ' ἐξ αἰνιγμάτων.
καὶ μαρτυρεῖτε συνδρόμως ἴχνος κακῶν
1185 ῥινηλατούσῃ τῶν πάλαι πεπραγμένων.
τὴν γὰρ στέγην τήνδ' οὔποτ' ἐκλείπει χορὸς
ξύμφθογγος οὐκ εὔφωνος· οὐ γὰρ εὖ λέγει.
καὶ μὴν πεπωκώς γ', ὡς θρασύνεσθαι πλέον,
βρότειον αἷμα κῶμος ἐν δόμοις μένει,
1190 δύσπεμπτος ἔξω, συγγόνων Ἐρινύων.
ὑμνοῦσι δ' ὕμνον δώμασιν προσήμεναι
πρώταρχον ἄτην· ἐν μέρει δ' ἀπέπτυσαν
εὐνὰς ἀδελφοῦ τῷ πατοῦντι δυσμενεῖς.
ἥμαρτον ἢ κυρῶ τι τοξότης τις ὥς;
1195 ἢ ψευδόμαντίς εἰμι θυροκόπος φλέδων;
ἐκμαρτύρησον προυμόσας τό μ' εἰδέναι
λόγῳ παλαιὰς τῶνδ' ἁμαρτίας δόμων.

Χο καὶ πῶς ἂν ὅρκου πῆγμα γενναίως παγὲν
παιώνιον γένοιτο; θαυμάζω δέ σου,
1200 πόντου πέραν τραφεῖσαν ἀλλόθρῳ 'ν πόλει
κυρεῖν λέγουσαν, ὥσπερ εἰ παρεστάτεις.

Κα μάντις μ' Ἀπόλλων τῷδ' ἐπέστησεν τέλει.
1204 Χο μῶν καὶ θεός περ ἱμέρῳ πεπληγμένος;
1203 Κα πρὸ τοῦ μὲν αἰδὼς ἦν ἐμοὶ λέγειν τάδε.
1205 Χο ἁβρύνεται γὰρ πᾶς τις εὖ πράσσων πλέον.
Κα ἀλλ' ἦν παλαιστὴς κάρτ' ἐμοὶ πνέων χάριν.
Χο ἦ καὶ τέκνων εἰς ἔργον ἤλθετον νόμῳ;
Κα ξυναινέσασα Λοξίαν ἐψευσάμην.
Χο ἤδη τέχναισιν ἐνθέοις ᾑρημένη;
1210 Κα ἤδη πολίταις πάντ' ἐθέσπιζον πάθη.
Χο πῶς δῆτ' ἄνατος ἦσθα Λοξίου κότῳ;
Κα ἔπειθον οὐδέν' οὐδέν, ὡς τάδ' ἤμπλακον.

Ka Fürwahr, mein Wahrspruch wird nicht mehr aus Schleiers
                                                    [Hüll
      Hervor mir spähn, der neuvermählten Gattin gleich.
      Voll Klarheit soll – ein Wind – gen Sonnenaufgang er
      Erbrausend springen, daß nach Meereswogen Art
      Aufschäumt zum Licht zu diesen Leides Not noch viel
      Größres. Aufklärung geb ich nicht durch Rätsel mehr.
      Und ihr – bezeugt, daß unbeirrt ich folg der Spur,
      Feinnasig witternd, böser längst begangner Schuld.
      Denn dieses Haus hier – niemals läßt es frei der Chor,
      Deß Einklang übel tönt, spricht er doch Übles nur.
      Und hat getrunken – zu noch frechrem Übermut –
      Er Menschenblut: berauschter Schwarm, bleibt er im Haus,
      Schwer fortzubannen: der Erinyen Schwesternchor.
      Sie singen als Gesang, dem Hause zugesellt,
      Urerste Schuld; reihum voll Abscheu spein sie aus
      Auf ihn, der Bruders Bett beschritt, zornwütgen Sinns.
      Fehlt oder treff ich wie ein Bogenschütz mein Ziel?
      Bin Lügenprophetin ich, Türklopfrin, Schwätzerin?
      Bezeuge mir – doch schwöre vorher! – daß ich weiß
      In Wahrheit alter Frevel Schuld in diesem Haus!
Chf Und wie soll eines Eidschwurs ehrlich fester Bau
      Zum Heil hier helfen können? Ich bewundr' an dir,
      Daß, über Meer erzogen in sprachfremder Stadt,
      Du's triffst im Reden, gleich als ständest du dabei.
Ka Der Seher Apollon setzte mich in dieses Amt.
Chf Er war doch nicht – ein Gott! – von Liebesglut erfaßt?
Ka Zuvor war es beschämend mir, dies zu gestehn.
Chf Aus Zartgefühl ziert mancher sich im Glück zu sehr.
Ka Er warb, ein Ringer, heiß, mir Lieb atmend und Huld.
Chf Schrittet auch zu der Zeugung Werk ihr zwei, wie's Brauch?
Ka Verheißen hatt ich's, nur daß Loxias ich belog.
Chf Als schon die Kunst, die gotterfüllte, dich erfaßt?
Ka Ja, schon sagt in der Stadt ich alles Leid voraus.
Chf Wie? Ließ dich ohne Strafe denn des Loxias Groll?
Ka Mir glaubte niemand etwas, seit ich so gefehlt!

Χο ἡμῖν γε μὲν δὴ πιστὰ θεσπίζειν δοκεῖς.
Κα ἰοὺ ἰού, ὢ ὢ κακά.   2 ia
1215 ὑπ' αὖ με δεινὸς ὀρθομαντείας πόνος
      στροβεῖ ταράσσων φροιμίοις.   2 ia
      ὁρᾶτε τούσδε τοὺς δόμοις ἐφημένους
      νέους, ὀνείρων προσφερεῖς μορφώμασιν;
      παῖδες θανόντες, ὡσπερεὶ πρὸς τῶν φίλων,

1220 χεῖρας κρεῶν πλήθοντες, οἰκείας βορᾶς,
      σὺν ἐντέροις τε σπλάγχν', ἐποίκτιστον γέμος,
      πρέπουσ' ἔχοντες, ὧν πατὴρ ἐγεύσατο.
      ἐκ τῶνδε ποινάς φημι βουλεύειν τινὰ
      λέοντ' ἄναλκιν ἐν λέχει στρωφώμενον
1225 οἰκουρόν, οἴμοι, τῷ μολόντι δεσπότῃ
      ἐμῷ· φέρειν γὰρ χρὴ τὸ δούλιον ζυγόν.
      νεῶν τ' ἄπαρχος Ἰλίου τ' ἀναστάτης
      οὐκ οἶδεν, οἷα γλῶσσα μισητῆς κυνὸς
      λείξασα κἀκτείνασα φαιδρὸν οὖς δίκην
1230 ἄτης λαθραίου τεύξεται κακῇ τύχῃ.
      τοιάδε τόλμα· θῆλυς ἄρσενος φονεύς·
      ἔστιν – τί νιν καλοῦσα δυσφιλὲς δάκος
      τύχοιμ' ἄν; – ἀμφίσβαιναν ἢ Σκύλλαν τινὰ
      οἰκοῦσαν ἐν πέτραισι, ναυτίλων βλάβην,
1235 θύουσαν Ἅιδου μητέρ' ἄσπονδόν τ' Ἄρη
      φίλοις πνέουσαν· ὡς δ' ἐπωλολύξατο
      ἡ παντότολμος, ὥσπερ ἐν μάχης τροπῇ,
      δοκεῖ δὲ χαίρειν νοστίμῳ σωτηρίᾳ.
      καὶ τῶνδ' ὅμοιον εἴ τι μὴ πείθω· τί γάρ;
1240 τὸ μέλλον ἥξει. καὶ σύ μ' ἐν τάχει παρὼν
      ἄγαν ἀληθόμαντιν οἰκτίρας ἐρεῖς.
Χο τὴν μὲν Θυέστου δαῖτα παιδείων κρεῶν
      ξυνῆκα καὶ πέφρικα, καὶ φόβος μ' ἔχει
      κλυόντ' ἀληθῶς οὐδὲν ἐξῃκασμένα·
1245 τὰ δ' ἄλλ' ἀκούσας ἐκ δρόμου πεσὼν τρέχω.
Κα 'Αγαμέμνονός σέ φημ' ἐπόψεσθαι μόρον.
Χο εὔφημον, ὢ τάλαινα, κοίμησον στόμα.

Chf Uns wahrlich scheinst glaubwürdig du zu prophezein.
Ka   O weh, o weh! O, oh, die Qual!
    Aufs neu wühlt mich Wahrsagertums furchtbare Pein
    Im Wirbel auf zu Vorspiels Spruch –
    Ha, seht ihr – die dort – vor dem Haus – niedergehockt,
    So jung, der Träume Trugbild gleichend an Gestalt:
    Knaben, gemordet – deut ich's recht? – von Blutsfreunds
                                     [Hand!
    Die Hände – Fleisches voll – von eignen Stammes Mahl,
    Gedärm samt Eingeweid, – o jammernswerte Tracht!
    Ich seh's, sie halten's, was der Vater ehdem aß!
    Dafür die Rache, sag ich, sinnt sich, heckt sich aus
    Ein Leu, ein feiger, der im Bett umher sich wälzt,
    Im Haus hockt, weh mir, an dem heimgekehrten Herrn,
    Dem meinen; tragen muß ich ja das Sklavenjoch.
    Der Flotte Führer, Ilions Bewältiger,
    Weiß nicht, wie die verhaßte Hündin, mit der Zung
    Ihn leckend, streckend ihm ihr schmeichelnd Ohr, wie ein
    Lauernd Verderben, bald mit Glück ihm Unglück schafft.
    Solch wildes Wagnis: Weib – des Mannes Mörderin!
    Sie ist – wie nenn ich das verhaßte Untier, daß
    Ich's treffe? Heiß ich Schlange oder Skylla sie,
    Hausend in Felsenhöhlen, Schiffern zum Verderb,
    Rasende Höllenmutter, ewgen Haders Geist
    Den Ihren schnaubend? Wie sie aufgejubelt hat,
    Die Allverwegne, grad wie bei gewonnener Schlacht,
    Freude geheuchelt ob des Glücks der Wiederkehr!
    Hierbei ist's gleich, ob man mir glaubt, ob nicht; ganz gleich,
    Die Zukunft kommt; und du gar bald als Zeuge sagst
    „Nur allzu wahre Seherin" mitleidvoll von mir.
Chf Zwar des Thyestes Mahl aus seiner Kinder Fleisch
    Verstand ich und erschauderte und bin in Furcht,
    Hör ich in Wahrheit nicht ein ausgeklügelt Wort;
    Was sonst ich hörte, warf mich gänzlich aus der Bahn.
Ka   Agamemnons – sag ich – wirst du schaun, Agamemnons Tod!
Chf Vor Frevel, Unglückselge, wahre deinen Mund!

Κα   ἀλλ' οὔτι παιὼν τῷδ' ἐπιστατεῖ λόγῳ.

Χο   οὔκ, εἴπερ ἔσται γ'· ἀλλὰ μὴ γένοιτό πως.

1250 Κα   σὺ μὲν κατεύχῃ, τοῖς δ' ἀποκτείνειν μέλει.

Χο   τίνος πρὸς ἀνδρὸς τοῦτ' ἄχος πορσύνεται;

Κα   ἦ κάρτ' ἀραίων παρεκόπης χρησμῶν ἐμῶν.

Χο   τοὺς γὰρ τελοῦντας οὐ ξυνῆκα μηχανήν.

Κα   καὶ μὴν ἄγαν γ' "Ελλην' ἐπίσταμαι φάτιν.

1255 Χο   καὶ γὰρ τὰ πυθόκραντα· δυσμαθῆ δ' ὅμως.

Κα   παπαῖ, οἷον τὸ πῦρ; ἐπέρχεται δ' ἐμοί.
ὀτοτοῖ, Λύκει' "Απολλον, οἳ ἐγὼ ἐγώ.
αὕτη δίπους λέαινα συγκοιμωμένη
λύκῳ, λέοντος εὐγενοῦς ἀπουσίᾳ,

1260 κτενεῖ με τὴν τάλαιναν· ὡς δὲ φάρμακον
τεύχουσα κἀμοῦ μισθὸν ἐνθήσει ποτῷ.
ἐπεύχεται, θήγουσα φωτὶ φάσγανον,
ἐμῆς ἀγωγῆς ἀντιτείσεσθαι φόνον.
τί δῆτ' ἐμαυτῆς καταγέλωτ' ἔχω τάδε,

1265 καὶ σκῆπτρα καὶ μαντεῖα περὶ δέρῃ στέφη;
σὲ μὲν πρὸ μοίρας τῆς ἐμῆς διαφθερῶ.
ἴτ' ἐς φθόρον· πεσόντα γ' ὧδ' ἀμείβομαι.
ἄλλην τιν' "Ατην ἀντ' ἐμοῦ πλουτίζετε.

ἰδοὺ δ' 'Απόλλων αὐτὸς ἐκδύων ἐμὲ

1270 χρηστηρίαν ἐσθῆτ', ἐποπτεύσας δέ με
κἀν τοῖσδε κόσμοις καταγελωμένην μέγα
φίλων ὑπ' ἐχθρῶν οὐ διχορρόπως μάτην.
καλουμένη δὲ φοιτὰς ὡς ἀγύρτρια
πτωχός, τάλαινα, λιμοθνὴς ἠνεσχόμην.

1275 καὶ νῦν ὁ μάντις μάντιν ἐκπράξας ἐμὲ
ἀπήγαγ' ἐς τοιάσδε θανασίμους τύχας.
βωμοῦ πατρῴου δ' ἀντ' ἐπίξηνον μένει
θερμῷ κοπείσης φοίνιον προσφάγματι.
οὐ μὴν ἄτιμοί γ' ἐκ θεῶν τεθνήξομεν.

1280 ἥξει γὰρ ἡμῶν ἄλλος αὖ τιμάορος,
μητροκτόνον φίτυμα, ποινάτωρ πατρός·

Ka Wohl; doch kein Heilgott rettet mehr vor diesem Wort.
Chf Nicht, wenn es wahr wird. Doch nie möge das geschehn!
Ka Du flehst und wünschest; ihnen liegt nur Mord im Sinn.
Chf Wer ist der Mann, der solche Blutschuld auf sich lädt?
Ka Fürwahr, dich trog bei meinem Unheilsspruch ein Wahn!
Chf Ja, wer die Täter sind des Anschlags, faß ich nicht.
Ka Und doch – zu gut nur drück ich mich auf griechisch aus.
Chf Auch pythischer Wahrspruch tut's und ist schwerfaßlich doch.
Ka Weh, weh, welch eine Glut, welch Feuer kommt mich an!
   O o oh! Lichtgott Apollon, wehe mir, weh mir!
   Dort die zweibeinige Löwin, die Beischläfrin ward
   Des Wolfs, dieweil der Leu, der edle, weit vom Ort,
   Wird töten mich Unselge! Wenn das Meuchelgift
   Sie braut, auch mir den Lohn dann mischt sie in den Trank.
   Sie rühmt sich laut, wetzend dem Mann der Waffe Stahl:
   Daß mich er hergeführt, das räche sie durch Mord!
   Wozu, die mich zu aller Spott gemacht, trag ich sie noch:
   Den Stab hier und am Hals die Seherbinde da?
   Dich, eh mein Los sich mir erfüllt, zerbrech ich so!
   Zur Höll mit euch! Da liegt ihr! So zahl ich euch heim!
   Eine andre Unheilskünderin macht statt meiner reich!

Sie zerbricht den Stab, wirft die Binde auf die Erde und
                    tritt sie mit Füßen

   Sieh da, Apollon selber! Er entkleidet mich
   Des Wahrsagergewands und sah mit an, wie ich
   Selbst in dem Schmuck hier ward verhöhnt, verlacht laut von
   Freunden, die feind mir, ohne Zweifel unverdient!
   Beschimpfungen wie ein landstreichend Bettelweib:
   „Strolchin!" – ich Arme – „Hungerleiderin!" hielt ich aus.
   Und nun: der Seher, einfordernd der Seherin Schuld,
   Mich führt' er fort auf solch todbringenden Schicksals Weg.
   Statt Vaterhauses Altar harrt der Hackblock mein,
   Von heißer – eh' mich's traf – Vorschlachtung blutbespritzt.
   Nicht ungerächt von Göttern, wißt, bleibt unser Tod.
   Kommt doch für uns auch wieder ein Vergelter her,
   Der – seiner Mutter Mörder – rächt des Vaters Mord.

φυγὰς δ' ἀλήτης τῆσδε γῆς ἀπόξενος
κάτεισιν, ἄτας τάσδε θριγκώσων φίλοις·
ἄξει νιν ὑπτίασμα κειμένου πατρός.
1285   τί δῆτ' ἐγὼ κάτοκνος ὧδ' ἀναστένω;
ἐπεὶ τὸ πρῶτον εἶδον Ἰλίου πόλιν
πράξασαν ὡς ἔπραξεν, οἳ δ' εἷλον πόλιν,
οὕτως ἀπαλλάσσουσιν ἐν θεῶν κρίσει,
ἰοῦσα πράξω, τλήσομαι τὸ κατθανεῖν.
1290   ὀμώμοται γὰρ ὅρκος ἐκ θεῶν μέγας.
Ἅιδου πύλας δὲ τάσδ' ἐγὼ προσεννέπω·
ἐπεύχομαι δὲ καιρίας πληγῆς τυχεῖν,
ὡς ἀσφάδαστος, αἱμάτων εὐθνησίμων
ἀπορρυέντων, ὄμμα συμβάλω τόδε.
1295 Χο ὦ πολλὰ μὲν τάλαινα, πολλὰ δ' αὖ σοφὴ
γύναι, μακρὰν ἔτεινας. εἰ δ' ἐτητύμως
μόρον τὸν αὑτῆς οἶσθα, πῶς θεηλάτου
βοὸς δίκην πρὸς βωμὸν εὐτόλμως πατεῖς;
Κα οὐκ ἔστ' ἄλυξις, οὔ, ξένοι, χρόνου πλέον.
1300 Χο ὁ δ' ὕστατός γε τοῦ χρόνου πρεσβεύεται.
Κα ἥκει τόδ' ἦμαρ· σμικρὰ κερδανῶ φυγῇ.
Χο ἀλλ' ἴσθι τλήμων οὖσ' ἀπ' εὐτόλμου φρενός.
Κα οὐδεὶς ἀκούει ταῦτα τῶν εὐδαιμόνων.
Χο ἀλλ' εὐκλεῶς τοι κατθανεῖν χάρις βροτῷ.
1305 Κα ἰὼ πάτερ σοῦ τῶν τε γενναίων τέκνων.

Χο τί δ' ἐστὶ χρῆμα; τίς σ' ἀποστρέφει φόβος;
Κα φεῦ φεῦ.
Χο τί τοῦτ' ἔφευξας; εἴ τι μὴ φρενῶν στύγος.
Κα φόνον δόμοι πνέουσιν αἱματοσταγῆ.
1310 Χο καὶ πῶς; τόδ' ὄζει θυμάτων ἐφεστίων.
Κα ὅμοιος ἀτμὸς ὥσπερ ἐκ τάφου πρέπει.
Χο οὐ Σύριον ἀγλάισμα δώμασιν λέγεις.
Κα ἀλλ' εἶμι κἀν δόμοισι κωκύσουσ' ἐμὴν
Ἀγαμέμνονός τε μοῖραν· ἀρκείτω βίος.
1315   ἰὼ ξένοι.
οὔτοι δυσοίζω, θάμνον ὡς ὄρνις, φόβῳ

Ein Flüchtling, irrend, dieser Erde fern und fremd,
Kehrt heim er, setzt des Fluches Krönung auf dem Haus.
Her führt ihn, flehnd gereckt, des toten Vaters Leib.
Was zaudr ich noch und stöhne so voll Jammers auf?
Da ich zuerst gesehen Ilions Burg und Stadt
Enden, wie sie geendet; die sie nahmen, dann
Auch so ihr Schicksal finden durch der Götter Schluß:
Will gehn ich, enden, auf mich nehmen meinen Tod;
Beschwor es doch aus Göttermund ein starker Eid.
Als Hades-Pforten red ich die da grüßend an
Und wünsch dazu, daß gleich ein rechter Schlag mich trifft,
Daß ohne Zucken, wann das Blut zu leichtem Tod
Mir strömend fließt, ich dies mein Auge schließen kann.

Chf O du höchst unglückselges, höchst auch weises Weib,
Weit dehntest du die Rede; wenn wahrhaftig du
Den Tod, den eignen, weißt: was, gottgetriebenem
Stier gleich, schreitst zum Altar du mutgen Herzens hin?

Ka 's gibt kein Entrinnen, kein, o Freunde, Mehr an Zeit.

Chf Grad allerletzte Frist an Zeit schätzt hoch man ein.

Ka Es kam mein Tag; nur wenig fruchtet mir die Flucht.

Chf Doch wiss': unselig macht die mutge Seele dich.

Ka Von keinem sagt man das, dem Götter Glück verleihn.

Chf Doch in Ehren sterben – Gnade ist's dem Sterblichen.

Ka Weh, Vater, über dein, der edlen Kinder Los!
            Sie geht vor, fährt plötzlich zurück

Chf Was hast du denn? Was schreckt für Schauder dich zurück?

Ka Oh, oh!

Chf Was rufst du oh! Kommt deine Seele Ekel an?

Ka Mord – diese Räume atmen blutbetrieften Mord!

Chf Ach nein; das duftet so von Opfern dort am Herd.

Ka Der gleiche Hauch, so wie aus einer Gruft er steigt!

Chf Nicht Syriens Wohlgerüche rühmst dem Schloß du nach.

Ka So geh ich; auch im Hause kann ich klagen mein
Und Agamemnons Los. Des Lebens bin ich satt.
Ihr Freunde, oh!
Nicht jammr ich gleich dem Vogel vorm Gestrüpp voll Angst

ἄλλως· θανούσῃ μαρτυρεῖτέ μοι τόδε,
ὅταν γυνὴ γυναικὸς ἀντ' ἐμοῦ θάνῃ,

ἀνήρ τε δυσδάμαρτος ἀντ' ἀνδρὸς πέσῃ.
1320   ἐπιξενοῦμαι ταῦτα δ' ὡς θανουμένη.
Χο   ὦ τλῆμον, οἰκτίρω σε θεσφάτου μόρου.
Κα   ἅπαξ ἔτ' εἰπεῖν ῥῆσιν ἢ θρῆνον θέλω
        ἐμὸν τὸν αὐτῆς· ἡλίου δ' ἐπεύχομαι
        πρὸς ὕστατον φῶς τοῖς ἐμοῖς τιμαόροις,
1325   χρέος φονεῦσι δεσποτῶν τίνειν ὁμοῦ
        δούλης θανούσης εὐμαροῦς χειρώματος.
        ἰὼ βρότεια πράγματ'· εὐτυχοῦντα μὲν
        σκιά τις ἂν τρέψειεν· εἰ δὲ δυστυχοῖ,
        βολαῖς ὑγρώσσων σπόγγος ὤλεσεν γραφήν.

1330   καὶ ταῦτ' ἐκείνων μᾶλλον οἰκτίρω πολύ.

                    Χορός

        τὸ μὲν εὖ πράσσειν ἀκόρεστον ἔφυ   an
        πᾶσι βροτοῖσιν· δακτυλοδείκτων δ'
        οὔτις ἀπειπὼν εἴργει μελάθρων,
        »μηκέτ' ἐσέλθῃς« τάδε φωνῶν.
1335   καὶ τῷδε πόλιν μὲν ἑλεῖν ἔδοσαν
        μάκαρες Πριάμου,
        θεοτίμητος δ' οἴκαδ' ἱκάνει·
        νῦν δ' εἰ προτέρων αἷμ' ἀποτείσει
        καὶ τοῖσι θανοῦσι θανὼν ἄλλων
1340   ποινὰς θανάτων ἐπικρανεῖ,
        τίς ποτ' ἂν εὔξαιτο βροτῶν ἀσινεῖ
            δαίμονι φῦναι τάδ' ἀκούων;

                  Ἀγαμέμνων

        ὤμοι, πέπληγμαι καιρίαν πληγὴν ἔσω.

Umsonst; nach meinem Tod bezeugt mir dies mein Wort,
Wenn einstmals Weib für Weib – für mich – dem Tod
[verfällt
Und Mann für ärgsten Eheweibs Mann getroffen fällt!
Mein Gastgeschenk sei dieses noch vor meinem Tod!

Chf Unselge, mich erbarmt dein gottverhängtes Los.

Ka Einmal noch sag ich einen Spruch, Grabspruch vielmehr,
Mir meinen eignen: bei der Sonne ruf ich flehnd,
Bei ihrem letzten Lichtstrahl meine Rächer auf,
Der Mörder Schuld am Herrn zu sühnen und zugleich
Den Tod der Sklavin, leichter Beute ihrer Hand!
O Los des Menschendaseins! Ist es Glückes voll:
Ein Schatten kann es wenden; wenn's an Unglück reich:
Hinstreicht ein feuchter Schwamm und löscht hinweg die
[Schrift.
Und dies viel mehr als jenes macht das Herz mir schwer.

ab

Chor

Wie das Glück auch gedeiht, nie zu sättgen vermag's
Der Sterblichen Sinn. Drauf staunend man zeigt:
Keiner, der dort hinaus es weist aus dem Haus
    Und: „Nicht weiter hinein!" ihm zuruft!
Auch dem Herrn ward zu stürzen des Priamos Stadt
Vom Himmel vergönnt;
Und göttergeehrt setzt er heimwärts den Fuß.
Doch wenn früherer Blut er nun abbüßen muß,
Für Erschlagne erschlagen, für anderer Tod
    Die Rache zu krönendem Schluß führt:
Wer wohl rühmt sich der Menschen, daß unverletzt
    Der Dämon ihn läßt, wenn er *dies* hört?

Agamemnon
im Innern der Königsburg

Weh mir! Mich traf ein Todesstreich tief in die Brust!

Χορός

σῖγα· τίς πληγὴν ἀυτεῖ καιρίως οὐτασμένος;   4 tr

1345 Ἀγ   ὤμοι μάλ' αὖθις, δευτέραν πεπληγμένος.
   Χο   τοὔργον εἰργάσθαι δοκεῖ μοι βασιλέως   4 tr
          οἰμώγμασιν·
          ἀλλὰ κοινωσώμεθ', ἄνδρες, ἀσφαλῆ   4 tr
          βουλεύματα.

Χορός

   1. ἐγὼ μὲν ὑμῖν τὴν ἐμὴν γνώμην λέγω,
      πρὸς δῶμα δεῦρ' ἀστοῖσι κηρύσσειν βοήν.
1350 2. ἐμοὶ δ' ὅπως τάχιστά γ' ἐμπεσεῖν δοκεῖ
      καὶ πρᾶγμ' ἐλέγχειν σὺν νεορρύτῳ ξίφει.
   3. κἀγὼ τοιούτου γνώματος κοινωνὸς ὢν
      ψηφίζομαί τι δρᾶν· τὸ μὴ μέλλειν δ' ἀκμή.
   4. ὁρᾶν πάρεστι· φροιμιάζονται γὰρ ὡς,
1355   τυραννίδος σημεῖα πράσσοντες πόλει.
   5. χρονίζομεν γάρ· οἱ δὲ τῆς μελλοῦς κλέος
      πέδοι πατοῦντες οὐ καθεύδουσιν χερί.
   6. οὐκ οἶδα βουλῆς ἧστινος τυχὼν λέγω·
      τοῦ δρῶντός ἐστι καὶ τὸ βουλεῦσαι πέρι.
1360 7. κἀγὼ τοιοῦτός εἰμ', ἐπεὶ δυσμηχανῶ
      λόγοισι τὸν θανόντ' ἀνιστάναι πάλιν.
   8. ἦ καὶ βίον τείνοντες ὧδ' ὑπείξομεν
      δόμων καταισχυντῆρσι τοῖσδ' ἡγουμένοις;
   9. ἀλλ' οὐκ ἀνεκτόν, ἀλλὰ κατθανεῖν κρατεῖ·
1365   πεπαιτέρα γὰρ μοῖρα τῆς τυραννίδος.
   10. ἦ γὰρ τεκμηρίοισιν ἐξ οἰμωγμάτων
       μαντευσόμεσθα τἀνδρὸς ὡς ὀλωλότος;
   11. σάφ' εἰδότας χρὴ τῶνδε θυμοῦσθαι πέρι·
       τὸ γὰρ τοπάζειν τοῦ σάφ' εἰδέναι δίχα.

Chorführer

Still! Wer schreit von „Treffen" auf, durch Todesstreich ins
[Mark verletzt?
Ag Weh mir! Aufs neu – ein zweiter Streich – der nun mich traf!
Chf Schon getan scheint nun die Untat nach des Königs
[Weheruf.
Auf, gemeinsam laßt uns, Männer, fassen sicheren
[Beschluß!

Choreuten

 1. Ich erstlich tu euch diese meine Meinung kund:
    Zum Haus her hol die Bürger man durch Heroldsruf!
 2. Mir scheint so schnell wie möglich einzudringen not,
    Was vorliegt, auszuspähn mit frischgezücktem Schwert.
 3. Und ich – in solcher Meinung mit dir völlig eins –
    Ich stimm dafür: zur Tat! Kein weitres Zaudern mehr!
 4. Vor Augen liegt: ihr Vorspiel ist es so nur, der
    Tyrannis Banner aufzupflanzen in der Stadt!
 5. Wir säumen, ja. Und sie, vorsichtgen Zögerns Ruhm
    Mit Füßen tretend, lassen ruhn nicht ihre Hand.
 6. Nicht weiß ich, was für Rat ich finden, geben soll;
    Wer handeln will, dem ziemt auch Rat, Entschluß zuvor.
 7. Auch mir ergeht es so; find ich doch keinen Weg,
    Mit Worten den, der tot, zu wecken wiederum.
 8. Wolln wir, ums Leben sorgend, so uns beugen vor
    Des Hauses Schändern, die sich Herrschaft angemaßt?
 9. Nein, unerträglich ist's! Nein, sterben zieh ich vor;
    Ist freundlicher doch Todeslos als Tyrannei!
10. Wolln wir denn auf das Zeugnis jammerschreinden Rufs
    Schon baun den Wahrspruch, daß der Herr getötet ward?
11. Wer sicher weiß nur, hat ein Recht auf zornigen Mut.
    Vermuten ist und sicher wissen zweierlei.

Χορός

1370 ταύτην ἐπαινεῖν πάντοθεν πληθύνομαι,
τρανῶς 'Ατρείδην εἰδέναι κυροῦνϑ' ὅπως.

Κλυταιμήστρα

πολλῶν πάροιθεν καιρίως εἰρημένων
τἀναντί' εἰπεῖν οὐκ ἐπαισχυνθήσομαι.
πῶς γάρ τις ἐχθροῖς ἐχθρὰ πορσύνων, φίλοις
1375 δοκοῦσιν εἶναι, πημονῆς ἀρκύστατ' ἂν
φράξειεν ὕψος κρεῖσσον ἐκπηδήματος;
ἐμοὶ δ' ἀγὼν ὅδ' οὐκ ἀφρόντιστος πάλαι·
νίκη τέλειος ἦλθε, σὺν χρόνῳ γε μήν·
ἕστηκα δ' ἔνθ' ἔπαισ', ἐπ' ἐξειργασμένοις.
1380 οὕτω δ' ἔπραξα, καὶ τάδ' οὐκ ἀρνήσομαι.
ὡς μήτε φεύγειν μήτ' ἀμύνεσθαι μόρον,
ἄπειρον ἀμφίβληστρον, ὥσπερ ἰχθύων,
περιστιχίζω, πλοῦτον εἵματος κακόν,
παίω δέ νιν δίς· κἂν δυοῖν οἰμωγμάτοιν
1385 μεθῆκεν αὐτοῦ κῶλα· καὶ πεπτωκότι
τρίτην ἐπενδίδωμι, τοῦ κατὰ χθονὸς
"Αιδου νεκρῶν σωτῆρος εὐκταίαν χάριν.
οὕτω τὸν αὐτοῦ θυμὸν ὀρυγάνει πεσών·
κἀκφυσιῶν ὀξεῖαν αἵματος σφυγὴν
1390 βάλλει μ' ἐρεμνῇ ψακάδι φοινίας δρόσου,
χαίρουσαν οὐδὲν ἧσσον ἢ διοσδότῳ
γάνει σπορητὸς κάλυκος ἐν λοχεύμασιν.
ὡς ὧδ' ἐχόντων, πρέσβος 'Αργείων τόδε,
χαίροιτ' ἄν, εἰ χαίροιτ', ἐγὼ δ' ἐπεύχομαι.
1395 εἰ δ' ἦν πρεπόντων ὥστ' ἐπισπένδειν νεκρῷ,
τῷδ' ἂν δικαίως ἦν, ὑπερδίκως μὲν οὖν.
τοσῶνδε κρατῆρ' ἐν δόμοις κακῶν ὅδε
πλήσας ἀραίων αὐτὸς ἐκπίνει μολών.
Χο θαυμάζομέν σου γλῶσσαν, ὡς θρασύστομος,

Chorführer

Dies gutzuheißen, zwingt durchaus die Mehrheit mich:
Genau zu forschen erst, wie's dem Atreiden geht!

Klytaimestra erscheint in der Tür, die Stirn
blutbespritzt; hinter ihr sieht man Agamemnons und Kassandras Leichen, mit Bahrtüchern bedeckt

Klytaimestra

Von vielem – vordem, weil es nottat, vorgebracht –
Das Gegenteil zu sagen, heg ich keine Scheu.
Wie kann man, Feinden Feindliches zu tun, die Freund
Uns scheinbar nur, des Unheils Fangnetz etwa sonst
Aufstellen in der Höh, die das Entspringen wehrt?
Mir war *der* Kampf wohl vorbedacht schon lang vorher;
Der Sieg, der volle, kam, da reif die Zeit fürwahr:
Hier steh ich, wo ich schlug, bei durchgeführtem Werk.
So aber macht ich's, und das leugn' ich keineswegs:
Daß weder fliehn er kann noch wehren dem Geschick,
Werf ein endlos Geweb ich wie zum Fischefang
Rings über ihn, der Falten argen Überfluß,
Und schlag ihn zweimal; mit zweimalgem Jammerschrein
Streckt von sich er die Glieder; und derweil er stürzt,
Den dritten ihm noch geb ich – dem, der drunten herrscht,
Hades, der Toten Schutzherrn, zu erwünschtem Dank.
So seines Lebens Kraft speit er von sich im Sturz,
Und aus nun blasend jäh und scharf des Blutes Strahl,
Trifft er mit dunklem Tropfen mich blutroten Taus
Zur Freude mir nicht minder, als wenn, zeusentströmt,
Labung der Saat kommt, schwellend in Keimes Mutterschaft.
Da 's so nun steht, ihr Greise des Argeiervolks,
Freut ihr euch, wenn's euch freut; ich – jauchze auf vor
Und ziemte Dankesspende sich, wenn einer tot,   [Glück.
Bei dem da wär es recht so, mehr als recht fürwahr!
Der mit so viel fluchwürd'gem Unheil hat den Krug
Im Haus gefüllt, trinkt selber aus ihn, heimgekehrt.

Chf Wir staunen ob deiner Zunge, wie du frechen Munds

1400   ἥτις τοιόνδ' ἐπ' ἀνδρὶ κομπάζεις λόγον.

Κλ   πειρᾶσθέ μου γυναικὸς ὡς ἀφράσμονος·
       ἐγὼ δ' ἀτρέστῳ καρδίᾳ πρὸς εἰδότας
       λέγω· σὺ δ' αἰνεῖν εἴτε με ψέγειν θέλεις,
       ὅμοιον· οὗτός ἐστιν 'Αγαμέμνων, ἐμὸς
1405   πόσις, νεκρὸς δὲ τῆσδε δεξιᾶς χερὸς
       ἔργον, δικαίας τέκτονος. τάδ' ὧδ' ἔχει.

                                              Amoibaion
            Χορός   Str.

       τί κακόν, ὦ γύναι,   δ
       χθονοτρεφὲς ἐδανὸν ἢ ποτὸν   2 ia
       πασαμένα ῥυτᾶς ἐξ ἁλὸς ὀρόμενον   2 δ
1410   τόδ' ἐπέθου θύος δημοθρόους τ' ἀράς;   2 δ
       ἀπέδικες, ἀπέταμες, ἀπόπολις δ' ἔσῃ,   2 δ
       μῖσος ὄβριμον ἀστοῖς. –   pher

Κλ   νῦν μὲν δικάζεις ἐκ πόλεως φυγὴν ἐμοὶ
       καὶ μῖσος ἀστῶν δημόθρους τ' ἔχειν ἀράς,
       οὐδὲν τότ' ἀνδρὶ τῷδ' ἐναντίον φέρων,
1415   ὃς οὐ προτιμῶν, ὡσπερεὶ βοτοῦ μόρον,
       μήλων φλεόντων εὐπόκοις νομεύμασιν,
       ἔθυσεν αὑτοῦ παῖδα, φιλτάτην ἐμοὶ
       ὠδῖν', ἐπῳδὸν Θρῃκίων ἀημάτων.
       οὐ τοῦτον ἐκ γῆς τῆσδε χρῆν σ' ἀνδρηλατεῖν,
1420   μιασμάτων ἄποιν'; ἐπήκοος δ' ἐμῶν
       ἔργων δικαστὴς τραχὺς εἶ. λέγω δέ σοι
       τοιαῦτ' ἀπειλεῖν ὡς παρεσκευασμένη
       σ' ἐκ τῶν ὁμοίων χειρὶ νικήσαντ' ἐμοῦ
       ἄρχειν· ἐὰν δὲ τοὔμπαλιν κραίνῃ θεός,
1425   γνώσῃ διδαχθεὶς ὀψὲ γοῦν τὸ σωφρονεῖν.

            Χορός

       μεγαλόμητις εἶ,   Ant.
       περίφρονα δ' ἔλακες. ὥσπερ οὖν
       φονολιβεῖ τύχᾳ φρὴν ἐπιμαίνεται,
       λίπος ἐπ' ὀμμάτων αἵματος εὖ πρέπει.
       ἄντιτον ἔτι σὲ χρὴ στερομέναν φίλων

So bei des Gatten Leiche prahlend führst das Wort.

Kl Ihr urteilt über mich: ein Weib voll Unverstand!
Ich aber unerschrocknen Muts, wie ihr mich kennt,
Sag euch: Ob loben ihr, ob ihr mich tadeln wollt,
Gilt gleich mir. Der dort liegt, ist Agamemnon, mein
Gemahl; daß tot er, ist hier dieser rechten Hand
Arbeit, werkrechter Meisterin! So steht's damit.

Chor

Welch arges Kraut, o Weib,
Der Erde entsprossen, welch einen Trank
Nahmst ein du, aus dem Schaum der salzgen Flut gebraut,
Daß du erweckt dir Wut, lärmenden Volkes Fluch?
Fort warfst, fort wiesest du ihn; fort, landverbannt wirst du
Haß und Abscheu dem Stadtvolk!   [sein,

Kl Nun fällst das Urteil: aus der Heimat verbannt! du mir,
Sprichst Haß der Bürger, Volkes lauten Fluch mir zu,
Da nichts zuvor *dem* Manne du entgegenhieltst,
Der mit nicht mehr Scheu, als wär's eines Lammes Tod
Aus Herden, wimmelnd von schönwollgem Weidenvieh,
Hinopferte sein Kind, das liebste Frucht mir war
Der Wehn, um zu beschwören thrakischer Winde Sturm.
Tat den nicht aus dem Land hier dir zu stoßen not
Als der Befleckung Sühne? Doch hörst du, was mein
Werk war, bist du als Richter hart. Ich sage dir,
Zu solcher Drohung wohlgerüstet: wenn du siegst –
Bei gleicher Aussicht – mit der Faust, so sollst du mein
Herr sein; doch wenn das Gegenteil bewirkt ein Gott,
So lernst belehrt du, wenn auch spät: besonnen sein!

Chor

Hochmütgen Sinns bist du,
Vermessenes sprachest du; so wie nun
Vor mordbetrieftem Glück dein Herz im Wahnsinn rast,
Glänzt fett dir überm Aug vergossnen Bluts Beweis.
Vergolten wird dir, du mußt, beraubt der Freunde, einst

1430   τύμμα τύμματι τεῖσαι. =
Κλ   καὶ τήνδ' ἀκούεις ὁρκίων ἐμῶν θέμιν·
        μὰ τὴν τέλειον τῆς ἐμῆς παιδὸς Δίκην,
        Ἄτην Ἐρινύν θ', αἷσι τόνδ' ἔσφαξ' ἐγώ,
        οὔ μοι φόβου μέλαθρον ἐλπὶς ἐμπατεῖ,
1435   ἕως ἂν αἴθῃ πῦρ ἐφ' ἑστίας ἐμῆς
        Αἴγισθος ὡς τὸ πρόσθεν εὖ φρονῶν ἐμοί·
        οὗτος γὰρ ἡμῖν ἀσπὶς οὐ σμικρὰ θράσους.
        κεῖται γυναικὸς τῆσδε λυμαντήριος,
        Χρυσηΐδων μείλιγμα τῶν ὑπ' Ἰλίῳ,
1440   ἥ τ' αἰχμάλωτος ἥδε καὶ τερασκόπος,
        καὶ κοινόλεκτρος τοῦδε θεσφατηλόγος
        πιστὴ ξύνευνος, ναυτίλων δὲ σελμάτων
        ἰσοτριβής. ἄτιμα δ' οὐκ ἐπραξάτην·

        ὁ μὲν γὰρ οὕτως, ἡ δέ τοι κύκνου δίκην
1445   τὸν ὕστατον μέλψασα θανάσιμον γόον
        κεῖται φιλήτωρ τοῦδ', ἐμοὶ δ' ἐπήγαγεν
        αὐτὴν παροψώνημα τῆς ἐμῆς χλιδῆς.

                                                Kommos
                Χορός   Str. 1
        φεῦ, τίς ἂν ἐν τάχει μὴ περιώδυνος   2 δ
        μηδὲ δεμνιοτήρης   pher
1450   μόλοι τὸν αἰεὶ φέρουσ' ἐφ' ἡμῖν   ia cr ba
        Μοῖρ' ἀτέλευτον ὕπνον, δαμέντος   Alc 10
        φύλακος εὐμενεστάτου καὶ   2 tr
        πολλὰ τλάντος γυναικὸς διαί;   3 cr
        πρὸς γυναικὸς δ' ἀπέφθισεν βίον. –   cr tr cr
1455   ἰώ   Ephymn.
        παράνους Ἑλένα, μία τὰς πολλάς,   an
        τὰς πάνυ πολλὰς
                ψυχὰς ὀλέσασ' ὑπὸ Τροίᾳ,
        νῦν τελέαν πολύμναστον ἐπηνθίσω   2 δ
1460   δι' αἷμ' ἄνιπτον. ἦ τις ἦν τότ' ἐν δόμοις   3 ia
        Ἔρις, ἐρίδματος ἀνδρὸς οἰζύς.   2 cr ba
Κλ   μηδὲν θανάτου μοῖραν ἐπεύχου   an

Schlag mit Schlag noch bezahlen!

Kl   Auch den noch hörst du, meiner Schwüre gültgen Spruch:
Bei ihr, die rächen half mein Kind, bei Dike, bei
Ate, Erinys, denen ich ihn schlachtete:
Nicht tritt an Furcht mir der Gedank ins Haus hinein,
Solang entflammt das Feuer mir an meinem Herd
Aigisthos, mir wie vordem wohlgesinnt und treu;
Denn der ist uns ein Schild, kein schwacher, unsres Muts.
Da liegt, der seinem Weib hier Schmach und Unrecht tat,
Der Chrysestöchter Herzensschatz vor Ilion;
Die Kriegsgefangne – hier! Die Zeichendeuterin
Und Beischläfrin von dem dort, die Wahrsagerin,
Getreuer Bettschatz ihm, die Schiffsverdeckes Bank
Mit ihm gedrückt! Doch ungestraft nicht taten sie's:

Sie hebt die Bahrtücher von den Leichen

Denn dem ging's so! Und die, als sie nach Schwanes Art
Den letzten noch gesungen, ihren Sterbesang,
Liegt – da! sein Herzenslieb, mir aber brachte er
Sie her als leckre Zukost meiner Schwelgerei!

Chor

Oh, möcht in Eile doch, nicht allzu schmerzensreich,
Nicht ans Krankenbett fesselnd,
Uns ihn, den all-ewgen bringend, nahn das
Schicksal, den endlosen Schlaf; erlag der
Schützer, der edelmütge, doch: der
Viel an Not dulden mußt um ein Weib,
Durch ein Weib büßt' er ein das Leben nun.
Oh weh!
Wahnsinns-Helena, du, die allein so viel,
Der Seelen so viel
Dem Tode geweiht dort vor Troia,
Nun flochtst zuletzt ruhmvoll du dir noch blühnde Kron
Aus Blut, untilgbar! Ja, da herrscht' im Hause dort
Zwietracht, bezwang ganz den Mann das Unheil!

Kl   Nicht wünsch dir des Todes Schicksal herbei,

τοῖσδε βαρυνθείς·
μηδ' εἰς Ἑλένην κότον ἐκτρέψῃς,
1465   ὡς ἀνδρολέτειρ', ὡς μία πολλῶν
ἀνδρῶν ψυχὰς Δαναῶν ὀλέσασ'
ἀξύστατον ἄλγος ἔπραξεν.

Χορός

δαῖμον, ὃς ἐμπίτνεις δώμασι καὶ διφυί-   Ant. 1
οισι Τανταλίδαισιν,
1470   κράτος τ' ἰσόψυχον ἐκ γυναικῶν,
καρδιόδηκτον ἐμοί, κρατύνεις,
ἐπὶ δὲ σώματος δίκαν μοι
κόρακος ἐχθροῦ σταθεὶς ἐκνόμοις
ὕμνον ὑμνεῖς ἀπεύχετον νόμοις. =
1475 Κλ   νῦν δ' ὤρθωσας στόματος γνώμην,   an
τὸν τριπάχυντον
δαίμονα γέννης τῆσδε κικλήσκων.
ἐκ τοῦ γὰρ ἔρως αἱματολοιχὸς
νείρᾳ τρέφεται, πρὶν καταλῆξαι
1480   τὸ παλαιὸν ἄχος, νέος ἰχώρ.

Χορός   Str. 2

ἦ μέγαν οἰκοσινῇ   hem
δαίμονα καὶ βαρύμηνιν αἰνεῖς,   Alc 10
φεῦ φεῦ, κακὸν αἶνον, ἀτη-   hipp
1485   ρᾶς τύχας ἀκόρεστον,   pher
ἰὼ ἰή, διαὶ Διὸς παναιτίου πανεργέτα.   4 ia
τί γὰρ βροτοῖς ἄνευ Διὸς τελεῖται;   2 ia ba
τί τῶνδ' οὐ θεόκραντόν ἐστιν;   pher
                              Ephymn.
ἰὼ ἰὼ βασιλεῦ βασιλεῦ   an
1490   πῶς σε δακρύσω;
φρενὸς ἐκ φιλίας τί ποτ' εἴπω;
κεῖσαι δ' ἀράχνης ἐν ὑφάσματι τῷδ'
ἀσεβεῖ θανάτῳ βίον ἐκπνέων.
ὤμοι μοι   mol

Von all dem schwer gebeugt,
Noch auf Helena kehr deinen Groll und Zorn,
Als hab – Männerverderbrin – allein sie, soviel
Männerseelen Achaias dem Untergang weihnd,
    Unschließbare Wunden geschlagen!

Chor

Dämon, der du blitzgleich Haus triffst und Zwillingsstamm
Beider Tantal-Erzeugter,
Gewaltiger, gleichstarke in der Fraun Geist,
Herz mir zerfleischend und Sinn, läßt walten
Und auf der Toten Leib, gleich wie ein
Rabe mir feindselig stehnd, Mißgetöns
Siegesweis anhebst scheußlichen Geschreis!

Kl Nun trafst du's recht mit des Mundes Wort,
Da den dreifach gemä-
steten Dämon des Stamms allhier du genannt.
Durch ihn wird ja Lust, blutlechzende Lust
Im Schoße genährt und – eh noch sich schloß
    Des Erbübels Weh – neuer Eiter!

Chor

Wahrlich, den großen, das Haus
Sehrenden Dämon voll Groll berufst du –
Weh, weh! schlimmen Rufes – der schuld-
haften Schicksals nie satt wird!
O oh, o oh! Des Zeus, des Allurhebers, Allvollenders Werk!
Denn was kommt Menschen ohne Zeus zum Endziel?
Was ist hiervon nicht Götterschickung?

O oh, mein König, mein König, wie soll
Ich weinen um dich,
    Aus der Seel voller Lieb was wohl sagen?
Du liegst in der Spinne gewobenem Netz,
    Hauchtest ruchlosen Tods deinen Geist aus!
Weh mir, welch

          κοίταν τάνδ' άνελεύθερον,   gl

1495   δολίῳ μόρῳ δαμεὶς δάμαρτος   Alc 9

          ἐκ χερὸς ἀμφιτόμῳ βελέμνῳ. –   Alc 10

  Κλ   αὐχεῖς εἶναι τόδε τοὔργον ἐμόν·   an

          μηδ' ἐπιλέξῃς

          'Αγαμεμνονίαν εἶναί μ' ἄλοχον,

1500   φανταζόμενος δὲ γυναικὶ νεκροῦ

          τοῦδ' ὁ παλαιὸς δριμὺς ἀλάστωρ

          'Ατρέως χαλεποῦ θοινατῆρος

          τόνδ' ἀπέτεισεν,

            τέλεον νεαροῖς ἐπιθύσας. –

                Χορός

1505   ὡς μὲν ἀναίτιος εἶ   Ant. 2

          τοῦδε φόνου, τίς ὁ μαρτυρήσων;

          πῶς, πῶς; πατρόθεν δὲ συλλή-

          πτωρ γένοιτ' ἂν ἀλάστωρ.

1510   βιάζεται δ' ὁμοσπόροις ἐπιρροαῖσιν αἱμάτων

          μέλας Ἄρης· ὅποι δὲ καὶ προβαίνοι,

          πάχναν κουροβόρον παρέξει.

          ἰὼ ἰὼ βασιλεῦ βασιλεῦ,   Ephymn.

          πῶς σε δακρύσω;

1515   φρενὸς ἐκ φιλίας τί ποτ' εἴπω;

          κεῖσαι δ' ἀράχνης ἐν ὑφάσματι τῷδ'

          ἀσεβεῖ θανάτῳ βίον ἐκπνέων.

          ὤμοι μοι

          κοίταν τάνδ' ἀνελεύθερον,

          δολίῳ μόρῳ δαμεὶς δάμαρτος

1520   ἐκ χερὸς ἀμφιτόμῳ βελέμνῳ. =

  Κλ   οὐκ ἀνελεύθερον οἶμαι θάνατον   an

          τῷδε γενέσθαι.

          οὐδὲ γὰρ οὗτος δολίαν ἄτην

          οἴκοισιν ἔθηκ'; ἀλλ' ἐμὸν ἐκ τοῦδ'

          ἔρνος ἀερθέν, τὴν πολύκλαυτον

Lager da ohne Würd und Ehr,
Drauf in Meuchelmord dich zwang der Gattin
Hand mit des zweischneidgen Werkzeugs Waffe!

Kl Du behauptest, es sei diese Tat mein Werk;
Doch sag nicht dazu,
Daß Agamemnons Gemahlin ich sei;
An Gestalt nur dem Weib dieses Toten gleich,
Ließ der alte grimmige Rachegeist
Für Atreus, Gastgeber des grausigen Mahls,
Den büßen die Schuld,
Den Mann für die Knäblein hinopfernd.

Chor

Daß ohne Schuld du daran,
Dort an dem Mord, wessen Mund bezeugt dir's?
Wer, wer? Doch vom Vater kam – Mit-
helfer dir – wohl sein Fluchgeist.
Und mächtig herrscht in gleichen Samens Strömen von ver-
[goßnem Blut
Der düstre Mordgott, bringt, wo er auch vorstürmt,
Blut-Tau – Kindfraßes halb – zum Strömen.

O oh, mein König, mein König, wie soll
Ich weinen um dich,
Aus der Seel voller Lieb was wohl sagen?
Du liegst in der Spinne gewobenem Netz,
Hauchtest ruchlosen Tods deinen Geist aus!
Weh mir, welch
Lager da ohne Würd und Ehr,
Drauf in Meuchelmord dich zwang der Gattin
Hand mit des zweischneidgen Werkzeugs Waffe!

Kl Nein, nicht unwürdig ward, glaub ich, der Tod
Dort jenem zuteil.
Hat er denn nicht erst arglistige Schuld
Am Hause verübt? Wohl; tat unserm Kind,
Dem aufblühenden Reis, von mir schmerzlich beweint:

1525 Ἰφιγένειαν ἄξια δράσας, ἄξια πάσχων
      μηδὲν ἐν Ἅιδου μεγαλαυχείτω,
      ξιφοδηλήτῳ
          θανάτῳ τείσας ἅπερ ἦρξεν.

                  Χορός   Str. 3
      ἀμηχανῶ φροντίδος στερηθεὶς   ia cr ba
1530 εὐπαλάμων μεριμνᾶν,   ch dim
      ὅπᾳ τράπωμαι, πίτνοντος οἴκου.   ia cr ba
      δέδοικα δ' ὄμβρου κτύπον δομοσφαλῆ   ia cr ia
      τὸν αἱματηρόν· ψακὰς δὲ λήγει.   ia cr ba
      δίκην δ' ἐπ' ἄλλο πρᾶγμα θηγάνει βλάβης   3 ia
1535 πρὸς ἄλλαις θηγάναισι μοῖρα. –   ba cr ba
                                           Ephymn.
      ἰὼ γᾶ γᾶ,   an
      εἴθ' ἔμ' ἐδέξω πρὶν τόνδ' ἐπιδεῖν
      ἀργυροτοίχου
1540   δροίτης κατέχοντα χάμευναν.
      τίς ὁ θάψων νιν; τίς ὁ θρηνήσων;
      ἢ σὺ τόδ' ἔρξαι τλήσῃ, κτείνασ'
      ἄνδρα τὸν αὑτῆς ἀποκωκῦσαι
1545 ψυχῇ τ' ἄχαριν χάριν ἀντ' ἔργων
          μεγάλων ἀδίκως ἐπικρᾶναι;
      τίς δ' ἐπιτύμβιον αἶνον ἐπ' ἀνδρὶ θείῳ   da+Alc 10
      σὺν δακρύοις ἰάπτων   ch ba
1550 ἀληθείᾳ φρενῶν πονήσει;   ba cr ba
  Κλ οὐ σὲ προσήκει τὸ μέλημ' ἀλέγειν   an
      τοῦτο· πρὸς ἡμῶν
      κάππεσε, κάτθανε, καὶ καταθάψομεν,
      οὐχ ὑπὸ κλαυθμῶν τῶν ἐξ οἴκων,
1555 ἀλλ' Ἰφιγένειά νιν ἀσπασίως
      θυγάτηρ, ὡς χρή,
      πατέρ' ἀντιάσασα πρὸς ὠκύπορον
      πόρθμευμ' ἀχέων
          περὶ χεῖρα βαλοῦσα φιλήσει.

Iphigenien er recht, so geschah ihm auch recht!
Nicht im Hades drum tu er prahlend sich groß,
Da, vom Stahl gestreckt
   In den Tod, er gebüßt, was er anfing!

Chor

Ich such umsonst, klaren Rats beraubt des
Auswegerspähnden Denkens,
Wo ich mich hinwend im Sturz des Hauses.
Ich fürchte Sturzregens Braus, den Bau bedräund,
Von Blute strömend; beim Tropfen bleibt's nicht.
Den Rachestahl zu neuer Untat wetzt und schleift
Auf neuem Wetzstein schon das Schicksal.

O oh, Erd, Erd,
Hättst du mich bedeckt, eh ihn ich gesehn,
In silberwan-
   diger Wann auf den Boden gelagert!
Wer trägt ihn zu Grab? singt den Trauergesang?
Hast du dies zu tun den Mut, die du schlugst
Deinen eigenen Mann, daß du laut um ihn klagst,
Lieblosen Liebesdienst für sein Werk
   Voller Ruhm ruchlos ihm erweisest?
Wer wird, am Grab auf den gottgleichen Mann das Preislied
Weinenden Augs erhebend,
In wahrhaft treuer Seele trauern?

Kl   Nicht dir kommt es zu, um die Sorge dafür
Dich zu kümmern; durch uns
Ward gestürzt er, starb er: wir wolln ihn bestatten,
Nicht mit Schrein und Gestöhn der Bewohner im Haus –
Nein! Iphigeneia wird ihn voller Freud,
Die Tochter, wie's ziemt,
Dem Vater entgegen zur Überfahrt gehnd
An des Ächzens Strom,
   Mit dem Arm ihn umfassend, begrüßen!

Χορός

1560 ὄνειδος ἥκει τόδ' ἀντ' ὀνείδους.   Ant. 3
δύσμαχα δ' ἐστὶ κρῖναι.
φέρει φέροντ', ἐκτίνει δ' ὁ καίνων.
μένει δὲ μίμνοντος ἐν θρόνῳ Διὸς
παθεῖν τὸν ἔρξαντα· θέσμιον γάρ.
1565 τίς ἂν γονὰν ἀραῖον ἐκβάλοι δόμων;
κεκόλληται γένος πρὸς ἄτᾳ. =

Κλ ἐς τόνδ' ἐνέβης σὺν ἀληθείᾳ   an
χρησμόν. ἐγὼ δ' οὖν
ἐθέλω δαίμονι τῷ Πλεισθενιδῶν
1570 ὅρκους θεμένη τάδε μὲν στέργειν,
δύστλητά περ ὄνθ', ὁ δὲ λοιπόν, ἰόντ'
ἐκ τῶνδε δόμων ἄλλην γενεὰν
τρίβειν θανάτοις αὐθένταισιν.
κτεάνων δὲ μέρος βαιὸν ἐχούσῃ
1575 πᾶν ἀπόχρη μοι μανίας μελάθρων
ἀλληλοφόνους ἀφελούσῃ.

Αἴγισθος

ὦ φέγγος εὖφρον ἡμέρας δικηφόρου.
φαίην ἂν ἤδη νῦν βροτῶν τιμαόρους
θεοὺς ἄνωθεν γῆς ἐποπτεύειν ἄχη,
ἰδὼν ὑφαντοῖς ἐν πέπλοις Ἐρινύων
1580 τὸν ἄνδρα τόνδε κείμενον φίλως ἐμοί,
χειρὸς πατρῴας ἐκτίνοντα μηχανάς.
Ἀτρεὺς γὰρ ἄρχων τῆσδε γῆς, τούτου πατήρ,
πατέρα Θυέστην τὸν ἐμόν, ὡς τορῶς φράσαι,
1585 αὑτοῦ δ' ἀδελφόν, ἀμφίλεκτος ὢν κράτει,
ἠνδρηλάτησεν ἐκ πόλεώς τε καὶ δόμων.
καὶ προστρόπαιος ἑστίας μολὼν πάλιν
τλήμων Θυέστης μοῖραν ηὗρετ' ἀσφαλῆ,
τὸ μὴ θανὼν πατρῷον αἱμάξαι πέδον
1590 αὐτός· ξένια δὲ τοῦδε δύσθεος πατὴρ

Chor

Vorwurf erhebt hier sich wider Vorwurf.
Schwer ist im Streit Entscheidung.
Den trifft's, der traf; büßen muß, wer mordet.
Dies bleibt, solang bleibt auf seinem Throne Zeus:
Daß Leid der Tat folgt; denn das ist Satzung.
Wer kann des Fluches Saat ausstoßen aus dem Haus?
Unlösbar klebt der Stamm am Unheil.

Kl Soweit schrittst du vor in der Wahrheit Bund
Bei dem Spruch. Ich jedoch
Schlösse gern mit dem Fluchgeist des Pleisthenesstamms
Einen Pakt nun ab: was geschehn, ihm genüg's!
Kaum erträglich schon ist's; doch in Zukunft geh
Er aus unserem Haus, laß ein andres Geschlecht
Sich zerfleischen durch Mord an dem eigenen Blut!
Blieb an Schätzen ein Teil, ein geringer, mir nur,
Mir genügt' es vollauf, wenn den Wahnsinn dem Haus
Abwechselnden Mordes ich fortnahm!

Aigisthos
im Königsmantel, mit bewaffnetem Gefolge, kommt aus der Stadt

O Licht, huldvolles, dieses Tags, der Rache bringt!
Behaupten kann ich's nun: der Menschen Rächer, schaun
Götter von droben nieder auf der Erde Qual;
Seh ich in dem Geweb doch, der Erinyen Kleid,
Den Mann, den dort, dahingestreckt zur Freude mir,
Die Vaters Hand beging, büßen die Freveltat!
Atreus ja, Herrscher dieses Lands, sein Vater war's,
Der meinen Vater Thyestes – Wahres künd ich euch –
Den eignen Bruder, in dem Hader um die Macht,
Hinausgestoßen, fort aus Stadt und Vaterhaus.
Und als schutzflehend zu dem Herde kam zurück
Leidvoll Thyestes, fand er soweit Sicherheit,
Daß nicht im Tod tränkte mit Blut die Vatererd
Er selbst; doch hat als Gastgeschenk ruchlosen Sinns

'Ατρεὺς προθύμως μᾶλλον ἢ φίλως πατρὶ
τὠμῷ, κρεουργὸν ἦμαρ εὐθύμως ἄγειν
δοκῶν, παρέσχε δαῖτα παιδείων κρεῶν.
τὰ μὲν ποδήρη καὶ χερῶν ἄκρους κτένας
1595 ἔθρυπτ'· ἄνωθεν ἀνδρακὰς καθήμενος,
ἄσημα δ' αὐτῶν αὐτίκ' ἀγνοίᾳ λαβὼν
ἔσθει, βορὰν ἄσωτον, ὡς ὁρᾷς, γένει.
κἄπειτ' ἐπιγνοὺς ἔργον οὐ καταίσιον
ᾤμωξεν, ἀμπίπτει δ' ἀπὸ σφαγὴν ἐρῶν,
1600 μόρον δ' ἄφερτον Πελοπίδαις ἐπεύχεται,
λάκτισμα δείπνου ξυνδίκῳ τιθεὶς ἀρᾷ,
οὕτως ὀλέσθαι πᾶν τὸ Πλεισθένους γένος.
ἐκ τῶνδέ τοι πεσόντα τόνδ' ἰδεῖν πάρα.
κἀγὼ δίκαιος τοῦδε τοῦ φόνου ῥαφεύς.
1605 τρίτον γὰρ ὄντα μ' ἔλιπε, κἀθλίῳ πατρὶ
συνεξελαύνει τυτθὸν ὄντ' ἐν σπαργάνοις·
τραφέντα δ' αὖθις ἡ δίκη κατήγαγεν.
καὶ τοῦδε τἀνδρὸς ἡψάμην θυραῖος ὤν,
πᾶσαν ξυνάψας μηχανὴν δυσβουλίας.
1610 οὕτω καλὸν δὴ καὶ τὸ κατθανεῖν ἐμοί,
ἰδόντα τοῦτον τῆς δίκης ἐν ἕρκεσιν.

Χορός

Αἴγισθ', ὑβρίζειν ἐν κακοῖσιν οὐ σέβω.
σὺ δ' ἄνδρα τόνδε φὴς ἑκὼν κατακτανεῖν,
μόνος δ' ἔποικτον τόνδε βουλεῦσαι φόνον·
1615 οὔ φημ' ἀλύξειν ἐν δίκῃ τὸ σὸν κάρα
δημορριφεῖς, σάφ' ἴσθι, λευσίμους ἀράς.
Αἴ σὺ ταῦτα φωνεῖς νερτέρᾳ προσήμενος
κώπῃ, κρατούντων τῶν ἐπὶ ζυγῷ δορός;
γνώσῃ γέρων ὢν ὡς διδάσκεσθαι βαρὺ
1620 τῷ τηλικούτῳ, σωφρονεῖν εἰρημένον.
δεσμὸς δὲ καὶ τὸ γῆρας αἵ τε νήστιδες
δύαι διδάσκειν ἐξοχώταται φρενῶν
ἰατρομάντεις. οὐχ ὁρᾷς ὁρῶν τάδε;
πρὸς κέντρα μὴ λάκτιζε, μὴ πταίσας μογῇς.

Atreus, sein Vater, eifrig mehr als liebevoll,
Meinem, indem durch Fleisch den Tag zu feiern er
Vorgab, gereicht ein Mahl aus seiner Kinder Fleisch!
Der Füße Enden und der Hände zackgen Kamm
Zermalmt' er. Er, der oberhalb gesondert saß,
Unkenntlich ihm Gebotnes gleich nichtsahnend nahm:
Er ißt, ein Mahl, fluchwürdig, wie du siehst, dem Stamm.
Als drauf er inne ward des Tuns voll Unnatur,
Schreit auf er, fällt rückwärts und bricht das Mordfleisch aus,
Zu grausem Los verwünscht er Pelops' Haus, indem
Des Mahls Umstoßen er Bekräftigung heißt des Fluchs:
Daß so zugrundgeh ganz des Pleisthenes Geschlecht.
Daher denn könnt ihr tot am Boden den hier sehn.
Und ich mit vollem Recht ward dieses Mordplans Schmied.
Denn mich als dritten schont' er; mit dem Vater, dem
Unseligen, treibt er fort mich, klein, in Windeln noch.
Doch den Erwachsnen hat Dike zurückgeführt.
Mit diesem Mann hatt ich's im Sinn, ob ich auch fern,
Als ganz ich aussann Weg und Plan des Ränkespiels.
So nähm voll Stolz und gern ich selbst den Tod in Kauf,
Sah ich doch den hier von der Dike Netz umstrickt!

Chorführer

Aigisthos, Stolz bei schlechter Tat veracht ich bloß.
Du sagst, daß du den Mann vorsätzlich brachtst zu Tod,
Allein den jammervollen hier ersannst, den Mord;
Ich sag: nicht wird entschlüpfen im Gericht dein Haupt
Dem volkgeworfnen, daß du's weißt: der Steinigung Fluch!

Ai Den Ton wagst du, der du ganz unten hast den Sitz
Am Ruder, zu dem Herrn des Schiffs auf dem Verdeck?
Erfahr als Greis denn: Lehrgeld kostet's, hart und schwer,
Lernt man so alt erst, Maß zu halten mit dem Wort!
Doch Ketten können auch das Alter – Hungers Qual
Dazu – belehren, des Gemütes trefflichste
Ärzte und Seher! Bist du blind denn sehnden Augs?
Tritt nach dem Sporn nicht; sonst leidst du – getroffen – Not!

1625 Χο γύναι, σὺ τοὺς ἥκοντας ἐκ μάχης νέον
          οἰκουρὸς εὐνήν τ' ἀνδρὸς αἰσχύνους' ἅμα,
          ἀνδρὶ στρατηγῷ τόνδ' ἐβούλευσας μόρον;
      Αἴ καὶ ταῦτα τἄπη κλαυμάτων ἀρχηγενῆ.
          'Ορφεῖ δὲ γλῶσσαν τὴν ἐναντίαν ἔχεις·
1630   ὁ μὲν γὰρ ἦγε πάντ' ἀπὸ φθογγῆς χαρᾷ,
          σὺ δ' ἐξορίνας νηπίοις ὑλάγμασιν
          ἄξῃ· κρατηθεὶς δ' ἡμερώτερος φανῇ.
      Χο ὡς δὴ σύ μοι τύραννος 'Αργείων ἔσῃ,
          ὃς οὔκ, ἐπειδὴ τῷδ' ἐβούλευσας μόρον,
1635   δρᾶσαι τόδ' ἔργον οὐκ ἔτλης αὐτοκτόνως;
      Αἴ τὸ γὰρ δολῶσαι πρὸς γυναικὸς ἦν σαφῶς,
          ἐγὼ δ' ὕποπτος ἐχθρὸς ἦ παλαιγενής.
          ἐκ τῶν δὲ τοῦδε χρημάτων πειράσομαι
          ἄρχειν πολιτῶν· τὸν δὲ μὴ πειθάνορα
1640   ζεύξω βαρείαις οὔτι μοι σειραφόρον

          κριθῶντα πῶλον· ἀλλ' ὁ δυσφιλὴς σκότῳ
          λιμὸς ξύνοικος μαλθακόν σφ' ἐπόψεται.
      Χο τί δὴ τὸν ἄνδρα τόνδ' ἀπὸ ψυχῆς κακῆς
          οὐκ αὐτὸς ἠνάριζες; ἀλλά νιν γυνή,
1645   χώρας μίασμα καὶ θεῶν ἐγχωρίων,
          ἔκτειν'. 'Ορέστης ἆρά που βλέπει φάος,
          ὅπως κατελθὼν δεῦρο πρευμενεῖ τύχῃ
          ἀμφοῖν γένηται τοῖνδε παγκρατὴς φονεύς.
      Αἴ ἀλλ' ἐπεὶ δοκεῖς τάδ' ἔρδειν καὶ λέγειν,   4 tr
                                    [γνώσῃ τάχα·
1650   εἶα δή, φίλοι λοχῖται, τοὔργον οὐχ ἑκὰς τόδε.

      Χο εἶα δή, ξίφος πρόκωπον πᾶς τις εὐτρεπιζέτω.
      Αἴ ἀλλὰ μὴν κἀγὼ πρόκωπος οὐκ ἀναίνομαι θανεῖν.

      Χο δεχομένοις λέγεις θανεῖν σε· τὴν τύχην δ' αἱρούμεθα.

Chf Du Weib du, der du jüngst Rückkehrenden vom Kampf,
　　Im Haus hockend dem Bett des Manns auch Schande tatst,
　　Sannst unserm Feldherrn solchen Anschlag aus des Mords?
Ai Auch dieses Wort wird Weinens, Stöhnens Quell dir sein.
　　Des Orpheus Zunge hast du nicht; im Gegenteil:
　　Denn er führt alles durch des Sanges Laut zur Lust,
　　Du, der empört durch kindisches Gebelfer, wirst
　　Geführt, wo du durch Zwang schon zahmer werden wirst!
Chf Als ob du mir könntst Herrscher der Argeier sein,
　　Der du, da diesem du aussannst den Plan des Mords,
　　Zu tun die Tat hier nicht gewagt mit eigner Hand!
Ai Zu überlisten kam dem Weibe fraglos zu,
　　Doch ich war ein verdächtger Feind von alters her.
　　Mit dessen reichen Schätzen mach ich den Versuch,
　　Ob Herr ich werd der Bürger; wer mir nicht gehorcht,
　　Den schirr ich schwer ins Joch, nehm nicht als Beipferd
　　　　　　　　　　　　　　　　　　　　　　　　[ihn,
　　Das schwelgt in Hafer; nein, gesellt dem Dunkel, wird
　　Quälender Hunger ihn gefügig vor sich sehn!
Chf Du also hast hier diesen Mann aus feiger Seel
　　Nicht selbst den Tod gegeben? Nein, ihn mußt ein Weib,
　　Des Landes Schandmal und der heimschen Götter Greul,
　　Meucheln; Orestes – sei's, wie's sei – sieht noch das Licht,
　　Daß, heimgekehrt hierher, mit gnädger Hilf des Glücks
　　Er diesen beiden allgewaltger Mörder werd!
Ai Wohl, da du gewillt bist, so zu Tat und Wort, wirst schnell
　　　　　　　　　　　　　　　　　　　　　　　[du sehn –
　　Auf denn, auf, ihr wackren Krieger, Arbeit wartet hier auf
　　　　　Seine Gefolgsleute zücken die Schwerter　　　[euch!
Chf Auf denn, auf, das Schwert gezogen! Halte jeder sich bereit!
Ai Gut; auch ich, das Schwert gezogen, weigre nicht dem Tode
　　　　　　　　　　　　　　　　　　　　　　　[mich!
Chf Uns zu paß nennst deinen Tod du; unser Glück erproben wir!

Κλυταιμήστρα

μηδαμῶς, ὦ φίλτατ' ἀνδρῶν, ἄλλα δράσωμεν κακά.
1655   ἀλλὰ καὶ τάδ' ἐξαμῆσαι πολλὰ δύστηνον θέρος·
πημονῆς δ' ἅλις γ'· ὕπαρχε μηδέν· ἡματώμεθα.

στείχετ', αἰδοῖοι γέροντες, πρὸς δόμους πεπρω-
                                                [μένους,
πρὶν παθεῖν ἔρξαντ' ἄκαιρον· χρῆν τάδ' ὡς ἐπράξαμεν·
εἰ δέ τοι μόχθων γένοιτο τῶνδ' ἅλις, δεχοίμεθ' ἄν,

1660   δαίμονος χηλῇ βαρείᾳ δυστυχῶς πεπληγμένοι.

ὧδ' ἔχει λόγος γυναικός, εἴ τις ἀξιοῖ μαθεῖν.

Αἴ   ἀλλὰ τούσδ' ἐμοὶ ματαίαν γλῶσσαν ὧδ' ἀπανθίσαι
κἀκβαλεῖν ἔπη τοιαῦτα δαίμονος πειρωμένους.

σώφρονος γνώμης θ' ἁμαρτὼν τὸν κρατοῦντα θ'
                                                [ὑβρίσας.
1665 Χο   οὐκ ἂν 'Αργείων τόδ' εἴη, φῶτα προσσαίνειν κακόν.
Αἴ   ἀλλ' ἐγώ σ' ἐν ὑστέραισιν ἡμέραις μέτειμ' ἔτι.
Χο   οὔκ, ἐὰν δαίμων 'Ορέστην δεῦρ' ἀπευθύνῃ μολεῖν.
Αἴ   οἶδ' ἐγὼ φεύγοντας ἄνδρας ἐλπίδας σιτουμένους.

Χο   πρᾶσσε, πιαίνου μιαίνων τὴν δίκην, ἐπεὶ πάρα.

1670 Αἴ   ἴσθι μοι δώσων ἄποινα τῆσδε μωρίας χάριν.
Χο   κόμπασον θαρσῶν, ἀλέκτωρ ὥστε θηλείας πέλας.

Κλ   μὴ προτιμήσῃς ματαίων τῶνδ' ὑλαγμάτων· ἐγὼ
καὶ σὺ θήσομεν κρατοῦντε τῶνδε δωμάτων καλῶς.

Klytaimestra

tritt zwischen die Kampfbereiten

Keinesfalls, liebster der Männer, laß uns neues Unheil sän!
Nein, auch dies noch abzumähen, welch unselge Ernte wär's!
Leids und Jammers gnug! Fang neu nicht an! Von Blut sind
[wir bedeckt.
Gehet hin, ehrwürdge Greise, zu dem Haus, das euch gehört,

Ehe Leid unzeitiges Tun bringt! Nötig war, was wir getan!
Wär es solchen Leids und Jammers nun genug, uns wär es
[recht,
Da von Dämons schwerem Huf wir unheilvoll geschlagen
[sind.
So ist eines Weibes Meinung, falls man ihr Beachtung
[schenkt!

Ai Ja, daß die mir mit der Zunge Torheit also üppig blühn
Und hinausschrein solche Rede, die den Dämon reizt zum
[Zorn,
Und, besonnenen Sinns ermangelnd, mich, den Herrscher,
[höhnend schmähn!
Chf Nicht Argeier-Sitte wär es: einem Mann schöntun, der feig!
Ai Wohl; ich kriege dich in spätern Tagen schon zu fassen noch!
Chf Nicht, sofern ein Gott Orestes hierher lenkt auf seinem Weg!
Ai Ja, ich weiß: landflüchtgen Männern ist Hoffnung ihr täglich
[Brot!
Chf Mach nur, mäste dich, befleckend Brauch und Recht; steht
[dir's doch frei!
Ai Wisse: mir zahlst du noch Buße für dies törichte Geschwätz!
Chf Bläh dich auf voll Mut, dem Haushahn gleich, der seiner
[Henne nah!
Kl Achte nicht auf solch ein sinnlos leer Gekläffe; ich und du
Werden Ordnung schaffen, herrschend hier im Haus, auf
[rechte Art!

mit Aigisthos ab in die Königsburg

ORESTIE

WEIHGUSSTRÄGERINNEN

Τὰ τοῦ δράματος πρόσωπα

Ὀρέστης   Ὀρ
Πυλάδης
Ἠλέκτρα   Ἠ
Χορός   Χο
Τροφός   Τρ

Κλυταιμήστρα   Κλ
Αἴγισθος   Αἴ
Οἰκέτης   Οἰ

Die Personen des Dramas

Orestes, Sohn Agamemnons und Klytaimestras	Or
Pylades, Freund und Waffengefährte des Orestes	
Elektra, Schwester des Orestes	El
Chor der Sklavinnen	Ch · Chf
Amme des Orestes	Am
Pförtner	
Klytaimestra, Gemahlin des Aigisthos	Kl
Aigisthos, Tyrann von Argos	Ai
Diener	Di

Das Stück spielt zuerst am Grabhügel Agamemnons, danach vor dem Eingang der Königsburg.

'Ορέστης

'Ερμῆ χθόνιε πατρῷ' ἐποπτεύων κράτη,
σωτὴρ γενοῦ μοι ξύμμαχός τ' αἰτουμένῳ.
ἥκω γὰρ ἐς γῆν τήνδε καὶ κατέρχομαι·
τύμβου δ' ἐπ' ὄχθῳ τῷδε κηρύσσω πατρὶ
5   κλύειν ἀκοῦσαι·

πλόκαμον 'Ινάχῳ θρεπτήριον,
τὸν δεύτερον δὲ τόνδε πενθητήριον

οὐ γὰρ παρὼν ᾤμωξα σόν, πάτερ, μόρον
οὐδ' ἐξέτεινα χεῖρ' ἐπ' ἐκφορᾷ νεκροῦ.

Orestes am Grabhügel, Pylades hinter ihm; beide in Wandertracht, das Schwert an der Seite

Orestes

O Hermes, Grabgott, väterlicher Macht Betreuer,
Werd Retter du, Mitkämpfer mir, der zu dir fleht!
Komm ich doch in dies Land und kehre wieder heim;
Und am Grabhügel hier ruf ich dem Vater zu,
Mein Wort zu hören: (Vater, Vater, der dies ruft,
Der deinen hehren Geist in seiner Gruft beschwört,
Dein Ohr ihm gnädig zuzuneigen und dein Herz:
Orestes ist's, der Erbe deines Königreichs
Und Ruhms, dein Fleisch und Blut, dein einzger Sohn!
Der, als du fern vor Troia lagst, ein Knabe noch,
Von seiner eignen Mutter aus dem Vaterhaus
Gestoßen, fern der Heimat, in der Phoker Land
Aufwuchs: er steht mit seinem Freunde Pylades,
Dem Sohn des Phokers Strophios, deines Waffenfreunds,
Nicht ohne gnädger Götter Hilf und Schutz nun hier,
Zu rächen deinen Tod. Hilf, Vater, deinem Sohn,
Dem, kaum erst Jüngling, durch des Loxias Befehl
Ein Werk auf seine Schultern lastend ward gelegt,
Zu schwer wohl noch, zu hart dem härtsten Manne selbst:
Die grauenvollste Rache grauenvollsten Mords!
Doch vor der Rache sei zu ehren dich mir Pflicht:
Von meinem Haupthaar brachte ich der Heimat Fluß
Die erste) Locke dar, dem Inachos, als der Pflege Zoll.
Die zweite, die hier, als der Traur und Klage Zoll
(Sei dir nunmehr geweiht; ich leg sie auf dein Grab.)
Nicht hier konnt ich ja klagen, Vater, deinen Tod,
Noch hob den Arm ich, da man tot hinaus dich trug.
(O Vater, mit Gewalt durch eines Weibes Hand
Heimtückisch hingemordet, deines Reichs beraubt,
Dir soll, Heerkönig und Bezwinger Ilions,
Die Rache werden, die der Freveltat gebührt,
Durch meine Hand, daß deinem grollerfüllten Geist
Ruh bei den Schatten wird und die gebührnde Ehr,

10   τί χρῆμα λεύσσω; τίς ποθ' ἥδ' ὁμήγυρις
       στείχει γυναικῶν φάρεσιν μελαγχίμοις
       πρέπουσα; ποίᾳ ξυμφορᾷ προσεικάσω;
       πότερα δόμοισι πῆμα προσκυρεῖ νέον;
       ἢ πατρὶ τὠμῷ τάσδ' ἐπεικάσας τύχω
15   χοὰς φερούσας νερτέροις μειλίγματα;
       οὐδέν ποτ' ἄλλο· καὶ γὰρ Ἠλέκτραν δοκῶ
       στείχειν ἀδελφὴν τὴν ἐμὴν πένθει λυγρῷ
       πρέπουσαν. ὦ Ζεῦ, δός με τείσασθαι μόρον
       πατρός, γενοῦ δὲ σύμμαχος θέλων ἐμοί.
20   Πυλάδη, σταθῶμεν ἐκποδών, ὡς ἂν σαφῶς
       μάθω, γυναικῶν ἥτις ἥδε προστροπή.

                                              Parodos
              Χορός   Str. 1

       ἰαλτὸς ἐκ δόμων ἔβαν   2 ia
       χοὰν προπομπὸς ὀξύχειρι σὺν κόπῳ.   3 ia
       πρέπει παρὴς φοίνισσ' ἀμυγ-   2 ia
25   μοῖς ὄνυχος ἄλοκι νεοτόμῳ,   2 ia
       δι' αἰῶνος δ' ἰυγμοῖσι βόσκεται κέαρ. ba 2 cr ba
       λινοφθόροι δ' ὑφασμάτων   2 ia
       λακίδες ἔφλαδον ὑπ' ἄλγεσιν   2 ia
       πρόστερνοι στολμοὶ πέπλων ἀγελάστοις ⎫ 2 mol ch
30   ξυμφοραῖς πεπληγμένων. –   ⎭ 2 ia

       τορὸς γὰρ ὀρθόθριξ φόβος   Ant. 1
       ὀνειρόμαντις ἐξ ὕπνου κότον πνέων
       ἀωρόνυκτον ἀμβόα-
35   μα μυχόθεν ἔλακε περὶ φόβῳ,
       γυναικείοισιν ἐν δώμασιν βαρὺς πίτνων.
       κριταί τε τῶνδ' ὀνειράτων
40   θεόθεν ἔλακον ὑπέγγυοι

Freiheit dem Volke von der Mörder Zwingherrschaft
Und deinen Kindern deines Reichs und Erbguts Recht!)
Welch Schauspiel seh ich? Was mag dort für eine Schar
Schreiten von Weibern, von Gewändern schwarzer Traur
Umflossen? Auf welch ein Ereignis deut ich dies?
Ob wohl dem Hause Leid dazukam neuer Art?
Ob meinem Vater sie, trifft meine Deutung zu,
Weihgüsse tragen, Unterirdischer Sänftigung?
Nichts andres sonst; denn auch Elektra, wie mir deucht,
Schreitet dort, meine Schwester, ja, von düstrem Leid
Umflossen. O Zeus, gönn zu rächen mir den Tod
Des Vaters, werde du Mitkämpfer gnädig mir!
Laß, Pylades, seitwärts treten uns, auf daß ich klar
Erkenne, was der Frauen frommer Bittgang soll!

Sie treten beiseite
Elektra und der Chor erscheinen in Trauergewändern,
Schalen und Krüge mit Weihgüssen tragend

Chor

Gesendet, kam ich aus dem Haus,
Weihguß geleitend, hurtighändgen, dumpfen Schlags.
Es gleißt die Wang, purpurn, in Blut,
Zerfleischt, von des Nagels Riß frisch erst gefurcht;
Und neu, stets neu an Wehklagen weidet sich das Herz.
Zu Leinwandstücken, Webestof-
fes Fetzen zerschliß vor der Qualen Schmerz,
Brüstedeckend, unser Kleid, das in freudlos
Bittrer Not zerschlagen ward.

Hellauf ließ Schreck, gesträubten Haars,
Als Traumwahrsager aus dem Schlaf mit Zorngeschnauf
Ein nachtumgraustes Angstgeschrei
Vom Innern her schallen – rings Schrecken und Furcht! –
In weibbeherrschter Burg Räume stürzend dumpfen Sprungs.
Und Deuter solcher Träume, gott-
getrieben, sie taten als Bürgen kund:

μέμφεσθαι τοὺς γᾶς νέρθεν περιθύμως
τοῖς κτανοῦσί τ' ἐγκοτεῖν. =

		Str. 2
	τοιάνδε χάριν ἀχάριτον ἀπότροπον	3 ia
	[κακῶν,	
	ἰὼ γαῖα μαῖα, μωμένα	ba 4 ia
45	μ' ἰάλλει δύσθεος γυνά.	
	φοβοῦμαι δ' ἔπος τόδ' ἐκβαλεῖν.	cr ia
	τί γὰρ λύτρον πεσόντος αἵματος πέδοι;	3 ia
	ἰὼ πάνοιζυς ἑστία,	2 ia
50	ἰὼ κατασκαφαὶ δόμων.	2 ia
	ἀνήλιοι βροτοστυγεῖς	2 ia
	δνόφοι καλύπτουσι δόμους	ch dim
	δεσποτῶν θανάτοισι. –	pher

		Ant. 2
	σέβας δ' ἄμαχον ἀδάματον ἀπόλεμον τὸ	Ant. 2
55	δι' ὤτων φρενός τε δαμίας [πρὶν	
	περαῖνον νῦν ἀφίσταται.	
	φοβεῖται δέ τις. τὸ δ' εὐτυχεῖν	
60	τόδ' ἐν βροτοῖς θεός τε καὶ θεοῦ πλέον.	
	ῥοπὴ δ' ἐπισκοπεῖ δίκας	
	ταχεῖα τοὺς μὲν ἐν φάει,	
	τὰ δ' ἐν μεταιχμίῳ σκότου	
	μένει χρονίζοντας ἄχη,	
65	τοὺς δ' ἄκραντος ἔχει νύξ. =	

		Str. 3
	τὰ δ' αἵματ' ἐκποθένθ' ὑπὸ χθονὸς	3 ia
	[τροφοῦ,	
	τίτας φόνος, πέπηγεν οὐ διαρρύδαν.	3 ia
	διαλγὴς Ἄτη διαφέρει τὸν αἴ-	ba sp
69	τιον παναρκέτας νόσου βρύειν. –	cr 3 ia

		Ant. 3
71	θιγόντι δ' οὔτι νυμφικῶν ἐδωλίων	Ant. 3
	ἄκος, πόροι τε πάντες ἐκ μιᾶς ὁδοῦ	
	προβαίνοντες τὸν χερομυσῆ φόνον	
	καθαίροντες ἂν ἴθυσαν μάταν. =	

Klag erhüben die im Grab, wilden Grimms voll;
Auf die Mörder grollten sie.

Sich solchem Liebesdienst ohn alle Lieb, nur daß Leid er
                                            [wehr,
Ioh, Mutter Erde! unterziehnd,
Schickt mich das gottverhaßte Weib.
Vor Scheu bring dies Wort ich kaum heraus.
Denn was sühnt ihn, floß erst des Blutes Strom zur Erd?
Ioh, höchst jammervoller Herd!
Ioh, des Grab man grub: o Haus!
Der Sonne fern, Menschen verhaßt,
Wolken umhülln dunkel das Haus,
Wo der Herr in den Tod sank.

Ehrfurcht, die, keinerlei Kampf, keinem Zwang überwindbar,
Vom Ohr her ins Herz des ganzen Volks   [einst
Hineindrang, nun trat abseits sie.
Nur Furcht hegt man jetzt. Erfolgreich sein,
Das ist den Menschen Gott und höher noch als Gott.
Doch wägt, sucht strafend Dikes Aug'
In Eile, wer im Licht des Glücks;
In Zwielichts Dämmrung harrt auf die,
Weil ihre Zeit erst kommt, das Leid;
Andre – endlos – umfängt Nacht.

Blutströme, aufgeschlürft vom Erden-Mutterschoß,

Rachschreinder Mord, erstarren, unauflösbar fest.
In Qual hält Ate fort und fort *hin* den Schuldigen, bis er in reichster Seuche blüht.

Ward er berührt, hilft nimmer jungfräulichem Schoß
Heilkunst; und alle Ströme, ob sie *eines* Wegs
Hervorströmten, um händebefleckend Mord-
blut reinzuwaschen: flössen doch umsonst.

Epodos

75 ἐμοὶ δ', ἀνάγκαν γὰρ ἀμφίπτολιν   ia 2 cr
    θεοὶ προσήνεγκαν, ἐκ γὰρ οἴκων   ia cr ba
    πατρῴων δούλιόν μ' ἐσάγαγον αἶσαν,   ba ia ba
    δίκαια καὶ μὴ δίκαι' ἀρχὰς πρέπον   ia cr ia
80 βίᾳ φρενῶν αἰνέσαι   ia cr
    πικρὸν στύγος κρατούσῃ.   ia ba
    δακρύω δ' ὑφ' εἱμάτων ματαίοισι δεσ-   ba ia ba ia
                                    [ποτᾶν
    τύχαις, κρυφαίοις πένθεσιν παχνουμένη. 3 ia

Ἠλέκτρα

    δμῳαὶ γυναῖκες, δωμάτων εὐθήμονες,
85 ἐπεὶ πάρεστε τῆσδε προστροπῆς ἐμοὶ
    πομποί, γένεσθε τῶνδε σύμβουλοι πέρι·
    τί φῶ χέουσα τάσδε κηδείους χοάς;
    πῶς εὔφρον' εἴπω, πῶς κατεύξωμαι πατρί;
    πότερα λέγουσα παρὰ φίλης φίλῳ φέρειν
90 γυναικὸς ἀνδρί, τῆς ἐμῆς μητρὸς πάρα;
    τῶνδ' οὐ πάρεστι θάρσος, οὐδ' ἔχω τί φῶ,
    χέουσα τόνδε πέλανον ἐν τύμβῳ πατρός.
    ἢ τοῦτο φάσκω τοὔπος, ὡς νόμος βροτοῖς
    ἔστ', ἀντιδοῦναι τοῖσι πέμπουσιν τάδε
95 στέφη δόσιν γε τῶν κακῶν ἐπαξίαν;
    ἢ σῖγ' ἀτίμως, ὥσπερ οὖν ἀπώλετο
    πατήρ, τάδ' ἐκχέασα, γάποτον χύσιν,
    στείχω, καθάρμαθ' ὥς τις ἐκπέμψας, πάλιν
    δικοῦσα τεῦχος ἀστρόφοισιν ὄμμασιν;
100 τῆσδ' ἔστε βουλῆς, ὦ φίλαι, μεταίτιαι.
    κοινὸν γὰρ ἔχθος ἐν δόμοις νομίζομεν.
    μὴ κεύθετ' ἔνδον καρδίας φόβῳ τινός.
    τὸ μόρσιμον γὰρ τόν τ' ἐλεύθερον μένει
    καὶ τὸν πρὸς ἄλλης δεσποτούμενον χερός.
105 λέγοις ἄν, εἴ τι τῶνδ' ἔχεις ὑπέρτερον.

Χορός

    αἰδουμένη σοι βωμὸν ὡς τύμβον πατρὸς

Doch mir – ich muß zwischen zwei Städten stehn,
Die Götter ja lenkten's so, vom Haus fort
Der Väter ins Schicksal der Knechtschaft mich führend, –
Doch mir – ob Recht, Unrecht tat die Herrschaft – ziemt's –
Ein hartes Muß! – sie zu prei-
sen, bittren Haß bewältgend.
Und doch wein in Schleiers Hüll ich ums arge, meiner Herr-

schaft Los, vom Reif verhohlnen Grams das Herz erstarrt.

Elektra

Ihr Mägde, Fraun, im Dienst des Hauses wohlbewährt,
Da ihr zur Seite mir bei diesem Bittgang als
Geleit steht, werdet hierbei mir Berater nun:
Was sag ich, gieß ich diesen Trauerweiheguß,
Wie sprech ich freundlich, wie bet ich zum Vater dann?
Soll sagen ich, daß von dem lieben Weib ich bring
Dem lieben Manne dies – von meiner Mutter – ihm?!
Dazu hab ich den Mut nicht, noch weiß ich ein Wort
Beim Gießen dieser Spend auf meines Vaters Grab.
Oder soll dies ich sagen, wie's bei Menschen Brauch:
Vergelten mög er denen, die ihm senden hier
Den Kranz, mit Gabe, die – der Bösen würdig sei?
Soll schweigend ich – ehrlos –, wie ja zugrundeging
Der Vater, gießen aus, der Erd als Trank, den Guß,
Gehn, als hätt man Spülwasser fortgeschafft, zurück,
Wegschleudernd das Gefäß mit abgewandtem Blick?
Diesen Entschluß zu fassen, helft, ihr Teuren, mir!
Uns bindet Haß im Hause dort zusammen ja.
Nicht bergt des Herzens Meinung mir aus Furcht vor wem!
Was uns verhängt, des Freien ja wartet's so gut
Wie dessen, der von fremder Hand geknechtet ward.
Laß hören, wenn du etwas weißt, was besser ist!

Chorführerin

Verehrend dem Altar gleich deines Vaters Grab,

λέξω, κελεύεις γάρ, τὸν ἐκ φρενὸς λόγον.
'Ηλ   λέγοις ἄν, ὥσπερ ἠδέσω τάφον πατρός.
Χο   φθέγγου χέουσα σεμνὰ τοῖσιν εὔφροσιν.
110 'Ηλ   τίνας δὲ τούτους τῶν φίλων προσεννέπω;
Χο   πρῶτον μὲν αὐτὴν χὤστις Αἴγισθον στυγεῖ.
'Ηλ   ἐμοί τε καὶ σοί τἄρ' ἐπεύξομαι τάδε;
Χο   αὐτὴ σὺ ταῦτα μανθάνουσ' ἤδη φράσαι.
'Ηλ   τίν' οὖν ἔτ' ἄλλον τῇδε προστιθῶ στάσει;
115 Χο   μέμνησ' 'Ορέστου, κεἰ θυραῖός ἐσθ' ὅμως.
'Ηλ   εὖ τοῦτο, κἀφρένωσας οὐχ ἥκιστά με.
Χο   τοῖς αἰτίοις νυν τοῦ φόνου μεμνημένη –
'Ηλ   τί φῶ; δίδασκ' ἄπειρον ἐξηγουμένη.
Χο   ἐλθεῖν τιν' αὐτοῖς δαίμον' ἢ βροτῶν τινα –
120 'Ηλ   πότερα δικαστὴν ἢ δικηφόρον λέγεις;
Χο   ἁπλῶστὶ φράζουσ', ὅστις ἀνταποκτενεῖ.
'Ηλ   καὶ ταῦτά μούστὶν εὐσεβῆ θεῶν πάρα;
123 Χο   πῶς δ' οὔ; τὸν ἐχθρὸν ἀνταμείβεσθαι κακοῖς;
165 'Ηλ   κῆρυξ μέγιστε τῶν ἄνω τε καὶ κάτω,
124   ἄρηξον, 'Ερμῆ χθόνιε, κηρύξας ἐμοί,
          τοὺς γῆς ἔνερθε δαίμονας κλύειν ἐμὰς
          εὐχάς, πατρῴων αἱμάτων ἐπισκόπους,
          καὶ γαῖαν αὐτήν, ἣ τὰ πάντα τίκτεται,
          θρέψασά τ' αὖθις τῶνδε κῦμα λαμβάνει.
          κἀγὼ χέουσα τάσδε χέρνιβας βροτοῖς
130   λέγω καλοῦσα, »πάτερ, ἐποίκτιρόν τ' ἐμὲ
          φίλον τ' 'Ορέστην ὡς ἀνάξωμεν δόμοις.
          πεπραμένοι γὰρ νῦν γέ πως ἁλώμεθα
          πρὸς τῆς τεκούσης, ἄνδρα δ' ἀντηλλάξατο
          Αἴγισθον, ὅσπερ σοῦ φόνου μεταίτιος.
135   κἀγὼ μὲν ἀντίδουλος· ἐκ δὲ χρημάτων
          φεύγων 'Ορέστης ἐστίν, οἱ δ' ὑπερκόπως
          ἐν τοῖσι σοῖς πόνοισι χλίουσιν μέγα.
          ἐλθεῖν δ' 'Ορέστην δεῦρο σὺν τύχῃ τινὶ
          κατεύχομαί σοι, καὶ σὺ κλῦθί μου, πάτερ·
140   αὐτῇ τέ μοι δὸς σωφρονεστέραν πολὺ
          μητρὸς γενέσθαι χεῖρά τ' εὐσεβεστέραν.

Sag ich – befiehlst du's doch – was mir von Herzen kommt.
El   Laß hören bei der Ehrfurcht vor des Vaters Grab!
Chf Ruf spendend Segen her für die, die treugesinnt!
El   Wen aber von den Hausgenossen nenn ich so?
Chf Zuerst dich selbst und jeden, der Aigisthos haßt!
El   Für mich und dich also sprech ich den Segensspruch!
Chf Du selbst mach dieses, es ergründend, nun dir klar!
El   Wen soll ich sonst noch zugesellen dieser Schar?
Chf Denk an Orestes, weilt er in der Fremde gleich!
El   Gut so; hieran mahnst du mit vollstem Rechte mich.
Chf Und für die Schuldigen, wenn des Mordes du gedenkst –
El   Was sag ich? Lehr's die Unerfahrne recht genau!
Chf Daß komme für sie – sei's ein Gott, sei es ein Mensch –
El   Ist es ihr Richter, ist's sein Rächer, den du meinst?
Chf Sag einfach so nur: der vergilt mit Mord den Mord!
El   Und ist's für mich auch fromm, von Göttern das erflehn?
Chf Wie sollt's nicht? Daß der Feind mit Bösem Böses büßt?!
El   Du höchster Herold über- wie unterirdscher Welt,
     O hilf mir, Hermes, Grabgott, durch dein Heroldswort,
     Daß in der Erde Schoß die Götter hören mein
     Gebet, die meines Vaters Blutstrom fließen sehn,
     Die Erd auch selbst, die aller Dinge Mutter ist,
     Von dem, was sie genährt, aufs neu den Keim empfängt!
     Und ich, gießend dies heilge Naß den Toten aus,
     Ich sag und rufe: „Vater! ach, erbarm dich mein,
     Des lieben Orestes, daß wir werden Herr im Haus!
     Verkauft ja, sind wir unstät jetzt, verkauft von ihr,
     Die uns gebar; als Mann eintauschte sie dafür
     Aigisthos, der ja deines Mords Mitschuldiger war.
     Und ich bin einer Magd gleich, aus der Väter Erb
     Verbannt Orestes; während die voll Übermut
     Von deines Schweißes Schätzen schwelgen im Genuß.
     Daß komm Orestes hierher in des Glücks Geleit,
     Ist mein Gebet zu dir; du hör mich, Vater, an!
     Mich selber laß besonnener um vieles als
     Die Mutter werden und reiner, frömmer meine Hand!

ἡμῖν μὲν εὐχὰς τάσδε, τοῖς δ' ἐναντίοις
λέγω φανῆναί σου, πάτερ, τιμάορον,
καὶ τοὺς κτανόντας ἀντικατθανεῖν δίκῃ.
145 ταῦτ' ἐν μέσῳ τίθημι τῆς καλῆς ἀρᾶς,
κείνοις λέγουσα τήνδε τὴν κακὴν ἀράν·
ἡμῖν δὲ πομπὸς ἴσθι τῶν ἐσθλῶν ἄνω,
σὺν θεοῖσι καὶ γῇ καὶ δίκῃ νικηφόρῳ.«
τοιαῖσδ' ἐπ' εὐχαῖς τάσδ' ἐπισπένδω χοάς.
150 ὑμᾶς δὲ κωκυτοῖς ἐπανθίζειν νόμος,
παιᾶνα τοῦ θανόντος ἐξαυδωμένας.

Χορός   Kokytos

ἵετε δάκρυ καναχὲς ὀλόμενον   2 ia
ὀλομένῳ δεσπότᾳ,   2 cr
πρὸς ἔρυμα τόδε κακῶν κεδνῶν τ'   2 ia
155 ἀπότροπον ἄγος ἀπεύχετον   2 ia
κεχυμένων χοᾶν. κλῦε δέ μοι, κλῦε, σέ-   2 δ
βας, ὦ δέσποτ', ἐξ ἀμαυρᾶς φρενός.   2 δ
ὀτοτοτοτοτοτοῖ,   δ
ἰώ, τίς δορυσθενὴς εἶσ' ἀνήρ, ἀναλυτὴρ   3 δ
                              [δόμων,
160 Σκυθικά τ' ἐν χεροῖν παλίντον'   δ ba
ἐν ἔργῳ βέλη πιπάλλων Ἄρης   2 δ
σχέδιά τ' αὐτόκωπα νωμῶν ξίφη;   2 δ

Ἠλέκτρα

164 ἔχει μὲν ἤδη γαπότους χοὰς πατήρ·
166 νέου δὲ μύθου τοῦδε κοινωνήσατε.

Χορός

λέγοις ἄν· ὀρχεῖται δὲ καρδία φόβῳ.
Ἠλ ὁρῶ τομαῖον τόνδε βόστρυχον τάφῳ.
Χο τίνος ποτ' ἀνδρὸς ἢ βαθυζώνου κόρης;
170 Ἠλ εὐξύμβολον τόδ' ἐστὶ παντὶ δοξάσαι.
Χο πῶς οὖν παλαιὰ παρὰ νεωτέρας μάθω;
Ἠλ οὐκ ἔστιν ὅστις πλὴν ἐμοῦ κείραιτό νιν.

Für uns sprach dies Gebet ich, doch den Feinden, wünsch
Ich, mög erscheinen, der dir, Vater, Rächer wird!
Und deine Mörder treffe wieder Mord, wie's Recht!
So füg ich mitten in des Segens guten Spruch
Für jene ein jetzt dieses Fluches schlimmen Spruch.
Uns aber sende Heil herauf, laß helfen uns
Götter und Erde, Dike auch, die Sieg verleiht!"
Mit solchen Wünschen spend ich diesen Weiheguß.
Ihr reiht der Klagechöre Blütenkranz, wie's Brauch,
Das Preislied an des Toten laut tönenden Klangs!

Chor

Laßt rinnen die Träne, die klagvoll dahinsinkt,
Ihm, der hinsank, unserm Herrn,
Am Wall hier, der – Bösen zum Trutz – als Schutz
Die Edlen beschirmt vor der Kraft des Fluchs
Aus solcher Spenden Guß! Hör an mich, hör, du heil-
ge Macht, o Herr, die Klag aus demütger Brust!
Otototototototoi!
O oh! Welcher Mann, welch speerstarker, wird Befreier
[unserm Haus,
Der Skythenbogens Pfeile losschnellt
Im Streit starker Hand dem Kriegsgotte gleich,
Im Nahkampf, am Knauf die Faust, schwingt das Schwert?

Elektra

Nun hat den erdgetrunknen Guß der Vater schon.
Doch unerhörter Kunde öffnet euer Ohr!

Chorführerin

Laß hören! Tanzt uns doch das Herz in banger Furcht.
El   Ich seh – geweiht – hier diese – Locke – auf dem Grab!
Chf   Von welchem Mann wohl, welcher gürtelschönen Maid?
El   Leicht deutbar ist für jedermann dies Rätsel hier.
Chf   So laß mich Ältre du, die Jüngre, wissen, wie!
El   Niemand dürft außer mir sie scheren sich vom Haupt.

Χο ἐχθροὶ γὰρ οἷς προσῆκε πενθῆσαι τριχί.
'Ηλ καὶ μὴν ὅδ' ἐστὶ καρτ' ἰδεῖν ὁμόπτερος –
175 Χο ποίαις ἐθείραις; τοῦτο γὰρ θέλω μαθεῖν.
'Ηλ αὐτοῖσιν ἡμῖν κάρτα προσφερὴς ἰδεῖν.
Χο μῶν οὖν 'Ορέστου κρύβδα δῶρον ἦν τόδε;
'Ηλ μάλιστ' ἐκείνου βοστρύχοις προσείδεται.
Χο καὶ πῶς ἐκεῖνος δεῦρ' ἐτόλμησεν μολεῖν;
180 'Ηλ ἔπεμψε χαίτην κουρίμην χάριν πατρός.
Χο οὐχ ἧσσον εὐδάκρυτά μοι λέγεις τάδε,
εἰ τῆσδε χώρας μήποτε ψαύσει ποδί.

'Ηλ κἀμοὶ προσέστη καρδίᾳ κλυδώνιον
χολῆς, ἐπαίσθην δ' ὡς διανταίῳ βέλει·
185 ἐξ ὀμμάτων δὲ δίψιοι πίπτουσί μοι
σταγόνες ἄφαρκτοι δυσχίμου πλημμυρίδος,
πλόκαμον ἰδούσῃ τόνδε· πῶς γὰρ ἐλπίσω
ἀστῶν τιν' ἄλλον τῆσδε δεσπόζειν φόβης;
ἀλλ' οὐδὲ μήν νιν ἡ κτανοῦσ' ἐκείρατο,
190 ἐμὴ δὲ μήτηρ, οὐδαμῶς δ' ἐπώνυμον
φρόνημα παισὶ δύσθεον πεπαμένη.
ἐγὼ δ' ὅπως μὲν ἄντικρυς τάδ' αἰνέσω,
εἶναι τόδ' ἀγλάισμά μοι τοῦ φιλτάτου
βροτῶν 'Ορέστου; σαίνομαι δ' ὑπ' ἐλπίδος.
φεῦ.
195 εἴθ' εἶχε φωνὴν ἔμφρον' ἀγγέλου δίκην,
ὅπως δίφροντις οὖσα μὴ 'κινυσσόμην,
ἀλλ' εὖ σάφ' ἦν ἢ τόνδ' ἀποπτύσαι πλόκον,
εἴπερ γ' ἀπ' ἐχθροῦ κρατὸς ἦν τετμημένος.
ἢ ξυγγενὴς ὢν εἶχε συμπενθεῖν ἐμοί,
200 ἄγαλμα τύμβου τοῦδε καὶ τιμὴν πατρός.
ἀλλ' εἰδότας μὲν τοὺς θεοὺς καλούμεθα,
οἵοισιν ἐν χειμῶσι ναυτίλων δίκην
στροβούμεθ'· εἰ δὲ χρὴ τυχεῖν σωτηρίας,

σμικροῦ γένοιτ' ἂν σπέρματος μέγας πυθμήν.

205 καὶ μὴν στίβοι γε, δεύτερον τεκμήριον,

Chf Feind sind ja, die in Trauer dürften weihn ihr Haar.
El Fürwahr dies ist, man sieht's sofort – ganz gleicher Art –
Chf Wie wessen Haupthaar? Das zu hören, ist mein Wunsch.
El Dem eignen – unserm – ist's gar ähnlich anzusehn.
Chf Ob von Orestes heimlich wohl die Gabe kam?
El Am meisten seines Haares Locken sieht sie gleich.
Chf Und wie hätt jener herzukommen sich getraut?
El Er sandte die Locke, die er schor zu Vaters Ehr.
Chf Nicht weniger Grund zum Weinen gibt mir dies dein Wort,
Wenn dieses Land niemals betreten soll sein Fuß.
El Auch mir befiel das Herz im Busen Brandungssturm
Der Galle, und mich traf's durchbohrend wie ein Pfeil.
Aus meinen Augen aber stürzen durstig mir
Die Tropfen ungehemmt, in stürmisch wilder Flut,
Wenn die Locke hier ich seh; wie könnt ich glauben wohl,
Daß von den Bürgern einer Herr sei dieses Haars?
Jedoch auch nicht fürwahr die Mördrin schor sich's ab,
Die, meine Mutter, keineswegs im Sinn des Worts
Gesinnung hegt den Kindern, gottverhaßte nur!
Ich aber, wie kann ich gradzu behaupten denn,
Es stamme dieses Kleinod mir vom liebsten her
Der Menschen, Orestes? Und doch schmeichelt Hoffnung
Ach!   [mir.
Hätt es doch Sprache, deutliche, nach Boten Art,
Daß ich, zweifelgequält, nicht schwankte hin und her!
Nein, ganz gewiß, voll Abscheu spie die Lock ich an,
Wenn sie von Feindeshaupte abgeschnitten wär;
Sonst – wär verwandt sie, könnte trauern sie mit mir,
Schmuck dieses Grabes, Ehre für den Vater sein.
Wohlan, zu den allweisen Göttern rufen wir,
In was für Wirbelstürmen wir Meerschiffen gleich
Umtreiben; doch wenn's sein soll, daß uns Hoffnung
                                                    [kommt:
Aus kleinem Samen wüchse wohl ein starker Stamm.
      Sie geht vom Grabhügel herunter
Und wahrlich hier: Fußtapfen, wieder ein Beweis,

ποδῶν ὅμοιοι τοῖς τ' ἐμοῖσιν ἐμφερεῖς.
καὶ γὰρ δύ' ἐστὸν τώδε περιγραφὰ ποδοῖν,
αὐτοῦ τ' ἐκείνου καὶ συνεμπόρου τινός.
πτέρναι τενόντων θ' ὑπογραφαὶ μετρούμεναι
210   ἐς ταὐτὸ συμβαίνουσι τοῖς ἐμοῖς στίβοις.
πάρεστι δ' ὠδὶς καὶ φρενῶν καταφθορά.

Ὀρέστης

εὔχου τὰ λοιπὰ τοῖς θεοῖς τελεσφόρους
εὐχὰς ἐπαγγέλλουσα τυγχάνειν καλῶς.

Ἠλέκτρα

ἐπεὶ τί νῦν ἕκατι δαιμόνων κυρῶ;
215 Ὀρ   εἰς ὄψιν ἥκεις ὧνπερ ἐξηύχου πάλαι.
Ἠλ   καὶ τίνα σύνοισθά μοι καλουμένη βροτῶν;
Ὀρ   σύνοιδ' Ὀρέστην πολλά σ' ἐκπαγλουμένην.
Ἠλ   καὶ πρὸς τί δῆτα τυγχάνω κατευγμάτων;
Ὀρ   ὅδ' εἰμί· μὴ μάτευ' ἐμοῦ μᾶλλον φίλον.
220 Ἠλ   ἀλλ' ἦ δόλον τιν', ὦ ξέν', ἀμφί μοι πλέκεις;
Ὀρ   αὐτὸς κατ' αὐτοῦ τἆρα μηχανορραφῶ.
Ἠλ   ἀλλ' ἐν κακοῖσι τοῖς ἐμοῖς γελᾶν θέλεις;
Ὀρ   κἄν τοῖς ἐμοῖς ἄρ', εἴπερ ἔν γε τοῖσι σοῖς.
Ἠλ   ὡς ὄντ' Ὀρέστην τἄρ' ἐγώ σε προὐννέπω;
225 Ὀρ   αὐτὸν μὲν οὖν ὁρῶσα δυσμαθεῖς ἐμέ.
κουρὰν δ' ἰδοῦσα τήνδε κηδείου τριχὸς
228   ἰχνοσκοποῦσά τ' ἐν στίβοισι τοῖς ἐμοῖς
227   ἀνεπτερώθης κἀδόκεις ὁρᾶν ἐμέ.
σαυτῆς ἀδελφοῦ σύμμετρον τῷμῷ κάρα,
230   σκέψαι, τομῇ προσθεῖσα βόστρυχον τριχός.
ἰδοῦ δ' ὕφασμα τοῦτο, σῆς ἔργον χερός,
σπάθης τε πληγὰς ἠδὲ θήρειον γραφήν.
ἔνδον γενοῦ, χαρᾷ δὲ μὴ 'κπλαγῇς φρένας·
τοὺς φιλτάτους γὰρ οἶδα νῷν ὄντας πικρούς.
235 Ἠλ   ὦ φίλτατον μέλημα δώμασιν πατρός,
δακρυτὸς ἐλπὶς σπέρματος σωτηρίου,

Von Füßen, ähnlich meinen ganz und gleicher Art.
Zwei Paar von Spuren sind von zwei Paar Füßen dies,
Von jenem selbst und einem Weggefährten noch.
Die Fersen und der Sohlen Abdruck, mißt man sie,
Genau dann überein gehn sie mit meiner Spur! –
Ein Weh durchzuckt mich, mein Bewußtsein schwindet mir!

Orestes

tritt vor

Richt für das Künftige an die Götter Bitten um
Erhörung, fleh zu ihnen, daß es gut verläuft!

Elektra

Was hätt ich jetzt schon durch der Götter Gunst erlangt?

Or Zum Anblick kamst du dessen, was erfleht du längst.

El Und wen – weißt du mit mir – rief ich der Menschen her?

Or Ich weiß: Orestes sehntest oft du schmerzlich her.

El Und inwiefern erfüllt sich mir Gebet und Wunsch?

Or Ich bin's. Such keinen, der dir näher steht als ich!

El Wie? Ist's ein Trug, mit dem du, Fremdling, mich umgarnst!

Or Selbst wider mich selber also spinn ich dann Betrug!

El In meinem Unglück ist nach Lachen dir zumut?

Or Auch in dem meinen ja, wenn mir's in deinem ist.

El So als Orestes wirklich denn red ich dich an?

Or Wo mich leibhaftig du nun siehst, mißkennst du mich.
Als du die Locke dort erblickt des Trauerhaars,
Die Tapfen angeschaut von meines Fußes Spur,
Empor da flogst du, und dir war, du sähest mich.
Die deines Bruders schien, paßt ganz zu meinem Haupt,
Sieh nur, wenn du dem Schnitt die Lock anfügst des Haars!
Und schau hier das Gewebe, deiner Hände Werk,
Des Weberschiffchens Einschlag und der Tiere Bild!
Komm zu dir, und vor Freud erschrecke nicht dein Herz;
Die Nächstverwandten ja weiß ich uns bitterfeind.

El O liebste Sorge du für unsres Vaters Haus,
Tränenersehnte Hoffnung auf des Stammes Heil,

ἀλκῇ πεποιϑὼς δῶμ' ἀνακτήσῃ πατρός.
ὦ τερπνὸν ὄμμα τέσσαρας μοίρας ἔχον
ἐμοί· προσαυδᾶν δ' ἔστ' ἀναγκαίως ἔχον
240   πατέρα σέ, καὶ τὸ μητρὸς ἐς σέ μοι ῥέπει
στέργηϑρον· ἡ δὲ πανδίκως ἐχϑαίρεται·
καὶ τῆς τυϑείσης νηλεῶς ὁμοσπόρου·
πιστὸς δ' ἀδελφὸς ἦσϑ' ἐμοὶ σέβας φέρων·
μόνον Κράτος τε καὶ Δίκη σὺν τῷ τρίτῳ
245   πάντων μεγίστῳ Ζηνὶ συγγένοιτό μοι.

Ὀρέστης

Ζεῦ Ζεῦ, ϑεωρὸς τῶνδε πραγμάτων γενοῦ·
ἰδοῦ δὲ γένναν εὖνιν αἰετοῦ πατρὸς
ϑανόντος ἐν πλεκταῖσι καὶ σπειράμασι
δεινῆς ἐχίδνης. τοὺς δ' ἀπωρφανισμένους
250   νῆστις πιέζει λιμός· οὐ γὰρ ἐντελεῖς
ϑήραν πατρῴαν προσφέρειν σκηνήμασιν.
οὕτω δὲ κἀμὲ τήνδε τ', Ἠλέκτραν λέγω,
ἰδεῖν πάρεστί σοι, πατροστερῆ γόνον,
ἄμφω φυγὴν ἔχοντε τὴν αὐτὴν δόμων.
255   καίτοι ϑυτῆρος καί σε τιμῶντος μέγα
πατρὸς νεοσσοὺς τούσδ' ἀποφϑείρας πόϑεν
ἕξεις ὁμοίας χειρὸς εὔϑοινον γέρας;
οὔτ' αἰετοῦ γένεϑλ' ἀποφϑείρας, πάλιν
πέμπειν ἔχοις ἂν σήματ' εὐπειϑῆ βροτοῖς·
260   οὔτ' ἀρχικός σοι πᾶς ὅδ' αὐανϑεὶς πυϑμὴν
βωμοῖς ἀρήξει βουϑύτοις ἐν ἤμασιν.
κόμιζ', ἀπὸ σμικροῦ δ' ἂν ἄρειας μέγαν
δόμον, δοκοῦντα κάρτα νῦν πεπτωκέναι.

Χορός

ὦ παῖδες, ὦ σωτῆρες ἑστίας πατρός,
265   σιγᾶϑ', ὅπως μὴ πεύσεταί τις, ὦ τέκνα,
γλώσσης χάριν δὲ πάντ' ἀπαγγείλῃ τάδε
πρὸς τοὺς κρατοῦντας· οὓς ἴδοιμ' ἐγώ ποτε
ϑανόντας ἐν κηκῖδι πισσήρει φλογός.

Der Kraft vertraund, erwirbst du neu des Vaters Haus!
O süßes Auge, auf vierfache Art gehörst
Du mir: Anreden muß ich notgedrungen dich
Als Vater; statt zur Mutter neigt zu dir sich mir
Die Liebe – die wird ganz mit Recht gehaßt von mir –,
Statt zur grausam geopferten, zur Schwester auch;
Als treuer Bruder warst du meiner Hoffnung Stern.
Daß nur nun Kraft, Gerechtigkeit und dann zu dritt
Der Allerhöchste: Zeus im Bunde sei mit mir!

Orestes

Zeus, Zeus, o schau auf unsres Lebens Not herab!
Sieh das Geschlecht des Adlers, beraubt des Vaters, an,
Der sterben mußt in Schlingen und Umklammerung
Der argen Schlange! Die, zu Waisen nun gemacht,
Drückt Qual des Hungers; fehlt es ihnen doch an Kraft,
Des Vaters Beute herzutragen zu dem Horst.
So kannst auch mich und diese da – Elektra ist's! –
Du sehn nun hier, die vaterlos gemachte Brut,
Beide verbannt, verstoßen gleicher Art von Haus.
Und doch – hast du des Opfrers, der dich hoch geehrt,
Des Vaters Junge hier du ausgetilgt: woher
Kommt dir von gleicher Hand wohlzugemessene Ehr?
Nicht, wenn des Adlers Stamm du ausgetilgt, kannst noch
Du Zeichen senden, glaubhaft für das Menschenvolk,
Noch füllt der Herrscherstamm dir, dorrt er gänzlich aus,
Altäre künftig jeden Stieresopfertag.
Rett uns! aus Niedrigkeit kannst du zur Höh ein Haus
Erheben, scheint es noch so tief gesunken nun.

Chorführerin

O Kinder, ihr Erretter väterlichen Herds,
Schweigt still, auf daß es keiner, o ihr Lieben, hört
Und mit geschwätziger Zung all dieses weitersagt
An unsre Herrschaft; säh ich die doch einstmals noch
Als Leichen in des Feuers pechschwelendem Qualm!

'Ορ οὔτοι προδώσει Λοξίου μεγασθενὴς
270   χρησμὸς κελεύων τόνδε κίνδυνον περᾶν,
        κἀξορθιάζων πολλὰ καὶ δυσχειμέρους
        ἄτας ὑφ' ἧπαρ θερμὸν ἐξαυδώμενος,
        εἰ μὴ μέτειμι τοῦ πατρὸς τοὺς αἰτίους
        τρόπον τὸν αὐτόν, ἀνταποκτεῖναι λέγων.
275   ἀποχρημάτοισι ζημίαις ταυρούμενον
        αὐτόν μ' ἔφασκε τῇ φίλῃ ψυχῇ τάδε
        τείσειν ἔχοντα πολλὰ δυστερπῆ κακά.
        τὰ μὲν γὰρ ἐκ γῆς δυσφρόνων μειλίγματα
        βροτοῖς πιφαύσκων εἶπε τάσδε νῦν νόσους,
280   σαρκῶν ἐπαμβατῆρας ἀγρίαις γνάθοις
        λειχῆνας ἐξέσθοντας ἀρχαίαν φύσιν·
        λευκὰς δὲ κόρσας τῇδ' ἐπαντέλλειν νόσῳ·
        ἄλλας τ' ἐφώνει προσβολὰς Ἐρινύων
        ἐκ τῶν πατρῴων αἱμάτων τελουμένας,
285   ὁρῶντα λαμπρὸν ἐν σκότῳ νωμῶντ' ὀφρύν.
        τὸ γὰρ σκοτεινὸν τῶν ἐνερτέρων βέλος
        ἐκ προστροπαίων ἐν γένει πεπτωκότων
        καὶ λύσσα καὶ μάταιος ἐκ νυκτῶν φόβος
        κινεῖ, ταράσσει, καὶ διώκεσθαι πόλεως
290   χαλκηλάτῳ πλάστιγγι λυμανθὲν δέμας.
        καὶ τοῖς τοιούτοις οὔτε κρατῆρος μέρος
        εἶναι μετασχεῖν, οὐ φιλοσπόνδου λιβός,
        βωμῶν τ' ἀπείργειν οὐχ ὁρωμένην πατρὸς
        μῆνιν· δέχεσθαι δ' οὔτε συλλύειν τινά,
295   πάντων δ' ἄτιμον κἄφιλον θνήσκειν χρόνῳ,
        κακῶς ταριχευθέντα παμφθάρτῳ μόρῳ.
        τοιοῖσδε χρησμοῖς ἆρα χρὴ πεποιθέναι;
        κεἰ μὴ πέποιθα, τοὔργον ἔστ' ἐργαστέον.
        πολλοὶ γὰρ εἰς ἓν συμπίτνουσιν ἵμεροι,
300   θεοῦ τ' ἐφετμαὶ καὶ πατρὸς πένθος μέγα·
        καὶ πρὸς πιέζει χρημάτων ἀχηνία,
        τὸ μὴ πολίτας εὐκλεεστάτους βροτῶν,
        Τροίας ἀναστατῆρας εὐδόξῳ φρενί,
        δυοῖν γυναικοῖν ὧδ' ὑπηκόους πέλειν.

Or Nicht trügen wird des Loxias machtvoller Spruch,
Der mir geboten, diese Fährnis durchzustehn,
Der laut mich aufrief oftmals, eiskalt-schauriger
Wirrsale Qual dem heißen Herzen angedroht,
Straft ich nicht die am Tod des Vaters Schuldigen
In gleicher Art, durch Mord den Mord, wie er befahl.
Des Guts verlustig, Wildstier werdend, den man hetzt,
Müßt sonst ich, sagt' er, mit dem lieben Leben dies
Abbüßen, duldend widerwärtger Leiden viel.
Denn kündend, was zur Sänftigung für der Untern Groll
Die Menschen ankommt, sagt' er mir *die* Seuchen an:
Das Fleisch befalle mir mit grimmiger Backen Biß
Aussatz; auffresse er mir meine frühere Kraft,
Und weiß entsprosse bei der Seuche mir das Haar.
Und sonst noch nannt Anschläge der Erinyen er,
Wie aus des Vaters Mordblut wachsend sie gedeihn,
Wenn Flammen schaut im Dunkeln man die Braue sprühn.
Dies dunkle ja, der Unterwelt Geschoß, entsandt
Vom Rachedurst Verwandter, die der Mord gefällt,
Samt Wahnsinn und grundloser nachtgeborner Furcht
Jagt auf, treibt um; und es verfolge ihn der Stadt
Eherne Geißel, sagt er, schmachbedeckten Leibs.
Solch einem Manne sei der Trunk vom Mischkrug nicht
Vergönnt noch teilzuhaben an Trankopfers Guß.
Von Altären scheuch ihn fort, unsichtbar ihm, der Zorn
Des Vaters; Gast nicht, Hausgenoß nicht dürf er sein.
Allwärts verunehrt, ohne Freund, sterb endlich er,
Vom Unheil ausgedörrt, den jammervollsten Tod.
Muß solchen Sprüchen man nicht vollsten Maßes traun?
Und trau ich ihnen nicht: die Tat doch muß ich tun.
Durchaus in eins ja fallen: Drängen nach der Tat,
Des Gottes Auftrag und des Vaters großes Leid;
Auch drückt mich, daß ich Hab und Gut entbehren muß:
So sollen, die ruhmreichsten Bürger dieser Zeit,
Troias Zerstörer vordem mit entschloßnem Sinn,
Nicht zweien Weibern derart untertänig sein.

305   θήλεια γὰρ φρήν· εἰ δ' ἐμή, τάχ' εἴσεται.

                                                     Kommos

         Χο ἀλλ' ὦ μεγάλαι Μοῖραι, Διόθεν   an
             τῇδε τελευτᾶν,
               ᾗ τὸ δίκαιον μεταβαίνει.
             ἀντὶ μὲν ἐχθρᾶς γλώσσης ἐχθρὰ
310   γλῶσσα τελείσθω· τοὐφειλόμενον
               πράσσουσα Δίκη μέγ' αὐτεῖ·
             ἀντὶ δὲ πληγῆς φονίας φονίαν
             πληγὴν τινέτω. δράσαντι παθεῖν,
               τριγέρων μῦθος τάδε φωνεῖ.   Str. 1

315 'Ορ ὦ πάτερ αἰνόπατερ, τί σοι φάμενος ἢ τί gl cr ba
                                          [ῥέξας
             τύχοιμ' ἂν ἔκαθεν οὐρίσας, ἔνθα σ'   gl ch dim
                                          [ἔχουσιν εὐναί;
320   σκότῳ φάος ἀντίμοιρον· χάριτες δ' ὁμοίως tel ch dim
             κέκληνται γόος εὐκλεὴς προσθοδόμοις   gl ch dim
                                          ['Ατρείδαις.–

                       Χορός   Str. 2

             τέκνον, φρόνημα τοῦ θανόντος οὐ δαμά- 3 ia
325   ζει πυρὸς μαλερὰ γνάθος,   gl
             φαίνει δ' ὕστερον ὀργάς·   pher
             ὀτοτύζεται δ' ὁ θνήσκων,   2 io
             ἀναφαίνεται δ' ὁ βλάπτων.   2 io
330   πατέρων τε καὶ τεκόντων   2 io
             γόος ἔνδικος ματεύει   2 io
             τὸ πᾶν ἀμφιλαφὴς ταραχθείς. –   hipp
         'Ηλ κλῦθί νυν, ὦ πάτερ, ἐν μέρει πολυδάκ- Ant. 1
                                          [ρυτα πένθη.
335   δίπαις τοί σ' ἐπιτύμβιος θρῆνος ἀναστενάζει.

             τάφος δ' ἱκέτας δέδεκται φυγάδας θ' ὁμοίως.

             τί τῶνδ' εὖ, τί δ' ἄτερ κακῶν; οὐκ ἀτρίακτος ἄτα; =

Weibisch ja ist er; ob *ich's* bin, erfährt er bald!

Orestes und Elektra treten auf den Grabhügel

Ch Nun, gewaltige Moiren, mit Hilfe des Zeus
Führt so es zum Ziel,
   Daß Gerechtigkeit mit euch schreitet!
„Gehässiger Zung, ihr gebe gehäs-
sige Zung Antwort!" ruft, schuldige Buß
   Eintreibend, Gerechtigkeit laut aus.
„Und ein Schlag, ein mördrischer, sei mit mörd-
rischem Schlage gebüßt! Was du tust, tut man dir!"
   Kündet uralter Spruch seine Weisheit.

Or Vater, o unselger Vater, was sag ich zu dir, was opfr ich,

Von fern zu führen es günstigen Winds, wo dich nun birgt
                                              [der Gruft Bett?
Dem Dunkel ist Licht darin gleich, daß zugleich auch den freut
Ein Klaglied voller Ruhm, der einst Herr war im Haus des
                                              [Atreus.

Chor

O Kind, die Seele des Gestorbnen, nicht bewäl-
tigt sie Feuers gefräßger Zahn;
Zeigt es später ihr Groll doch.
Wird bestöhnt, beklagt der Tote,
Wird ans Licht gebracht der Frevler.
Tönt um Väter, um Erzeuger
Rechte Klage, spürt sie auf al-
les, weit ausgreifend voll Empörung.

El Höre nun, Vater, auch meinen Teil tränenerfüllter Trauer!

Von zwei Kindern des Grabgesangs Klag ist's, die dir empor-
                                              [stöhnt.
Als Schützlinge nahm dein Grab, Flüchtlinge auch, uns auf
                                              [hier.
Was – ist gut hier, was – ohne Leid? Nicht ein unzwingbar
                                              [Unheil?

340 Χο ἀλλ' ἔτ' ἂν ἐκ τῶνδε θεός χρήζων   an
          θείη κελάδους εὐφθογγοτέρους·
          ἀντὶ δὲ θρήνων ἐπιτυμβιδίων
          παιὼν μελάθροις ἐν βασιλείοις
          νεοκρᾶτα φίλον κομίσειεν.   Str. 3

345 Ὀρ εἰ γὰρ ὑπ' Ἰλίῳ   δ
          πρός τινος Λυκίων, πάτερ,   gl
          δορίτμητος κατηναρίσθης,   ba cr ba
          λιπὼν ἂν εὔκλειαν ἐν δόμοισιν   ia cr ba
350   τέκνων τ' ἐγ κελεύθοις ἐπιστρεπτὸν αἰῶ 4 ba
          κτίσας πολύχωστον ἂν εἶχες   par
          τάφον διαποντίου γᾶς,   par
          δώμασιν εὐφόρητον. –   ch ba

                  Χορός

355   φίλος φίλοισι τοῖς ἐκεῖ καλῶς θανοῦ- Ant. 2
          σιν κατὰ χθονὸς ἐμπρέπων
          σεμνότιμος ἀνάκτωρ,
          πρόπολός τε τῶν μεγίστων
          χθονίων ἐκεῖ τυράννων·
360   βασιλεύς γὰρ ἦν, ὄφρ' ἔζη,
          μόριμον λάχος περαίνων
          χεροῖν πεισιβρότω τε βάκτρω. =
     Ἠλ μηδ' ὑπὸ Τρωΐας   Ant. 3
          τείχεσι φθίμενος, πάτερ,
365   μετ' ἄλλων δουρικμῆτι λαῷ
          παρὰ Σκαμάνδρου πόρον τεθάφθαι.
          πάρος δ' οἱ κτανόντες νιν οὕτως δαμῆναι
          δόμοις, θανατηφόρον αἶσαν
370   πρόσω τινὰ πυνθάνεσθαι
          τῶνδε πόνων ἄπειρον. =
     Χο ταῦτα μέν, ὦ παῖ, κρείσσονα χρυσοῦ, an
          μεγάλης τε τύχης καὶ ὑπερβορέου
          μείζονα φωνεῖς· δύνασαι γάρ.
375   ἀλλὰ διπλῆς γὰρ τῆσδε μαράγνης
          δοῦπος ἱκνεῖται· τῶν μὲν ἀρωγοὶ

Ch Doch nach all dieser Not kann gnädig ein Gott
    Euch geben Gesang von schönerem Klang.
    Statt Trauergestöhn, das am Grabhügel tönt,
    Kann ein Heilssang voll Freud im Königsgebäud
        Ihn, den neu uns Vereinten, begrüßen.

Or Wärest vor Ilion
    Einem Lykier, Vater, speer-
    durchbohrt du in der Schlacht erlegen,
    Hättst Ruhmes Glanz du im Haus gelassen,
    Den Kindern voll Ansehn die Pfade des Daseins
    Gebahnt, hättest, machtvoll getürmt, nun
    Ein Grab über Meer im Land dort,
    Uns hier im Haus zur Tröstung.

                    Chor

    Ein Freund den Freunden, die dort ruhmvoll fielen, würd'
    Er drunten noch strahlen als
    Hoheitsvoller Gebieter,
    Als Genosse noch der größten
    Unterirdischen Gewaltherrn.
    War er König doch im Leben,
    Trug, sein sterblich Los erfüllend,
    Den volkleitenden Stab in Händen.

El Nein, nicht vor Troias Burg-
    wall gefällt, solltest, Vater, du
    Mit andrem speerbezwungnem Kriegsvolk
    An des Skamandros Gewog im Grab ruhn! –
    Zuvor sollten so seine Mörder des Tods sein
    Im Haus, daß ihr todbringend Schicksal
    Von fern nur man hörte, nichts von
    All dieser Qual erführe!

Ch Das deucht uns, o Kind, wertvoller als Gold,
    Ja, hohes Glück und Elysiums Los
        Übertrifft, was du sagst; sagen kannst du's.
    Jedoch dieser zweifachen Geißel Hieb
    Trifft dumpfen Gedröhns: Eure Helfer ruhn

κατὰ γῆς ἤδη, τῶν δὲ κρατούντων
χέρες οὐχ ὅσιαι στυγερῶν τούτῳ,
παισὶ δὲ μᾶλλον γεγένηνται.   Str. 4

380 Ὀρ τοῦτο διαμπερὲς οὕς   hem
ἵκεϑ' ἅπερ τι βέλος.   hem
Ζεῦ Ζεῦ, κάτωϑεν ἀμ-   sp ia
πέμπων ὑστερόποινον ἄταν   hipp
βροτῶν τλάμονι καὶ πανούργῳ   hipp
χειρί, τοκεῦσι δ' ὅμως τελεῖται. –   Alc 10

Χορός   Str. 5

385 ἐφυμνῆσαι γένοιτό μοι πυκά-   ba cr ia
εντ' ὀλολυγμὸν ἀνδρὸς   ch dim
ϑεινομένου, γυναικός τ'   ch dim
ὀλλυμένας· τί γὰρ κεύ-   ch dim
ϑω φρενὸς οἷον ἔμπας   ch dim
390 ποτᾶται; πάροιϑεν δὲ πρῴρας   3 ba
δριμὺς ἄηται κραδίας   ch dim
ϑυμός, ἔγκοτον στύγος. –   cr ia

Ἠλ καὶ πότ' ἂν ἀμφιϑαλὴς   Ant. 4
395 Ζεὺς ἐπὶ χεῖρα βάλοι,
φεῦ φεῦ, κάρανα δα-
ΐξας, πιστὰ γένοιτο χώρᾳ;
δίκαν ἐξ ἀδίκων ἀπαιτῶ.
κλῦτε δὲ Γᾶ χϑονίων τε τιμαί. =

400 Χο ἀλλὰ νόμος μὲν φονίας σταγόνας   an
χυμένας ἐς πέδον ἄλλο προσαιτεῖν
αἷμα. βοᾷ γὰρ λοιγὸς Ἐρινὺν
παρὰ τῶν πρότερον φϑιμένων ἄτην
ἑτέραν ἐπάγουσαν ἐπ' ἄτῃ.   Str. 6

405 Ὀρ ποποῖ δᾶ, νερτέρων τυραννίδες,   ba cr ia
ἴδετε πολυκρατεῖς ἀραὶ φϑινομένων,   cr ia cr
ἴδεσϑ' Ἀτρειδᾶν τὰ λοίπ' ἀμηχάνως   ia cr ia
ἔχοντα καὶ δωμάτων   ia cr
ἄτιμα. πᾷ τίς τράποιτ' ἄν, ὦ Ζεῦ; –   ia cr ba

In der Erde längst; und die nun an der Macht,
Sind unreiner Hand, sind – hassenswert ihm –
   Seinen Kindern noch mehr es geworden!

Or Hör ich dies, dringend durchs Ohr,
Trifft's mich gradwie ein Geschoß.
Zeus, Zeus, von drunten send aufwärts
Später Bestrafung Unheil
Für frechfrevelnder Menschen Mordhand,
Daß – sei's die Mutter gleich – es zum Ziel kommt!

Chor

Den Sang anstimmen, dürft ich's nur, den laut-
jubelnden, wenn der Mann ge-
streckt auf die Erd, das Weib ge-
stürzt in den Tod! Wozu berg
Ich, was aus Brust und Herz doch
Davonstürmt? Von vorn um die Bugwand,
Schneidend und scharf, weht meiner Seel
Wutsturm: grollerfüllter Haß!

El Wann, wann legt, zwiefach an Macht,
Zeus seine Hand an das Werk,
Weh, weh, die Häupter hinschlachtend,
Lohnt sein Vertraun dem Lande?
Mein Recht wegen des Unrechts fordr ich.
Hört mich, o Erd und des Abgrunds Mächte!

Ch Ist es Satzung ja, daß des Mordbluts Strom,
Vergossen zur Erd, aufs neue verlangt
Nach Blut. Ruft doch Mord die Erinys auf,
Die zur Blutschuld an vordem Gemordeten führt
   Immer wieder herbei neue Blutschuld.

Or O weh, ach! Unterirdische Herrscher ihr!
Seht, o ihr machtvollen Flüche der Opfer des Mords,
Vom Atreus-Stamm, seht, den Rest, von Ohnmacht ihn
Umfangen, von Haus verjagt
In Unehr! Wo ist ein Ausweg, o Zeus?

Χορός

410   πέπαλται δαὖτέ μοι φίλον κέαρ   Ant. 5
      τόνδε κλύον σὸν οἶκτον.
      καὶ τότε μὲν δύσελπις,
      σπλάγχνα δέ μοι κελαινοῦ-
      ται πρὸς ἔπος κλυούσᾳ.
415   ὅταν δ’ αὖτ’ ἐπαλκῆ σ’ ὁρῶ, ῥεῖ’
      ἐλπὶς ἀπέστασεν ἄχος
      προσφανεῖσά μοι καλῶς. =

’Ηλ   τί δ’ ἂν φάντες τύχοιμεν; ἢ τά περ   Ant. 6
      πάθομεν ἄχεα πρός γε τῶν τεκομένων;
420   πάρεστι σαίνειν, τὰ δ’ οὔτι θέλγεται.
      λύκος γὰρ ὥστ’ ὠμόφρων
      ἄσαντος ἐκ ματρός ἐστι θυμός. =

Χορός   Str. 7

      ἔκοψα κομμὸν Ἄριον ἔν τε Κισσίας   3 ia
      νόμοις ἰηλεμιστρίας,   2 ia
425   ἀπρικτόπληκτα, πολυπάλακτα δ’ ἦν ἰδεῖν 3 ia

      ἐπασσυτεροτριβῆ τὰ χερὸς ὀρέγματα   3 ia
      ἄνωθεν ἀνέκαθεν, κτύπῳ δ’ ἐπερρόθει 3 ia
      κροτητὸν ἀμὸν πανάθλιον κάρα.   ia cr ia
’Ηλ   ἰὼ δαΐα   δ
430   πάντολμε μᾶτερ, δαΐαις ἐν ἐκφοραῖς 3 ia
      ἄνευ πολιτᾶν ἄνακτ’,   ia cr
      ἄνευ δὲ πενθημάτων   ia cr
      ἔτλας ἀνοίμωκτον ἄνδρα θάψαι. –   ia cr ba
’Ορ   τὸ πᾶν ἀτίμως ἔλεξας, οἴμοι.   Str. 8 ia cr ba
435   πατρὸς δ’ ἀτίμωσιν ἆρα τείσει   ia cr ba
      ἕκατι μὲν δαιμόνων,   ia cr
      ἕκατι δ’ ἀμᾶν χερῶν.   ia cr
      ἔπειτ’ ἐγὼ νοσφίσας ὀλοίμαν. –   ia cr ba

Χορός

      ἐμασχαλίσθη δέ γ’, ὡς τόδ’ εἰδῇς,   Ant. 8
440   ἔπρασσε δ’ ἅπερ νιν ὧδε θάπτει,

Chor

Voll Angst schlägt mir aufs neu das Herz im Leib,
Hört es von dir die Klage.
Bald nun ganz ohne Hoffnung,
Füllt mir die Brust der Nacht Graun,
Muß solch ein Wort ich hören.
Doch seh ich so kraftvoll dich vor mir,
Hoffnung verjagt leicht dann das Leid,
Strahlend mir in schönem Licht.

El Mit was für Worten träfen, Vater, wir's,
Wieviel wir duldeten Leids von ihr, die uns gebar?
Schöntun wär möglich; doch keine Sänftgung wirkt's.
Denn wolfgleich, grausam, unbezähmt –
Der Mutter Erbteil – ist das Gemüt uns.

Chor

Ich schlug in Klag, asiatischer, mich, der Kissier Klang
Und Weis, in jammerschreindem Sang.
Unirrbaren Schlages, blutüberrieselt könnt man schaun,
Dicht nacheinander auftreffend, Hände, im Ruck bewegt,
Von oben, jählings hinab. Und dazu dröhnte mir,
Vom Krachen dumpf, mein unselges armes Haupt.

El Ioh, arge, all-
verwegne Mutter, arge Art Bestattung war's,
Daß ohne sein Volk den Herrn
Und ohne Trauern den Mann
Du unbeklagt wagtest zu begraben!

Or In Schmach und Unehr, du sagtest's – weh mir!
Des Vaters Ehrschändung wird sie büßen
Kraft eines Gotts günstger Gnad,
Kraft meines Arms rüstger Tat!
Dann wollt ich gern, schlug ich sie, zugrundgehn!

Chor

Zerstückelt ward er, daß du es wissest!
Die Tat führt' aus, die ihn so begraben,

μόρον κτίσαι μωμένα
ἄφερτον αἰῶνι σῷ.
κλύεις πατρῴους δύας ἀτίμους. =

445 'Ηλ λέγεις πατρῷον μόρον· ἐγὼ δ' ἀπεστά-   Ant. 7
[τουν

ἄτιμος, οὐδὲν ἀξία.
μυχῷ δ' ἄφερκτος πολυσινοῦς κυνὸς δίκαν
ἑτοιμότερα γέλωτος ἀνέφερον λίβη,
χέουσα πολύδακρυν γόον κεκρυμμένα.
450 τοιαῦτ' ἀκούων τάδ' ἐν φρεσὶν γράφου.

Χορός

δι' ὤτων δὲ συν-
τέτραινε μῦθον ἡσύχῳ φρενῶν βάσει.
τὰ μὲν γὰρ οὕτως ἔχει,
τὰ δ' αὐτὸς ὀργᾷ μαθεῖν.
455 πρέπει δ' ἀκάμπτῳ μένει καθήκειν. =   Str. 9
'Ορ σέ τοι λέγω, ξυγγενοῦ, πάτερ, φίλοις.   ia cr ia
'Ηλ ἐγὼ δ' ἐπιφθέγγομαι κεκλαυμένα.   ia cr ia

Χορός

στάσις δὲ πάγκοινος ἅδ' ἐπιρροθεῖ.   ia cr ia

'Ορέστης, 'Ηλέκτρα, Χορός

ἄκουσον ἐς φάος μολών,   2 ia
460 ξὺν δὲ γενοῦ πρὸς ἐχθρούς. –   ch ba
'Ορ "Αρης "Αρει ξυμβαλεῖ, Δίκα Δίκα.   Ant. 9
'Ηλ ἰὼ θεοί, κραίνετ' ἐνδίκως δίκας.

Χορός

τρόμος μ' ὑφέρπει κλύουσαν εὐγμάτων.

Ορέστης, 'Ηλέκτρα, Χορός

τὸ μόρσιμον μένει πάλαι,
465 εὐχομένοις δ' ἂν ἔλθοι. =

Ein tödlich Los schaffend ihm,
Untragbar zeitlebens dir!
Du hörst des Vaters Drangsal voll Unehr!

El   Du kündst des Vaters Unheil; und ich mußt abseits stehn,

Unwürdig, aller Ehre bar.
Abseits gesperrt nach bösartig-biss'gen Hundes Art,
Holt', eh'r bereit als zum Lachen, aus mir ich tropfend Naß,
Vergoß vieltränenden Jammers Flut verborgner Weis.
All dieses, hörst du's, schreib in das Herz dir ein!

Chor

Durchs Ohr bohr zugleich
Tief ein das Wort dem stummen, deines Herzens Grund!
Denn all das – so, ganz so ist's;
Das andre lehr dich dein Zorn!
Du mußt unbeugsamen Muts zum Kampf gehn!

Or   Dich ruf ich auf: steh den Deinen, Vater, bei!
El   Ich füg dazu meinen Ruf, tränenbetaut.

Chor

Und unsre Schar – gleichen Tones – stimmt mit ein.

Orestes, Elektra, Chor

Erhör uns, steig zum Licht empor;
Hilf uns bestehn die Feinde!
Or   Kraft mess' an Kraft sich im Kampf und Recht an Recht!
El   Ihr Götter, oh, leiht gerecht dem Rechte Sieg!

Chor

Zittern beschleicht uns beim Hören des Gebets.

Orestes, Elektra, Chor

Das Gottverhängte harrt schon längst;
Betendem Wunsche kommt es!

Χορός   Str. 10

ὦ πόνος ἐγγενὴς   δ
καὶ παράμουσος ἄτας   ch dim
αἱματόεσσα πλαγά.   ch dim
ἰὼ δύστον' ἄφερτα κήδη·   hipp
470   ἰὼ δυσκατάπαυστον ἄλγος. –   hipp

δώμασιν ἔμμοτον   Ant. 10
τῶνδ' ἄκος, οὐδ' ἀπ' ἄλλων
ἔκτοθεν, ἀλλ' ἀπ' αὐτῶν
δι' ὠμὰν ἔριν αἱματηράν.
475   θεῶν τῶν κατὰ γᾶς ὅδ' ὕμνος. =
Χο   ἀλλὰ κλύοντες, μάκαρες χθόνιοι,   an
        τῆσδε κατευχῆς πέμπετ' ἀρωγὴν
        παισὶν προφρόνως ἐπὶ νίκῃ.

'Ορ   πάτερ, τρόποισιν οὐ τυραννικοῖς θανών,
480   αἰτουμένῳ μοι δὸς κράτος τῶν σῶν δόμων.
'Ηλ   κἀγώ, πάτερ, τοιάνδε σου χρείαν ἔχω.
        οἰκεῖν μετ' ἀνδρὸς θεῖσαν Αἰγίσθῳ φθόρον.
'Ορ   οὕτω γὰρ ἄν σοι δαῖτες ἔννομοι βροτῶν
        κτιζοίατ'· εἰ δὲ μή, παρ' εὐδείπνοις ἔσῃ
485   ἄτιμος ἐμπύροισι κνισωτοῖς χθονός.
'Ηλ   κἀγὼ χοάς σοι τῆς ἐμῆς παγκληρίας
        οἴσω πατρῴων ἐκ δόμων γαμηλίους·
        πάντων δὲ πρῶτον τόνδε πρεσβεύσω τάφον.
'Ορ   ὦ γαῖ', ἄνες μοι πατέρ' ἐποπτεῦσαι μάχην.
490 'Ηλ ὦ Περσέφασσα, δὸς δέ γ' εὔμορφον κράτος.
'Ορ   μέμνησο λουτρῶν οἷς ἐνοσφίσθης, πάτερ.
'Ηλ   μέμνησο δ' ἀμφίβληστρον ᾧ σ' ἐκαίνισαν.
'Ορ   πέδαις δ' ἀχαλκεύτοις ἐθηρεύθης, πάτερ.
'Ηλ   αἰσχρῶς τε βουλευτοῖσιν ἐν καλύμμασιν.
'Ορ   ἆρ' ἐξεγείρῃ τοῖσδ' ὀνείδεσιν, πάτερ;
495 'Ηλ ἆρ' ὀρθὸν αἴρεις φίλτατον τὸ σὸν κάρα;
'Ορ   ἤτοι δίκην ἴαλλε σύμμαχον φίλοις,
        ἢ τὰς ὁμοίας ἀντίδος λαβὰς λαβεῖν,

Chor

Not, o du Not des Stamms,
Und du voll Mißton: Frevel
Blutig vergeltender Mordschlag!
Ioh, tragbar ist kaum das Herzleid!
Ioh, nie kommt zur Ruh der Jammer!

„Dem Haus kommt Balsam hierfür,
Heilmittel nicht von Fremden,
Außenher nicht: von ihm selbst kommt's
In Streit, grausam, voll Blut!" So tönt von
Den Erdgöttern herauf dies Chorlied.

Chf Wenn ihr Seligen hört in der Erde Schoß
Dies Gebet, wohlan, so schickt Hilfe herauf,
    Steht den Kindern huldvoll zum Sieg bei!

Orestes und Elektra knien nieder, beugen sich zur Erde

Or Vater, du höchst unköniglich Gemordeter,
Ich fleh dich an: mir gib die Macht in deinem Haus!

El Auch ich, mein Vater, hab an dich solch einen Wunsch:
Haus gib und Gatten, half ich Aigisthos zum Sturz!

Or Denn so ja würden Mähler dir nach Menschenbrauch
Geweiht; und sonst – bleibst bei den reichen Opfern du
Ohn Ehre, bei den fettdampflohnden deines Lands.

El Und ich – Weihgüsse dir von meinem Erbgut will
Ich tragen aus dem Vaterhaus beim Hochzeitsfest,
Zu allererst in Ehrfurcht dienen deinem Grab.

Or Send, Erde, mir den Vater, Hort zu sein im Kampf!

El O Persephassa, leih du uns glanzvollen Sieg!

Or Gedenk des Bades, drin du, Vater, umgebracht!

El Gedenk des Umwurfs, den sie mit dir eingeweiht!

Or In Fesseln, nicht aus Eisen, fing man, Vater, dich!

El In bösen Trugs dazu bestimmtem Hüllentuch!

Or Wachst du nicht, Vater, auf ob solcher Schand und Schmach?

El Hebst nicht empor dein höchstgeliebtes uns, dein Haupt?

Or Das Recht entsend uns als Mitkämpfer oder gib,
Daß gleicher – der Vergeltung – Griff sie greifend packt,

εἴπερ κρατηθείς γ' ἀντινικῆσαι θέλεις.
500 Ἠλ καὶ τῆσδ' ἄκουσον λοισθίου βοῆς, πάτερ,
ἰδὼν νεοσσοὺς τούσδ' ἐφημένους τάφῳ·
οἴκτιρε θῆλυν ἄρσενός θ' ὁμοῦ γόνον.
Ὀρ καὶ μὴ 'ξαλείψῃς σπέρμα Πελοπιδῶν τόδε.
οὕτω γὰρ οὐ τέθνηκας οὐδέ περ θανών.
505 Ἠλ παῖδες γὰρ ἀνδρὶ κληδόνες σωτήριοι
θανόντι· φελλοὶ δ' ὡς ἄγουσι δίκτυον,
τὸν ἐκ βυθοῦ κλωστῆρα σῴζοντες λίνου.
Ὀρ ἄκου', ὑπὲρ σοῦ τοιάδ' ἔστ' ὀδύρματα.
αὐτὸς δὲ σῴζῃ τόνδε τιμήσας λόγον.

510 Χο καὶ μὴν ἀμεμφῆ τόνδ' ἐτείνατον λόγον,
τίμημα τύμβου τῆς ἀνοιμώκτου τύχης.
τὰ δ' ἄλλ', ἐπειδὴ δρᾶν κατώρθωσαι φρενί,
ἔρδοις ἂν ἤδη δαίμονος πειρώμενος.
Ὀρ ἔσται· πυθέσθαι δ' οὐδέν ἐστ' ἔξω δρόμου,
515 πόθεν χοὰς ἔπεμψεν, ἐκ τίνος λόγου
μεθύστερον τιμῶσ' ἀνήκεστον πάθος·
θανόντι δυσφρονοῦντι δειλαία χάρις
ἐπέμπετ'· οὐκ ἔχοιμ' ἂν εἰκάσαι τάδε
τὰ δῶρα· μείω δ' ἐστὶ τῆς ἁμαρτίας.
520 τὰ πάντα γάρ τις ἐκχέας ἀνθ' αἵματος
ἑνός, μάτην ὁ μόχθος· ὧδ' ἔχει λόγος.
θέλοντι δ', εἴπερ οἶσθ', ἐμοὶ φράσον τάδε.
Χο οἶδ', ὦ τέκνον. παρῆ γάρ· ἔκ τ' ὀνειράτων
καὶ νυκτιπλάγκτων δειμάτων πεπαλμένη
525 χοὰς ἔπεμψε τάσδε δύσθεος γυνή.
Ὀρ ἦ καὶ πέπυσθε τοὔναρ, ὥστ' ὀρθῶς φράσαι;
Χο τεκεῖν δράκοντ' ἔδοξεν, ὡς αὐτὴ λέγει.
Ὀρ καὶ ποῖ τελευτᾷ καὶ καρανοῦται λόγος;
Χο ἐν σπαργάνοισι παιδὸς ὁρμίσαι δίκην –
530 Ὀρ τίνος βορᾶς χρῄζοντα, νεογενὲς δάκος;
Χο αὐτὴ προσέσχε μαστὸν ἐν τὠνείρατι.
Ὀρ καὶ πῶς ἄτρωτον οὖθαρ ἦν ὑπὸ στύγους;
Χο ὥστ' ἐν γάλακτι θρόμβον αἵματος σπάσαι.

Wenn du, bezwungen, Sieg mit Sieg vergelten willst!

El Und den noch hör, den letzten Ruf noch, Vater, an,
Siehst du des Nestes Junge hocken hier am Grab:
Erbarm des Weibchens dich, zugleich des Mannesstamms!

Or Und tilg nicht aus die Saat der Pelopiden hier!
Denn so bist du nicht tot, seist du gestorben gleich.

El Kinder ja sind dem Mann des Namens Hüter nach
Dem Tod; so halten Korke hoch das Fischernetz,
Hütend sein meertief hängend flachsgesponnen Garn.

Or Erhör uns; deinethalb tönt unser Jammerruf:
Selbst rettest du dich, ehrst du dieses unser Wort.

Orestes und Elektra steigen vom Hügel herab

Chf Fürwahr, untadlig war, was ihr ausführlich spracht
Zur Ehr der Gruft, die unbeweint ließ das Geschick.
Das andre, da zur Tat du aufgerichtet dich im Geist,
Vollend es nun, erprobend deines Schicksals Gott!

Or So sei's! Doch liegt zu fragen abseits nicht der Bahn,
Weshalb Weihgüsse sie gesandt, aus welchem Grund
So spät sie ehrend sühnen will unheilbar Leid;
Dem Toten, der doch grollt – armselge Gabe ward
Gesandt ihm; nicht vermag ich's, recht zu deuten dies
Geschenk; bei weitem wiegt es nicht den Frevel auf.
„Gießt alles man gleich aus für Blut, das man vergoß
Ein einzig Mal: 's ist eitle Müh", so sagt ein Spruch.
Mein Wunsch ist: wenn du's weißt, gib Kunde mir davon!

Chf Ich weiß, Sohn, war dabei. Aus Träumen aufgeschreckt,
Von nachtdurchschauerter Angst geschüttelt, hat hier die
Weihgüsse hergesandt, das gottverhaßte Weib.

Or Erfuhrt den Traum ihr, daß ihr klar ihn künden könnt?

Chf Als gebär sie einen Drachen, war's, wie selbst sie sagt.

Or Und wohin zielt und worin gipfelt, was sie sprach?

Chf In Windeln hab sie wie ein Kind gebettet ihn –

Or Was heischt' als Fraß das neugeborne Ungetüm?

Chf Sie selber reichte ihm die Brust im Traume dar.

Or Wie? Ließ denn unverletzt das Scheusal ihre Brust?

Chf Nein; mit der Milch sog's Klumpen dicken Bluts heraus.

Ὀρ   οὔτοι μάταιον ἂν τόδ' ὄψανον πέλοι.
535 Χο   ἣ δ' ἐξ ὕπνου κέκλαγεν ἐπτοημένη.

    πολλοὶ δ' ἀνῇθον, ἐκτυφλωθέντες σκότῳ,
    λαμπτῆρες ἐν δόμοισι δεσποίνης χάριν·
    πέμπει τ' ἔπειτα τάσδε κηδείους χοάς,
    ἄκος τομαῖον ἐλπίσασα πημάτων.
540 Ὀρ   ἀλλ' εὔχομαι γῇ τῇδε καὶ πατρὸς τάφῳ
    τοὔνειρον εἶναι τοῦτ' ἐμοὶ τελεσφόρον.
    κρίνω δέ τοί νιν ὥστε συγκόλλως ἔχειν.
    εἰ γὰρ τὸν αὐτὸν χῶρον ἐκλιπὼν ἐμοὶ
    οὔφις ἐμοῖσι σπαργάνοις ὡπλίζετο,
545   καὶ μαστὸν ἀμφέχασκ' ἐμὸν θρεπτήριον,
    θρόμβῳ τ' ἔμειξεν αἵματος φίλον γάλα,
    ἣ δ' ἀμφὶ τάρβει τῷδ' ἐπῴμωξεν πάθει,
    δεῖ τοί νιν, ὡς ἔθρεψεν ἔκπαγλον τέρας,
    θανεῖν βιαίως· ἐκδρακοντωθεὶς δ' ἐγὼ
550   κτείνω νιν, ὡς τοὔνειρον ἐννέπει τόδε.
  Χο   τερασκόπον δὲ τῶνδέ σ' αἱροῦμαι πέρι.
    γένοιτο δ' οὕτως. τἄλλα δ' ἐξηγοῦ φίλοις,
    τοὺς μέν τι ποιεῖν, τοὺς δὲ μή τι δρᾶν λέγων.
  Ὀρ   ἁπλοῦς ὁ μῦθος· τήνδε μὲν στείχειν ἔσω,
555   αἰνῶ δὲ κρύπτειν τάσδε συνθήκας ἐμάς,
    ὡς ἂν δόλῳ κτείναντες ἄνδρα τίμιον
    δόλῳ γε καὶ ληφθῶσιν ἐν ταὐτῷ βρόχῳ
    θανόντες, ᾗ καὶ Λοξίας ἐφήμισεν,
    ἄναξ Ἀπόλλων, μάντις ἀψευδὴς τὸ πρίν.
560   ξένῳ γὰρ εἰκώς, παντελῆ σαγὴν ἔχων,
    ἥξω σὺν ἀνδρὶ τῷδ' ἐφ' ἑρκείους πύλας
    Πυλάδῃ, ξένος τε καὶ δορύξενος δόμων.
    ἄμφω δὲ φωνὴν ἥσομεν Παρνησίδα,
    γλώσσης αὐτὴν Φωκίδος μιμουμένω.
565   καὶ δὴ θυρωρῶν οὔτις ἂν φαιδρᾷ φρενὶ
    δέξαιτ', ἐπειδὴ δαιμονᾷ δόμος κακοῖς.
    μενοῦμεν οὕτως ὥστ' ἐπεικάζειν τινὰ
    δόμους παραστείχοντα καὶ τάδ' ἐννέπειν·

Or Nicht wahrlich eitler Wahn kann dieses Traumbild sein.

Chf Die – aus dem Schlaf – aufkreischt sie, wachgepeitscht von
                [Angst;
  Zahlreich glühn neu, erblindet längst im Dunkel schon,
  Leuchtfackeln auf im Haus, der Herrscherin zulieb.
  Sie schickt sodann hier diese Opfergüsse her,
  Ein Kraut, scharf wirkend, hofft sie, wider drohndes Leid.

Or Ich aber fleh zu dieser Erde, zu des Vaters Gruft:
  Das Traumbild möge mir erfüllungbringend sein.
  Ich deut es so, daß haargenau die Deutung paßt.
  Denn wenn, dem gleichen Ort entsprungen wie ich selbst,
  Der Wurm in meine Windeln wurde eingehüllt,
  Die Brust gähnend umgierte, meiner Nahrung Quell,
  Mit Klumpen mischte dicken Bluts die liebe Milch
  Und sie, in Angst, ob solcher Not aufschrie und Qual,
  So muß sie, die genährt das grause Ungetüm,
  Gewaltsam sterben. Den der Wurm bedeutet: ich
  Erschlag sie, wie es dies ihr Traumbild angezeigt.

Chf Die Deutung, die du diesem Traum gibst, nehm ich an.
  Mög's so geschehn; gib weiter noch den Deinen kund,
  Wer etwas tun und wer sich nicht betätgen soll!

Or Ganz einfach liegt es: diese geht ins Schloß hinein;
  Euch rat ich: berget diese meine Pläne wohl,
  Daß, wie mit List sie umgebracht den edlen Mann,
  Durch List sie auch, gefangen in der gleichen Schling,
  Der Tod trifft, wie's auch Loxias verkündet hat,
  Herrscher Apollon, Seher ohne Trug von je.
  Gleich einem Fremdling, in vollständger Reisetracht,
  Komm ich mit diesem Mann hier zu des Hofes Tor,
  Mit Pylades, Gastfreund dem Haus und Speergenoß.
  Und beid im Tone reden der Parnasser wir,
  Der Mundart Klang nachahmend des Phokaierlands.
  Kann sein, der Pförtner keiner nimmt uns freundlich auf;
  Ist gottgeschlagen doch das Haus mit Unheil hier.
  Wir warten so, bis jemand drüber stutzig wird,
  Der an dem Haus vorbeigeht, und die Worte spricht:

»τί δὴ πύλαισι τὸν ἱκέτην ἀπείργεται

570   Αἴγισθος, εἴπερ οἶδεν ἔνδημος παρών;«

εἰ δ' οὖν ἀμείψω βαλὸν ἑρκείων πυλῶν

κἀκεῖνον ἐν θρόνοισιν εὑρήσω πατρός,

ἢ καὶ μολὼν ἔπειτά μοι κατὰ στόμα

ἐρεῖ, σάφ' ἴσθι, καὶ κατ' ὀφθαλμοὺς βαλεῖ,

575   πρὶν αὐτὸν εἰπεῖν »ποδαπὸς ὁ ξένος;« νεκρὸν

θήσω, ποδώκει περιβαλὼν χαλκεύματι.

φόνου δ' Ἐρινὺς οὐχ ὑπεσπανισμένη

ἄκρατον αἷμα πίεται τρίτην πόσιν.

νῦν οὖν σὺ μὲν φύλασσε τἀν οἴκῳ καλῶς,

580   ὅπως ἂν ἀρτίκολλα συμβαίνῃ τάδε·

ὑμῖν δ' ἐπαινῶ γλῶσσαν εὔφημον φέρειν,

σιγᾶν θ' ὅπου δεῖ καὶ λέγειν τὰ καίρια.

τὰ δ' ἄλλα τούτῳ δεῦρ' ἐποπτεῦσαι λέγω,

ξιφηφόρους ἀγῶνας ὀρθώσαντί μοι.

		Stasimon I
Χορός		Str. 1
585	πολλὰ μὲν γᾶ τρέφει	2 tr
	δεινὰ δειμάτων ἄχη,	2 tr
	πόντιαί τ' ἀγκάλαι κνωδάλων ἀν-	3 tr
	ταίων βροτοῖσι πλά-	2 tr
	θουσι καὶ πεδαίχμιοι	2 tr
590	λαμπάδες πεδάοροι,	2 tr
	πτανά τε καὶ πεδοβάμονα κἀνεμοέντ' ἂν	5 da
	αἰγίδων φράσαι κότον. –	3 tr

	ἀλλ' ὑπέρτολμον ἀν-	Ant. 1
595	δρὸς φρόνημα τίς λέγοι	
	καὶ γυναικῶν φρεσὶν τλαμόνων παν-	
	τόλμους ἔρωτας ἄ-	
	ταισι συννόμους βροτῶν;	

„Warum sein Tor dem fremden Gaste nur verschließt
Aigisthos, wenn Bescheid er weiß, zugegen ist?"
Wenn nun ich überschritt die Schwell an Hofes Tor
Und jenen auf dem Thron vorfand, des Vaters Thron, –
Sei's daß er aufstehnd mir darauf ins Angesicht
Will reden, sei's – das wisse! – nur die Augen senkt –
Eh er kann sagen: „Woher kam der Gast?", mach ich
Zur Leich ihn, wann flinkfüßigen Stahls ich ihn gestellt.
Des Mordes wird Erinys nicht ermangelnd dann
Blut trinken, unvermischten Bluts den dritten Trank.

zu Elektra

Jetzt also gib du aufs Geschehn im Haus gut acht,
Damit, recht fügend sich, geh seinen Gang all dies!

zum Chor

Und euch empfehl ich: haltet eure Zung im Zaum;
Schweigt, wo es nottut, und sprecht nur, wo's recht am
[Platz!
Fürs Weitre möge der dort Hort und Hüter sein,
Der Schwerterkampfs Entscheidung mir zu Recht gebot.

Orestes und Elektra ab

Chor

Ohne Zahl nährt die Erd
Schreckensvolle Ungeheur;
Meeres Arm, Seebucht birgt Scheusals Brut, ge-
fahrvoll dem Menschenvolk,
Massenweis; und mittendrein
Aus der Höh der Blitze Schein!
Federvolk, erdebewandelndes, windschnelles Wild kennt
Stürmscher Wetterwolken Groll.

Doch des Manns übers Maß
Wagend Herz, wer faßt's im Wort?
Wer des Weibs mit dem schamlosen Sinn all-
wagende Gier, sich gat-
tend mit Schuld, der Menschen Fluch?

συζύγους δ' ὁμαυλίας
600 θηλυκρατὴς ἀπέρωτος ἔρως παρανικᾷ
κνωδάλων τε καὶ βροτῶν. =

		Str. 2
ἴστω δ' ὅστις οὐχ ὑπόπτερος		3 tr
φροντίσιν δαείς,		2 tr
τὰν ἁ παιδολυ-		2 tr
605 μὰς τάλαινα Θεστιὰς μήσατο		3 tr
πυρδαῆ τινα πρόνοι-		2 tr
αν, καταίθουσα παιδὸς δαφοινὸν		3 tr
δαλὸν ἥλικ', ἐπεὶ μολὼν		gl
610 ματρόθεν κελάδησε,		pher
ξύμμετρόν τε διαὶ βίου		gl
μοιρόκραντον ἐς ἦμαρ. –		pher

ἄλλαν δ' ἔστιν ἐν λόγοις στυγεῖν   Ant. 2
Σκύλλαν φοινίαν,
615 ἅτ' ἐχθρῶν ὕπαὶ
φῶτ' ἀπώλεσεν φίλον Κρητικοῖς
χρυσεοδμήτοισιν ὅρ-
μοις πιθήσασα δώροισι Μίνω,
Νῖσον ἀθανάτας τριχὸς
620 νοσφίσασα προβούλως
πνέονθ' ἁ κυνόφρων ὕπνῳ.
κιγχάνει δέ νιν Ἑρμῆς. =

	Str. 3
ἐπεὶ δ' ἐπεμνησάμην ἀμειλίχων	ia cr ia
πόνων, ἀκαίρως δέ, δυσφιλὲς γαμή-	ia cr ia
625 λευμ' ἀπεύχετον δόμοις	cr ia
γυναικοβούλους τε μήτιδας φέρων	ia cr ia
ἐπ' ἀνδρὶ τευχεσφόρῳ,	ia cr
ἐπ' ἀνδρὶ δῄοις ἐπικότῳ σέβας,	ia cr cr (ia)
τίων δ' ἀθέρμαντον ἑστίαν δόμων,	ia cr ia
630 γυναικείαν ἄτολμον αἰχμάν. –	ba cr ba

κακῶν δὲ πρεσβεύεται τὸ Λήμνιον·   Ant. 3
λόγῳ γοᾶται δὲ δημόθεν κατά-

Ehlicher Gemeinschaft Band,
Weiberbezwingende lieblose Liebe zerreißt es
So beim Tier- wie Menschenvolk.

Wissen soll, wer nicht zu leichten Sinns
Auffaßt, was geschehn,
Wie die kindverder-
bende, arge Thestias aus sich sann
Ihres Mordbrands schlimmen Vor-
satz, auflohn ließ des Sohns roterglühend
Scheit, verbunden mit ihm, als aus
Mutterleib er voll Schreins kam,
Mit ihm dauernd sein Leben lang
Bis zum Tag seines Todes.

Ihr gleich ist, so hört man wohl, ein Greul:
Skylla, blutger Art,
Die, vom Feind berückt,
Nächsten Blutsfreund preisgab; durch kretisches
Goldgewirktes Halsband ver-
lockt, des Minos Geschenk, schnitt sie ja des
Nisos Haar, das den Tod ihm bannt,
Ab in böswillgem Vorsatz,
Hündschen Sinns, als er atmend schlief.
Mit sich holte ihn Hermes.

Und rief Erinnrung ich wach an grausam-har-
te Not – zur Unzeit! Denn unliebsame Eh-
schaft – fluchwürdge Schmach dem Haus! –
Und Weibesanschlag voll List erlebt ich auf
Den Mann in kriegrischer Wehr,
Den Mann, der Feindscharen Schrecken, Haß und – Scheu,
Muß ehren glutlosen Herdaltar im Haus
Und Weiberherrschaft ohne Tatkraft.

Von Greueln steht obenan in Lemnos der;
Vom Volk beklagt wird, was dort geschah, als ab-

πτυστόν· ἦκασεν δέ τις
τὸ δεινὸν αὖ Λημνίοισι πήμασιν.
635   θεοστυγήτῳ δ' ἄχει
βροτῶν ἀτιμωθὲν οἴχεται γένος.
σέβει γὰρ οὔτις τὸ δυσφιλὲς θεοῖς.
τί τῶνδ' οὐκ ἐνδίκως ἀγείρω; =

                                      Str. 4

τὸ δ' ἄγχι πλευμόνων ξίφος   2 ia
640   διανταίαν ὀξυπευκὲς οὐτᾷ   ba ia ba
διαὶ Δίκας τὸ μὴ θέμις,   2 ia
λὰξ πέδον πατουμένας τὸ πᾶν Διὸς   cr 2 ia
645   σέβας παρεκβάντας οὐ θεμιστῶς.   ia cr ba

Δίκας δ' ἐρείδεται πυθμήν.   Ant. 4
προχαλκεύει δ' Αἶσα φασγανουργός·
τέκνον δ' ἐπεισφέρει δόμοις
650   αἱμάτων παλαιτέρων τίνειν μύσος
χρόνῳ κλυτὰ βυσσόφρων Ἐρινύς. =

Ὀρέστης

παῖ παῖ, θύρας ἄκουσον ἑρκείας κτύπον.

τίς ἔνδον, ὦ παῖ, παῖ, μάλ' αὖθις, ἐν δόμοις;

655   τρίτον τόδ' ἐκπέραμα δωμάτων καλῶ,
εἴπερ φιλόξεν' ἐστὶν Αἰγίσθου διαί.

Οἰκέτης

εἶέν, ἀκούω· ποδαπὸς ὁ ξένος; πόθεν;

Ὀρέστης
ἄγγελλε τοῖσι κυρίοισι δωμάτων,
πρὸς οὕσπερ ἥκω καὶ φέρω καινοὺς λόγους.

scheulich; wer vergleicht, der setzt
Das Unheil hier gleich dem lemnischen Geschehn.
Durch Götterhaß Leides voll,
Fährt uns, voll Unehr, ins Nichts dahin ein Stamm:
Ehrt niemand doch, was verhaßt den Göttern ist.
All dies, bracht ich es nicht mit Recht vor?

Das nah dem Busen drohnde Schwert,
Hindurchdringend, bittrer Schärfe trifft es
In Dikes Hand, was unrecht ist;
Niederstampft in Staub ihr Fuß, was über Zeus'
Hoheit sich wegsetzt dem Recht zuwider.

Der Dike Stamm steht fest im Grund.
Aufs Erz schon schlägt Aisa, Richtschwerts Schmiedin.
Den Sohn herbei-, einführt dem Haus,
Daß uralten Blutstroms Greuel er vergilt,
Zur Zeit, hohen Planes kund: Erinys.

Im Hof vor der Königsburg
Orestes, Pylades, einige Begleiter in Wandertracht

Orestes

außerhalb, pocht ans Hoftor

Bursch, Bursch! Am Tor – hör doch! am Hoftor das Ge-
[poch!
Wer ist drinnen – he, Bursch, Bursch! noch einmal! – drin
[im Haus?
Zum dritten ruf: „Komm einer aus dem Haus!" ich laut,
Wenn's noch ein gastlich Haus ist zu Aigisthos' Zeit!

Diener

öffnet den Gästen

Ja doch, ich hör! Was für ein Landsmann, Gast? Woher?

Orestes

Gib Meldung an die Herrschaft drin im Haus; zu ihr
Bin ich gekommen, und ich bringe neue Post.

660   τάχυνε δ', ὡς καὶ νυκτὸς ἅρμ' ἐπείγεται
        σκοτεινόν, ὥρα δ' ἐμπόρους καθιέναι
        ἄγκυραν ἐν δόμοισι πανδόκοις ξένων.
        ἐξελθέτω τις δωμάτων τελεσφόρος,
        γυνή γ' ἄπαρχος, ἄνδρα δ' εὐπρεπέστερον·
665   αἰδὼς γὰρ ἐν λεχθεῖσιν οὐκ ἐπαργέμους
        λόγους τίθησιν· εἶπε θαρσήσας ἀνὴρ
        πρὸς ἄνδρα κἀσήμηνεν ἐμφανὲς τέκμαρ.

                        Κλυταιμήστρα

        ξένοι, λέγοιτ' ἂν εἴ τι δεῖ· πάρεστι γὰρ
        ὁποῖάπερ δόμοισι τοῖσδ' ἐπεικότα,
670   καὶ θερμὰ λουτρὰ καὶ πόνων θελκτήρια
        στρωμνὴ δικαίων τ' ὀμμάτων παρουσία.
        εἰ δ' ἄλλο πρᾶξαι δεῖ τι βουλιώτερον,
        ἀνδρῶν τόδ' ἐστὶν ἔργον, οἷς κοινώσομεν.
  'Ορ   ξένος μέν εἰμι Δαυλιεὺς ἐκ Φωκέων·
675   στείχοντα δ' αὐτόφορτον οἰκείᾳ σαγῇ
        εἰς Ἄργος, ὥσπερ δεῦρ' ἀπεζύγην πόδα,
        ἀγνὼς πρὸς ἀγνῶτ' εἶπε συμβαλὼν ἀνήρ,
        ἐξιστορήσας καὶ σαφηνίσας ὁδόν,
        Στροφίος ὁ Φωκεύς· πεύθομαι γὰρ ἐν λόγῳ·
680   »ἐπείπερ ἄλλως, ὦ ξέν', εἰς Ἄργος κίεις,
        πρὸς τοὺς τεκόντας πανδίκως μεμνημένος
        τεθνεῶτ' Ὀρέστην εἰπέ, μηδαμῶς λάθῃ.
        εἴτ' οὖν κομίζειν δόξα νικήσει φίλων,
        εἴτ' οὖν μέτοικον ἐς τὸ πᾶν ἀεὶ ξένον
685   θάπτειν, ἐφετμὰς τάσδε πόρθμευσον πάλιν.
        νῦν γὰρ λέβητος χαλκέου πλευρώματα
        σποδὸν κέκευθεν ἀνδρὸς εὖ κεκλαυμένου.«
        τοσαῦτ' ἀκούσας εἶπον. εἰ δὲ τυγχάνω
        τοῖς κυρίοισι καὶ προσήκουσιν λέγων,
690   οὐκ οἶδα, τὸν τεκόντα δ' εἰκὸς εἰδέναι.
  Κλ   οἲ 'γώ, κατ' ἄκρας εἶπας ὡς πορθούμεθα.
        ὦ δυσπάλαιστε τῶνδε δωμάτων Ἀρά,

Beeil dich, da der Nacht Gespann heran schon drängt,
Das dunkle, Zeit es ist, daß Wandrer werfen nun
Anker in Häusern, wo man gern aufnimmt den Gast!
Es komme, wer im Haus hier zu entscheiden hat,
Die Frau als Herrin, besser, günstger doch: der Mann.
Denn Scheu, bei ihren Worten, läßt in Dunkelheit
Die Rede tappen; dreistre Sprache spricht der Mann
Zum Mann und gibt Klarheit in deutlichem Beweis.

Diener geht ab; Klytaimestra kommt

Klytaimestra

Fremdlinge, sagt, wes ihr bedürft; bereit ja steht,
Was immer auch dem Hause hier zu bieten ziemt:
Ein warmes Bad und für der Mühsal Linderung
Ein Bett samt aufmerksamer Augen Gegenwart.
Wenn sonst zu tun noch not, was höhern Rats bedarf,
Der Männer Sach ist dies dann, denen wir's vertraun.

Or Ein Fremdling bin ich, Daulier vom Phokerland;
Als ich, bepackt mit eigener Geschäfte Last,
Gen Argos ziehend hierher abgeschwenkt im Marsch,
Sprach, unbekannt zu unbekannt, da er mich traf,
Ein Mann, als er erfragt mein Ziel und seins gesagt –
Der Phoker Strophios, so erfuhr ich im Gespräch –:
„Wenn du an sich schon, Fremdling, hin nach Argos gehst,
Sag zu den Eltern – allen Ernstes denke dran! –
Daß tot Orestes; keinesfalls vergiß mir das!
Ob nun, daß man ihn hole, Wunsch der Seinen ist,
Oder – als Fremden – dann für immer, außer Lands
Bestatt', Auftrag darüber bringe mir zurück!
Jetzt ja hält einer ehrnen Urne hohler Leib
Die Asch in Hut des nach Gebühr beweinten Manns."
So wie ich's hörte, sagt ich's; ob durch Zufall zu
Den Rechten ich, zu seinen Angehörigen sprech,
Nicht weiß ich's; doch muß, wer ihn zeugte, wissen drum.

Kl Weh mir! Ganz richtet, was du sagst, zugrunde uns!
O unzwingbarer, dieses Hauses grausger Fluch,

ὡς πόλλ' ἐπωπᾷς, κἀκποδὼν εὖ κείμενα
τόξοις πρόσωθεν εὐσκόποις χειρουμένη,
695   φίλων ἀποψιλοῖς με τὴν παναθλίαν.
κα`ι νῦν Ὀρέστης – ἦν γὰρ εὐβούλως ἔχων,
ἔξω κομίζων ὀλεθρίου πηλοῦ πόδα –
νῦν δ' ἥπερ ἐν δόμοισι βακχείας καλῆς
ἰατρὸς ἐλπὶς ἦν, παροῦσαν ἐγγράφῃ.
700 Ὀρ   ἐγὼ μὲν οὖν ξένοισιν ὧδ' εὐδαίμοσι
κεδνῶν ἕκατι πραγμάτων ἂν ἤθελον
γνωτὸς γενέσθαι καὶ ξενωθῆναι· τί γὰρ
ξένου ξένοισίν ἐστιν εὐμενέστερον;
πρὸς δυσσεβείας δ' ἦν ἐμοὶ τόδ' ἐν φρεσίν,
705   τοιόνδε πρᾶγμα μὴ καρανῶσαι φίλοις,
καταινέσαντα καὶ κατεξενωμένον.
Κλ   οὔτοι κυρήσεις μεῖον ἀξίων σέθεν,
οὐδ' ἧσσον ἂν γένοιο δώμασιν φίλος.
ἄλλος δ' ὁμοίως ἦλθεν ἂν τάδ' ἀγγελῶν.
710   ἀλλ' ἔσθ' ὁ καιρὸς ἡμερεύοντας ξένους
μακρᾶς κελεύθου τυγχάνειν τὰ πρόσφορα.

ἄγ' αὐτὸν εἰς ἀνδρῶνας εὐξένους δόμων,
ὀπισθόπους δὲ τούσδε καὶ ξυνεμπόρους·
κἀκεῖ κυρούντων δώμασιν τὰ πρόσφορα.
715   αἰνῶ δὲ πράσσειν ὡς ὑπευθύνῳ τάδε.
ἡμεῖς δὲ ταῦτα τοῖς κρατοῦσι δωμάτων
κοινώσομέν τε κοὐ σπανίζοντες φίλων
βουλευσόμεσθα τῆσδε συμφορᾶς πέρι.

720 Χο   εἶέν, φίλιαι δμωΐδες οἴκων,   an
πότε δὴ στομάτων
δείξομεν ἰσχὺν ἐπ' Ὀρέστῃ;

Χορός

ὦ πόντια χθὼν καὶ πότνι' ἀκτὴ
χώματος, ἣ νῦν ἐπὶ ναυάρχῳ
σώματι κεῖσαι τῷ βασιλείῳ,

Wie du viel ausspähst, wie, was fern dir, sicher schien,
Mit dem Bogen weither scharfen Auges bändgend, du
Von Lieben mich entblößt, mich ganz Unselige!
So jetzt Orestes, der doch wohlberaten war,
Heraus doch zog aus mörderischem Sumpf den Fuß,
So ihn, der diesem Haus auf künftger Freude Rausch
Heilende Hoffnung war, schreibst du ins Buch des Tods!

Or   Wohl hätt ich mit Gastgebern, die an Gut so reich,
Als freudigen Geschehens Bote mir gewünscht
Bekannt zu werden und als Gast geehrt. Denn was
Als einen Gastfreund gibt's für Fremde Freundlichers?
Doch von Gottlosigkeit zeugt' es nach meinem Sinn,
Tät solch Ereignis ich nicht den Verwandten kund,
Da ich's versprochen und gastfreundlich ward begrüßt.

Kl   Nicht wirst du's schlechter treffen, als es deiner wert,
Noch bist du minder unserm Hause angenehm.
Ein andrer gleicherweis käm mit der Botschaft sonst.
Doch ist's nun Zeit, daß Fremden, die den Tag verbracht
Mit langer Wandrung, man gewährt, was ihnen not.

zum Diener

Führ hier den Mann ins Männergastgemach im Haus,
Und die Begleiter da und Weggefährten auch!
Dort werde ihnen Pflege, die dem Haus geziemt.
Dir trag ich's auf; du schuldst mir Rechenschaft dafür.
Doch wir, wir wollen dies der Herrschaft drin im Haus
Mitteilen und, da es uns nicht an Freunden fehlt,
Uns wohl beraten über diesen Schicksalsschlag.

Alle ins Haus bis auf den Chor

Chf Wohlauf, ihr Mägde, getreu dem Haus,
    Wann soll sonst unser Mund
       Weihn Macht des Gebets dem Orestes?

Chor

O göttliche Erd und du, göttlicher Gruft
Geschütteter Damm, der des Flottenfürsts
Leichnam du deckst, des Königs und Herrn,

725   νῦν ἐπάκουσον, νῦν ἐπάρηξον·
        νῦν γὰρ ἀκμάζει Πειθὼ δολίαν
        ξυγκαταβῆναι, χθόνιον δ' Ἑρμῆν
        καὶ τὸν νύχιον τοῖσδ' ἐφοδεῦσαι
        ξιφοδηλήτοισιν ἀγῶσιν.
730 Χο ἔοικεν ἀνὴρ ὁ ξένος τεύχειν κακόν·
        τροφὸν δ' Ὀρέστου τήνδ' ὁρῶ κεκλαυμένην.

        ποῖ δὴ πατεῖς, Κίλισσα, δωμάτων πύλας;
        λύπη δ' ἄμισθός ἐστί σοι ξυνέμπορος.

                        Τροφός

        Αἴγισθον ἡ κρατοῦσα τοῖς ξένοις καλεῖν
735   ὅπως τάχιστ' ἄνωγεν, ὡς σαφέστερον
        ἀνὴρ ἀπ' ἀνδρὸς τὴν νεάγγελτον φάτιν
        ἐλθὼν πύθηται τήνδε. πρὸς μὲν οἰκέτας
        θέτο σκυθρωπὸν ἐντὸς ὀμμάτων γέλων
        κεύθους' ἐπ' ἔργοις διαπεπραγμένοις καλῶς
740   κείνῃ, δόμοις δὲ τοῖσδε παγκάκως ἔχει
        φήμης ὑφ' ἧς ἤγγειλαν οἱ ξένοι τορῶς.
        ἦ δὴ κλύων ἐκεῖνος εὐφρανεῖ νόον,
        εὖτ' ἂν πύθηται μῦθον. ὦ τάλαιν' ἐγώ·
        ὥς μοι τὰ μὲν παλαιὰ συγκεκραμένα
745   ἄλγη δύσοιστα τοῖσδ' ἐν Ἀτρέως δόμοις
        τυχόντ' ἐμὴν ἤλγυνεν ἐν στέρνοις φρένα.
        ἀλλ' οὔτι πω τοιόνδε πῆμ' ἀνεσχόμην.
        τὰ μὲν γὰρ ἄλλα τλημόνως ἤντλουν κακά·
        φίλον δ' Ὀρέστην, τῆς ἐμῆς ψυχῆς τριβήν,
750   ὃν ἐξέθρεψα μητρόθεν δεδεγμένη,
        κἀκ νυκτιπλάγκτων ὀρθίων κελευμάτων
        καὶ πολλὰ καὶ μοχθήρ' ἀνωφέλητ' ἐμοὶ
        τλάσῃ· τὸ μὴ φρονοῦν γὰρ ὡσπερεὶ βοτὸν
        τρέφειν ἀνάγκη, πῶς γὰρ οὔ; τρόπῳ φρενός·
755   οὐ γάρ τι φωνεῖ παῖς ἔτ' ὢν ἐν σπαργάνοις,
        εἰ λιμός, ἢ δίψῃ τις, ἢ λιψουρία
        ἔχει· νέα δὲ νηδὺς αὐτάρκης τέκνων.

Nun hör unsern Schrei, steh hilfreich uns bei!
Nun ist's an der Zeit, daß Peithos Trug
Mit zu Felde zieht, daß Hermes, der Gott
Der Erd und der Nacht, ihm weise den Weg:
    Des Schwerts todbringendem Kampfe!
Chf Es scheint, als ob der fremde Mann Unsegen bringt;
Seh ich Orestes' Amme dort in Tränen doch.

Amme kommt

Wo gehst du hin, Kilissa, aus des Hauses Tor?
Trauer ist, ungedungen, dir Geleiterin.

Amme

Aigisthen hieß die Herrin zu den Fremden her
Mich möglichst eilig rufen, daß genauer noch –
Der Mann vom Mann – die jüngst gebrachte Nachricht er,
Kommt er hierher, erfahre. Vor dem Hausgesind
Ließ düsterschauend in dem Aug ihr Lachen sie
Sich bergen; ist ja, was geschah, ein hohes Glück
Für jene, doch fürs Haus hier steht's ganz unheilvoll
Nach dem, was – klar genug! – die Fremden kundgetan.
Und hört's gar jener – heitert's auf ihm Sinn und Herz,
Wenn er erfährt die Kunde. O ich arme Frau!
So sehr mir schon seit alters, mannigfach gehäuft,
Leiden, erträglich kaum, hier in des Atreus Haus
Mir trafen schmerzensvoll in meiner Brust das Herz,
Doch niemals noch solch einen Kummer hielt ich aus.
Das andre trug ja voll Geduld ich – all das Leid;
Doch daß Orestes, meiner Seele süße Plag,
Den auf ich zog, seit ich aus Mutterschoß ihn nahm –
Mit nachtruhstörndem, hellauf krähnden Schreins Befehl,
Mit vieler Mühsal Not, die nun ganz nutzlos ich
Ertrug – solch kleine Unvernunft muß wie ein Tier
Man aufziehn ja, da hilft kein Gott, mit viel Vernunft!
Kein Wort ja sagt ein Kind, das noch in Windeln steckt,
Ob Hunger, Durst, ob naßzumachen es die Not
Ankommt; hilft doch der kleine Bauch sich selbst beim Kind.

		τούτων πρόμαντις οὖσα, πολλὰ δ', οἴομαι,
		ψευσθεῖσα παιδὸς σπαργάνων φαιδρύντρια –
760		κναφεὺς τροφεύς τε ταὐτὸν εἰχέτην τέλος.
		ἐγὼ διπλᾶς δὲ τάσδε χειρωναξίας
		ἔχουσ' Ὀρέστην ἐξεθρεψάμην πατρί.
		τεθνηκότος δὲ νῦν τάλαινα πεύθομαι.
		στείχω δ' ἐπ' ἄνδρα τῶνδε λυμαντήριον
765		οἴκων, θέλων δὲ τόνδε πεύσεται λόγον.
	Χο	πῶς οὖν κελεύει νιν μολεῖν ἐσταλμένον;
	Τρ	ἦ πῶς; λέγ' αὖθις, ὡς μάθω σαφέστερον.
	Χο	εἰ ξὺν λοχίταις εἴτε καὶ μονοστιβῆ;
	Τρ	ἄγειν κελεύει δορυφόρους ὀπάονας.
770	Χο	μή νυν σὺ ταῦτ' ἄγγελλε δεσπότου στύγει·
		ἀλλ' αὐτὸν ἐλθεῖν, ὡς ἀδειμάντων κλύῃ,
		ἄνωχθ' ὅσον τάχιστα γηθούσῃ φρενί.
		ἐν ἀγγέλῳ γὰρ κρυπτὸς ὀρθοῦται λόγος.
	Τρ	ἀλλ' ἦ φρονεῖς εὖ τοῖσι νῦν ἠγγελμένοις;
775	Χο	ἀλλ' εἰ τροπαίαν Ζεὺς κακῶν θήσει ποτέ.
	Τρ	καὶ πῶς; Ὀρέστης ἐλπὶς οἴχεται δόμων.
	Χο	οὔπω· κακός γε μάντις ἂν γνοίη τάδε.
	Τρ	τί φής; ἔχεις τι τῶν λελεγμένων δίχα;
	Χο	ἄγγελλ' ἰοῦσα, πρᾶσσε τἀπεσταλμένα.
780		μέλει θεοῖσιν ὧνπερ ἂν μέλῃ πέρι.
	Τρ	ἀλλ' εἶμι καὶ σοῖς ταῦτα πείσομαι λόγοις.
		γένοιτο δ' ὡς ἄριστα σὺν θεῶν δόσει.

		Stasimon III
	Χορός	Str. 1
	νῦν παραιτουμένᾳ μοι, πάτερ	3 tr
	Ζεῦ θεῶν Ὀλυμπίων,	2 tr
785	δὸς τύχας τυχεῖν δόμου	2 tr
	κυρίως τὰ σώφρον' εὖ	2 tr
	μαιομένοις ἰδεῖν.	δ
	διὰ δίκας πᾶν ἔπος	2 tr
	ἔλακον, ὦ Ζεῦ, σύ νιν φυλάσσοις.	2 tr ba
	ἐέ,	Epod. 1
790	πρὸ δὲ δὴ 'χθρῶν	io

Da sollte man voraussehn; oft jedoch, ich weiß,
Täuscht man sich, wird des Kindes Windelwäscherin;
Walkrin und Amme ist dann beides *ein* Geschäft!
Und ich – derweil ich dieses Doppelhandwerks Amt
Betrieb, zog den Orestes für den Vater auf.
Daß tot er, eben hab ich Arme es gehört.
Ich geh zum Herrn, zum schändlichen Verderber hier
Des Hauses; freudig wird er hören, was geschehn.

Chf Und *wie* heißt sie, in welchem Aufzug kommen ihn?

Am Wie meinst du? – Sag's, daß ich's versteh, noch deutlicher!

Chf Ob mit der Wache, ob allein er kommen soll?

Am Mitführen heißt sie ihn Speerträger als Geleit.

Chf Daß du nur dies nicht meldest dem verhaßten Herrn!
Nur er soll kommen, daß furchtlos sie's melden ihm!
Sag so ihm möglichst schnell nun, frohgemuten Sinns!
Ein Bote tut, verbirgt er's, recht bei manchem Wort.

Am Ja, bist du froh gar bei der Nachricht, die jetzt kam?

Chf Ja, wenn zum Guten Zeus das Unheil wendet einst!

Am Und wie? Orest, des Hauses Hoffnung, ist dahin.

Chf Noch nicht. Ein schlechter Seher selbst erkennte dies.

Am Was sagst du? Weißt du's anders, als berichtet ward?

Chf Bring deine Meldung; führ das Aufgetragne aus!
Die Gottheit sorgt, wofür zu sorgen ihr gebührt.

Am So geh ich und will hierbei folgen deinem Wort.
Mög's fügen sich aufs beste mit der Götter Gunst!
                                        ab

                    Chor
Nun, auf mein rufend Flehn, Vater Zeus,
Göttervater des Olymps,
Laß das Glück, wie sich's dem Haus
Herrlich fügt, laß, die um Zucht
Mühn sich mit Fleiß, es schaun!
Wie es gerecht, Wort für Wort
Brachte ich vor; Zeus, nimm i h n in Obhut!
Ach, ach!
Gib, die feind uns,

τὸν ἔσωθεν μελάθρων, Ζεῦ,   2 io
θές, ἐπεί νιν μέγαν ἄρας,   2 io
δίδυμα καὶ τριπλᾶ παλίμ-   cr ia
ποινα θέλων ἀμείψει. –   ch ba

ἴσθι δ' ἀνδρὸς φίλου πῶλον εὔ-   Ant. 1
νιν ζυγέντ' ἐν ἅρμασιν
795   πημάτων, σὺ δ' ἐν δρόμῳ
προστιθεὶς μέτρον κτίσον
σῳζόμενον ῥυθμόν,
τοῦτ' ἰδεῖν διὰ πέδον
ἀνόμενον βημάτων ὄρεγμα.

ἐέ,   Epod. 1
πρὸ δὲ δὴ 'χθρῶν
τὸν ἔσωθεν μελάθρων, Ζεῦ,
θές, ἐπεί νιν μέγαν ἄρας,
δίδυμα καὶ τριπλᾶ παλίμ-
ποινα θέλων ἀμείψει. =

    Str. 2
800   οἵ τ' ἔσω δωμάτων   2 tr
πλουτογαθῆ μυχὸν νομίζετε,   3 tr
κλῦτε, σύμφρονες θεοί.   2 tr
ἄγετε – – – – – –.   (3 tr)
τῶν πάλαι πεπραγμένων   2 tr
λύσασθ' αἷμα προσφάτοις δίκαις. γέρων   4 tr
805   μηκέτ' ἐν δόμοις τέκοι.   [φόνος   2 tr
    Epod. 2
τὸ δὲ καλῶς κτίμενον ὦ μέγα ναίων   io trim
στόμιον, εὖ δὸς ἀνιδεῖν δόμον ἀνδρὸς   io trim
καὶ νιν ἐλευθερίας   hem
810   φῶς λαμπρὸν ἰδεῖν φιλίοις   pros
ὄμμασιν ἐκ δνοφερᾶς καλύπτρας. –   Alc 10
    Ant. 2
ξυλλάβοι δ' ἐνδίκως
παῖς ὁ Μαίας, ἐπεὶ φορώτατος

Dem im Haus drin in die Hand, Zeus!
Tu's! Wenn *du ihn* hoch emporhebst,
Zwiefach wird, dreifach er dir rück-
zahlend voll Freud es lohnen!

Wiss': des vielteuren Manns Waise ward,
Fohlen noch, geschirrt ins Joch
Arger Not; doch du, beim Lauf
Leih ihm rechtes Maß und hilf
Wahren im Sprung den Takt,
Daß wir sehn, wie durch das Feld
Es diesen Lauf festen Hufs zum Ziel streckt!

Ach, ach!
Gib, die feind uns,
Dem im Haus drin in die Hand, Zeus!
Tu's! Wenn *du ihn* hoch emporhebst,
Zwiefach wird, dreifach er dir rück-
zahlend voll Freud es lohnen!

Die im Schoß unsrer Burg
Stolzen Reichtums Gemach in Hut ihr habt,
Höret, gnädge Götter, uns!
Führt (zum guten Endziel nun alles:)
Von Verbrechen, einst verübt,
Sühnt das Blut durch neuen Spruch des Rechts! Daß greiser Mord
Weiter nicht im Hause zeugt!

Der an des schön, machtvoll gebauten du wohnest,
Des Tors Mund: hell laß wieder blicken des Herrn Haus
Und es die Freiheit im Glanz
Ihres Lichtes schauen mit freud-
vollem Gesicht nach der Nacht Umhüllung!

Helfer sei – recht ist's so –
Maias Sohn, da gewandter ja kein Gott,

πρᾶξιν οὐρίσαι θεῶν.
815 ἀλαὰ πολλὰ δ'ἀμφανεῖ χρῄζων,
ἄσκοπον δ' ἔπος λέγων
νυκτὸς προὐμμάτων σκότον φέρει, καθ' ἡμέραν δ'
οὐδὲν ἐμφανέστερος.

τὸ δὲ καλῶς κτίμενον ὦ μέγα ναίων   Epod.
στόμιον, εὖ δὸς ἀνιδεῖν δόμον ἀνδρὸς
καί νιν ἐλευθερίας
λαμπρὸν φῶς ἰδεῖν φιλίοις
ὄμμασιν ἐκ δνοφερᾶς καλύπτρας. =

                                             Str. 3
καὶ τότ' ἤδη κλυτὸν   2 tr
820 δειμάτων λυτήριον   2 tr
θῆλυν οὐριοστάταν   2 tr
ὀξύκρεκτον γοατᾶν νόμον   }
μεθήσομεν· »πλεῖ τάδ' εὖ,   5 tr
825 ἐμὸν ἐμὸν κέρδος αὔξεται τόδ', ἄ-   3 tr
τα δ' ἀποστατεῖ φίλων.«   2 tr
                                             Epod. 3
σὺ δὲ θαρσῶν, ὅταν ἥκῃ   2 io
μέρος ἔργων, ἐπαύσας   2 io
θροεούσᾳ πρὸς σὲ »τέκνον«   2 io
πατρὸς αὐδάν, καὶ πέραιν'   io cr
830 ἀνεπίμομφον ἄταν. –   cr ba

Περσέως τ' ἐν φρεσὶν   Ant. 3
πρᾶσσε καρδίαν σχεθών·
τοῖς θ' ὑπὸ χθονὸς φίλοις,
τοῖς τ' ἄνωθεν προφράσσων φάρος
835 Γοργοῦς λυγρᾶς ἔνδοθεν
φόνιον ἄταν τίθει, τὸν αἴτιον δ'
ἐξαπόλλυ' εἰσορῶν.

σὺ δὲ θαρσῶν, ὅταν ἥκῃ   Epod. 3
μέρος ἔργων, ἐπαύσας
θροεούσᾳ πρὸς σὲ »τέκνον«
πατρὸς αὐδάν, καὶ πέραιν'
ἀνεπίμομφον ἄταν. =

Günstgen Wind der Tat zu leihn!
Vieles Dunkle klärt er durch Wahrspruch;
Aber undurchsichtgen Worts
Führt er nächtens Dunkel vor die Augen, zeigt am Tag
Keineswegs sich deutlicher.

Der an des schön, machtvoll gebauten du wohnest,
Des Tors Mund: hell laß wieder blicken des Herrn Haus
Und es die Freiheit im Glanz
Ihres Lichtes schauen mit freud-
vollem Gesicht nach der Nacht Umhüllung!

Dann, erst wird, hehren Klangs
Und von aller Furcht befreind,
Von uns Fraun, glückhaften Winds,
Leierumtönt, der Zaubergesang
Auf Fahrt gesandt: „Fahrt des Heils!
Mein, auch mein, Glücksgewinn erwächst hier! Un-
heil bleibt unsern Freunden fern!"

Sei voll Kühnheit, wenn herankommt
Deiner Tat Teil, ruf ihr laut zu,
Wenn sie bittend zu dir „Kind" sagt,
Dein Wort „Vater!" Dann vollzieh,
Untadelhaft, die Straftat!

Perseus' Herz trag in dir,
In der Brust seinen Mut
Für die Lieben: drunten und
Droben! Halt dein Gewand vor dich, gib
Der grimmen Gorgo im Haus
Blutger Tat Lohn; und der den Mord geplant,
Streck ihn nieder, siehst du ihn!

Sei voll Kühnheit, wenn herankommt
Deiner Tat Teil; ruf ihr laut zu,
Wenn sie bittend zu dir „Kind" sagt,
Dein Wort „Vater!" Dann vollzieh,
Untadelhaft, die Straftat!

Αἴγισθος

ἥκω μὲν οὐκ ἄκλητος, ἀλλ' ὑπάγγελος·
νέαν φάτιν δὲ πεύθομαι λέγειν τινὰς
840   ξένους μολόντας οὐδαμῶς ἐφίμερον,
μόρον γ' Ὀρέστου. καὶ τόδ' αὖ φέρειν δόμοις
γένοιτ' ἂν ἄχθος δειματοσταγὲς φόνῳ
τῷ πρόσθεν ἑλκαίνουσι καὶ δεδηγμένοις.
πῶς; ταῦτ' ἀληθῆ καὶ βλέποντα δοξάσω;
845   ἢ πρὸς γυναικῶν δειματούμενοι λόγοι
πεδάρσιοι θρῴσκουσι, θνῄσκοντες μάτην;
τί τῶνδ' ἂν εἴποις ὥστε δηλῶσαι φρενί;
Χο   ἠκούσαμεν μέν, πυνθάνου δὲ τῶν ξένων
εἴσω παρελθών. οὐδὲν ἀγγέλων σθένος,
850   ὡς αὐτὸν ἀνδρὸς ἄνδρα πεύθεσθαι πάρα.
Αἴ   ἰδεῖν ἐλέγξαι τ' εὖ θέλω τὸν ἄγγελον,
εἴτ' αὐτὸς ἦν θνῄσκοντος ἐγγύθεν παρών,
εἴτ' ἐξ ἀμαυρᾶς κληδόνος λέγει μαθών.
οὔτοι φρέν' ἂν κλέψειεν ὠμματωμένην.

Χορός

855   Ζεῦ Ζεῦ, τί λέγω, πόθεν ἄρξωμαι   an
τάδ' ἐπευχομένη κἀπιθεάζουσ',
ὑπὸ δ' εὐνοίας
πῶς ἴσον εἰποῦσ' ἀνύσωμαι;
νῦν γὰρ μέλλουσι μιανθεῖσαι
860   πειραὶ κοπάνων ἀνδροδαϊκτων
ἢ πάνυ θήσειν Ἀγαμεμνονίων
οἴκων ὄλεθρον διὰ παντός,
ἢ πῦρ καὶ φῶς ἐπ' ἐλευθερίᾳ
δαίων ἀρχάς τε πολισσονόμους
865   πατέρων θ' ἕξει. μέγαν ὄλβον.
τοιάνδε πάλην μόνος ὢν ἔφεδρος
δισσοῖς μέλλει θεῖος Ὀρέστης
ἅψειν. εἴη δ' ἐπὶ νίκῃ.

Aigisthos
kommt

Ich komm nicht ungerufen, nein, auf Botschaft hin.
Ganz neue Kunde, hör ich, bringen her ein paar
Fremde, die kamen, keineswegs uns wünschenswert:
Den Tod Orestens. Dies zu tragen noch, dem Haus
Wär's eine Bürde, schreckentriefend, da's von Mord,
Von frührem, schwer verwundet schon und ganz zerfleischt.
Wie? Kann *die* Kunde wahr mir, sichtlich glaubhaft sein?
Ob es von Weibern furchtgeborne Reden sind,
Die durch die Luft fortschwirren, sterbend hin ins Nichts?
Wie weit weißt du Bescheid, der mir Gewißheit gibt?

Chf Wir hörten's zwar; doch frage du die Fremden selbst,
Hinein dort schreitend! Nicht hat Dritter Wort ja Wert,
Da selbst du, Mann vom Manne, dich befragen kannst.

Ai Ansehn, genau ausforschen will den Boten ich,
Ob selbst, als jener starb, er noch zugegen war,
Ob ein unklar Gerücht er bringt, das er gehört.
Nicht soll er täuschen meines Geistes scharfes Aug.

ab ins Haus

Chor

Zeus, Zeus, was nur sag, womit fang ich nur an
Meines flehnden Gebets, der Beschwörung Wort,
Wie, nach Herzens Wunsch,
    Dring, das Rechte ich sagend, zum Ziel vor?
Jetzt ja, jetzt drohen, sich färbend mit Blut,
Die Schärfen des männermordenden Stahls
Ganz und gar zu weihn Agamemnons Haus
    Und Stamm der Vernichtung von Grund aus;
Oder, Feuer und Flamme der Freiheit Tag
Entzündend, gewinnt er der Stadtherrschaft Thron
    Und der Väter gewaltigen Goldhort.
Zu solch einem Ringkampf, allein, letzter Mann,
Mit zwei Gegnern tritt der vieledle Orest
    Auf den Plan. Gedeih es zum Sieg ihm!

Αἴγισθος

ἐή, ὀτοτοτοῖ.   δ

Χορός

870   ἔα ἔα μάλα·   δ
        πῶς ἔχει; πῶς κέκρανται δόμοις;   3 cr

Χορός

ἀποσταθῶμεν πράγματος τελουμένου,
ὅπως δοκῶμεν τῶνδ' ἀναίτιαι κακῶν
εἶναι· μάχης γὰρ δὴ κεκύρωται τέλος.

Οἰκέτης

875   οἴμοι, πανοίμοι δεσπότου τελουμένου,
        οἴμοι μάλ' αὖθις ἐν τρίτοις προσφθέγμασιν.
        Αἴγισθος οὐκέτ' ἔστιν. ἀλλ' ἀνοίξατε
        ὅπως τάχιστα, καὶ γυναικείους πύλας
        μοχλοῖς χαλᾶτε· καὶ μάλ' ἡβῶντος δὲ δεῖ·
880   οὐχ ὡς δ' ἀρῆξαι διαπεπραγμένῳ· τί γάρ;
        ἰοὺ ἰού.

        κωφοῖς ἀΰτῶ καὶ καθεύδουσιν μάτην
        ἄκραντα βάζω. ποῖ Κλυταιμήστρα; τί δρᾷ;
        ἔοικε νῦν αὐτῆς ἐπὶ ξυροῦ πέλων
        αὐχὴν πεσεῖσθαι πρὸς δίκης πεπληγμένος.

Κλυταιμήστρα

885   τί δ' ἐστὶ χρῆμα; τίνα βοὴν ἵστης δόμοις;
    ΟΙ τὸν ζῶντα καίνειν τοὺς τεθνηκότας λέγω.
    Κλ οἲ 'γώ. ξυνῆκα τοὔπος ἐξ αἰνιγμάτων.
        δόλοις ὀλούμεθ', ὥσπερ οὖν ἐκτείναμεν.
        δοίη τις ἀνδροκμῆτα πέλεκυν ὡς τάχος·

Aigisthos

schreit von innen

Weh, weh! O oh! o oh!

Chor

Gib acht! Gib acht genau!
Wie mag's stehn? Wie vollzog sich's im Haus?

Chorführerin

Gehn abseits wir, indes die Tat zu Ende kommt,
Damit wir unbeteiligt an dem Unheil hier
Erscheinen; ist des Kampfs Entscheidung ja erreicht!

Chor tritt beiseite

Diener

stürzt aus der Königsburg

Weh mir! O weh des Herren, dessen Ende kam!
Weh mir noch einmal, noch in dritt- und letztem Ruf!
Aigisthos ist nicht mehr! Auf, öffnet, macht nun auf
So schnell wie möglich, und des Fraungemaches Tor
Brecht auf durch Hebel! Männlich starker Kraft bedarf's!
Nicht um zu helfen ihm – mit dem ist's aus! – Wozu?
Hoiho! Hoiho!

pocht wiederholt ans Tor

Taubstumme ruf ich und dumpf Schlafenden red ich
Umsonst zu. Wo ist, was macht Klytaimestra nur?
Es scheint, daß nunmehr ihr – auf Messers Schneide steht's –
Ihr Hals muß fallen, von der Rache Schlag ereilt!

Klytaimestra

kommt

    Was geht denn vor? Was für Geschrei machst du dem Haus?
Di Den Lebenden – morden die Toten! sag ich dir.
Kl Weh mir! Ich faß dein Wort auch in des Rätsels Hüll:
    Durch List trifft Mord uns, so wie wir einst mordeten.
    Reicht her das männertötende Beil mir möglichst schnell!

890   εἰδῶμεν εἰ νικῶμεν ἢ νικώμεθα.
         ἐνταῦθα γὰρ δὴ τοῦδ' ἀφικόμην κακοῦ.

                              Ὀρέστης
         σὲ καὶ ματεύω· τῷδε δ' ἀρκούντως ἔχει.

                           Κλυταιμήστρα
         οἲ 'γώ. τέθνηκας, φίλτατ' Αἰγίσθου βία.
'Ορ   φιλεῖς τὸν ἄνδρα; τοιγὰρ ἐν ταὐτῷ τάφῳ
895   κείσῃ· θανόντα δ' οὔτι μὴ προδῷς ποτε.
Κλ   ἐπίσχες, ὦ παῖ, τόνδε δ' αἴδεσαι, τέκνον,
         μαστόν, πρὸς ᾧ σὺ πολλὰ δὴ βρίζων ἅμα
         οὔλοισιν ἐξήμελξας εὐτραφὲς γάλα.
'Ορ   Πυλάδη, τί δράσω; μητέρ' αἰδεσθῶ κτανεῖν;

                             Πυλάδης
900   ποῦ δὴ τὰ λοιπὰ Λοξίου μαντεύματα
         τὰ πυθόχρηστα, πιστὰ δ' εὐορκώματα;
         ἅπαντας ἐχθροὺς τῶν θεῶν ἡγοῦ πλέον.

                              Ὀρέστης
         κρίνω σὲ νικᾶν, καὶ παραινεῖς μοι καλῶς.

         ἕπου, πρὸς αὐτὸν τόνδε σὲ σφάξαι θέλω.
905   καὶ ζῶντα γάρ νιν κρείσσον' ἡγήσω πατρός·
         τούτῳ θανοῦσα συγκάθευδ', ἐπεὶ φιλεῖς
         τὸν ἄνδρα τοῦτον, ὃν δ' ἐχρῆν φιλεῖν στυγεῖς.

                           Κλυταιμήστρα
         ἐγώ σ' ἔθρεψα, σὺν δὲ γηρᾶναι θέλω.
'Ορ   πατροκτονοῦσα γὰρ ξυνοικήσεις ἐμοί;
910 Κλ ἡ Μοῖρα τούτων, ὦ τέκνον, παραιτία.
'Ορ   καὶ τόνδε τοίνυν Μοῖρ' ἐπόρσυνεν μόρον.
Κλ   οὐδὲν σεβίζῃ γενεθλίους ἀράς, τέκνον;

Laßt sehn uns, ob wir siegen, ob man uns besiegt!
So weit bin nun in diesem Unheil ich gelangt!

Diener ab. Orestes und Pylades treten aus der Königsburg.
Im offenen Tor sieht man die Leiche des Aigisthos

Orestes

Dich grad noch such ich; dem da ward sein volles Teil!

Klytaimestra

Weh mir! Tot bist du, liebste mir, Aigisthos' Kraft?

Or Du liebst den Mann? So sollst im gleichen Grabe du
Liegen; am Toten dann übst niemals du Verrat!

Kl Halt ein, o Sohn! Und hege Scheu vor ihr, mein Kind,
Der Brust, an der du oft ja schlummernd lagst, zugleich
Zahnlosen Mündchens saugtest süßernährnde Milch!

Or Was, Pylades, tun? Die Mutter – morden – geb ich's auf?

Pylades

Wo bleibt dann, was an pythischen Sprüchen Loxias sonst
Noch kundgetan, wo deiner Schwüre Treuepflicht?
Laß alle feind dir lieber als die Götter sein!

Orestes

Dir kommt der Sieg zu; und du mahnest mich zu Recht.

zu Klytaimestra

Folg mir! Bei jenem dort dich schlachten, ist mein Will!
Auch als er lebte, zogst du ihn dem Vater vor;
Mit ihm im Tod zusammen schlaf denn, da du liebst
Den Menschen da und, wen du lieben solltest, haßt!

Klytaimestra

Ich zog dich groß: mit dir zu altern, ist mein Wunsch!

Or Des Vaters Mörderin, willst wohnen du mit mir?

Kl Das Schicksal trug an alledem, mein Kind, die Schuld!

Or So setzt' ins Werk denn auch das Schicksal diesen Mord!

Kl Trägst keine Scheu du vor der Mutter Flüchen, Kind?

'Ορ τεκοῦσα γὰρ μ' ἔρριψας ἐς τὸ δυστυχές.
Κλ οὔτοι σ' ἀπέρριψ', ἐς δόμους δορυξένους.
915 'Ορ αἰκῶς ἐπράθην ὢν ἐλευθέρου πατρός.
Κλ ποῦ δῆθ' ὁ τῖμος, ὅντιν' ἀντεδεξάμην;
'Ορ αἰσχύνομαί σοι τοῦτ' ὀνειδίσαι σαφῶς.
Κλ μὴ ἀλλ' εἴφ' ὁμοίως καὶ πατρὸς τοῦ σοῦ μάτας.
'Ορ μὴ 'λεγχε τὸν πονοῦντ' ἔσω καθημένη.
920 Κλ ἄλγος γυναιξὶν ἀνδρὸς εἴργεσθαι, τέκνον.
'Ορ τρέφει δέ γ' ἀνδρὸς μόχθος ἡμένας ἔσω.
Κλ κτενεῖν ἔοικας, ὦ τέκνον, τὴν μητέρα;
'Ορ σύ τοι σεαυτήν, οὐκ ἐγώ, κατακτενεῖς.
Κλ ὅρα, φύλαξαι μητρὸς ἐγκότους κύνας.
925 'Ορ τὰς τοῦ πατρὸς δὲ πῶς φύγω, παρεὶς τάδε;
Κλ ἔοικα θρηνεῖν ζῶσα πρὸς τύμβον μάτην.

'Ορ πατρὸς γὰρ αἶσα τόνδε σούριζει μόρον.
Κλ οἲ 'γὼ τεκοῦσα τόνδ' ὄφιν ἐθρεψάμην.
'Ορ ἦ κάρτα μάντις οὑξ ὀνειράτων φόβος.
930 κἄνες γ' ὃν οὐ χρῆν, καὶ τὸ μὴ χρεὼν πάθε.

Χορός

στένω μὲν οὖν καὶ τῶνδε συμφορὰν διπλῆν.
ἐπεὶ δὲ πολλῶν αἱμάτων ἐπήκρισε
τλήμων 'Ορέστης, τοῦθ' ὅμως αἱρούμεθα,
ὀφθαλμὸν οἴκων μὴ πανώλεθρον πεσεῖν.

		Stasimon III
Χορός		Str. 1
935 ἔμολε μὲν δίκα Πριαμίδαις χρόνῳ,		2 δ
βαρύδικος ποινά·		δ
ἔμολε δ' ἐς δόμον τὸν 'Αγαμέμνονος		2 δ
διπλοῦς λέων, διπλοῦς Ἄρης.		2 ia
ἔλασε δ' ἐς τὸ πᾶν		δ
940 ὁ πυθόχρηστος φυγὰς		ia cr
θεόθεν εὖ φραδαῖσιν ὡρμημένος.		2 δ

Or Die mich gebar, du stießest in das Elend mich!

Kl Nein, nicht verstieß ich dich in ein – gastfreundlich Haus!

Or Schmachvoll verkauft ward ich, des freien Vaters Sohn!

Kl Wo wär der Kaufpreis, den ich je dafür erhielt?

Or Mir verbeut die Scham, dir's vorzuhalten klaren Worts.

Kl Tu's; doch sag gleichfalls, was dein Vater Schlimmes tat!

Or Nicht tadl ihn, der in Not war, als zuhaus du saßt!

Kl Qual ist's den Frauen, von dem Mann getrennt sein, Kind!

Or Doch nährt des Mannes Müh die Frau, die drinnen sitzt.

Kl Ermorden wolltest, o mein Kind, die Mutter du?!

Or Du wahrlich selber ja, nicht ich, gibst dir den Tod!

Kl In acht nimm vor der Mutter wütgen Hunden dich!

Or Und die des Vaters, wie sie meiden, laß ich's sein?

Kl Ich klag mein Leid, scheint's, lebend einem – Grab – um-
                                                        [sonst.

Or Des Vaters Los spricht dir das Urteil solchen Tods!

Kl Weh mir, ich gebar den Drachen da, zog mir ihn groß!

Or Ja, wahr als Seherin sprach aus Träumen dir die Furcht.
    Du erschlugst, den du nicht solltest; Gleiches dulde nun!

ab mit Klytaimestra, die er ins Haus zieht, und Pylades
                   Der Chor tritt vor

Chorführerin

Ich stöhne auf ob ihrer beider Ungemachs.
Derweil denn auf vielfacher Blutschuld Gipfel steigt
Der tapfre Orestes, wünscht sich dies doch unser Herz:
Das Aug des Hauses fall dem Unheil nicht anheim!

Chor

Es stürmte Dikes Macht auf Priams Söhne spät,
Schwerer Vergeltung Schlag;
Es stürmte in das Haus, in Agamemnons Haus
Zwiefach ein Leu, zwiefach der Mord.
Es führt's ganz zu End
Der Flüchtling, pythogesandt,
Vom Gott wohl durch Weisung angespornt zur Tat.

		Epod. 1
	ἐπολολύξατ' ὦ δεσποσύνων δόμων	2 δ
	ἀναφυγᾷ κακῶν καὶ κτεάνων τριβᾶς	2 δ
	ὑπαὶ δυοῖν μιαστόροιν,	2 ia
945	δυσοίμου τύχας. –	δ

		Ant. 1
	ἔμολε δ' ᾇ μελει κρυπταδίου μάχας	Ant. 1
	δολιόφρων ποινά·	
	ἔθιγε δ' ἐν μάχᾳ χερὸς ἐτήτυμος	
	Διὸς κόρα· Δίκαν δέ νιν	
950	προσαγορεύομεν	
	βροτοὶ τυχόντες καλῶς·	
	ὀλέθριον πνέουσ' ἐπ' ἐχθροῖς κότον.	

		Epod. 1
	ἐπολολύξατ' ὦ δεσποσύνων δόμων	Epod. 1
	ἀναφυγᾷ κακῶν καὶ κτεάνων τριβᾶς	
	ὑπαὶ δυοῖν μιαστόροιν,	
	δυσοίμου τύχας. =	

		Str. 2
	τάπερ ὁ Λοξίας ὁ Παρνασίας	2 δ
	μέγαν ἔχων μυχὸν	δ
955	χθονὸς ἐπωρθίαξεν ἀδόλως δολίαν	2 δ
	βλάβαν ἐγχρονισθεῖσαν ἐποίχεται.	2 δ
	κρατεῖ πως τὸ θεῖον, πάρα γὰρ τὸ μὴ	2 δ
	ὑπουργεῖν κακοῖς.	δ
960	ἄξια δ' οὐρανοῦχον ἀρχὰν σέβειν.	2 δ

		Epod. 2
	πάρα τὸ φῶς ἰδεῖν.	δ
	μέγα τ' ἀφῃρέθη ψάλιον οἰκετῶν,	2 δ
	ἄναγε μὰν δόμοι· πολὺ ἄγαν χρόνον	2 δ
	χαμαιπετεῖς ἔκεισθ' ἀεί. –	2 ia

		Ant. 2
965	τάχα δὲ παντελὴς χρόνος ἀμείψεται	Ant. 2
	πρόθυρα δωμάτων,	
	ὅταν ἀφ' ἑστίας πᾶν ἐλαθῇ μύσος	
	καθαρμοῖσιν ἀτᾶν ἐλατηρίοις.	
	τύχᾳ δ' εὐπροσώπῳ κεῖται τὸ πᾶν	
970	ἰδεῖν θρεομένοις·	
	»μέτοικοι δόμων πεσοῦνται πάλιν.«	

Aufjauchzend jubelt laut; entflieht das Herrscher-Haus
Doch Übeltaten und Besitztums Verderb
Von Seiten des schandbaren Paars:
Ins Unheil dem Pfad!

Es stürmt' herein, die sinnt auf hinterhältgen Kampf:
Listger Vergeltung Macht.
Gelegt hat bei dem Kampf Hand an, die wahrhaft Zeus',
Des Rächers, Kind: Gerechtigkeit,
So heißen wir, die Men-
schen, sie und treffen es gut,
Die tödlichen Groll zuschnaubt jedem Feind.

Aufjauchzend jubelt laut über das Herrscher-Haus,
Daß es entfloh dem Greul, Besitztums Verderb
Von Seiten des schandbaren Paars:
Ins Unheil dem Pfad!

Was vordem Loxias, der den Parnassischen
Gewaltgen Erdenschlund
Hat inne, aufgestellt hat truglos: den voll Trug
So lange hingeschleppten Schaden greift's nun an.
Zum Sieg kommt die Gottheit; dadurch daß nie
Sie beisteht der Schuld.
Wohl ziemt's, höchsten Himmels Herrschaft zu scheun.

Man kann das Licht nun schaun.
Zwangvollen Zaums ward frei des Hauses Dienerschaft.
Heb dich empor, o Haus! Lang, allzu lange schon
Gestürzt im Staube lagst du stets!

Bald wird die Allvollendrin Zeit schreiten durch
Den Vorhof ins Haus,
Wenn von des Herds Altar ganz ward verjagt der Greul
Durch Reingung, die Unheil austreibt dem Haus.
In Glücks heitrem Antlitz liegt alles klar
Dem Aug, hell ertönt's:
„Die Plaggeister im Haus, bald sind sie wieder – verjagt!"

πάρα τὸ φῶς ἰδεῖν.   Epod. 2
μέγα τ᾽ ἀφῃρέθη ψάλιον οἰκετῶν,
ἄναγε μὰν δόμοι· πολὺν ἄγαν χρόνον
χαμαιπετεῖς ἔκεισθ᾽ ἀεί. =

᾽Ορέστης

ἴδεσθε χώρας τὴν διπλῆν τυραννίδα
πατροκτόνους τε δωμάτων πορθήτορας.
975   σεμνοὶ μὲν ἦσαν ἐν θρόνοις τόθ᾽ ἥμενοι,
φίλοι δὲ καὶ νῦν, ὡς ἐπεικάσαι πάθη
πάρεστιν, ὅρκος τ᾽ ἐμμένει πιστώμασιν.
ξυνώμοσαν μὲν θάνατον ἀθλίῳ πατρὶ
καὶ ξυνθανεῖσθαι· καὶ τάδ᾽ εὐόρκως ἔχει.

980   ἴδεσθε δ᾽ αὖτε, τῶνδ᾽ ἐπήκοοι κακῶν,
τὸ μηχάνημα, δεσμὸν ἀθλίῳ πατρί,
πέδας τε χειροῖν καὶ ποδοῖν ξυνωρίδα.

ἐκτείνατ᾽ αὐτὸ καὶ κύκλῳ παρασταδὸν
στέγαστρον ἀνδρὸς δείξαθ᾽, ὡς ἴδῃ πατήρ,
985   οὐχ οὑμός, ἀλλ᾽ ὁ πάντ᾽ ἐποπτεύων τάδε
Ἥλιος, ἄναγνα μητρὸς ἔργα τῆς ἐμῆς,
ὡς ἂν παρῇ μοι μάρτυς ἐν δίκῃ ποτέ,
ὡς τόνδ᾽ ἐγὼ μετῆλθον ἐνδίκως φόνον
τὸν μητρός· Αἰγίσθου γὰρ οὐ λέγω μόρον·
990   ἔχει γὰρ αἰσχυντῆρος, ὡς νόμος, δίκην·
ἥτις δ᾽ ἐπ᾽ ἀνδρὶ τοῦτ᾽ ἐμήσατο στύγος,
ἐξ οὗ τέκνων ἤνεγχ᾽ ὑπὸ ζώνην βάρος,
φίλον τέως, νῦν δ᾽ ἐχθρόν, ὡς φαίνει, κακόν.
τί σοι δοκεῖ· μύραινά γ᾽ εἴτ᾽ ἔχιδν᾽ ἔφυ
995   σήπειν θιγοῦσαν ἄλλον, οὐ δεδηγμένον,
τόλμης ἕκατι κἀκδίκου φρονήματος;

Man kann das Licht nun schaun.
Zwangvollen Zaums ward frei des Hauses Dienerschaft.
Heb dich empor, o Haus! Lang, allzu lange schon
Gestürzt im Staube lagst du stets!

Das Tor öffnet sich. Orestes erscheint; hinter ihm sieht man die
Leichen des Aigisthos und der Klytaimestra nebeneinander liegen.
Diener halten das große netzartige Tuch. Volk versammelt sich

Orestes

Seht hier des Landes doppelhäuptige Zwingherrschaft,
Des Vaters Mörder und des Hausguts Plünderer!
Hoffärtig saßen auf dem Thron sie vordem da,
Sind Liebende jetzt noch, wie es deutlich ihr Geschick
Kann zeigen; und ihr Schwur bleibt fest im Treuebund:
Vereint ja schworen argen Tod dem Vater sie
Und vereint – zu sterben. So auch – treu dem Schwur – ge-
[schah's.
Seht weiter noch, ihr Zeugen dieses Unheils hier,
Das Trugwerkzeug, Netz zu unselgen Vaters Fang,
Fesseln dem Händepaar, dem Fußpaar Doppelzwang.

zu den Dienern, die das Tuch halten

Breitet es aus und, tretend rings im Kreis herum,
Zeigt vor des Manns Umhüllung, daß der Vater seh,
Nicht meiner, nein, der auf dies alles niederschaut,
Er – Helios – das heillose, meiner Mutter Werk,
Und hilfreich mir bezeuge vor Gericht dereinst,
Wie ich nachging mit vollem Rechte diesem Mord
An der Mutter; von Aigisthos' Tode red ich nicht.
Ihm ward des Ehebrechers Strafe ja, wie's Brauch.
Doch die dem Manne ausersonnen solchen Greul,
Von dem sie Kindesbürde unterm Gürtel trug,
Ihr lieb bislang, nun offenbar ihr ärgster Feind:
Was glaubst du: ward als Giftaal, Natter sie erzeugt,
Die brandig macht, wen sie berührt, auch ohne Biß,
Durch Frechheit einzig und ruchlose Sinnesart?

Die Diener haben den Mantel gezeigt und bringen ihn zu
Orestes zurück

τί νιν προσείπω καὶ τύχω μάλ' εὐστομῶν;
ἄγρευμα θηρὸς ἢ νεκροῦ ποδένδυτον
δροίτης κατασκήνωμα; δίκτυον μὲν οὖν
1000   ἄρκυν τ' ἂν εἴποις καὶ ποδιστῆρας πέπλους.
τοιοῦτον ἂν κτήσαιτο φηλήτης ἀνήρ,
ξένων ἀπαιόλημα κἀργυροστερῆ
βίον νομίζων, τῷδέ τ' ἂν δολώματι
πολλοὺς ἀναιρῶν πολλὰ θερμαίνοι φρένα.
1005   τοιάδ' ἐμοὶ ξύνοικος ἐν δόμοισι μὴ
γένοιτ'· ὀλοίμην πρόσθεν ἐκ θεῶν ἄπαις.

Χορός

αἰαῖ αἰαῖ μελέων ἔργων·   an
στυγερῷ θανάτῳ διεπράχθης.
ἑέ,
μίμνοντι δὲ καὶ πάθος ἀνθεῖ. –
1010 'Ορ ἔδρασεν ἢ οὐκ ἔδρασε; μαρτυρεῖ δέ μοι
φᾶρος τόδ', ὡς ἔβαψεν Αἰγίσθου ξίφος.
φόνου δὲ κηκὶς ξὺν χρόνῳ ξυμβάλλεται,
πολλὰς βαφὰς φθείρουσα τοῦ ποικίλματος.
νῦν αὐτὸν αἰνῶ, νῦν ἀποιμώζω παρών,
1015   πατροκτόνον θ' ὕφασμα προσφωνῶν τόδε
ἀλγῶ μὲν ἔργα καὶ πάθος γένος τε πᾶν,
ἄζηλα νίκης τῆσδ' ἔχων μιάσματα.

Χορός

οὔτις μερόπων ἀσινῆ βίοτον   an
διὰ παντὸς ἀπήμον' ἀμείψει.
ἐή,
μόχθος δ' ὁ μὲν αὐτίχ', ὁ δ' ἥξει. =
1020 'Ορ ἀλλ', ὡς ἂν εἰδῆτ', οὐ γὰρ οἶδ' ὅποι τελεῖ,
ὥσπερ ξὺν ἵπποις ἡνιοστροφῶ δρόμου
ἐξωτέρω. φέρουσι γὰρ νικώμενον
φρένες δύσαρκτοι· πρὸς δὲ καρδίᾳ φόβος
1025   ᾄδειν ἕτοιμος ἠδ' ὑπορχεῖσθαι κότῳ.
ἕως δ' ἔτ' ἔμφρων εἰμί, κηρύσσω φίλοις,

Wie heiß ich dies und treff das Rechte rechten Worts?
Fangzeug fürs Jagdtier? Fußumhüllend Totenkleid?
Des Sarges deckend Bahrtuch? Ein Fischnetz vielmehr,
Fanggarn wohl hieß es, fußverwickelndes Geweb?
Dergleichen schafft sich wohl ein arger Strauchdieb an,
Für den Diebstahl an Fremden, Silbergeldes Raub
Lebensberuf, und der an diesem tückischen Ding,
Viel Menschen mordend, vielmals seine Freude hat!
Solch Weib werd als Genossin mir im Hause nie
Zuteil; stürb ich doch vordem, Götter, kinderlos!

Chor

Weh, weh! Weh, weh! der unselgen Tat!
    Eines grausigen Todes verstarbst du!
Doch, ach!
    Wer bleibt, auch ihm blühet Leid auf!

Or Tat sie es, oder tat sie's nicht? Bezeugen kann's
Der Mantel mir, da ihn gefärbt Aigisthos' Schwert.
Des Mordes Blutfleck läßt sein Alter deutlich sehn,
Soviel der Farbe zehrt' er auf des bunten Stoffs.
Bald preis ich, bald beklag ich, lebend noch, mich selbst;
Dies vatermordend Webwerk, red ich laut es an:
Faßt Qual um Tat, um Leid mich, um den ganzen Stamm
In dieses Siegs nicht neidenswerter Gräßlichkeit.

Chor

Keinem Sterblichen glückt's, unversehrt seinen Gang,
    Bis zum Lebensend leidlos zu wandeln.
Ach, ach!
    Trifft doch Not den sogleich, jenen künftig!

Or Doch daß ihr's wißt: nicht weiß ich, wohinaus das treibt;
Gleichsam mit Rossen fahrend, lenk ich aus der Bahn
Seitwärts heraus. Fortreißt mich, den bezwungnen, fort
Mein Sinn unbändig. Nah dem Herzen macht sich Furcht
Zum Sang bereit, zum Tanz dabei im Ton des Grolls.
Solang ich noch bei Sinnen, künde laut ich euch:

κτανεῖν τέ φημι μητέρ' οὐκ ἄνευ δίκης,
πατροκτόνον μίασμα καὶ θεῶν στύγος.
καὶ φίλτρα τόλμης τῆσδε πλειστηρίζομαι
1030 τὸν πυθόμαντιν Λοξίαν, χρήσαντ' ἐμοὶ
πράξαντι μὲν ταῦτ' ἐκτὸς αἰτίας κακῆς
εἶναι, παρέντα δ', οὐκ ἐρῶ τὴν ζημίαν·
τόξῳ γὰρ οὔτις πημάτων ἐφίξεται.
καὶ νῦν ὁρᾶτέ μ', ὡς παρεσκευασμένος
1035 ξὺν τῷδε θαλλῷ καὶ στέφει προσίξομαι
μεσόμφαλόν θ' ἵδρυμα, Λοξίου πέδον,
πυρός τε φέγγος ἄφθιτον κεκλημένον,
φεύγων τόδ' αἷμα κοινόν· οὐδ' ἐφ' ἑστίαν
ἄλλην τραπέσθαι Λοξίας ἐφίετο.
1040 τὰ δ' ἐν χρόνῳ μοι, Μενέλεως ὅταν μόλῃ,
1041 καὶ μαρτυρεῖν ἅπαντας 'Αργείους λέγω
1041 a καὶ τὸν θελήσονθ' ὡς ἐπορσύνθη κακά.
ἐγὼ δ' ἀλήτης τῆσδε γῆς ἀπόξενος,
ζῶν καὶ τεθνηκὼς τάσδε κληδόνας λιπών —

                    Χορός

ἀλλ' εὖ γ' ἔπραξας, μηδ' ἐπιζευχθῇς στόμα
1045 φήμῃ πονηρᾷ μηδ' ἐπιγλωσσῶ κακά·
ἠλευθέρωσας πᾶσαν 'Αργείων πόλιν,
δυοῖν δρακόντοιν εὐπετῶς τεμὼν κάρα.
    'Ορ ἆᾶ.
ποῖαι γυναῖκες αἵδε, Γοργόνων δίκην
φαιοχίτωνες καὶ πεπλεκτανημέναι
1050 πυκνοῖς δράκουσιν; οὐκέτ' ἂν μείναιμ' ἐγώ.
    Χο τίνες σε δόξαι, φίλτατ' ἀνθρώπων πατρί,
στροβοῦσιν; ἴσχε, μὴ φόβου νικῶ πολύ.
    'Ορ οὐκ εἰσὶ δόξαι τῶνδε πημάτων ἐμοί·
σαφῶς γὰρ αἵδε μητρὸς ἔγκοτοι κύνες.
1055 Χο ποταίνιον γὰρ αἷμά σοι χεροῖν ἔτι·
ἐκ τῶνδέ τοι ταραγμὸς ἐς φρένας πίτνει.
    'Ορ ἄναξ Ἄπολλον, αἵδε πληθύουσι δή
κἀξ ὀμμάτων στάζουσιν αἷμα δυσφιλές.

Totschlug die Mutter ich mit vollem Fug und Recht,
Die Vatermordbefleckte, sie, der Götter Greul!
Den Rauschtrank meines Wagmuts gab, erklär ich laut,
Der Pythoseher Loxias mir, der kund mir tat:
Führt ich die Tat aus, sollte sonder Fehl und Schuld
Ich sein; ließ ich's – nicht sag die Strafe ich dafür.
Kein Bogenschuß erreicht *der* Leiden Maß und Ziel.
Und jetzt nun seht, wie ich, gerüstet zu der Fahrt
Mit diesem Ölzweig und dem Kranz, hinziehen will
Zu Erdennabels Heiligtum, des Loxias Flur,
Zum Feuerschein, den man den ewgen nennt, zu fliehn
Dies mir verwandte Blut; und keinem andern Herd
Sollt ich mich nahen, war des Loxias Befehl.
Das soll dereinst mir, wenn Menelaos wiederkehrt,
Bezeugen, sage ich, das ganze Argosvolk
Und wer es sonst will, wie man schuf das Unheil hier.
Doch ich, umirrend, diesem Lande fern und fremd,
Laß lebend ich und tot solch üblen Ruf zurück –

Chorführerin

Nein, rühmlich tatst du; nicht spann ein zu bösem Wort
Den Mund noch auf die Zunge nimm, was Unheil bringt!
Befreit hast du des Argosvolkes ganze Stadt,
Dem Drachenpaar mit leichter Hand abmähnd das Haupt.

Or Da, da!
Hah, was für Weiber sind das, nach Gorgonen Art
In Grau gekleidet und das Haar umflochten rings
Mit Schlangenknäueln? Nicht mehr bleiben kann ich hier!

Chf Welch Wahnbild, liebster du dem Vater auf der Welt,
Verstört dich? Faß dich! Gib der Furcht nicht ganz dich hin!

Or Kein Wahnbild ist es, was mir solche Qualen schafft!
Ich seh's: das sind der Mutter wütge Hunde dort!

Chf Frisch, ungewohnt klebt Blut dir an den Händen noch;
So kommt's, daß dir Verwirrung in die Seele fällt.

Or Herrscher Apollon, die da werden mehr und mehr;
Und aus den Augen tropfen Blut sie, grausges Blut!

Χο   δεῖ σοι καθαρμοῦ· Λοξίας δὲ προσθιγὼν
1060   ἐλεύθερόν σε τῶνδε πημάτων κτίσει.
'Ορ   ὑμεῖς μὲν οὐχ ὁρᾶτε τάσδ', ἐγὼ δ' ὁρῶ·
    ἐλαύνομαι δὲ κοὐκέτ' ἂν μείναιμ' ἐγώ.

Χο   ἀλλ' εὐτυχοίης, καί σ' ἐποπτεύων πρόφρων
1065   θεὸς φυλάσσοι καιρίοισι συμφοραῖς.

Χορός

ὅδε τοι μελάθροις τοῖς βασιλείοις   an
τρίτος αὖ χειμὼν
    πνεύσας γονίας ἐτελέσθη.
παιδόβοροι μὲν πρῶτον ὑπῆρξαν
μόχθοι τάλανες·
1070 δεύτερον ἀνδρὸς βασίλεια πάθη·
λουτροδάικτος δ' ὤλετ' Ἀχαιῶν
πολέμαρχος ἀνήρ·
νῦν δ' αὖ τρίτος ἦλθέ ποθεν, σωτήρ'
ἢ μόρον εἴπω;
1075 ποῖ δῆτα κρανεῖ, ποῖ καταλήξει
    μετακοιμισθὲν μένος ἄτης;

Chf Du brauchst Entsühnung; wenn dich Loxias berührt,
　　　Macht frei dich, ledig er von dieser Leiden Not.
Or　Ihr freilich seht nicht diese da, ich seh sie wohl:
　　　Mich treibt's davon, und nicht mehr bleiben kann ich hier!
stürzt fort
Chf Gehab dich wohl! Mög, auf dich schaund mit gnädgem Aug
　　　Ein Gott dich hüten und dir Gunst und Glück verleihn!

Chor
zieht hinaus

Das war nun für das Haus, unser Königshaus,
Der dritte Sturm,
　　Der schnaubend voll Kraft sich vollendet.
Mit des Kindfraßes Greuel begann es zuerst,
Mit unseliger Qual;
Zu zweit kam des Mannes, des Königs Los:
Ermordet im Bad, starb achaiischen Volks
Heerführender Held;
Nun zum dritten – nenn ich Rettung es
Oder – Mord, was kam?
Wo hört es wohl auf, wo endet den Lauf,
　　Besänftigt, das Wüten des Unheils?

ORESTIE

EUMENIDEN

Τὰ τοῦ δράματος πρόσωπα

Πυθιάς προφῆτις
Ἀπόλλων   Ἀπ
Ὀρέστης   Ὀρ
Κλυταιμήστρας εἴδωλον   Κλ
χορὸς Εὐμενίδων   Χο
Ἀθηνᾶ   Ἀθ
προπομποί

Die Personen des Dramas

Die pythische Seherin
Apollon   Ap
Orestes   Or
Klytaimestras Schatten   Kl
Chor der Eumeniden   Ch · Chf
Athena   Ath
Die Geleitenden

*Das Stück spielt in seinem ersten Teil vor dem Apollotempel in Delphi,
im zweiten Teil vor dem Tempel der Athena auf der Akropolis in
Athen, im dritten Teil auf dem Areopag, einem Felshügel am Fuß der
Akropolis.*

Προφῆτις

Πρῶτον μὲν εὐχῇ τῇδε πρεσβεύω θεῶν
τὴν πρωτόμαντιν Γαῖαν· ἐκ δὲ τῆς Θέμιν,
ἣ δὴ τὸ μητρὸς δευτέρα τόδ' ἕζετο
μαντεῖον, ὡς λόγος τις· ἐν δὲ τῷ τρίτῳ
5　λάχει, θελούσης οὐδὲ πρὸς βίαν τινός,
Τιτανὶς ἄλλη παῖς Χθονός, καθέζετο
Φοίβη· δίδωσι δ' ἢ γενέθλιον δόσιν
Φοίβῳ· τὸ Φοίβης δ' ὄνομ' ἔχει παρώνυμον.
λιπὼν δὲ λίμνην Δηλίαν τε χοιράδα,
10　κέλσας ἐπ' ἀκτὰς ναυπόρους τὰς Παλλάδος,
ἐς τήνδε γαῖαν ἦλθε Παρνησοῦ θ' ἕδρας.
πέμπουσι δ' αὐτὸν καὶ σεβίζουσιν μέγα
κελευθοποιοὶ παῖδες Ἡφαίστου, χθόνα
ἀνήμερον τιθέντες ἡμερωμένην.
15　μολόντα δ' αὐτὸν κάρτα τιμαλφεῖ λεώς
Δελφός τε, χώρας τῆσδε πρυμνήτης ἄναξ.
τέχνης δέ νιν Ζεὺς ἔνθεον κτίσας φρένα
ἵζει τέταρτον τοῖσδε μάντιν ἐν θρόνοις·
Διὸς προφήτης δ' ἐστὶ Λοξίας πατρός.
20　τούτους ἐν εὐχαῖς φροιμιάζομαι θεούς.
Παλλὰς προναία δ' ἐν λόγοις πρεσβεύεται.
σέβω δὲ νύμφας, ἔνθα Κωρυκὶς πέτρα
κοίλη, φίλορνις, δαιμόνων ἀναστροφή·
Βρόμιος ἔχει τὸν χῶρον, οὐδ' ἀμνημονῶ,
25　ἐξ οὗτε βάκχαις ἐστρατήγησεν θεός,
λαγὼ δίκην Πενθεῖ καταρράψας μόρον·
Πλειστοῦ τε πηγὰς καὶ Ποσειδῶνος κράτος
καλοῦσα καὶ τέλειον ὕψιστον Δία,
ἔπειτα μάντις ἐς θρόνους καθιζάνω.
30　καὶ νῦν τυχεῖν με τῶν πρὶν εἰσόδων μακρῷ
ἄριστα δοῖεν· κεἰ παρ' Ἑλλήνων τινές,
ἴτων πάλῳ λαχόντες, ὡς νομίζεται.

Vor dem Apollontempel

Seherin

vor der verschlossenen Pforte, betend

Zuerst durch Anruf von den Göttern ehr ich hoch
Die Urwahrsagrin Gaia; nach ihr Themis dann,
Die ja als zweite dies, der Mutter, Heiligtum
In Hut nahm, wie es heißt; darauf als dritte nahm
Der Reih, mit Willen jener und ohn allen Zwang,
Auch ein Titanenkind der Erde, ein den Sitz
Phoibe. Die gibt ihn am Geburtstag als Geschenk
Phoibos; und Phoibes Name wird Beiname ihm.
Fortzog er von dem Teich und Delos' Klippenstrand,
Landet' an Pallas' schiffumfahrnem Felsgestad
Und kam ins Land hier und zu des Parnassos Sitz.
Und ihn geleiten, ehren voller Scheu ihn hoch,
Wegbahner ihm, die Söhne des Hephaistos, die
Das Land, das unbebaute, zähmend ihm bebaun.
Und als er einzog, huldigt machtvoll ihm das Volk
Und Delphos, dieses Landes steuerführnder Fürst.
Für seine Kunst macht Zeus begeistert ihm den Sinn
Und setzt als vierten Seher ihn auf diesen Thron.
Des Zeus Prophet ist, seines Vaters, Loxias nun.
Den Göttern gilt mein erster Anruf beim Gebet.
Auch Pallas, die „vorm Tempel" wohnt, ehrt nun mein Spruch.
Ich grüß die Nymphen drüben am korykischen Fels,
Hohl, lieb den Vögeln, der Dämonen Unterschlupf.
Daß Bromios Herr des Orts, laß ich nicht unerwähnt,
Seitdem die Bakchen führt' in mächtgem Heer der Gott
Und hasengleich den Pentheus bracht ins Garn des Tods.
Des Pleistos Quellen gilt jetzt und Poseidons Macht
Mein Ruf und dem Vollender, Allerhöchsten: Zeus;
Danach als Seherin nehm ich auf dem Throne Platz.
Und möchten nun – wie frühre – sie *den* Eingang mir
Am meisten segnen! Und wenn hier Hellenen sind,
Die treten ein in Loses Reih, wie's Recht und Brauch!

μαντεύομαι γὰρ ὡς ἂν ἡγῆται θεός.

ἦ δεινὰ λέξαι, δεινὰ δ' ὀφθαλμοῖς δρακεῖν
35 πάλιν μ' ἔπεμψεν ἐκ δόμων τῶν Λοξίου,
ὡς μήτε σωκεῖν μήτε μ' ἀκταίνειν στάσιν·
τρέχω δὲ χερσίν, οὐ ποδωκείᾳ σκελῶν·
δείσασα γὰρ γραῦς οὐδέν, ἀντίπαις μὲν οὖν.
ἐγὼ μὲν ἕρπω πρὸς πολυστεφῆ μυχόν,
40 ὁρῶ δ' ἐπ' ὀμφαλῷ μὲν ἄνδρα θεομυσῆ
ἕδραν ἔχοντα προστρόπαιον, αἵματι
στάζοντα χεῖρας καὶ νεοσπαδὲς ξίφος
ἔχοντ' ἐλαίας θ' ὑψιγέννητον κλάδον,
λήνει μεγίστῳ σωφρόνως ἐστεμμένον,
45 ἀργῆτι μαλλῷ· τῇδε γὰρ τρανῶς ἐρῶ.
πρόσθεν δὲ τἀνδρὸς τοῦδε θαυμαστὸς λόχος
εὕδει γυναικῶν ἐν θρόνοισιν ἥμενος.
οὔτοι γυναῖκας, ἀλλὰ Γοργόνας λέγω,
οὐδ' αὖτε Γοργείοισιν εἰκάσω τύποις.
50 εἶδόν ποτ' ἤδη Φινέως γεγραμμένας
δεῖπνον φερούσας· ἄπτεροί γε μὴν ἰδεῖν
αὗται· μέλαιναι δ', ἐς τὸ πᾶν βδελύκτροποι·
ῥέγκουσι δ' οὐ πλατοῖσι φυσιάμασιν,
ἐκ δ' ὀμμάτων λείβουσι δυσφιλῆ λίβα·
55 καὶ κόσμος οὔτε πρὸς θεῶν ἀγάλματα
φέρειν δίκαιος οὔτ' ἐς ἀνθρώπων στέγας.
τὸ φῦλον οὐκ ὄπωπα τῆσδ' ὁμιλίας,
οὐδ' ἥτις αἶα τοῦτ' ἐπεύχεται γένος
τρέφουσ' ἀνατεί, μὴ μεταστένειν πόνον.
60 τἀντεῦθεν ἤδη τῶνδε δεσπότῃ δόμων
αὐτῷ μελέσθω Λοξίᾳ μεγασθενεῖ.
ἰατρόμαντις δ' ἐστὶ καὶ τερασκόπος
καὶ τοῖσιν ἄλλοις δωμάτων καθάρσιος.

Weissagung geb ich, wie den Weg mir weist der Gott.

geht ins Innere, kommt entsetzt wieder heraus

Ha, Greul zu sagen, Greuel, eignen Augs zu schaun,
Warfen rückwärts mich aus des Loxias Heiligtum,
Daß ich nicht Kraft hab, aufrecht nicht vermag zu stehn;
Mit den Händen lauf ich, nicht schnellfüßger Beine Schwung.
Faßt Angst die Greisin – nichts ja, kindgleich ist sie dann.
Ich schreite zu dem kranzgeschmückten Innern vor,
Seh am Erdnabel einen gottverhaßten Mann
Den Sitz umklammern als Schutzflehnden, seh mit blut-
betropften Händen ihn sein frischgezücktes Schwert
Halten und eines Ölbaums hochgewachsnen Zweig,
Mit dichter Woll in schöner Ordnung eingehüllt
Schneeweißen Vließes; so sag ich genau, wie's war.
Und nah dem Mann dort – welch erstaunlich fremde Schar
Schläft da von Weibern, auf den Sesseln hingehockt!
Nicht wahrlich Weiber, nein, Gorgonen nenn ich sie;
Und wiedrum nicht gorgonscher Art setz ich sie gleich.
Ich sah einmal im Bild gemalt, die Phineus fort
Die Speise trugen; so, doch flügellos zu schaun
Sind diese, schwarz, alles in allem: ekelhaft.
Sie schnarchen in unnahbarn Atemblasens Hauch;
Aus ihren Augen träufeln sie grauses Getropf.
Und ihre Tracht – nicht Götterbildern sich zu nahn
Ist tauglich sie noch in der Menschen Haus zu gehn.
Den Stamm sah ich noch nie, der solche Wesen zeugt,
Noch auch ein Land, das sich berühmte, dies Geschlecht
Zu nähren straflos, ohne Reu ob seiner Müh.
Das Weitre nun sei dieses Heiligtumes Herrn
Selber empfohlen, dem gewaltigen Loxias.
Arzt ist und Seher er: er weiß zu prophezein
Wie jedes Haus von Makel reingend zu befrein.

Die Seherin geht ab. Die Pforte öffnet sich; man sieht die
Erinyen auf den Sesseln schlafen, in der Nähe des Nabelrunds
Orestes mit blutigem Schwert und dem Olivenzweig.
Neben ihm steht Apollon, von Hermes begleitet

Ἀπόλλων

οὔτοι προδώσω· διὰ τέλους δέ σοι φύλαξ
65 ἐγγὺς παρεστώς, καὶ πρόσωθ' ἀποστατῶν
ἐχθροῖσι τοῖς σοῖς οὐ γενήσομαι πέπων.
καὶ νῦν ἁλούσας τάσδε τὰς μάργους ὁρᾷς·
ὕπνῳ πεσοῦσαι δ' αἱ κατάπτυστοι κόραι,
γραῖαι παλαιαὶ παῖδες, αἷς οὐ μείγνυται
70 θεῶν τις οὐδ' ἄνθρωπος οὐδὲ θήρ ποτε·
κακῶν δ' ἕκατι κἀγένοντ', ἐπεὶ κακὸν
σκότον νέμονται Τάρταρόν θ' ὑπὸ χθονός,
μισήματ' ἀνδρῶν καὶ θεῶν Ὀλυμπίων.
ὅμως δὲ φεῦγε μηδὲ μαλθακὸς γένῃ.
75 ἐλῶσι γάρ σε καὶ δι' ἠπείρου μακρᾶς
βιβῶντ' ἀν' αἰεὶ τὴν πλανοστιβῆ χθόνα
ὑπέρ τε πόντον καὶ περιρρύτας πόλεις.
καὶ μὴ πρόκαμνε τόνδε βουκολούμενος
πόνον· μολὼν δὲ Παλλάδος ποτὶ πτόλιν
80 ἷζου παλαιὸν ἄγκαθεν λαβὼν βρέτας.
κἀκεῖ δικαστὰς τῶνδε καὶ θελκτηρίους
μύθους ἔχοντες μηχανὰς εὑρήσομεν,
ὥστ' ἐς τὸ πᾶν σε τῶνδ' ἀπαλλάξαι πόνων.
καὶ γὰρ κτανεῖν σ' ἔπεισα μητρῷον δέμας.

Ὀρέστης

85 ἄναξ Ἄπολλον, οἶσθα μὲν τὸ μὴ ἀδικεῖν·
ἐπεὶ δ' ἐπίστα, καὶ τὸ μὴ ἀμελεῖν μάθε.
σθένος δὲ ποιεῖν εὖ φερέγγυον τὸ σόν.
Ἀπ μέμνησο, μὴ φόβος σε νικάτω φρένας.

σὺ δ', αὐτάδελφον αἷμα καὶ κοινοῦ πατρός,
90 Ἑρμῆ, φύλασσε· κάρτα δ' ὢν ἐπώνυμος
πομπαῖος ἴσθι, τόνδε ποιμαίνων ἐμὸν
ἱκέτην. σέβει τοι Ζεὺς τόδ' ἐκνόμων σέβας,
ὁρμώμενον βροτοῖσιν εὐπόμπῳ τύχῃ.

Apollon

Ich geb dich nie preis; bis zum Schluß als Schützer dir
Zur Seite stehnd, werd ich, auch weit entfernt einmal,
Doch deinen Feinden nie nachgiebgen Sinnes sein.
Auch siehst du nun gefangen diese wütige Schar,
Vom Schlaf bezwungen die scheußlichen Jungfern hier,
Die greisen Urzeittöchter, denen nie gesellt
Der Götter einer noch ein Mensch, ein Tier sich je.
Des Bösen halber sind sie da; im Dunkel drum,
Im bösen, hausen sie, drunten im Tartaros,
Verhaßt den Menschen wie den Göttern im Olymp.
Gleichwohl flieh weiter, werd nicht weich noch matt dabei!
Denn jagen werden sie dich durch des Festlands Flur,
Auf deiner Spur stets bleibend im durchirrten Land,
Wie übers Meer und flutumspülte Städt' hindurch.
Und werd nicht vorher müd, treibt auf die Weide man
Dich solcher Not; nimm deinen Weg zu Pallas' Stadt,
Setz dich, und mit dem Arm umfaß ihr altes Bild!
Dort werden Richter für die Tat, mildernden Worts
Zuspruch wir haben, Mittel, Wege finden dann,
Dich ganz und gar von solchen Nöten zu befrein.
Zu töten ja bewog ich dich der Mutter Leib.

Orestes

Herrscher Apollon, du weißt wohl, was Rechttun ist;
Und da du's weißt, schreib auch Fürsorge dir ins Herz!
Und deine Macht sei gnädigen Beistands Bürgschaft mir!

Ap Denk dran; niemals laß Furcht besiegen deinen Sinn!

zu Hermes

Du, brüderliches Blut vom gleichen Vater her,
Hermes, beschütz ihn, sei, wie dein Beiname sagt,
Geleiter nun, führ hütend ihn, der mir genaht
Schutzflehnd! Ehrt Zeus doch solche Ehr rechtlosen Manns,
Läßt sie mitziehn zu Menschen günstigen Geleits!

Apollon verschwindet; Hermes mit Orestes ab

Κλυταιμήστρας εἴδωλον

εὕδοιτ' ἄν, ὠή, καὶ καθευδουσῶν τί δεῖ;
95　ἐγὼ δ' ὑφ' ὑμῶν ὧδ' ἀπητιμασμένη
ἄλλοισιν ἐν νεκροῖσιν, ὧν μὲν ἔκτανον
ὄνειδος ἐν φθιτοῖσιν οὐκ ἐκλείπεται,
αἰσχρῶς δ' ἀλῶμαι· προὐννέπω δ' ὑμῖν ὅτι
ἔχω μεγίστην αἰτίαν κείνων ὕπο·
100　παθοῦσα δ' οὕτω δεινὰ πρὸς τῶν φιλτάτων,
οὐδεὶς ὑπέρ μου δαιμόνων μηνίεται
κατασφαγείσης πρὸς χερῶν μητροκτόνων.
ὅρα δὲ πληγὰς τάσδε καρδίᾳ σέθεν.
εὕδουσα γὰρ φρὴν ὄμμασιν λαμπρύνεται,
105　ἐν ἡμέρᾳ δὲ μοῖρ' ἀπρόσκοπος βροτῶν.
ἦ πολλὰ μὲν δὴ τῶν ἐμῶν ἐλείξατε·
χοάς τ' ἀοίνους, νηφάλια μειλίγματα
καὶ νυκτίσεμνα δεῖπν' ἐπ' ἐσχάρᾳ πυρὸς
ἔθυον, ὥραν οὐδενὸς κοινὴν θεῶν.
110　καὶ πάντα ταῦτα λὰξ ὁρῶ πατούμενα.
ὁ δ' ἐξαλύξας οἴχεται νεβροῦ δίκην,
καὶ ταῦτα κούφως ἐκ μέσων ἀρκυστάτων
ὤρουσεν ὑμῖν ἐγκατιλλώψας μέγα.
ἀκούσαθ' ὡς ἔλεξα τῆς ἐμῆς πέρι
115　ψυχῆς· φρονήσατ', ὦ κατὰ χθονὸς θεαί.
ὄναρ γὰρ ὑμᾶς νῦν Κλυταιμήστρα καλῶ.

Χορός
[μυγμός]

Κλ　μύζοιτ' ἄν, ἀνὴρ δ' οἴχεται φεύγων πρόσω·
φίλοις γὰρ εἰσιν, οὐκ ἐμοῖς, προσίκτορες.

Χορός
120　[μυγμός]

Κλ　ἄγαν ὑπνώσσεις κοὐ κατοικτίζεις πάθος·
φονεὺς δ' Ὀρέστης τῆσδε μητρὸς οἴχεται.

Klytaimestras Schatten taucht auf

Klytaimestra

Ihr schlaft wohl? Auf denn! Schlafende – was soll's damit?
Doch ich, von euch so ganz mißachtet und entehrt,
Unter den andern Toten – die ich umgebracht,
Ihr Vorwurf bei den Abgeschiednen hört nicht auf –
Irr schmachvoll um stets, und ganz offen sag ich's euch:
Der schlimmsten Schuld werd ich von jenen stets geziehn.
Der Leid, so furchtbares, geschah vom nächsten Blut,
Keiner entbrennt der Götter meinethalb in Zorn,
Die hingeschlachtet ward von Muttermörders Hand.
Sieh an die Wunden hier mit deines Herzens Aug;
Denn schläft der Geist, tun Augen sich ihm leuchtend auf,
Indes am Tage klare Schau versagt uns bleibt.
Gar viele schon habt meiner Gaben ihr geschlürft;
Weinlose Weihegüsse, rauschfrei-sanften Trank
Und nächtig-heilge Mahlzeit opfert ich am Feur
Des Herds zur Stunde, die kein Gott sonst mit euch teilt.
Und alles dies tritt, seh ich, euer Fuß in Staub.
Der, euch entschlüpfend, eilt davon dem Hirschkalb gleich;
Ja, leichten Fußes mitten aus dem Jägernetz
Brach aus er und hohnlachte euch gewaltig noch!
Hört mich; sprach ich um meiner Seele willen doch!
Kommt zur Besinnung, Göttinnen des Erdengrunds!
Ein Traumbild, ruf ich, Klytaimestra, euch jetzt auf!

Chor der Erinyen

(Gestöhn)

Kl Wohl stöhnt ihr; doch der Mensch ist fort auf weiter Flucht.
Dem Sohn stehn, der nicht mehr mein Sohn ist, Helfer bei.

Chor

(Gestöhn)

Kl Zu tief schläfst du, und nicht erbarmst du dich des Leids:
Orestes, mein, der Mutter, Mörder, ist davon!

Χορός
[ὦγμός]

Κλ   ὤζεις, ὑπνώσσεις· οὐκ ἀναστήσῃ τάχος;
125   τί σοι πέπρωται πρᾶγμα πλὴν τεύχειν κακά;

Χορός
[ὦγμός]

Κλ   ὕπνος πόνος τε κύριοι συνωμόται
       δεινῆς δρακαίνης ἐξεκήραναν μένος.

Χορός
[μυγμὸς διπλοῦς ὀξύς]
130   λαβὲ λαβὲ λαβὲ λαβέ, φράζου.

Κλ   ὄναρ διώκεις θῆρα κλαγγαίνεις θ' ἅπερ
       κύων μέριμναν οὔποτ' ἐκλείπων πόνου.
       τί δρᾷς; ἀνίστω, μή σε νικάτω πόνος,
       μηδ' ἀγνοήσῃς πῆμα μαλθαχθεῖσ' ὕπνῳ.
135   ἄλγησον ἧπαρ ἐνδίκοις ὀνείδεσιν·
       τοῖς σώφροσιν γὰρ ἀντίκεντρα γίγνεται.
       σὺ δ' αἱματηρὸν πνεῦμ' ἐπουρίσασα τῷ,
       ἀτμῷ κατισχναίνουσα, νηδύος πυρί,
       ἕπου, μάραινε δευτέροις διώγμασιν.

Χορός

140   ἔγειρ', ἔγειρε καὶ σὺ τήνδ', ἐγὼ δὲ σέ.
       εὕδεις; ἀνίστω, κἀπολακτίσασ' ὕπνον,   Parodos I
       ἰδώμεθ' εἴ τι τοῦδε φροιμίου ματᾷ.   Str. 1

       ἰοὺ ἰοὺ πόπαξ.   δ
       ἐπάθομεν, φίλαι,   δ
       ἦ πολλὰ δὴ παθοῦσα καὶ μάτην ἐγώ,   3 ia

Chor

(Geächz)

Kl Du ächzest, schläfst noch, raffst dich nicht empor in Eil?
Was ist sonst deines Amts, als daß Unheil du schaffst?

Chor

(Geächz)

Kl Schlaf, Mühsal haben, zwei Gewaltherrn, schwurvereint,
Der furchtbarn Drachin gänzlich lahmgelegt die Kraft.

Chor

(Gestöhn, verdoppelt, heftig)

Faß an! Faß an! Faß an! Faß an! Paß auf!

Kl Im Traum verfolgst dein Wild du und gibst Laut gleichwie
Ein Hund, den Sorg und Eifer nie losläßt auf Jagd.
Was soll's? Steh auf! Nicht zwinge dich der Mühsal Not!
Noch laß, was Leid bringt, liegen, ganz erschlafft vom Schlaf!
Grab selbst ins Herz dir des gerechten Vorwurfs Qual;
Besonnenen ja wirkt er einem Stachel gleich!
Du, blutigheißen Hauch im Sturm nachschnaubend ihm,
Im Brodem ihn ausdörrnd, in der Gedärme Glut:
Verfolg, zur Strecke bring in zweiter Hetzjagd ihn!!

verschwindet

Chor

durcheinander

Weck auf! Weck auf hier diese du, ich wecke dich!
Schläfst du? Steh auf! Und fort von uns stoßend den Schlaf,
Laßt sehn uns, ob vordem Erklungnes Täuschung war!

im Wechselgesang

Ioh, ioh, die Qual!
Wir litten, Schwestern mein –
So vieles schon erlitt ich – und vergeblich war's!

145   ἐπάθομεν πάθος   δ
         δυσαχές, ὢ πόποι, ἄφερτον κακόν.   2 δ
         ἐξ ἀρκύων πέπτωκεν οἴχεταί θ' ὁ θήρ.   3 ia
         ὕπνῳ κρατηθεῖσ' ἄγραν ὤλεσα. –   ia 2 cr

         ἰὼ παῖ Διός,   Ant. 1
         ἐπίκλοπος πέλῃ,
150   νέος δὲ γραίας δαίμονας καθιππάσω,
         τὸν ἱκέταν σέβων,
         ἄθεον ἄνδρα καὶ τοκεῦσιν πικρόν,
         τὸν μητραλοίαν δ' ἐξέκλεψας ὢν θεός.
         τί τῶνδ' ἐρεῖ τις δικαίως ἔχειν; =
                                                             Str. 2
155   ἐμοὶ δ' ὄνειδος ἐξ ὀνειράτων μολὸν   3 ia
         ἔτυψεν δίκαν διφρηλάτου   δ ia
         μεσολαβεῖ κέντρῳ   δ
         ὑπὸ φρένας, ὑπὸ λοβόν.   δ
160   πάρεστι μαστίκτορος   ia cr
         δαΐου   cr
         δαμίου   cr
         περίβαρυ βαρὺ τὸ κρύος ἔχειν. –   2 ia

         τοιαῦτα δρῶσιν οἱ νεώτεροι θεοὶ   Ant. 2
         κρατοῦντες τὸ πᾶν δίκας πλέον.
         φονολιβῆ θρόνον
165   περὶ πόδα, περὶ κάρα
         πάρεστι γᾶς ὀμφαλὸν
         προσδρακεῖν
         αἱμάτων
         βλοσυρὸν ἀρόμενον ἄγος ἔχειν. =
                                                             Str. 3
         ἐφεστίῳ δὲ μάντις ὢν μιάσματι   3 ia
170   μυχὸν ἐχράνατ' αὐτόσσυτος, αὐτόκλητος,   δ ch ba
         παρὰ νόμον θεῶν βρότεα μὲν τίων,   2 δ
         παλαιγενεῖς δὲ μοίρας φθίσας. –   ia δ

         κἀμοί γε λυπρὸς καὶ τὸν οὐκ ἐκλύσεται,   Ant. 3

Wir litten solch ein Leid,
Ein jammervolles, oh, ein untragbar Weh!
Aus Netzes Garn gebrochen, ist davon das Wild!
Vom Schlaf besiegt, ward ich los meinen Fang!

Heiho, Sohn des Zeus!
Ein schlauer Dieb bist du!
Hast, junger Gott, die greisen Götter überrannt!
Den Schützling ehrtest du,
Den gottlosen Mann, eigner Erzeugrin Feind!
Den Mutterschläger stahlst du weg uns, du – ein Gott!
Wer sagt hier noch, daß gerecht solches Tun?

der ganze Chor

Ein tadelnd Schelten, das aus meinen Träumen scholl,
Mir traf's einem Rosselenker gleich
Scharfzielnden Geißelschwungs
Ins Herz hinein, in die Leber!
So ward, den auspeitschend weckt
Furchtumgraust
Henkers Faust:
Der drückend, erdrückende Schauder mein Teil!

Derartig führen sich die jüngern Götter auf,
Gewalt übend, ganz dem Recht zum Hohn.
Als mordbetrieften Thron
Vom Haupt bis hin zu den Füßen,
So kann den Erd-Nabel man
Schauen, wie
Ströme Bluts,
Aus furchtbarer Todschuld die Ernte, er trägt.

Mit seines Herds Besudlung hat der Seher selbst
Sein Haus entheiligt höchsteigenen Triebs und Rufes,
Der wider Götterbrauch Sterbliches ehrt und schützt,
Doch uralt Götteranrecht zerbrach.

Mir fügt er Leid zu und macht den hier niemals los!

175 ὑπό τε γᾶν φυγὼν οὔ ποτ' ἐλευθεροῦται.
ποτιτρόπαιος ὢν δ' ἕτερον ἐν κάρᾳ
μιάστορ' ἐγγενῆ πάσεται. =

Ἀπόλλων

ἔξω, κελεύω, τῶνδε δωμάτων τάχος
180 χωρεῖτ', ἀπαλλάσσεσθε μαντικῶν μυχῶν,
μὴ καὶ λαβοῦσα πτηνὸν ἀργηστὴν ὄφιν,
χρυσηλάτου θώμιγγος ἐξορμώμενον,
ἀνῆς ὑπ' ἄλγους μέλαν' ἀπ' ἀνθρώπων ἀφρόν,

ἐμοῦσα θρόμβους οὓς ἀφείλκυσας φόνου.
185 οὔτοι δόμοισι τοῖσδε χρίμπτεσθαι πρέπει·
ἀλλ' οὗ καρανιστῆρες ὀφθαλμωρύχοι
δίκαι σφαγαί τε σπέρματός τ' ἀποφθορᾷ

παίδων κακοῦται χλοῦνις, ἠδ' ἀκρωνίαι
λευσμοί τε, καὶ μύζουσιν οἰκτισμὸν πολὺν
190 ὑπὸ ῥάχιν παγέντες. ἆρ' ἀκούετε
οἵας ἑορτῆς ἔστ' ἀπόπτυστοι θεοῖς
στέργηθρ' ἔχουσαι; πᾶς δ' ὑφηγεῖται τρόπος
μορφῆς· λέοντος ἄντρον αἱματορρόφου
οἰκεῖν τοιαύτας εἰκός, οὐ χρηστηρίοις
195 ἐν τοῖσδε πλησίοισι τρίβεσθαι μύσος.
χωρεῖτ' ἄνευ βοτῆρος αἰπολούμεναι·
ποίμνης τοιαύτης δ' οὔτις εὐφιλὴς θεῶν.

Χορός

ἄναξ Ἄπολλον, ἀντάκουσον ἐν μέρει.
αὐτὸς σὺ τούτων οὐ μεταίτιος πέλῃ,
200 ἀλλ' εἰς τὸ πᾶν ἔπραξας ὡς παναίτιος.
Ἀπ πῶς δή; τοσοῦτο μῆκος ἔκτεινον λόγου.
Χο ἔχρησας ὥστε τὸν ξένον μητροκτονεῖν.
Ἀπ ἔχρησα ποινὰς τοῦ πατρὸς πρᾶξαι. τί μή;

Sucht er im Erdschoß Schutz: nie kommt er je in Freiheit!
Ein Flüchtling, trifft er, wo's auch sei, den andern bald
Aus gleichem Blut, der *sein* Mörder wird!

Apollon

erscheint

Hinaus! befehl ich. Aus dem Tempelhaus entweicht
In Eil, entfernt euch aus dem Seherheiligtum!
Eh, spürnd den Biß beschwingter, gleißendweißer Schlang,
Die goldgeflochtner Sehne sich entstürzt im Flug,
Du brichst vor Qual des Menschenschweißes schwarzen
                                        [Schaum,
Ausspeind Blutklumpen, die du eingesaugt beim Mord!
Nein, dies mein Haus hier anzurühren, ziemt euch nicht.
Doch wo für Kopfabhaun, Augenausgraben die
Gerichts- und Schlachtstatt, wo man durch der Zeugung
                                        [Raub
Der Knaben Kraft verwüstet, wo Verstümmlung herrscht
Und Steingung und ausstoßen langen Jammerlaut
Durch ihr Rückgrat Gepfählte: Hört ihr es nun wohl,
Wie ihr verhaßt den Göttern seid, da Lust ihr habt
An solchen Festen? Jeder Zug zeigt's der Gestalt:
Des Löwen Höhle, des blutschlürfenden, ziemt als
Behausung solchen, nicht sich hier im Seherhaus
Herumzudrücken, jedem, der da naht, ein Greul!
Entweicht, zieht ohne Hirten weiter eure Bahn;
Ist solcher Herde keiner ja der Götter hold!

Er treibt den Chor aus dem Heiligtum

Chorführerin

Herrscher Apollon, hör dagegen unser Wort!
Du selber bist an alldem nicht mitschuldig nur;
Nein, einzig alles tatest du, an allem schuld!
Ap Wieso? Soweit als not, setz deine Rede fort!
Chf Dein Spruch befahl dem fremden Mann den Muttermord!
Ap Mein Spruch hieß rächen ihn den Vater; und mit Recht!

Χο　κἄπειϑ' ὑπέστης αἵματος δέκτωρ νέου.

205 'Απ　καὶ προστραπέσϑαι τούσδ' ἐπέστελλον δόμους.

Χο　καὶ τὰς προπομποὺς δῆτα τάσδε λοιδορεῖς;

'Απ　οὐ γὰρ δόμοισι τοῖσδε πρόσφορον μολεῖν.

Χο　ἀλλ' ἔστιν ἡμῖν τοῦτο προστεταγμένον . . .

'Απ　τίς ἥδε τιμή; κόμπασον γέρας καλόν.

210 Χο　τοὺς μητραλοίας ἐκ δόμων ἐλαύνομεν.

'Απ　τί γὰρ γυναικὸς ἥτις ἄνδρα νοσφίση;

Χο　οὐκ ἂν γένοιϑ' ὅμαιμος αὐϑέντης φόνος.

'Απ　ἦ κάρτ' ἄτιμα καὶ παρ' οὐδὲν ἡγέσω
　　　"Ηρας τελείας καὶ Διὸς πιστώματα.

215　　　Κύπρις δ' ἄτιμος τῷδ' ἀπέρριπται λόγῳ,
　　　ὅϑεν βροτοῖσι γίγνεται τὰ φίλτατα.
　　　εὐνὴ γὰρ ἀνδρὶ καὶ γυναικὶ μόρσιμος
　　　ὅρκου 'στὶ μείζων τῇ δίκῃ φρουρουμένη.
　　　εἰ τοῖσιν οὖν κτείνουσιν ἀλλήλους χαλᾷς
220　　　τὸ μὴ τίνεσϑαι μηδ' ἐποπτεύειν κότῳ,
　　　οὔ φημ' 'Ορέστην σ' ἐνδίκως ἀνδρηλατεῖν.
　　　τὰ μὲν γὰρ οἶδα κάρτα σ' ἐνϑυμουμένην,

　　　τὰ δ' ἐμφανῶς πράσσουσαν ἡσυχαιτέραν.
　　　δίκας δὲ Παλλὰς τῶνδ' ἐποπτεύσει ϑεά.

225 Χο　τὸν ἄνδρ' ἐκεῖνον οὔ τι μὴ λίπω ποτέ.

'Απ　σὺ δ' οὖν δίωκε καὶ πόνον πλείω τίϑου.

Χο　τιμὰς σὺ μὴ σύντεμνε τὰς ἐμὰς λόγῳ.

'Απ　οὐδ' ἂν δεχοίμην ὥστ' ἔχειν τιμὰς σέϑεν.

Χο　μέγας γὰρ ἔμπας πὰρ Διὸς ϑρόνοις λέγῃ·
230　　　ἐγὼ δ', ἄγει γὰρ αἷμα μητρῷον, δίκας
　　　μέτειμι τόνδε φῶτα κἀκκυνηγέσω.

'Απ　ἐγὼ δ' ἀρήξω τὸν ἱκέτην τ' ἐρύσομαι·
　　　δεινὴ γὰρ ἐν βροτοῖσι κἀν ϑεοῖς πέλει
　　　τοῦ προστροπαίου μῆνις, εἰ προδῶ σφ' ἑκών.

Chf Und darauf nahmst die neue Blutschuld du in Schutz –
Ap Und trug, Reingung zu suchen hier im Haus, ihm auf!
Chf Und sein geleitendes Gefolg, uns schiltst du aus?
Ap Nicht ist ja diesem Haus hier euch erlaubt zu nahn!
Chf Doch haben dies wir als uns aufgetragnes Amt . . .
Ap Welch Ehrenamt denn? Rühme doch dein schönes Recht!
Chf Die Muttermörder aus den Häusern treiben wir!
Ap Wie, und die Frau, die ihren Mann beiseit geräumt?
Chf Nicht wär das wahrhaft an verwandtem Blute Mord.
Ap Fürwahr, als wertlos und für nichts erachtest du
    Der hohen Hera und des Zeus Treubund der Eh!
    Kypris wird ohne Ehr verworfen durch dein Wort,
    Von der den Sterblichen zuteil das Liebste wird.
    Die Eh ist Mann ja so wie Weib schicksalbestimmt,
    Steht, heiliger als Eidschwur, in des Rechtes Schutz.
    Wenn also du den Gattenmördern Freiheit gibst,
    Sie weder strafen noch ausspähen läßt voll Groll,
    Bestreit ich, daß Orestes du mit Recht verfolgst.
    Das eine, weiß ich, ziehst du, glühnd vor Grimm und
                                                    [Zorn,
    Das andre, scheint's, zur Strafe ruhigeren Bluts.
    Was Recht hier, Göttin Pallas wird's forschend erspähn.
Chf Von jenem Manne laß ich nun und nimmer ab!
Ap Verfolg ihn also und mach dir der Müh noch mehr!
Chf Die Ehr nicht schmälre meines Amts du durch dein Wort!
Ap Nicht nähm ich an, böt man mir's gleich, dein Ehrenamt!
Chf Als ganz gewaltig ja am Thron des Zeus giltst du;
    Doch ich – mich treibt vergossen Mutterblut – rächend
    Verfolg ich diesen Mann und spür ihn jagend auf!

                        Chor ab

Ap Doch ich will beistehn, will dem Schützling Retter sein.
    Denn furchtbar wirkt bei Menschen sich und Göttern aus
    Des Schutzbefohlnen Groll, gibt man mit Fleiß ihn auf.

                Er geht in den Tempel

'Ορέστης

235   ἄνασσ' 'Αθάνα, Λοξίου κελεύμασιν
        ἥκω, δέχου δὲ πρευμενῶς ἀλάστορα,
        οὐ προστρόπαιον οὐδ' ἀφοίβαντον χέρα,

        ἀλλ' ἀμβλὺν ἤδη προστετριμμένον τε πρὸς
        ἄλλοισιν οἴκοις καὶ πορεύμασιν βροτῶν,
240   ὅμοια χέρσον καὶ θάλασσαν ἐκπερῶν.
        σῴζων ἐφετμὰς Λοξίου χρηστηρίους,
        πρόσειμι δῶμα καὶ βρέτας τὸ σόν, θεά·
        αὐτοῦ φυλάσσων ἀναμένω τέλος δίκης.

Χορός

        εἶέν· τόδ' ἐστὶ τἀνδρὸς ἐκφανὲς τέκμαρ.
245   ἕπου δὲ μηνυτῆρος ἀφθέγκτου φραδαῖς.
        τετραυματισμένον γὰρ ὡς κύων νεβρὸν
        πρὸς αἷμα καὶ σταλαγμὸν ἐκματεύομεν.
        πολλοῖς δὲ μόχθοις ἀνδροκμῆσι φυσιᾷ
        σπλάγχνον· χθονὸς γὰρ πᾶς πεποίμανται τόπος,
250   ὑπέρ τε πόντον ἀπτέροις πωτήμασιν
        ἦλθον διώκουσ', οὐδὲν ὑστέρα νεώς.
        καὶ νῦν ὅδ' ἐνθάδ' ἐστί που καταπτακών.
        ὀσμὴ βροτείων αἱμάτων με προσγελᾷ.

Χορός   Parodos II

255   ὅρα ὅρα μάλ' αὖ, λεύσσετε πάντα, μὴ   2δ
        λάθῃ φύγδα βὰς ματροφόνος ἀτίτας.   2δ

        ὅδ' αὐτός· ἀλκὰν ἔχων   ia cr
        περὶ βρέτει πλεχθεὶς θεᾶς ἀμβρότου   2δ
260   ὑπόδικος θέλει γενέσθαι χρεῶν.   2δ

Wandlung des Schauplatzes: Vor dem Tempel der Pallas
Athena in Athen; davor Altar und Kultbild der Göttin

Orestes
kommt

Herrin Athena, auf des Loxias Geheiß
Kam ich; nimm auf geneigten Sinns den Frevler nun,
Der nicht mehr Sühnung heischt, des Hand nicht unrein
[mehr;
Nein, der schon stumpf macht', abgetragen seinen Fluch
In fremden Häusern, auf der Menschen Weg und Steg,
So über Land zugleich wie Meer auf weiter Fahrt.
Treu folgend Loxias' Befehl und Seherwort,
Nah deinem Haus ich, Göttin, deinem heilgen Bild;
Hüt hier den Platz und wart auf des Gerichtes Schluß.
Er hat sich niedergelassen und das Bild umfaßt

Chor kommt suchend
Chorführerin

Gut so; das ist des Mannes deutlich-klare Spur;
Folg nur der Wegezeigrin wortlos-stummem Ruf!
Denn wie dem wundgeschossnen jungen Hirsch der Hund,
So, nach dem Schweißgeträufel, spüren wir ihn aus.
Von all der Müh der Menschenjagd keucht schnaufend mir
Die Brust; der Erde ganz Revier ist abgegrast,
Und übers Meer in flügellosen Flügen hin
Zog ich verfolgend, blieb nicht *nach* dem schnellen Schiff.
Und jetzt ist hier er, irgendwo untergeduckt:
Geruch sterblichen Menschenblutes lacht mich an!

Chor
einzelne Gruppen, abwechselnd

Schau nach! Schau nach aufs neu! Blickt hin nach allem, daß
Nicht straflos entfliehnd der Muttermörder sich birgt!

Da schau ihn; Schutz suchend will,
Ums Bild geflochten, der Unsterblichen Bild,
Er stellen unters Recht der Göttin seine Schuld!

τὸ δ' οὐ πάρεστιν· αἷμα μητρῷον χαμαὶ	3 ia
δυσαγκόμιστον, παπαῖ,	ia cr
τὸ διερὸν πέδοι χύμενον οἴχεται.	2 δ
ἀλλ' ἀντιδοῦναι δεῖ σ' ἀπὸ ζῶντος ῥοφεῖν	3 ia
265 ἐρυθρὸν ἐκ μελέων πέλανον· ἀπὸ δὲ σοῦ	2 δ
φεροίμαν βοσκὰν πώματος δυσπότου·	δ 2 cr
καὶ ζῶντά σ' ἰσχνάνασ' ἀπάξομαι κάτω,	3 ia
ἀντίποιν' ὡς τίνῃς ματροφόντας δύας.	4 cr
ὄψῃ δὲ κεἴ τις ἄλλος ἤλιτεν βροτῶν	3 ia
270 ἢ θεὸν ἢ ξένον τιν' ἀσεβῶν	δ cr
ἢ τοκέας φίλους,	δ
ἔχονθ' ἕκαστον τῆς δίκης ἐπάξια.	3 ia
μέγας γὰρ Ἅιδης ἐστὶν εὔθυνος βροτῶν	3 ia
275 ἔνερθε χθονός·	δ
δελτογράφῳ δὲ πάντ' ἐπωπᾷ φρενί.	2 δ

'Ορ   ἐγὼ διδαχθεὶς ἐν κακοῖς ἐπίσταμαι
πολλοὺς καθαρμούς, καὶ λέγειν ὅπου δίκη
σιγᾶν θ' ὁμοίως· ἐν δὲ τῷδε πράγματι
φωνεῖν ἐτάχθην πρὸς σοφοῦ διδασκάλου·
280   βρίζει γὰρ αἷμα καὶ μαραίνεται χερός,
μητροκτόνον μίασμα δ' ἔκπλυτον πέλει.
ποταίνιον γὰρ ὂν πρὸς ἑστίᾳ θεοῦ
Φοίβου καθαρμοῖς ἠλάθη χοιροκτόνοις.
πολὺς δέ μοι γένοιτ' ἂν ἐξ ἀρχῆς λόγος,
285   ὅσοις προσῆλθον ἀβλαβεῖ ξυνουσίᾳ.
287   καὶ νῦν ἀφ' ἁγνοῦ στόματος εὐφήμως καλῶ
χώρας ἄνασσαν τῆσδ' Ἀθηναίαν ἐμοὶ
μολεῖν ἀρωγόν· κτήσεται δ' ἄνευ δορὸς
290   αὐτόν τε καὶ γῆν καὶ τὸν Ἀργεῖον λεὼν
πιστὸν δικαίως ἐς τὸ πᾶν τε σύμμαχον.
ἀλλ' εἴτε χώρας ἐν τόποις Λιβυστικῆς,
Τρίτωνος ἀμφὶ χεῦμα γενεθλίου πόρου,
τίθησιν ὀρθὸν ἢ κατηρεφῆ πόδα,
295   φίλοις ἀρήγουσ', εἴτε Φλεγραίαν πλάκα
θρασὺς ταγοῦχος ὡς ἀνὴρ ἐπισκοπεῖ,

Das kann nicht sein; der Mutter Blut, geströmt zur Erd,
Unwiederbringbar, weh, weh,
Das flüssig auf den Grund gegoss'ne, ist's dahin!
Nein, büßen mußt du's; vom Lebendgen schlürfen wir
Rotfließend aus dem Leib den Opfertrank; von dir
Hol ich mir Sättgung: Mißgetränks Trunk um Trunk!

Zehrt lebend ich dich aus, entführ ich dich zur Höll,
Daß du abbüßest des Muttermords Tat mit Qual!
Sehn wirst du, wenn ein andrer Mensch gefrevelt hat
An einem Gott, am Gast ruchlosen Tuns,
An lieber Eltern Haupt,
Empfangen jeden seiner Schuld verdienten Lohn.
Ist Hades mächtger Prüfer doch des Menschenvolks
Tief unter der Erd;
Auf alles schaut er, schreibt's des Geists Tafel ein.

Or Ich, wohl belehrt durch Unheils Not, verstehe mich
Auf manche Reingung, weiß zu reden, wo es recht,
Zu schweigen gleichfalls. Und in dieser Lage jetzt
Zu sprechen, das trug mir ein weiser Lehrer auf:
Einschläft das Blut ja und vertrocknet an der Hand,
Des Muttermords Befleckung ist hinweggespült.
Noch frischvergossen war's, da ward am Herd des Gotts
Phoibos durch Reingung es entfernt mit Ferkelblut.
Lang würd es wohl, erzählte ich von Anfang an,
Wie viele ich – zu keines Schaden – aufgesucht.
Und nun – aus reinem Mund, ohne Entweihung ruf
Ich dieses Landes Herrin, Athenaia, mir
Zu nahn als Helfrin; wird gewinnen ohne Kampf
Sie mich doch und mein Land und das argeische Volk
Zu wahrhaft treuen Bundesfreunden alle Zeit.
Drum, ob auf ferner Flur des Landes Libya sie,
An Tritons Fluten, ihres heimatlichen Stroms,
Im Schreiten setzt, unterm Gewand läßt ruhn den Fuß,
Freunden zu helfen, ob sie Phlegras flaches Feld
Nach eines kühnen Feldherrn Art weit überschaut:

ἔλθοι, – κλύει δὲ καὶ πρόσωθεν ὢν θεός –
ὅπως γένοιτο τῶνδ' ἐμοὶ λυτήριος.

Χο οὔτοι σ' Ἀπόλλων οὐδ' Ἀθηναίας σθένος
300 ῥύσαιτ' ἂν ὥστε μὴ οὐ παρημελημένον
ἔρρειν, τὸ χαίρειν μὴ μαθόνθ' ὅπου φρενῶν,
ἀναίματον, βόσκημα δαιμόνων, σκιάν.
οὐδ' ἀντιφωνεῖς, ἀλλ' ἀποπτύεις λόγους;
ἐμοὶ τραφείς τε καὶ καθιερωμένος
305 καὶ ζῶν με δαίσεις οὐδὲ πρὸς βωμῷ σφαγείς·
ὕμνον δ' ἀκούσῃ τόνδε δέσμιον σέθεν.

ἄγε δὴ καὶ χορὸν ἄψωμεν, ἐπεὶ   an
μοῦσαν στυγερὰν
ἀποφαίνεσθαι δεδόκηκεν,
310 λέξαι τε λάχη τὰ κατ' ἀνθρώπους
ὡς ἐπινωμᾷ στάσις ἁμά.
εὐθυδίκαιοι δ' οἰόμεθ' εἶναι·
τοὺς μὲν καθαρῶς
καθαρὰς χεῖρας προνέμοντας
οὔτις ἐφέρπει μῆνις ἀφ' ἡμῶν,
315 ἀσινὴς δ' αἰῶνα διοιχνεῖ·
ὅστις δ' ἁλιτὼν ὥσπερ ὅδ' ἀνὴρ
χεῖρας φονίας ἐπικρύπτει,
μάρτυρες ὀρθαὶ τοῖσι θανοῦσιν
παραγιγνόμεναι πράκτορες αἵματος
320 αὐτῷ τελέως ἐφάνημεν.

                                     Stasimon I
              Χορός   Str. 1

μᾶτερ ἅ μ' ἔτικτες, ὦ   2 tr
μᾶτερ Νύξ, ἀλαοῖσι   pher
καὶ δεδορκόσιν ποινάν,   2 tr
κλῦθ'. ὁ Λατοῦς γὰρ ἶ-   2 tr
325 νίς μ' ἄτιμον τίθησιν,   2 tr
τόνδ' ἀφαιρούμενος   2 tr
πτῶκα, ματρῷον ἅ-   2 tr
γνισμα κύριον φόνου.   2 tr

Sie komme – hört doch auch von weitem, wer ein Gott, –
Auf daß sie werd aus solcher Not Erlösrin mir!

Chf Nein, nicht Apollon kann dich, nicht Athenas Macht
Schützen davor, daß du in Gottverlassenheit
Verkommst, zur Freude nirgend findst im Herzen Raum,
Von Blut ganz leer, Fraß der Dämonen, Schatte nur!
Gibst du nicht Antwort? Speist wohl von dir gar mein Wort?
Du, mir gemästet und als Opfertier geweiht,
Wirst lebend Mahl mir, nicht geschlachtet am Altar!
Den Sang hör nun, das Lied, das dich in Fesseln schlägt!

Nun herbei, und den Chortanz geschlungen, dieweil
Furchtbaren Gesang
    Erschallen zu lassen uns gut deucht,
Darzulegen die Lose des Menschenvolks,
    Wie sie zuteilt unsere Schar ihm!
Gerechteste Richter, wir glauben's zu sein;
Wer mit reinem Gemüt
    Rein und schuldlos die Hände uns vorweist:
Kein Groll stürzt ihm nach von unserer Seit,
    Ungestört sein Leben durchläuft er.
Wer aber, ein Frevler gleich diesem Mann,
    Hält die Hände, die blutgen, verborgen:
Wir, als Zeugen des Rechts, den Gemordeten leihnd
Unsern Beistand, werden als Rächer des Bluts
    Uns ihm endgültig erweisen!

Chor

Mutter, du, die mich gebar,
Mutter Nacht, als der dunklen
Wie der lichten Welt Strafmacht,
Hör, es macht Letos Spröß-
ling mich ehrlos und rechtlos,
Er, der raubt solchen Fang:
Mutter-Sühnopfer mir,
Das mir zukommt für den Mord!

		Ephymn. 1
	ἐπὶ δὲ τῷ τεθυμένῳ	2 tr
330	τόδε μέλος· παρακοπά,	2 tr
	παραφορὰ φρενοδαλής,	pher
	ὕμνος ἐξ Ἐρινύων,	2 tr
	δέσμιος φρενῶν, ἀφόρ-	2 tr
	μικτος, αὐονὰ βροτοῖς. –	2 tr
	τοῦτο γὰρ λάχος διαν-	Ant. 1
335	ταία Μοῖρ' ἐπέκλωσεν	
	ἐμπέδως ἔχειν, θνατῶν	
	τοῖσιν αὐτουργίαι	
	ξυμπέσωσιν μάταιοι,	
	τοῖς ὁμαρτεῖν, ὄφρ' ἂν	
	γᾶν ὑπέλθῃ· θανὼν δ'	
340	οὐκ ἄγαν ἐλεύθερος.	
	ἐπὶ δὲ τῷ τεθυμένῳ	Ephymn. 1
	τόδε μέλος, παρακοπά,	
	παραφορὰ φρενοδαλής,	
	ὕμνος ἐξ Ἐρινύων,	
345	δέσμιος φρενῶν, ἀφόρ-	
	μικτος, αὐονὰ βροτοῖς. =	
		Str. 2
	γιγνομέναισι λάχη τάδε φαμὶ κεκράνθαι,	5 da
350	ἀθανάτων δ' ἀπέχειν χέρας, οὐδέ·τίς ἐστι	5 da
	συνδαίτωρ μετάκοινος.	3 da
	παλλεύκων δὲ πέπλων ἀπόμοιρος ἄκλη-	6 da
	εὐφρόνων ὁμιλιᾶν. [ρος ἐτύχθην	2 tr
		Ephymn. 2
	δωμάτων γὰρ εἱλόμαν	2 tr
355	ἀνατροπάς· ὅταν Ἄρης	2 tr
	τιθασὸς ὢν φίλον ἕλῃ,	2 tr
	ἐπὶ τόν, ὤ, διόμεναι	2 tr
	κρατερὸν ὄνθ' ὁμοῖα μαυ-	2 tr
	ροῦμεν ὑφ' αἵματος νέου. –	ch dim
360	σπεύδομεν αἵδ' ἀφελεῖν τινα τᾶσδε μερίμ-	Ant. 2
	[νας	

Über dem Fluch-Opfer den Spruch
Tönt unser Sang: Wahnsinnes Schlag,
Wahnwitzes Plag, geistverstörend!
Festchor aus Erinyenmund,
Fesselnd Seel und Mut, der Leir
Abhold, dörrt der Menschen Mark!

Solches Los ja spann die zwang-
hafte Moira uns zu als
Amt für ewge Zeit: wer von
Menschen Mord eignen Bluts
Auf sich lädt, furchtbar frevelnd:
Auf der Spur *dem* zu sein,
Bis die Erd ihn verbirgt;
Tot selbst, kommt er nimmer frei!

Über dem Fluch-Opfer den Spruch
Tönt unser Sang: Wahnsinnes Schlag,
Wahnwitzes Plag, geistverstörend!
Festchor aus Erinyenmund,
Fesselnd Seel und Mut, der Leir
Abhold, dörrt der Menschen Mark!

Bei der Geburt schon ward dieses als Los uns beschieden;
Und auch: Unsterblichen fern zu sein; keinen ja gibt es,
Der das Mahl mit uns einnimmt.
Und weißleuchtender Kleidung unteilhaft, schließt aus mich
Von gesellger Freud und Lust.   [mein Wesen

Denn der Häuser wählt ich ja
Umsturz mir aus; wenn nämlich Mord,
Heimscher, am Blutsfreund sich vergreift:
Hinter ihm, hoh!, jagend einher,
Ist er auch stark: wir löschen ihn
Aus ob des neu vergoßnen Bluts!

Wir sind am Werk, dieser Sorge, wer's sei, zu entledgen,

θεῶν δ' ἀτέλειαν ἐμαῖς μελεταῖς ἐπικραίνων,
μηδ' εἰς ἄγκρισιν ἐλθεῖν.
365   Ζεὺς δ' αἱμοσταγὲς ἀξιόμισον ἔθνος τόδε λέσχας
ἃς ἀπηξιώσατο.

δωμάτων γὰρ εἱλόμαν   Ephymn. 2
ἀνατροπάς· ὅταν Ἄρης
τιθασὸς ὢν φίλον ἕλῃ,
ἐπὶ τόν, ὤ, διόμεναι
κρατερὸν ὄνθ' ὁμοῖα μαυ-
ροῦμεν ὑφ' αἵματος νέου. =

                                              Str. 3
δόξαι δ' ἀνδρῶν καὶ μάλ' ὑπ' αἰθέρι   5 da
                              [σεμναὶ
τακόμεναι κατὰ γᾶς μινύθουσιν ἄτιμοι   5 da
370   ἀμετέραις ἐφόδοις μελανείμοσιν, ὀρχη- 5 da
σμοῖς τ' ἐπιφθόνοις ποδός.   2 tr

                                              Ephymn. 3
μάλα γὰρ οὖν ἁλομένα   2 tr (cr)
ἀνέκαθεν βαρυπεσῆ   2 tr
καταφέρω ποδὸς ἀκμάν –   2 tr
375   σφαλερὰ γὰρ τανυδρόμοις   2 tr
κῶλα – δύσφορον ἄταν. –   pher

πίπτων δ' οὐκ οἶδεν τόδ' ὑπ' ἄφρονι   Ant. 3
                              [λύμᾳ.
τοῖον ἐπὶ κνέφας ἀνδρὶ μύσος πεπόταται,

καὶ δνοφερὰν τιν' ἀχλὺν κατὰ δώματος αὐδᾶ-
380   ται πολύστονος φάτις.

μάλα γὰρ οὖν ἁλομένα   Ephymn. 3
ἀνέκαθεν βαρυπεσῆ
καταφέρω ποδὸς ἀκμάν –
σφαλερὰ γὰρ τανυδρόμοις
κῶλα – δύσφορον ἄταν. =

Götter von Pflichten durch unsere Mühn zu befreien
Und von richtendem Urteil.
Doch hielt Zeus unsre bluttriefend-haßwürdge Schar seine
Zu betreten nicht für wert.   [Halle

Denn der Häuser wählt ich ja
Umsturz mir aus; wenn nämlich Mord,
Heimscher, am Blutsfreund sich vergreift:
Hinter ihm, hoh!, jagend einher,
Ist er auch stark: wir löschen ihn
Aus ob des neu vergoßnen Bluts!

Menschenruhm, und steigt er zum Himmel voll Hoheit,

Schmelzen muß tauend zur Erd er, erliegen in Schande
Unserem Ansprung, dem dunkelgewandigen, unsres
Fußes haßerfülltem Tanz.

Mächtig im Sprung jagend herbei,
Jäh aus der Höh, dumpf hin zum Fall
Führ ich den Fuß regende Kraft –
Wanken doch, läuft weit man, des Leibs
Glieder – furchtbar ins Unheil!

Stürzend spürt den Sturz er nicht, sinnlos vor Schande;

So – solch ein Dunkel – schwebt über dem Täter die Blut-
                                                  [schuld;
Und von umdüsternden Schatten im Hause hebt Rede
An vielstöhnend das Gerücht.

Mächtig im Sprung jagend herbei,
Jäh aus der Höh, dumpf hin zum Fall
Führ ich den Fuß regende Kraft –
Wanken doch, läuft weit man, des Leibs
Glieder – furchtbar ins Unheil!

	Str. 4
μένει γάρ· εὐμήχανοι	ia cr
δὲ καὶ τέλειοι κακῶν	ia cr
τε μνήμονες σεμναὶ	ia sp
καὶ δυσπαρήγοροι βροτοῖς,	2 ia
385 ἄτιμ' ἀτίετα διόμεναι	2 ia
λάχη θεῶν διχοστατοῦντ' ἀνηλίῳ λάμπᾳ,	3 ia sp
δυσοδοπαίπαλα δερκομένοισι	5 da
καὶ δυσομμάτοις ὁμῶς. –	2 tr

	Ant. 4
τίς οὖν τάδ' οὐχ ἅζεταί	
390 τε καὶ δέδοικεν βροτῶν,	
ἐμοῦ κλύων θεσμὸν	
τὸν μοιρόκραντον ἐκ θεῶν	
δοθέντα τέλεον; ἔπι δέ μοι	
395 γέρας παλαιόν, οὐδ' ἀτιμίας κυρῶ, στυγνὰν	
καίπερ ὑπὸ χθόνα τάξιν ἔχουσα	
καὶ δυσάλιον κνέφας. =	

Ἀθηνᾶ

πρόσωθεν ἐξήκουσα κληδόνος βοὴν
ἀπὸ Σκαμάνδρου, γῆν καταφθατουμένη,
ἣν δῆτ' Ἀχαιῶν ἄκτορές τε καὶ πρόμοι
400   τῶν αἰχμαλώτων χρημάτων λάχος μέγα
ἔνειμαν αὐτόπρεμνον ἐς τὸ πᾶν ἐμοί,
ἐξαίρετον δώρημα Θησέως τόκοις·
ἔνθεν διώκουσ' ἦλθον ἄτρυτον πόδα,
404   πτερῶν ἄτερ ῥοιβδοῦσα κόλπον αἰγίδος.
406   καινὴν δ' ὁρῶσα τήνδ' ὁμιλίαν χθονὸς
ταρβῶ μὲν οὐδέν, θαῦμα δ' ὄμμασιν πάρα.
τίνες ποτ' ἐστέ; πᾶσι δ' ἐς κοινὸν λέγω,
βρέτας τε τοὐμὸν τῷδ' ἐφημένῳ ξένῳ,
410   ὑμᾶς θ' ὁμοίας οὐδενὶ σπαρτῶν γένει,
οὔτ' ἐν θεαῖσι πρὸς θεῶν ὁρωμένας
οὔτ' οὖν βροτείοις ἐμφερεῖς μορφώμασι.
λέγειν δ' ἄμομφον ὄντα τοὺς πέλας κακῶς,
πρόσω δικαίων ἦδ' ἀποστατεῖ θέμις.

Er *bleibt* uns. Erfindungsreich,
Bewußt des Ziels, bösen Tuns
Gedenk, gehn wir Hohen,
Hart jedem Flehn des Menschenvolks,
Unwert-verunehrtem Amt immer nach,
Den Göttern fern, in sonnelosen Dunsts Dämmern,
Schwer zu erforschen – ein Felspfad – den Sehnden
Und dem nicht mehr Schaunden auch.

Wer hegt nicht Scheu, hegt nicht Furcht
Vom Menschenvolk, hört er, was
Für Satzung mir, schicksal-
bedingt, von Göttern her bestimmt
Zum Auftrag wurde? Mir steht zu Gebot
Uralte Würde, nicht an Ehrung fehlt's mir, ob ich gleich
Düstere Hausung im Erdenschoß habe
Und nur sonnenleere Nacht.

Athena
erscheint bewaffnet

Aus weiter Ferne hört ich einer Stimme Ruf,
Am Fluß Skamandros, wo ich Land zu eigen nahm,
Das der Achaier Führer und Kriegsfürsten dort,
Von speererworbener Beute ein ansehnlich Teil,
Wiesen mit Wuchs und Wurzel ganz und gar mir zu
Als auserwählte Gabe für des Theseus Stamm.
Von dorther kam ich, spornend den niemüden Fuß,
Der Flügel bar, herbrausend mit der Aigis Bausch.
Seh solch neuartigen Besuch ich hier des Lands,
Fühl ich kein Bangen, wunder nimmt's die Augen nur.
Wer seid ihr denn? Allen gemeinsam gilt mein Wort,
Ihm, der an meinem Bild sitzt, jenem Fremdling dort,
Wie euch, die, keiner Art erzeugter Wesen gleich,
Zu Göttinnen ihr, wie sie Götter sehn, nicht zählt
Noch menschenähnlich seid an Aussehn und Gestalt.
Doch, ist man ohne Makel, seine Nächsten schmähn,
Weit von Gebühr und Recht entfernt ist solches Tun.

Χορός

415   πεύσῃ τὰ πάντα συντόμως, Διὸς κόρη.
        ἡμεῖς γάρ ἐσμεν Νυκτὸς αἰανῆ τέκνα.
        Ἀραὶ δ' ἐν οἴκοις γῆς ὑπαὶ κεκλήμεθα.
Ἀθ   γένος μὲν οἶδα κληδόνας τ' ἐπωνύμους.
Χο   τιμάς γε μὲν δὴ τὰς ἐμὰς πεύσῃ τάχα.
420 Ἀθ μάθοιμ' ἄν, εἰ λέγοι τις ἐμφανῆ λόγον.
Χο   βροτοκτονοῦντας ἐκ δόμων ἐλαύνομεν.
Ἀθ   καὶ τῷ κτανόντι ποῦ τὸ τέρμα τῆς φυγῆς;
Χο   ὅπου τὸ χαίρειν μηδαμοῦ νομίζεται.
Ἀθ   ἦ καὶ τοιαύτας τῷδ' ἐπιρροιζεῖς φυγάς;
425 Χο φονεὺς γὰρ εἶναι μητρὸς ἠξιώσατο.
Ἀθ   ἄλλαις ἀνάγκαις ἤ τινος τρέων κότον;
Χο   ποῦ γὰρ τοσοῦτο κέντρον ὡς μητροκτονεῖν;
Ἀθ   δυοῖν παρόντοιν ἥμισυς λόγου πάρα.
Χο   ἀλλ' ὅρκον οὐ δέξαιτ' ἄν, οὐ δοῦναι θέλοι.

430 Ἀθ κλύειν δικαίως μᾶλλον ἢ πρᾶξαι θέλεις.
Χο   πῶς δή, δίδαξον· τῶν σοφῶν γὰρ οὐ πένῃ.
Ἀθ   ὅρκοις τὰ μὴ δίκαια μὴ νικᾶν λέγω.
Χο   ἀλλ' ἐξέλεγχε, κρῖνε δ' εὐθεῖαν δίκην.
Ἀθ   ἦ κἀπ' ἐμοὶ τρέποιτ' ἂν αἰτίας τέλος;
435 Χο πῶς δ' οὔ; σέβουσαί γ' ἀξίαν ἐπαξίως.
Ἀθ   τί πρὸς τάδ' εἰπεῖν, ὦ ξέν', ἐν μέρει θέλεις;
        λέξας δὲ χώραν καὶ γένος καὶ ξυμφορὰς
        τὰς σάς, ἔπειτα τόνδ' ἀμυναθοῦ ψόγον,
        εἴπερ πεποιθὼς τῇ δίκῃ βρέτας τόδε
440   ἧσαι φυλάσσων ἑστίας ἐμῆς πέλας,
        σεμνὸς προσίκτωρ ἐν τρόποις Ἰξίονος·
        τούτοις ἀμείβου πᾶσιν εὐμαθές τί μοι.

Ὀρέστης

        ἄνασσ' Ἀθάνα, πρῶτον ἐκ τῶν ὑστάτων
        τῶν σῶν ἐπῶν μέλημ' ἀφαιρήσω μέγα.
445   οὐκ εἰμὶ προστρόπαιος, οὐδ' ἔχων μύσος
        πρὸς χειρὶ τῇμῇ τὸ σὸν ἐφεζόμην βρέτας.

Chorführerin

Erfahre alles kurzen Worts denn, Tochter Zeus'!
Wir nämlich sind der Nacht düstere Kinder, und
Fluchgeister heißen wir im unterirdschen Haus.
Ath Geschlecht jetzt weiß ich und wie ihr mit Namen heißt.
Chf Mein Ehrenamt sollst du nunmehr erfahren gleich.
Ath Belehrt wohl wär ich, sagte man's mit klarem Wort.
Chf Die Menschenmörder aus den Häusern treiben wir.
Ath Und für den Mörder – wo ist End und Ziel der Flucht?
Chf Dort, wo die Freude nie und nirgends Geltung hat.
Ath Und gleicher Art treibst den du mit Gekreisch zur Flucht?
Chf Mörder zu sein der Mutter, maßt' er ja sich an.
Ath Lag sonst ein Zwang vor oder Furcht vor jemands Groll?
Chf Wo ist solch scharfer Sporn, der zwingt zum Muttermord?!
Ath Da zwei zur Stelle, ist die Hälfte erst gesagt.
Chf Zum Schwur wohl schwerlich zwingt er uns, noch schwört
            [er selbst.
Ath Gerecht zu heißen ziehst gerechtem Tun du vor.
Chf Wieso? Belehr mich! Bist an Weisheit ja nicht arm.
Ath Durch Eide trägt, was unrecht, nie den Sieg davon.
Chf Dann untersuch und richte nach dem richtigen Recht!
Ath So überlaßt ihr mir wohl der Entscheidung Spruch?
Chf Was sonst? Wir ehren ja die Würdge würdig so.
Ath Was hierauf sagen, Fremdling, willst du deinerseits?
 Tu deine Heimat, dein Geschlecht, dein Ungemach
 Erst kund; dann wehre jenen Vorwurf von dir ab,
 Wenn voll Vertrauen auf dein Recht du, dies mein Bild
 Hier hütend, sitzest meinem Herdaltare nah,
 Ein heiliger Schützling, wie es einst Ixion war.
 Auf alldies gib Antwort, die mich klar belehrt!

Orestes

Herrin Athena, erst will ich, was klang zuletzt
Aus deinem Wort: die große Sorge nehmen dir.
Nicht such ich mehr Entsühnung, noch hab, greulbefleckt
An meiner Hand, ich an dein Bild mich hingesetzt.

τεκμήριον δὲ τῶνδέ σοι λέξω μέγα·
ἄφθογγον εἶναι τὸν παλαμναῖον νόμος,
ἔστ' ἂν πρὸς ἀνδρὸς αἵματος καθαρσίου
450   σφαγαὶ καθαιμάξωσι νεοθήλου βοτοῦ.
πάλαι πρὸς ἄλλοις ταῦτ' ἀφιερώμεθα
οἴκοισι καὶ βοτοῖσι καὶ ῥυτοῖς πόροις.
ταύτην μὲν οὕτω φροντίδ' ἐκποδὼν λέγω.
γένος δὲ τοὐμὸν ὡς ἔχει πεύσῃ τάχα.
455   Ἀργεῖός εἰμι, πατέρα δ' ἱστορεῖς καλῶς,
Ἀγαμέμνον', ἀνδρῶν ναυβατῶν ἁρμόστορα,
ξὺν ᾧ σὺ Τροίαν ἄπολιν Ἰλίου πόλιν
ἔθηκας. ἔφθιθ' οὗτος οὐ καλῶς, μολὼν
εἰς οἶκον· ἀλλά νιν κελαινόφρων ἐμὴ
460   μήτηρ κατέκτα, ποικίλοις ἀγρεύμασιν
κρύψασ', ἃ λουτρῶν ἐξεμαρτύρει φόνον.
κἀγὼ κατελθών, τὸν πρὸ τοῦ φεύγων χρόνον,
ἔκτεινα τὴν τεκοῦσαν, οὐκ ἀρνήσομαι,
ἀντικτόνοις ποιναῖσι φιλτάτου πατρός.
465   καὶ τῶνδε κοινῇ Λοξίας μεταίτιος,
ἄλγη προφωνῶν ἀντίκεντρα καρδίᾳ,
εἰ μή τι τῶνδ' ἔρξοιμι τοὺς ἐπαιτίους.
σὺ δ', εἰ δικαίως εἴτε μή, κρῖνον δίκην·
πράξας γὰρ ἐν σοὶ πανταχῇ τάδ' αἰνέσω.
470 Αθ   τὸ πρᾶγμα μεῖζον ἤ τις οἴεται τόδε
βροτὸς δικάζειν· οὐδὲ μὴν ἐμοὶ θέμις
φόνου διαιρεῖν ὀξυμηνίτου δίκας.
ἄλλως τε καὶ σὺ μὲν κατηρτυκὼς ἐμοῖς
ἱκέτης προσῆλθες καθαρὸς ἀβλαβὴς δόμοις·
475   οὕτως δ' ἄμομφον ὄντα σ' αἱροῦμαι πόλει.
αὗται δ' ἔχουσι μοῖραν οὐκ εὐπέμπελον,
καὶ μὴ τυχοῦσαι πράγματος νικηφόρου,
χώρᾳ μεταῦθις ἰὸς ἐκ φρονημάτων
πέδοι πεσὼν ἄφερτος αἰανὴς νόσος.
480   τοιαῦτα μὲν τάδ' ἐστίν· ἀμφότερα, μένειν
πέμπειν τε δυσπήμαντ', ἀμηχάνως ἐμοί.
ἐπεὶ δὲ πρᾶγμα δεῦρ' ἐπέσκηψεν τόδε,

Ein Zeugnis hierfür tu ich dir, ein klares, kund:
Kein Wort darf reden, wessen Hände blutbetrieft,
Bis ihn, durch einen Blutschuldreiniger dargebracht,
Ein Opfer neumilchenden Tiers mit Blut besprengt;
Schon längst in andern Häusern ward ich so entsühnt
Und rein durch Blut der Tiere wie des Wassers Flut.
Dieser Besorgnis überhebt dich so mein Wort.
Doch wie's mit meiner Herkunft steht, hörst du sogleich.
Argeier bin ich; meinen Vater kennst du gut,
Agamemnon, jenes Flottenheervolks Ordner einst,
Mit dem der Troer Stadt du von der Erd als Stadt
Getilgt. Ein Tod ward ihm nicht edler Art, als heim
Er kehrte; nein, mit tückisch-schwarzer Seel erschlug
Ihn meine Mutter, als in buntes Netzgewand
Sie ihn gehüllt, das klar im Bad den Mord bezeugt.
Ich, als ich heimkam, – denn verbannt war ich zuvor –
Erschlug, die mich geboren hat, nicht leugn' ich's ab,
Mit Mord vergeltend ihr des liebsten Vaters Mord.
Und daran ist gemeinsam Loxias mit mir schuld,
Der Leid mir drohte, stachelgleich für Herz und Sinn,
Wenn nicht die Tat ich ausführt an den Schuldigen.
Doch du, ob recht, nicht recht ich tat, entscheide nun!
Ich stell's anheim dir, füge ganz mich deinem Spruch.

Ath Der Fall liegt schwerer, als daß hier sich zutraun könnt
Ein Mensch zu richten; und auch mir kommt es nicht zu,
Um Mord den Streit zu schlichten, bittrem Groll entstammt,
Zumal du auch, ordnungsgemäß gereinigt, ein
Schutzflehnder, herkamst ohne Schaden für mein Haus.
So nehm ich auf dich; makelfrei bist du der Stadt.
Doch denen bleibt ein Anspruch, nicht leicht abweisbar;
Und geht für sie nicht diese Sache siegreich aus,
Befällt das Land hier, als ein Gift aus ihrer Brust
Zu Boden träufend, unerträglich grause Pest.
So steht es damit; beides: daß sie bleiben, ist
Wie weg sie senden, leidig, ganz unmöglich mir.
Doch da die Sache nun hierher an uns gelangt,

	φόνων δικαστὰς ὁρκίους αἱρουμένη
489	ὅρκον περῶντας μηδὲν ἔκδικον φρεσίν,
484	θεσμὸν τὸν εἰς ἅπαντ’ ἐγὼ θήσω χρόνον.
	ὑμεῖς δὲ μαρτύριά τε καὶ τεκμήρια
	καλεῖσθ’ ἀρωγὰ τῆς δίκης ὁρκώματα.
	κρίνασα δ’ ἀστῶν τῶν ἐμῶν τὰ βέλτατα
488	ἥξω διαιρεῖν τοῦτο πρᾶγμ’ ἐτητύμως.

		Stasimon II
	Χορός	Str. 1
490	νῦν καταστροφαὶ νέων	2 tr
	θεσμίων, εἰ κρατή-	2 tr
	σει δίκα τε καὶ βλάβα	2 tr
	τοῦδε ματροκτόνου.	2 tr
	πάντας ἤδη τόδ’ ἔργον εὐχερεί-	3 tr
495	ᾳ συναρμόσει βροτούς.	2 tr
	πολλὰ δ’ ἔτυμα παιδότρωτα	2 tr
	πάθεα προσμένει τοκεῦσιν μεταῦθις ἐν	4 tr
	[χρόνῳ. –	

	οὐδὲ γὰρ βροτοσκόπων	Ant. 1
500	μαινάδων τῶνδ’ ἐφέρ-	
	ψει κότος τις ἐργμάτων·	
	πάντ’ ἐφήσω μόρον.	
	πεύσεται δ’ ἄλλος ἄλλοθεν, προφω-	
	νῶν τὰ τῶν πέλας κακά,	
505	λῆξιν ὑπόδοσίν τε μόχθων·	
	ἄκεά τ’ οὐ βέβαια τλάμων μάταν παρηγορεῖ. =	
		Str. 2
	μηδέ τις κικλησκέτω	2 tr
	ξυμφορᾷ τετυμμένος,	2 tr
510	τοῦτ’ ἔπος θροούμενος·	2 tr
	»ὦ δίκα,	tr
	ὦ θρόνοι τ’ Ἐρινύων.«	2 tr

Wähl über Mord ich Richter mir, geschworne, aus,
Den Eid durchführend, unirrbar gerechten Sinns,
Und setze diese Satzung fest für alle Zeit.
Ihr aber ruft durch Zeugen und Beweise euch
Herbei als Helfer eures Rechts der Eide Kraft.
Ich, wenn ich meiner Bürger beste ausgewählt,
Komm, zu entscheiden diesen Fall wahr und gerecht.

ab

*Während des folgenden Chorliedes werden die Vorkehrungen
für die Gerichtsverhandlung getroffen*

Chor

Welch ein Umsturz nun durch Zwang
Neuen Rechts, wenn zum Sieg
Kommt das Schandrecht dessen, der
Muttermord auf sich lud!
Alle bringt solches Handeln leichtlich jetzt
Aneinander, Mensch an Mensch;
Mannigfaltiges blutges Leid von
Kinderhand harrt der Eltern nun späterhin dann immer-
[fort!

Nie mehr wird auf Menschenspur
Wilden Chors Wüten nach-
schleichen solchem bösen Tun.
Jeden Mord geb ich frei!
Merken wird man bald hier, bald dort, wenn kund
Wird der Nächsten Unglückslos,
Wie's mit unserer Arbeit aus ist!
Heilmittel ohne Wirkung rät bloß ein Tor vergebens an.

Keiner rufe künftig mehr,
Wenn ihn Unglück niederschlug,
Solch ein Wort im Klageton:
„Recht, o Recht!
O du Thron des Rachechors!"

	ταῦτά τις τάχ' ἂν πατὴρ	2 tr
	ἢ τεκοῦσα νεοπαθὴς	2 tr
515	οἶκτον οἰκτίσαιτ', ἐπειδὴ πίτνει δόμος	4 tr
	[δίκας. –	

	ἔσθ' ὅπου τὸ δεινὸν εὖ	Ant. 2
	καὶ φρενῶν ἐπίσκοπον·	
	δεῖ μένειν καθήμενον.	
	ξυμφέρει	
	σωφρονεῖν ὑπὸ στένει.	
520	τίς δέ, μηδὲν ἐν φάει	
	καρδίαν ἄνα τρέμων,	
	ἢ πόλις βροτός θ' ὁμοίως, ἔτ' ἂν σέβοι	
	[δίκαν; =	Str. 3

525	μήτ' ἄναρκτον βίον	2 tr
	μήτε δεσποτούμενον	2 tr
	αἰνέσῃς.	tr
	παντὶ μέσῳ τὸ κράτος	⎫ 5 da
	θεὸς ὤπασεν, ἀλλ' ἄλ-	⎭
530	λα δ' ἐφορεύει.	adon
	ξύμμετρον δ' ἔπος λέγω,	2 tr
	δυσσεβίας μὲν ὕβρις τέκος ὡς ἐτύμως·	5 da
535	ἐκ δ' ὑγιείας	adon
	φρενῶν ὁ πᾶσιν φίλος	ia cr
	καὶ πολύευκτος ὄλβος. –	ch ba

	ἐς τὸ πᾶν σοι λέγω,	Ant. 3
	βωμὸν αἴδεσαι δίκας·	
540	μηδέ νιν	
	κέρδος ἰδὼν ἀθέῳ	
	ποδὶ λὰξ ἀτίσῃς· ποι-	
	νὰ γὰρ ἐπέσται.	
	κύριον μένει τέλος.	
545	πρὸς τάδε τις τοκέων σέβας εὖ προτίων	
	καὶ ξενοτίμους	
	ἐπιστροφὰς δωμάτων	
	αἰδόμενός τις ἔστω. =	

So wird bald ein Vater, bald
Eine Mutter, schmerzerfaßt,
Jammernd klagen, da ja nun stürzt' und sank das Haus des
[Rechts.

Oftmals wirkt, was Furcht weckt, Heil;
Und, des Herzens Wächtrin, soll
Sie dort wahren ihren Sitz.
Segen bringt's,
Klug zu werden durch die Not.
Wer, der nicht im Glanz des Glücks
Tief im Herzen Angst verspürt,
Gleich, ob Stadt, ob Mensch es sei, hegte sonst noch Scheu
[vorm Recht?

Weder drum ohne Herrn
Noch der Herren Knecht zu sein,
Sei dein Wunsch!
Mittlerem Maß stets den Preis
Leiht ein Gott, derweil andres
Anders er ansieht.
Wohl zutreffend ist mein Wort:
Gottlosigkeit trägt den Hochmut im Schoß ja fürwahr;
Doch aus Gesundheit
Des Sinnes wächst, allen lieb,
Sehnlichst erwünscht: der Segen.

Überall gilt mein Wort:
Ehre den Altar des Rechts!
Schänd ihn nicht,
Vorteil erspähnd, durch den Tritt
Mit dem gottlosen Fuß! Vergeltung ja trifft dich,
Vollen Rechts harrt Sühne dein.
Hiernach ehr jeder die Eltern in heiligster Scheu;
Und wenn ein Fremdling
Als Gast im Haus Einkehr hält,
Grüße man ihn mit Ehrfurcht!

Str. 4

550   ἐκ τῶνδ' δ' ἀνάγκας ἄτερ δίκαιος ὤν   ia cr ia
       οὐκ ἄνολβος ἔσται,   cr ba
       πανώλεθρος δ' οὔποτ' ἂν γένοιτο.   ia cr ba
       τὸν ἀντίτολμον δέ φαμι παρβάδαν   ia cr ba
       ἄγοντα πολλὰ παντόφυρτ' ἄνευ δίκας   3 ia
555   βιαίως ξὺν χρόνῳ καθήσειν   ba cr ba
       λαῖφος, ὅταν λάβῃ πόνος   ch ia
       θραυομένας κεραίας. –   ch ba

       καλεῖ δ' ἀκούοντας οὐδὲν ἐν μέσᾳ   Ant. 4
       δυσπαλεῖ τε δίνᾳ·
560   γελᾷ δὲ δαίμων ἐπ' ἀνδρὶ θερμῷ,
       τὸν οὔποτ' αὐχοῦντ' ἰδὼν ἀμηχάνοις
       δύαις λαπαδνὸν οὐδ' ὑπερθέοντ' ἄκραν·
       δι' αἰῶνος δὲ τὸν πρὶν ὄλβον
       ἕρματι προσβαλὼν δίκας
565   ὤλετ' ἄκλαυτος, ἄιστος. =

                    Ἀθηνᾶ

       κήρυσσε, κῆρυξ, καὶ στρατὸν κατειργαθοῦ·
       ἥ τ' οὖν ὀξεῖα διάτορος Τυρσηνικὴ
       σάλπιγξ βροτείου πνεύματος πληρουμένη
       ὑπέρτονον γήρυμα φαινέτω στρατῷ.
570   πληρουμένου γὰρ τοῦδε βουλευτηρίου
       σιγᾶν ἀρήγει καὶ μαθεῖν θεσμοὺς ἐμοὺς
       πόλιν τε πᾶσαν ἐς τὸν αἰανῆ χρόνον
       καὶ τῶνδ' ὅπως ἂν εὖ καταγνωσθῇ δίκη.

       ἄναξ Ἄπολλον, ὧν ἔχεις αὐτὸς κράτει.
575   τί τοῦδε σοί μέτεστι πράγματος λέγε.

                    Ἀπόλλων

       καὶ μαρτυρήσων ἦλθον – ἔστι γὰρ νόμῳ
       ἱκέτης ὅδ' ἀνὴρ καὶ δόμων ἐφέστιος

Drum wer, von Zwang unberührt, gerecht sich zeigt,
Bleibt nicht ohne Segen;
Vernichtung kann nimmermehr sein Los sein.
Wer aber frech Übertretung sich anmaßt,
Mitführend viel an reichem Raube widers Recht,
Wird zwangsweis, kommt die Zeit, sein Segel
Streichen, wenn Sturmes Not ihn packt,
Brausend entzwei die Raa schlägt.

Er schreit; es hört keiner ihn, der, rings umtost,
Schwer in Wirbels Wut ringt.
Es lacht der Dämon heißblütgen Mannes,
Ihn, der nicht prahlt mehr, zu sehn, wie, unrettbar
Der Qual erliegend, nicht vorbei er kommt am Fels;
Am Schluß geht, samt dem einstgen Reichtum
Scheiternd am Riff des Rechts, zugrund
Er, unbetrauert, spurlos.

Athena kommt mit dem Herold, den Richtern des Areopags
und zahlreichem Volk. Die Richter nehmen ihre Plätze ein;
Orestes und der Chor treten einander gegenüber

Athena

Ruf, Herold, Heroldsruf und halt das Volk zurück!
Nun lasse grell, durchdringend die tyrrhenische
Trompete, von menschlichem Atem angefüllt,
Ihr überlaut Getön aufleuchten vor dem Volk!
Denn da sich füllt schon diese Ratsversammlung hier,
Ist Schweigen not, sowohl daß meine Satzung hört
Das ganze Stadtvolk auch für alle künftge Zeit,
Wie daß in deren Sache recht geurteilt wird.

Apollon erscheint neben Orestes

Herrscher Apollon, was dein Amt, des walte selbst;
Was mit dem Streit hier du zu tun hast, künd es uns!

Apollon

Sowohl als Zeuge kam ich – ist nach Recht und Brauch
Mein Schützling dieser Mann doch, meines Hausaltars

ἐμῶν, φόνου δὲ τοῦδ' ἐγὼ καθάρσιος –
καὶ ξυνδικήσων αὐτός· αἰτίαν δ' ἔχω
580   τῆς τοῦδε μητρὸς τοῦ φόνου. σὺ δ' εἴσαγε
ὅπως τ' ἐπίστα τήνδε κύρωσον δίκην.

Ἀθηνᾶ

ὑμῶν ὁ μῦθος, εἰσάγω δὲ τὴν δίκην.
ὁ γὰρ διώκων πρότερος ἐξ ἀρχῆς λέγων
γένοιτ' ἂν ὀρθῶς πράγματος διδάσκαλος.

Χορός

585   πολλαὶ μέν ἐσμεν, λέξομεν δὲ συντόμως.
ἔπος δ' ἀμείβου πρὸς ἔπος ἐν μέρει τιθείς.
τὴν μητέρ' εἰπὲ πρῶτον εἰ κατέκτονας.

Ὀρέστης

ἔκτεινα· τούτου δ' οὔτις ἄρνησις πέλει.
Χο   ἓν μὲν τόδ' ἤδη τῶν τριῶν παλαισμάτων.
590 Ὀρ   οὐ κειμένῳ πω τόνδε κομπάζεις λόγον.
Χο   εἰπεῖν γε μέντοι δεῖ σ' ὅπως κατέκτανες.
Ὀρ   λέγω· ξιφουλκῷ χειρὶ πρὸς δέρην τεμών.

Χο   πρὸς τοῦ δ' ἐπείσθης καὶ τίνος βουλεύμασιν;
Ὀρ   τοῖς τοῦδε θεσφάτοισι· μαρτυρεῖ δέ μοι.
595 Χο   ὁ μάντις ἐξηγεῖτό σοι μητροκτονεῖν;
Ὀρ   καὶ δεῦρό γ' ἀεὶ τὴν τύχην οὐ μέμφομαι.
Χο   ἀλλ' εἴ σε μάρψει ψῆφος, ἄλλ' ἐρεῖς τάχα.
Ὀρ   πέποιθ', ἀρωγὰς ἐκ τάφου πέμπει πατήρ.
Χο   νεκροῖσί νυν πέπισθι μητέρα κτανών.
600 Ὀρ   δυοῖν γὰρ εἶχε προσβολὰς μιασμάτων.
Χο   πῶς δή; δίδαξον τοὺς δικάζοντας τάδε.
Ὀρ   ἀνδροκτονοῦσα πατέρ' ἐμὸν κατέκτανεν.
Χο   τοιγὰρ σὺ μὲν ζῇς, ἡ δ' ἐλευθέρα φόνῳ.
Ὀρ   τί δ' οὐκ ἐκείνην ζῶσαν ἤλαυνες φυγῇ;
605 Χο   οὐκ ἦν ὅμαιμος φωτὸς ὃν κατέκτανεν.
Ὀρ   ἐγὼ δὲ μητρὸς τῆς ἐμῆς ἐν αἵματι;

Genoß, und seines Mords ward ich Entsühner ihm –
Wie auch zugleich als Anwalt; Ursach gab ich ja
Zu dieses Muttermordes Tat. Du leite ein
Und, wie du's kannst, führ zur Entscheidung dies Gericht!

Athena

Ihr habt das Wort nun; so leit ein ich das Gericht.
Denn gibt der Kläger erst von Anfang an Bericht,
Lehrt er zugleich gebührend uns den Tatbestand.

Chorführerin

Gar viele sind wir; doch wir sprechen kurzen Worts.
Gib Wort auf Wort Erwidrung uns an deinem Teil!
Die Mutter – sag zuerst, ob du sie umgebracht!

Orestes

Ich bracht sie um; und dieses leugn ich keineswegs.
Chf *Ein* Gang schon war dies von den drei Gängen des Kampfs.
Or Noch lieg ich nicht; und schon prahlst du in solchem Ton.
Chf Aussagen mußt du nun, wie du sie umgebracht!
Or Ich sag's: schwertzückender Hand schnitt ich den Hals ihr
[durch.
Chf Von wem beredet tatst du's und auf wessen Rat?
Or Durch dieses Gottes Sprüche; er bezeugt es mir.
Chf Der Seher führte dich den Weg zum Muttermord?
Or Und bis zur Stunde bin ich meinem Los nicht gram.
Chf Doch packt dich erst das Urteil, sprichst du anders bald!
Or Ich trau: Beistand schickt aus dem Grab der Vater mir.
Chf Den Toten trau nur, der du tot die Mutter schlugst!
Or Zweifacher Greueltat Befleckung wies sie auf.
Chf Wieso? Belehr hierüber des Gerichtes Herrn!
Or Den Mann erschlug sie und schlug mir den Vater tot!
Chf Jedoch du lebst noch; sie ward frei durch deinen Mord!
Or Warum triebst du nicht jene lebend fort zur Flucht?
Chf Nicht blutsverwandt war sie dem Mann, den sie erschlug.
Or Ich aber wär mit meiner Mutter *eines* Bluts?

Χο πῶς γάρ σ' ἔθρεψεν ἐντός, ὦ μιαιφόνε,
   ζώνης; ἀπεύχῃ μητρὸς αἷμα φίλτατον;
Ορ ἤδη σὺ μαρτύρησον. ἐξηγοῦ δέ μοι,
610 Ἄπολλον, εἴ σφε σὺν δίκῃ κατέκτανον.
   δρᾶσαι γὰρ ὥσπερ ἔστιν οὐκ ἀρνούμεθα·
   ἀλλ' εἰ δικαίως εἴτε μὴ τῇ σῇ φρενὶ
   δοκεῖ τόδ' αἷμα, κρῖνον, ὡς τούτοις φράσω.

Ἀπόλλων

   λέξω πρὸς ὑμᾶς, τόνδ' Ἀθηναίας μέγαν
615 θεσμόν, δικαίως, μάντις ὢν δ' οὐ ψεύσομαι.
   οὐπώποτ' εἶπον μαντικοῖσιν ἐν θρόνοις,
   οὐκ ἀνδρός, οὐ γυναικός, οὐ πόλεως πέρι,
   ὃ μὴ 'κέλευσε Ζεὺς Ὀλυμπίων πατήρ.
   τὸ μὲν δίκαιον τοῦθ' ὅσον σθένει μαθεῖν,
620 βουλῇ πιφαύσκω δ' ὕμμ' ἐπισπέσθαι πατρός.
   ὅρκος γὰρ οὔτι Ζηνὸς ἰσχύει πλέον.

Χορός

   Ζεύς, ὡς λέγεις σύ, τόνδε χρησμὸν ὤπασε,
   φράζειν Ὀρέστῃ τῷδε, τὸν πατρὸς φόνον
   πράξαντα μητρὸς μηδαμοῦ τιμὰς νέμειν;
625 Απ οὐ γάρ τι ταὐτὸν ἄνδρα γενναῖον θανεῖν
   διοσδότοις σκήπτροισι τιμαλφούμενον,
   καὶ ταῦτα πρὸς γυναικός, οὔ τι θουρίοις
   τόξοις ἑκηβόλοισιν, ὥστ' Ἀμαζόνος,
   ἀλλ', ὡς ἀκούσῃ, Παλλὰς οἵ τ' ἐφήμενοι
630 ψήφῳ διαιρεῖν τοῦδε πράγματος πέρι·
   ἀπὸ στρατείας γάρ νιν ἠμποληκότα
   τὰ πλεῖστ' ἀμείνον' εὔφροσιν δεδεγμένη
   -
   δροίτῃ· περῶντι λουτρὰ κἀπὶ τέρματι
   φᾶρος περεσκήνωσεν, ἐν δ' ἀτέρμονι
635 κόπτει πεδήσασ' ἄνδρα δαιδάλῳ πέπλῳ.
   ἀνδρὸς μὲν ὑμῖν οὗτος εἴρηται μόρος
   τοῦ παντοσέμνου, τοῦ στρατηλάτου νεῶν.

Chf Wie nährte unterm Gürtel sie, Mordtriefender,
　　Dich·sonst? Verleugnest du der Mutter teures Blut?
Or Nunmehr sei du mir Zeuge, führ Beweis für mich,
　　Apollon, ob ich sie mit Recht zu Tod gebracht!
　　Die Tat ja, wie sie vorliegt, leugnen wir nicht ab;
　　Doch ob gerecht nun oder nicht dünkt deinen Sinn
　　Die Bluttat, das entscheide, diesen zum Beweis!

Apollon

Ich sprech zu euch, der Athenaia hohem Rat,
Gerechter Weise, und als Seher lüg ich nicht.
Noch niemals sagt ich auf des Sehertumes Thron
Nicht über Mann noch Weib noch über eine Stadt,
Was nicht befohlen Zeus, der Vater im Olymp.
Dieses mein Recht, wie stark's an Kraft, erfaßt das ganz,
Vom Ratschluß, rat ich, leiten laßt des Vaters euch!
Selbst Eides Heiligkeit steht höher nicht als Zeus.

Chorführerin

Zeus gab, so sagst du, solchen Spruch dir an die Hand,
Zu raten dem Orestes, daß, des Vaters Mord
Rächend, der Mutter ganz er weigre Ehr und Scheu?
Ap Nicht ist's das gleiche, kommt ein edler Held zu Tod,
　　Mit zeusverliehenen Szepters Ehr und Macht betreut,
　　Und zwar von Weibeshänden, nicht durch stürmsche Kraft
　　Weitschießenden Bogens einer Amazon' etwa,
　　Nein – daß du's hörest, Pallas, und die ihr dort sitzt,
　　Durch Stimmstein zu entscheiden diesen Handel hier:
　　Als nämlich von dem Feldzug er zurückgekehrt,
　　Günstgen Erfolgs meist, nahm freundlichen Wortes sie
　　(Ihn auf und richtet' in der Wanne ihm ein Bad.)
　　Als er gebadet, wirft sie plangemäß ein Tuch
　　Ihm zeltgleich über, und in der Verstrickung drauf
　　Erschlägt sie ihn des endlos künstlichen Gewebs.
　　Den Mann traf, wie ich's euch gesagt, solch Todeslos,
　　Der, allverehrt, der Feldherr war des Flottenheers;

ταύτην τοιαύτην εἶπον, ὡς δηχθῇ λεώς,
ὅσπερ τέτακται τήνδε κυρῶσαι δίκην.
640 Χο πατρὸς προτιμᾷ Ζεὺς μόρον τῷ σῷ λόγῳ·
αὐτὸς δ' ἔδησε πατέρα πρεσβύτην Κρόνον.
πῶς ταῦτα τούτοις οὐκ ἐναντίως λέγεις;
ὑμᾶς δ' ἀκούειν ταῦτ' ἐγὼ μαρτύρομαι.
645 Ἀπ ὦ παντομισῆ κνώδαλα, στύγη θεῶν,
πέδας μὲν ἂν λύσειεν, ἔστι τοῦδ' ἄκος
καὶ κάρτα πολλὴ μηχανὴ λυτήριος·
ἀνδρὸς δ' ἐπειδὰν αἷμ' ἀνασπάσῃ κόνις
ἅπαξ θανόντος, οὔτις ἔστ' ἀνάστασις.
τούτων ἐπῳδὰς οὐκ ἐποίησεν πατὴρ
650 οὑμός, τὰ δ' ἄλλα πάντ' ἄνω τε καὶ κάτω
στρέφων τίθησιν οὐδὲν ἀσθμαίνων μένει.
Χο πῶς γὰρ τὸ φεύγειν τοῦδ' ὑπερδικεῖς ὅρα·
τὸ μητρὸς αἷμ' ὅμαιμον ἐκχέας πέδοι
ἔπειτ' ἐν Ἄργει δώματ' οἰκήσει πατρός;
655 ποίοισι βωμοῖς χρώμενος τοῖς δημίοις;
ποία δὲ χέρνιψ φρατέρων προσδέξεται;
Ἀπ καὶ τοῦτο λέξω, καὶ μάθ' ὡς ὀρθῶς ἐρῶ.
οὐκ ἔστι μήτηρ ἡ κεκλημένου τέκνου
τοκεύς, τροφὸς δὲ κύματος νεοσπόρου.
660 τίκτει δ' ὁ θρῴσκων, ἡ δ' ἅπερ ξένῳ ξένη
ἔσωσεν ἔρνος, οἷσι μὴ βλάψῃ θεός.
τεκμήριον δὲ τοῦδέ σοι δείξω λόγου.
πατὴρ μὲν ἂν γένοιτ' ἄνευ μητρός· πέλας
μάρτυς πάρεστι παῖς Ὀλυμπίου Διός,
665 οὐδ' ἐν σκότοισι νηδύος τεθραμμένη,
ἀλλ' οἷον ἔρνος οὔτις ἂν τέκοι θεός.
ἐγὼ δέ, Παλλάς, τἆλλα θ' ὡς ἐπίσταμαι
τὸ σὸν πόλισμα καὶ στρατὸν τεύξω μέγαν,
καὶ τόνδ' ἔπεμψα σῶν δόμων ἐφέστιον,
670 ὅπως γένοιτο πιστὸς ἐς τὸ πᾶν χρόνου,
καὶ τόνδ' ἐπικτήσαιο σύμμαχον, θεά,
καὶ τοὺς ἔπειτα, καὶ τάδ' αἰανῶς μένοι
στέργειν τὰ πιστὰ τῶνδε τοὺς ἐπισπόρους.

Wie *sie* war, sagt ich, daß es spür als Biß der Rat,
Der eingesetzt ward zur Entscheidung dieses Falls.

Chf Des Vaters Los stellt höher Zeus nach deinem Wort;
Und selbst band er den greisen Vater Kronos doch.
Wie bleibt dein Wort zu *dem* hier ohne Widerspruch?
Euch, daß ihr's hört, ruf hierfür ich als Zeugen auf.

Ap O allverhaßte Ungeheuer, der Götter Greul!
Fesseln kann er wohl lösen, gibt's doch dafür Rat,
Manch Mittel, manchen Weg, der zur Befreiung führt;
Doch wenn des Mannes Blut erst aufgeschlürft der Staub,
Des einmal toten, gibt's für ihn kein Auferstehn.
Hierfür Beschwörungszauber bracht mein Vater nicht
Zustand und setzt sonst alles andre, auf und ab
Es drehnd, in Schwung doch, ohne stärkern Atems Kraft.

Chf Wie Freispruch du für *den* durchsetzen kannst, sieh zu!
Der Mutter Blut, ihm blutsverwandt, goß er zur Erd
Und soll in Argos wohnen dann im Vaterhaus?
Was für Altären soll er, Volksaltären, nahn,
Was für Weihwasser seines Stammes nimmt ihn auf?

Ap Auch hierzu sprech ich; hör, wie weit mit Recht ich's tu!
Nicht ist die Mutter des Erzeugten, „Kind" genannt,
Erzeugrin – Pflegrin nur des neugesäten Keims.
Es zeugt der Gatte; sie, dem Gast Gastgeberin,
Hütet den Sproß, falls ihm nicht Schaden wirkt ein Gott.
Für die Behauptung führ ich also den Beweis:
Vater kann werden ohne Mutter man; vor uns
Als Zeugin steht die Tochter des Olympiers Zeus,
In keines Mutterschoßes Dunkelheit genährt,
Doch solch ein Kind, wie's keine Göttin je gebar.
Ich aber, Pallas, will dereinst, so gut ich's kann,
Dir deine Stadt groß machen und ihr Volk voll Macht.
Und diesen sandt an deines Hauses Herd ich her,
Daß er dir Treue wahre all die Folgezeit,
Daß du gewännest, Göttin, ihn als Bundesfreund
Und alle nach ihm, und dies bleibe ewge Pflicht,
Den Bund zu halten, ihren Nachgebornen all!

Ἀθηνᾶ

ἤδη κελεύω τούσδ' ἀπὸ γνώμης φέρειν
675   ψῆφον δικαίαν, ὡς ἅλις λελεγμένων;

Χορός

ἡμῖν μὲν ἤδη πᾶν τετόξευται βέλος.
μένω δ' ἀκοῦσαι, πῶς ἀγὼν κριθήσεται.

Ἀθηνᾶ

τί γάρ; πρὸς ὑμῶν πῶς τιθεῖσ' ἄμομφος ὦ;

Ἀπόλλων

ἠκούσαθ' ὧν ἠκούσατ', ἐν δὲ καρδίᾳ
680   ψῆφον φέροντες ὅρκον αἰδεῖσθε, ξένοι.

Ἀθηνᾶ

κλύοιτ' ἂν ἤδη θεσμόν, Ἀττικὸς λεώς,
πρώτας δίκας κρίνοντες αἵματος χυτοῦ.
ἔσται δὲ καὶ τὸ λοιπὸν Αἰγέως στρατῷ
ἀεὶ δικαστῶν τοῦτο βουλευτήριον.
685   πάγον δ' Ἄρειον τόνδ', Ἀμαζόνων ἕδραν
σκηνάς θ', ὅτ' ἦλθον Θησέως κατὰ φθόνον
στρατηλατοῦσαι, καὶ πόλιν νεόπτολιν
τήνδ' ὑψίπυργον ἀντεπύργωσαν τότε·
Ἄρει δ' ἔθυον, ἔνθεν ἔστ' ἐπώνυμος
690   πέτρα πάγος τ' Ἄρειος· ἐν δὲ τῷ σέβας
ἀστῶν φόβος τε συγγενὴς τὸ μὴ ἀδικεῖν
σχήσει τό τ' ἦμαρ καὶ κατ' εὐφρόνην ὁμῶς,
αὐτῶν πολιτῶν μὴ πικραινόντων νόμους
κακαῖς ἐπιρροαῖσι· βορβόρῳ θ' ὕδωρ
695   λαμπρὸν μιαίνων οὔποθ' εὑρήσεις ποτόν.
τὸ μήτ' ἄναρχον μήτε δεσποτούμενον
ἀστοῖς περιστέλλουσι βουλεύω σέβειν,
καὶ μὴ τὸ δεινὸν πᾶν πόλεως ἔξω βαλεῖν.

Athena

Heiß ich nun diese bringen nach gefaßtem Schluß
Des Rechtes Stimmstein, da's der Reden jetzt genug?

Chorführerin

Uns wahrlich ist bereits verschossen jeder Pfeil;
Ich harr zu hören, wie des Streits Urteil ergeht.

Athena
zu Apollon und Orestes

Und ihr? Wie füg ich's, daß ihr mich nicht tadeln könnt?

Apollon
zu den Richtern

Ihr hörtet, was ihr hörtet; wahrt im Herzen nun,
Gebt ihr die Stimme, Freunde, Scheu vor eurem Schwur!

Athena

Vernehmt nunmehr die Satzung, Männer Attikas,
Des ersten Falles Richter von vergoßnem Blut!
Bestehn soll auch in Zukunft für des Aigeus Volk
Auf immer der Gerichtshof dieses hohen Rats.
Den Areshügel hier, der Amazonen Sitz
Und Lager, als sie kamen, Theseus voller Haß
Mit Kampf zu überziehn, und ihre neue Burg,
Die hochgetürmte hier, entgegentürmten einst
Und Ares opferten, woher den Namen trägt
Die Felsenhöh Areopag, es wird auf *ihm*
Der Bürger Ehrfurcht und die ihr verwandte Furcht
Dem Unrecht wehren so bei Tag wie auch des Nachts,
Falls selbst die Bürger nicht vergällen das Gesetz
Durch bösen Zuguß; machst mit Schlamm das Wasser du,
Das klare, schmutzig, nie dann findst du reinen Trank.
Nicht obrigkeitlos noch Tyrannenknecht zu sein,
Rat Bürgern ich als ihres Strebens höchstes Ziel,
Und – nicht die Furcht ganz fortzubannen aus der Stadt.

τίς γὰρ δεδοικὼς μηδὲν ἔνδικος βροτῶν;
700   τοιόνδε τοι ταρβοῦντες ἐνδίκως σέβας,
ἔρυμα χώρας καὶ πόλεως σωτήριον
ἔχοιτ' ἂν οἷον οὔτις ἀνθρώπων ἔχει,
οὔτ' ἐν Σκύθαισιν οὔτε Πέλοπος ἐν τόποις.
κερδῶν ἄθικτον τοῦτο βουλευτήριον,
705   αἰδοῖον, ὀξύθυμον, εὑδόντων ὕπερ
ἐγρηγορὸς φρούρημα γῆς καθίσταμαι.
ταύτην μὲν ἐξέτειν' ἐμοῖς παραίνεσιν
ἀστοῖσιν ἐς τὸ λοιπόν· ὀρθοῦσθαι δὲ χρὴ
καὶ ψῆφον αἴρειν καὶ διαγνῶναι δίκην
710   αἰδουμένους τὸν ὅρκον. εἴρηται λόγος.

Χορός

καὶ μὴν βαρεῖαν τήνδ' ὁμιλίαν χθονὸς
ξύμβουλός εἰμι μηδαμῶς ἀτιμάσαι.

Ἀπόλλων

κἄγωγε χρησμοὺς τοὺς ἐμούς τε καὶ Διὸς
ταρβεῖν κελεύω μηδ' ἀκαρπώτους κτίσαι.
715 Χο ἀλλ' αἱματηρὰ πράγματ' οὐ λαχὼν σέβεις,
μαντεῖα δ' οὐκέθ' ἁγνὰ μαντεύσῃ νέμων.
Ἀπ ἦ καὶ πατήρ τι σφάλλεται βουλευμάτων
πρωτοκτόνοισι προστροπαῖς Ἰξίονος;
Χο λέγεις· ἐγὼ δὲ μὴ τυχοῦσα τῆς δίκης
720   βαρεῖα χώρα τῇδ' ὁμιλήσω πάλιν.
Ἀπ ἀλλ' ἔν τε τοῖς νέοισι καὶ παλαιτέροις
θεοῖς ἄτιμος εἶ σύ· νικήσω δ' ἐγώ.
Χο τοιαῦτ' ἔδρασας καὶ Φέρητος ἐν δόμοις·
Μοίρας ἔπεισας ἀφθίτους θεῖναι βροτούς.
725 Ἀπ οὔκουν δίκαιον τὸν σέβοντ' εὐεργετεῖν,
ἄλλως τε πάντως χὤτε δεόμενος τύχοι;
Χο σύ τοι παλαιὰς διανομὰς καταφθίσας
οἴνῳ παρηπάφησας ἀρχαίας θεάς.

Denn wer der Menschen, der nichts fürchtet, bleibt gerecht?
Wenn solche Furcht ihr und, wie's recht ist, Ehrfurcht hegt,
Als Landesbollwerk und des Staates Schutz und Heil
Habt ihr zu eigen, was der Menschen keiner hat,
Nicht bei den Skythen noch auch in des Pelops Land.
Als unbestechlich setz ich diesen hohen Rat,
Ehrwürdig, strengen Sinnes, über Schlafende
Als ewig wache Hut des Landes stiftend ein.
Diese Verordnung gab ich meinen Bürgern, sprach
Sie aus für alle Zukunft. Nun erhebet euch,
Nehmt auf den Stimmstein und entscheidet diesen Streit,
Fromm scheuend euren Eidschwur! Alles sagt ich so.

Die Richter gehen an den Altar und werfen ihre Stimmsteine
in die Urne

Chorführerin

Fürwahr, uns, dem gefährlichen Besuch des Lands,
Rat ich in keiner Weise Unehr' anzutun.

Apollon

Und ich gebiete, daß ihr meine und des Zeus
Wahrsprüche achtet und der Frucht sie nicht beraubt.

Chf In blutge Händel mengst du – ohne Amt – dich ein;
Weissagung, heilge, kündest du hinfort nicht mehr!

Ap Geht auch mein Vater fehl denn in Entschluß und Rat,
Da er vom ersten Mord entsühnt Ixion einst?

Chf Du redst; ich aber mach, erlang ich nicht mein Recht,
Voll Groll mit diesem Land zu schaffen mir aufs neu.

Ap Doch in der jungen wie der ältern Götter Kreis
Bist ohne Ehre du; und mir gehört der Sieg!

Chf Wie nun, so tatst du auch in Pheres' Haus, bewogst
Die Moiren, Todverfallne zu entziehn dem Tod.

Ap Nicht recht wär's also, wer mich ehrt, dem beizustehn,
Und ganz besonders, wenn er dringend Beïstand braucht?

Chf Du hast uralte Ordnungen zunichtgemacht,
Mit Wein den Sinn betört ehrwürdger Götterfraun!

Ἀπ σύ τοι τάχ' οὐκ ἔχουσα τῆς δίκης τέλος
730   ἐμεῖ τὸν ἰὸν οὐδὲν ἐχθροῖσιν βαρύν.
Χο ἐπεὶ καθιππάζῃ με πρεσβῦτιν νέος,
    δίκης γενέσθαι τῆσδ' ἐπήκοος μένω,
    ὡς ἀμφίβουλος οὖσα θυμοῦσθαι πόλει.

Ἀθηνᾶ

    ἐμὸν τόδ' ἔργον, λοισθίαν κρῖναι δίκην·
735   ψῆφον δ' Ὀρέστῃ τήνδ' ἐγὼ προσθήσομαι.
    μήτηρ γὰρ οὔτις ἐστὶν ἥ μ' ἐγείνατο,
    τὸ δ' ἄρσεν αἰνῶ πάντα, πλὴν γάμου τυχεῖν,
    ἅπαντι θυμῷ, κάρτα δ' εἰμὶ τοῦ πατρός.
    οὕτω γυναικὸς οὐ προτιμήσω μόρον
740   ἄνδρα κτανούσης δωμάτων ἐπίσκοπον.
    νικᾷ δ' Ὀρέστης, κἂν ἰσόψηφος κριθῇ.
    ἐκβάλλεθ' ὡς τάχιστα τευχέων πάλους,
    ὅσοις δικαστῶν τοῦτ' ἐπέσταλται τέλος.

Ὀρέστης

    ὦ Φοῖβ' Ἄπολλον, πῶς ἀγὼν κριθήσεται;

Χορός

745   ὦ Νὺξ μέλαινα μῆτερ, ἆρ' ὁρᾷς τάδε;
Ὀρ νῦν ἀγχόνης μοι τέρματ' ἢ φάος βλέπειν.
Χο ἡμῖν γὰρ ἔρρειν ἢ πρόσω τιμὰς νέμειν.

Ἀπόλλων

    πεμπάζετ' ὀρθῶς ἐκβολὰς ψήφων, ξένοι,
    τὸ μὴ ἀδικεῖν σέβοντες ἐν διαιρέσει.
750   γνώμης δ' ἀπούσης πῆμα γίγνεται μέγα,
    βαλοῦσά τ' οἶκον ψῆφος ὤρθωσεν μία.

Ap Und du wirst bald, verfehlst du im Gericht dein Ziel,
      Ausspein dein Gift, das keinem Feind mehr bringt Gefahr!
Chf Da du zu Boden rennst mich Greisin, Junger du,
      Wart, des Gerichtes Schluß zu hören, still ich ab,
      Behalt mir vor noch, meinem Groll zu weihn die Stadt.

> Die Abgabe der Stimmen ist erfolgt

Athena

Mein ist das Amt, zuletzt zu stimmen beim Gericht;
Den Stein hier, für Orestes leg ich ihn dazu.
Denn keine Mutter hat mich auf die Welt gebracht.
Fürs Männliche bin allwärts ich – nur nicht zur Eh –
Aus vollem Herzen; ganz bin ich des Vaters ja.
So schätz ich an der Frau den Mord nicht höher ein,
Da sie den Mann, des Hauses Oberhaupt, erschlug.
Es siegt Orestes, auch wenn stimmengleich der Spruch.
Schüttet die Steine eiligst aus den Urnen aus,
Wem von den Richtern anvertraut ist dieses Amt!

> Die Steine werden ausgeschüttet und gezählt

Orestes

Phoibos Apollon, wie entscheidet sich der Streit?

Chorführerin

O Nacht, du dunkle, Mutter, siehst du dies mit an?
Or Nun kommt – am Strang das Ende oder schaun das Licht!
Chf Und uns: ins Nichts gehn oder weiter Ehr und Amt!

Apollon

Zählt nach mit Sorgfalt, was an Steinen, Freunde, fiel;
Vor Unrecht hütet fromm euch bei der Sonderung!
Fehlt es an Einsicht, Leid erwächst dann, großes, oft;
Der Wurf kann hoch erheben *eines* Steins das Haus!

> Die Zählung ist beendet

Ἀθηνᾶ

ἀνὴρ ὅδ' ἐκπέφευγεν αἵματος δίκην·
ἴσον γάρ ἐστι τἀρίθμημα τῶν πάλων.

Ὀρέστης

ὦ Παλλάς, ὦ σώσασα τοὺς ἐμοὺς δόμους,
755   γαίας πατρῴας ἐστερημένον σύ τοι
κατῴκισάς με· καί τις Ἑλλήνων ἐρεῖ,
»Ἀργεῖος ἀνὴρ αὖθις ἔν τε χρήμασιν
οἰκεῖ πατρῴοις, Παλλάδος καὶ Λοξίου
ἕκατι καὶ τοῦ πάντα κραίνοντος τρίτου
760   σωτῆρος,« ὃς πατρῷον αἰδεσθεὶς μόρον
σῴζει με μητρὸς τάσδε συνδίκους ὁρῶν.

ἐγὼ δὲ χώρᾳ τῇδε καὶ τῷ σῷ στρατῷ
τὸ λοιπὸν εἰς ἅπαντα πλειστήρη χρόνον
ὁρκωμοτήσας νῦν ἄπειμι πρὸς δόμους,
765   μήτοι τιν' ἄνδρα δεῦρο πρυμνήτην χθονὸς
ἐλθόντ' ἐποίσειν εὖ κεκασμένον δόρυ.
αὐτοὶ γὰρ ἡμεῖς ὄντες ἐν τάφοις τότε
τοῖς τἀμὰ παρβαίνουσι νῦν ὁρκώματα
ἀμηχάνοισι πράξομεν δυσπραξίαις
770   ὁδοὺς ἀθύμους καὶ παρόρνιθας πόρους
τιθέντες, ὡς αὐτοῖσι μεταμέλῃ πόνος·
ὀρθουμένων δὲ καὶ πόλιν τὴν Παλλάδος
τιμῶσιν ἀεὶ τήνδε συμμάχῳ δορὶ
αὐτοῖσιν ἡμεῖς ἐσμεν εὐμενέστεροι.
775   καὶ χαῖρε, καὶ σὺ καὶ πολισσοῦχος λεώς·
πάλαισμ' ἄφυκτον τοῖς ἐναντίοις ἔχοις
σωτήριόν τε καὶ δορὸς νικηφόρον.

	Kommos
Χορός	Str. 1
ἰὼ θεοὶ νεώτεροι, παλαιοὺς νόμους	2 ia δ
καθιππάσασθε κἀκ χερῶν εἵλεσθέ μου.	3 ia

Athena

Der Mann ist freigesprochen von der Bluttat Schuld;
Als gleichgroß stellt die Zahl der Steine sich heraus.

Apollon verschwindet

Orestes

O Pallas, o du meines Hauses Retterin,
Den seines Heimatlands beraubten, mich hast du
Zurückverpflanzt nun; und in Hellas sagt man bald:
„Argeier wieder, wohnt der Mann aufs neu im Erb
Und Vaterhaus durch Pallas' und des Loxias Macht
Und Beistand und des Allvollenders auch zu dritt,
Des Retters", der, voll Achtung für des Vaters Los,
Mich rettet, wenn der Mutter Helfer dort er sieht.

Ich aber diesem Lande hier und deinem Volk
Für alle künftge noch so weit entfernte Zeit
Schwör einen heilgen Eid nun, eh ich heimwärts zieh:
Niemals soll hierher ein Heerführer unsres Lands
Im Kriegszug tragen seinen sieggewohnten Speer!
Denn selber werden, liegen wir im Grab auch dann,
Wir die, die übertreten meinen Schwur von heut,
Durch Nöte zwingen, die unzwingbar sind, indem
Den Marsch wir mutlos machen, schlimmer Zeichen voll
Die Fahrt, daß ihnen selber leid wird all ihr Mühn!
Doch wenn, getreu dem Eidschwur, sie der Pallas Stadt
Hoch ehren hier für immer, kampfverbundnen Speers,
Sind ihnen selbst wir doppelt wohlgesinnt und hold.
Leb wohl nun, Göttin du, und du, stadtschirmend Volk!
Dein Kampf sei so, daß nie die Feinde dir entfliehn,
Bring Rettung dir und deinem Speer des Sieges Ruhm!

ab

Chor

Ioh, ihr Götter jüngren Stamms, mein uraltes Recht,
Ihr ranntet's nieder, aus der Hand raubtet ihr mir's!

780	ἐγὼ δ' ἄτιμος ἁ τάλαινα βαρύκοτος	3 ia
	ἐν γᾷ τᾷδε, φεῦ,	δ
	ἰὸν ἰὸν ἀντιπενθῆ μεθεῖσα καρδίας	ia δ ia
	σταλαγμὸν χθονὶ	δ
	ἄφορον· ἐκ δὲ τοῦ	δ
	λειχὴν ἄφυλλος, ἄτεκνος,	ia cr
785	ἰὼ δίκα, πέδον ἐπισύμενος	ia δ
	βροτοφθόρους κηλῖδας ἐν χώρᾳ βαλεῖ.	3 ia
	στενάζω; τί ῥέξω; γελῶμαι πολίταις.	4 ba
790	δύσοισθ' ἄπαθον.	δ
	ἰὼ μεγάλα τοι κόραι δυστυχεῖς	2 δ
	Νυκτὸς ἀτιμοπενθεῖς. –	ch ba
ΑΘ	ἐμοὶ πίθεσθε μὴ βαρυστόνως φέρειν.	
795	οὐ γὰρ νενίκησθ', ἀλλ' ἰσόψηφος δίκη	
	ἐξῆλθ', ἀληθῶς οὐκ ἀτιμίᾳ σέθεν.	
	ἀλλ' ἐκ Διὸς γὰρ λαμπρὰ μαρτύρια παρῆν,	
	αὐτός θ' ὁ χρήσας αὐτὸς ἦν ὁ μαρτυρῶν,	
	ὡς ταῦτ' Ὀρέστην δρῶντα μὴ βλάβας ἔχειν.	
800	ὑμεῖς δ' ἐμεῖτε τῇδε γῇ βαρὺν κότον;	
	σκέψασθε, μὴ θυμοῦσθε, μηδ' ἀκαρπίαν	
	τεύξητ', ἀφεῖσαι δαιμόνων σταλάγματα,	
	βρωτῆρας αἰχμὰς σπερμάτων ἀνημέρους.	
	ἐγὼ γὰρ ὑμῖν πανδίκως ὑπίσχομαι	
805	ἕδρας τε καὶ κευθμῶνας ἐνδίκου χθονὸς	
	λιπαροθρόνοισιν ἡμένας ἐπ' ἐσχάραις	
	ἕξειν, ὑπ' ἀστῶν τῶνδε τιμαλφουμένας.	

Χορός

	Ἰὼ θεοὶ νεώτεροι, παλαιοὺς νόμους	Ant. 1
	καθιππάσασθε κἀκ χερῶν εἵλεσθέ μου.	
810	ἐγὼ δ' ἄτιμος ἁ τάλαινα βαρύκοτος	
	ἐν γᾷ τᾷδε, φεῦ,	
	ἰὸν ἰὸν ἀντιπενθῆ μεθεῖσα καρδίας	
	σταλαγμὸν χθονὶ	
	ἄφορον· ἐκ δὲ τοῦ	
815	λειχὴν ἄφυλλος, ἄτεκνος,	

Und ich, verunehrt, ich Unselge, grausigen Grolls,
Auf dies Land hier, weh,
Gift, leidvergeltend Gift, ström ich aus dem Herzen mir,
Geträuf, das die Erd
Unfruchtbar macht, daraus
Flechte, die Blatt auffrißt und Frucht, –
Mein Strafgericht! – die Flur wuchernd befällt
Und Menschen-Tod: Pestflecken in dem Land verstreut!
Ich stöhn auf; was tun jetzt? Verlacht von dem Stadtvolk,
Kaum trag ich mein Leid!
Ioh, über das Maß traf Unglück der Nacht
Töchter, die schmachgequälten!

Ath Folgt meiner Bitte: tragt es ohne solch Gestöhn!
Nicht besiegt ja seid ihr, sondern Stimmengleichheit kam
Heraus, wahrhaftig ohne alle Schmach für euch!
Fand sich von Zeus doch leuchtend klar ein Zeugnis ein;
Und der's einst kundtat, selber war er Zeuge nun:
Es sollt Orestes straflos sein bei solcher Tat!
Und ihr speit aus auf dies mein Land so schweren Groll?
Bedenkt euch! Zürnet nicht mehr, noch macht unfruchtbar
Das Land durch Auswurf von Dämonen-Giftgeträuf,
Das auffrißt scharfen Zahns die Saaten, schonungslos!
Denn ich verspreche euch in allem Ernste dies,
Daß Sitze ihr, verborgnen Wohnraum rechten Orts,
Im Glanz der Sessel thronend an dem Herdaltar,
Bekommt, von diesen Bürgern frommen Sinns verehrt!

Chor

Ioh, ihr Götter jüngren Stamms, mein uraltes Recht,
Ihr ranntet's nieder, aus der Hand raubtet ihr mir's!
Und ich, verunehrt, ich Unselge, grausigen Grolls,
Auf dies Land hier, weh,
Gift, leidvergeltend Gift, ström ich aus dem Herzen mir,
Geträuf, das die Erd
Unfruchtbar macht, daraus
Flechte, die Blatt auffrißt und Frucht, –

ἰὼ δίκα, πέδον ἐπισύμενος
βροτοφθόρους κηλῖδας ἐν χώρᾳ βαλεῖ.
στενάζω; τί ῥέξω; γελῶμαι πολίταις.
820 δύσοισθ' ἅπαθον.
ἰὼ μεγάλα τοι κόραι δυστυχεῖς
Νυκτὸς ἀτιμοπενθεῖς. =

'ΑΘ   οὐκ ἔστ' ἄτιμοι, μηδ' ὑπερθύμως ἄγαν
825 θεαὶ βροτῶν κτίσητε δύσκηλον χθόνα.
κἀγὼ πέποιθα Ζηνί, καὶ τί δεῖ λέγειν;
καὶ κλῇδας οἶδα δώματος μόνη θεῶν,
ἐν ᾧ κεραυνός ἐστιν ἐσφραγισμένος·
ἀλλ' οὐδὲν αὐτοῦ δεῖ· σὺ δ' εὐπιθὴς ἐμοὶ
830 γλώσσης ματαίας μὴ 'κβάλῃς ἔπη χθονὶ
καρπὸν φέροντα πάντα μὴ πράσσειν καλῶς.
κοίμα κελαινοῦ κύματος πικρὸν μένος,
ὡς σεμνότιμος καὶ ξυνοικήτωρ ἐμοί·
πολλῆς δὲ χώρας τῆσδε τἀκροθίνια
835 θύη πρὸ παίδων καὶ γαμηλίου τέλους
ἔχουσ' ἐς αἰεὶ τόνδ' ἐπαινέσεις λόγον.

Χορός   Str. 2

ἐμὲ παθεῖν τάδε, φεῦ,   δ + Α
ἐμὲ παλαιόφρονα κατά τε γᾶν οἰκεῖν   2δ
ἀτίετον, φεῦ, μύσος.   2 cr
840 πνέω τοι μένος ἅπαντά τε κότον.   2δ
οἰοῖ δᾶ, φεῦ.   δ
τίς μ' ὑποδύεται, τίς ὀδύνα πλευράς;   2δ
θυμὸν ἄιε, μᾶτερ   pher
845 Νύξ· ἀπὸ γάρ με τιμᾶν δαναιᾶν θεῶν   2δ
δυσπάλαμοι παρ' οὐδὲν ἦραν δόλοι. –   2δ

'ΑΘ   ὀργὰς ξυνοίσω σοι· γεραιτέρα γὰρ εἶ
καὶ πολλὰ μὲν σὺ κάρτ' ἐμοῦ σοφωτέρα,
850 φρονεῖν δὲ κἀμοὶ Ζεὺς ἔδωκεν οὐ κακῶς.
ὑμεῖς δ' ἐς ἀλλόφυλον ἐλθοῦσαι χθόνα
γῆς τῆσδ' ἐρασθήσεσθε· προὐννέπω τάδε.
οὑπιρρέων γὰρ τιμιώτερος χρόνος

Mein Strafgericht! – die Flur wuchernd befällt
Und Menschen-Tod: Pestflecken in dem Land verstreut!
Ich stöhn auf; was tun jetzt? Verlacht von dem Stadtvolk,
Kaum trag ich mein Leid!
Ioh, über das Maß traf Unglück der Nacht
Töchter, die schmachgequälten!

Ath Nicht seid entehrt ihr, noch sollt zornig übers Maß
Ihr, Göttinnen, verstören ganz der Menschen Land!
Ich bin vertraut mit Zeus; was braucht's der Worte mehr?
Den Schlüssel weiß von Göttern ich nur des Gemachs,
In dem der Blitz sich findet unterm Siegel aufbewahrt;
Doch braucht es seiner nicht; folgst du mir doch
Und schüttst der frevlen Zunge Wort nicht aus, dem Land
An Frucht zu bringen, was jedwedem schlimm ausschlägt.
Heiß ruhen dunklen Wogensturzes bittren Grimm;
Sollst, hoher Ehren wert, ja hausen hier mit mir.
Wenn dieses weiten Landes Erstlingsopfer du
Für seine Kinder und bei seiner Ehen Schluß
Erhältst, auf immer wirst du preisen dies mein Wort!

Chor

Ich – soll erdulden dies – weh! –
Ich – alter Weisheit voll – soll hausen in der Erd
Ohn alle Ehr – weh! – ein Greul?!
Ich schnaub meine Wut hervor, alle den Groll!
Oh, oh! Ach! Weh!
Was kriecht mich an, durchwühlt mir, was für Qual den
Zorn ist's! Hör es, o Mutter   [Leib?
Nacht! Weg ja meine Ehr, die angestammte, raubt'
Unzwingbar, reißend mich ins Nichts, der Götter Trug!

Ath Den Zorn verzeih ich dir; die ältre bist du ja
Und bist in vielem weitaus weiser wohl als ich.
Doch Einsicht gab auch mir ja Zeus nicht übler Art.
Wenn ihr in andren Stammes Land euch hinbegebt,
Nach *dem* Land sehnt ihr euch dann, das sag ich voraus.
Herbei ja fließt, ein Strom stets höherer Ehr, die Zeit

ἔσται πολίταις τοῖσδε. καὶ σὺ τιμίαν

855 ἕδραν ἔχουσα πρὸς δόμοις Ἐρεχθέως
τεύξῃ παρ' ἀνδρῶν καὶ γυναικείων στόλων,
ὅσην παρ' ἄλλων οὔποτ' ἂν σχέθοις βροτῶν.
σὺ δ' ἐν τόποισι τοῖς ἐμοῖσι μὴ βάλῃς
μήθ' αἱματηρὰς θηγάνας, σπλάγχνων βλάβας

860 νέων, ἀοίνοις ἐμμανεῖς θυμώμασι,
μήτ' ἐξελοῦσ' ὡς καρδίαν ἀλεκτόρων
ἐν τοῖς ἐμοῖς ἀστοῖσιν ἱδρύσῃς Ἄρη
ἐμφύλιόν τε καὶ πρὸς ἀλλήλους θρασύν.
θυραῖος ἔστω πόλεμος, οὐ μόλις παρών,

865 ἐν ᾧ τις ἔσται δεινὸς εὐκλείας ἔρως·
ἐνοικίου δ' ὄρνιθος οὐ λέγω μάχην.
τοιαῦθ' ἑλέσθαι σοι πάρεστιν ἐξ ἐμοῦ,
εὖ δρῶσαν, εὖ πάσχουσαν, εὖ τιμωμένην
χώρας μετασχεῖν τῆσδε θεοφιλεστάτης.

Χορός

870 ἐμὲ παθεῖν τάδε, φεῦ,   Ant. 2
ἐμὲ παλαιόφρονα κατά τε γᾶν οἰκεῖν,
ἀτίετον, φεῦ, μύσος.
πνέω τοι μένος ἅπαντά τε κότον.
οἰοῖ δᾶ, φεῦ.

875 τίς μ' ὑποδύεται, τίς ὀδύνα πλευράς;
θυμὸν ἄιε, μᾶτερ
Νύξ· ἀπὸ γάρ με τιμᾶν δαναιᾶν θεῶν

880 δυσπάλαμοι παρ' οὐδὲν ἦραν δόλοι. =

ΑΘ οὔτοι καμοῦμαί σοι λέγουσα τἀγαθά,
ὡς μήποτ' εἴπῃς πρὸς νεωτέρας ἐμοῦ
θεὸς παλαιὰ καὶ πολισσούχων βροτῶν
ἄτιμος ἔρρειν τοῦδ' ἀπόξενος πέδου.

885 ἀλλ' εἰ μὲν ἁγνόν ἐστί σοι Πειθοῦς σέβας,
γλώσσης ἐμῆς μείλιγμα καὶ θελκτήριον,
σὺ δ' οὖν μένοις ἄν· εἰ δὲ μὴ θέλεις μένειν,
οὔ τἂν δικαίως τῇδ' ἐπιρρέποις πόλει
μῆνίν τιν' ἢ κότον τιν' ἢ βλάβην στρατῷ.

In Zukunft meinen Bürgern. Und hast du voll Ehr
Den Wohnsitz inne nahe des Erechtheus Haus,
Erlangst von Männern und der Frauen Feierzug
Du, was von andern Menschen nie zuteil dir wird!
Drum wirf in meines Lands Gebiete nicht hinein
Blutigen Streits Wetzsteine, schädgend das Gemüt
Der Jugend, daß sie, weinlos trunken, rast in Wut,
Noch mach, aufreizend ihnen, Hähnen gleich, das Herz,
Bei meinen Bürgern heimisch hier den Gott des Streits,
Der Brüder eines Stammes aufeinanderhetzt!
Vorm Tore nur soll Krieg sein, der unschwer entbrennt;
Dort such ihr Feld sich hehren Ruhms gewaltge Gier!
Doch gleichen Hofs Geflügel sei der Kampf verwehrt!
Solch Los zu wählen, ist durch mich dir freigestellt,
Daß Gutes tund, Gutes empfangend, hochgeehrt,
Am Land du teilhast, diesem gottgeliebtesten!

                          Chor

Ich – soll erdulden dies – weh! –
Ich – alter Weisheit voll – soll hausen in der Erd
Ohn alle Ehr – weh! – ein Greul!?
Ich schnaub meine Wut hervor, alle den Groll:
Oh, oh! Ach! Weh!
Was kriecht mich an, durchwühlt mir, was für Qual den
Zorn ist's! Hör es, o Mutter   [Leib?
Nacht! Weg ja meine Ehr, die angestammte, raubt'
Unzwingbar, reißend mich ins Nichts, der Götter Trug!
Ath Nicht werd ich müde, dir zu sagen, was dir frommt,
Daß nie du sagest, von der jüngern, mir, seist du,
Die alte Göttin, und vom stadtschirmenden Volk
Verunehrt fortgegangen als Verstoßne dieses Lands.
Wenn aber heilig dir die Scheu vor Peitho ist,
Dir meiner Zunge freundlich Wort besänftgend wirkt,
Wirst hier du bleiben; doch wenn du nicht bleiben willst,
Dann wär es unrecht, wenn du zuwögst dieser Stadt
Haß irgend oder Groll und Schädigung dem Volk;

890		ἔξεστι γάρ σοι τῇσδε γαμόρῳ χθονὸς
		εἶναι δικαίως ἐς τὸ πᾶν τιμωμένη.
	Χο	ἄνασσ' Ἀθάνα, τίνα με φῂς ἔχειν ἕδραν;
	Ἀθ	πάσης ἀπήμον' οἰζύος· δέχου δὲ σύ.
	Χο	καὶ δὴ δέδεγμαι· τίς δέ μοι τιμὴ μένει;
895	Ἀθ	ὡς μή τιν' οἶκον εὐθενεῖν ἄνευ σέθεν.
	Χο	σὺ τοῦτο πράξεις, ὥστε με σθένειν τόσον;
	Ἀθ	τῷ γὰρ σέβοντι συμφορὰς ὀρθώσομεν.
	Χο	καί μοι πρόπαντος ἐγγύην θήσῃ χρόνου;
	Ἀθ	ἔξεστι γάρ μοι μὴ λέγειν ἃ μὴ τελῶ.
900	Χο	θέλξειν μ' ἔοικας καὶ μεθίσταμαι κότου.
	Ἀθ	τοιγὰρ κατὰ χθόν' οὖσ' ἐπικτήσῃ φίλους.
	Χο	τί οὖν μ' ἄνωγας τῇδ' ἐφυμνῆσαι χθονί;
	Ἀθ	ὁποῖα νίκης μὴ κακῆς ἐπίσκοπα,
		καὶ ταῦτα γῆθεν ἔκ τε ποντίας δρόσου
905		ἐξ οὐρανοῦ τε κἀνέμων ἀήματα
		εὐηλίως πνέοντ' ἐπιστείχειν χθόνα,
		καρπόν τε γαίας καὶ βοτῶν ἐπίρρυτον
		ἀστοῖσιν εὐθενοῦντα μὴ κάμνειν χρόνῳ,
		καὶ τῶν βροτείων σπερμάτων σωτηρίαν.
910		τῶν δυσσεβούντων δ' ἐκφορωτέρα πέλοις.
		στέργω γὰρ ἀνδρὸς φιτυποίμενος δίκην
		τὸ τῶν δικαίων τῶνδ' ἀπένθητον γένος.
		τοιαῦτα σοὔστι. τῶν ἀρειφάτων δ' ἐγὼ
		πρεπτῶν ἀγώνων οὐκ ἀνέξομαι τὸ μὴ οὐ
915		τήνδ' ἀστύνικον ἐν βροτοῖς τιμᾶν πόλιν.

Stasimon III

Χορός

Str. 1

	δέξομαι Παλλάδος ξυνοικίαν,	3 tr
	οὐδ' ἀτιμάσω πόλιν,	2 tr
	τὰν καὶ Ζεὺς ὁ παγκρατὴς Ἄρης τε	3 tr
	φρούριον θεῶν νέμει,	2 tr
920	ῥυσίβωμον Ἑλλάνων ἄγαλμα δαιμόνων·	4 tr
	ἇτ' ἐγὼ κατεύχομαι	2 tr
	θεσπίσασα πρευμενῶς	⎫ 5 tr
	ἐπισσύτους βίου τύχας ὀνησίμους	⎭

Steht's dir doch frei, hier dieses Lands Miteignerin
Zu sein, dem Recht nach, stets in allem hochgeehrt!

Chf Herrin Athena, was bietst du für Wohnung mir?

Ath Von jedem Jammer unberührt; nimm du sie an!

Chf Nahm ich sie an nun, was für Ehre wartet mein?

Ath Daß nicht ein Haus in Glück gedeihn soll ohne dich!

Chf Du willst's erwirken, daß so große Macht mir wird?

Ath Wer fromme Scheu hegt, dessen Glück erhöhen wir.

Chf Und gibst für alle künftge Zeit du Bürgschaft mir?

Ath Nichts zwingt zum Wort mich, das ich nicht auch halten will.

Chf Besänftigt fühl ich mich von dir, geb auf den Groll.

Ath Gewiß gewinnst im Land du Freunde dir hinzu.

Chf Was, rätst du, sing ich nun als Segen deinem Land?

Ath Was immer edlen Sieges Frucht zum Ziele hat;
Und dies: daß, von der Erd und aus der Meerflut Tau,
Vom Himmel her sich hebend, wehnder Winde Hauch,
Atmend im Sonnenglanz, hinstreiche übers Land;
Daß Frucht der Erde wie des Viehs, in Überfluß
Die Stadt zu segnen, nie ermatte mit der Zeit
Und Menschensamens Blüte wohl behütet sei.
Gottlose aber jäte umso stärker aus!
Wünsch ich doch nach des guten Pflanzenzüchters Art
Der recht Gediehnen unverkümmert edlen Schlag.
All dies liegt *dir* ob. Doch *ich* will, weckt Kriegsgotts Ruf
Glanzvollen Wettstreit, ruhn und rasten nicht, bis man
Als Stadt des Siegs im Menschenvolk ehrt meine Stadt!

Chor

Ich erwähl Pallas mir als Nachbarin
Und verschmähe nicht die Stadt,
Die auch Zeus voll Allgewalt wie Ares
Sich als Burg der Götter wählt;
Schützt den Altar sie doch, Hellas' Kleinod, jeden Gotts.
Ihr bet' Segen ich herab,
Ihr weissag ich gnadenvoll,
Daß überfließend Lebensglück zu Nutz und Heil

γαίας ἐξαμβρῦσαι   3 tr (sp)

925   φαιδρὸν ἁλίου σέλας. –   2 tr

ΆΘ   τάδ' ἐγὼ προφρόνως τοῖσδε πολίταις   an

πράσσω, μεγάλας καὶ δυσαρέστους

δαίμονας αὐτοῦ κατανασσαμένη.

930   πάντα γὰρ αὗται τὰ κατ' ἀνθρώπους

ἔλαχον διέπειν. ὁ δὲ μὴ κύρσας

βαρεῶν τούτων οὐκ οἶδεν ὅθεν

πληγαὶ βιότου. τὰ γὰρ ἐκ προτέρων

ἁπλακήματά νιν πρὸς τάσδ' ἀπάγει,

935   σιγῶν δ' ὄλεθρος καὶ μέγα φωνοῦντ'

ἐχθραῖς ὀργαῖς ἀμαθύνει.

Χορός

δενδροπήμων δὲ μὴ πνέοι βλάβα,   Ant. 1

τὰν ἐμὰν χάριν λέγω·

940   φλογμοὺς ὀμματοστερεῖς φυτῶν τὸ

μὴ περᾶν ὅρον τόπων,

μηδ' ἄκαρπος αἰανὴς ἐφερπέτω νόσος,

μῆλά τ' εὐθενοῦντα γᾶ

ξὺν διπλοῖσιν ἐμβρύοις

945   τρέφοι χρόνῳ τεταγμένῳ· γόνος δ' ἀεὶ

πλουτόχθων ἑρμαίαν

δαιμόνων δόσιν τίοι. =

ΆΘ   ἦ τάδ' ἀκούετε, πόλεως φρούριον,   an

950   οἷ' ἐπικραίνει; μέγα γὰρ δύναται

πότνι' Ἐρινὺς παρά τ' ἀθανάτοις

τοῖς θ' ὑπὸ γαῖαν, περί τ' ἀνθρώπων

φανερῶς τελέως διαπράσσουσιν,

τοῖς μὲν ἀοιδάς, τοῖς δ' αὖ δακρύων

955   βίον ἀμβλωπὸν παρέχουσαι.

Χορός   Str. 2

ἀνδροκμῆτας δ' ἀώρους ἀπεννέπω τύχας,   4 tr

νεανίδων τ' ἐπηράτων   2 tr

ἀνδροτυχεῖς βιότους δότε, κύρι' ἔχοντες   5 da

Aus der Erd laß aufblühn
Strahlend heitrer Sonne Glanz!

Ath Das führt ich fürsorglich durch für mein Volk,
Daß den mächtgen, nur schwer zu versöhnenden
Gottheiten allhier ihre Wohnung ich gab.
Denn in allem sind sie, was der Menschen Bereich,
Zu walten befugt. Und wer nicht erfuhr
Ihre furchtbare Last, der weiß nicht, woher
Ihm Schlag kommt auf Schlag; führt der Vorfahren Schuld
Und Frevel doch ihn unter ihre Gewalt!
Stumm faßt ihn Zerstörung, so laut er auch prahlt,
    Die grausamen Grolls ihn zu Staub malmt!

Chor

Bäumen Leid schaffe nie des Sturms Geschnauf! –
Das sei mein Geschenk für euch –
Brand auch, Pflanzen Augenknospen raubend,
Such nicht heim des Landes Flur,
Noch mit Mißwachs, jammerbringend, schleiche Krankheit
Schafe, wohl gedeihend, nähr   [her!
Mit der Zwillingslämmer Frucht
Das Land zu der gesetzten Zeit! Ertrag mög stets
Aus des Bodens Reichtum
Lohnen gottgegebnen Fund!

Ath Habt ihr all dies gehört, ihr, des Stadtvolks Hut,
Was ihr Wort euch gewährt? Ja, Gewaltges vermag
Der Erinys Macht bei Unsterblichen wie
In der Erde Schoß; und im Menschenbereich,
Stets vor Augen ihr Amt, führen durch sie ihr Werk,
Lassen *dem* freudgen Sang, *dem* tränen- und not-
    verschleiertes Leben sein Los sein.

Chor

Menschentod vor der Zeit, fort bann ich solch Schicksal
Jungfraun, anmutvollen, gebt   [euch;
Gatten zu glücklichem Ehbund, ihr, die ihr die Macht habt

960   Θεαί τ' ὦ Μοῖραι, ματροκασιγνῆται,   2 δ
       δαίμονες ὀρθονόμοι,   hem
       παντὶ δόμῳ μετάκοινοι,   3 da
       παντὶ χρόνῳ δ' ἐπιβριθεῖς   3 da
       ἐνδίκοις ὁμιλίαις,   2 tr
       πάντᾳ τιμιώταται θεῶν. –   3 tr
ΑΘ   τάδε τοι χώρᾳ τῇμῇ προφρόνως   an
970   ἐπικραινομένων γάνυμαι· στέργω δ'
       ὄμματα Πειθοῦς, ὅτι μοι γλῶσσαν
       καὶ στόμ' ἐπώπα πρὸς τάσδ' ἀγρίως
       ἀπανηναμένας· ἀλλ' ἐκράτησε
       Ζεὺς ἀγοραῖος, νικᾷ δ' ἀγαθῶν
975   ἔρις ἡμετέρα διὰ παντός.

Χορός

       τὰν δ' ἄπληστον κακῶν μήποτ' ἐν πόλει   Ant. 2
       τᾷδ' ἐπεύχομαι βρέμειν.   [στάσιν
980   μηδὲ πιοῦσα κόνις μέλαν αἷμα πολιτᾶν
       δι' ὀργὰν ποινᾶς ἀντιφόνους ἄτας
       ἁρπαλίσαι πόλεως.
       χάρματα δ' ἀντιδιδοῖεν
985   κοινοφιλεῖ διανοίᾳ,
       καὶ στυγεῖν μιᾷ φρενί.
       πολλῶν γὰρ τόδ' ἐν βροτοῖς ἄκος. =
ΑΘ   ἆρα φρονοῦσιν γλώσσης ἀγαθῆς   an
       ὁδὸν εὑρίσκειν;
990   ἐκ τῶν φοβερῶν τῶνδε προσώπων
       μέγα κέρδος ὁρῶ τοῖσδε πολίταις.
       τάσδε γὰρ εὔφρονας εὔφρονες ἀεὶ
       μέγα τιμῶντες καὶ γῆν καὶ πόλιν
       ὀρθοδίκαιον
995   πρέψετε πάντως διάγοντες.

Χορός   Str. 3

       χαίρετε χαίρετ' ἐν αἰσιμίαισι πλούτου.   da Alc 10

Dazu, ihr Moiren, mutterseits uns Schwestern,
Gottheiten, waltend des Rechts,
Jedwedem Heim euch als Gast nahnd,
Jedwede Zeit eure Macht leihnd
Redlicher Gemeinschaft Wohl,
Allehrwürdigste der Götter ihr!

Ath Daß all dies meinem Land fürsorglicher Weis
Sie gewähren voll Gunst, macht mich froh, und ich lob
Mir der Peitho Blick, die mir Zunge und Mund
Weitschauend gelenkt gegen sie, die so wild
Sich in Weigrung versagt. Doch Herr ward hier Zeus,
Der Redenden Hort; und es bleibt unserm Streit
Für das Gute der Sieg alle Zeit nun!

Chor

Den kein Leid sättgen kann, nie durchbrause Bürgerkrieg
Diese Stadt, das ist mein Wunsch.
Nie nehme, trunken vom dunkelen Blute der Bürger,
Im Zorn der Rachgier wechselnden Mords Blutrausch
Auf hier der Boden der Stadt!
Freuden mög wechselnd man tauschen,
Einmütig liebenden Herzens,
Und auch hassen eines Sinns!
Das ist's, was viel Leid den Menschen heilt.

Ath Kann Verständigen nicht eine treffliche Zung
Weg weisen und Ziel?
Aus den so grausgen Gesichtern – ich seh's –
Kommt hoher Gewinn für die Bürger hier:
Wenn den Freundlichen freundlich ihr allezeit
Hohe Ehre erweist, werdet Land ihr und Stadt
In Ordnung und Recht
Voller Glanz in die Zukunft führen!

Chor

Freuet euch, freut euch im Glück und im Glanz des Reich-
[tums!

χαίρετ', ἀστικὸς λεώς, ἴκταρ ἥμενοι Διός,   4 tr

1000   παρθένου φίλας φίλοι σωφρονοῦντες ἐν   4 tr
                    [χρόνῳ.
        Παλλάδος δ' ὑπὸ πτεροῖς ὄντας ἄζεται   4 tr
                    [πατήρ. –

                    Ἀθηνᾶ

        χαίρετε χὐμεῖς· προτέραν δ' ἐμὲ χρὴ   an
        στείχειν θαλάμους ἀποδείξουσαν
1005   πρὸς φῶς ἱερὸν τῶνδε προπομπῶν.
        ἴτε καὶ σφαγίων τῶνδ' ὑπὸ σεμνῶν
        κατὰ γῆς σύμεναι τὸ μὲν ἀτηρὸν
        χώρᾳ κατέχειν, τὸ δὲ κερδαλέον
        πέμπειν πόλεως ἐπὶ νίκῃ.

1010   ὑμεῖς δ' ἡγεῖσθε, πολισσοῦχοι
        παῖδες Κραναοῦ, ταῖσδε μετοίκοις.
        εἴη δ' ἀγαθῶν
        ἀγαθὴ διάνοια πολίταις.

                    Χορός

        χαίρετε, χαίρετε δ' αὖθις, ἐπὶ διπλοίζω,   Ant. 3
1015   πάντες οἱ κατὰ πτόλιν, δαίμονές τε καὶ βροτοί,
        Παλλάδος πόλιν νέμοντες· μετοικίαν δ' ἐμὴν
1020   εὐσεβοῦντες οὔτι μέμψεσθε συμφορᾶς βίου. =
    Ἀθ   αἰνῶ τε μύθους τῶνδε τῶν κατευγμάτων
        πέμψω τε φέγγει λαμπάδων σελασφόρων
        ἐς τοὺς ἔνερθε καὶ κατὰ χθονὸς τόπους
        ξὺν προσπόλοισιν, αἵτε φρουροῦσιν βρέτας
1025   τοὐμόν, δικαίως. ὄμμα γὰρ πάσης χθονὸς
        Θησῇδος ἐξίκοιτ' ἂν εὐκλεὴς λόχος
        παίδων, γυναικῶν, καὶ στόλος πρεσβυτίδων,
        – – – – – – – – – – – – – – – – – –

        φοινικοβάπτοις ἐνδυτοῖς ἐσθήμασι

Freut euch, dieser Stadtburg Volk, Nachbarn ihr des höch-
                                    [sten Zeus,
Lieb der lieben Jungfrau hier, klugen Sinns zu rechter
                                    [Zeit.
Wen der Pallas Flügel deckt, dem zeigt hold der Vater
                                    [sich.

Athena
an der Spitze des Festzuges, der sich inzwischen
gebildet hat

Sei Freude auch euch! Als erste schreit ich,
Die Gemächer euch zu zeigen, voran
Mit dem heiligen Licht der geleitenden Schar.
So kommt, und bei Opfern, bei frommen, steigt
Zur Erde hinab, und, was unheilvoll,
Laßt fern sein dem Land, und, was segensreich,
      Das sendet, der Stadt zum Siege!

zu den Geleitern

Und ihr geleitet, stadtschirmendes Volk
Aus des Kranaos Stamm, dieser Mitwohner Schar!
Und es trag edle Frucht
      Ihre edle Gesinnung den Bürgern!

Chor
Freuet euch, freut euch aufs neue, ruf ich noch einmal,
Alle hier rings in der Stadt, Götter ihr und Menschenvolk,
Die ihr Pallas' Stadt bewohnt! Daß mit euch ich wohne hier,
Ehrt ihr drum mich, nie beklagt dann ihr eures Daseins Los!
Ath Froh stimm ich eurer Sprüche Segenswünschen zu,
Geleit im Glanze flammenlohnder Fackeln euch
Zu denen drunten in der Unterwelt Bereich
Mit Priesterinnen, die in Hut halten mein Bild,
Wie's Recht und Brauch ist. Aug und Licht des ganzen Lands
Des Theseus, kommt wohl nun die unbescholtne Schar
Der Mädchen, Frauen wie der greisen Mütter Zug,
(Jünglinge, Greise, Knaben, Männer, alle nun)
Mit purpurfarbner Festgewänder Pracht geschmückt:

_ _ _ _ _ _ _ _ _ _ _ _ _ _ _ _ _ _ _ _

_ _ _ _ _ _ _ _ _ _ _ _ _ _ _ _ _ _ _ _

τιμᾶτε, καὶ τὸ φέγγος ὁρμάσθω πυρός,
1030   ὅπως ἂν εὔφρων ἥδ' ὁμιλία χθονὸς
τὸ λοιπὸν εὐάνδροισι συμφοραῖς πρέπῃ.

                                                          Exodos

                    Προπομποί   Str. 1

βᾶτε νόμῳ, μεγάλαι, φιλοτίμῳ,   4 da
Νυκτὸς παῖδες ἄπαιδες, ὑπ' εὔφρονι   5 da
1035   εὐφαμεῖτε δέ, χωρῖται,   [πομπᾷ,   4 da

γᾶς ὑπὸ κεύθεσιν ὠγυγίοισι   Ant. 1
τιμαῖς καὶ θυσίαις περίσεπτα τυχοῦσαι.
εὐφαμεῖτε δὲ πανδαμεί. =

                                                          Str. 2

1040   ἵλαοι δὲ καὶ σύμφρονες γᾷ   3 tr
δεῦρ' ἴτε, Σεμναί, τᾷ πυριδάπτῳ   4 da
λαμπάδι τερπόμεναι καθ' ὁδόν.   4 da
ὀλολύξατε νῦν ἐπὶ μολπαῖς. –   par

σπονδαὶ δ' ἐς τὸ πᾶν ἐκ μετοίκων   Ant. 2
1045   Παλλάδος ἀστοῖς· Ζεὺς ὁ πανόπτας
οὕτω Μοῖρά τε συγκατέβα.
ὀλολύξατε νῦν ἐπὶ μολπαῖς. =

(Die Eumeniden wurden aus Erinyen,
Aus Rachegeistern gnadenvolle Gottheit euch,)
Ehrt hoch sie! Und der Glanz rück vor des Fackelzugs,
Daß, wohlgesinnt dem Land, die gastlich hohe Schar
Allzeit mit blühnder Menschen Segen euch beglückt!

Unter dem Chorgesang der Geleitenden erfolgt der
feierliche Auszug

Chor der Geleitenden

Schreitet zum Klang, ihr Gewaltgen, des Festchors,
Urnachtkinder, kindlose, in freudgem Geleitzug!
Schweig in Andacht, o Volk des Lands!

Stehn doch dort drunten in Höhlen, hochheilgen,
Überreichlich euch Ehren und Opfer in Aussicht!
Schweigt in Andacht mit allem Volk!

Huldreich, eingen Sinns mit dem Land hier,
Wandelt, ihr Hehren, feurigerglühnder
Fackeln euch freuend, die Straße entlang!
Rufet jauchzend nun Heil bei dem Festchor!

Heilrufe des Volkes

Ewger Bund den Mitwohnern nun mit
Pallas' Stadtvolk! Zeus, der allschaunde,
Hat so, Moira es *mit* ihm gefügt.
Rufet jauchzend nun Heil bei dem Festchor!

Heilrufe des Volkes

DER GEFESSELTE PROMETHEUS

Τὰ τοῦ δράματος πρόσωπα

Κράτος	Κρ
Βία	
Ἥφαιστος	Ἥφ
Προμηθεύς	Πρ
χορὸς Ὠκεανίδων	Χο
Ὠκεανός	Ὠκ
Ἰὼ Ἰνάχου	Ἰώ
Ἑρμῆς	Ἑρ

Die Personen des Dramas

Kraft	Kr
Gewalt	
Hephaistos	He
Prometheus	Pr
Chor der Okeanostöchter	Ch · Chf
Okeanos	Ok
Io, Tochter des Inachos	Io
Hermes	He

Κράτος

Χθονὸς μὲν ἐς τηλουρὸν ἥκομεν πέδον,
Σκύθην ἐς οἶμον, ἄβατον εἰς ἐρημίαν.
Ἥφαιστε, σοὶ δὲ χρὴ μέλειν ἐπιστολὰς
ἅς σοι πατὴρ ἐφεῖτο, τόνδε πρὸς πέτραις
5 ὑψηλοκρήμνοις τὸν λεωργὸν ὀχμάσαι
ἀδαμαντίνων δεσμῶν ἐν ἀρρήκτοις πέδαις.
τὸ σὸν γὰρ ἄνθος, παντέχνου πυρὸς σέλας,
θνητοῖσι κλέψας ὤπασεν· τοιᾶσδέ τοι
ἁμαρτίας σφε δεῖ θεοῖς δοῦναι δίκην,
10 ὡς ἂν διδαχθῇ τὴν Διὸς τυραννίδα
στέργειν, φιλανθρώπου δὲ παύεσθαι τρόπου.

Ἥφαιστος

Κράτος Βία τε, σφῷν μὲν ἐντολὴ Διὸς
ἔχει τέλος δὴ κοὐδὲν ἐμποδὼν ἔτι·
ἐγὼ δ' ἄτολμός εἰμι συγγενῆ θεὸν
15 δῆσαι βίᾳ φάραγγι πρὸς δυσχειμέρῳ.
πάντως δ' ἀνάγκη τῶνδέ μοι τόλμαν σχεθεῖν·
εὐωριάζειν γὰρ πατρὸς λόγους βαρύ.

τῆς ὀρθοβούλου Θέμιδος αἰπυμῆτα παῖ,
ἄκοντά σ' ἄκων δυσλύτοις χαλκεύμασι
20 προσπασσαλεύσω τῷδ' ἀπανθρώπῳ πάγῳ
ἵν' οὔτε φωνὴν οὔτε του μορφὴν βροτῶν
ὄψῃ, σταθευτὸς δ' ἡλίου φοίβῃ φλογὶ
χροιᾶς ἀμείψεις ἄνθος· ἀσμένῳ δέ σοι
ἡ ποικιλείμων νὺξ ἀποκρύψει φάος,
25 πάχνην θ' ἑῴαν ἥλιος σκεδᾷ πάλιν·
αἰεὶ δὲ τοῦ παρόντος ἀχθηδὼν κακοῦ
τρύσει σ'· ὁ λωφήσων γὰρ οὐ πέφυκέ πω.
τοιαῦτ' ἐπηύρου τοῦ φιλανθρώπου τρόπου.

Hochgebirge am Meeresufer, gewaltiger Felsen übev der Orchestra
Kraft und Gewalt bringen Prometheus als Gefangenen;
Hephaistos folgt mit Handwerkszeug

Kraft

Zu der Erde fernster Grenzflur sind wir angelangt,
In Skythiens Raum, in menschenöder Einsamkeit.
Hephaistos, dir liegt ob, zu denken des Befehls,
Den dir der Vater erteilte: den hier fest am Fels,
Der hoch herabhängt, den Verbrecher, anzuschirrn
In stahlgehämmerter Bande unbrechbare Haft.
Denn deine Blüte, allwirksamen Feuers Glanz,
Fürs Erdvolk stahl, gab er sie hin; für solche Art
Von Freveltat gebührt der Götter Strafe ihm,
Auf daß er lerne, sich des Zeus Herrschergewalt
Zu fügen, menschenfreundlich Wesen abzutun.

Hephaistos

Kraft und Gewalt, euch zwein ist das Gebot des Zeus
Endgültig schon, und nichts steht ihm im Wege mehr.
Ich aber hab den Mut nicht, den verwandten Gott
Zu fesseln zwangsweis an die Felskluft sturmumtost.
Gleichwohl zwingt Not, mir Mut zu nehmen zu dem Werk;
Bringt doch nicht achten auf des Vaters Wort Gefahr.

zu Prometheus

Rechtratender Göttin Themis jähgemuter Sohn,
Zum Leid mir dich Leidvollen durch unlösbar Erz
Anklammern soll ich dieser menschenöden Kluft,
Wo weder Stimme noch Gestalt des Erdvolks du
Wahrnimmst, gesengt von gleißender Sonnenglut, der Haut
Blüte du einbüßt. Froh dann wirst du sein, wenn dir
Schimmernden Kleids, die Nacht in Dunkel hüllt das Licht,
Den Reif am Morgen dir die Sonn aufs neu zerstreut.
Und immer bringt des grad vorhandnen Übels Not
Qual dir; der dich erlöst, ward ja noch nicht erzeugt.
Das brachte dir dein menschenfreundlich Wesen ein.

θεὸς θεῶν γὰρ οὐχ ὑποπτήσσων χόλον
30 βροτοῖσι τιμὰς ὤπασας πέρα δίκης.
 ἀνθ' ὧν ἀτερπῆ τήνδε φρουρήσεις πέτραν
 ὀρθοστάδην, ἄυπνος, οὐ κάμπτων γόνυ·
 πολλοὺς δ' ὀδυρμοὺς καὶ γόους ἀνωφελεῖς
 φθέγξῃ· Διὸς γὰρ δυσπαραίτητοι φρένες·
35 ἅπας δὲ τραχὺς ὅστις ἂν νέον κρατῇ.
Κρ εἶέν, τί μέλλεις καὶ κατοικτίζει μάτην;
 τί τὸν θεοῖς ἔχθιστον οὐ στυγεῖς θεόν,
 ὅστις τὸ σὸν θνητοῖσι προὔδωκεν γέρας;
Ἡφ τὸ συγγενές τοι δεινὸν ἥ θ' ὁμιλία.
40 Κρ σύμφημ'· ἀνηκουστεῖν δὲ τῶν πατρὸς λόγων
 οἷόν τε πῶς; οὐ τοῦτο δειμαίνεις πλέον;
Ἡφ αἰεί γε δὴ νηλὴς σὺ καὶ θράσους πλέως.
Κρ ἄκος γὰρ οὐδὲν τόνδε θρηνεῖσθαι· σὺ δὲ
 τὰ μηδὲν ὠφελοῦντα μὴ πόνει μάτην.
45 Ἡφ ὦ πολλὰ μισηθεῖσα χειρωναξία.
Κρ τί νιν στυγεῖς; πόνων γὰρ ὡς ἁπλῷ λόγῳ
 τῶν νῦν παρόντων οὐδὲν αἰτία τέχνη.
Ἡφ ἔμπας τις αὐτὴν ἄλλος ὤφελεν λαχεῖν.
Κρ ἅπαντ' ἐπαχθῆ πλὴν θεοῖσι κοιρανεῖν.
50 ἐλεύθερος γὰρ οὔτις ἐστὶ πλὴν Διός.
Ἡφ ἔγνωκα τοῖσδε κοὐδὲν ἀντειπεῖν ἔχω.
Κρ οὔκουν ἐπείξῃ τῷδε δεσμὰ περιβαλεῖν,
 ὡς μή σ' ἐλινύοντα προσδερχθῇ πατήρ;
Ἡφ καὶ δὴ πρόχειρα ψάλια δέρκεσθαι πάρα.
55 Κρ βαλών νιν ἀμφὶ χερσὶν ἐγκρατεῖ σθένει
 ῥαιστῆρι θεῖνε, πασσάλευε πρὸς πέτραις.

Ἡφ περαίνεται δὴ κοὐ ματᾷ τοὔργον τόδε.
Κρ ἄρασσε μᾶλλον, σφίγγε, μηδαμῇ χάλα.
 δεινὸς γὰρ εὑρεῖν κἀξ ἀμηχάνων πόρον.
60 Ἡφ ἄραρεν ἥδε γ' ὠλένη δυσεκλύτως.
Κρ καὶ τήνδε νῦν πόρπασον ἀσφαλῶς, ἵνα
 μάθῃ σοφιστὴς ὢν Διὸς νωθέστερος.
Ἡφ πλὴν τοῦδ' ἂν οὐδεὶς ἐνδίκως μέμψαιτό μοι.

Selbst Gott, vor Götter-Groll nicht duckend dich, hast ja
Dem Erdvolk Ehrung du erwiesen übers Maß.
Drum den freudlosen hier wirst hüten du, den Fels,
Steilaufgerichtet, schlaflos, ungebeugten Knies;
Wirst häufig Jammerlaute, Klagen – nutzlos stets! –
Ausstoßen; Zeus ist schwer versöhnbar ja der Sinn.
Ist jeder hart doch, wer sein Amt neu führt als Herr.

Kr   Wohlan, was säumst du und bejammerst nutzlos ihn?
Was hassest du der Götter Erzfeind nicht, den Gott,
Der dein, dein Recht dem Erdvolk preisgab durch Verrat?

He   Das gleiche Blut wirkt mächtig und der Freundschaft Band.

Kr   Mag sein; doch ungehorsam sein des Vaters Wort,
Wie könntest du's? Scheust nicht hiervor du dich noch mehr?

He   Stets bist erbarmungslos du und voll dreisten Muts!

Kr   Kein Heil ja bringt es, den bejammern hier; und du –
Da's doch nichts helfen kann, quäl dich nicht nutzlos drum!

He   O über alles mir verabscheut Handwerk du!

Kr   Was hassest du's? Trägt an den Nöten – grad heraus
Gesagt – den gegenwärtgen, doch nicht Schuld die Kunst.

He   Gleichwohl, hätt irgend sie ein andrer nur erlost!

Kr   Alles legt Last auf, außer – Herr der Götter sein.
Und frei davon ist niemand, ausgenommen Zeus.

He   Mir zeigt's dies Beispiel, und mein Widerspruch verstummt.

Kr   Drängt's also dich nicht, dem hier Fesseln umzutun,
Daß nicht saumselig dich der Vater möge sehn?

He   Ja, schon handfertig sind die Bänder hier zu schaun.

Kr   Wirf sie ihm um die Hände und, treffsicher Kraft,
Mit dem Hammer schmied ihn, klammr ihn fest am Fels-
                                                    [gestein!

He   Vollführt wird schon und ohne Fehlhieb dies mein Werk!

Kr   Schlag stärker zu noch! Zwäng ihn, nirgendwo laß nach!
Schlau spürt er, wo kein Ausweg scheint, noch einen auf.

He   Es haftet hier der Unterarm unlösbar fest.

Kr   Auch diesen nun schmied unverrückbar an, daß er
Lerne: so schlau er, Zeus hink er an Klugheit nach.

He   Nur der, sonst keiner, kann mit Grund tadeln mein Werk.

    Κρ   ἀδαμαντίνου νῦν σφηνὸς αὐθάδη γνάθον
65   στέρνων διαμπὰξ πασσάλευ' ἐρρωμένως.
   Ἥφ   αἰαῖ, Προμηθεῦ, σῶν ὕπερ στένω πόνων.
    Κρ   σὺ δ' αὖ κατοκνεῖς τῶν Διός τ' ἐχθρῶν ὕπερ
         στένεις; ὅπως μὴ σαυτὸν οἰκτιεῖς ποτε.
   Ἥφ   ὁρᾷς θέαμα δυσθέατον ὄμμασιν.
70   Κρ   ὁρῶ κυροῦντα τόνδε τῶν ἐπαξίων.
         ἀλλ' ἀμφὶ πλευραῖς μασχαλιστῆρας βάλε.
   Ἥφ   δρᾶν ταῦτ' ἀνάγκη, μηδὲν ἐγκέλευ' ἄγαν.
    Κρ   ἦ μὴν κελεύσω κἀπιθωΰξω γε πρός.
         χώρει κάτω, σκέλη δὲ κίρκωσον βίᾳ.
75   Ἥφ   καὶ δὴ πέπρακται τοὔργον οὐ μακρῷ πόνῳ.
    Κρ   ἐρρωμένως νῦν θεῖνε διατόρους πέδας·
         ὡς οὑπιτιμητής γε τῶν ἔργων βαρύς.
   Ἥφ   ὅμοια μορφῇ γλῶσσά σου γηρύεται.
    Κρ   σὺ μαλθακίζου, τὴν δ' ἐμὴν αὐθαδίαν
80   ὀργῆς τε τραχυτῆτα μὴ 'πίπλησσέ μοι.
   Ἥφ   στείχωμεν· ὡς κώλοισιν ἀμφίβληστρ' ἔχει.

    Κρ   ἐνταῦθα νῦν ὕβριζε καὶ θεῶν γέρα
         συλῶν ἐφημέροισι προστίθει. τί σοι
         οἷοί τε θνητοὶ τῶνδ' ἀπαντλῆσαι πόνων;
85   ψευδωνύμως σε δαίμονες Προμηθέα
         καλοῦσιν· αὐτὸν γάρ σε δεῖ προμηθέως,
         ὅτῳ τρόπῳ τῆσδ' ἐκκυλισθήσει τέχνης.

Προμηθεύς

         ὦ δῖος αἰθὴρ καὶ ταχύπτεροι πνοαί,
         ποταμῶν τε πηγαί, ποντίων τε κυμάτων
90   ἀνήριθμον γέλασμα, παμμῆτόρ τε γῆ,
         καὶ τὸν πανόπτην κύκλον ἡλίου καλῶ·
         ἴδεσθέ μ' οἷα πρὸς θεῶν πάσχω θεός.

Kr Gehämmerten Stahlkeils eigenwillgen Keilerzahn
    Treib durch die Brust ihm jetzt hindurch mit voller Wucht!
He Ach, ach, Prometheus, deine Not bestöhn ich laut!
Kr Du zauderst wieder? Und des Zeus Feinden zulieb
    Stöhnst du? Daß nur dich selbst du nicht bejammerst einst!
He Du siehst ein Schauspiel, widrig anzuschaun dem Aug.
Kr Ich seh bekommen den da wohlverdienten Lohn.
    Auf! Um die Seiten Achselbänder lege ihm!
He Not zwingt zu tun dies; nicht gebeut mir's obendrein!
Kr Nun grad gebieten werd ich's, dir zuschreien noch!
    Steige herab, die Schenkel zwäng ihm in den Ring!
He Schon ist getan die Arbeit, ohne lange Müh.
Kr Mit voller Wucht nun keil durchbohrendes Fußband fest!
    Ist doch der Prüfer unsrer Arbeit hart und streng.
He So wüst dein Aussehn – deine Zunge tönt gleich wüst!
Kr Zeig du dich weichlich; meine eigenwillge Art
    Laß und des Eifers Rauheit ungeschoren mir!
He Laßt gehn uns, da die Glieder rings das Netz umgreift!

              zu Prometheus

Kr Hier nun verübe Frevel, und der Götter Gut
    Gib raubend Taggeschöpfen zum Geschenk! Was kann
    Das Erdvolk von der Nöte Flut abschöpfen dir?
    Falsch nennen dich Prometheus, den „Fürsorgenden",
    Die Götter; selbst brauchst du, wer dir Fürsorge trifft,
    Auf welche Art du dich entwindest solcher Kunst.

        Hephaistos mit Kraft und Gewalt ab

              Prometheus

    O heilger Äther, leichtbeschwingter Lüfte Hauch,
    Ihr Stromesquellen, weithinflutenden Meergewogs
    Unermeßlich Lächeln und Allmutter Erde du!
    Auch dir, allschaundes Rund der Sonne, gilt mein Ruf:
    Seht, seht mich an, was ich von Göttern duld, ein Gott!

δέρχθηθ' οἵαις αἰκείαισιν   an
διακναιόμενος τὸν μυριετῆ
95   χρόνον ἀθλεύσω.
τοιόνδ' ὁ νέος ταγὸς μακάρων
ἐξηῦρ' ἐπ' ἐμοὶ δεσμὸν ἀεικῆ.
φεῦ φεῦ, τὸ παρὸν τό τ' ἐπερχόμενον
πῆμα στενάχω, πῇ ποτε μόχθων
100   χρὴ τέρματα τῶνδ' ἐπιτεῖλαι;

καίτοι τί φημι; πάντα προυξεπίσταμαι
σκεθρῶς τὰ μέλλοντ', οὐδέ μοι ποταίνιον
πῆμ' οὐδὲν ἥξει. τὴν πεπρωμένην δὲ χρὴ
αἶσαν φέρειν ὡς ῥᾷστα, γιγνώσκονθ' ὅτι
105 τὸ τῆς ἀνάγκης ἔστ' ἀδήριτον σθένος.
ἀλλ' οὔτε σιγᾶν οὔτε μὴ σιγᾶν τύχας
οἷόν τέ μοι τάσδ' ἐστί. θνητοῖς γὰρ γέρα
πορὼν ἀνάγκαις ταῖσδ' ἐνέζευγμαι τάλας·
ναρθηκοπλήρωτον δὲ θηρῶμαι πυρὸς
110 πηγὴν κλοπαίαν, ἣ διδάσκαλος τέχνης
πάσης βροτοῖς πέφηνε καὶ μέγας πόρος.
τοιῶνδε ποινὰς ἀμπλακημάτων τίνω
ὑπαίθριος δεσμοῖς πεπασσαλευμένος.

ἆ ἆ ἔα ἔα.   A
115 τίς ἀχώ, τίς ὀδμὰ προσέπτα μ' ἀφεγγής,   4 ba
θεόσυτος, ἢ βρότειος, ἢ κεκραμένη;   3 ia
τερμόνιον ἵκετ' ἐπὶ πάγον πόνων ἐμῶν   3 ia
θεωρός, ἢ τί δὴ θέλων;   2 ia
ὁρᾶτε δεσμώτην με δύσποτμον θεόν,   3 ia
120 τὸν Διὸς ἐχθρόν, τὸν πᾶσι θεοῖς   an
δι' ἀπεχθείας ἐλθόνθ' ὁπόσοι
τὴν Διὸς αὐλὴν εἰσοιχνεῦσιν,
διὰ τὴν λίαν φιλότητα βροτῶν.
φεῦ φεῦ, τί ποτ' αὖ κινάθισμα κλύω
125 πέλας οἰωνῶν; αἰθὴρ δ' ἐλαφραῖς
πτερύγων ῥιπαῖς ὑποσυρίζει.
    πᾶν μοι φοβερὸν τὸ προσέρπον.

Schaut her, von was für Schmach und Qual
Durchwühlt bis ins Mark die Jahrtausende lang
Ich mich abmühen soll!
Solcher Art hat, der neu das Himmelsvolk führt,
Erfunden für mich eine Fesslung voll Schmach.
Weh, weh, das von heut und von künftiger Zeit
Bestöhn ich, das Leid; wie soll jemals der Not
    Ein Endziel, der Not hier aufleuchten?

Jedoch – was red ich? Alles seh ich ja voraus
Genau, was sein wird; und mir unerwartet wird
Kein Leiden kommen. Was verhängt mir ward, das muß,
Mein Los, ich tragen möglichst leicht; weiß ich ja doch,
Daß der Notwendigkeit Gewalt unzwingbar ist.
Doch weder schweigen noch – nicht schweigen über dies
Mein Schicksal ist mir möglich. Weil ich Menschen Heil
Gewährt, bin solcher Not ich qualvoll unterjocht.
Im Narthexstengel wohl verhüllt, erbeut des Feurs
Urquell ich heimlich, der als Lehrer aller Kunst
Dem Erdvolk sich erwies und Helfer voller Macht.
Solcher Versündigungen Buße zahl ich nun,
In freier Luft durch Fesseln klammernd festgekeilt.

Ach, ach. Ha, hah,
Welch Hall flog, welch Dufthauch herbei ungesehn mir,
Von Göttern oder Menschen oder beiden her?
Kam zu der äußersten Felskluft jemand, meine Not
Zu schauen, oder warum sonst?
So seht bandenumstrickt mich unglückselgen Gott,
Der dem Zeus verhaßt, bei den Göttern all
In Abscheu geriet und Haß, soviel
In den Prunksaal hineinstolzieren des Zeus:
Weil zu sehr ich geliebt das Menschenvolk!
Weh, weh, was doch hör ich aufs neu für Geräusch
Wie von Raubvogelflug? Die Luft, von dem Schlag
Leichter Flügel bewegt, surrt begleitend dazu.
    Wer's auch sei: mir weckt Furcht, was herzufährt.

Χορός Ὠκεανίδων

      μηδὲν φοβηθῇς· φιλία γὰρ ἅδε τάξις   ia ch ia
      πτερύγων θοαῖς ἁμίλλαις   ch ia 2 ch ba
130 προσέβα τόνδε πάγον, πατρῴας
      μόγις παρειποῦσα φρένας.   ia ch
      κραιπνοφόροι δέ μ' ἔπεμψαν αὖραι·   Alc 10
      κτύπου γὰρ ἀχὼ χάλυβος διῇξεν ἄντρων   ia ch ia
      μυχόν, ἐκ δ' ἔπληξέ μου τὰν θεμερῶπιν   ch ia ch ba
                            [αἰδῶ·
135 σύθην δ' ἀπέδιλος ὄχῳ πτερωτῷ. –   Alc 10

Πρ αἰαῖ αἰαῖ,   an
    τῆς πολυτέκνου Τηθύος ἔκγονα,
    τοῦ περὶ πᾶσάν θ' εἱλισσομένου
    χθόν' ἀκοιμήτῳ ῥεύματι παῖδες
140 πατρὸς Ὠκεανοῦ, δέχθητ', ἐσίδεσθ',
    οἵῳ δεσμῷ προσπορπατὸς
    τῆσδε φάραγγος σκοπέλοις ἐν ἄκροις
    φρουρὰν ἄζηλον ὀχήσω.

Χο λεύσσω, Προμηθεῦ· φοβερὰ δ' ἐμοῖσιν   Ant. 1
145 ὀμίχλα προσῆξε πλήρης   [ὄσσοις
    δακρύων σὸν δέμας εἰσιδούσῃ
    πέτραις προσαυαινόμενον
    ταῖσδ' ἀδαμαντοδέτοισι λύμαις·
    νέοι γὰρ οἰακονόμοι κρατοῦσ' Ὀλύμπου·
150 νεοχμοῖς δὲ δὴ νόμοις Ζεὺς ἀθέτως κρατύνει,
    τὰ πρὶν δὲ πελώρια νῦν ἀιστοῖ. =

Πρ εἰ γάρ μ' ὑπὸ γῆν νέρθεν θ' Ἅιδου   an
    τοῦ νεκροδέγμονος εἰς ἀπέραντον
    Τάρταρον ἧκεν, δεσμοῖς ἀλύτοις
155 ἀγρίως πελάσας, ὡς μήτε θεὸς
    μήτε τις ἄλλος τοῖσδ' ἐπεγήθει.

Chor der Okeanostöchter

auf geflügeltem Wagen heranfahrend

Gib keiner Furcht Raum! Denn gut Freund kam unsre
Durch der Flügel eilgen Wettstreit   [Heerschar
Bis hierher zu dieser Höh, als mühsam
Vom Vater wir Urlaub erfleht.
Reißender Fahrt trug der Winde Hauch uns.
Getöses Nachhall ja von Stahl durchsprang der Felsgrot-
ten Versteck und trieb die ernstblickende Scham weit fort uns;

Her eilten wir schuhlos im Flügelfahrzeug.

Pr Ach, ach, ach, ach!
    Die an Kindern reich, ihr, der Thetys Geschlecht,
    Ihr Töchter des Gotts, der überallhin
    Den Erdkreis umrollt mit nieruhender Flut,
    Des Okeanos, schaut und seht es euch an,
    In was für Haft durch Erzklammern gekeilt
    An dieser Kluft hochragendem Riff
        Wache – unbeneidet! – ich tun muß!

Ch Ich seh's, Prometheus; und vor Schreck hat auf mein Aug mir
    Ein Gewölk, von Tränentau schwer,
    Sich gestürzt, da sich dein Leib ihm darbot,
    Am Felshang ausdörrend in solch
    Stählern gebundener Haft Mißhandlung;
    Sind neue Weltsteurer doch Herren des Olympos;
    Und nach neuer Satzung führt Zeus ohne Fug die Herrschaft;
    Was früher gewaltig war, tilgt er aus nun.

Pr Hätt er unter die Erd, in des Hades Haus,
    Des Totenwirts, zum Tartaros mich,
    Dem endlosen, gesandt, in unlösbare Haft
    Argen Zorns mich getan, daß weder ein Gott
    Noch ein anderer sonst sich freute darob!

νῦν δ' αἰθέριον κίνυγμ' ὁ τάλας
ἐχθροῖς ἐπίχαρτα πέπονθα.

	Str. 2
160   Χο τίς ὧδε τλησικάρδιος | 2 ia |
θεῶν, ὅτῳ τάδ' ἐπιχαρῇ; | 2 ia |
τίς οὐ ξυνασχαλᾷ κακοῖς | 2 ia |
τεοῖσι, δίχα γε Διός; ὁ δ' ἐπικότως ἀεὶ | 3 ia |
θέμενος ἄγναμπτον νόον | cr ia |
δάμναται οὐρανίαν | hem |
γένναν, οὐδὲ λή- | δ |
165   ξει, πρὶν ἂν ἢ κορέσῃ κέαρ, ἢ παλάμᾳ τινὶ | 5 da |
τὰν δυσάλωτον ἕλῃ τις ἀρχάν. – | Alc 10 |

Πρ ἦ μὴν ἔτ' ἐμοῦ, καίπερ κρατεραῖς | an |
ἐν γυιοπέδαις αἰκιζομένου, | |
χρείαν ἕξει μακάρων πρύτανις, | |
170   δεῖξαι τὸ νέον βούλευμ' ὑφ' ὅτου | |
σκῆπτρον τιμάς τ' ἀποσυλᾶται. | |
καὶ μ' οὔτε μελιγλώσσοις πειθοῦς | |
ἐπαοιδαῖσιν θέλξει, στερεάς τ' | |
οὔποτ' ἀπειλὰς πτήξας τόδ' ἐγὼ | |
175   καταμηνύσω, πρὶν ἂν ἐξ ἀγρίων | |
δεσμῶν χαλάσῃ ποινάς τε τίνειν | |
τῆσδ' αἰκίας ἐθελήσῃ. | |

Χο σὺ μὲν θρασύς τε καὶ πικραῖς | Ant. 2 |
δύαισιν οὐδὲν ἐπιχαλᾷς, | |
180   ἄγαν δ' ἐλευθεροστομεῖς. | |
ἐμὰς δὲ φρένας ἠρέθισε διάτορος φόβος· | |
δέδια δ' ἀμφὶ σαῖς τύχαις, | |
πᾷ ποτε τῶνδε πόνων | |
χρή σε τέρμα κέλ- | |
σαντ' ἐσιδεῖν· ἀκίχητα γὰρ ἤθεα καὶ κέαρ | |
185   ἀπαράμυθον ἔχει Κρόνου παῖς. = | |

Πρ οἶδ' ὅτι τραχὺς καὶ παρ' ἑαυτῷ | an |
τὸ δίκαιον ἔχων· ἔμπας οἴω | |

Nun, Lüften und Sturm ein Spiel, muß in Qual
Ich den Feinden zur Freude hier dulden.

Ch Wer wäre so hartherzgen Sinns
Der Götter, daß er dessen sich freut?
Wer fühlte nicht empört mit dir
Dein Leid, sieht ab man von Zeus? Dieser, bitteren Grolles
Härtend den unbeugsamen Mut,   [stets
Bändigt des Uranos-Stamms
Söhne, wird nicht auf-
hören, eh satt nicht sein Herz oder einer mit stärkerer
Faust – schwer erringbar! – ihm raubt die Herrschaft.

Pr Fürwahr, noch wird mein – häng gleich ich im Zwang
Gefesselten Leibs geschändet, entehrt –
Not haben dereinst der Unsterblichen Fürst
Zu enthüllen, was neu im Werk ist: von wem
Kronstabs und Amts Beraubung ihm droht.
Nicht mit honigsüß berückender Zung
Beschwörungsgesang wird bezaubern er mich
Noch, vor hartem Drohn mich duckend, werd
Ich ihm aufdecken dies, eh er nicht aus der grau-
samen Fesslung mich löst und Bußzahlung zu tun
Für solch schändliche Schmach sich bequemt hat.

Ch Du bist voll Mut und vor der bitt-
ren Qual weichst keinen Schritt du zurück;
Doch allzu freien Lauf läßt du
Der Zung, und mein Gemüt setzt in Unruh durchbohrnde
Angst hab ich um dein weiteres Los,   [Furcht
Wann du wohl je solcher Not
Ende darfst, hin an das Land
Treibend, erschaun. Unzugänglich den Sinn hat ja und ein
Unüberredbar der Sohn des Kronos.   [Herz

Pr Ich weiß, er ist hart, und nach Willkür nur
Handhabt er das Recht; und doch wird er gewiß

μαλακογνώμων
ἔσται ποθ', ὅταν ταύτῃ ῥαισθῇ·
190   τὴν δ' ἀτέραμνον στορέσας ὀργὴν
εἰς ἀρθμὸν ἐμοὶ καὶ φιλότητα
σπεύδων σπεύδοντί ποθ' ἥξει.

Χορός
πάντ' ἐκκάλυψον καὶ γέγων' ἡμῖν λόγον,
ποίῳ λαβών σε Ζεὺς ἐπ' αἰτιάματι,
195   οὕτως ἀτίμως καὶ πικρῶς αἰκίζεται·
δίδαξον ἡμᾶς, εἴ τι μὴ βλάπτῃ λόγῳ.

Πρ   ἀλγεινὰ μέν μοι καὶ λέγειν ἐστὶν τάδε,
ἄλγος δὲ σιγᾶν, πανταχῇ δὲ δύσποτμα.
ἐπεὶ τάχιστ' ἤρξαντο δαίμονες χόλου
200   στάσις τ' ἐν ἀλλήλοισιν ὠροθύνετο,
οἱ μὲν θέλοντες ἐκβαλεῖν ἕδρας Κρόνον,
ὡς Ζεὺς ἀνάσσοι δῆθεν, οἱ δὲ τοὔμπαλιν
σπεύδοντες, ὡς Ζεὺς μήποτ' ἄρξειεν θεῶν,
ἐνταῦθ' ἐγὼ τὰ λῷστα βουλεύων πιθεῖν
205   Τιτᾶνας, Οὐρανοῦ τε καὶ Χθονὸς τέκνα,
οὐκ ἠδυνήθην· αἱμύλας δὲ μηχανὰς
ἀτιμάσαντες καρτεροῖς φρονήμασιν
ᾤοντ' ἀμοχθὶ πρὸς βίαν τε δεσπόσειν·
ἐμοὶ δὲ μήτηρ οὐχ ἅπαξ μόνον Θέμις,
210   καὶ Γαῖα, πολλῶν ὀνομάτων μορφὴ μία,
τὸ μέλλον ᾗ κραίνοιτο προυτεθεσπίκει,
ὡς οὐ κατ' ἰσχὺν οὐδὲ πρὸς τὸ καρτερὸν
χρείη, δόλῳ δὲ τοὺς ὑπερσχόντας κρατεῖν.
τοιαῦτ' ἐμοῦ λόγοισιν ἐξηγουμένου
215   οὐκ ἠξίωσαν οὐδὲ προσβλέψαι τὸ πᾶν.
κράτιστα δή μοι τῶν παρεστώτων τότε
ἐφαίνετ' εἶναι προσλαβόντα μητέρα
ἑκόνθ' ἑκόντι Ζηνὶ συμπαραστατεῖν.
ἐμαῖς δὲ βουλαῖς Ταρτάρου μελαμβαθὴς
220   κευθμὼν καλύπτει τὸν παλαιγενῆ Κρόνον
αὐτοῖσι συμμάχοισι. τοιάδ' ἐξ ἐμοῦ

Nachgiebigen Sinns
Einst werden, wenn so zu scheitern ihm droht;
Ob sie unbändig gleich, wird er sänftgen die Wut
Und zum Bündnis sodann und zur Freundschaft mit mir
Eilends mit dem Eilenden schreiten.

Chorführerin

Alles enthüll uns und laß hören uns dein Wort:
Wobei ertappte Zeus dich, welcher Missetat,
Daß er so schandvoll dich, so arg preisgab der Schmach!
Belehre uns, wenn nicht dein Wort dir Schaden bringt!

Pr   Schmerzvoll ist mir, zu sprechen über alles dies.
Schmerz auch zu schweigen; was ich tu, bringt Not und
Sobald die Götter angefangen mit dem Groll   [Qual.
Und Zwietracht unter ihnen hochgereckt ihr Haupt,
Die mit dem Ziel, zu stoßen Kronos von dem Stuhl,
Damit Zeus Herr sei nunmehr, jene wiederum
Voll Eifers, daß Zeus nie Herr werd im Götterreich –
Da war – trotz klügsten Rats – zu überzeugen die
Titanen, Uranos' Kinder und der Mutter Erd,
Ich nicht imstande; listgen Wortes Kunst und Macht
Mißachtend, glaubten sie in ihrer Kraft Gefühl,
Sie würden mühlos, durch Gewalt Herren des Reichs.
Mir hatte meine Mutter mehrmals – Themis heißt
Sie, Gaia, ist trotz vieler Namen *eine* nur –
Das Künftge, wie's zum Ziel käm, längst vorausgesagt:
Nicht durch Gewalt noch auch durch körperliche Kraft
Könnten, durch List vielmehr obsiegend, Herrn sie sein.
Doch all dies, legt ich's gleich mit Gründen ihnen dar,
Hielten nicht wert sie auch nur eines einzgen Blicks.
Das beste schien mir, wie die Lage damals war,
Zu sein, zur Mutter mich zu halten und mit ihr
Nach mein- und seinem Willen Zeus Beistand zu leihn.
Auf meinen Rat hin schließt der dunkeltiefe Schlund
Des Tartaros bergend den uralten Kronos ein
Samt seinen Kampfgefährten. Solcher Art von mir

ὁ τῶν θεῶν τύραννος ὠφελημένος
κακαῖσι ποιναῖς ταῖσδέ μ' ἐξημείψατο.
ἔνεστι γάρ πως τοῦτο τῇ τυραννίδι
225   νόσημα, τοῖς φίλοισι μὴ πεποιθέναι.
ὃ δ' οὖν ἐρωτᾶτ', αἰτίαν καθ' ἥντινα
αἰκίζεταί με, τοῦτο δὴ σαφηνιῶ.
ὅπως τάχιστα τὸν πατρῷον ἐς θρόνον
καθέζετ', εὐθὺς δαίμοσιν νέμει γέρα
230   ἄλλοισιν ἄλλα, καὶ διεστοιχίζετο
ἀρχήν, βροτῶν δὲ τῶν ταλαιπώρων λόγον
οὐκ ἔσχεν οὐδέν', ἀλλ' ἀιστώσας γένος
τὸ πᾶν ἔχρηζεν ἄλλο φιτῦσαι νέον.
καὶ τοῖσιν οὐδεὶς ἀντέβαινε πλὴν ἐμοῦ.
235   ἐγὼ δ' ἐτόλμησ'· ἐξελυσάμην βροτοὺς
τὸ μὴ διαρραισθέντας εἰς Ἅιδου μολεῖν.
τῷ τοι τοιαῖσδε πημοναῖσι κάμπτομαι,
πάσχειν μὲν ἀλγειναῖσιν, οἰκτραῖσιν δ' ἰδεῖν·
θνητοὺς δ' ἐν οἴκτῳ προθέμενος, τούτου τυχεῖν
240   οὐκ ἠξιώθην αὐτός, ἀλλὰ νηλεῶς
ὧδ' ἐρρύθμισμαι, Ζηνὶ δυσκλεὴς θέα.
Χο σιδηρόφρων τε κἀκ πέτρας εἰργασμένος
ὅστις, Προμηθεῦ, σοῖσιν οὐ συνασχαλᾷ
μόχθοις· ἐγὼ γὰρ οὔτ' ἂν εἰσιδεῖν τάδε
245   ἔχρηζον εἰσιδοῦσά τ' ἠλγύνθην κέαρ.
Πρ καὶ μὴν φίλοις ἐλεινὸς εἰσορᾶν ἐγώ.
Χο μή πού τι προὔβης τῶνδε καὶ περαιτέρω;
Πρ θνητούς γ' ἔπαυσα μὴ προδέρκεσθαι μόρον.
Χο τὸ ποῖον εὑρὼν τῆσδε φάρμακον νόσου;
250   Πρ τυφλὰς ἐν αὐτοῖς ἐλπίδας κατῴκισα.
Χο μέγ' ὠφέλημα τοῦτ' ἐδωρήσω βροτοῖς.
Πρ πρὸς τοῖσδε μέντοι πῦρ ἐγώ σφιν ὤπασα.
Χο καὶ νῦν φλογωπὸν πῦρ ἔχουσ' ἐφήμεροι;
Πρ ἀφ' οὗ γε πολλὰς ἐκμαθήσονται τέχνας.
255   Χο τοιοῖσδε δή σε Ζεὺς ἐπ' αἰτιάμασιν –
Πρ αἰκίζεταί γε κοὐδαμῇ χαλᾷ κακῶν.
Χο οὐδ' ἔστιν ἄθλου τέρμα σοι προκείμενον;

Erwiesene Hilf und Beistand hat der Götter Herr
Mit schnöder Peingung so mir wieder heimgezahlt.
Liegt dies ja doch im Wesen der Gewaltherrschaft
Als Krankheit, daß den Freunden nie Vertraun sie schenkt.
Wenn ihr nun fragt, was es für Schuld sei, derenthalb
Er Schmach mir antut, das mach ich nunmehr euch klar.
Kaum hatte er sich auf den väterlichen Thron
Gesetzt, gibt er sogleich den Göttern Amt auf Amt,
Dem dies, dem jenes, und teilt ringsum ordnend ein
Sein Reich; aufs Erdvolk aber, das unselge, nahm
Er keine Rücksicht; nein, vernichten ihr Geschlecht,
Ihr ganzes, wollt, ein andres zeugen er aufs neu.
Und dem trat keiner sonst entgegen außer mir.
Ich aber wagt es, machte frei das Menschenvolk
Vom Los, zerschmettert in des Hades Reich zu gehn.
Drum werd ich unter solcher Leiden Not gebeugt,
Zu dulden qual- und schmerzvoll, jammervoll zu schaun.
Den Menschen Mitleid schenkt ich vordem, Mitleids ward
Ich nicht gewürdigt selber, nein, erbarmungslos
So schwebend aufgehängt, ein Schauspiel Zeus zur Schmach!
Chf Ehernen Sinns müßt, aus dem Fels gehauen sein,
    Wer immer auch, Prometheus, fühlt für deine Qual
    Kein Mitleid; ich ja hätte nie dies anzusehn
    Gewünscht; ich sah's, und schmerzvoll zuckte mir mein Herz.
Pr   Ja, wahrlich, Freunden ist's ein Jammer, mich zu sehn!
Chf Gingst du in diesem deinem Tun nicht weiter noch?
Pr   Die Menschen ließ ich nicht voraussehn mehr ihr Los.
Chf Welch ein Heilmittel fandst für diese Krankheit du?
Pr   Hoffnungen, blinde, pflanzt ich ihren Herzen ein.
Chf Höchst hilfreich war, was so dem Erdvolk du geschenkt.
Pr   Dazu hab ich das Feuer ihnen überbracht.
Chf Ist jetzt glutäugigen Feuers Herr das Eintagsvolk?
Pr   Wodurch es viel erfinden wird der Künste einst.
Chf Um solche Schuld also geschah es, daß dich Zeus –
Pr   Schmachvoll so martert und nicht nachläßt mit der Pein!
Chf Und ist der Not kein Ende für dich vorgesehn?

Πρ οὐκ ἄλλο γ' οὐδέν, πλὴν ὅταν κείνῳ δοκῇ.
Χο δόξει δὲ πῶς; τίς ἐλπίς; οὐχ ὁρᾷς ὅτι
260   ἥμαρτες; ὡς δ' ἥμαρτες οὔτ' ἐμοὶ λέγειν
         καθ' ἡδονὴν σοί τ' ἄλγος. ἀλλὰ ταῦτα μὲν
         μεθῶμεν, ἄθλου δ' ἔκλυσιν ζήτει τινά.
Πρ ἐλαφρὸν ὅστις πημάτων ἔξω πόδα
         ἔχει παραινεῖν νουθετεῖν τε τοὺς κακῶς
265   πράσσοντας· εὖ δὲ ταῦθ' ἅπαντ' ἠπιστάμην.
         ἑκὼν ἑκὼν ἥμαρτον, οὐκ ἀρνήσομαι·
         θνητοῖς ἀρήγων αὐτὸς ηὑρόμην πόνους.
         οὐ μήν τι ποιναῖς γ' ᾠόμην τοίαισί με
         κατισχνανεῖσθαι πρὸς πέτραις πεδαρσίοις,
270   τυχόντ' ἐρήμου τοῦδ' ἀγείτονος πάγου.
         καί μοι τὰ μὲν παρόντα μὴ δύρεσθ' ἄχη,
         πέδοι δὲ βᾶσαι τὰς προσερπούσας τύχας
         ἀκούσαθ', ὡς μάθητε διὰ τέλους τὸ πᾶν.
         πίθεσθέ μοι, πίθεσθε, συμπονήσατε
275   τῷ νῦν μογοῦντι. ταῦτά τοι πλανωμένη
         πρὸς ἄλλοτ' ἄλλον πημονὴ προσιζάνει.

Χο οὐκ ἀκούσαις ἐπεθώυξας   an
         τοῦτο, Προμηθεῦ. καὶ νῦν ἐλαφρῷ
         ποδὶ κραιπνόσυτον θᾶκον προλιποῦσ'
280   αἰθέρα θ' ἁγνὸν πόρον οἰωνῶν,
         ὀκριόεσσῃ χθονὶ τῇδε πελῶ,
         τοὺς σοὺς δὲ πόνους
         χρῄζω διὰ παντὸς ἀκοῦσαι.

                  Ὠκεανός

         ἥκω δολιχῆς τέρμα κελεύθου   an
285   διαμειψάμενος πρὸς σέ, Προμηθεῦ,
         τὸν πτερυγωκῆ τόνδ' οἰωνὸν
         γνώμῃ στομίων ἄτερ εὐθύνων·

Pr   Kein andres wahrlich, außer wenn's jener beschließt.

Chf Wird er's? Und wie? Ist Hoffnung? Siehst du nicht, daß du
    Gefehlt hast? *Wie* gefehlt hast, das zu sagen bringt
    Nicht Freude mir, dir Schmerz bloß. Also lassen wir's
    Beiseite; aus der Not Erlösung such dir nur!

Pr   Leicht ist es, wenn aus Leid und Not heraus den Fuß
    Man hat, ermahnen, klug beraten den, dem's bös
    Ergeht; und ich wußt über all dies wohl Bescheid.
    Mit Fleiß, mit Fleiß ja fehlt ich, leugn es keineswegs:
    Den Menschen half ich, zog so selbst mir Qualen zu.
    Nicht freilich durch Peingungen glaubt ich solcher Art
    Verdorren zu müssen am Gesteinshang, steil und hoch,
    Gebannt an diesen einsam-nachbarlosen Fels.
    Was auch mich trifft zur Zeit jetzt, klagt nicht um das Leid;
    Steigt ab zur Erde; was noch kommt an Schicksal mir,
    Das hört, daß ihr erfahret alles bis zum Schluß.
    Den Wunsch erfüllt, den Wunsch mir, teilt mit *dem* die Not,
    Der jetzt voll Qual ist! Gleicher Art, sucht, wandernd rings,
    Bei dem, bei jenem bald das Leid ja seinen Platz.

Ch Gern wird von uns, was als Wunsch du riefst,
    Prometheus, erfüllt. Und nun heb ich leicht
    Meinen Fuß, laß den rasch hinjagenden Sitz
    Und die heilge Luft, der Vögel Pfad,
    Will dem steinigen Grund dieser Erde mich nahn;
    Deinen Nöten und Mühn
      Möcht ich, ganz sie zu hören, mein Ohr leihn.

Sie steigen hinter der Bühne ab

Okeanos

erscheint auf einem Flügelroß

Ich komm, weither die Strecke des Wegs
Durchmessend, nun, Prometheus, zu dir,
Den flügelschnellen, den Reitvogel da
Mit dem Geist, ohne Zaum herlenkend zum Ort.

ταῖς σαῖς δὲ τύχαις, ἴσθι, συναλγῶ.
τό τε γάρ με, δοκῶ, συγγενὲς οὕτως
290   ἐξαναγκάζει,
χωρίς τε γένους οὐκ ἔστιν ὅτῳ
μείζονα μοῖραν νείμαιμ' ἢ σοί.
γνώσει δὲ τάδ' ὡς ἔτυμ', οὐδὲ μάτην
χαριτογλωσσεῖν ἔνι μοι· φέρε γὰρ
295   σήμαιν' ὅ τι χρή σοι συμπράσσειν·
οὐ γάρ ποτ' ἐρεῖς ὡς 'Ωκεανοῦ
φίλος ἐστὶ βεβαιότερός σοι.

Πρ   ἔα· τί χρῆμα λεύσσω; καὶ σὺ δὴ πόνων ἐμῶν
ἥκεις ἐπόπτης; πῶς ἐτόλμησας, λιπὼν
300   ἐπώνυμόν τε ῥεῦμα καὶ πετρηρεφῆ
αὐτόκτιτ' ἄντρα, τὴν σιδηρομήτορα
ἐλθεῖν ἐς αἶαν; ἦ θεωρήσων τύχας
ἐμὰς ἀφῖξαι καὶ συνασχαλῶν κακοῖς;
δέρκου θέαμα, τόνδε τὸν Διὸς φίλον,
305   τὸν συγκαταστήσαντα τὴν τυραννίδα,
οἵαις ὑπ' αὐτοῦ πημοναῖσι κάμπτομαι.

'Ωκ   ὁρῶ, Προμηθεῦ, καὶ παραινέσαι γέ σοι
θέλω τὰ λῷστα, καίπερ ὄντι ποικίλῳ.
γίγνωσκε σαυτὸν καὶ μεθάρμοσαι τρόπους
310   νέους· νέος γὰρ καὶ τύραννος ἐν θεοῖς.
εἰ δ' ὧδε τραχεῖς καὶ τεθηγμένους λόγους
ῥίψεις, τάχ' ἄν σου καὶ μακρὰν ἀνωτέρω
θακῶν κλύοι Ζεύς, ὥστε σοι τὸν νῦν ὄχλον
παρόντα μόχθων παιδιὰν εἶναι δοκεῖν.
315   ἀλλ', ὦ ταλαίπωρ', ἃς ἔχεις ὀργὰς ἄφες,
ζήτει δὲ τῶνδε πημάτων ἀπαλλαγάς.
ἀρχαῖ' ἴσως σοι φαίνομαι λέγειν τάδε·
τοιαῦτα μέντοι τῆς ἄγαν ὑψηγόρου
γλώσσης, Προμηθεῦ, τἀπίχειρα γίγνεται.
320   σὺ δ' οὐδέπω ταπεινὸς οὐδ' εἴκεις κακοῖς,
πρὸς τοῖς παροῦσι δ' ἄλλα προσλαβεῖν θέλεις.
οὔκουν ἔμοιγε χρώμενος διδασκάλῳ

Dein leidvoll Geschick, glaub mir, ich teil's;
Ist's ja schon, traun, das gemeinsame Blut,
Das zu dir mich zwingt.
Und seh ab ich vom Blut: keinen gibt es, dem
Ich ein besseres Los wohl gönnte als dir.
Du wirst sehn, das ist wahr; nicht ist eitel Geschwätz
Gefälliger Zung meine Art. Drum wohlan,
Bedeut mir, worin ich dir beistehn soll.
Nie sagen ja sollst von Okeanos du,
    Ein Freund sei getreuer als er dir.

Pr Sag an, was gibt es? Kamst auch du denn, meine Not
Zu schaun, hierher? Wie wagtest du's, verlassend den
Dir gleichbenannten Strom, die felsgewölbt natur-
erbaute Grotte, diese eisenschwangre Erd
Hier aufzusuchen? Doch wohl, um zu sehn, welch Los
Mich traf, kamst an du, mitzugrollen ob der Not?
Sieh an dies Schauspiel, den hier, der, ein Freund des Zeus,
Mit ihm zusammen auferbaut sein Königreich,
Sieh, unter was er mich für Qual und Leid nun beugt!
Ok Ich seh's, Prometheus, und getreulich raten dir
Will ich das Beste, bist du gleich gewandt und schlau:
Erkenn dich selber und stimm wandelnd deinen Sinn
Dir neu; neu ist ja auch der Fürst im Götterreich.
Doch wenn so rasche, scharfgeschliffne Worte du
Ausstößt, wird bald dich, hat auch weit, viel höher er
Den Thron, Zeus hören; dann wird die derzeitge Last
Drückender Nöte Kinderspiel dir scheinen nur.
Auf, Unglückselger, was du hegst an Groll, wirf's weg
Und such von solcher Qual und Not Befreiung dir!
Zu alt, einfältig scheint vielleicht dir dies mein Wort;
Doch solch ein schlimmes Los wird, schlägt zu hohen Ton
Die Zunge an, Prometheus, dir als Lohn zuteil.
Du bist noch nicht gefügig, weichst den Übeln nicht,
Willst zu vorhandnen andre noch aufladen dir.
Nicht wirst fürwahr du, nimmst du mich zum Lehrer an,

πρὸς κέντρα κῶλον ἐκτενεῖς, ὁρῶν ὅτι
τραχὺς μόναρχος οὐδ' ὑπεύθυνος κρατεῖ.
325   καὶ νῦν ἐγὼ μὲν εἶμι καὶ πειράσομαι
ἐὰν δύνωμαι τῶνδέ σ' ἐκλῦσαι πόνων·
σὺ δ' ἡσύχαζε μηδ' ἄγαν λαβροστόμει.
ἦ οὐκ οἶσϑ' ἀκριβῶς ὢν περισσόφρων ὅτι
γλώσσῃ ματαίᾳ ζημία προστρίβεται;
330 Πρ ζηλῶ σ' ὁθούνεκ' ἐκτὸς αἰτίας κυρεῖς,
πάντων μετασχὼν καὶ τετολμηκὼς ἐμοί.
καὶ νῦν ἔασον μηδέ σοι μελησάτω.
πάντως γὰρ οὐ πείσεις νιν· οὐ γὰρ εὐπιϑής.
πάπταινε δ' αὐτὸς μή τι πημανϑῇς ὁδῷ.
335 'Ωκ πολλῷ γ' ἀμείνων τοὺς πέλας φρενοῦν ἔφυς
ἢ σαυτόν· ἔργῳ κοὐ λόγῳ τεκμαίρομαι.
ὁρμώμενον δὲ μηδαμῶς ἀντισπάσῃς.
αὐχῶ γάρ, αὐχῶ τήνδε δωρεὰν ἐμοὶ
δώσειν Δί', ὥστε τῶνδέ σ' ἐκλῦσαι πόνων.
340 Πρ τὰ μέν σ' ἐπαινῶ κοὐδαμῇ λήξω ποτέ·
προθυμίας γὰρ οὐδὲν ἐλλείπεις. ἀτὰρ
μηδὲν πόνει· μάτην γὰρ οὐδὲν ὠφελῶν
ἐμοὶ πονήσεις, εἴ τι καὶ πονεῖν θέλεις.
ἀλλ' ἡσύχαζε σαυτὸν ἐκποδὼν ἔχων·
345   ἐγὼ γὰρ οὐκ, εἰ δυστυχῶ, τοῦδ' εἵνεκα
θέλοιμ' ἂν ὡς πλείστοισι πημονὰς τυχεῖν.
οὐ δῆτ', ἐπεί με καὶ κασιγνήτου τύχαι
τείρουσ' Ἄτλαντος, ὃς πρὸς ἑσπέρους τόπους
ἕστηκε κίον' οὐρανοῦ τε καὶ χθονὸς
350   ὤμοις ἐρείδων, ἄχθος οὐκ εὐάγκαλον.
τὸν γηγενῆ τε Κιλικίων οἰκήτορα
ἄντρων ἰδὼν ᾤκτιρα, δάιον τέρας,
ἑκατογκάρανον πρὸς βίαν χειρούμενον
Τυφῶνα θοῦρον· πᾶσι δ' ἀντέστη θεοῖς,
355   σμερδναῖσι γαμφηλαῖσι συρίζων φόβον·

ἐξ ὀμμάτων δ' ἤστραπτε γοργωπὸν σέλας,
ὡς τὴν Διὸς τυραννίδ' ἐκπέρσων βίᾳ·

Wider den Stachel löcken wollen, siehst du doch:
Ein rauher Herrscher, rechenschaftslos, hat die Macht.
Und nun geh ich von hinnen und mach den Versuch,
Falls ich's vermag, dich zu befrein aus dieser Not.
Du halt dich still und laß zu keck nicht sein den Mund;
Weißt nicht genau du so gewaltig Kluger, daß
Der Zunge eitler Torheit Strafe sich gesellt?

Pr Beneidenswert, daß fern der Schuld du bleibst, und hast
Alles geteilt doch mit mir und gewagt mit mir!
Doch jetzt laß gut sein, kümmre dich nicht weiter drum!
Nie überredest du ihn; er bleibt Bitten taub.
Sieh du nur selbst zu, daß nicht Leid dir bringt die Fahrt!

Ok Weit besser weißt du andern Rat zu leihen als
Dir selbst; die Tat, nicht bloß das Wort bezeugt es mir.
In meinem Eifer halte keinesfalls mich auf;
Hoff ich doch, hoffe, diesen Gunstbeweis wird mir
Zeus geben, dich von solchen Nöten zu befrein.

Pr Des spend ich Lob dir und hör nimmer auf damit.
An gutem Willen wahrlich fehlt dir's nicht; doch gib
Dir keine Müh; vergebens, ja, nutzlos wirst du
Um mich dich mühen, bist du gleich zur Müh bereit.
Nein, halt dich ruhig und bleib selber aus dem Spiel!
Heg ich ja doch, komm ich in Not, darum noch nicht
Den Wunsch, daß noch recht viele Qual und Leiden trifft.
Schon nicht, weil mich bereits auch meines Bruders Los
Bedrückt, des Atlas, der auf abendländscher Flur
Dasteht und das Gewölb des Himmels und der Erd
Aufstützt den Schultern, eine Last, nicht handsam grad.
Und als den Erdsohn, wohnhaft in kilikischer Höhl,
Ich sah, beklagt' ich, wie – ein streitbar Wunder – er,
Der hunderthäuptge, mit Gewalt gebändigt ward,
Typhon, der stürmsche; allen Göttern stellt er sich,
Mit grausen Kauwerks Kiefern schnaubend, weckt' er
                                      [Furcht;
Und aus den Augen sprühend starrenden Wutblicks Strahl,
Wollt er Zeus' Zwangherrschaft austilgen mit Gewalt.

ἀλλ' ἦλθεν αὐτῷ Ζηνὸς ἄγρυπνον βέλος,
καταιβάτης κεραυνὸς ἐκπνέων φλόγα,
360 ὃς αὐτὸν ἐξέπληξε τῶν ὑψηγόρων
κομπασμάτων. φρένας γὰρ εἰς αὐτὰς τυπεὶς
ἐφεψαλώθη κἀξεβροντήθη σθένος.
καὶ νῦν ἀχρεῖον καὶ παράορον δέμας
κεῖται στενωποῦ πλησίον θαλασσίου
365 ἰπούμενος ῥίζαισιν Αἰτναίαις ὕπο·
κορυφαῖς δ' ἐν ἄκραις ἥμενος μυδροκτυπεῖ
Ἥφαιστος· ἔνθεν ἐκραγήσονταί ποτε
ποταμοὶ πυρὸς δάπτοντες ἀγρίαις γνάθοις
τῆς καλλικάρπου Σικελίας λευροὺς γύας·
370 τοιόνδε Τυφὼς ἐξαναζέσει χόλον
θερμοῖς ἀπλάτου βέλεσι πυρπνόου ζάλης,
καίπερ κεραυνῷ Ζηνὸς ἠνθρακωμένος.
σὺ δ' οὐκ ἄπειρος, οὐδ' ἐμοῦ διδασκάλου
χρήζεις· σεαυτὸν σῷζ' ὅπως ἐπίστασαι·
375 ἐγὼ δὲ τὴν παροῦσαν ἀντλήσω τύχην,
ἔστ' ἂν Διὸς φρόνημα λωφήσῃ χόλου.

'Ωκ οὔκουν, Προμηθεῦ, τοῦτο γιγνώσκεις, ὅτι
ὀργῆς νοσούσης εἰσὶν ἰατροὶ λόγοι;
Πρ ἐάν τις ἐν καιρῷ γε μαλθάσσῃ κέαρ
380 καὶ μὴ σφριγῶντα θυμὸν ἰσχναίνῃ βίᾳ.
'Ωκ ἐν τῷ προθυμεῖσθαι δὲ καὶ τολμᾶν τίνα
ὁρᾷς ἐνοῦσαν ζημίαν; δίδασκέ με.
Πρ μόχθον περισσὸν κουφόνουν τ' εὐηθίαν.
'Ωκ ἔα με τῇδε τῇ νόσῳ νοσεῖν, ἐπεὶ
385 κέρδιστον εὖ φρονοῦντα μὴ φρονεῖν δοκεῖν.
Πρ ἐμὸν δοκήσει τἀμπλάκημ' εἶναι τόδε.
'Ωκ σαφῶς μ' ἐς οἶκον σὸς λόγος στέλλει πάλιν.
Πρ μὴ γάρ σε θρῆνος οὑμὸς εἰς ἔχθραν βάλῃ.
'Ωκ ἦ τῷ νέον θακοῦντι παγκρατεῖς ἕδρας;
390 Πρ τούτου φυλάσσου μή ποτ' ἀχθεσθῇ κέαρ.
'Ωκ ἡ σή, Προμηθεῦ, συμφορὰ διδάσκαλος.
Πρ στέλλου, κομίζου, σῷζε τὸν παρόντα νοῦν.
'Ωκ ὁρμωμένῳ μοι τόνδ' ἐθώυξας λόγον.

Doch warf auf ihn sich Zeus' nieschlummerndes Geschoß:
Des niederfahrnden Blitzes feuersprühnder Strahl,
Der ihn herausschreckt aus großsprechrischen Geprahls
Sich blähndem Stolz. Getroffen ja gerad ins Herz
Ward ausgedörrt ihm, ausgedonnert ihm die Kraft.
Nun, ein unnützer, weithin ausgestreckter Leib,
Liegt er dem engen Sunde nah des Meeres dort,
Hinabgezwängt unter des Ätna Wurzelgrund.
Auf höchstem Berghaupt sitzend, schlägt sein glühend Erz
Hephaistos. Dorther brechen stürzend vor dereinst
Glutströme Feuers, zehren grimmgen Kauens auf
Des fruchtgesegneten Siziliens weite Aun.
Also läßt Typhos aus-, aufbrausen seinen Groll
Mit glühnden Pfeilen unnahbaren Feuerhauchs,
Obgleich vom Donnerkeil des Zeus kohlschwarz gebrannt.
Nicht unerfahren bist, nicht mein als Lehrer du
Bedürftig; selber rette dich, wie du's ja kannst.
Doch ich schöpf *aus* des gegenwärtgen Schicksals Not,
Bis einst des Zeus Gemüt sich lösen wird vom Groll.

Ok Weißt nicht, Prometheus, dies du aus Erfahrung, daß
    Zornkrankem Mute Ärzte oft die Worte sind?
Pr Wenn man zu rechter Stunde sänftigt Herz und Sinn,
    Zornschwellendes Gemüt nicht niederhält mit Zwang.
Ok Doch zeigt man eifrig Streben, Mut zum Handeln, was
    Siehst du darin für Schaden dann? Belehre mich!
Pr Müh, überflüssge, leichtsinnge – Gutmütigkeit!
Ok Laß mich an dieser Krankheit kranken, ist's ja doch
    Gewinn, wenn – wohlgesinnt – man unbesonnen scheint.
Pr Als meinen Fehler faßt man einst *den* Fehler auf.
Ok Deutlich nach Hause weist dein Wort mich wiederum.
Pr Daß ja dich Klage nicht um mich in Feindschaft stürzt!
Ok Bei ihm, der kaum bestiegen erst der Allmacht Thron?
Pr Vor dem grad hüt dich, daß nicht Zorn befällt sein Herz!
Ok Dein Unglückslos, Prometheus, soll mir Lehrer sein.
Pr Mach auf dich, fort nun; wahr *die* kluge Einsicht dir!
Ok Mir, der im Aufbruch schon, riefst zu du dies dein Wort.

λευρὸν γὰρ οἶμον αἰθέρος ψαίρει πτεροῖς
395   τετρασκελὴς οἰωνός· ἄσμενος δέ τἀν
σταθμοῖς ἐν οἰκείοισι κάμψειεν γόνυ.   Stasimon I

                                     Str. 1

Χο   στένω σε τᾶς οὐλομένας   ia ch
      τύχας, Προμηθεῦ· δακρυσί-   ia ch
400   στακτον ἀπ᾽ ὄσσων ῥαδινὸν   2 ch
      ῥέος παρειὰν νοτίοις   ia ch
      ἔτεγξα παγαῖς· ἀμέγαρ-   ia ch
      τα γὰρ τάδε Ζεὺς ἰδίοις   ia ch
      νόμοις κρατύνων ὑπερήφανον θεοῖς   ia ch ia
405   τοῖς πάρος ἐνδείκνυσιν αἰχμάν. –   hipp

      πρόπασα δ᾽ ἤδη στονόεν   Ant. 1
      λέλακε χώρα, μεγαλο-
      σχήμονά τ᾽ ἀρχαιοπρεπῆ
410   στένουσι τὰν σὰν συνομαι-
      μόνων τε τιμάν· ὁπόσοι τ᾽
      ἔποικον ἀγνᾶς Ἀσίας
      ἕδος νέμονται, μεγαλοστόνοισι σοῖς
      πήμασι συγκάμνουσι θνατοί. =

                                     Str. 2

415   Κολχίδος τε γᾶς ἔνοικοι   2 tr
      παρθένοι, μάχας ἄτρεστοι,   2 tr
      καὶ Σκύθης ὅμιλος, οἳ γᾶς   2 tr
      ἔσχατον τόπον ἀμφὶ Μαι-   gl
      ῶτιν ἔχουσι λίμναν, –   pher

420   Ἀραβίας τ᾽ ἄρειον ἄνθος,   Ant. 2
      ὑψίκρημνον οἳ πόλισμα
      Καυκάσου πέλας νέμονται,
      δάιος στρατός, ὀξυπρώ-
424   ροισι βρέμων ἐν αἰχμαῖς. =

                                     Epod.

431   ὑποστενάζει δὲ πόντιος κλύδων   ia cr ia
      ξυμπίτνων, στένει βυθός,   cr ia

Die weite Bahn des Äthers ja mit Flügeln streicht
Mein viergeschenkelter Vogel; froh wird er und gern
Im Stall, im heimatlichen, beugen dann sein Knie.

Er fliegt ab

Ch Ich seufze, kläg über dein trau-
rig Los, Prometheus; durch das Naß,
Weinenden Augs Tränen entströmt,
Hab meine Wang ich mir betaut
Mit feuchter Quellflut. Denn voll Miß-
gunst führt ja Zeus hier nach der Will-
kür Brauch die Herrschaft; und voll Hochmut weist er den
Göttern von ehdem der Gewalt Speer.

Allüberall schon von Gestöhn
Erschallt das Erdreich; um die groß-
mächtige, ehrwürdige stöhnt
Man, deine sowie deiner Bluts-
verwandten Hoheit. Und soviel
Den heimschen Herdplatz in der heil-
gen Asia hüten: In dein machtvoll stöhnend Leid
Stimmt voller Mitleid ein das Erdvolk:

Die in Kolchis' Land daheim sind,
Jungfraun, kampfgewohnt und furchtlos,
Wie auch Skythiens Scharen, die der
Erde äußersten Rand am Mai-
otis-See rings umhausen, –

Und Arabias Heldenblüte,
Die am steilen Hang die Felsburg
Hüten nah dem Kaukasosberg,
Streitbar Kriegsvolk, im Walde spitz-
häuptiger Speere brausend. –

Stöhnend dazu seufzt der Meereswogen Braus,
Stürzt zurück; aufstöhnt der Grund;

κελαινὸς Ἅιδος ὑποβρέμει μυχὸς γᾶς,   2 ia ba
παγαί θ' ἀγνορύτων ποταμῶν   4 da
435   στένουσιν ἄλγος οἰκτρόν.   ia ba

Πρ μή τοι χλιδῇ δοκεῖτε μηδ' αὐθαδίᾳ
σιγᾶν με· συννοίᾳ δὲ δάπτομαι κέαρ,
ὁρῶν ἐμαυτὸν ὧδε προυσελούμενον.
καίτοι θεοῖσι τοῖς νέοις τούτοις γέρα
440 τίς ἄλλος ἢ 'γὼ παντελῶς διώρισεν;
ἀλλ' αὐτὰ σιγῶ. καὶ γὰρ εἰδυίαισιν ἂν
ὑμῖν λέγοιμι· τἀν βροτοῖς δὲ πήματα
ἀκούσαθ', ὡς σφας νηπίους ὄντας τὸ πρὶν
ἔννους ἔθηκα καὶ φρενῶν ἐπηβόλους.
445 λέξω δέ, μέμψιν οὔτιν' ἀνθρώποις ἔχων,
ἀλλ' ὧν δέδωκ' εὔνοιαν ἐξηγούμενος·
οἳ πρῶτα μὲν βλέποντες ἔβλεπον μάτην,
κλύοντες οὐκ ἤκουον, ἀλλ' ὀνειράτων
ἀλίγκιοι μορφαῖσι τὸν μακρὸν βίον
450 ἔφυρον εἰκῇ πάντα, κοὔτε πλινθυφεῖς
δόμους προσείλους ᾖσαν, οὐ ξυλουργίαν·
κατώρυχες δ' ἔναιον ὥστ' ἀήσυροι
μύρμηκες ἄντρων ἐν μυχοῖς ἀνηλίοις.
ἦν δ' οὐδὲν αὐτοῖς οὔτε χείματος τέκμαρ
455 οὔτ' ἀνθεμώδους ἦρος οὔτε καρπίμου
θέρους βέβαιον, ἀλλ' ἄτερ γνώμης τὸ πᾶν
ἔπρασσον, ἔστε δή σφιν ἀντολὰς ἐγὼ
ἄστρων ἔδειξα τάς τε δυσκρίτους δύσεις.
καὶ μὴν ἀριθμόν, ἔξοχον σοφισμάτων,
460 ἐξηῦρον αὐτοῖς, γραμμάτων τε συνθέσεις,
μνήμην θ' ἁπάντων, μουσομήτορ' ἐργάνην.
κἄζευξα πρῶτος ἐν ζυγοῖσι κνώδαλα
ζεύγλαισι δουλεύοντα σάγμασίν θ', ὅπως
θνητοῖς μεγίστων διάδοχοι μοχθημάτων
465 γένοινθ', ὑφ' ἅρμα τ' ἤγαγον φιληνίους
ἵππους, ἄγαλμα τῆς ὑπερπλούτου χλιδῆς.
θαλασσόπλαγκτα δ' οὔτις ἄλλος ἀντ' ἐμοῦ

Des Hades Dunkel hallt drunten dumpf nach im Erdschlund.
Stromesquellen in heiliger Flut.
Bestöhnen deines Leids Qual.

Pr Glaubt nicht, Trotz heiße etwa, Selbstgefälligkeit
Mich schweigen; grübelnd nur zerfleisch ich mir mein Herz,
Seh ich mich selber so mißhandelt und verhöhnt.
Und doch den Göttern, diesen neuen Amt um Amt –
Wer sonst als ich hat allesamt sie zugeteilt?
Doch davon schweig ich; denn Bekanntes würd ich nur
Euch sagen: – Was beim Erdvolk es an Leiden gab,
Das hört nun: wie ich jene, kindischblöd zuvor,
Verständig machte und zu ihrer Sinne Herrn.
Mein Wort soll keine Schmähung für die Menschen sein,
Daß meine Gaben gut gemeint sind, kund nur tun;
Vordem ja, wenn sie sahen, sahn sie ganz umsonst;
Vernahmen, wenn sie hörten, nichts, nein: nächtgen Traums
Wahnbildern gleich, vermengten all ihr Leben lang
Sie blindlings alles, wußten nichts vom Backsteinhaus
Mit sonngebrannten Ziegeln noch von Holzbaus Kunst
Und hausten eingegraben gleich leicht wimmelnden
Ameisen in Erdhöhlen ohne Sonnenstrahl.
Es gab kein Merkmal für sie, das des Winters Nahn
Noch blütenduftgen Frühling noch, an Früchten reich,
Den Herbst klar angab, nein, ohne Verstand war all
Ihr Handeln, ehe nunmehr ihnen Aufgang ich
Der Sterne zeigte und schwer deutbarn Untergang.
Sodann die Zahl, den höchsten Kunstgriff geistger Kraft,
Erfand ich für sie, der Schriftzeichen Fügung auch,
Erinnrung wahrende Mutter allen Musenwerks.
Auch spannt als erster ich ins Joch mächtig Getier,
Kummet und Lasten tragend Fron zu tun, auf daß
Den Menschen größter Arbeitsmühn Abnehmer nun
Sie würden; vor den Wagen führt ich zügelzahm
Das Roßgespann, ein Prunkstück überreicher Pracht.
Das Meer zu kreuzen, sann kein andrer aus als ich

λινόπτερ' ηὗρε ναυτίλων ὀχήματα.
τοιαῦτα μηχανήματ' ἐξευρὼν τάλας
470   βροτοῖσιν, αὐτὸς οὐκ ἔχω σόφισμ' ὅτῳ
τῆς νῦν παρούσης πημονῆς ἀπαλλαγῶ.
Χο   πέπονθας αἰκὲς πῆμ'· ἀποσφαλεὶς φρενῶν
πλανᾷ, κακὸς δ' ἰατρὸς ὥς τις ἐς νόσον
πεσὼν ἀθυμεῖς καὶ σεαυτὸν οὐκ ἔχεις
475   εὑρεῖν ὁποίοις φαρμάκοις ἰάσιμος.
Πρ   τὰ λοιπά μου κλύουσα θαυμάσῃ πλέον,
οἵας τέχνας τε καὶ πόρους ἐμησάμην.
τὸ μὲν μέγιστον, εἴ τις ἐς νόσον πέσοι,
οὐκ ἦν ἀλέξημ' οὐδέν, οὔτε βρώσιμον,
480   οὐ χριστὸν οὐδὲ πιστόν, ἀλλὰ φαρμάκων
χρείᾳ κατεσκέλλοντο, πρίν γ' ἐγώ σφισιν
ἔδειξα κράσεις ἠπίων ἀκεσμάτων,
αἷς τὰς ἁπάσας ἐξαμύνονται νόσους.
τρόπους τε πολλοὺς μαντικῆς ἐστοίχισα,
485   κἄκρινα πρῶτος ἐξ ὀνειράτων ἃ χρὴ
ὕπαρ γενέσθαι, κληδόνας τε δυσκρίτους
ἐγνώρισ' αὐτοῖς· ἐνοδίους τε συμβόλους
γαμψωνύχων τε πτῆσιν οἰωνῶν σκεθρῶς
διώρισ', οἵτινές τε δεξιοὶ φύσιν
490   εὐωνύμους τε, καὶ δίαιταν ἥντινα
ἔχουσ' ἕκαστοι, καὶ πρὸς ἀλλήλους τίνες
ἔχθραι τε καὶ στέργηθρα καὶ συνεδρίαι·
σπλάγχνων τε λειότητα, καὶ χροιὰν τίνα
ἔχουσ' ἂν εἴη δαίμοσιν πρὸς ἡδονὴν
495   χολή, λοβοῦ τε ποικίλην εὐμορφίαν·
κνίσῃ τε κῶλα συγκαλυπτὰ καὶ μακρὰν
ὀσφῦν πυρώσας δυστέκμαρτον ἐς τέχνην
ὥδωσα θνητούς, καὶ φλογωπὰ σήματα
ἐξωμμάτωσα, πρόσθεν ὄντ' ἐπάργεμα.
500   τοιαῦτα μὲν δὴ ταῦτ'· ἔνερθε δὲ χθονὸς
κεκρυμμέν' ἀνθρώποισιν ὠφελήματα,
χαλκόν, σίδηρον, ἄργυρον χρυσόν τε τίς
φήσειεν ἂν πάροιθεν ἐξευρεῖν ἐμοῦ;

     Linnenbeflügelt Fahrzeug für das Schiffervolk.
     Fand ich gleich solche Hilfen – ich Unseliger! –
     Für Menschen, weiß ich selbst doch keinen Kunstgriff, wie
     Ich von der Not, die jetzt mich quält, freiwerden soll.

Chf Du littst schmachvolle Pein; fort von der Klugheit Weg
     Irrst du, bist, schlechtem Arzt gleich, der der Krankheit selbst
     Verfiel, nun mutlos und weißt für dich selber nicht
     Zu finden, welche Arzenei dir Heilung bringt.

Pr   Das Weitere hör von mir noch, und du staunst noch mehr,
     Was für Hilfsmittel, was für Künste ich ersann.
     Dies als das größte; wenn in Krankheit man verfiel,
     Keinerlei Abwehr gab's da, einzunehmen nichts,
     Zu salben nicht noch trinken; nein, Heilmittel ganz
     Entbehrend, siechten hin sie, bis ich ihnen dann
     Mischungen zeigte sänftigender Arzenein,
     Durch die man aller Krankheit sich erwehren kann.
     Der vielen Art von Seherkunst gab Ordnung ich,
     Entschied als erster, was von Träumen müßt als wahr
     Gesicht sich zeigen; Laute dann, schwer deutbar, ich
     Erschloß sie ihnen; was sich unterwegs anzeigt,
     Krummkralligen Wildgeflügels Flug auch gab genau
     Ich Deutung, welche rechts glückweisend ihre Art
     Und links läßt fliegen, welche Lebensweise sie
     Ein jedes haben, und was gegenseitig sie
     An Feindschaft kennen, Freundschaft und Geselligkeit;
     Der Eingeweide Glätte, welche Farbe auch
     Wohl haben müsse, Göttern angenehm zu sein,
     Die Galle, und der Leber bunte Wohlgestalt;
     Gliedmaßen, fettumhüllte, Hüften, lang und groß,
     Verbrennend, bahnt ich zu der Deutung schwerer Kunst
     Den Weg der Menschheit; was der Flamme Blick anzeigt,
     Dem Aug enthüllt ich's, dem zuvor es dunkel war.
     Soweit nun hiervon; endlich, was der Erdenschoß
     Verbarg dem Menschenvolk an Schätzen hohen Werts,
     Als Erz und Eisen, Silber sowie Gold, wer mag
     Behaupten, daß er früher es entdeckt als ich?

οὐδείς, σάφ' οἶδα, μὴ μάτην φλῦσαι θέλων.
505   βραχεῖ δὲ μύθῳ πάντα συλλήβδην μάθε,
πᾶσαι τέχναι βροτοῖσιν ἐκ Προμηθέως.

Χο   μή νυν βροτοὺς μὲν ὠφέλει καιροῦ πέρα,
σαυτοῦ δ' ἀκήδει δυστυχοῦντος· ὡς ἐγὼ
εὔελπίς εἰμι τῶνδέ σ' ἐκ δεσμῶν ἔτι
510   λυθέντα μηδὲν μεῖον ἰσχύσειν Διός.

Πρ   οὐ ταῦτα ταύτῃ Μοῖρά πω τελεσφόρος
κρᾶναι πέπρωται, μυρίαις δὲ πημοναῖς
δύαις τε καμφθεὶς ὧδε δεσμὰ φυγγάνω·
τέχνη δ' ἀνάγκης ἀσθενεστέρα μακρῷ.

515   Χο   τίς οὖν ἀνάγκης ἐστὶν οἰακοστρόφος;
Πρ   Μοῖραι τρίμορφοι μνήμονές τ' Ἐρινύες.
Χο   τούτων ἄρα Ζεύς ἐστιν ἀσθενέστερος;
Πρ   οὔκουν ἂν ἐκφύγοι γε τὴν πεπρωμένην.
Χο   τί γὰρ πέπρωται Ζηνὶ πλὴν ἀεὶ κρατεῖν;
520   Πρ   τοῦτ' οὐκέτ' ἂν πύθοιο μηδὲ λιπάρει.
Χο   ἦ ποῦ τι σεμνόν ἐστιν ὃ ξυναμπέχεις;
Πρ   ἄλλου λόγου μέμνησθε, τόνδε δ' οὐδαμῶς
καιρὸς γεγωνεῖν, ἀλλὰ συγκαλυπτέος
ὅσον μάλιστα· τόνδε γὰρ σῴζων ἐγὼ
525   δεσμοὺς ἀεικεῖς καὶ δύας ἐκφυγγάνω.

Χο μηδάμ' ὁ πάντα νέμων	Stasimon II
	Str. 1
θεῖτ' ἐμᾷ γνώμᾳ κράτος ἀντίπαλον Ζεύς,	hem
μηδ' ἐλινύσαιμι θεοὺς ὁσίαις θοί-	ep 3 da
530 ναις ποτινισσομένα	ep 3 da
βουφόνοις παρ' Ὠκεανοῦ πατρὸς ἄσβε-	hem
μηδ' ἀλίτοιμι λόγοις· [στον πόρον,	ep 3 da cr
535 μάλα μοι τοῦτ' ἐμμένοι καὶ μήποτ'	hem
[ἐκτακείη. –	iodim cr ba
ἁδύ τι θαρσαλέαις	Ant. 1
τὸν μακρὸν τείνειν βίον ἐλπίσι, φαναῖς	
θυμὸν ἀλδαίνουσαν ἐν εὐφροσύναις. φρίσ-	
540 σω δέ σε δερκομένα	
μυρίοις μόχθοις διακναιόμενον δυσδαίμοσιν.	

Niemand, das weiß ich, der nicht eitlem Prahlen frönt.
Doch kurzen Worts alles umfassend wißt; es kommt
Jedwede Kunst dem Erdvolk von Prometheus her.

Chf Sei nicht den Menschen hilfsbereit über Gebühr,
Dein selbst nicht achtend, des Unselgen; bin ich doch
Voll Hoffnung, du wirst, dieser Fesslung einstens noch
Entledigt, um nichts wenger machtvoll sein als Zeus.

Pr Noch hat hierfür nicht Moira, die Vollbringerin,
Den Schluß verhängt; erst von viel tausendfacher Not
Und Qual gebeugt, werd ich den Fesseln hier entfliehn.
Klugheit dem Notzwang steht als schwächere Macht weit

Chf Wer also ist es, der des Notzwangs Steuer führt? [nach.

Pr Moiren, dreifaltge, und Erinyen, schuldbedacht.

Chf Also steht Zeus, an Macht der schwächre, ihnen nach?

Pr Nicht kann er ja entfliehn dem ihm verhängten Los.

Chf Was wäre Zeus bestimmt sonst, als stets Herrscher sein?

Pr Dies darfst du nicht noch hören; dränge nicht darauf!

Chf Ist's etwas Heilges, was du bergend in dich schließt?

Pr Von etwas anderm redet: dies ist keineswegs
Reif zur Verkündung, nein, einhüllen muß man es
So tief wie möglich. Denn nur, wenn ich's wahre, kann
Schmachvollen Fesseln ich und Qualen einst entfliehn.

Ch Nimmer, da alles er lenkt,
Leihe meinem Geist widerstrebenden Trotz Zeus!
Nie versäumen mög ich, den Göttern bei Weihschmaus-
Feiern zu nahn mich mit Stier-
Opfern an des Vaters Okeanos unlöschbarem Strom!
Nie auch mög freveln mein Mund!
Möge fest mir dieser Sinn stehn, niemals schmelzend
[hintaun!
Süß ist es, mutgen Vertrauns
Lebenslang fortwandern voll Hoffnung, im Lichtglanz
Herz und Mut aufheiternd der Freud und des Glücks. Mir
Graut jedoch, seh ich dich an,
Wie von tausend Qualen zerfressen du wirst unselger Art

Ζῆνα γὰρ οὐ τρομέων
Ἰδίᾳ γνώμᾳ σέβῃ θνατοὺς ἄγαν, Προμηθεῦ. =

                                   Str. 2

545   φέρ' ὅπως ἄχαρις χάρις, ὦ φίλος, εἰπὲ   4 an reiz
             [ποῦ τις ἀλκά,
τίς ἐφαμερίων ἄρηξις; οὐδ' ἐδέρχθης   2an ia ba
ὀλιγοδρανίαν ἄκικυν,   2 an ba
ἰσόνειρον, ᾇ τὸ φωτῶν   2 ep

550   ἀλαὸν γένος ἐμπεποδισμένον; οὔποτε   6 an
                     [γάρ τοι
τὰν Διὸς ἁρμονίαν θνατῶν παρεξίασι   3 da cr
                  [βουλαί. –   [reiz

     ἔμαθον τάδε σὰς προσιδοῦσ' ὀλοὰς   Ant. 2
               [τύχας, Προμηθεῦ.
555   τὸ διαμφίδιον δέ μοι μέλος προσέπτα
τόδ' ἐκεῖνό θ' ὅ τ' ἀμφὶ λουτρὰ
καὶ λέχος σὸν ὑμεναίουν
ἰότατι γάμων, ὅτε τὰν ὁμοπάτριον ἕδνοις

560   ἄγαγες Ἡσιόναν πείθων δάμαρτα κοινόλεκτρον. =

                     Ἰώ

     τίς γῆ; τί γένος; τίνα φῶ λεύσσειν   an
τόνδε χαλινοῖς ἐν πετρίνοισιν
χειμαζόμενον;
τίνος ἀμπλακίας ποινὰς ὀλέκῃ;
σήμηνον ὅποι
565   γῆς ἡ μογερὰ πεπλάνημαι.

     ἆ ἆ, ἒ ἔ·   A
χρίει τις αὖ με τὰν τάλαιναν οἶστρος·   2 ia ba
εἴδωλον Ἄργου γηγενοῦς ἀλεῦμαι   2 ia ba
τὸν μυριωπὸν εἰσορῶσα βούταν.   2 ia ba

Folgst du, vor Zeus ohne Furcht,
Eignem Sinn doch, ehrst das Erdvolk allzusehr, Prometheus.

Sieh, wie bleibt ohne Dank, was doch Dank heischt,
                              o Freund, sag, wo bleibt Abwehr,
Von dem Eintagsgeschlecht der Beistand? Sahst nicht klar du,
Wie armselige Ohnmacht, kraftlos,
Einem Traum gleich, dieses Erdvolks
So ganz blindem Geschlechte den Fuß hemmt? Und niemals
                                             [geschehn wird's,
Daß, was verfügt ist von Zeus, durchkreuzt wird von des
                                             [Erdvolks Ratschluß.

Das ward klar mir, als hin ich geschaut auf dein qualvoll Los,
                                             [Prometheus:
Welch ein anderes Lied doch war's, das einst mir zuflog,
Jenes Lied, das zuvor am Bad und
Deinem Brautbett ich gesungen
In der Freude der Hochzeit, als, unsere Schwester durch
                                             [Freiers-
gaben gewinnend, Hesionen du nahmst zur Bettgenossin.

                              Io
     mit Hörnern als Zeichen ihrer Verwandlung in eine Kuh
Welch Land! Welchen Volks? Wer – trau ich dem Aug? –
Hängt in Fesseln dort am felsigen Hang,
Sturm- und wetterumdroht?
Was verbrachst du, daß so du gehst büßend zugrund?
Zeig an mir, wohin
     In der Welt ich Mühselge geirrt bin!

Ah, ah, weh, weh!
Scharf sticht aufs neu mich arme Maid die Bremse:
Vorm Schatten Argos', des Erdsohnes, scheu ich,
Den tausendäugigen schauend, meinen Hüter!

ὁ δὲ πορεύεται δόλιον ὄμμ' ἔχων,   2 δ

570   ὃν οὐδὲ κατθανόντα γαῖα κεύθει.   2 ia ba

        ἀλλ' ἐμὲ τὰν τάλαιναν   ch ba

        ἐξ ἐνέρων   ch

        περῶν κυνηγετεῖ πλανᾷ   2 ia

        τε νῆστιν ἀνὰ τὰν παραλίαν ψάμμον.   2 δ
                                                            Amoibaion
                                                            Str.

        ὑπὸ δὲ κηρόπλαστος ὀτοβεῖ δόναξ   2 δ

575   ἀχέτας ὑπνοδόταν νόμον·   cr δ

        ἰὼ ἰὼ πόποι, ποῖ μ' ἄγουσι τηλέπλαγκ-
                                        [τοι πλάναι;   3 δ

        τί ποτέ μ', ὦ Κρόνιε παῖ, τί ποτε ταῖσδ'   2 δ

        ἐνέζευξας εὑρὼν ἁμαρτοῦσαν ἐν πημοναῖς,   δ 3 cr

        ἒ ἔ,   A

580   οἰστρηλάτῳ δὲ δείματι δειλαίαν   Alc 11

        παράκοπον ὧδε τείρεις;   ia ba

        πυρί με φλέξον ἢ χθονὶ κάλυψον ἢ   2 δ

        ποντίοις δάκεσι δὸς βοράν,   cr δ

        μηδέ μοι φθονήσῃς   cr ba

        εὐγμάτων, ἄναξ.   δ

585   ἄδην με πολύπλανοι πλάναι   2 ia

        γεγυμνάκασιν, οὐδ' ἔχω μαθεῖν ὅπᾳ   3 ia

        πημονὰς ἀλύξω.   cr ba

        κλύεις φθέγμα τᾶς βούκερω παρθένου; –   4 ba

Πρ   πῶς δ' οὐ κλύω τῆς οἰστροδινήτου κόρης,

590   τῆς Ἰναχείας; ἣ Διὸς θάλπει κέαρ

        ἔρωτι, καὶ νῦν τοὺς ὑπερμήκεις δρόμους

        Ἥρᾳ στυγητὸς πρὸς βίαν γυμνάζεται;

Ἰώ   πόθεν ἐμοῦ σὺ πατρὸς ὄνομ' ἀπύεις;   Ant.

        εἰπέ μοι τᾷ μογερᾷ τίς ὤν,

595   τίς ἄρα μ', ὦ τάλας, τὰν τάλαιναν ὧδ'
                                        [ἔτυμα προσθροεῖς.

        θεόσυτόν τε νόσον ὠνόμασας, ἃ

        μαραίνει με χρίουσα κέντροισι φοιταλέοις,

Der macht sich auf den Weg, tückischen Blick im Aug,
Er, den auch nicht im Tod der Erde Schoß birgt;
Sondern mich, arme Maid, der
Unterwelt Reich
Entsteigend, spürt er auf und jagt
Mich Lechzende entlang den sandgen Strand des Meers.

Und dazu klingt der wachsgefügten Flöte Rohr
Sanften Schalls in Schlummerliedes Ton;
O oh, o oh, o weh; wo führt hin mich weiter Umwege Irrn?

Was fandst du nur, o Kronossohn, was denn nur
Für Schuld du an mir, daß du mich, eingeschirrt solcher Pein,
Weh, weh!
Durch Bremsensturmes Angst mich in Wahnsinnsqual
Zerrüttete also marterst?
Brenn mich in Feuersglut, birg mich im Erdenschoß,
Gib der See Scheusalen mich zum Fraß!
Und verarge mir nicht
Meinen Wunsch, o Herr!
Genug hat Irrweg auf Irrweg mich
Geübt in Mühsal, und ich weiß nicht, wie ich je
Leid und Qual entfliehn soll.
Hörst du ihn, den Klaglaut der stierhörngen Maid?

Pr   Wie hört ich nicht der bremsegejagten Jungfrau Ruf,
Der Inachostochter, welche Zeus entflammt das Herz
Zur Liebe und nun ihren endlos weiten Lauf,
Von Heras Haß heftig bedrängt, vollbringen muß?

Io   Wie kommt's, daß meines Vaters Namen du mir nennst?
Sage mir Mühsalbeladnen, wer
Du bist, der Dulder, der mich, so, die Dulderin, richtig zu
[grüßen weiß,
Der die vom Gott gesandte Sucht mir nannte, die
Mich ausdörrt, mir einbohrt den Stachel, der weit fort mich
[treibt!

ἒ ἔ.

σκιρτημάτων δὲ νήστισιν αἰκείαις
600   λαβρόσυτος ἦλθον, Ἥρας
ἐπικότοισι μήδεσι δαμεῖσα. δυσ-
δαιμόνων δὲ τίνες οἵ, ἒ ἔ,
οἳ' ἐγὼ μογοῦσιν;
ἀλλά μοι τορῶς
605   τέκμηρον ὅ τι μ' ἐπαμμένει
παθεῖν, τί μῆχαρ ἢ τί φάρμακον νόσου,
δεῖξον, εἴπερ οἶσθα·
θρόει, φράζε τᾷ δυσπλάνῳ παρθένῳ. =

Πρ   λέξω τορῶς σοι πᾶν ὅπερ χρῄζεις μαθεῖν,
610   οὐκ ἐμπλέκων αἰνίγματ', ἀλλ' ἁπλῷ λόγῳ,
ὥσπερ δίκαιον πρὸς φίλους οἴγειν στόμα.
πυρὸς βροτοῖς δοτῆρ' ὁρᾷς Προμηθέα.
Ἰώ   ὦ κοινὸν ὠφέλημα θνητοῖσιν φανείς,
τλῆμον Προμηθεῦ, τοῦ δίκην πάσχεις τάδε;
615   Πρ   ἁρμοῖ πέπαυμαι τοὺς ἐμοὺς θρηνῶν πόνους.
Ἰώ   οὔκουν πόροις ἂν τήνδε δωρειὰν ἐμοί;
Πρ   λέγ' ἥντιν' αἰτεῖ· πᾶν γὰρ ἂν πύθοιό μου.
Ἰώ   σήμηνον ὅστις ἐν φάραγγί σ' ὤχμασεν.
Πρ   βούλευμα μὲν τὸ Δῖον, Ἡφαίστου δὲ χείρ.
620   Ἰώ   ποινὰς δὲ ποίων ἀμπλακημάτων τίνεις;
Πρ   τοσοῦτον ἀρκῶ σοι σαφηνίσας μόνον.
Ἰώ   καὶ πρός γε τούτοις τέρμα τῆς ἐμῆς πλάνης
δεῖξον τίς ἔσται τῇ ταλαιπώρῳ χρόνος.
Πρ   τὸ μὴ μαθεῖν σοι κρεῖσσον ἢ μαθεῖν τάδε.
625   Ἰώ   μήτοι με κρύψῃς τοῦθ' ὅπερ μέλλω παθεῖν.
Πρ   ἀλλ' οὐ μεγαίρω τοῦδέ σοι δωρήματος.
Ἰώ   τί δῆτα μέλλεις μὴ οὐ γεγωνίσκειν τὸ πᾶν;
Πρ   φθόνος μὲν οὐδείς, σὰς δ' ὀκνῶ θρᾶξαι φρένας.
Ἰώ   μή μου προκήδου μᾶσσον ἢ ὡς ἐμοὶ γλυκύ.
630   Πρ   ἐπεὶ προθυμῇ, χρὴ λέγειν· ἄκουε δή.
Χο   μήπω γε· μοῖραν δ' ἡδονῆς κἀμοὶ πόρε.
τὴν τῆσδε πρῶτον ἱστορήσωμεν νόσον,

Weh! weh!
Und Sprung auf Sprung in hungriger Qual und Not
Flog rasch ich dahin, von Heras
Zornwütgen Racheplänen überwältigt. Wer
Von den Gottgehaßten, wer, weh, weh,
Muß gleich mir sich abmühn?
Doch laß mich genau
Erfahren, was alles meiner harrt
An Leid, welch Mittel, welch ein Kraut die Krankheit heilt;
Sprich es, wenn du's weißt, aus!
Sag es, tu der fahrtmüden Jungfrau es kund!

Pr   Ich sag genau dir alles, was du wissen willst,
     Nicht Rätsel darein flechtend, nein, einfachen Worts,
     Wie es sich ziemt, vor Freunden aufzutun den Mund.
     Der Feur dem Erdvolk gab: Prometheus siehst du hier.
Io   Oh, der als aller Menschen Helfer sich gezeigt,
     Dulder Prometheus, weshalb leidst du solche Qual?
Pr   Grad hört ich auf mit Klagen über meine Not.
Io   Gewährest du nicht solchen Gunstbeweis auch mir?
Pr   Sag, welchen meinst du? Alles hörst du dann von mir.
Io   So künde, wer dich an den Fels geschmiedet hat!
Pr   Ratschluß war es des Zeus, Hephaistos lieh die Hand.
Io   Und welcher Freveltaten Strafe büßt du ab?
Pr   Soviel – genüg es dir! – konnt ich dir kundtun nur.
Io   Und hierzu zeig das Ende meiner Irrfahrt mir
     Noch an; wieviel braucht's für die Duldrin noch an Zeit?
Pr   Nichtwissen taugt dir besser, als zu wissen dies.
Io   Gleichwohl verbirg mir nichts, was ich noch leiden soll!
Pr   Traun, nicht aus Mißgunst weigre ich dir dies Geschenk.
Io   Was also säumst du und tust nicht mir alles kund?
Pr   Gern tät ich's, scheu mich nur, zu ängstgen deinen Sinn.
Io   Nicht sorg dich mehr um mich noch, als mir selber lieb!
Pr   Da's so dein Wunsch ist, muß ich sprechen: höre denn!
Chf Noch nicht; Anteil gib an dem Gunstbeweis auch mir!
     Von ihr laß erst uns hören ihrer Krankheit Art;

αὐτῆς λεγούσης τὰς πολυφθόρους τύχας·
τὰ λοιπὰ δ' ἄθλων σοῦ διδαχθήτω πάρα.

635   Πρ   σὸν ἔργον, Ἰοῖ, ταῖσδ' ὑπουργῆσαι χάριν,
ἄλλως τε πάντως καὶ κασιγνήταις πατρός.
ὡς τἀποκλαῦσαι κἀποδύρασθαι τύχας
ἐνταῦθ', ὅπου μέλλοι τις οἴσεσθαι δάκρυ
πρὸς τῶν κλυόντων, ἀξίαν τριβὴν ἔχει.

640   Ἰώ   οὐκ οἶδ' ὅπως ὑμῖν ἀπιστῆσαί με χρή,
σαφεῖ δὲ μύθῳ πᾶν ὅπερ προσχρήζετε
πεύσεσθε· καίτοι καὶ λέγουσ' ὀδύρομαι
θεόσσυτον χειμῶνα καὶ διαφθορὰν
μορφῆς, ὅθεν μοι σχετλία προσέπτατο.

645   αἰεὶ γὰρ ὄψεις ἔννυχοι πωλεύμεναι
ἐς παρθενῶνας τοὺς ἐμοὺς παρηγόρουν
λείοισι μύθοις »ὦ μέγ' εὔδαιμον κόρη,
τί παρθενεύει δαρόν, ἐξόν σοι γάμου
τυχεῖν μεγίστου; Ζεὺς γὰρ ἱμέρου βέλει

650   πρὸς σοῦ τέθαλπται καὶ συναίρεσθαι Κύπριν
θέλει· σὺ δ', ὦ παῖ, μὴ 'πολακτίσῃς λέχος
τὸ Ζηνός, ἀλλ' ἔξελθε πρὸς Λέρνης βαθὺν
λειμῶνα, ποίμνας βουστάσεις τε πρὸς πατρός,
ὡς ἂν τὸ Δῖον ὄμμα λωφήσῃ πόθου.«

655   τοιοῖσδε πάσας εὐφρόνας ὀνείρασι
συνειχόμην δύστηνος, ἔστε δὴ πατρὶ
ἔτλην γεγωνεῖν νυκτίφοιτα φάσματα.
ὁ δ' ἔς τε Πυθὼ κἀπὶ Δωδώνης πυκνοὺς
θεοπρόπους ἴαλλεν, ὡς μάθοι τί χρὴ

660   δρῶντ' ἢ λέγοντα δαίμοσιν πράσσειν φίλα.
ἧκον δ' ἀναγγέλλοντες αἰολοστόμους
χρησμοὺς ἀσήμους δυσκρίτως τ' εἰρημένους.
τέλος δ' ἐναργὴς βάξις ἦλθεν Ἰνάχῳ
σαφῶς ἐπισκήπτουσα καὶ μυθουμένη

665   ἔξω δόμων τε καὶ πάτρας ὠθεῖν ἐμέ,
ἄφετον ἀλᾶσθαι γῆς ἐπ' ἐσχάτοις ὅροις·
κεἰ μὴ θέλοι, πυρωπὸν ἐκ Διὸς μολεῖν
κεραυνόν, ὃς πᾶν ἐξαϊστώσοι γένος.

Sie selbst erzähle ihr an Unheil reiches Los!
Die weitere Mühsal soll von dir sie hören dann.

Pr   Bei dir liegt's, Io, zu erfüllen ihren Wunsch,
Zumal da sie auch deines Vaters Schwestern sind.
Denn weinend trauern, jammernd klagen um sein Los
Alldorten, wo man ernten kann des Mitleids Trän
Aus Hörers Augen, das ist wohl des Weilens wert.

Io   Ich weiß nicht, wie ich euch sollt ungehorsam sein,
Und klaren Worts sollt ihr all das, was ihr noch wünscht,
Vernehmen. Freilich schon zu sprechen fühl ich Scheu
Von gotterregtem Sturme und Entstellung der
Gestalt, wie sie mich arme Maid befallen hat.
Traumbilder stets ja schwebten in der Nacht in mein
Jungfraungemach herein mir, redeten mir zu
Mit Schmeichelworten: „O du höchst glückselge Maid,
Was bleibst du Jungfrau länger, steht die Ehe doch
Dir frei, die höchste? Zeus ja, durch der Sehnsucht Pfeil
Brennt heiß in Glut dir, trägt nach Kypris' Werk zu zwein
Begehr; doch du, Kind, weis nicht ab den Liebesbund
Mit Zeus; nein, geh hinaus zu Lernas tiefem Grund
Der Wiesen, Vaters Herden und dem Viehgehöft,
Auf daß Zeus' Auge finde seiner Sehnsucht Ziel!"
Von solcher Art Traumbildern ward die Nächte all
Ich heimgesucht, ich Arme, bis dem Vater ich
Wagte zu künden der Gespenster Nachtbesuch.
Und der, nach Pytho und Dodona sandt er viel
Orakelboten, auszuspähn, was not an Werk,
An Wort sei, durchzuführen, was den Göttern lieb.
Heimkehrten sie, verkündend, was vieldeutgen Worts
An Sprüchen, unlösbar, schwerfaßlich, man gesagt.
Zuletzt kam ein ganz klarer Spruch für Inachos,
Eindeutig fassend den Befehl und kündend ihn:
Fort aus dem Haus sollt er, der Heimat stoßen mich,
Verjagt zu irren zu der Erde Grenzgebiet.
Und wollt er nicht, glutäugig dann von Zeus her würd
Ein Blitzstrahl zucken, ganz austilgen seinen Stamm.

τοιοῖσδε πεισθεὶς Λοξίου μαντεύμασιν
670 ἐξήλασέν με κάπέκλησε δωμάτων
ἄκουσαν ἄκων· ἀλλ' ἐπηνάγκαζέ νιν
Διὸς χαλινὸς πρὸς βίαν πράσσειν τάδε.
εὐθὺς δὲ μορφὴ καὶ φρένες διάστροφοι
ἦσαν, κεραστὶς δ', ὡς ὁρᾶτ', ὀξυστόμῳ
675 μύωπι χρισθεῖσ' ἐμμανεῖ σκιρτήματι
ἦσσον πρὸς εὔποτόν τε Κερχνείας ῥέος
Λέρνης τε κρήνην· βουκόλος δὲ γηγενὴς
ἄκρατος ὀργὴν Ἄργος ὡμάρτει, πυκνοῖς
ὄσσοις δεδορκὼς τοὺς ἐμοὺς κατὰ στίβους.
680 ἀπροσδόκητος δ' αὐτὸν ἐξαίφνης μόρος
τοῦ ζῆν ἀπεστέρησεν. οἰστροπλὴξ δ' ἐγὼ
μάστιγι θείᾳ γῆν πρὸ γῆς ἐλαύνομαι.
κλύεις τὰ πραχθέντ'. εἰ δ' ἔχεις εἰπεῖν ὅ τι
λοιπὸν πόνων, σήμαινε· μηδέ μ' οἰκτίσας
685 σύνθαλπε μύθοις ψευδέσιν· νόσημα γὰρ
αἴσχιστον εἶναί φημι συνθέτους λόγους.

Χο ἔα ἔα, ἄπεχε, φεῦ·   2 cr
    οὔποτ' οὔποτ' ηὔχουν ὧδε ξένους   2 δ
    πολεῖσθαι λόγους ἐς ἀκοὰν ἐμάν,   2 δ
690 οὐδ' ὧδε δυσθέατα καὶ δύσοιστα   2 ia ba
    πήματα, λύματ' ἀμ-   δ
    φήκει κέντρῳ ψύχειν ψυχὰν ἐμάν.   2 δ
    ἰὼ μοῖρα μοῖρα,   2 ba
695 πέφρικ' εἰσιδοῦσα πρᾶξιν Ἰοῦς.   ba ia ba

Πρ πρῴ γε στενάζεις καὶ φόβου πλέα τις εἶ·
    ἐπίσχες ἔστ' ἂν καὶ τὰ λοιπὰ προσμάθῃς.
Χο λέγ', ἐκδίδασκε· τοῖς νοσοῦσί τοι γλυκὺ
    τὸ λοιπὸν ἄλγος προὐξεπίστασθαι τορῶς.
700 Πρ τὴν πρίν γε χρείαν ἠνύσασθ' ἐμοῦ πάρα
    κούφως· μαθεῖν γὰρ τῆσδε πρῶτ' ἐχρῄζετε
    τὸν ἀμφ' ἑαυτῆς ἆθλον ἐξηγουμένης·
    τὰ λοιπὰ νῦν ἀκούσαθ', οἷα χρὴ πάθη

Gehorsam solcher Weissagung des Loxias,
Trieb er hinaus mich, schloß vor mir das Vaterhaus
Zum Leid mir, ihm zum Leid. Doch zwang straff lenkend ihn
Kronions Zügel mit Gewalt zu solchem Tun.
Gleich ward Gestalt mir, ward der Sinn entstellt, verwirrt
Durchaus; gehörnt nun, wie ihr seht, von stachlichter
Bremse gestochen, rasend wilden Sprungs und Schwungs,
Rannt ich zu des Kerchneiaborns trinkbarem Naß
Und Lernes Quelle; und ein Kuhhirt, erderzeugt,
Maßlos im Jähzorn, Argos, blieb mir nah, der viel-
geäugt, den Blick stets wandte hin auf meine Spur.
Doch unversehens trat ihn an jählings der Tod,
Raubt' ihm sein Leben; bremsegepeitscht indes werd ich
Durch Göttergeißel Land für Land vorwärtsgejagt.
Du hörst, was vorging; wenn du sagen kannst, was noch
Übrig an Leid, tu's kund; doch nicht aus Mitgefühl
Tröst mit erlognen Reden mich; ein Laster ja,
Das schmählichste, nenn ich erfundner Worte Trug.

Ch Laß, o laß nach, halte doch, weh!
Niemals, niemals drang mir so, glaube ich,
Ein fremdartig Wort ins Ohr, in mein Ohr,
Noch solch ein schwer zu schauend, schwer zu tragend
Leid mir, Quälen mir
Zweischneidgen Stachels eiskalt mir in mein Herz.
O weh! Schicksal, Schicksal!
Mir graut, schau ich an die Qualen Ios!

Pr Zu frühe stöhnst du, zeigst von Furcht dich ganz erfüllt.
Halt inne, bis du auch das Weitre noch erfährst!
Chf Sprich, alles sage! Den Erkrankten ist's nur recht,
Das weitre Leiden ganz genau vorauszusehn.
Pr Des frühern Wunsches Ziel erreichtet ihr bei mir
Ganz leicht; erfahren ja von ihr erst wolltet ihr
All ihre eigne Mühsal, von ihr dargelegt.
Das Weitre nun noch höret, was an Leiden muß

τλῆναι πρὸς ῞Ηρας τήνδε τὴν νεάνιδα.
705   σύ τ᾽, Ἰνάχειον σπέρμα, τοὺς ἐμοὺς λόγους
θυμῷ βάλ᾽, ὡς ἂν τέρματ᾽ ἐκμάθῃς ὁδοῦ.
πρῶτον μὲν ἐνθένδ᾽ ἡλίου πρὸς ἀντολὰς
στρέψασα σαυτὴν στεῖχ᾽ ἀνηρότους γύας·
Σκύθας δ᾽ ἀφίξῃ νομάδας, οἳ πλεκτὰς στέγας
710   πεδάρσιοι ναίουσ᾽ ἐπ᾽ εὐκύκλοις ὄχοις,
ἑκηβόλοις τόξοισιν ἐξηρτυμένοι·
οἷς μὴ πελάζειν, ἀλλ᾽ ἁλιστόνοις πόδας
χρίμπτουσα ῥαχίαισιν ἐκπερᾶν χθόνα.
λαιᾶς δὲ χειρὸς οἱ σιδηροτέκτονες
715   οἰκοῦσι Χάλυβες, οὓς φυλάξασθαί σε χρή·
ἀνήμεροι γὰρ οὐδὲ πρόσπλατοι ξένοις.
ἥξεις δ᾽ Ὑβριστὴν ποταμὸν οὐ ψευδώνυμον,
ὃν μὴ περάσῃς, οὐ γὰρ εὔβατος περᾶν,

πρὶν ἂν πρὸς αὐτὸν Καύκασον μόλῃς, ὀρῶν
720   ὕψιστον, ἔνθα ποταμὸς ἐκφυσᾷ μένος
κροτάφων ἀπ᾽ αὐτῶν. ἀστρογείτονας δὲ χρὴ
κορυφὰς ὑπερβάλλουσαν ἐς μεσημβρινὴν
βῆναι κέλευθον, ἔνθ᾽ Ἀμαζόνων στρατὸν
ἥξεις στυγάνορ᾽, αἳ Θεμίσκυράν ποτε
725   κατοικιοῦσιν ἀμφὶ Θερμώδονθ᾽, ἵνα
τραχεῖα πόντου Σαλμυδησσία γνάθος
ἐχθρόξενος ναύτῃσι, μητρυιὰ νεῶν·
αὗταί σ᾽ ὁδηγήσουσι καὶ μάλ᾽ ἀσμένως.
ἰσθμὸν δ᾽ ἐπ᾽ αὐταῖς στενοπόροις λίμνης πύλαις
730   Κιμμερικὸν ἥξεις, ὃν θρασυσπλάγχνως σε χρὴ
λιποῦσαν αὐλῶν᾽ ἐκπερᾶν Μαιωτικόν·
ἔσται δὲ θνητοῖς εἰσαεὶ λόγος μέγας
τῆς σῆς πορείας, Βόσπορος δ᾽ ἐπώνυμος
κεκλήσεται. λιποῦσα δ᾽ Εὐρώπης πέδον
735   ἤπειρον ἥξεις Ἀσιάδ᾽. ἆρ᾽ ὑμῖν δοκεῖ
ὁ τῶν θεῶν τύραννος ἐς τὰ πάνθ᾽ ὁμῶς
βίαιος εἶναι; τῇδε γὰρ θνητῇ θεὸς
χρήζων μιγῆναι τάσδ᾽ ἐπέρριψεν πλάνας.

Dulden durch Hera unser armes Mägdlein hier.
Du, Inachoserzeugte, nimm, was ich dir sag,
Ins Herz auf, daß den Schluß du ganz erkennst des Wegs.
Zuerst von hier fort nach der Sonne Aufgang zu
Den Fuß hinlenkend, geh durch ungepflügte Flur;
Zu Skythen kommst du, Horden, die Flechthütten sich
Als Schwebewohnung baun auf schönrädrigen Karrn,
Mit weitschießenden Bogen stark und wohl bewehrt.
Die such nicht auf; nein, deinen Fuß meerstöhnendem
Brandungsgewoge steifen lassend, zieh durchs Land.
Zur linken Hand dann zeigt der Eisenschmiede sich,
Der Chalyber, Wohnsitz; auch vor denen hüte dich,
Weil ungesittet sie, ungastlich Fremden sind.
Kommst zum Hybristes du, der trotzig heißt mit Recht,
Durchschreit den Fluß nicht, der nicht leicht durchschreit-
[bar ist,
Eh du zum Kaukasosberg selbst gelangst und schaust
Den Gipfel, wo der Fluß herausbraust seine Kraft
Aus dem Berghaupt selber. Sternennahe Gipfel mußt
Du überschreiten, und dann du weiter mittagwärts
Gehn deinen Pfad, wo zu der Amazonen Schar
Du kommst, mannfeindlicher, die Themiskyra einst
Zum Wohnsitz nehmen rings um den Thermodon, wo
Felszahnig Salmydessos' Meerkinnbacken droht,
Schiffern ein böser Wirt, Stiefvater jedem Schiff.
Die führen deines Wegs dich, und voll Freundlichkeit;
Zum Isthmos an dem engstraßigen Tor der See,
Dem kimmerischen, kommst du, den getrosten Mutes du
Verlassen mußt, um durch Maiotis' Sund zu gehn.
Es wird beim Erdvolk immer viel die Rede sein
Von deiner Fahrt, und Bosporos, Kuhfurt, wird der Ort
Danach benannt. Verlassend dann Europas Flur,
Kommst du zum Festland Asia. – Wahrlich, scheint euch nicht
Des Götterreichs Gewaltherr allerwegen gleich
Grausam zu sein? Dies Menschenkind, da er's, ein Gott,
Wünscht zu umarmen, stieß er so in Irrsals Qual.

πικροῦ δ' ἔκυρσας, ὦ κόρη, τῶν σῶν γάμων
740   μνηστῆρος. οὓς γὰρ νῦν ἀκήκοας λόγους,
εἶναι δόκει σοὶ μηδέπω 'ν προοιμίοις.

'Ιώ   ἰώ μοί μοι, ἒ ἔ.

Πρ   σὺ δ' αὖ κέκραγας κἀναμυχθίζη· τί που
δράσεις, ὅταν τὰ λοιπὰ πυνθάνῃ κακά;

745 Χο   ἦ γάρ τι λοιπὸν τῇδε πημάτων ἐρεῖς;

Πρ   δυσχείμερόν γε πέλαγος ἀτηρᾶς δύης.

'Ιώ   τί δῆτ' ἐμοὶ ζῆν κέρδος, ἀλλ' οὐκ ἐν τάχει
ἔρριψ' ἐμαυτὴν τῆσδ' ἀπὸ στύφλου πέτρας,
ὅπως πέδοι σκήψασα τῶν πάντων πόνων
750   ἀπηλλάγην; κρεῖσσον γὰρ εἰσάπαξ θανεῖν
ἢ τὰς ἁπάσας ἡμέρας πάσχειν κακῶς.

Πρ   ἦ δυσπετῶς ἂν τοὺς ἐμοὺς ἄθλους φέροις,
ὅτῳ θανεῖν μέν ἐστιν οὐ πεπρωμένον·
αὕτη γὰρ ἦν ἂν πημάτων ἀπαλλαγή·
755   νῦν δ' οὐδέν ἐστι τέρμα μοι προκείμενον
μόχθων, πρὶν ἂν Ζεὺς ἐκπέσῃ τυραννίδος.

'Ιώ   ἦ γάρ ποτ' ἔστιν ἐκπεσεῖν ἀρχῆς Δία;

Πρ   ἥδοι' ἄν, οἶμαι, τήνδ' ἰδοῦσα συμφοράν.

'Ιώ   πῶς δ' οὐκ ἄν, ἥτις ἐκ Διὸς πάσχω κακῶς;

760 Πρ   ὡς τοίνυν ὄντων τῶνδέ σοι μαθεῖν πάρα.

'Ιώ   πρὸς τοῦ τύραννα σκῆπτρα συληθήσεται;

Πρ   πρὸς αὐτὸς αὑτοῦ κενοφρόνων βουλευμάτων.

'Ιώ   ποίῳ τρόπῳ; σήμηνον, εἰ μή τις βλάβη.

Πρ   γαμεῖ γάμον τοιοῦτον ᾧ ποτ' ἀσχαλεῖ.

765 'Ιώ   θέορτον, ἢ βρότειον; εἰ ῥητόν, φράσον.

Πρ   τί δ' ὅντιν'; οὐ γὰρ ῥητὸν αὐδᾶσθαι τόδε.

'Ιώ   ἦ πρὸς δάμαρτος ἐξανίσταται θρόνων;

Πρ   ἦ τέξεταί γε παῖδα φέρτερον πατρός.

'Ιώ   οὐδ' ἔστιν αὐτῷ τῆσδ' ἀποστροφὴ τύχης;

770 Πρ   οὐ δῆτα, πλὴν ἔγωγ' ἂν ἐκ δεσμῶν λυθείς.

'Ιώ   τίς οὖν ὁ λύσων ἐστὶν ἄκοντος Διός;

Πρ   τῶν σῶν τιν' αὐτὸν ἐγγόνων εἶναι χρεών.

'Ιώ   πῶς εἶπας; ἦ 'μὸς παῖς σ' ἀπαλλάξει κακῶν;

	Ein bittrer ward dir, Mädchen, dir ein böser Freir
	Und Bräutgam. Denn was jetzt gehört an Worten du,
	Das ist noch, glaub mir's, künftger Qualen Vorspiel kaum.
Io	O weh, weh mir! Weh, weh!
Pr	Du schreist aufs neue, seufzest bange auf; was wohl
	Tust du, wenn du die weitren Leiden von mir hörst?
Chf	Willst du denn Weitres kund ihr tun an Not und Leid?
Pr	Ein sturmgepeitschtes Meer von grauenhafter Qual!
Io	Was frommt's mir noch zu leben? Warum nicht in Eil
	Stürz ich mich selber hier hinab vom schroffen Fels,
	Auf daß, zu Boden schlagend, all der Müh und Not
	Ich ledig würde? Besser ja, mit einem Mal
	Tot sein als all die Tage lang dulden voll Qual!
Pr	Fürwahr, nicht leicht wohl trügst du *meiner* Leiden Last,
	Dem ja zu sterben vom Geschick nicht ward vergönnt.
	Denn das – das würd aus Leid und Not Befreiung sein.
	Nun aber ist kein Ende für mich vorgesehn
	Der Not, eh Zeus herab nicht stürzt vom Herrscherthron.
Io	Kann's denn je sein, daß stürzt vom Stuhl der Herrschaft
	[Zeus?
Pr	Froh wärst du, glaub ich, könntst du dies Ereignis schaun.
Io	Wie sollt ich nicht, da ich von Zeus Leid dulden muß?
Pr	Daß dies in Wahrheit eintritt, darauf kannst du baun.
Io	Wer ist's, der seines Herrscherstabes ihn beraubt?
Pr	Er selber durch selbsteigner Pläne Unvernunft.
Io	Auf welche Art? Tu's kund mir, wenn's nicht Schaden bringt!
Pr	Hochzeit hält er von der Art, daß es ihn einst reut.
Io	Ist Göttin oder Mensch die Braut? Darfst du, so sag's!
Pr	Was fragst du? Nicht ja geht es an, dies kundzutun.
Io	Wird von der Gattin er herabgestürzt vom Thron?
Pr	Den Sohn gebiert sie, stärker, als der Vater ist.
Io	Hat er kein Mittel, abzuwenden dieses Los?
Pr	Nein, keines, außer ich werde von Fesseln frei.
Io	Doch wer wird frei dich machen, wenn es Zeus nicht will?
Pr	Aus deinem Blut der Sprossen einer muß es tun.
Io	Wie sagst du? Macht ein Sohn von mir dich frei von Not?

Πρ τρίτος γε γένναν πρὸς δέκ' ἄλλαισιν γοναῖς.
775 Ἰώ ἥδ' οὐκέτ' εὐξύμβλητος ἡ χρησμῳδία.
Πρ καὶ μηδὲ σαυτῆς γ' ἐκμαθεῖν ζήτει πόνους.
Ἰώ μή μοι προτείνων κέρδος εἶτ' ἀποστέρει.
Πρ δυοῖν λόγοιν σε θατέρῳ δωρήσομαι.
Ἰώ ποίοιν; πρόδειξον, αἵρεσίν τ' ἐμοὶ δίδου.
780 Πρ δίδωμ'· ἑλοῦ γάρ, ἢ πόνων τὰ λοιπά σοι
φράσω σαφηνῶς, ἢ τὸν ἐκλύσοντ' ἐμέ.

Χο τούτων σὺ τὴν μὲν τῇδε, τὴν δ' ἐμοὶ χάριν
θέσθαι θέλησον, μηδ' ἀτιμάσῃς λόγου·
καὶ τῇδε μὲν γέγωνε τὴν λοιπὴν πλάνην,
785 ἐμοὶ δὲ τὸν λύσοντα· τοῦτο γὰρ ποθῶ.

Πρ ἐπεὶ προθυμεῖσθ', οὐκ ἐναντιώσομαι
τὸ μὴ οὐ γεγωνεῖν πᾶν ὅσον προσχρῄζετε.
σοὶ πρῶτον, Ἰοῖ, πολύδονον πλάνην φράσω,
ἣν ἐγγράφου σὺ μνήμοσιν δέλτοις φρενῶν.
790 ὅταν περάσῃς ῥεῖθρον ἠπείροιν ὅρον,
πρὸς ἀντολὰς φλογῶπας ἡλίου στίβει
πόντου παρεῖσα φλοῖσβον, ἔστ' ἂν ἐξίκῃ
πρὸς Γοργόνεια πεδία Κισθήνης, ἵνα
αἱ Φορκίδες ναίουσι δηναιαὶ κόραι
795 τρεῖς κυκνόμορφοι, κοινὸν ὄμμ' ἐκτημέναι,
μονόδοντες, ἃς οὔθ' ἥλιος προσδέρκεται
ἀκτῖσιν οὔθ' ἡ νύκτερος μήνη ποτέ.
πέλας δ' ἀδελφαὶ τῶνδε τρεῖς κατάπτεροι,
δρακοντόμαλλοι Γοργόνες βροτοστυγεῖς,
800 ἃς θνητὸς οὐδεὶς εἰσιδὼν ἕξει πνοάς·
τοιοῦτο μέν σοι τοῦτο φρούριον λέγω.
ἄλλην δ' ἄκουσον δυσχερῆ θεωρίαν·
ὀξυστόμους γὰρ Ζηνὸς ἀκραγεῖς κύνας
γρῦπας φύλαξαι, τόν τε μουνῶπα στρατὸν
805 Ἀριμασπὸν ἱπποβάμον', οἳ χρυσόρρυτον
οἰκοῦσιν ἀμφὶ νᾶμα Πλούτωνος πόρου·
τούτοις σὺ μὴ πέλαζε. τηλουρὸν δὲ γῆν
ἥξεις, κελαινὸν φῦλον, οἳ πρὸς ἡλίου
ναίουσι πηγαῖς, ἔνθα ποταμὸς Αἰθίοψ.

Pr Im dritten Glied ein Sproß nach andrer Glieder zehn.

Io Der ist nicht leicht mehr zu verstehn, der Seherspruch.

Pr So such auch nicht ganz zu erfahren deine Not.

Io Nicht nimm, was du an Gabe botst, mir wieder weg!

Pr Von zweien eine Rede will ich schenken dir.

Io Welchen? Sag's vorher, und die Wahl vergönne mir!

Pr Ich tu's. So wähle, ob der Mühen weitre ich
    Erzähl ausführlich, ob von dem, der mich befreit!

Chf Von diesen woll ihr eine, mir die andre Gunst
    Freundlich erweisen, nicht acht unwert uns des Worts!
    Und ihr demnach verkünde ihre weitre Fahrt,
    Doch mir, wer dich befrein wird! Denn das ist mein Wunsch.

Pr Weil ihr's so wünschet, widersetz ich dem mich nicht,
    Euch zu verkünden alles, was ihr noch begehrt.
    Dir erst sag, Io, vielumirrnde Fahrt ich an,
    Die schreibe deines Geists Gedächtnistafel ein!
    Durchschrittst den Strom du, der die zwei Festlande trennt,
    Hin zu der Sonne feueräugigem Aufgang zieh
    Seitwärts das Meeres Rauschen, bis du ganz gelangst
    Zur gorgoneïschen Ebne von Kisthene, wo
    Die Phorkystöchter hausen, Jungfraun, hochbetagt,
    Drei schwangestaltge, in nur eines Augs Besitz,
    Einzahnig, die nicht Helios sich anschaut je
    Voll Glanzes noch der nächtge Mond. Nah kommst
    Du ihren Schwestern dann, den drei geflügelten
    Gorgonen, schlangenlockig, Menschenhasses voll;
    Bei ihrem Anblick wahrt kein Mensch des Lebens Hauch.
    All dieses sei zu Schutz und Warnung dir gesagt.
    Von andren hör noch, unerfreulich anzuschaun!
    Vor den scharfzahnen, vor Zeus' stummen Hunden gib,
    Den Greifen, Obacht, vor dem einäugigen Schwarm
    Arimaspscher Rossetummler, die goldströmendes
    Gewässer rings umwohnen an des Pluton Furt.
    Denen vermeid zu nahen! Drauf zu fernem Land
    Kommst du, zum schwarzen Volksstamm, der an Helios'
    Quellborne haust, im Flußgebiet des Aithiops.

810 τούτου παρ' ὄχθας ἕρφ', ἕως ἂν ἐξίκῃ
καταβασμόν, ἔνθα Βιβλίνων ὀρῶν ἄπο
ἵησι σεπτὸν Νεῖλος εὔποτον ῥέος.
οὗτός σ' ὁδώσει τὴν τρίγωνον ἐς χθόνα
Νειλῶτιν, οὗ δὴ τὴν μακρὰν ἀποικίαν,
815 Ἰοῖ, πέπρωται σοί τε καὶ τέκνοις κτίσαι.
τῶν δ' εἴ τί σοι ψελλόν τε καὶ δυσεύρετον,
ἐπανδίπλαζε καὶ σαφῶς ἐκμάνθανε·
σχολὴ δὲ πλείων ἢ θέλω πάρεστί μοι.

Χο εἰ μέν τι τῇδε λοιπὸν ἢ παρειμένον
820 ἔχεις γεγωνεῖν τῆς πολυφθόρου πλάνης,
λέγ'· εἰ δὲ πάντ' εἴρηκας, ἡμῖν αὖ χάριν
δὸς ἣν πρὶν ᾐτούμεσθα, μέμνησαι δέ που.

Πρ τὸ πᾶν πορείας ἥδε τέρμ' ἀκήκοεν.
ὅπως δ' ἂν εἰδῇ μὴ μάτην κλύουσά μου,
825 ἃ πρὶν μολεῖν δεῦρ' ἐκμεμόχθηκεν φράσω,
τεκμήριον τοῦτ' αὐτὸ δοὺς μύθων ἐμῶν.
ὄχλον μὲν οὖν τὸν πλεῖστον ἐκλείψω λόγων,
πρὸς αὐτὸ δ' εἶμι τέρμα σῶν πλανημάτων.
ἐπεὶ γὰρ ἦλθες πρὸς Μολοσσὰ γάπεδα,
830 τὴν αἰπύνωτόν τ' ἀμφὶ Δωδώνην, ἵνα
μαντεῖα θᾶκός τ' ἐστὶ Θεσπρωτοῦ Διός,
τέρας τ' ἄπιστον, αἱ προσήγοροι δρύες,
ὑφ' ὧν σὺ λαμπρῶς κοὐδὲν αἰνικτηρίως
προσηγορεύθης ἡ Διὸς κλεινὴ δάμαρ
835 μέλλουσ' ἔσεσθαι· τῶνδε προσσαίνει σέ τι;
ἐντεῦθεν οἰστρήσασα τὴν παρακτίαν
κέλευθον ᾖξας πρὸς μέγαν κόλπον Ῥέας,
ἀφ' οὗ παλιμπλάγκτοισι χειμάζῃ δρόμοις·
χρόνον δὲ τὸν μέλλοντα πόντιος μυχός,
840 σαφῶς ἐπίστασ', Ἰόνιος κεκλήσεται,
τῆς σῆς πορείας μνῆμα τοῖς πᾶσιν βροτοῖς.
σημεῖά σοι τάδ' ἐστὶ τῆς ἐμῆς φρενός,
ὡς δέρκεται πλέον τι τοῦ πεφασμένου.
τὰ λοιπὰ δ' ὑμῖν τῇδέ τ' ἐς κοινὸν φράσω,
845 ἐς ταὐτὸν ἐλθὼν τῶν πάλαι λόγων ἴχνος.

Längs dessen Ufern geh, bis du dann hingelangst
Zu dem Falle, wo von Byblos' Berghöhn schickt herab
Der Nilfluß seine heilge wohltrinkbare Flut.
Der weist den Weg dir in das dreieckförmge Land
Neilotis, wo gewaltge Siedlung, heimatfern,
Io, dir, deinen Stamm zu gründen, vorgesehn.
Wenn hiervon etwas dunkel dir, schwer faßbar blieb,
So frag noch einmal und such klar es zu verstehn!
Der Muße mehr steht, als ich will, mir zu Gebot.

Chf Wenn du ihr Weitres oder Übergangnes noch
Zu künden hast von ihrer Irrfahrt voller Not,
Sprich! Wenn du alles sagtest, so erweis auch uns
Die Gunst, um die wir baten; du entsinnst dich wohl.

Pr Ganz hat der Irrfahrt Ende diese nun gehört.
Doch daß sie wisse, nicht Geschwätz hör sie von mir,
Tu ich, was, eh sie herkam, sie erduldet, kund,
Bestätigung dadurch zu geben meinem Wort.
Der Mühsal meistes freilich laß ich unerwähnt,
Hin gleich aufs Endziel geh ich deiner Irrfahrt los.
Denn als du ankamst auf Molossiens ebner Flur
Und nahe dem steilrückigen Dodona, wo
Das Seherheiligtum des Zeus Thesprotos und –
Unglaublich Wunder! – sprachbegabte Eichen sind,
Von denen dir einleuchtend, ohne Rätsels Spur,
Anrede kam und Gruß als Zeus' erlauchter Braut,
Die einst du würdest – schmeichelt dir ein solcher Gruß? –
Von dort, wahnsinngestachelt, am Gestad entlang
Den Weg hin sprangst du bis zu Rheas weiter Bucht,
Von der rückwärtsgetrieben fort du stürmst im Lauf.
Für alle künftgen Zeiten wird der Meeresteil –
Verstehe wohl mich! – der ionische genannt
Als deiner Reise Denkmal allem Erdenvolk.
Beweis ist dieses dir für meinen Sehergeist,
Wie schaun er kann mehr noch, als was vor Augen liegt.
Das Weitre tu ich euch und ihr gemeinsam kund,
Zurück mich wendend zu der frühren Worte Spur.

ἔστιν πόλις Κάνωβος ἐσχάτη χθονός,
Νείλου πρὸς αὐτῷ στόματι καὶ προσχώματι·
ἐνταῦθα δή σε Ζεὺς τίθησιν ἔμφρονα
ἐπαφῶν ἀταρβεῖ χειρὶ καὶ θιγὼν μόνον.

850 ἐπώνυμον δὲ τῶν Διὸς γεννημάτων
τέξεις κελαινὸν Ἔπαφον, ὃς καρπώσεται
ὅσην πλατύρρους Νεῖλος ἀρδεύει χθόνα·
πέμπτη δ' ἀπ' αὐτοῦ γέννα πεντηκοντάπαις
πάλιν πρὸς Ἄργος οὐχ ἑκοῦσ' ἐλεύσεται

855 θηλύσπορος, φεύγουσα συγγενῆ γάμον
ἀνεψιῶν· οἱ δ' ἐπτοημένοι φρένας,
κίρκοι πελειῶν οὐ μακρὰν λελειμμένοι,
ἥξουσι θηρεύοντες οὐ θηρασίμους
γάμους, φθόνον δὲ σωμάτων ἕξει θεός·

860 Πελασγία δὲ δέξεται θηλυκτόνῳ
Ἄρει δαμέντων νυκτιφρουρήτῳ θράσει·
γυνὴ γὰρ ἄνδρ' ἕκαστον αἰῶνος στερεῖ,
δίθηκτον ἐν σφαγαῖσι βάψασα ξίφος·
τοιάδ' ἐπ' ἐχθροὺς τοὺς ἐμοὺς ἔλθοι Κύπρις.

865 μίαν δὲ παίδων ἵμερος θέλξει τὸ μὴ
κτεῖναι σύνευνον, ἀλλ' ἀπαμβλυνθήσεται
γνώμην· δυοῖν δὲ θάτερον βουλήσεται,
κλύειν ἄναλκις μᾶλλον ἢ μιαιφόνος·
αὕτη κατ' Ἄργος βασιλικὸν τέξει γένος.

870 μακροῦ λόγου δεῖ ταῦτ' ἐπεξελθεῖν τορῶς.
σπορᾶς γε μὴν ἐκ τῆσδε φύσεται θρασὺς
τόξοισι κλεινός, ὃς πόνων ἐκ τῶνδ' ἐμὲ
λύσει. τοιόνδε χρησμὸν ἡ παλαιγενὴς
μήτηρ ἐμοὶ διῆλθε Τιτανὶς Θέμις·

875 ὅπως δὲ χὤπη, ταῦτα δεῖ μακροῦ λόγου
εἰπεῖν, σύ τ' οὐδὲν ἐκμαθοῦσα κερδανεῖς.

Ἰώ   ἐλελεῦ, ἐλελεῦ,   an
ὑπό μ' αὖ σφάκελος καὶ φρενοπληγεῖς
μανίαι θάλπουσ', οἴστρου δ' ἄρδις
880 χρίει μ' ἄπυρος·

Es liegt die Stadt Kanobos dicht am Saum des Lands,
Des Niles Mündung nahe und dem Schwemmgebiet;
Dort nun macht Zeus aufs neu dich mächtig klaren Sinns,
Anfassend sanfter Hand dich und berührend nur.
Und ihn, benannt wie Zeus ihn zeugt: »Berührungssproß«
Gebierst, den braunen Epaphos, du, der zinsbar macht,
Was breiten Stroms der Nilfluß wässert rings an Land.
Fünf Alter drauf sein Stamm mit fünfzig Kindern wird
Wiedrum nach Argos – freilich wider Willen – ziehn;
Nur Jungfraun sind es, fliehend die Verwandteneh
Mit ihren Vettern; die, gepeitscht von Leidenschaft, –
Falken, die Tauben gar nicht weit mehr vor sich sehn –
Nahn, zu erjagen – ein nicht jagdbar Wild! – Vollzug
Der Eh; doch daß sie leben, das versagt ein Gott:
Pelasgererde nimmt sie auf, die Weibes Hand
Durch Mord bewältigt mit nachtwachend-dreistem Sinn.
Denn jedes Weib raubt jedem Mann des Lebens Licht,
Taucht zwiegeschärft der Kehle badend ein das Schwert.
Solcher Gestalt mög meinen *Feinden* Kypris nahn!
Eins nur der Mädchen läßt der Liebe Zauber nicht
Morden den Gatten, sondern stumpf sie werden in
Dem Vorsatz; und von zwein das eine wählt sie aus:
Zu heißen kraftlos lieber noch als mordbefleckt.
Die ist's, die Argos einst gebiert den Königsstamm.
Viel Worte braucht es, dies genaustens darzutun.
Aus diesem Samen aber wird hervorgehn: kühn,
Bogenberühmt, der einst aus solchen Nöten mich
Erlöst. *Den* Wahrspruch tat die Urgeborne mir,
Die Mutter, einstmals, die Titanin Themis, kund.
Doch wie's geschieht und wo, viel Worte braucht's, das kund
Zu tun; und dir – nichts, hörst du's ganz auch, frommt es dir.

Io   O des Leids! O des Leids!
Wie aufs neu mich der Krampf und, zerrüttend den Sinn,
Mich der Wahnwitz durchglüht, wie der Bremse Pfeil
Mich durchbohrt voller Glut!

κραδία δὲ φόβῳ φρένα λακτίζει.
τροχοδινεῖται δ' ὄμμαϑ' ἑλίγδην,
ἔξω δὲ δρόμου φέρομαι λύσσης
πνεύματι μάργῳ, γλώσσης ἀκρατής·
885   ϑολεροὶ δὲ λόγοι παίους' εἰκῇ
στυγνῆς πρὸς κύμασιν ἄτης.

                                      Stasimon III

                                      Str. 1

Χο   ἦ σοφὸς ἦ σοφὸς ὃς   hem
    πρῶτος ἐν γνώμᾳ τόδ' ἐβάστασε καὶ   ep 3 da
    σᾳ διεμυϑολόγησεν,   ⌊γλώσ-   3 da
890   ὡς τὸ κηδεῦσαι καϑ' ἑαυτὸν ἀριστεύει   ep 3 da ep
                       ⌊μακρῷ καὶ
    μήτε τῶν πλούτῳ διαϑρυπτομένων   ep hem
    μήτε τῶν γέννᾳ μεγαλυνομένων   ep hem
    ὄντα χερνήταν ἐραστεῦσαι γάμων. –   2 ep cr

    μήποτε μήποτέ μ', ὦ   Ant. 1
895   πότνιαι Μοῖραι, λεχέων Διὸς εὐνά-
    τειραν ἴδοισϑε πέλουσαν·
    μηδὲ πλαϑείην γαμέτᾳ τινὶ τῶν ἐξ
                     ⌊οὐρανοῦ. ταρ-
    βῶ γὰρ ἀστεργάνορα παρϑενίαν
    εἰσορῶσ' Ἰοῦς ἀμαλαπτομέναν
900   δυσπλάνοις Ἥρας ἀλατείαις πόνων. ⚌

                                      Epod.

    ἐμοὶ δ' ὅτε μὲν ὁμαλὸς ὁ γάμος,   2 ia
    ἄφοβος· ὃν δὲ δέδια, μὴ   cr ia
    κρεισσόνων ϑεῶν ἔρως ἄφυκτον ὄμμα   δ 2 ia ba
                     ⌊προσδράκοι με.
    ἀπόλεμος ὅδε γ' ὁ πόλεμος, ἄπορα πό-   3 ia
905   ἔχω τίς ἂν γενοίμαν·   ⌊ριμος· οὐδ'   ia ba
    τὰν Διὸς γὰρ οὐχ ὁρῶ   cr ia
    μῆτιν ὅπᾳ φύγοιμ' ἄν.   ch ba

Πρ   ἦ μὴν ἔτι Ζεύς, καίπερ αὐϑάδη φρονῶν,
    ἔσται ταπεινός, οἷον ἐξαρτύεται

Wie das Herz mir voll Furcht an die Brust pochend stößt,
Und, Räder, sich drehn meine Augen im Kreis!
Wie weit fort aus der Bahn hin ich treib in des Wahns
Wildatmendem Sturm, unbeherrschter Zung,
Und trübwirbelnde Wort' anprallen umsonst
  An den Wogenberg grausamen Unheils!

Sie stürzt davon

Ch Weise, ja weise war, wer
Erstmals dies klar faßte im Geist und wes Zung es
Andern in Worten verkündet,
Daß ein Ehbund Gleicher mit Gleichen das weitaus Beste sei,
             [nie
Sich mit Reichtums üppig verwöhnendem Prunk,
Nie mit hohen Adels sich rühmendem Stamm,
Wer um Lohn arbeitet, Heirat wünschen soll.

Nimmermehr, nimmermehr, mögt,
Moiren, ihr Ehrwürdgen, das Lager des Zeus ihr
Teilen mich sehn als Genossin!
Nie mög auch nahn mir ein Gemahl aus der Gottheit
           [Himmelsstamm! Mir
Graut, die mannabwehrende, magdliche Art
Anzuschaun Ios, wie sie Not hat und Qual
In der Irrfahrt Unrast und Müh durch Heras Groll.

Ich wäre, schlöss ich mit Gleichen die Ehe,
Furchtlos; die nur fürchte ich, wenn
Mächtger Götter Liebe unfliehbaren Augs auf mich den Blick
             [lenkt.
Unkämpfbar erscheint mir solch Kampf, der Unschaffbares
Ist klar mir, was ich tun soll.   [schaffen will; nicht
Denn will Zeus, nicht seh ich, wie
Ich seinem Plan entfliehn soll.

Pr Fürwahr, einst wird noch Zeus, ist er gleich stolzen Muts,
Erniedrigt werden. Macht er sich ja doch bereit

γάμον γαμεῖν, ὃς αὐτὸν ἐκ τυραννίδος
910 θρόνων τ' ἄιστον ἐκβαλεῖ· πατρὸς δ' ἀρὰ
Κρόνου τότ' ἤδη παντελῶς κρανθήσεται,
ἣν ἐκπίτνων ἡρᾶτο δηναιῶν θρόνων.
τοιῶνδε μόχθων ἐκτροπὴν οὐδεὶς θεῶν
δύναιτ' ἂν αὐτῷ πλὴν ἐμοῦ δεῖξαι σαφῶς.
915 ἐγὼ τάδ' οἶδα χῷ τρόπῳ. πρὸς ταῦτα νῦν
θαρσῶν καθήσθω τοῖς πεδαρσίοις κτύποις
πιστός, τινάσσων τ' ἐν χεροῖν πύρπνουν βέλος.
οὐδὲν γὰρ αὐτῷ ταῦτ' ἐπαρκέσει τὸ μὴ οὐ
πεσεῖν ἀτίμως πτώματ' οὐκ ἀνασχετά·
920 τοῖον παλαιστὴν νῦν παρασκευάζεται
ἐπ' αὐτὸς αὑτῷ δυσμαχώτατον τέρας·
ὃς δὴ κεραυνοῦ κρείσσον' εὑρήσει φλόγα,
βροντῆς θ' ὑπερβάλλοντα καρτερὸν κτύπον·
θαλασσίαν τε γῆς τινάκτειραν νόσον,
925 τρίαιναν, αἰχμὴν τὴν Ποσειδῶνος, σκεδᾷ.
πταίσας δὲ τῷδε πρὸς κακῷ μαθήσεται
ὅσον τό τ' ἄρχειν καὶ τὸ δουλεύειν δίχα.

Χο σύ θην ἃ χρῄζεις, ταῦτ' ἐπιγλωσσᾷ Διός.
Πρ ἅπερ τελεῖται, πρὸς δ' ἃ βούλομαι λέγω.
930 Χο καὶ προσδοκᾶν χρὴ δεσπόσειν Ζηνός τινα;
Πρ καὶ τῶνδέ γ' ἕξει δυσλοφωτέρους πόνους.
Χο πῶς οὐχὶ ταρβεῖς τοιάδ' ἐκρίπτων ἔπη;
Πρ τί δ' ἂν φοβοίμην ᾧ θανεῖν οὐ μόρσιμον;
Χο ἀλλ' ἆθλον ἄν σοι τοῦδ' ἔτ' ἀλγίω πόροι.
935 Πρ ὁ δ' οὖν ποιείτω· πάντα προσδοκητά μοι.
Χο οἱ προσκυνοῦντες τὴν Ἀδράστειαν σοφοί.
Πρ σέβου, προσεύχου, θῶπτε τὸν κρατοῦντ' ἀεί.
ἐμοὶ δ' ἔλασσον Ζηνὸς ἢ μηδὲν μέλει.
δράτω, κρατείτω τόνδε τὸν βραχὺν χρόνον
940 ὅπως θέλει· δαρὸν γὰρ οὐκ ἄρξει θεοῖς.
ἀλλ' εἰσορῶ γὰρ τόνδε τὸν Διὸς τρόχιν,
τὸν τοῦ τυράννου τοῦ νέου διάκονον·
πάντως τι καινὸν ἀγγελῶν ἐλήλυθεν.

Zu Ehbunds Schluß, der ihn aus seiner Herrschgewalt
Thronsitz ins Nichts hinunterstürzt; des Vaters Fluch,
Des Kronos, wird dann ganz und gar an ihm erfüllt,
Den er beim Sturze ausstieß vom uralten Thron.
Wie solche Not zu wenden sei: Kein andrer Gott
Vermöcht es außer mir ihm deutlich kundzutun.
Nur ich – ich weiß dies; und – den Weg. Darum mag nun
Getrost er sitzen, luftdurchbebendem Donner traund,
In der Faust gezückt sein feuratmend Wurfgeschoß.
Denn nicht leiht ihm dies Schutz vor der Gefahr, hinab
Zu stürzen schmachvoll unerträglich tiefen Sturz.
Solchen Kampfgegner nun erschafft er selber sich
Wider sich selbst, ein Wunder unzwingbarer Kraft,
Der stärkre Flamm erfindet als den Blitzstrahl einst
Und donner-überhallend machtvolles Gedröhn;
Der auch des Meeres erderschütternde Gefahr:
Den dreigezackten Speer Poseidons einst zerschellt.
Stößt aber Zeus auf solche Not, dann lernt er wohl,
Wie sehr das Herrsein und das Knechtsein zweierlei.

Chf Du wirfst, was Wunsch dir, all das dräunder Zung auf Zeus.
Pr Was einst geschieht, dazu mein Wunsch ist, sprech ich aus.
Chf Darf hoffen einer, Herr zu werden über Zeus?
Pr Mehr noch als dies, drangvollre Not hälst er sich auf.
Chf Wie? Packt dich Furcht nicht, stößt du solche Worte aus?
Pr Was sollt ich fürchten, dem zu sterben nicht bestimmt?
Chf Doch schafft er Qual, schmerzvolle dir als diese noch.
Pr Mag er's nur tun; kommt alles doch erwartet mir.
Chf Sich beugen vor des Schicksals Macht, ist weise nur.
Pr Bet an, verehr ihn, schmeichle dem, der jeweils herrscht!
Ich aber scher um Zeus mich wenger als ein Nichts.
Schalt er und walt er diese kurze Spanne Zeit,
Wie's ihm behagt; lang bleibt er nicht der Götter Herr.
Doch sehe ich ja dort den Läufer nahn des Zeus,
Der seinem Oberherrn, dem jungen, Dienste tut.
Ganz sicher Neues uns zu künden, kommt er her.

'Ερμῆς

945
σὲ τὸν σοφιστήν, τὸν πικρῶς ὑπέρπικρον,
τὸν ἐξαμαρτόντ' εἰς θεοὺς ἐφημέροις
πορόντα τιμάς, τὸν πυρὸς κλέπτην λέγω·
πατὴρ ἄνωγέ σ' οὕστινας κομπεῖς γάμους
αὐδᾶν, πρὸς ὧν ἐκεῖνος ἐκπίπτει κράτους·
καὶ ταῦτα μέντοι μηδὲν αἰνικτηρίως,
950
ἀλλ' αὔθ' ἕκαστα φράζε· μηδέ μοι διπλᾶς
ὁδούς, Προμηθεῦ, προσβάλῃς· ὁρᾷς δ' ὅτι
Ζεὺς τοῖς τοιούτοις οὐχὶ μαλθακίζεται.

Πρ σεμνόστομός γε καὶ φρονήματος πλέως
ὁ μῦθός ἐστιν, ὡς θεῶν ὑπηρέτου.
955
νέον νέοι κρατεῖτε καὶ δοκεῖτε δὴ
ναίειν ἀπενθῆ πέργαμ'· οὐκ ἐκ τῶνδ' ἐγὼ
δισσοὺς τυράννους ἐκπεσόντας ᾐσθόμην;
τρίτον δὲ τὸν νῦν κοιρανοῦντ' ἐπόψομαι
αἴσχιστα καὶ τάχιστα. μή τί σοι δοκῶ
960
ταρβεῖν ὑποπτήσσειν τε τοὺς νέους θεούς;
πολλοῦ γε καὶ τοῦ παντὸς ἐλλείπω. σὺ δὲ
κέλευθον ἥνπερ ἦλθες ἐγκόνει πάλιν·
πεύσῃ γὰρ οὐδὲν ὧν ἀνιστορεῖς ἐμέ.

'Ερ τοιοῖσδε μέντοι καὶ πρὶν αὐθαδίσμασιν
965
ἐς τάσδε σαυτὸν πημονὰς καθώρμισας.

Πρ τῆς σῆς λατρείας τὴν ἐμὴν δυσπραξίαν,
σαφῶς ἐπίστασ', οὐκ ἂν ἀλλάξαιμ' ἐγώ.
κρεῖσσον γὰρ οἶμαι τῇδε λατρεύειν πέτρᾳ
ἢ πατρὶ φῦναι Ζηνὶ πιστὸν ἄγγελον.
970
οὕτως ὑβρίζειν τοὺς ὑβρίζοντας χρεών.

'Ερ χλιδᾶν ἔοικας τοῖς παροῦσι πράγμασι.

Πρ χλιδῶ; χλιδῶντας ὧδε τοὺς ἐμοὺς ἐγὼ
ἐχθροὺς ἴδοιμι· καὶ σὲ δ' ἐν τούτοις λέγω.

'Ερ ἦ κἀμὲ γάρ τι συμφοραῖς ἐπαιτιᾷ;

975
Πρ ἁπλῷ λόγῳ τοὺς πάντας ἐχθαίρω θεούς,
ὅσοι παθόντες εὖ κακοῦσί μ' ἐκδίκως.

'Ερ κλύω σ' ἐγὼ μεμηνότ' οὐ σμικρὰν νόσον.

Hermes
tritt auf

Dich, Weisheitsklügler, überscharf an Schärfe du,
Der, frevelnd an den Göttern, Taggeschöpfen bot
Ehr und Geschenk, des Feuers Dieb, dich red ich an!
Der Vater heißt dich, was du prahlst von Ehebund,
Kundtun, durch den herab er stürzt vom Thron der Macht.
Und daß du dieses keinesfalls in Rätsels Hüll,
Nein, alles klar heraussagst! Und mich zwiefach nicht
Den Weg, Prometheus, zwingst zu gehen! Siehst du doch,
Zeus wird durch solche Haltung sanfter nicht gestimmt.

Pr   Aus stolzem Mund, hochfahrnden Übermutes voll,
So tönt die Rede, wie's dem Götterknecht geziemt.
Neu erst, ihr Neuen, herrscht ihr und vermeint, ihr könnt
Leidlos die Burg bewohnen? Hab ich nicht von dort
Schon zwei der Herrscher aus der Höhe stürzen sehn?
Vom dritten auch, der jetzt regiert, seh ich den Fall
Schmachvoll und schleunigst folgen. Dünkt dir etwa gar,
Angst hätt ich, duckte vor den neuen Göttern mich?
Viel wahrlich, vielmehr alles fehlt daran. Doch du
Mach schleunigst, wo du herkamst, auf den Rückweg dich!
Erfährst du nichts von dem doch, wonach du mich fragst.

He   Auf solche Art hast auch vordem mit Starrsinn du
In diese Qual dich selbst und Not hineingesteuert.

Pr   Mit deinem Dieneramte mein unselig Los –
Sollst wohl du wissen! – nicht vertauschen möcht ich's je!
Besser ja dünkt mich's, dienstbar sein dem Felsen hier,
Als »Vater Zeus« in Pflicht als »treuer Bote« stehn.
Also Trotz bieten den Trotzbietenden tut not!

He   Behaglich, scheint's, fühlst du in dieser Lage dich?

Pr   Behaglich? Solch Behagen möcht ich fühlen sehn
All meine Feinde, und dich zähl ich ihnen zu.

He   Auch mir wohl gar an deinem Schicksal gibst du Schuld?

Pr   Gerad heraus: Die Götter haß ich allesamt,
Die mir für Gutes Böses tun wider das Recht!

He   Ich hör's, an Wahnsinn bist du gar nicht leicht erkrankt.

Πρ νοσοῖμ' ἄν, εἰ νόσημα τοὺς ἐχθροὺς στυγεῖν.
Ἑρ εἴης φορητὸς οὐκ ἄν, εἰ πράσσοις καλῶς.
980 Πρ ὤμοι.
Ἑρ ὤμοι; τόδε Ζεὺς τοὔπος οὐκ ἐπίσταται.
Πρ ἀλλ' ἐκδιδάσκει πάνθ' ὁ γηράσκων χρόνος.
Ἑρ καὶ μὴν σύ γ' οὔπω σωφρονεῖν ἐπίστασαι.
Πρ σὲ γὰρ προσηύδων οὐκ ἂν ὄνθ' ὑπηρέτην.
Ἑρ ἐρεῖν ἔοικας οὐδὲν ὧν χρῄζει πατήρ.
985 Πρ καὶ μὴν ὀφείλων γ' ἂν τίνοιμ' αὐτῷ χάριν.
Ἑρ ἐκερτόμησας δῆθεν ὥστε παῖδά με.
Πρ οὐ γὰρ σὺ παῖς τε κἄτι τοῦδ' ἀνούστερος.
       εἰ προσδοκᾷς ἐμοῦ τι πεύσεσθαι πάρα;
       οὐκ ἔστιν αἴκισμ' οὐδὲ μηχάνημ' ὅτῳ
990   προτρέψεταί με Ζεὺς γεγωνῆσαι τάδε,
       πρὶν ἂν χαλασθῇ δεσμὰ λυμαντήρια.
       πρὸς ταῦτα ῥιπτέσθω μὲν αἰθαλοῦσσα φλόξ,
       λευκοπτέρῳ δὲ νιφάδι καὶ βροντήμασι
       χθονίοις κυκάτω πάντα καὶ ταρασσέτω·
995   γνάμψει γὰρ οὐδὲν τῶνδέ μ' ὥστε καὶ φράσαι,
       πρὸς οὗ χρεών νιν ἐκπεσεῖν τυραννίδος.
Ἑρ ὅρα νυν εἴ σοι ταῦτ' ἀρωγὰ φαίνεται.
Πρ ὦπται πάλαι δὴ καὶ βεβούλευται τάδε.
Ἑρ τόλμησον, ὦ μάταιε, τόλμησόν ποτε
1000   πρὸς τὰς παρούσας πημονὰς ὀρθῶς φρονεῖν.
Πρ ὀχλεῖς μάτην με κῦμ' ὅπως παρηγορῶν.
       εἰσελθέτω σε μήποθ' ὡς ἐγὼ Διὸς
       γνώμην φοβηθεὶς θηλύνους γενήσομαι,
       καὶ λιπαρήσω τὸν μέγα στυγούμενον
1005   γυναικομίμοις ὑπτιάσμασιν χερῶν
       λῦσαί με δεσμῶν τῶνδε· τοῦ παντὸς δέω.
Ἑρ λέγων ἔοικα πολλὰ καὶ μάτην ἐρεῖν·
       τέγγῃ γὰρ οὐδὲν οὐδὲ μαλθάσσῃ λιταῖς
       ἐμαῖς· δακὼν δὲ στόμιον ὡς νεοζυγὴς
1010   πῶλος βιάζῃ καὶ πρὸς ἡνίας μάχῃ.
       ἀτὰρ σφοδρύνῃ γ' ἀσθενεῖ σοφίσματι.
       αὐθαδία γὰρ τῷ φρονοῦντι μὴ καλῶς

Pr Wohl krank – wenn Krankheit: seine Feinde hassen heißt.

He Nicht zu ertragen wärst du, ginge es dir gut.

Pr Weh mir!

He Weh mir!? Dies Wort hat Zeus zu brauchen nicht gelernt.

Pr Gründlich lehrt jeden alles, wird sie alt, die Zeit.

He Und du verstehst dich noch nicht auf Besonnenheit.

Pr Mit dir spräch ich kein Wort sonst, der nur Dienstknecht ist.

He Sagen, scheint's, willst du nichts von dem, was Zeus verlangt.

Pr Soll ich als – Schuld abzahlen so ihm seine – Gunst?

He Du höhnst mich, spottest wahrlich wie ein Kind mich aus.

Pr Bist du kein Kind, ja unvernünftger als ein Kind,
   Wenn du erwartest, du erführst etwas von mir?
   's gibt keine Marter, keines Kunstgriffs List, wodurch
   Soweit mich Zeus kann treiben, kundzutun, was not,
   Bevor gelöst ist dieser Fesseln schmachvoll Band.
   Derhalben zuck hernieder hell auflohnd sein Blitz,
   In weißbeschwingtem Schneesturm, donnerndem Gegroll
   Des Grunds rühr er das All auf, rüttl es wirrend durch:
   Beugen wird nichts von dem mich so, daß kund ich tu,
   Woher ihm droht der Sturz von seiner Herrschaft Stuhl.

He Bedenk nun, ob dir das wohl Rettung bringen kann!

Pr Bedacht ist's längst schon, fest bei mir beschlossen so.

He So zwing dich doch, du Tor du, so zwing endlich dich
   Bei so drangvoller Leiden Not zu rechtem Sinn!

Pr Du lärmst umsonst; der Woge gleich redst du mir zu.
   Laß den Gedanken aus dem Spiel, daß *ich*, vor Zeus'
   Ratschluß in Furcht sein, weibschen Sinnes werden könnt
   Und anflehn würde den mir höchst verhaßten Gott,
   In Weiberart rückwärts die Hände hochgereckt,
   Um Lösung meiner Fesseln. Niemals tu ich das!

He Soviel ich rede: ganz umsonst scheint jedes Wort.
   Rührt dich doch gar nicht, noch stimmt milde dich mein
   Zerkauend wie ein neugezäumtes Fohlen die   [Flehn;
   Zaumstange, bäumst du, bietest Zaum und Zügel Trotz.
   Jedoch dein Wildtun zeugt von schwacher Klugheit nur.
   Denn Selbstgefühl ist, wenn man nicht verständig denkt,

αὐτὴ καθ' αὑτὴν οὐδενὸς μεῖζον σθένει.
σκέψαι δ', ἐὰν μὴ τοῖς ἐμοῖς πεισθῇς λόγοις,
1015   οἷός σε χειμὼν καὶ κακῶν τρικυμία
ἔπεισ' ἄφυκτος· πρῶτα μὲν γὰρ ὀκρίδα
φάραγγα βροντῇ καὶ κεραυνίᾳ φλογὶ
πατὴρ σπαράξει τήνδε, καὶ κρύψει δέμας
τὸ σόν, πετραία δ' ἀγκάλη σε βαστάσει.
1020   μακρὸν δὲ μῆκος ἐκτελευτήσας χρόνου
ἄψορρον ἥξεις εἰς φάος· Διὸς δέ σοι
πτηνὸς κύων, δαφοινὸς αἰετός, λάβρως
διαρταμήσει σώματος μέγα ῥάκος,
ἄκλητος ἕρπων δαιταλεὺς πανήμερος,
1025   κελαινόβρωτον δ' ἧπαρ ἐκθοινήσεται.
τοιοῦδε μόχθου τέρμα μή τι προσδόκα,
πρὶν ἂν θεῶν τις διάδοχος τῶν σῶν πόνων
φανῇ, θελήσῃ τ' εἰς ἀναύγητον μολεῖν
Ἅιδην κνεφαῖά τ' ἀμφὶ Ταρτάρου βάθη.
1030   πρὸς ταῦτα βούλευ'· ὡς ὅδ' οὐ πεπλασμένος
ὁ κόμπος, ἀλλὰ καὶ λίαν εἰρημένος·
ψευδηγορεῖν γὰρ οὐκ ἐπίσταται στόμα
τὸ Δῖον, ἀλλὰ πᾶν ἔπος τελεῖ. σὺ δὲ
πάπταινε καὶ φρόντιζε, μηδ' αὐθαδίαν
1035   εὐβουλίας ἀμείνον' ἡγήσῃ ποτέ.

Χο   ἡμῖν μὲν Ἑρμῆς οὐκ ἄκαιρα φαίνεται
λέγειν· ἄνωγε γάρ σε τὴν αὐθαδίαν
μεθέντ' ἐρευνᾶν τὴν σοφὴν εὐβουλίαν.
πιθοῦ· σοφῷ γὰρ αἰσχρὸν ἐξαμαρτάνειν.

1040   Πρ   εἰδότι τοί μοι τάσδ' ἀγγελίας   an
ὅδ' ἐθώυξεν, πάσχειν δὲ κακῶς
ἐχθρὸν ὑπ' ἐχθρῶν οὐδὲν ἀεικές.
πρὸς ταῦτ' ἐπ' ἐμοὶ ῥιπτέσθω μὲν
πυρὸς ἀμφήκης βόστρυχος, αἰθὴρ δ'
1045   ἐρεθιζέσθω βροντῇ σφακέλῳ τ'
ἀγρίων ἀνέμων· χθόνα δ' ἐκ πυθμένων
αὐταῖς ῥίζαις πνεῦμα κραδαίνοι,

Für sich allein geringer als ein Nichts an Kraft.
Erwäge, wenn du meinen Worten nicht gehorchst,
Welch Wettersturm dich, welchen Unheils Wogenschwall
Anfällt unfliehbar. Denn zuerst reißt das Gezack
Des Abhangs mit Gedröhn und Blitzes Flammenstrahl
Hinab der Vater und begräbt dir deinen Leib,
Derweil des Steins gekrümmter Arm dich fest noch hält.
Hast langen Raum zu Ende du verbracht der Zeit,
Zurück dann kommst du an das Licht. Und darauf wird
Zeus' Flügelhund, der mordbeträufte Aar, voll Gier
Losfetzen aus dem Leib dir große Klumpen Fleisch;
Als ungebetner Gast dir nahend jeden Tag,
Der Leber schwarze Atzung weiden ab zum Schmaus.
Und solcher Drangsal End erwarte nicht, bevor
Der Götter einer auf sich nimmt all deine Not
Und sich bereit zeigt, ins lichtlose Reich zu ziehn
Des Hades und des Tartaros dunkeltiefe Kluft.
Hiernach entschließ dich! Ist doch dies nicht trügerisch
Geprahle, sondern nur zu sehr im Ernst gesagt.
Denn Lug zu reden, drauf versteht sich nicht der Mund
Des Zeus, nein, jedes Wort kommt ihm zum Ziel. Doch du
Betracht, erwäg es, nicht stell Selbstgefälligkeit
Über Besonnenheit und acht sie höher je!

Chf   Uns dünkt, daß Hermes nicht zu unrecht, was er sagt,
Vorbringt; rät er doch ab von Selbstgefälligkeit,
Lenkt auf die Spur dich hin weiser Besonnenheit.
Folg ihm; ist's Weisen Schmach ja, falschen Weg zu gehn.

Pr   Ich wußt es ja längst, was als Botengeheiß
Der mir heulend gebellt. Qual dulden und Not,
Als Feind von dem Feind, bringt keinerlei Schmach.
Drum fahr auf mich her, geschleudert voll Wucht,
Scharfschneidend des Feurs Gesträhn, und die Luft
Werd erregt vom Gegroll des Donners, vom Stoß
Bösartiger Bön; und der Erdfeste Stamm
Samt den Wurzeln des Grunds bring zum Wanken der
                                   [Sturm;

κῦμα δὲ πόντου τραχεῖ ῥοθίῳ
συγχώσειεν τῶν τ' οὐρανίων
1050   ἄστρων διόδους· εἴς τε κελαινὸν
Τάρταρον ἄρδην ῥίψειε δέμας
τοὐμὸν ἀνάγκης στερραῖς δίναις·
πάντως ἐμέ γ' οὐ θανατώσει.

'Ερ   τοιάδε μέντοι τῶν φρενοπλήκτων
1055   βουλεύματ' ἔπη τ' ἔστιν ἀκοῦσαι.
τί γὰρ ἐλλείπει μὴ οὐ παραπαίειν
ἡ τοῦδ' εὐχή; τί χαλᾷ μανιῶν;
ἀλλ' οὖν ὑμεῖς γ' αἱ πημοσύναις
συγκάμνουσαι ταῖς τοῦδε τόπων
1060   μετά ποι χωρεῖτ' ἐκ τῶνδε θοῶς,
μὴ φρένας ὑμῶν ἠλιθιώσῃ
βροντῆς μύκημ' ἀτέραμνον.

Χο   ἄλλο τι φώνει καὶ παραμυθοῦ μ'
ὅ τι καὶ πείσεις· οὐ γὰρ δή που
1065   τοῦτό γε τλητὸν παρέσυρας ἔπος.
πῶς με κελεύεις κακότητ' ἀσκεῖν;
μετὰ τοῦδ' ὅ τι χρὴ πάσχειν ἐθέλω·
τοὺς προδότας γὰρ μισεῖν ἔμαθον,
κοὐκ ἔστι νόσος
1070   τῆσδ' ἥντιν' ἀπέπτυσα μᾶλλον.

'Ερ   ἀλλ' οὖν μέμνησθ' ἁγὼ προλέγω
μηδὲ πρὸς ἄτης θηραθεῖσαι
μέμψησθε τύχην, μηδέ ποτ' εἴπηθ'
ὡς Ζεὺς ὑμᾶς εἰς ἀπρόοπτον
1075   πῆμ' εἰσέβαλεν· μὴ δῆτ', αὐταὶ δ'
ὑμᾶς αὐτάς. εἰδυῖαι γὰρ
κοὐκ ἐξαίφνης οὐδὲ λαθραίως
εἰς ἀπέρατον δίκτυον ἄτης
ἐμπλεχθήσεσθ' ὑπ' ἀνοίας.

1080 Πρ καὶ μὴν ἔργῳ κοὐκέτι μύθῳ
χθὼν σεσάλευται.

Und die Woge des Meers rauhbrandenden Schwalls
Rausch empor, verschütt an des Himmels Gewölb
Den Gestirnen die Bahn; in des Tartaros Nacht
Hinunter stürz er steil meinen Leib
Mit des Schicksalzwangs hartpackendem Schwung:
   Gleichwohl wirkt nie er den Tod mir!

He Welcher Art bei dem, der geschlagenen Geists,
Entschluß ist und Wort, kann hören man hier.
Denn was fehlt wohl noch an des Wahnsinns Maß
Seines Wunsches Fluch? Wie gäb auf er die Wut?
Doch ihr nun, ihr, die ihr Qual und Not
Mitleidend fühlt mit diesem, brecht auf
Woandershin, weicht von dem Ort hier in Eil,
Auf daß euren Sinn nicht betäubt und betört
   Des Donners Gebrüll ohn Erbarmen.

Ch Sprich anders zu mir und gib Mahnung und Rat,
Der den Sinn überzeugt; auf keinerlei Art
Zu ertragen ja ist, was du vorbringst, das Wort;
Was heißest du mich so Häßliches tun,
Da mit ihm alle Not ich zu dulden beschloß?!
Die Verräter fürwahr hab ich hassen gelernt;
Keine Seuche ja gibt's,
   Die ich mehr verabscheu als diese!

He So erinnert euch denn, was ich vorher gesagt!
Und von Unheils Macht als Beute ereilt,
Schmäht nicht das Geschick, noch behauptet von Zeus,
Daß hinein in vorher nicht gesehenes Leid
Er euch gestürzt! Nicht also; ihr selbst,
Ihr tatet's euch selbst. Laßt ihr wissend doch,
Nicht jählings umgarnt, nicht tückisch bedroht,
In des Unheils unentrinnbares Netz
   Euch hineinverwickeln aus Torheit.

Hermes ab
Der Orkan beginnt zu toben, die Erde zu beben

Pr Nun kommt's zur Tat, bleibt nicht mehr beim Wort:
Der Erdgrund erbebt.

βρυχία δ' ἠχὼ παραμυκᾶται
βροντῆς, ἕλικες δ' ἐκλάμπουσι
στεροπῆς ζάπυροι, στρόμβοι δὲ κόνιν
1085   εἰλίσσουσιν· σκιρτᾷ δ' ἀνέμων
πνεύματα πάντων εἰς ἄλληλα
στάσιν ἀντίπνουν ἀποδεικνύμενα·
ξυντετάρακται δ' αἰθὴρ πόντῳ.
τοιάδ' ἐπ' ἐμοὶ ῥιπὴ Διόθεν
1090   τεύχουσα φόβον στείχει φανερῶς.
ὦ μητρὸς ἐμῆς σέβας, ὦ πάντων
αἰθὴρ κοινὸν φάος εἰλίσσων,
     ἐσορᾷς μ' ὡς ἔκδικα πάσχω.

Im Widerhall dröhnt dumpf brüllend darein
Der Donner, es zuckt geschlängelt hervor
Der Blitze Geflamm, Windstöße drehn Staub
In kreiselndem Schwung; wild tanzen die Stürm,
Alle brausenden Stürm auf einander los,
Haßschnaubenden Streit ankündgend mit Macht.
Vermengt in eins mischt sich Himmel dem Meer.
Derart auf mich los nimmt der Ansturm des Zeus
Furchtweckend den Weg mit offner Gewalt.
O Mutter voll Ehr, o Äther, des Alls
Gemeinsames Licht umschwingend im Kreis,
    Du siehst, was für Unrecht ich leide!

Der Felsen mit Prometheus und den sich ihm anschmiegenden
Okeanostöchtern versinkt unter Blitzen, Donnern und Krachen

ANHANG

ZUM TEXT UND ZUR ÜBERSETZUNG

Oskar Werner verwendete als Grundlage seiner Übersetzung Gilbert Murrays Oxford-Ausgabe in der 2. Auflage von 1955, die er an zahlreichen Stellen modifizierte. Inzwischen ist Murrays Ausgabe vielfach überholt und durch Denys Lionel Pages Oxford- und Martin Litchfield Wests Teubner-Ausgabe ersetzt (vgl. Literaturhinweise). Für den Philologen wird es demnach ratsam sein, stets die beiden neuen Aischylos-Ausgaben neben dem hier abgedruckten Text zu konsultieren.

ZUR METRIK

Die griechische Metrik ist quantitierend, d. h., ein Vers setzt sich aus einer Abfolge von kurzen (∪) und langen (–) Silben zusammen; daneben gibt es Stellen im Vers, an denen ein Kürze (teilweise sogar Doppelkürze) oder eine Länge (sog. *Anceps*: x) möglich ist. Normalerweise entspricht eine Länge einer Doppelkürze, d. h., eine Länge kann durch eine Doppelkürze und eine Doppelkürze durch eine Länge ersetzt werden.

Was den Vortrag der einzelnen Versarten angeht, unterscheidet man drei Arten: der Vers der gesprochenen Partien ist der iambische Trimeter (x – ∪ – x – ∪ – x – ∪ –). Rezitierte Partien sind in katalektischen trochäischen Tetrametern (– ∪ – x – ∪ – x – ∪ – x – ∪ –) oder Anapästen (∪ ∪ –) komponiert. Für gesungene Partien (Chorlieder, Schauspielerarien und Duette, Wechselgesänge [Amoibaia] von Chor und Schauspielern) schließlich konnten die griechischen Dramatiker auf eine Vielzahl von lyrischen Versmaßen zurückgreifen. Die metrische Struktur ist in diesem Band durch Randsiglen aufgeschlüsselt. Die untergesetzten Punkte in der deutschen Übersetzung markieren die betonten Silben.

A	Ausruf	
adon	Adonius	– ∪ ∪ – –
Alc 9	alkäischer Neunsilbler	x – ∪ – ∪ – ∪ – –
Alc 10	alkäischer Zehnsilbler	– ∪ ∪ – ∪ ∪ – ∪ – –

an	Anapäst	∪ ∪ –
ba	Bakcheus	∪ – –
ch	Choriambus	– ∪ ∪ –
cr	Creticus	– ∪ –
da	Daktylus	– ∪ ∪
dim	Dimeter	(2 Metren derselben Versart)
d	Dochmius	∪ – – ∪ – (zahlreiche Variationen sind möglich)
ep	Epitritus	– ∪ – –
gl	Glykoneus	xx – ∪ ∪ – ∪ –
hem	Hemiepes	– ∪ ∪ – ∪ ∪ –
hyp	Hypodochmius	– ∪ – ∪ –
ia	Iambus	(nur als Metrum) x – ∪ –
io	Ionicus	∪ ∪ – –
ith	Ithyphallicus	– ∪ – x – –
mol	Molossus	– – –
par	Paroemiacus	∪ ∪ – ∪ ∪ – – ∪ ∪ – – –
pher	Pherecrateus	xx – ∪ ∪ – –
pros	Prosodiacus	∪ – ∪ ∪ – ∪ ∪ –

reiz	Reizianus	x – ∪ ∪ – – (viele Variationen)
sp	Spondeus	– –
tel	Telesilleus	x – ∪ ∪ – ∪ –
tr	Trochäus	(nur als Metrum) – ∪ – x

Zusätzliche Silben (als Auftakt, als Verbindungselement oder am Ende) werden je nach ihrer Valenz als –, ∪ oder x gekennzeichnet.

Literatur zur Metrik

A. M. Dale, The Lyric Metres of Greek Drama, Cambridge ²1968.
D. Korzeniewski, Griechische Metrik, Darmstadt 1968.
B. Snell, Griechische Metrik, Göttingen ⁴1982.
U. v. Wilamowitz-Moellendorff, Griechische Verskunst, Berlin 1921, Nachdruck Darmstadt 1975.
M. L. West, Greek Metre, Oxford 1982.

ERLÄUTERUNGEN

Die Perser

16 f. *Susa:* Hauptstadt Persiens; *Ekbatana* (Agbatana): Hauptstadt Mediens; *Kissia:* Landschaft im Gebiet von Susa.

21 *Artaphrenes:* sonst Artaphernes, zusammen mit Datis Heerführer des 490 v. Chr. bei Marathon gescheiterten Feld-
zugs des Dareios.

33–35 *Memphis* und *Theben:* Hauptstädte Ägyptens.

45 *Sardeis:* Hauptstadt Lydiens.

49 *Tmolos:* Gebirge in Lydien.

85 f. Die Waffe der Griechen ist der Speer, die der Perser der
Bogen.

125 *Byssos:* feiner Seidenstoff.

127 f. *Weisel:* Bienenkönigin.

130 Gemeint ist die Überquerung des Hellesponts. – *Beider
Erden:* Asien und Europa.

178 *Ioner:* oft allgemein für Griechen, jedoch auch mit spe-
ziellem Bezug auf Athen.

182 *Peplos:* Frauengewand.

236 *Meder:* Perser.

238 Gemeint sind die athenischen Silberminen von Laurion.

244 490 v. Chr. bei Marathon.

290 ff. Ausführlich ist die Schlacht beschrieben von Herodot 8,
40–95.

303 *Sileniai:* Küstenstrich auf Salamis.

306 *Baktrien:* im Osten des persischen Reiches.

307 *Aiaseiland:* Salamis, so benannt nach dem homerischen
Helden Aias, der von der Insel stammte; vgl. Sophokles,
Aias.

355 Der Athener wurde von Themistokles zu den Persern geschickt. Der Name des Siegers von Salamis wird nicht erwähnt.

399 *Der rechte Flügel:* die Spartaner.

409f. Und zwar ein athenisches Schiff.

447 Die Insel Psyttaleia.

449 *Pan:* arkadischer Waldgott.

456ff. Unter der Führung des Aristeides.

482ff. Liste von Landschaften, Flüssen usw., die die Perser auf dem Rückzug zum Hellespont zu durchqueren hatten.

570 *Kychreia:* anderer Name für Salamis, nach Kychreus, einem Heros, der auf Salamis verehrt wurde und den Griechen in der Seeschlacht beigestanden haben soll.

629 Hermes geleitet als Psychopompos die Seelen der Verstorbenen. – *Totenfürst:* Hades, der Gott der Unterwelt.

664 *Darian:* altertümlich für Dareios.

740 Zu den Weissagungen vgl. auch Herodot 8, 113.

765ff. Genealogie des medisch-persischen Königshauses: Medos (der Meder), sagenhafter Stammvater; der zweite: Kyaxares (625–585), der Begründer der medischen Großmacht. Gegen den Sohn des Kyaxares, Astyages (585–550), erhob sich der persische Vasall Kyros II. (559–529), der das medisch-persische Großreich schuf. Astyages wird von Aischylos in der Königsliste übergangen. Der Sohn des Kyros, Kambyses II. (529–522) eroberte Ägypten. Mardos (Smerdis bei Herodot 3,61ff.) übernahm für nur 7 Monate die Herrschaft, indem er vorgab, der gleichnamige, von seinem Bruder Kambyses ermordete Sohn des Kyros zu sein. Artaphrenes (776f.) war einer der Verschwörer, die Mardos (Smerdis) absetzen wollten. Dareios (521–486) schuf das persische Weltreich. Sein Feldzug gegen Griechenland scheiterte 490 v. Chr. bei Marathon. Sein Sohn Xerxes (486–465) unterlag dann noch ein zweites Mal gegen die Griechen bei Salamis (480) und bei Plataiai (479).

816 f. prophetischer Hinweis auf die Schlacht bei Plataiai, die durch die Spartaner gewonnen wurde.

866 *Halys:* Grenzfluß zwischen Lydien und Persien.

894 Im Herrschaftsgebiet des Dareios lag auch Salamis auf Zypern, das Teukros, ein Halbbruder des Aias, gegründet haben soll.

937 *Mariandyners Trauerton:* Die Mariandyner, ein Volk am Schwarzen Meer, sangen Klagelieder auf den Tod eines mythischen jungen Jägers.

980 *Auge* (des Königs): Titel des Vertrauten des Königs.

1007 *Ate:* Göttin der Verblendung, die Unheil bringt.

Sieben gegen Theben

1 *Kadmos:* Zur Genealogie s. Stammbaum. Kadmos ist der Gründer der Stadt Theben. Auf der Suche nach seiner von Zeus entführten Schwester Europa gelangt er nach Delphi, wo er von Apollon das Orakel erhält, einer Kuh zu

Stammbaum (Frauen *kursiv*):

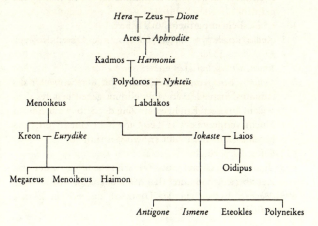

folgen und an der Stelle, wo sie sich niederlege, eine Stadt
zu gründen (Theben). Er erschlägt den Drachen, der die
Quelle bewacht, und sät auf Athenas Geheiß die Zähne
des Untiers. Aus der Drachensaat entstehen bewaffnete
Krieger, die mit Kadmos kämpfen. Kadmos erschlägt alle
außer fünf, die die Stammväter der Adelsfamilien Thebens
werden. Das Land wird nach der Kuh, die Kadmos führte,
Boiotia („Kuhland") genannt.

50 *Adrastos:* König von Argos. Seine Töchter Argeia, Deipyle,
und Aigialeia heiraten Polyneikes, Tydeus und Diomedes.
Für seinen Schwiegersohn Polyneikes führt er den Zug
der Sieben gegen Theben. Nur sein göttliches Roß Areion
rettet ihn. Später führt er den Rachezug der Epigonen an,
in dem sein Sohn Aigialeus umkommt. Aus Trauer stirbt
Adrastos in Megara.

130 *Pallas:* die Göttin Athena.

140 *Kypris:* Aphrodite (s. Stammbaum).

145 *Wolftöter:* Beiname des Apollon.

146 *Letos Kind:* Artemis, Apollons Zwillingsschwester.

161 *Zeus' Töchter:* Nike, die Siegesgöttin. Man kann jedoch
auch Zeus' Sohn übersetzen; in diesem Fall ist Apollon
gemeint.

164 *Onka:* Beiname Athenas in Theben.

311 *Kinder der Tethys und des Okeanos:* die Okeaniden; vgl.
Prometheus 137 ff.

378 *Ismenos:* Fluß bei Theben.

382 *Oikles' Sohn:* Amphiaraos, Seher, mit der Schwester des
Adrastos, Eriphyle, vermählt. Nimmt gegen besseres Wissen auf Drängen Eriphyles am Zug der Sieben teil. Bei der
Flucht verschwindet er bei Oropos in einem von Zeus
geöffneten Erdspalt samt seinem Gespann.

412.474 s. Anm. zu 1.

493 *Typhon:* ein Gigant mit 100 Schlangenköpfen, der von
Zeus besiegt und unter dem Ätna begraben wird.

498 *Mänade:* Begleiterin des Dionysos, die sich in Ekstase
befindet.

528 *Amphion:* Sohn des Zeus und der Antiope, Gatte der Niobe, Erbauer der thebanischen Mauern; durch die Kraft seiner Musik, der selbst Steine gehorchen, fügt er die Mauern zusammen.

541 *Sphinx:* Tochter Typhons (Anm. zu 493) und der Echidna; geflügelte Löwin mit menschlichem Kopf. Sucht im Auftrag Heras Theben heim, indem sie jeden, der ein von ihr gestelltes Rätsel nicht löst, in einen Abgrund wirft. Oidipus erst löst das Rätsel, worauf die Sphinx sich selbst tötet. Das abschließende Satyrspiel befaßte sich mit der Sphinx.

547 In *Parthenopaios* steckt gr. *parthénos* „Jungfrau".

569 ff. s. Anm. zu 541.

690 *Kokytos:* Fluß in der Unterwelt.

691 *Phoibos:* Beiname Apollons.

723 *Erinys:* Rachegöttin.

728 ff. *Chalyber:* Stamm in Skythien, berühmt als Waffenschmiede.

745 Zu *Laios* vgl. den Stammbaum. – *Loxias:* Beiname des Apollon.

747 *Pytho:* Delphi. – *Erdmitte:* Der „Omphalos" (Nabel) ist der Erdmittelpunkt in Apollons Heiligtum in Delphi.

757 *Gatten:* Laios und Iokaste.

776 *mordwütiges Scheusal:* die Sphinx (s. Anm. zu 541).

801 Der 7. jeden Monats ist Apollon heilig.

856 *Acheron:* Fluß in der Unterwelt.

941 vgl. Anm. zu 728.

956 *Ate:* Rächerin böser Taten.

975 *Moira:* Schicksalsgöttin.

Die Schutzflehenden (Hiketiden)

15 ff. Zur Genealogie vgl. den Stammbaum.

22 *Wollumwundene Zweige* waren das Zeichen schutzflehender Flüchtlinge.

37 *Themis:* Göttin des Rechts.

Stammbaum (Frauen *kursiv*):

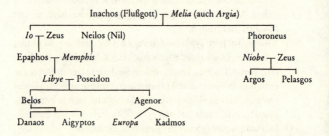

47 *Epaphos:* wörtlich „Berührungssproß"; vgl. den Stammbaum.

51 *Stammesmutter:* Io.

60ff. Nach der hier vorliegenden Sagenform ist Metis die
Gattin des Tereus, der ihre Schwester Philomela vergewal-
tigte. Die Schwestern rächen sich, indem sie den Sohn des
Tereus, Itys, töten und ihn dem Vater zum Mahl vorsetzen.
Zur Strafe wird Metis in eine Nachtigall, Philomela in
eine Schwalbe und Tereus in einen Falken (oder Wiede-
hopf) verwandelt.

117 *Apia:* alter Name für die Peloponnes nach Apis, einem
Sohn des Apollon; s. 262ff.

121 *sidonisch:* aus der phoinizischen Stadt Sidon.

149 *Jungfrau:* Artemis.

156f. *allergastlicher Zeus:* Hades, der Gott der Unterwelt, der
alle gastlich aufnimmt.

164 *Gattin des Zeus:* Hera.

218 *Dreizack:* Waffe des Meeresgottes Poseidon.

231 *Ein andrer Zeus:* Hades, Brudes des Zeus.

255 *Strymon:* Fluß in Makedonien.

256 *Perrhaiber:* Volk in Epirus und Thessalien.

257 *Pindos:* Gebirge zwischen Thessalien und Epirus. – *Paioni-
en:* Landschaft im Norden Makedoniens.

258 *Dodona:* Stadt in Epirus mit berühmtem Orakel des Zeus.

260 *apisch:* s. Anm. zu 117.

262 *Naupaktos:* Stadt am Golf von Korinth.

284 ff. Aischylos nimmt irrtümlich die Nachbarschaft von Indien und Äthiopien an.

305 Argos mit dem Beinamen Panoptes („Allesseher"), Urenkel des Zeus-Sohnes Argos (s. Stammbaum), hat am gesamten Körper Augen. Er wird von Hera als Wächter Ios bestellt und von Hermes im Auftrag des Zeus erschlagen. Hera versetzt seine Augen in die Federn des Pfaus.

311 *Kanobos:* Stadt an der westlichen Nilmündung. – *Memphis:* alte Hauptstadt im mittleren Ägypten.

319 *Belos:* s. Stammbaum.

360 *Themis:* Göttin des Rechts.

544 *Sund:* der nach der kuhgestaltigen Io benannte Bosporus („Kuhfurt").

548 *phrygsche Flur:* Phrygien, westlichste Landschaft Kleinasiens.

549 *Teuthras:* mythischer König. – *Mysien:* Landschaft im Nordwesten Kleinasiens.

550 *Lydien:* Landschaft an der Westküste Kleinasiens mit der Hauptstadt Sardeis.

551 f. *Kilikien und Pamphylien:* Landschaften an der Südküste Kleinasiens.

554 f. *Aphrodites Kornland:* Syrien.

558 ff. Gemeint ist Ägypten.

560 *Glutwind:* im griechischen Text personifiziert als Typhon (Typhos), ein von Zeus bezwungenes Ungeheuer, vgl. zu *Sieben* 493.

564 *Mänade:* Anhängerin des Dionysos in Ekstase.

686 *Lykeios:* Beiname des Apollon als Wolfsgott oder Wolfstöter (Schutzherr der Herden), vgl. *Sieben* 145.

716 Die Schiffe wurden mit Augen bemalt.

761 *Byblos:* Papyrus.

777 *Apia:* Peloponnes, vgl. 117.

855 *Strom:* Nil.

869 *Sarpedon* aus Lykien, ein Verbündeter der Trojaner, der von Patroklos erschlagen und an der kilikischen Küste bestattet wurde.

953 *Gerstensaft:* Bier, ägyptisches Getränk, hier im Gegensatz zum griechischen Wein erwähnt.

988 Die Ermordung eines Gastes galt als schlimmster Frevel sowohl für eine Einzelperson wie für ein Land.

1001 *Kypris:* Aphrodite, die besonders auf Kypros (Zypern) verehrt wurde.

1020 *Erasinos:* Fluß in der Argolis.

1032 *Kythereia:* Aphrodite, nach ihrem Kultort auf der Insel Kythera im Süden der Peloponnes.

1034 s. Anm. zu 1001.

Agamemnon

Zu den Personen des Dramas: der Name des Herolds, Talthybios, fällt im Drama selbst nicht. In der *Ilias* (z. B. I,320) ist Talthybios der Herold des Agamemnon.

56 *Pan:* arkadischer Wald- und Weidegott, vgl. *Perser* 449.

59 *rächende Göttin:* Im Griechischen steht „Erinys", die Erinnye, die alte Rachegöttin der griechischen Mythologie; vgl. die *Eumeniden.*

60 *des Atreus Söhne:* Agamemnon und Menelaos.

61 Paris, der Sohn des trojanischen Königs Priamos, entführt die Frau des Menelaos, Helena, aus Sparta. Er verletzt damit das Gastrecht und frevelt gegen Zeus, den Schützer des Gastrechts.

66 *Hellenen:* Im griechischen steht „Danaoi", die Griechen.

83 *Tyndaros:* Gatte der Leda und Vater Helenas und Klytaimestras sowie der Dioskuren, Kastor und Polydeukes (Pollux). Helena und Polydeukes sind in Wirklichkeit Kinder des Zeus, der Leda in der Gestalt eines Schwanes beiwohnte.

109 *zweithronige Kronmacht:* Agamemnon und Menelaos.

Stammbäume (Frauen *kursiv*):

1. Die Atriden

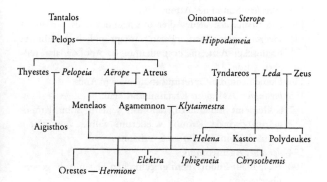

2. Die Trojaner

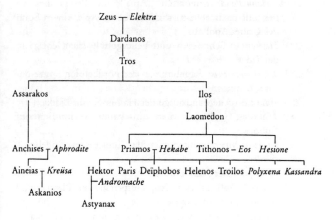

112 *teukrische Erde:* die Troas, so benannt nach Teukros, dem ersten trojanischen König.

116 *Seite des Speerarms:* rechts.

122 *Seher:* Kalchas.

123 *Atreiden:* Söhne des Atreus.

136 *Flügelhunde des Vaters:* Adler als Vögel des Zeus.

146 *Heilgott:* griechisch „Paian", ursprünglich berühmter mythischer Arzt, später Beiname des Apollon als Heilgott.

150 Gemeint ist die Opferung Iphigenies in Aulis.

155 *kindrächende Wutgier:* Klytaimestras Haß.

167 ff. Gemeint ist Uranos, der von seinem Sohn Kronos gestürzt wurde. Kronos wiederum wurde von seinem Sohn Zeus in den Tartaros verbannt.

184 *der ältre:* Agamemnon.

190 *Chalkis* auf Euboia, dem griechischen Hafen Aulis gegenüberliegend.

192 *Strymon:* Fluß in Thrakien (heute: Struma).

198 *Argosvolk:* die Griechen.

256 f. *Heimatland:* griechisch „Apia", die Peloponnes, so benannt nach dem mythischen könig Apis, einem Sohn des Gottes Apollon.

281 *Hephaistos:* Schmiede- und Feuergott. – *Ida:* Gebirge in der Troas.

283 *des Hermes Fels:* Vorgebirge an der nördlichsten Spitze der Insel Lemnos.

285 *Athos:* östliche Landzunge der Halbinsel Chalkidike.

289 *Makistos:* Gebirge, sonst unbekannt; vermutlich auf Euboia.

292 *Euripos:* Meerenge zwischen der Insel Euboia und Boiotien.

293 *Messapios:* Berg in Boiotien.

297 *Asopos:* Fluß in Boiotien, entspringt bei Plataiai und mündet in den Europos.

298 *Kithairon:* Grenzgebirge zwischen Boiotien und Attika.

302 *See Gorgopis:* auf dem Isthmos in der Nähe von Korinth.

303 *Aigiplanktos:* Gebirge in der Nähe von Megara, genaue Lage unbekannt.

306 f. *Saronscher Golf:* Bucht von Aigina.

309 *Arachnaion:* Grenzgebirge zwischen Korinth und der Argolis.

363 *Alexandros:* Paris.

403 *Gattin:* Helena.

406 *Ilion:* Troja.

412 Gemeint ist Helenas Gatte, Menelaos.

437 *Ares:* Gott des Krieges.

453 *ilische Erde:* Troja.

494 Zweige des Ölbaums sind die Zeichen eines Herolds.

509 *Pythischer Herr:* Apollon, nach dem Orakel in Delphi.

511 *Skamandros:* Hauptfluß in der trojanischen Ebene.

515 Hermes als Götterbote ist Schutzgott der Herolde.

564 *Ida:* Berg in der Troas.

612 *Erzes Bad:* Wässerung des geschmiedeten Eisens; in diesem Zusammenhang doppeldeutig darauf bezogen, daß die eherne Waffe im Blut gebadet wird.

617 Das Schicksal des Menelaos ist im abschließenden Satyrspiel *Proteus* behandelt worden: Menelaos und seine Leute werden auf der Rückfahrt von Troja an die Küste Ägyptens verschlagen. Dort überfallen sie, als Robben verkleidet, den Meergreis Proteus, den sie zwingen, ihnen die Zukunft vorauszusagen. So erfährt Menelaos vom Schicksal seines Bruders Agamemnon und seines Neffen Orestes.

633 *Helios:* der Sonnengott.

654 *Thrakien:* im Altertum das ganze Gebiet, das nördlich von Thessalien lag, ohne im Westen oder Osten eine feste Grenze zu haben.

664 *Tyche:* die Schicksalsgöttin, auch Göttin des Glücks oder Zufalls.

667 *Hades:* Gott der Unterwelt, auch für die Unterwelt insgesamt verwendet.

696 *Simoeis:* Flüßchen in der Troas, das auf dem Ida entspringt und in den Skamandros mündet.

710 *Priams Stadt:* Troja; *Priamos:* König von Troja; s. Stammbaum 2.

747 *Priamiden:* die Nachkommen des Priamos.

749 *Erinys:* die Rachegöttin.

774 *Dike:* die Göttin des Rechts.

823 *Weib:* Helena.

824f. Die *Argeier* (Griechen) werden „des Rosses Junges" genannt, da sie dem Bauch des hölzernen Pferdes entstiegen.

826 *Pleiaden:* Töchter des Atlas und der Pleione, Siebengestirn
im Sternbild des Stiers; ihr Untergang fällt auf Anfang
November. Die Angabe könnte aber auch nur die Zeitan-
gabe „um Mitternacht" umschreiben.

870 *Geryon:* im äußersten Westen wohnendes Ungeheuer mit
drei Körpern. Es wird von Herakles erschlagen, der seine
Rinder raubt.

914 *Leda:* Gattin des Tyndareos, Mutter der Klytaimestra,
Helena und der Dioskuren (Kastor und Polydeukes). Zeus
verband sich mit ihr in der Gestalt eines Schwanes. Helena
und Polydeukes sind Kinder des Zeus.

1022f. Asklepios erweckte durch seine Kunst Tote und wurde
deshalb von Zeus durch einen Blitzstrahl getötet.

1035 *Kassandra:* Tochter des Priamos, Seherin. Da sie das Lie-
beswerben des Apollon nicht erhörte, bewirkte der Gott,
daß niemand ihren Sehersprüchen Glauben schenkte.

1040f. *Alkmenes Sohn:* Herakles, Sohn des Zeus und der Alk-
mene, mußte zur Sühung des von ihm an Iphitos verübten
Mordes bei der lydischen Königin Omphale drei Jahre
Sklavendienste verrichten.

1074 *Loxias:* Beiname Apollons.

1080 Im Griechischen liegt ein Wortspiel vor: Apollon (Name
des Gottes) entspricht *apollon* (Partizip: der Verderbende,
Zerstörende).

1096f. Atreus läßt aus Rache (vgl. zu 1192) die Kinder des Thyestes schlachten und diesem zum Mahl vorsetzen.

1144 *Itys,* der Sohn des Thrakers Tereus, wird von seiner Mutter
getötet und dem untreuen Vater zum Mahl vorgesetzt.

1160 *Kokytos, Acheron:* Unterweltsflüsse.

1192f. Thyestes verführte die Frau seines Bruders Atreus.

1224 Gemeint ist Aigisthos.

1233 *Skylla:* ein Meeresungeheuer.

1280 Hinweis auf Orestes.

1439 *Chrysestöchter:* Chryseis, die Tochter des Chryses, wurde vor Troja Agamemnon als Ehrengabe zugewiesen. Klytaimestra will durch den Plural andeuten, daß Agamemnon noch mehr solcher „Ehrengaben" im Felde genoß.

1468f. *Tantal-Erzeugter:* Agamemnon und Menelaos, so genannt nach dem Urahn ihres Geschlechts; siehe Stammbaum 1.

1470 *Fraun:* Klytaimestra und Helena.

1569 *Pleisthenesstamm:* Pleisthenes, Sohn des Pelops. Nach einer mythologischen Variante war Aerope, die Mutter von Menelaos und Agamemnon, in erster Ehe mit ihm, in zweiter mit Atreus verheiratet.

1629 *Orpheus:* thrakischer Sänger, dessen Gesang so bezaubernd war, daß er Bäume und Felsen bewegte und selbst wilde Tiere bezwang.

Weihgußträgerinnen

Zum Titel: Das Stück hat seinen Tiel nach dem Chor der kriegsgefangenen Troerinnen, die zusammen mit Elektra im Auftrag ihrer Herrin Klytaimestra Spenden („Weihgüsse", bestehend aus Wein, Milch und Honig) zum Grab des Agamemnon bringen.

1ff. Der Anfang des Stücks kann nur aus anderweitigen Zitaten lückenhaft rekonstruiert werden, da in der Handschrift, die allein das Stück überliefert, der Beginn zerstört ist. Die eingeklammerten Verse sind sinngemäße Ergänzungen des Übersetzers.

1 *Hermes,* der Götterbote, der auch die Toten in den Hades geleitet, wird hier als Totengott angerufen.

6 *Inachos:* Hauptfluß der Argolis (heute Panitza). – Wer zum jungen Mann herangewachsen war (griech. *Ephebos*),

pflegte zum Dank für seine glückliche Jugendzeit entweder dem Apollon oder dem Flußgott der Heimat eine Locke zu weihen.

61 *Dike:* Göttin des Rechts; vgl. auch Anm. zu *Agamemnon* 774.

68 *Ate:* die von den Göttern gesandte Verblendung, die den Menschen zu Freveltaten (*Hybris*) verleitet. Darüber hinaus wird Ate auch als rächende Gottheit angesehen; vgl. auch *Perser* 1007.

240 Anklang an den Vers der *Ilias*, mit dem Andromache ihren scheidenden Gatten Hektor anredet (6,429): „Du bist mir Vater und Mutter und auch Bruder zugleich."

258 *Adler:* (Weissage-)Vogel des Zeus.

306 *Moiren:* die Schicksalsgöttinnen; vgl. Anm. zu *Prometheus* 516.

366 *Skamandros:* Fluß in der Troas.

373 *Elysium* (Elysion): Gefilde der Seligen, wo ewiger Frühling herrscht. Im griechischen Text sind die Hyperboreer genannt, die das stets glückliche Volk des antiken Mythos sind.

423 *Kissia:* die persische Provinz, in der die Residenzstadt Susa liegt.

439 Der Ritus der Zerstückelung eines Toten *(Maschalismos)* sollte die rächende Kraft des Toten brechen.

490 *Persephassa:* anderer Name für Persephone, die Gattin des Hades und Tochter der Demeter; sie wird als Rachegöttin angerufen.

503 *Pelopide (Pelops):* vgl. Stammbaum 1 zu *Agamemnon*.

563 *Parnaß:* Gebirgszug bei Delphi, Heimat der Musen.

578 Hinweis auf die Ermordung des Aigisthos, den dritten Mord nach den Kindern des Thyestes und nach Agamemnon.

605 *Thestia* bezeichnet Althaia als Tochter des Thestios. Ihr wurde geweissagt, daß ihr Sohn Meleagros sterben müsse, sobald das auf dem Herd lodernde Holzscheit verbrannt sei. So zog sie das Scheit aus dem Feuer. Als jedoch Mele-

agros beim Streit um das Fell des kalydonischen Ebers die Brüder Althaias tötete, warf sie das Scheit wieder in das Feuer und brachte damit den Sohn um.

614 *Skylla:* Tochter des Königs Nisos von Megara. Aus Liebe zu dem Feind ihres Vaters, dem König Minos von Kreta, schnitt sie Nisos eine Locke ab, an der sein Leben hing. Doch Minos bestrafte die treulose Tochter und ertränkte sie im Meer.

624 f. *unliebsame Ehschaft:* von Klytaimestra und Aigisthos.

627 f. Gemeint ist Agamemnon.

629 *glutlos:* Die Herrschaft des rechtmäßigen Ehemannes im Haus wird gleichgesetzt mit dem Feuer des Hausherdes.

631 ff. Die Frauen von *Lemnos* hatten ihre Männer getötet und einen Frauenstaat auf der Insel errichtet. Erst als Jason und die Argonauten auf ihrer Fahrt nach Kolchis in Lemnos landeten, gaben sie ihre männerfeindliche Haltung auf. Das Vorgehen der Lemnierinnen wird sprichwörtlich verwendet, um ein besonders schweres Verbrechen zu charakterisieren.

647 f. *Aisa:* Schicksalsgöttin, Dienerin der Dike.

674 *Daulis:* Ort in Phokis, östlich von Delphi.

726 *Peitho:* Göttin der Überredungskunst.

732 *Kilissa:* Die Amme heißt so nach ihrer Herkunft (die Kilikierin).

794 Gemeint ist Orestes.

813 *Maias Sohn:* Hermes, der schon kurz nach seiner Geburt durch Verschlagenheit und List glänzt.

831 *Perseus:* Sohn der Danaë und des Zeus. Er erschlug die Gorgo (835), deren Anblick versteinerte.

924 *der Mutter wütge Hunde:* die Rachegeister (Erinnyen), die Orestes peinigen werden.

948 f. Gemeint ist Dike, die Göttin des Rechts. In einer etymologischen Spielerei wird ihr Name hier abgeleitet von *Di(os) K(or)e (= Dike):* „Tochter des Zeus".

971 vgl. Anm. zu 924.

986 vgl. Anm. zu 924.

1035 Ein mit weißer Wolle umwickelter Zweig, zumeist des Ölbaums, galt als Zeichen der Schutzflehenden.

1036 Ein nabelförmiger, weißer Stein im Apollontempel zu Delphi galt als Mittelpunkt der Erde, der sog. *Omphalos* (Nabel). Nach dem Mythos sollen sich an dieser Stelle die beiden Adler des Zeus bei ihrem Flug von Ost und West über die Erde getroffen haben.

Eumeniden

Zum Titel: Die Eumeniden haben ihren Titel nach dem Chor der Erinnyen, die sich durch Athenas besänftigende Worte am Ende des Stückes zu gütigen, wohlmeinenden Göttinnen (griech. *Eumenides*) wandeln.

2 ff. *Gaia:* die Erde, die älteste Göttin. Sie ist von Uranos, dem Vater des Kronos und Großvater des Zeus, die Mutter der Titanen, zu denen u. a. Prometheus, Themis (Göttin der Gerechtigkeit) und Phoibe, die Mutter Letos, gehören. Somit ist sie Großmutter Apollons, des Sohnes der Leto und des Zeus. Sie ist die erste Inhaberin des delphischen Orakels, das ein Erdorakel war.

9 *Delos:* eine der Kykladen, Geburtsort von Apollon und Artemis. Leto gebar ihre Kinder an einem kreisförmigen See, gestützt auf eine Palme.

10 *Pallas' Felsgestad:* Attika, das Land der Pallas Athena.

13 *Söhne des Hephaistos:* die Athener. Der erste König Athens ist Erechtheus, ein Sohn des Hephaistos.

16 *Delphos:* Sohn des Apollon, nach dem das Land seinen Namen hat.

19 *Loxias:* Beiname des Apollon, besonders in seiner Funktion als Orakelgott.

21 *Pallas „vorm Tempel“:* Vor dem Tempel des Apollon, also auf dem Weg dorthin, befand sich ein Heiligtum der Pallas Athena.

22 *Nymphen:* weibliche Naturgottheiten. Sie wurden am

korykischen Felsen oberhalb von Delphi zusammen mit dem Wald- und Weidegott Pan verehrt.

24 *Bromios:* „der Tosende, Dröhnende", Beiname des Dionysos, der im Winterhalbjahr – während der Abwesenheit Apollons – in Delphi verehrt wurde.

25 *Bakchen* (auch Mänaden):Verehrerinnen des Dionysos.

26 *Pentheus:* König von Theben. Er verbot den Frauen seiner Stadt, Dionysos zu verehren. Zur Strafe wurde er von den Bakchantinnen, darunter seine Mutter Agaue, zerfleischt; vgl. die *Bakchen* des Euripides.

27 *Des Pleistos Quellen* lagen in der Nähe des korykischen Felsens. – *Poseidon* war einst auch Mitbesitzer des Orakels.

40 *Erdnabel:* s. Anm. zu *Weihgußträgerinnen* 1036.

48 *Gorgonen:* s. Anm. zu *Weißgußträgerinnen* 831. Die Erinnyen haben also Schlangenhaare.

50 *Phineus:* König von Salmydessos in Thrakien, Seher. Da er Pläne des Zeus den Menschen verriet, wurde er von dem Gott geblendet.Vogelgestaltige Untiere, die sog. Harpyien, raubten ihm die Speisen. Erst die Argonauten brachten ihm Erlösung.

72 *Tartaros:* Ort der quälenden Strafen in der Unterwelt.

79 *Pallas' Stadt:* Athen.

80 *altes Bild:* Kultbild der Athena Polias auf der Akropolis.

90 *Hermes:* Sohn des Zeus und der Maia, Bruder des Apollon.

107 Den Erinnyen wurde um Mitternacht Quellwasser, mit Honig vermischt, als Opfer dargebracht.

181 Gemeint ist die Wunde durch einen weißgefiederten Pfeil.

214 *Hera und Zeus* sind die Schutzgottheiten der Ehe.

215 *Kypris:* Aphrodite, die Göttin der Liebe; Kypris heißt sie nach ihrem Kultort auf der Insel Kypros (Zypern).

224 *Pallas:* Athena.

235 *Loxias:* Apollon.

290f. Anspielung auf ein im Jahre 461 v. Chr. geschlossenes Bündnis zwischen Argos und Athen.

293 *Triton:* See in Libyen, wo Athena aufwuchs.

295 *Phlegras Feld:* die Halbinsel Pallene der Chalkidike, Schau-

platz des Gigantenkampfs, in dem Athena den Giganten Pallas tötete.

321 f. *Mutter Nacht:* die Nacht *(Nyx)* ist Tochter des Chaos, Schwester des Erebos. Sie gilt als Mutter unheilvoller Wesen wie des Thanatos (Tod).

324 f. *Letos Sprößling:* Apollon.

335 *Moria:* die Schicksalsgöttin; vgl. Anm. zu *Prometheus* 516.

398 *Skamandros:* Fluß in der Troas. Am Vorgebirge Sigeion, wo Peisistratos im 6. Jahrhundert eine attische Kolonie gegründet hatte, lag ein Tempel Athenas. Aischylos verlegt die Koloniegründung in die mythische Zeit.

402 *Theseus:* Sohn des Aigeus, der mythische Heros der Athener.

404 *Aigis:* wörtlich „Ziegenfell", das Schutzbild der Athena.

441 *Ixion:* König der Lapithen. Er stürzte seinen Schwiegervater in eine mit Feuer gefüllte Grube, wurde jedoch für diese Tat von Zeus entsühnt.

452 Zur Entsühnung schlachtete man ein Ferkel und ließ das Blut über die Hände des Mörders fließen.

567 f. *tyrrhenische Trompete:* Die Tyrrhener (Etrusker) galten als Erfinder der Trompete.

641 *Kronos:* der Vater des Zeus, der von seinem Sohn entmachtet und in den Tartaros geworfen wurde.

671 ff. s. Anm. zu 290 f.

681 ff. Stiftung des Areopags.

683 *Aigeus:* Sohn des Pandion, König von Attika, durch Aithra Stiefvater des Theseus, vgl. auch Euripides, *Medea.*

686 *Theseus:* Sohn des Aigeus; vgl. Anm. zu 402. Er begleitete Herakles auf seinem Zug gegen die Amazonen und brachte die Königin Hippolyta (oder Antiope) als Gefangene nach Athen. Von ihr hatte er seinen Sohn Hippolytos; vgl. den *Hippolytos* des Euripides.

703 Skythen und Peloponnesier (besonders die Spartaner) galten als sittenstreng.

718 vgl. Anm. zu 441.

723 Apollon leistete Sühnedienst bei dem König Pheres von

Pherai in Thessalien. Aus Dankbarkeit erwirkte er von den
Moiren (Schicksalsgöttinnen), die er betrunken machte,
daß Admetos, der Sohn des Pheres, von einem frühzeiti-
gen Tod verschont bleibe, sofern er einen Stellvertreter
finde. Darauf entschloß sich die Gattin des Admetos,
Alkestis, für ihren Mann zu sterben; vgl. die *Alkestis* des
Euripides.

765 ff. vgl. Anm. zu 290 f.

855 *Erechtheus:* vgl. Anm. zu 13. − *Erechtheion:* Heiligtum des
Erechtheus auf der Akropolis.

885 *Peitho:* die Überredungskunst.

947 Anspielung auf die Silberbergwerke Athens bei Laurion
im Süden Attikas.

960 Die *Moiren* (Schicksalsgöttinnen) sind wie die Erinnyen
Töchter der Nacht.

1011 *Kranaos:* Nachfolger des Kekrops, König von Athen, von
Amphiktyon verdrängt.

Der gefesselte Prometheus

Zu den Personen des Dramas (in der Reihenfolge ihres Auf-
tritts): Kraft (Kratos) und Gewalt (Bia), die Schergen des
Hephaistos, sind nach Hesiod, *Theogonie* 379 ff., Kinder der Styx,
der Göttin des gleichnamigen Unterweltflusses, und des Titanen
Pallas; Hephaistos, Sohn des Zeus und der Hera, nach der mythischen Genealogie Urenkel der Gaia (Erde) und damit Neffe des
Prometheus; Prometheus, Sohn des Titanen Iapetos und der
Gaia; Okeanos, Sohn des Uranos und der Gaia, Gemahl der
Tethys, Vater der 3000 Okeaniden (die Okeanos-Töchter, die
den Chor bilden); zu Io vgl. den Stammbaum zu den *Schutzflehenden*; Sohn des Okeanos ist der Flußgott Inachos, der Vater
Ios; Hermes, Sohn des Zeus und der Maia, Bote der Götter. Die
mythischen Genealogien verdeutlichen, daß Hephaistos, Okeanos und die Okeaniden sowie Io mit Prometheus verwandt sind.

14 *verwandter Gott:* Prometheus, der Onkel des Hephaistos.

18 *Themis:* Göttin des Rechts, die von Aischylos mit Gaia
(Erde) gleichgesetzt wird; s. zu den Personen.

27 *der dich erlöst:* Herakles.

137 *Tethys:* die Gattin des Okeanos und Mutter der Okeaniden.

138 f. Das Weltmeer ist nach griechischer Vorstellung ein die
Erde umkreisender Strom.

289 *das gemeinsame Blut:* Okeanos und Prometheus sind als
Söhne der Gaia Halbbrüder.

300 s. Anm. zu 137.

354 *Typhon* (Typhos): Verkörperung der feuerspeienden Berge
und verderblichen Stürme, vgl. zu *Sieben* 493.

415 f. *Kolchis:* Landschaft am Kaukasus, die Heimat der Amazonen.

418 f. *Maiotis-See:* das Asowsche Meer.

420   Aischylos stellt sich die Araber als Bewohner des Kaukasus vor.

516 *Moiren:* die Schicksalsgöttinen Klotho (die den Lebensfaden spinnt), Lachesis (die das Lebenslos zuteilt) und Atro-
pos (die den Lebensfaden durchschneidet). – *Erinnyen:* die
Rachegöttinnen, vgl. *Eumeniden.*

568 *Argos* mit dem Beinamen Panoptes („Allesseher") hat am
ganzen Körper Augen und wird von Hera als Wächter der
Io bestellt. Im Auftrage des Zeus wird er von Hermes
getötet.

590 *Inachostochter:* Io, s. zu den Personen der Tragödie.

652 *Lerna:* Dorf und See in der Argolis.

658 *Pytho:* Delphi mit dem Orakel des Apollon. – *Dodona:* in
Epirus, berühmtes Orakel des Zeus.

669 *Loxias:* Beiname des Apollon.

715 *Chalyber:* Stamm an der Ostküste des Schwarzen Meeres,
bekannt für ihre Waffenherstellung.

717 *Hybristes:* der Frevler, von *Hybris* („Hochmut", „Frevel").

729 f. *kimmerischer Isthmos:* heute: Straße von Kertsch. Die

Kimmerier sind ein Volk im taurischen Chersones (auf der Krim).

731 *Maiotis' Sund:* das Asowsche Meer.

764 Gemeint ist die Meeresgöttin Thetis, die sich nicht mit Zeus, sondern mit einem Menschen, dem Peleus, vermählt. Sohn der Thetis ist Achilleus.

772 Gemeint ist Herakles, ein Nachkomme Ios.

793 *Kisthene:* Gebirge im bithynischen Thrakien.

794 *Phorkystöchter:* die Graien Pemphredo („Wespe"), Enyo („Krieg") und Deino („Schrecken"). Sie werden mit Schwänen wohl wegen ihres weißen Haares verglichen.

799 *Gorgonen:* Töchter des Phorkys (wie die Graien) mit Namen Sthenno („Stärke"), Euryale („Weitspringerin") und Medusa („Herrscherin"). Medusa ist sterblich. Sie ist von Poseidon und Chrysaor und Pegasos schwanger, als Perseus ihr das Haupt abschlägt.

805 *Arimasper:* sagenhaftes skythisches Volk.

806 *des Pluton Furt:* sagenhafter Fluß (wörtlich der „Reiche").

811 *Byblos' Berghöhn:* in Ägypten.

814 *Neilotis:* das Nilland.

829 *Molossiens Flur:* in Epirus.

830–832 *Dodona:* in Epirus mit Zeus-Orakel, das von sprechenden Eichen gegeben wurde. Zeus heißt *Thesprotos* nach dem Stamm des Thesproter in Epirus, vgl. zu 658.

837 *Rhea:* Gemahlin des Kronos, Mutter des Zeus. – *Rheas weite Bucht:* das adriatische Meer.

846 *Kanobos:* Stadt im Nildelta.

853 ff. Ausblick auf die Handlung der *Schutzflehenden*.

855 f. *Jungfraun:* die Danaiden (Töchter des Danaos). – *Vettern:* die Söhne des Aigyptos.

860 *Pelasgererde:* Argos, benannt nach dem König Pelasgos, der die Danaiden aufnimmt.

864 *Kypris:* Aphrodite.

865 Gemeint ist Hypermestra, die ihren Gatten Lynkeus verschont.

871 ff. Nämlich Herakles.

874 *Themis:* das Recht, die Göttin des Rechts.

895 *Moiren:* s. Anm. zu 516.

909 mit Thetis, deren Sohn Zeus vom Thron gestürzt haben würde; vgl. Anm. zu 764.

910ff. Vom Fluch des Kronos ist sonst aus der Literatur nichts bekannt.

957 *zwei der Herrscher:* Uranos und Kronos.

1027 Gemeint ist der Kentaur Cheiron, der von Herakles versehentlich verwundet wird.

1029 *Hades:* Unterwelt. – *Tartaros:* unter dem Hades gelegener dunkler Ort, an dem frevelnde Götter bestraft werden; dann allgemein Teil der Unterwelt, in dem die Sünder wohnen; vgl. auch 1050.

1091 *Mutter:* Gemeint ist Gaia, die Erde. – *Äther:* Himmel, Wohnsitz der Götter.

NACHWORT

Leben und Werk

Geboren im Jahre 525/524 v. Chr., also noch zur Zeit der Tyrannenherrschaft in Athen, als Sohn eines Euphorion, aus dem alten Adelsgeschlecht der Eupatriden stammend, wurde Aischylos Zeitzeuge der wichtigsten Ereignisse der athenischen Geschichte im 6. und 5. Jahrhundert v. Chr.: in seine Kindheit fallen die Reformen des Kleisthenes, die Athen zur Demokratie machten (509/508 v. Chr.), im Erwachsenenalter nahm er aktiv als Soldat an der Abwehr der Perser bei Marathon (490 v. Chr.), Salamis und Plataiai (480 v. Chr.) teil, schließlich erlebt er im Alter die Reformen des Ephialtes, die den alten, auch in der jungen Demokratie noch einflußreichen Adelsrat, den *Areopag*, entmachteten und Athen zur radikalen Demokratie werden ließen (462 v. Chr.).

Schon zu Lebzeiten stand Aischylos – auch außerhalb Athens – in höchstem Ansehen. Auf Einladung des Tyrannen Hieron inszenierte er nach 472 v. Chr. die *Perser* in Syrakus und verfaßte in dessen Auftrag ein Festspiel für die im Jahre 476/475 v. Chr. von dem Tyrannen am Fuß des Ätna gegründete Stadt Aitnai: die *Aitnaiai (Die Frauen von Aitnai)*. Bei einem weiteren Aufenthalt in Sizilien starb Aischylos 456/455 v. Chr. in Gela. Nach seinem Tod wurde seinen Stücken als große und im 5. Jahrhundert v. Chr. einmalige Ehre das Privileg der Wiederaufführung eingeräumt. Dies brachte es mit sich, daß Aischylos im Gegensatz zu den anderen Tragikern des 5. Jahrhunderts ständig auf der Bühne präsent war – sowohl für das Publikum als auch für die nachfolgenden Tragikergenerationen, die sich immer an ihrem großen Vorgänger messen lassen mußten. Für die Athener des ausgehenden 5. Jahrhunderts v. Chr., 50 Jahre nach seinem Tod, war Aischylos der Dichter der glanzvollen Vergangenheit, der Zeit der großen Siege Athens gegen die persische Übermacht.

Die in der Antike Aischylos zugeschriebene Zahl von Stücken schwankt zwischen 70 und 90. Erhalten sind sieben Tragödien: die *Perser* (aufgeführt 472 v. Chr.), die *Sieben gegen Theben* (467 v. Chr.), die *Orestie,* die einzige erhaltene Trilogie, bestehend aus den Tragödien *Agamemnon, Weihgußträgerinnen (Choephoren)* und *Eumeniden* (458 v. Chr.), ferner die *Schutzflehenden (Hiketiden)* (vermutlich 463 v. Chr.) und der wohl nicht von Aischylos stammende *Gefesselte Prometheus.*

Zur Überlieferung

Die Tatsache, daß von den ca. 80 Tragödien des Aischylos und den 113 des Sophokles nur je sieben und von den 90 des Euripides nur 19 vollständig erhalten geblieben sind, ist das Ergebnis eines komplizierten Überlieferungs- und Selektionsprozesses: Bereits in der hellenistischen Zeit, seit dem 3. Jahrhundert v. Chr., begann man, sich wissenschaftlich mit den Texten der Tragiker des 5. Jahrhunderts auseinanderzusetzen. Man erstellte zuverlässige Ausgaben, die mit Kommentaren und kurzen Inhaltsangaben *(Hypotheseis)* versehen waren. In der römischen Kaiserzeit wurde begonnen, nach den Bedürfnissen des Schulunterrichts aus der Vielzahl der Tragödien der großen drei Dichter eine Auswahl herzustellen: Je sieben Stücke des Aischylos und Sophokles und zehn des Euripides wurden in Ausgaben zusammengefaßt. Daß wir von Euripides 19 Stücke besitzen, verdanken wir einem Zufall der Überlieferung: Die neun zusätzlichen Stücke sind Bestandteil einer alphabetischen Gesamtausgabe, die in einer privaten Sammlung die Zeiten überdauerten und später mit den zehn anderen Tragödien in eine Handschrift übertragen wurden. Weitere gravierende Einschnitte in der Überlieferungsgeschichte fallen in die byzantinische Zeit: In den sogenannten ,Dunkeln Jahrhunderten‘, den kulturfeindlichen Zeiten des Bildersturms (726–842 n. Chr.), wurden viele wertvolle Texte der Antike vernichtet. Nach einer kurzen Renaissance im 9. Jahrhundert, die mit dem Patriarchen Photios (um 810–897 n. Chr.) verbunden ist, führten die Wirren der Kreuzzüge, insbesondere des durch die Venezianer nach Konstantinopel fehlgeleiteten Unternehmens im 13. Jahrhundert, zum Verlust manches antiken Autors. In der zweiten Hälfte des 13. und im 14. Jahrhundert n. Chr. setzte ein erneutes Interesse an den antiken Autoren ein. Die noch erhaltenen Texte wurden – wie Jahrhunderte zuvor in hellenistischer Zeit – neu herausgegeben und kommentiert. Die Arbeit dieser byzantinischen Gelehrten bestimmt im wesentlichen die Gestaltung der frühen Drucke des 15. und 16. Jahrhunderts und bildet somit das wichtigste Bindeglied zwischen Antike und Gegenwart.

Neuerungen

In der Antike wurden Aischylos eine Vielzahl wichtiger Neuerungen in der Gattung Tragödie zugeschrieben: Nach Aristoteles (*Poetik* c. 4, 1449a 15) soll er den zweiten Schauspieler eingeführt haben. Er scheint also aus einem wohl eher statisch zu nennenden Wechselgespräch oder Wechselgesang von einem Schauspieler und dem Chor erst ein tatsächliches *Drama*, also eine Handlung, gemacht zu haben. Als Folge davon hat er die Chorpartien reduziert, und die gesprochenen Partien wurden zum wichtigsten Bestandteil seiner Stücke. In der Ausstattung der Bühne und der Schauspieler scheint er große Effekte geliebt zu haben. Seine Inszenierungen hinterließen in Athen bleibenden Eindruck. So ist überliefert, daß das Erscheinen der Furien zu Beginn der *Eumeniden* im Publikum eine ungeheuere Panik verursacht habe. Die besondere Mühe, die sich Aischylos mit den Inszenierungen seiner Stücke als sein eigener Regisseur *(Chorodidaskalos)* gegeben hat, spiegelt auch die Nachricht wider, daß er verschiedene Tanzfiguren *(Schémata)* erfunden und sie als Choreograph mit dem Chor einstudiert habe. In der sprachlichen Gestaltung hatte Aischylos eine starke Vorliebe für kühne Metaphern und gewagte Neologismen. Die Dunkelheit, die einer derartigen sprachlichen Form anhaftet, aber auch die tragische Größe und das tragische Pathos, die sie ausstrahlt, wurden schon von den Zeitgenossen erkannt – man denke nur an die literaturkritische Komödie *Die Frösche* des Aristophanes (405 v. Chr.), in der Aischylos für die erhabene Dunkelheit seiner Sprache verspottet wird. Für die weitere Geschichte der Gattung wurde sie stilprägend. Schließlich kann Aischylos als der Schöpfer der inhaltlich geschlossenen *Tetralogie* gelten (also von vier in engem inhaltlichen Zusammenhang stehenden Stücken, drei Tragödien und einem Satyrspiel) – einer Kompositionsform, die es ihm ermöglichte, das Schicksal von Generationen in einem übergreifenden, größeren Zusammenhang nachzuvollziehen.

Leider läßt sich von den in der Antike hochgerühmten Satyrspielen des Aischylos auf der Basis der Fragmente und Papyrusfunde nur ein grober Eindruck gewinnen. Das eine tragische Tetralogie abschließende *Satyrspiel* bildete den heiteren, versöhnlichen Ausklang nach der oft erschütternden Handlung dreier Tragödien. Beim Satyrspiel ist der Bezug zum Dionysoskult offensichtlich, der in der Tragödie nur in Ausnahmefällen wie in den *Bakchen* des Euripides gewahrt ist: Die Satyrn, die, angeführt von ihrem Vater, dem Silen oder Papposilen, den Chor bilden, gehören zum Gefolge des Dionysos. Sie sind mit einem Pferdeschwanz und einem erigierten Phallos ausgestattet. Ein Handlungsschema des Satyrspiels scheint gewesen zu sein, daß die Satyrn, getrennt von ihrem Herrn Dionysos, bei einem Bösewicht Sklavendienste leisten müssen, bis sie schließlich von einem listigen Helden wie Odysseus im *Kyklops* des Euripides befreit werden. Der Gegensatz zwischen den animalischen Satyrn, die sich durch ihre sexuelle Lüsternheit und durch ihre Feigheit auszeichnen, und der erhabenen Welt der Heroen und Götter macht den besonderen Reiz des Satyrspiels aus.

Zur Aufführungspraxis

Aufführungen von Dramen waren in Athen seit 534 v. Chr. in die *Großen* (oder *Städtischen*) *Dionysien* eingebettet, in das repräsentative Frühlingsfest der Stadt *(Polis)* Athen, das unter starker Beteiligung von auswärtigen Gästen wie den Gesandten der athenischen Bundesgenossen im März/April stattfand. An dem zweiten Dionysosfest, das mit der Aufführung von Dramen verbunden war, den *Lenäen* (ca. Februar), spielte die Tragödie eine eher untergeordnete Rolle. Die Lenäen waren das eigentliche Fest der Komödie.

Noch unter der Herrschaft des Tyrannen Peisistratos soll Thespis, der ‚Erfinder der Tragödie‘, der nach Horaz (*Ars poetica* 275–277) zunächst mit einem Wagen gleichsam als fahrender Schauspieler und Schausteller durch die Lande fuhr, als erster an diesem Fest Tragödienaufführungen organisiert haben.

Die Großen Dionysien wurden durch eine feierliche Prozession in das am Südhang der Akropolis gelegene Dionysostheater eröffnet. Der erste Festtag gehörte dem alten Kultlied des Dionysos, dem *Dithyrambos,* einer Art Heroenballade. Jede der zehn *Phylen*, der Verwaltungseinheiten Attikas, stellte je zwei Chöre, bestehend aus 50 Männern bzw. 50 Knaben.

Am nächsten Tag der Großen Dionysien wurden seit 486 v. Chr. fünf Komödien aufgeführt, am dritten bis fünften Tag je eine tragische Tetralogie eines Dichters. Das Programm der Dionysien unterstreicht, daß den Tragödienaufführungen, denen immerhin drei der fünf Tage vorbehalten waren, bei diesem Fest eine herausragende Rolle zufiel.

Die dramatischen Aufführungen wurden als *Agon*, als Wettkampf der Dichter, ausgetragen. Nach den demokratischen Reformen des Kleisthenes (510 v. Chr.) war der oberste Staatsbeamte des demokratischen Athen, der *Archon epónymos*, der Leiter der Großen Dionysien. Er wählte aus der Vielzahl der Dichter, die Tragödien inszenieren wollten, drei aus und teilte ihnen ‚einen Chor‘ zu, d. h. er erteilte ihnen das Aufführungsrecht. Die Entscheidung, welcher Dichter den Sieg in seiner Gattung erringen sollte, oblag einem in einem komplizierten Verfahren gewählten Schiedsrichtergremium. Der das Fest eröffnende Dithyramben-Agon spiegelt in besonderem Maße den demokratischen Charakter der Dionysien wider: Als Sieger wurde nicht der Dichter, sondern die Phyle ausgerufen. Der Name des Dithyrambendichters wurde nicht einmal auf den Siegesinschriften erwähnt!

Aischylos debütierte an den Dionysien wahrscheinlich schon im Jahre 499 v. Chr. Seinen ersten Sieg errang er 484. Danach war er äußerst erfolgreich: Zwölfmal belegte er den ersten Platz im tragischen Agon. 468 unterlag er – wohl eine Sensation im Theaterleben der Stadt Athen – dem jungen Sophokles, der in diesem Jahr zum ersten Mal am Agon teilnahm.

Die Institution des Agons ist wohl die wesentliche Ursache für die schnelle Entwicklung der Gattung Tragödie im Verlauf des 5. Jahrhunderts v. Chr., galt es doch, ein durch häufigen Theaterbesuch geschultes Publikum für sich zu gewinnen. Da die mythischen Stoffe, die den Tragikern zur Verfügung standen, nicht unbeschränkt waren, im Bereich der Stoffwahl also keine großen Neuerungen möglich waren, kam es darauf an, einen bekannten Stoff auf neue, überraschende Art darzustellen oder im technischen Bereich der Inszenierung zu brillieren.

Die Kosten der Inszenierung wurden in einer Art indirekter Besteuerung wohlhabenden athenischen Bürgern übertragen (sogenannte *Choregie*). Der Dichter war im Normalfall sein eigener Regisseur. Sobald er vom *Archon eponymos* einen Chor zugeteilt bekommen hatte, oblag es ihm, in seiner Funktion als *Chorodidaskalos* seine Stücke mit den Schauspielern und dem Chor einzustudieren. Zwei Tage vor dem Festbeginn wurden Dichter, Chor, Schauspieler und Chorege (der die Kosten der Aufführung trug) dem Publikum vorgestellt. Die Schauspieler und Mitglieder des Chors (*Choreuten*) trugen bei diesem Anlaß, dem sogenannten *Proagon*, keine Masken und Kostüme, sondern nur einen Kranz.

Dramen des 5. Jahrhunderts v. Chr. wurden nur *einmal* aufgeführt. Lediglich Aischylos wurde nach seinem Tod als besondere

Ehre und Ausdruck der Wertschätzung, die man ihm entgegenbrachte, das Wiederaufführungsrecht zuteil. Dies änderte sich grundlegend zu Beginn des 4. Jahrhunderts v. Chr. Durch Volksbeschluß war es seit 386 v. Chr. gestattet, auch alte Stücke, also Stücke, die schon einmal aufgeführt worden waren, wieder auf die Bühne zu bringen. In dieser für den athenischen Theaterbetrieb einschneidenden Neuerung kann man den Ursprung des modernen Reprisentheaters sehen.

Spielstätte der klassischen Dramen des 5. Jahrhunderts v. Chr. war das am Südhang der Athener Akropolis gelegene Dionysos-Theater. Auf einer leicht erhöhten Bühne *(Skené)* agierten die Schauspieler, davor tanzte und sang in der *Orchestra* der Chor. Diese schlichte Anlage bot den Dichtern keine großen Möglichkeiten, durch die Szenerie zu brillieren. Ebensowenig war es ihnen möglich, einen naturalistischen Bühnenhintergrund zu schaffen. Naturalismus oder Realismus wurden bei einer Inszenierung des 5. Jahrhunderts v. Chr. vor allem durch die beiden Theatermaschinen der attischen Bühne verhindert, das *Ekkyklema* und den Kran (*Géranos* oder *Mechané*). Das Ekkyklema, ein kleiner, aus dem Mitteltor des Bühnenhintergrunds herausfahrbarer Wagen, diente dazu, Interieurs, Innenszenen gleichsam als Tableau ,auszustellen'. Es erfüllte demnach die Aufgabe, die im modernen Theater der Drehbühne oder dem den Hintergrund ausleuchtenden Scheinwerfer zukommt. Der Kran ist die Theatermaschine, an der schwebend der vor allem bei Euripides beliebte *deus ex machina* am Ende der Stücke erscheinen konnte.

Szenische Interpretation

Aufgrund dieser Konventionalität der Bühne und der Bühnenmaschinerie kommt es einzig und allein auf die evozierende Kraft des dichterischen Wortes an, das vor dem inneren Auge des Zuschauers die erforderliche Kulisse in einer Art von verbaler Szenenmalerei entstehen lassen muß.

Da im 5. Jahrhundert v. Chr. in der Regel der Dichter gleichzeitig als Regisseur (*Chorodidaskalos* [Chorinstruktor, Choreo-
graph]) fungierte, also auch für die Inszenierung zuständig war,
und da zudem jedes Stück sowieso nur für die einmalige Aufführung geschrieben war, fehlen in den Texten Regieanweisungen. Dies stellt vor allem moderne Philologen und Regisseure
vor Probleme: Muß man doch die Regieanweisungen gleichsam
aus den Texten herausdestillieren. Wie dies in der Praxis aussehen
kann, soll die szenische Interpretation der Eingangspartie der
Eumeniden des Aischylos verdeutlichen. Es muß allerdings betont
werden, daß die hier vorgetragene Deutung nicht die einzig
mögliche szenische Umsetzung des Textes darstellt:

In den ersten Versen der Tragödie läßt die Pythia, die delphi-
sche Seherin und Priesterin Apollons, durch ihr Gebet (1–33)
vor dem geistigen Auge des Zuschauers das Apollonheiligtum zu
Delphi erstehen. Erst durch diese ‚verbale Bühnenmalerei‘ erhält
der Hintergrund der Skené seine Identität; erst die Worte der
Pythia identifizieren das Gebäude im Hintergrund und damit
den Ort des Geschehens. Die Seherin tritt durch das Tor in den
Tempel. Voller Entsetzen wankt sie kurz darauf wieder hinaus. Ja,
vor lauter Schrecken kann sie sich nicht auf den Beinen halten;
vielmehr kriecht sie auf allen vieren aus dem Tempel und schil-
dert dem Publikum, welch grauenhafter Anblick sich ihr im
Allerheiligsten bot: Schrecklich anzusehende Frauen umlagern
einen jungen Mann, der, ein blutbeflecktes Schwert in den Händen haltend, im Heiligtum des Apollon Zuflucht gesucht habe.
Die Rede der Pythia hat die Funktion eines ‚Botenberichts‘.
Durch diese Form pflegen die griechischen Dramatiker dem
Publikum Ereignisse mitzuteilen, die nicht darstellbar sind; man
denke nur an den Bericht über die Schlacht bei Salamis (*Perser*
290 ff.) oder an die Beschreibung der sieben angreifenden Heerführer in den *Sieben gegen Theben* (375 ff.) des Aischylos.

Die Pythia tritt ab. Aus Furcht begibt sie sich jedoch nicht
mehr in das Tempelinnere, sondern entfernt sich durch einen aus
der Orchestra hinausführenden Seiteneingang *(Eisodos)*. Die
Bühne ist leer. Aus dem geöffneten Tor des Tempels rollt das

Ekkyklema, das in diesem Fall dazu eingesetzt wird, um das Tempelinnere dem Publikum sichtbar zu machen. Auf dem Wagen stehen Orestes und der Herr des Tempels, Apollon, umlagert von einigen der Furien, die die Pythia zuvor beschrieben hat (64–93). Der Gott verspricht seinem Schützling jede Hilfe und fordert ihn auf, unter dem Schutz seines Bruders Hermes sich nach Athen zu begeben. Dort werde er endlich Erlösung von seinen Qualen finden. Mit größter Wahrscheinlichkeit ist Hermes in dieser Szene nicht zu sehen. Vielmehr muß man die Verse 89 ff., in denen Apollon seinen göttlichen Bruder anspricht, nur so verstehen, daß er Orest dem Schutz des Hermes anvertraut. Orest verläßt die Bühne, Apollon geht in sein Heiligtum zurück.

Da ertönt vom Bühnenhintergrund her, aus dem ‚hinterszenischen Raum‘, Klytaimestras Stimme, die die schlafenden Furien aufzuschrecken versucht. Die Erinnyen auf dem Ekkyklema murmeln im Schlaf; noch im Traum setzen sie ihrem Opfer nach. Erst allmählich erwachen sie, aufgeschreckt durch Klytaimestras Geist, der ihnen im Traum erscheint (also nicht tatsächlich auf der Bühne zu sehen ist); schlaftrunken erheben sich die einen, andere torkeln benommen aus dem geöffneten Tempeltor.

Apollon duldet jedoch die Schreckensgestalten nicht in seinem heiligen Bezirk und vertreibt sie. Unter Drohungen verlassen die Erinnyen die Bühne und die Orchestra durch die Eisodoi (229–231). Diese in der Inszenierung der griechischen Tragödie seltene und ungewöhnliche Aktion – normalerweise bleibt der Chor nach seinem Einzug bis zum Ende des Stücks in der Orchestra – ist ein Hinweis darauf, daß ein Ortswechsel stattfindet.

Ortswechsel: die Akropolis zu Athen. Bühne und Orchestra sind wie zu Beginn der Tragödie leer. Orest erscheint und umfaßt flehend das heilige Standbild Athenas. Durch seine einleitenden Worte wird nun aus dem Bühnenhintergrund der Athena-Tempel auf der Akropolis zu Athen, so wie zu Beginn des Stückes die Pythia durch ihre Worte den Apollon-Tempel zu Delphi vor dem inneren Auge des Zuschauers entstehen ließ.

Die kurze Skizzierung der möglichen Inszenierung der Eingangspartie der *Eumeniden* verdeutlicht wohl hinreichend, daß die Tragiker des 5. Jahrhunderts v. Chr. nicht für ein Ausstattungstheater im modernen Sinn schrieben, das in beinahe unbegrenztem Maße über technische Möglichkeiten der Inszenierung verfügen kann. So vermitteln die spärlich eingesetzten Requisiten häufig eine wichtige inhaltliche Aussage. Das bekannteste Beispiel ist wohl der purpurrote Teppich, den Klytaimestra im *Agamemnon* des Aischylos zur Begrüßung ihres heimkehrenden Gatten ausrollen läßt (908 ff.). Zunächst weigert sich der Heerführer, den Teppich zu betreten; doch dann gibt er den Schmeichelreden seiner Frau nach und geht auf dem blutroten Teppich in den Palast und in den Tod. Seine Eitelkeit wird ihm zum Verhängnis. Schon bevor er im Bade erschlagen wird, unterliegt der Sieger von Troja dem Trug seiner Frau. Der rote Teppich verweist als *szenisches Symbol* in erster Linie natürlich auf den Mord; gleichzeitig ist die purpurne Farbe des Teppichs Insignie der Könige und Herrscher. Indem Agamemnon nach anfänglichem Zögern schließlich doch den Teppich betritt, macht er sich der Anmaßung, der *Hybris* schuldig, die er zunächst doch vermeiden wollte, um nicht den Zorn der Götter herauszufordern.

Die Struktur der Tragödien · Die Funktion der Metren

Die beiden Spielräume des attischen Theaters, die Skené und die Orchestra, bieten auch den geeigneten Ansatzpunkt, um die Struktur einer Tragödie des 5. Jahrhunderts v. Chr. zu erläutern. Den auf der Bühne agierenden Schauspielern waren ursprünglich gesprochene, dem in der Orchestra tanzenden Chor gesungene, ‚lyrische' Passagen vorbehalten. Aus dem Wechsel von gesprochenen Schauspieler– und gesungenen Chorpartien ergibt sich die typische Struktur einer idealen Tragödie, wie sie Aristoteles im 12. Kapitel seiner *Poetik* beschreibt. Aristoteles unterscheidet bei den Chorliedern die *Parodos*, das Einzugslied des Chores, und die *Stasima*, alle Chorlieder, die der Chor nach seinem Einzug in die Orchestra singt. Die Chorlieder untergliedern eine Tragödie in mehrere größere Blöcke, in denen gesprochene Partien vorherrschen: in den *Prolog*, den Teil vor der Parodos, die *Epeisodia*, die Teile zwischen den einzelnen Stasima, und die *Exodos*, den Teil nach dem letzten Stasimon.

Es ist offensichtlich, daß eine strikte Anwendung des Aristotelischen Gliederungsschemas dem organischen Handlungszusammenhang einer Tragödie Gewalt antun würde, zumal sich die Dichter ständig darum bemühen, feste Strukturen aufzulockern. Gleichwohl empfiehlt es sich, die Terminologie des Aristoteles als ein eingebürgertes Mittel zur Beschreibung einer Tragödie beizubehalten.

Die Dichter pflegten bei der Komposition einer Tragödie die festgefügten Blöcke von Schauspieler- und Chorpartien zu durchbrechen und versuchten, die Kluft zwischen der Orchestra und der Bühne zu überbrücken, indem sie die Schauspieler und den Chor in einen Wechselgesang einbanden (*Kommos* oder *Amoibaion*) oder das lyrische Element aus der Orchestra auf die Bühne verlagerten und die Schauspieler Arien *(Monodien)* oder Duette singen ließen. Die Aischyleischen Stücke, in denen gesungene Schauspieler-Soli fehlen, spiegeln den ursprünglichen Zustand noch wider, in dem rein lyrische Partien dem Chor vorbehalten waren.

In unserem Urteil über den Charakter der Bühnenmusik der griechischen Tragiker hängen wir, da wir nur noch die Texte und nicht mehr die Musik besitzen, vor allem von den Stellungnahmen der Zeitgenossen wie des Philosophen Platon oder des Komödiendichters Aristophanes ab. Allerdings vermitteln die verschiedenen Kompositionsformen und *Metren* einen gewissen Eindruck von dem musikalischen Reichtum der Tragödien. Zunächst muß man – wie bei einer Oper – zwischen gesprochenen, rezitierten und gesungenen Partien unterscheiden. Die gesprochenen Partien sind im iambischen Trimeter gehalten, dem Versmaß, das sich in seinem Rhythmus am ehesten der gesprochenen Alltagssprache annähert. Für die Rezitativ-Partien verwendeten die Dichter sogenannte Langverse *(Tetrameter)* – vorwiegend in iambischem oder trochäischem Rhythmus. Für die gesungenen, lyrischen Partien stand den Dichter-Komponisten eine ungeheuere Vielfalt von verschiedenen metrischen Formen zu Verfügung, die uns eine rudimentäre Vorstellung von der Ausdruckskraft des Gesangs vermitteln können. Wenn man die einzelnen Metren in ihrer jeweiligen Verwendung vergleicht, sieht man in aller Deutlichkeit, daß sie einen bestimmten musikalischen und inhaltlichen Ausdruckswert besitzen. Der auffallendste Fall sind die *Ioniker*, ein Metrum, das sich aus der Sequenz Doppelkürze und Doppellänge zusammensetzt (∪ ∪ – –). Dieses Metrum hatte in der Frühzeit der Gattung Tragödie große Beliebtheit besessen; es diente insbesondere dazu, rhythmisches Signal für Fremdes, aus dem Osten Kommendes zu sein. So sind bezeichnenderweise Ioniker das metrische Leitmotiv in den *Persern* des Aischlos, um das orientalische Ambiente musikalisch zu unterstreichen.

Zu den einzelnen Tragödien

Die Perser

Wie bereits der Tragiker Phrynichos in seiner *Einnahme Milets*, aufgeführt wohl 492 v. Chr., und den *Phönizierinnen* aus dem Jahre 476 bringt Aischylos in dem 472 v. Chr. aufgeführten Stück die Geschichte der jüngsten Vergangenheit auf die Bühne: die Niederlage der Perser bei Salamis, die er aus der Sicht der Unterlegenen darstellt. Er macht damit Zeitgeschichte zum Mythos, stellt also die Ereignisse der Gegenwart auf eine Stufe mit den Taten der mythischen Vergangenheit und adelt sie damit.

Die Tragödie läßt sich in vier Abschnitte untergliedern: Zu Beginn, in den Versen. 1–139, baut der Chor, der den persischen Kronrat darstellt, voller Sorge, da er ohne Nachricht vom Schicksal des persischen Heeres in Griechenland ist, eine Stimmung von banger Erwartung auf, die durch einen Unheil verheißenden Traum Atossas, der Witwe des Dareios, verstärkt wird

(176 ff.). Die düsteren Befürchtungen werden durch den Bericht eines Boten bestätigt, der die Katastrophe des persischen Heeres meldet (302 ff.). Die zentrale Szene der Tragödie ist die Totenbeschwörung und Epiphanie des Königs Dareios, des Vaters des unglücklichen Xerxes (598 ff.), der aus unangreifbarer Warte – gleichsam als Gott – eine theologische Deutung der Niederlage des persischen Heeres gibt: Zwar weist auch er – wie zuvor der Bote (354), seine Frau Atossa (472. 724) und der Chor (515) – einem unheilvollen Daimon eine gewisse Schuld an der Katastrophe zu (739 ff.). Letztlich verantwortlich ist jedoch einzig und allein sein Sohn und Nachfolger Xerxes. Er hat die den Persern von Gott gesetzten Grenzen, nur zu Lande Macht auszuüben, nicht beachtet, sondern sich angemaßt, Persien auch zur Seemacht zu machen. Der letzte Teil der Tragödie führt das Ausmaß der persischen Niederlage deutlich vor Augen (908 ff.): Allein, ohne einen angemessenen Empfang zu erhalten, erscheint in zerfetzten Kleidern der geschlagene König. Seine Klagen und die Aufzählung der persischen Verluste verdeutlichen noch einmal die Dimension der Niederlage, in die Persien durch seine Schuld stürzte.

Sieben gegen Theben

Die im Jahre 467 v. Chr. aufgeführte Tragödie ist das Schlußstück der thebanischen Trilogie, in der Aischylos das Schicksal des thebanischen Herrscherhauses, der Labdakiden, über drei Generationen hinweg verfolgt: von Laios über Oidipus bis zu den Oidipus-Söhnen Eteokles und Polyneikes.

Entgegen der ausdrücklichen Warnung des Gottes Apollon, der Laios den Tod durch die Hand seines Sohnes geweissagt hatte, zeugt der thebanische König einen Sohn. In der irrigen Annahme, er könne seinem Schicksal entrinnen, läßt er das Kind von einem Hirten in dem bei Theben gelegenen Kithairongebirge aussetzen. Doch der Hirte vertraut aus Mitleid den Sohn des Laios einem befreundeten Korinther an, der wiederum das Kind dem kinderlosen Herrscherpaar von Korinth übergibt. Aufgrund seiner durchbohrten Fersen erhält der Findling den

Namen Oidipus, ‚Schwellfuß'. Als junger Mann wird er bei einem Gelage von einem Freund verspottet, daß er nicht der Sohn des korinthischen Königs sei. Um über seine tatsächliche Herkunft Gewißheit zu erlangen, begibt er sich nach Delphi und erhält von Apollon den Orakelspruch, daß er mit seiner eigenen Mutter Kinder zeugen und seinen Vater ermorden werde. So beschließt er – in derselben irrigen Meinung wie einst sein Vater Laios, dem Schicksal entkommen zu können –, Korinth künftig zu meiden. Unterwegs trifft er an einem Drei-weg auf Laios. Da der König ihn in barschem Ton aus dem Weg zu gehen heißt, erschlägt Oidipus ihn in einem Zornesausbruch. Ohne zu ahnen, daß er seinen Vater umgebracht hat, befreit er durch seinen Scharfsinn die Stadt Theben von der Sphinx, einem Untier, das die Stadt peinigt, und erhält als Dank die Hand der Königswitwe Iokaste und den thebanischen Thron. Wegen des Vatermordes und der inzestuösen Ehe wird Theben nach Jahren, nachdem er mit seiner Mutter schon vier Kinder gezeugt hat (Eteokles und Polyneikes, Antigone und Ismene), von einer ver-heerenden Pest heimgesucht. Nach Apollons Orakel kann ein Ende der Seuche nur durch die Entdeckung und Verbannung des Mörders des Laios erwirkt werden. Als Oidipus sich selbst als den Schuldigen entdeckt, blendet er sich. Iokaste, seine Mutter und Frau, erhängt sich.

In den *Sieben* wird das Schicksal der unter dem Fluch ihres Vaters stehenden Oidipus-Söhne Eteokles und Polyneikes, unter denen Streit über die Herrschaft in Theben entbrannt ist, auf die Bühne gebracht. Polyneikes ist mit einer fremden Streitmacht zusammen mit seinem Schwiegervater Adrastos und fünf weite-ren Heerführern gegen die Heimatstadt angerückt und belagert sie, sein Bruder Eteokles trifft die nötigen Verteidigungsmaßnah-men. Prolog (1–77) und Parodos (78–180) der Tragödie sind als kontrastierende Szenen angelegt: Während im Prolog Eteokles in besonnener Weise die Vorbereitung gegen den zu erwartenden Angriff trifft, betont die Parodos der thebanischen Frauen, die den Chor bilden, die Greuel des Krieges für die Betroffenen. Den zentralen Teil der Tragödie bilden die ‚sieben Redenpaare'

(375–676): In Rede und Gegenrede werden von einem Kundschafter die Angreifer beschrieben und von Eteokles die Vertei-
diger benannt. Wohl aus freiem Willen, taub für die beschwören-
den Worte des Chores, stellt Eteokles sich am siebten Tor seinem
Bruder entgegen und erfüllt damit den Fluch seines Vaters Oidipus. Im Bruderkampf fallen Eteokles und Polyneikes. Wie die
Perser endet auch diese Tragödie mit einer breit ausgeführten
Klage-Szene (792ff.).

Die Schutzflehenden (Hiketiden)

Durch einen Papyrusfund mit Resten der Hypothesis kann die
Tragödie, die bis in 50er Jahre hinein aufgrund der Dominanz
des Chores als die älteste erhaltene Tragödie des Aischylos galt,
in die Zeit zwischen 465 und 460 v. Chr. (vermutlich 463)
datiert werden. Das Stück ist Teil der Danaiden-Tetralogie
(zusammen mit den *Aigyptioi* und *Danaiden* und dem Satyrspiel
Amymone). Umstritten ist die Stellung der Tragödie innerhalb der
Tetralogie. Gegen die communis opinio, die in den *Hiketiden* das
Eröffnungsstück der Tetralogie sieht, werden in jüngster Zeit auf
der Basis der Neuinterpretation des lückenhaften Papyrus die
Hiketiden als das zweite Stück der Tetralogie angesehen.

Der Stoff der Tragödie entstammt dem argivischen Sagen-
kreis. Zeus entbrennt in Liebe zur argivischen Königstochter Io.
Die eifersüchtige Hera verwandelt Io in eine Kuh und läßt sie
von einer Bremse, die sie peinigt, durch aller Herren Länder
jagen. Erst in Ägypten wird sie von Zeus erlöst und gebiert ihm
den Epaphos, den Stammvater der ägyptischen Könige. Seine
Urenkel sind Danaos, der 50 Töchter, und Aigyptos, der
50 Söhne hat. Als die Aigyptos-Söhne die Danaos-Töchter
gegen deren Willen heiraten wollen, flüchten die Mädchen mit
ihrem Vater in die alte Heimat Argos, um dort Asyl zu erlangen.

Diese Vorgeschichte wird von den Mädchen (dem Chor) in
der Parodos dargelegt, die wie in den *Persern* das Stück eröffnet
(1–175). Die zentrale Szene der Tragödie enthält das Ringen um
die Gewährung des Asyls in Argos (234–525). Da die Danaiden
im Falle einer Ablehnung ihres Gesuches mit Selbstmord

drohen, sieht sich der argivische König Pelasgos vor die tragische
Entscheidung gestellt (379f., 407–417): Wenn er die Danaos-
Töchter aufnimmt, bringt er Krieg über Argos, weist er sie dagegen ab, verletzt er die religiösen Pflichten und lädt zudem
Blutschuld auf die Stadt, da die Mädchen sich am Altar, an dem
sie Zuflucht gesucht haben, umzubringen drohen. Der religiösen Pflicht gehorchend, nimmt er die Schutzflehenden in Argos
auf. Die Entscheidung läßt er sich als ‚demokratischer König'
von der argivischen Volksversammlung bestätigen (516ff.). Die
zweite Hälfte der Tragödie führt wie in den *Persern* und *Sieben*
die Reaktionen auf die zentrale Szene vor: Der dankbaren
Freude der Danaiden (600ff.) setzt die Ankunft der Aigyptos-
Söhne (710ff.) ein abruptes Ende. Die Abwehr der Gefahr durch
Pelasgos und die Argiver (911ff.) und die Drohungen des
Herolds der Aigyptos-Söhne bereiten die Handlung des folgende Stücks vor.

Orestie

In der 458 v. Chr. aufgeführten *Orestie* verfolgt Aischylos das
Schicksal von zwei Generationen des argivischen Herrscherhauses, der Atriden. Durch ständige Bezugnahme auf das Verhängnis,
das auf der Familie des Agamemnon lastet, ist jedoch stets die
Vergangenheit präsent: Bereits der Stammvater Tantalos und des-
sen Sohn Pelops hatten schwere Schuld auf sich geladen, die
immer neue Schuld hervorbringen sollte. Der Sohn des Pelops,
Atreus, verbannt seinen Bruder Thyestes, der seine Gattin ver-
führt und den goldenen Widder gestohlen hatte, der von den
Göttern Atreus als Unterpfand der Herrschaft über Argos verlie-
hen worden war. Später ruft Atreus seinen Bruder unter dem
Vorwand, sich mit ihm zu versöhnen, in die Heimat zurück. In
Wahrheit will er jedoch nur die Söhne seines Bruders in die
Hand bekommen. Er schlachtet sie und setzt sie seinem Bruder
beim ‚Versöhnungsmahl' vor. Nur der jüngste, Aigisthos, über-
lebt. Als die Griechen, um die von dem trojanischen Prinzen
Paris geraubte Helena zurückzuholen, einen Feldzug gegen Troja
unternehmen, opfert der Heerführer Agamemnon auf Rat des

Sehers Kalchas seine Tochter Iphigenie der Artemis, um der Flotte günstigen Fahrtwind zu ermöglichen. Während der zehnjährigen Abwesenheit Agamemnons gewinnt Aigisthos die Liebe der Klytaimestra, die ihrem Mann die Ermordung der Tochter nicht verzeihen kann. Sie faßt den Entschluß, Agamemnon bei seiner Rückkehr zu töten. Um freie Hand zu haben, hat sie vorsorglich ihren Sohn Orest außer Landes zu einem gewissen Strophios nach Phokis bringen lassen.

Das erste Stück der Trilogie, der *Agamemnon*, ist der Heimkehr und Ermordung des Trojasiegers gewidmet. Es folgen die *Choephoren*, die die Rache von Agamemnons Sohn Orest an den Mördern seines Vaters, seiner Mutter Klytaimestra und Aigisthos zum Inhalt haben. Das Abschlußstück, die *Eumeniden*, führt die Konsequenzen des Muttermordes und die Entsühnung des Täters Orest vor.

Der erste Teil des *Agamemnon* ist geprägt von der Spannung zwischen der aktuellen Bühnenhandlung, der Vorgeschichte und der Zukunft. Nach dem kurzen Prolog (1–39: Feuerzeichen melden den griechischen Sieg vor Troja) unterzieht in der Parodos (40–257) der Chor die Vorgeschichte des trojanischen Kriegs einer theologischen Deutung: Die Herrschaft von Zeus wird als harte Erziehung der Menschen nach dem Prinzip ‚durch Leiden lernen' erklärt. Durch das ihm widerfahrende Leid kann der Mensch zur Einsicht in sein Handeln und die göttliche Weltordnung gelangen (176–183). Nach seiner aus verschiedenen Perspektiven vorbereiteten Heimkehr läßt Agamemnon sich von Klytaimestra dazu bewegen (877ff.), auf einem Purpurteppich in den Palast und damit in den Tod zu gehen. Die trojanische Seherin Kassandra, der „Beuteanteil" Agamemnons, sieht in einem lyrischen, in der Vision vorweggenommenen Botenbericht nicht nur den eigenen Tod, sondern auch die Blutschuld, die auf den Atriden lastet (1072ff.). Todesschreie ertönen aus dem Palast (1343. 1345). Ohne Reue, im Hintergrund die Leichen Kassandras und Agamemnons, bekennt sich Klytaimestra in der Schlußpartie zu ihrer Tat (1372ff.).

Nachdem es zu Beginn des zweiten Stücks der Trilogie, den

Choephoren, zur Wiedererkennung von Elektra und ihrem heimkehrenden Bruder Orest gekommen ist (Vers 212: sogenannte
Anagnorisis), ist der Hauptteil der Tragödie der Rachetat gewidmet. Zunächst wird der Muttermord in einem Wechselgesang
von Orest, Elektra und dem Chor (306–478) emotional vorbereitet und in einer Partie im Sprechvers (479ff.) rational geplant,
bevor die Intrige, die zu Aigisthos' und Klytaimestras Tod führen
soll, eingefädelt wird (562ff.): Incognito, als durchreisender
Fremder meldet Orest seinen eigenen Tod, um damit Einlaß in
den Palast zu erhalten. Als er jedoch nach Aigisthos' Ermordung
seiner Mutter gegenübersteht, zaudert er, die Tat durchzuführen.
Da erinnert ihn sein Freund Pylades, der nur an dieser Stelle sein
Schweigen bricht (900–903), an Apollons Auftrag, den Vater zu
rächen. Der Schlußteil zeigt die Folgen des Muttermordes
(973ff.): Gepeinigt von den Rachegeistern stürzt Orest davon.

Das Schlußstück der Trilogie, die *Eumeniden*, spielt an zwei
Schauplätzen, in den Versen 1–234 in Delphi, wo Apollon Orest
befiehlt, sich nach Athen zu begeben, um dort durch einen
Richterspruch Erlösung zu finden, und in den Versen 235ff. in
Athen, wo die Stadtgöttin Athena ein Geschworenengericht
athenischer Bürger unter ihrem Vorsitz einsetzt, vor dem sich
Orest für seine Tat verantworten muß. Von den Erinnyen ange-
klagt und von Apollon verteidigt, wird Orest mit Stimmengleichheit freigesprochen, wobei die entscheidende, Gleichheit
herstellende Stimme von Athena kommt (711ff.). Nur nach gött-
lichem Maßstab, nicht nach menschlichem Recht wird er entsühnt. Die erzürnten Rachegeister werden von Athena
beschwichtigt und dazu bewegt, als Eumeniden, als wohlmei-
nende Gottheiten, in der neuen Ordnung, in der die Blutrache
durch Gesetz und Recht ersetzt ist, eine wohltuende Funktion
zu übernehmen.

Der gefesselte Prometheus

Auf Zeus' Befehl wird Prometheus, der Freund der Menschen,
der ihnen das Feuer und damit die Kultur gebracht hat, von
Hephaistos und seinen Schergen, Kratos (Kraft) und Bia

(Gewalt), an den Kaukasus geschmiedet (1–127). Die Struktur der Tragödie ist bestimmt durch das Auf- und Abtreten von Personen, die sich mit dem gefesselten Prometheus unterhalten. Zunächst erscheinen die Töchter des Okeanos (der Chor) und ihr Vater, dann als ein weiteres Opfer von Zeus' Willkürherrschaft die in eine Kuh verwandelte und von einer Bremse gepeinigte Io, der Prometheus ihr künftiges Schicksal vorhersagt (700 ff., vgl. *Hiketiden*). Schließlich prophezeit Prometheus, an den Chor der Okeaniden gewandt, das Ende von Zeus' Herrschaft (907 ff.). Da der Titan jedoch dem Götterboten Hermes nichts Näheres mitteilen will, läßt Zeus Prometheus mitsamt dem Chor in einem Aufruhr der Elemente versinken (1080 ff.). Bis heute ist es umstritten, ob Aischylos Autor dieses Stückes ist. Metrische, stilistische, aufführungstechnische und inhaltliche Erwägungen sprechen gegen seine Urheberschaft. Man könnte annehmen, daß ein ursprünglich von Aischylos stammender *Gefesselter Prometheus* in späterer Zeit dem veränderten Publikumsgeschmack entsprechend umgedichtet wurde oder daß das Stück insgesamt erst später – vielleicht im Zusammenhang einer Wiederaufführung des echten *Entfesselten Prometheus* – von einem unbekannten Autor verfaßt wurde.

Theologische Deutung

Die theologische Deutung menschlichen Lebens, Handelns und Leidens durchzieht kontrapunktisch alle Stücke des Aischylos. Auf der einen Seite handeln die Protagonisten unter einem äußeren Zwang, unter dem Fluch, der auf ihrem Geschlecht lastet, oder unter der Einwirkung eines Daimons. So ist durch einen Orakelspruch der Untergang der persischen Macht vorausgesagt (*Perser* 739 ff.), in den *Sieben* stehen Eteokles und Polyneikes unter dem Fluch ihres Vaters Oidipus (739 ff.), und auf Agamemnon liegt die Schuld seines Vaters Atreus (*Agamemnon* 1178 ff.). Trotzdem lädt der Mensch selbst Schuld auf sich: Durch sein verblendetes Handeln *(Ate),* versteigt er sich zu Anmaßung und Stolz und verletzt dadurch die den Menschen von den Göttern gesetzten Grenzen. Dareios spricht in den *Persern* (742) aus göttlicher Warte diese theologische Interpretation menschlichen Handelns aus: „Doch ist einer selbst zu eifrig, trägt ein Gott zum Fall noch bei." Er bestreitet also nicht die Einwirkung eines Daimons; doch die Schuld, daß das Unglück so schnell über Persien hereinbrach, liegt allein bei seinem Sohn Xerxes, der aus verfehltem Ehrgeiz heraus, es dem Vater gleichzutun, Persien ins Unglück stürzte.

Dieselbe Konstellation findet sich in den *Sieben* und im *Agamemnon*: Zwar stehen Eteokles und Agamemnon unter dem Fluch ihres Geschlechtes. Doch beide treiben durch ihr Handeln den Gang des Schicksals voran: Eteokles, indem er sich aus freien Stücken zum Bruderkampf entschließt (*Sieben* 653 ff.), Agamemnon, der sich aus einem inneren Impuls zur Opferung seiner Tochter Iphigenie durchringt (*Agamemnon* 215 ff.). Im Zeus-Hymnos des *Agamemnon* (176 ff.) gibt der Chor die theologische Erklärung mit dem Satz des πάθει μάθος, ‚durch Leiden lernen'. Er deutet also menschliches Leid als Erziehung zur vernünftigen Einsicht *(Sophrosyne)*. Vor diesem theologischen Hintergrund wird auch der enge Zusammenhang von Theologie und Dramaturgie in den Tragödien des Aischylos deutlich: Die von Aischylos entwickelte Form der inhaltlich geschlossenen Tetralogie bietet das geeignete Medium, um die theologische Konzeption der Verkettung von *Ate* (Verblendung), *Hybris* (Überhebung) und *Dike* (Vergeltung) über mehrere Generationen hinweg zu entfalten.

Politische Funktion

In der Komödie *Die Frösche* des Aristophanes (405 v. Chr.) steigt der Theatergott Dionysos in die Unterwelt hinab, um den besten Tragiker wieder mit hinauf nach Athen zu nehmen. Da bei seiner Ankunft im Hades gerade ein Streit zwischen dem Altmeister Aischylos und dem im Vorjahr verstorbenen Euripi-

des um den Thron der tragischen Dichtung entbrannt ist, soll
Dionysos als Schiedsrichter wie in einem tragischen Agon an
den Dionysien fungieren. Aufgrund ästhetischer Kategorien
kann er keine Entscheidung fällen. Erst eine Probe des politischen Sachverstands der beiden Dichter läßt Aischylos als Sieger
aus der Auseinandersetzung hervorgehen. So nimmt Dionysos
den vor 50 Jahren verstorbenen Dichter zurück nach Athen. Pluton, der Gott der Unterwelt, gibt ihm folgende Worte mit auf
den Weg (1500–1504):

> „Glück auf den Weg, mein Aischylos!
> Zieh hin und rett' uns die teuerste Stadt
> Mit besonnenem Rat, und züchtige scharf
> Die Betörten: gar viel sind ihrer im Land!"
> (Übers. von L. Seeger)

Diese Abschiedsworte unterstreichen die Bedeutung, die man
in der Krise der Polis im Jahre 405 v. Chr., am Vorabend des
Zusammenbruchs der attischen Vormachtstellung in Griechenland, Aischylos beimaß. Aischylos wurde zum Symbol für eine
Zeit, in der die junge Demokratie sich gegen den persischen
Angriff siegreich verteidigte und in der noch Konsens zwischen
den politischen Kräften herrschte. Paradigmatisch läßt sich diese
doppelte politische Funktion – außenpolitische Stärke in Verbindung mit innenpolitischer Eintracht – an den *Persern* und
Eumeniden aufzeigen. Zentrales Motiv der *Perser* ist der Lobpreis
Athens als der führenden Macht Griechenlands (230 ff.). Besonders der Bericht über die Schlacht bei Salamis gerät zu einer aus-
führlichen Lobrede auf die Leistungen der Athener bei der
Abwehr der persischen Bedrohung (353 ff.). Jedem der athenischen Zuschauer, die in der Mehrzahl sicher selbst an den
Kämpfen beteiligt gewesen waren, bietet Aischylos in seiner
Tragödie ein verklärtes Bild seiner Leistungen als Athener, ver-
klärt durch den Rahmen der Aufführung und die der Gegenwart entrückte Form der Tragödie, und trägt damit in entschei-
dendem Maße zur· Stärkung des Selbstgefühls der jungen
attischen Demokratie bei.

Die ausgleichende, harmonisierende Tendenz der Aischyleischen Tragödie in innenpolitischen Fragen ist vor allem in den
Eumeniden deutlich erkennbar: Indem die Stadtgöttin Athena
den Areopag einsetzt und ihm genau den Aufgabenbereich
zuweist, der dem alten Adelsrat nach den radikaldemokratischen
Reformen des Ephialtes (462 v. Chr.) noch geblieben war,
nämlich die Blutgerichtsbarkeit, verlagert Aischylos die aktuelle
politische Entscheidung, der er auf der Bühne eine göttliche
Legitimation gibt, in eine mythische Vergangenheit und entzieht
sie dadurch dem Disput der Gegenwart. Gleichzeitig verleiht er
dem entmachteten Adel als Kompensation des verlorenen Ein-
flusses eine aus dem politischen Alltagsgeschäft herausgehobene
Ehrenstellung.

Nachleben

Die Wertschätzung des Aischylos im 5. Jahrhundert v. Chr., die
die *Frösche* des Aristophanes und vor allem das Privileg der
Wiederaufführungen seiner Stücke dokumentieren, änderte sich
grundlegend im 4. Jahrhundert v. Chr.: Nun galt Euripides als
der Tragiker par excellence, der nach der Einführung des Agons
alter Tragödien (386 v. Chr.) die Bühne und die dramatische –
komische wie tragische – Dichtung beherrschte und mit Sene-
cas Tragödien als Bindeglied die französische Tragödie des
17. Jahrhunderts beeinflußte.

Eine aktive Auseinandersetzung der Dramatiker mit Aischylos
setzte erst wieder im 19. Jahrhundert ein. Die Form der Trilogie
bzw. Tetralogie wurde als dramaturgische Herausforderung
erkannt: Ch. Leconte des Lisles' *Les Erinnyes* (1837) und
A. Dumas' *Orestie* (1865) sind erste Versuche, die Atriden-Trilo-
gie insgesamt zu dramatisieren. Zu Beginn des 20. Jahrhunderts
fand Aischylos im Zusammenhang mit einer antinaturalistischen
Grundstimmung, der Bewunderung eines ,großen Theaters' und
der Idee des Gesamtkunstwerks, der Verbindung von Wort,
Gesang, Musik, Tanz und Bühnenausstattung im Sinne Richard

Wagners, den Weg zurück auf die Bühne. Wagnerianisch war zum Beispiel die Aufführung des *Agamemnon* im Jahre 1914 in Syrakus in der Übersetzung und unter der Regie von E. Romagnoli (Reprise in Syrakus 1994). E. O'Neills *Mourning Becomes Electra* (Uraufführung New York, 26. 10. 1931) verweist schon im Untertitel *(A Trilogy)* auf Aischylos als Vorbild: Der Geschlechterfluch, der bei Aischylos auf den Atriden lastet, wird von O'Neill psychologisch umgedeutet. Im Gegensatz zu Aischylos fehlen die Elemente des πάθει μάθος und der Gnade *(Charis)*, so daß eine Entsühnung der Schuldigen wie in den *Eumeniden* des Aischylos nicht möglich ist. Der Einfluß von Aischylos' Dramaturgie auf O'Neill ist in der symbolischen Deutung des Bühnenraums unübersehbar: Das Herrenhaus mit seinen vernagelten Fenstern wird bei O'Neill zum szenischen Symbol für Lavinias Gefangenschaft in sich selbst und ihren Erinnerungen. Eine Auseinandersetzung mit der Theologie und Theodizee des Aischylos nimmt auch G. Hauptmann in seiner *Atriden-Tetralogie* vor (1941–1948). Der Mensch ist ein ohnmächtiges Werkzeug in der Hand einer allmächtigen Gottheit. Wie bei O'Neill fehlt jedoch auch bei Hauptmann das Element des πάθει μάθος und der Charis.

In den letzten Jahren scheint – gerade was seine Bühnenpräsenz angeht – wieder ein größeres Interesse an Aischylos erwacht zu sein. Vor allem die *Orestie* war häufig – oft als theatralisches Experiment – im Theater zu sehen (Syrakus 1960 in der Übersetzung von P. P. Pasolini und unter der Regie von V. Gassmann; Berlin, Schaubühne 1980, in der Inszenierung von P. Stein; London, Olivier Theater 1981, in der Inszenierung von P. Hall). Gerade die Dramatisierung der Verkettung von Schuld und Sühne und die Darstellung der verblendeten Überhebung des Menschen, die – wenn auch Generationen später – ihre Vergeltung nach sich zieht, gewinnen vor dem Hintergrund der Probleme des ausgehenden 20. Jahrhunderts eine zeitlose Geltung.

LITERATURHINWEISE

Text/Fragmente

D. L. Page, Oxford 1972 (Oxford Classical Texts).
M. L. West, Stuttgart 1990 (Bibliotheca Teubneriana).
St. Radt, Tragicorum Graecorum Fragmenta, vol. III, Göttingen
  1985.

Kommentare

Perser: H. D. Broadhead, Cambridge 1960; L. Belloni, Mailand
  1988.
  A. F. Garvie, Oxford 2008.
Sieben: G. O. Hutchinson, Oxford 1983.
Die Schutzflehenden (Hiketiden): H. Friis Johansen/E. W.
  Whittle, Kopenhagen 1980.
Agamemnon: J. Bollack, Lille 1981 ff.; J. D. Denniston/D. L. Page,
  Oxford 1957; E. Fraenkel, 3 Bde., Oxford 1950.
Choephoren: A. F. Garvie, Oxford 1986.
Eumeniden: A. J. Podlecki, Warminster 1989; A. H. Sommer-
  stein, Cambridge 1989.
Prometheus: M. Griffith, Cambridge 1983.

Weiterführende Literatur

V. Citti, Eschilo e la lexis tragica, Amsterdam 1994.
H. Görgemanns, Aischylos. Die Tragödien, in: G. A. Seeck (Hg.),
  Das griechische Drama, Darmstadt 1979, S. 13–50.

H. Flashar, Inszenierung der Antike. Das griechische Drama auf der Bühne der Neuzeit, München 1991.

S. Föllinger, Aischylos. Meister der Tragödie, München 2009.

J. Grethlein, Asyl und Athen: die Konstruktion kollektiver Identität in der griechischen Tragödie, Stuttgart/Weimar 2003.

M. A. Gruber, Der Chor in den Tragödien des Aischylos, Tübingen 2009.

H. Hommel (Hg.), Aischylos, 2 Bde., Darmstadt 1974 (Wege der Forschung).

W. Jens (Hg.), Die Bauformen der griechischen Tragödie, München 1971.

J. Latacz, Einführung in die griechische Tragödie, Göttingen 1993, S. 86–160.

A. Lesky, Die tragische Dichtung der Hellenen, Göttingen ³1972, S. 65–168.

B. Marzullo, I sofismi di Prometeo, Florenz 1993.

S. Melchinger, Das Theater der Tragödie. Aischylos, Sophokles, Euripides auf der Bühne ihrer Zeit, München 1974.

A. Pickard-Cambridge, The dramatic festivals of Athens, Oxford ²1968 (1988).

K. Reinhardt, Aischylos als Regisseur und Theologe, Bern 1949.

O. Taplin, The stagecraft of Aeschylus, Oxford 1977.

W. C. Scott, Musical design in Aeschylean theatre, Hannover (N. H.) 1984.

B. Snell, Aischylos und das Handeln im Drama, Leipzig 1928.

A. H. Sommerstein [u. a.] (Hg.), Tragedy, comedy and the polis, Bari 1993.

A. H. Sommerstein, Aeschylean tragedy, London 2010.

U. v. Wilamowitz-Moellendorff, Aischylos Interpretationen, Berlin 1914.

R. P. Winnington-Ingram, Studies in Aeschylus, Cambridge 1983.

B. Zimmermann, Die griechische Tragödie, München/Zürich ³1995, S. 32–62.

B. Zimmermann, Europa und die griechische Tragödie, Frankfurt a. M. 2000.

B. Zimmermann, Spurensuche. Studien zur Rezeption antiker Literatur, Freiburg/Berlin/Wien 2009.

ZU DIESER AUSGABE

Die siebente, überarbeitete Auflage enthält die sieben vollständig erhaltenen Tragödien des Aischylos in der Übersetzung von Oskar Werner. Die geänderte Reihenfolge orientiert sich an den Daten der ersten Aufführung. Auf einen Abdruck der oft nur wenige Zeilen umfassenden Dramenfragmente wurde verzichtet, ebenso auf die antiken Inhaltsangaben (zum Inhalt der einzelnen Tragödien siehe Nachwort, S. 578 ff.).

Mit Ausnahme der stark überarbeiteten Erläuterungen wurden alle Teile des Anhangs für die fünfte Auflage neu verfaßt.

Bernhard Zimmermann